L'OCÉAN ARCTIQUE

L'Asie

L'Europe

la Belgique
le Luxembourg
la Suisse
Monaco
la France

la Corse

la Tunisie

le Liban

le Maroc

l'Algérie

la Mauritanie

le Mali
le Niger

le Tchad

Djibouti

la République
Centrafricaine

le Laos

le Viêt-Nam
le Cambodge

'négal

Guinée
te-d'Ivoire

le Burkina Faso
le Togo
le Bénin
le Camaroun
le Gabon

le Zaïre

le Rwanda
le Burundi

L'OCÉAN INDIEN

Îles Seychelles

le Congo

L'Afrique

Îles Comores

Mayotte
Madagascar

Île Maurice
la Réunion

L'Australie

Nouvelle-Amsterdam
St-Paul

Îles Kerguelen

La Terre D'Adélie
(Antartique)

Voilà!

an
introduction
to
french

L. KATHY HEILENMAN
UNIVERSITY OF IOWA

ISABELLE KAPLAN
WILLIAMS COLLEGE

CLAUDE TOUSSAINT TOURNIER
NORTHWESTERN UNIVERSITY

HEINLE & HEINLE PUBLISHERS
A Division of Wadsworth, Inc.
Boston, Massachusetts 02116

Voilà!

an
introduction
to
french

SECOND EDITION

À Michel, Dan et Harold

Project Editor   *Jacqueline Rebisz*
Project Coordination, Text and Cover Design   *York Production Services*
Photo Researcher   *Inge King*

For permission to use copyrighted material, grateful acknowledgment is made to the copyright holders on pp. A-1–A-2, which are hereby made part of this copyright page.

Voilà! An Introduction to French, Second Edition

Heinle & Heinle Publishers is a division of Wadsworth, Inc.

Manufactured in the United States of America.

Library of Congress Cataloging-in-Publication Data

Heilenman, L. Kathy.
   Voilà! : an introduction to French / L. Kathy Heilenman, Isabelle Kaplan, Claude Toussaint Tournier.—2nd ed., student ed.
      p.   cm.
   English and French.
   Includes index.
      ISBN 0-8384-3626-9 (student ed.).—ISBN 0-8384-3629-3 (teacher ed.)
      1. French language—Textbooks for foreign speakers—English. I. Kaplan, Isabelle. II. Tournier, Claude Toussaint, 1949–   . III. Title.
PC2129.E5H43 1992   91-38188
448.2′421—dc20   CIP

ISBN 0-8384-3626-9 (Student Edition)
ISBN 0-8384-3629-3 (Teacher's Edition)

10 9 8 7 6 5 4 3 2 1

Table des matières

Preface

Voilà! An Introduction to French, Second Edition, is a complete program for teaching introductory French at the college level. It embodies a contemporary approach to language learning, one that is based on the most relevant current knowledge about language acquisition. At the same time, it draws upon a variety of proven methods, approaches, and materials.

Voilà! provides a balanced program that promotes student proficiency in the four skill areas: listening, speaking, reading, and writing. Since learning French also involves learning about people who speak French, *Voilà!* presents a wealth of cultural materials in maps, photographs, authentic documents, activities, and cultural notes found throughout the book, as well as in special sections—*Magazines francophones*—devoted to the French-speaking world.

Every lesson of *Voilà!* is built around a theme that provides a meaningful focus for new material. Vocabulary is presented visually and in brief narratives that provide a natural and engaging context for its acquisition. Vocabulary notes teach students to distinguish between formal and informal vocabulary and give them insight into the cultural aspects of language.

The grammar explanations in *Voilà!* are written in clear, concise English; they help students understand how languages work in general as well as how French works in particular. The variety of practice materials in *Voilà!* expands and reinforces students' linguistic abilities. They include structured exercises that lead students toward grammatical accuracy, contextualized activities that provide meaningful practice, and open-ended activities that develop communicative skills.

Voilà! teaches reading and writing as active processes. It uses authentic contemporary materials from Francophone newspapers, magazines, and other documents to train students in strategies that will make them independent readers. It takes a unique approach to teaching writing skills, with activities that guide students step-by-step through the process of writing.

The language in *Voilà!* is fresh, familiar, and vital. It reflects the way French is actually spoken and written. With *Voilà!* students learn French that has the ring of authenticity and a spark of humor.

▶ How *Voilà!* Is Organized

Each lesson in *Voila!* is organized along the same lines.

Section title	Objectives	Follow-up
EN BREF	To introduce thematic content of lesson	Accompanying photo introduces vocabulary or begins start-up activity
VOCABULAIRE	To introduce vocabulary with storyline and questions	Exercises and activities enable students to practice material while expressing their own feelings and ideas
NOTES DE VOCABULAIRE	To expand students' understanding of vocabulary	
LES MOTS ET LA CULTURE	To build awareness of cultural context of the language	
STRUCTURE	To explain grammar clearly in English	Exercises and activities enable students to practice material
ÉCHANGES	To enable students to communicate in task-oriented activities	A role-play activity based on material in lesson
LECTURE	To expose students to a wide range of authentic documents	Discussion and writing activities and practice of reading strategies
ORTHOGRAPHE ET PRONONCIATION	To explain important and interesting aspects of French pronunciation and spelling	Practice drills
VOCABULAIRE DE BASE, VOCABULAIRE SUPPLEMENTAIRE	To distinguish words to be learned for active use and those to be learned for passive use	Words appear in glossary at end of text

To supplement the 24 lessons, the second edition of *Voila!* contains six full-color sections—*Magazines francophones*—as a new feature. These *Magazines* offer students the opportunity to use their newly developed linguistic skills for reading, discussing, and learning. Each *Magazine* contains an editorial, a variety of brief authentic documents, and language games.

▶ **Supplements to *Voilà!***

Voilà! is supported by a complete teaching and learning package that includes the following:

- The *Instructor's Annotated Edition* provides on-page teaching tips, suggestions for effective lesson planning, and alternate class activities.
- The *Instructor's Manual*, free to adopters, includes suggestions for teaching listening, speaking, reading, and writing skills, lesson-by-lesson teaching tips, and an oral testing program.
- The *Cahier d'activités écrites et orales* is a combined workbook and laboratory manual. The workbook section contains exercises and activities that use the vocabulary and structures of each lesson, *thème et version* exercises, and a guided writing activity. A list of words that expands upon those in the textbook (*Vocabulaire facultatif*) concludes each lesson of the workbook. The laboratory manual contains pronunciation drills and exercises, focused listening activities, practice with the vocabulary and structures for each lesson, and contextualized listening-for-gist activities.
- The *Audio Cassettes*, fully coordinated with the laboratory manual, are available for duplication by adopters or for individual student purchase. A complete tapescript accompanies the program. Adopters may request sample cassettes from the local Heinle & Heinle sales representative.
- The *Video* features authentic footage intended to expand upon the *Magazines francophones.*
- *Overhead Transparency Masters* of all text illustrations and *8 full-color Transparency Acetates* of maps allow for closed-book presentation of vocabulary and art-based exercises.
- *120 Role-Play Activity Cards,* with accompanying instructions for use in class or as oral exams, follow the scope and sequence of the text.
- The *Testing Program* contains a section of testing materials for each topic within a chapter. Designed for maximum flexibility, it allows instructors to create tests appropriate for their teaching styles.
- The *Computerized Test Bank,* similar to the *Testing Program,* allows instructors to generate a variety of tests by choosing from material matched to each section of a chapter.
- An *Instructor's Cassette* contains a dialogue for the *Conversation en français* activity in each *Échanges* section.
- *Système D,* a software program for writing in French, can be used with the *Mise en pratique* writing activities which follow each *Lecture.*

We would like to thank the following instructors, whose suggestions and criticisms were invaluable in developing *Voilà!*: Franklin Attoun, College of the Desert; Judith Aydt, Southern Illinois University; Dietlinde Bailet, Acadia University; Marianne Beauvilain, Mount Royal College; Jim Becker, Malcolm Price Laboratory School; Carl S. Blyth, Louisiana State University;

Juanita Casagrande, University of Florida at Gainesville; Michael Danahy, University of Wisconsin at Stevens Point; Nicole Desrosiers, Lenox Memorial High School; Robert Eisner, California State University at Sacramento; Angela Elsie, University of California at Santa Cruz; Claudine G. Fisher, Portland State University; Alvin E. Ford, California State University at Northridge; Nicole Fouletier-Smith, University of Nebraska at Lincoln; Carl L. Garrott, Chowan College; Kenneth A. Gordon, Central Missouri State University; Isabelle M. Gorell, Rollins College; Elizabeth M. Guthrie, University of California at Irvine; Stanley Hamilton, Bridgewater State College; Bette G. Hirsch, Cabrillo College; Hannelore Jarausch, University of North Carolina at Chapel Hill; Rick Kern, University of Texas at Austin; Marie-Christine Koop, University of North Texas; June K. Laval, Kennesaw State College; Louise Fiber Luce, Miami University; Daniel A. MacLeay, Southeast Missouri State University; Josy McGinn, Syracuse University; Mark Daniel McLean, North Harris County College; Joanne McNatt, Clemson University; Patricia Mosele, University of Texas at Austin; M. J. Muratore, University of Missouri; Helen Neu, University of Michigan; Marie Thérèse Noiset, University of North Carolina at Charlotte; Berthe Ibarra Parle, North Harris County College; Chantal Philippon-Daniel, Vanderbilt University; Eric Rauth, University of North Carolina at Greensboro; Lois A. Russell, Rosemont College; Barbara Lomas Rusterholz, University of Wisconsin at La Crosse; Kathleen W. Smith, Kalamazoo College; Felicia Sturzer, University of Tennessee at Chattanooga; Mireille Thomas, Memorial University of Newfoundland; Janet Whatley, University of Vermont; Heather Williams, Delaware County Community College.

In addition, we would like to thank the many teaching assistants, instructors, and students at Northwestern University, Louisiana State University, and the University of Iowa whose questions and comments during classroom testing added immeasurably to the effectiveness of the materials in *Voilà!*

L. Kathy Heilenman
Isabelle Kaplan
Claude Toussaint Tournier

Qui êtes-vous?

En bref

GREETING AND LEAVETAKING • TALKING ABOUT WHAT YOU LIKE AND DON'T LIKE • DATES, DAYS OF THE WEEK, MONTHS, AND SEASONS • COUNTING UP TO 39 • THE FRENCH CALENDAR • SPELLING IN FRENCH • SOCIAL TRADITIONS IN FRANCE

◄ *«Salut, Marie-Laure, ça va?» (Bordeaux, France)*

1

Vocabulaire

A.

— Salut, Anne-Françoise, ça va?
— Oui, ça va, et toi?
— Pas mal… salut, à tout à l'heure.
— Oui, à tout à l'heure.

— Bonjour, madame.
— Bonjour, Patrick. Comment allez-vous?
— Très bien, merci, et vous?
— Bien, merci.

— Merci, madame. Au revoir.
— Au revoir, Patrick. À bientôt.

— Tu t'appelles comment?
— Paul, et toi?
— Anna. Tu es d'où?
— De Toronto, et toi?
— De Rome.

— Comment vous appelez-vous?
— Moi?
— Oui, vous!
— Je m'appelle Paul Haubert.
— Avec un H?
— Oui, H-A-U-B-E-R-T.
— Haubert… Haubert…

• Et vous, ça va? Vous vous appelez comment? Vous êtes d'où?

B. Les chiffres

un professeur

deux chiens

trois affiches

quatre fleurs

cinq étudiants

six cahiers

sept livres

huit stylos

neuf chats

dix poissons

1 un	9 neuf	17 dix-sept	29 vingt-neuf
2 deux	10 dix	18 dix-huit	30 trente
3 trois	11 onze	19 dix-neuf	31 trente et un
4 quatre	12 douze	20 vingt	32 trente-deux
5 cinq	13 treize	21 vingt et un	33 trente-trois
6 six	14 quatorze	22 vingt-deux	39 trente-neuf
7 sept	15 quinze	23 vingt-trois	
8 huit	16 seize		

C. Les jours de la semaine

lundi
mardi
mercredi
jeudi
vendredi
samedi
dimanche

D. Les mois de l'année

janvier	juillet
février	août
mars	septembre
avril	octobre
mai	novembre
juin	décembre

SEPTEMBER/SEPTEMBRE

SUNDAY	MONDAY	TUESDAY	WEDNESDAY	THURSDAY	FRIDAY	SATURDAY
				1	2	3 ☾
4	5	6	7	8	9	10
11 ●	12	13	14	15	16	17
18	19 ☽	20	21 LA FÊTE A FLOYD	22	23	24
25 ☽	26	27	28	29	30 FESTIVALS ACADIENS LAFAYETTE, LOUISIANA	

OCTOBER/OCTOBRE

						1
2 ☾	3	4	5	6	7	8
9	10 ●	11	12	13	14	15
16	17	18 ☽	19	20	21	22
23	24	25 ☽	26	27	28	29
30	31		FULL MOON ☽	FIRST QUARTER ☽	NEW MOON ●	LAST QUARTER ☾
DIMANCHE	LUNDI	MARDI	MERCREDI	JEUDI	VENDREDI	SAMEDI

— C'est quel jour aujourd'hui?
— C'est lundi.

— Quelle est la date aujourd'hui?
— C'est le premier octobre.

— C'est quand, ton anniversaire?
— Le huit novembre.

• C'est quel jour aujourd'hui? Quelle est la date aujourd'hui? C'est quand, votre anniversaire?

E. Paris et les saisons de l'année

l'automne

le printemps

l'hiver

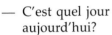

l'été

F.   Alceste et Candide

CANDIDE	J'adore l'automne!
ALCESTE	Pas moi.
CANDIDE	Tu aimes le printemps? avril? mai?
ALCESTE	Pas du tout!
CANDIDE	Et l'hiver?
ALCESTE	Ah non! Et je déteste l'été aussi.
CANDIDE	Je ne comprends pas.

- Et vous, vous aimez l'automne? le printemps? l'hiver? l'été?
- Vous aimez janvier? juin? juillet? décembre?

Autres mots et expressions

This section contains useful words and expressions not included in the preceding presentation of vocabulary. It will appear in every lesson.

à demain   *see you tomorrow*
bon week-end   *have a nice weekend*
ça dépend   *that depends*
ça y est   *that's it, done, finished*
comment?   *what?*
d'accord   *OK*
j'aime*   *I like*
je comprends   *I understand*

je ne sais pas   *I don't know*
mademoiselle (Mlle)   *miss, Miss*
moi aussi   *me too, so do I*
moi non plus   *me neither, neither do I*
monsieur (M.)   *sir, Mister (Mr.)*
pardon?   *excuse me?*
pour   *for, in order to*

*Note that in *j'aime* and *tu aimes*, *aime* and *aimes* sound alike.

Notes de vocabulaire

Les notes de vocabulaire, or vocabulary notes, contain information about the use of some of the words in the vocabulary for each lesson. You should always study them carefully.

A. Anglais/français. As you have probably already realized, French is not simply English written in code. Learning a language is more than learning simple vocabulary equivalents. For example, if you want to ask someone what his or her name is, you have to ask **Comment vous appelez-vous?** which in English has the literal meaning of "How do you call yourself?"! Although you will frequently be able to come up with acceptable (or at least understandable) French by plugging French words into an English sentence, you should be aware that this is not always the case.

B. Monsieur, madame, mademoiselle. **Monsieur** is used to address a man. **Madame** is used to address a married woman and **mademoiselle** to address a young or unmarried woman. As in English, older women are addressed with **madame** whether they are married or not. When greeting or saying good-bye to someone you should use **bonjour** or **au revoir** plus **monsieur, madame,** or **mademoiselle.** Do not use the family name:

Bonjour, monsieur.	*Hello (to a man).*
Bonjour, madame.	*Hello (to a woman).*
Au revoir, mademoiselle.	*Good-bye (to a young woman).*

C. Mots et contexte. When we speak, we frequently depend on context, intonation, gesture, and other such devices to make our meaning clear. Expressions in French (and in English) can have more than one meaning depending on the context in which they're used. Compare the following:

D'accord.	*OK. (I agree.)*
D'accord?	*OK? (Do you agree?)*

D. Comment poser une question. There are several ways to ask questions in French. The easiest and the one found most frequently in informal conversation is the use of intonation. As in English, a statement can be turned into a question simply by raising your voice at the end.

— Ça va?

— Oui, ça va.

E. Prononcer les chiffres. The pronunciation of numbers depends on whether they are said in isolation, followed by a word beginning with a consonant, or followed by a word beginning with a vowel. Letters with a slash through them (∅) are not pronounced. The letters between slashes (/s/) indicate pronunciation.

NUMBER ALONE	NUMBER + CONSONANT	NUMBER + VOWEL
un	un chat	un hôtel (*hotel*) /n/
deux	deux chiens	deux années /z/
trois	trois stylos	trois affiches /z/
quatre	quatre professeurs	quatre hôtels
cinq /k/	cinq fleurs	cinq années /k/
six /s/	six poissons	six affiches /z/
sept /t/	sept cahiers /t/	sept étudiants /t/
huit /t/	huit livres	huit affiches /t/
neuf /f/	neuf chats /f/	neuf étudiants /f/
dix /s/	dix chiens	dix hôtels /z/

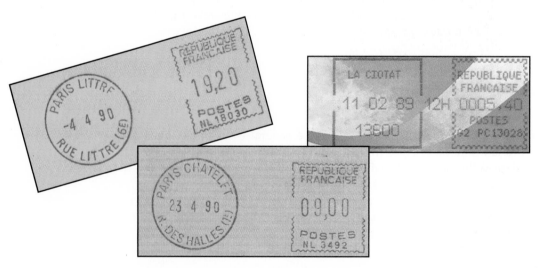

D'ACCORD?

Each lesson will contain several activities using the words and expressions you have learned.

A. À vous Which photo goes with which caption?

1. — Au revoir, à bientôt.
   — Oui, à bientôt.
2. — Ça va?
   — Oui, oui, ça va.
3. — Bonjour, monsieur, comment allez-vous?
   — Très bien, merci, et vous?
4. — Comment vous appelez-vous?
   — Arlette Brasseur.

B. *En français*

1. *Répondez.* What might you expect to hear after each of the following?

   a. Bonjour, mademoiselle.   e. Comment allez-vous?
   b. Tu t'appelles comment?   f. Comment ça va?
   c. À tout à l'heure.   g. Tu es d'où?
   d. Salut, Anne!   h. Bon week-end.

2. *Tu ou vous?* Can you characterize the degree of familiarity between the speakers in each situation in exercise 1? Would each speaker be likely to use *tu* or *vous* to address the person he or she is talking to? Are there cases where you cannot tell?

C. *Combien font?* Do the arithmetic orally.

   1. 4 − 1 = _____   **4.** 6 + 2 = _____   **7.** 2 + 2 = _____
   2. 8 + 1 = _____   **5.** 6 + 6 = _____   **8.** 12 + 4 = _____
   3. 25 + 11 = _____   **6.** 14 + 14 = _____   **9.** 20 − 2 = _____

D. *Combien de... ?* Look at the picture. How many are there of each of the following?

   1. professeurs   **3.** chats   **5.** fleurs
   2. étudiants   **4.** chiens

E. *L'année en chiffres* Complete the following:

   1. Un mois = _____ jours.   **5.** Une saison = _____ mois.
   2. Un mois = _____ semaines.   **6.** Un week-end = _____ jours.
   3. Une année = _____ mois.   **7.** Un mois = _____ week-ends.
   4. Une semaine = _____ jours.

F. *Jours, mois, saisons*

    1. *Trouvez.* Find the following in the list of words below:

        a. les jours de la semaine   c. les saisons
        b. les mois   d. les chiffres

        novembre, six, stylo, dimanche, dix, janvier, printemps, vendredi, lundi, août, vingt, chien, mars, un, septembre, décembre, automne, seize, mercredi, mai, octobre, cahier, mardi, quatorze, livre, samedi, avril, douze, juillet, affiche, hiver, anniversaire, huit, jeudi, professeur, chat, juin, fleur, poisson, étudiant, vingt-neuf, été, février, trente

    2. *J'aime/je déteste.* Put the months of the year along the scale below according to your own personal preferences. Compare your answers to others'.

        j'adore _____ j'aime _____ je déteste _____

    3. *Et les saisons?* Put the seasons along the scale below according to your own personal preferences. Compare your answers to others'.

        j'adore _____ j'aime _____ je déteste _____

G. *Quelle est la saison?* What season is it?

    • **MODÈLE:** le huit octobre
                    C'est l'automne.

    1. le vingt février   **4.** le quatorze juillet
    2. le dix mai   **5.** le trente mars
    3. le vingt-cinq novembre   **6.** le quinze juin

H. *Les dates* Read the dates.

    • **MODÈLE:** 2.12
                    le deux décembre

    1. 20.3   **2.** 16.8   **3.** 30.10   **4.** 24.1   **5.** 12.4   **6.** 3.2

I. *Les anniversaires*

    1. *Quelle saison?* Find all the students in the class who have birthdays in each season:

        a. le printemps   c. l'hiver
        b. l'automne   d. l'été

    2. *Quel mois?* Now group all the students in the class by the month of their birthday.

Les mots et la culture

Words do not exist in a vacuum. They are an integral part of the life, customs, habits, and surroundings of the people who use them. This section of each lesson will help you understand the words French-speaking people use along with the way they live.

A. Les mots et la culture. If you look in a French-English dictionary or phrase book to find out how to say the word *bread*, you will certainly find the word **pain**. If you stop there, however, you will have barely scratched the surface. Look at the two pictures. Can you explain why the French word **pain** is only a rough equivalent of the English word *bread*?

B. Les niveaux de langue. The language you use is never completely neutral. Your choice of words, expressions, and structures as well as your tone of voice or gestures all reflect social values and social relationships. You will, for example, certainly talk and write differently to an adult you do not know very well than you will to a friend your own age whom you have known for a long time. These registers or levels of language (**niveaux de langue**) exist in all languages.

   In general, the French you are learning to use here is standard French. It is relatively neutral in that it represents the French least likely to give offense or to sound either too familiar or too formal. If, however, you have the opportunity to interact with French-speaking people, you will rapidly realize that there are many different registers or levels in use. Gradually, if you pay attention, you will learn how to vary your French according to the situation in which you find yourself.

Le français familier The use of informal French, like the use of informal English, depends on the relationship between the people speaking. Since informal French speech can be very different from its written equivalent, you will need to be aware of the characteristics of **le français familier.** Here are three of these characteristics:

1. Pronunciation characteristic of rapid or relaxed speech (**"chais pas"** for **je ne sais pas** or **"ouais"** for **oui**)
2. Omission of words or sounds (**j'comprends pas** for **je ne comprends pas**)
3. Use of different words (**bouquin** for **livre**)

Some words and expressions characteristic of **le français familier** will be found listed at the end of each lesson.

Tu **ou** *vous?*   In French, you can signal the status of your relationship with someone by your choice of either **tu** or **vous.**

Use **tu:**

1. With people with whom you are on a first-name basis
2. With children
3. With animals
4. With students your own age

Use **vous:**

1. With people you address by their last name
2. With people you are just meeting
3. With people who are older than you

If in doubt, use **vous**—better too much respect than too little!

C. Le calendrier français

1. Note the different conventions used for writing dates in numbers in English and French:

   6.3   Le six mars, c'est l'anniversaire de Candide.
   12.9 Le douze septembre, c'est l'anniversaire d'Alceste.

2. Days of the week and months are not capitalized in French:

   — C'est lundi?   *"Is it Monday?"*
   — Non, c'est mardi.   *"No, it's Tuesday."*
   — Et la date?   *"And the date?"*
   — C'est le 24 octobre.   *"It's October 24."*

3. English has two ways to express dates, French only one. The *of* in English is never translated:

   le 21 octobre   *October 21, the 21st of October*

4. Use **premier** for the first day of a month:

   C'est le **premier** mai.   *"It's May 1," "It's the first of May."*

STRUCTURE

► Les phrases et les mots

Les phrases

A sentence **(une phrase)** contains a *subject* and a *verb:*

> **subject** = the person or thing the sentence is about
> **verb** = what the person or thing is doing,
> how the person or thing is

Je comprends.   *I understand.*
S   V   S   V

Je ne comprends pas.   *I don't understand.*
S   V   S   V

Tu aimes le printemps?   *Do you like spring?*
S   V   S
                                V

A sentence may also contain a complement **(un complément),** which completes the thought of the sentence:

J'aime l'été.   *I like summer.*
        C   C

Je ne comprends pas le professeur.   *I don't understand the teacher.*
                       C   C

Il s'appelle Paul.   *His name is Paul. (He calls himself Paul.)*
            C   C

Une phrase complète?

People usually use complete sentences when they write. When speaking, however, it is frequently acceptable to use a few words or a fixed expression instead of a complete sentence. In the dialogue below, there is only one complete sentence. Can you find it?

— Bonjour, monsieur. Comment allez-vous?
— Bien, merci, et vous?
— Pas mal.

Vous avez compris?

A. *Sujet, verbe, complément?* Find the subject and verb in each sentence. If there is a complement, find it also.

   1. Marc adore les chiens.
   2. Je ne sais pas.
   3. Je ne comprends pas le professeur.
   4. Ça dépend.

B. *Les phrases complètes* Look again at the dialogue between Candide and Alceste, reproduced below. Pick out the complete sentences. When are incomplete sentences used? Can you explain?

   — J'adore l'automne.
   — Pas moi.
   — Tu aimes le printemps? avril? mai?
   — Pas du tout!
   — Et l'hiver?
   — Ah non! Et je déteste l'été aussi.

▶ L'article défini

In English the definite article has only one form, *the.* In French, the definite article has four forms—**le, la, l', les.** The form you use depends on the gender, number, and initial sound of the noun it precedes.

Genre

All nouns in French belong to one of two groups: *masculine* or *feminine.* This group membership is called *gender* and is indicated by the form of the article used with the noun:

le + masculine singular nouns	**le** professeur, **le** chat
la + feminine singular nouns	**la** fleur, **la** saison, **la** semaine
l' + masculine or feminine singular nouns beginning with a vowel sound	**l'**étudiant, **l'**affiche, **l'**année

Note that most words beginning with **h-** in French are considered to begin with a vowel since the **h-** is not pronounced:

l'hiver   **l'**histoire   **l'**hôtel

The gender of each noun is indicated in the vocabulary list and in the end vocabulary. You should learn the gender of a noun along with its meaning. The simplest way to do this is to learn the article along with the noun—learn **la fleur** or **le professeur,** for example, not **fleur** (*f.*) or **professeur** (*m.*).

Nombre

Number refers to whether a word is singular or plural. The definite articles
le, la, and **l'** are used in front of singular nouns. The definite article **les** is
used in front of all plural nouns, both masculine and feminine.

les + all plural nouns   **les** chiens, **les** fleurs, **les** affiches

Note that when **les** is used in front of a noun beginning with a vowel
sound, the **-s** of **les** links with the vowel and is pronounced like a **z:**

les chiens   *but*   les affiches
                       /z/
les chats   *but*   les hôtels
                       /z/

Le pluriel des noms

As a general rule, the plural of a noun is formed by adding **-s** to the singular. Note that the **-s** is not pronounced. This means that you have to listen
to the article at the front of the word to find out if you are dealing with one
or more than one, not the end as in English:

le chat   **les** chats
la fleur   **les** fleurs
l'affiche   **les** affiches
l'hiver   **les** hivers

Vous avez compris?

A. *Masculin-féminin* Read the list of nouns, putting the appropriate definite article *(le, la, l')* in front of each.

   fleur, anniversaire, stylo, poisson, année, cahier, saison, chien,
   étudiante, livre, hiver, printemps, date, jour, week-end, automne,
   mois, semaine, affiche, chat, professeur

B. *Singulier-pluriel* Give the plurals.

   1. le chat   **7.** la fleur
   2. le professeur   **8.** le chien
   3. la semaine   **9.** l'étudiante
   4. l'affiche   **10.** le jour
   5. le week-end   **11.** la saison
   6. le stylo   **12.** l'hiver

▶ L'usage de l'article défini

In French, as in English, the definite article is used to refer to a person or object that has already been specified.

C'est **le** professeur?	*Is that the teacher?*
Oui, c'est **le** professeur!	*Yes, that's the teacher.*

In French, however, unlike English, the definite article is also used to refer to something in general or in the abstract or to things you like or do not like. English uses no article in this case. Compare:

J'aime **le** printemps.	*I like spring.*
Tu détestes **les** chats?	*Do you hate cats?*
C'est **la** vie.	*That's life.*

Vous avez compris?

L'article défini   Use a form of the definite article to fill in each blank. Then explain why the definite article was needed in each case.

1. — Tu aimes _____ chats?
   — Non, je déteste _____ chats mais j'adore _____ chiens.
2. — Et _____ jours de la semaine?
   — Lundi, mardi…
3. — J'adore _____ été et je déteste _____ hiver. Et toi?
   — Moi? J'aime _____ automne et _____ printemps, mais pas _____ hiver…
4. — Quelle est _____ date aujourd'hui?
   — C'est _____ 22 septembre.

EXERCICES D'ENSEMBLE

A. *Réagissez*   Vous adorez, vous aimez ou vous détestez…

- **MODÈLE:**   l'hiver
  Je déteste l'hiver. (J'aime l'hiver.)

1. les lundis	**4.** les chats	**7.** l'été
2. les chiens	**5.** les mercredis	**8.** les vendredis
3. les professeurs	**6.** les dimanches	

B. *Interrogez*   Choose one of your classmates to interview. Find out how he or she feels about various days of the week, seasons, animals, and so on. Ask as many questions as possible.

- **MODÈLE:**   — Tu aimes l'été?
  — Oui/Non/Ça dépend.

CALENDRIERS

2e SEMESTRE

JUILLET — 3 h 53 à 19 h 56

1	V	St Thierry
2	S	St Martinien
3	D	St Thomas
4	L	St Florent
5	M	St Antoine
6	M	Ste Mariette
7	J	St Raoul
8	V	St Thibaut
9	S	Ste Amandine
10	D	St Ulrich
11	L	St Benoît
12	M	St Olivier
13	M	Henri et Joël
14	J	FÊTE NATIONALE
15	V	St Donald
16	S	N.D. Mont Carmel
17	D	Ste Charlotte
18	L	St Frédéric
19	M	St Arsène
20	M	Ste Marina
21	J	St Victor
22	V	Ste Marie-Mad.
23	S	Ste Brigitte
24	D	Ste Christine
25	L	St Jacques
26	M	Ste Anne
27	M	Ste Nathalie
28	J	St Samson
29	V	Ste Marthe
30	S	Ste Juliette
31	D	St Ign. Loyola

AOÛT — 4 h 26 à 19 h 27

1	L	St Alphonse
2	M	St J.-Eymard
3	M	Ste Lydie
4	J	St J.M. Vianney
5	V	St Abel
6	S	Transfiguration
7	D	St Gaëtan
8	L	St Dominique
9	M	St Amour
10	M	St Laurent
11	J	Ste Claire
12	V	Ste Clarisse
13	S	St Hippolyte
14	D	St Evrard
15	L	ASSOMPTION
16	M	St Armelle
17	M	St Hyacinthe
18	J	Ste Hélène
19	V	St Jean Eudes
20	S	St Bernard
21	D	St Christophe
22	L	St Fabrice
23	M	Ste Rose de Lima
24	M	St Barthélémy
25	J	St Louis
26	V	Ste Natacha
27	S	Ste Monique
28	D	St Augustin
29	L	Ste Sabine
30	M	St Fiacre
31	M	St Aristide

SEPTEMBRE — 5 h 09 à 18 h 31

1	J	St Gilles
2	V	Ste Ingrid
3	S	St Grégoire
4	D	Ste Rosalie
5	L	Ste Raïssa
6	M	St Bertrand
7	M	Ste Reine
8	J	Nativité
9	V	St Alain
10	S	Ste Inès
11	D	St Adelphe
12	L	St Apollinaire
13	M	St Aimé
14	M	Croix Glorieuse
15	J	St Roland
16	V	Ste Edith
17	S	St Renaud
18	D	Ste Nadège
19	L	Ste Emilie
20	M	St Davy
21	M	St Matthieu
22	J	AUTOMNE
23	V	St Constant
24	S	Ste Thècle
25	D	St Hermann
26	L	St Côme-Damien
27	M	St Vincent de Paul
28	M	St Wenceslas
29	J	St Michel
30	V	St Jérôme

OCTOBRE — 5 h 52 à 17 h 28

1	S	Ste Thérèse de l'E. J.
2	D	St Léger
3	L	St Gérard
4	M	St Fr. d'Assise
5	M	Ste Fleur
6	J	St Bruno
7	V	St Serge
8	S	St Denis
9	D	St Ghislain
10	L	St Firmin
11	M	St Wilfried
12	M	St Géraud
13	J	St Juste
14	V	Ste Thérèse
15	S	Ste Edwige
16	D	Ste Edwige
17	L	St Baudouin
18	M	St Luc
19	M	St René
20	J	Ste Adeline
21	V	Ste Céline
22	S	Ste Salomé
23	D	St Jean de C.
24	L	St Florentin
25	M	St Enguerran
26	M	St Dimitri
27	J	Ste Emeline
28	V	St Simon
29	S	St Narcisse
30	D	Ste Bienvenue
31	L	St Quentin

NOVEMBRE — 6 h 39 à 16 h 29

1	M	TOUSSAINT
2	M	Défunts
3	J	St Hubert
4	V	St Charles
5	S	Ste Sylvie
6	D	Ste Bertille
7	L	Ste Carine
8	M	Geoffroy
9	M	St Théodore
10	J	St Léon
11	V	ARMISTICE 1918
12	S	St Christian
13	D	St Brice
14	L	Ste Sidonie
15	M	St Albert
16	M	Ste Marguerite
17	J	Ste Elisabeth
18	V	Ste Aude
19	S	St Tanguy
20	D	St Edmond
21	L	Prés. de Marie
22	M	Ste Cécile
23	M	St Clément
24	J	Ste Flora
25	V	Ste Catherine
26	S	Ste Delphine
27	D	Avent
28	L	St Jacq. de M
29	M	St Saturnin
30	M	St André

A.F.A Paris

DÉCEMBRE 1988 — 7 h 24 à 15 h 55

1	J	St Florence
2	V	Ste Viviane
3	S	St François Xavier
4	D	Ste Barbara
5	L	St Gérald
6	M	St Nicolas
7	M	St Ambroise
8	J	Im. Conception
9	V	St P. Fourier
10	S	St Romaric
11	D	St Daniel
12	L	St J.-F. Chantal
13	M	Ste Lucie
14	M	Ste Odile
15	J	St Ninon
16	V	Ste Alice
17	S	St Judicaël
18	D	St Gatien
19	L	St Urbain
20	M	St Théophile
21	M	HIVER
22	J	St Franc. Xavière
23	V	St Armand
24	S	Ste Adèle
25	D	NOËL
26	L	St Etienne
27	M	St Jean
28	M	St Innocents
29	J	St David
30	V	St Roger
31	S	St Sylvestre

1er SEMESTRE

JANVIER — 7 h 46 à 16 h 03

1	D	JOUR DE L'AN
2	L	St Basile
3	M	Ste Geneviève
4	M	St Odilon
5	J	St Edouard
6	V	St Méline
7	S	St Raymond
8	D	Épiphanie
9	L	Ste Alix
10	M	St Guillaume
11	M	St Paulin
12	J	Ste Tatiana
13	V	Ste Yvette
14	S	Ste Nina
15	D	St Rémi
16	L	St Marcel
17	M	Ste Roseline
18	M	Ste Prisca
19	J	St Marius
20	V	St Sébastien
21	S	Ste Agnès
22	D	St Vincent
23	L	St Barnard
24	M	St François de Sales
25	M	Convers. St Paul
26	J	Ste Paule
27	V	Ste Angèle
28	S	St Thomas d'Aquin
29	D	St Gildas
30	L	Ste Martine
31	M	Ste Marcelle

FÉVRIER — 7 h 22 à 16 h 47

1	M	Ste Ella
2	J	Prés. du Seigneur
3	V	St Blaise
4	S	Ste Véronique
5	D	Ste Agathe
6	L	St Gaston
7	M	Mardi-Gras
8	M	Cendres
9	J	Ste Apolline
10	V	St Arnaud
11	S	N.D. de Lourdes
12	D	1er Carême
13	L	Ste Béatrice
14	M	St Valentin
15	M	St Claude
16	J	Ste Julienne
17	V	St Alexis
18	S	Ste Bernadette
19	D	St Gabin
20	L	Ste Aimée
21	M	St P. Damien
22	M	Ste Isabelle
23	J	St Lazare
24	V	St Modeste
25	S	St Roméo
26	D	St Nestor
27	L	Ste Honorine
28	M	St Romain

A.F.A Paris

MARS — 6 h 34 à 17 h 47

1	M	St Aubin
2	J	St Charles le Bon
3	V	Mi-Carême
4	S	St Casimir
5	D	Ste Olivia
6	L	Ste Colette
7	M	Ste Félicie
8	M	St Jean de Dieu
9	J	Ste Françoise R.
10	V	St Vivien
11	S	Ste Rosine
12	D	St Maximilien
13	L	St Rodrigue
14	M	Ste Mathilde
15	M	Ste Louise M.
16	J	Ste Bénédicte
17	V	St Patrice
18	S	St Cyrille
19	D	RAMEAUX
20	L	PRINTEMPS
21	M	Ste Clémence
22	M	Ste Léa
23	J	St Victorien
24	V	Ste Catherine
25	S	St Humbert
26	D	PÂQUES
27	L	St Habib
28	M	St Gontran
29	M	Ste Gwladys
30	J	St Amédée
31	V	St Benjamin

AVRIL — 5 h 32 à 18 h 20

1	S	St Hugues
2	D	Ste Sandrine
3	L	St Richard
4	M	St Isidore
5	M	Ste Irène
6	J	St Marcellin
7	V	St J.B. de la Salle
8	S	St Walter
9	D	St Gautier
10	L	St Fulbert
11	M	St Stanislas
12	M	St Jules
13	J	Ste Ida
14	V	St Maxime
15	S	St Paterne
16	D	St Benoît-Joseph
17	L	St Étienne Harding
18	M	St Parfait
19	M	Ste Emma
20	J	Ste Odette
21	V	St Anselme
22	S	St Alexandre
23	D	St Georges
24	L	St Fidèle
25	M	St Marc
26	M	Ste Alida
27	J	Ste Zita
28	V	Ste Valérie
29	S	Ste C. de Sienne
30	D	Souv. Déportés

MAI — 4 h 32 à 19 h 04

1	L	F. DU TRAVAIL
2	M	St Boris
3	M	St Philip. Jacques
4	J	ASCENSION
5	V	Ste Judith
6	S	Ste Prudence
7	D	Ste Gisèle
8	L	VICTOIRE 1945
9	M	St Pacôme
10	M	Ste Solange
11	J	Ste Estelle
12	V	St Achille
13	S	Ste Rolande
14	D	PENTEC. - J. d'Arc
15	L	Ste Denise
16	M	St Honoré
17	M	St Pascal
18	J	St Éric
19	V	St Yves
20	S	St Bernardin
21	D	Trinité
22	L	St Emile
23	M	St Didier
24	M	St Donatien
25	J	St Sophie
26	V	St Bérenger
27	S	St August. de C.
28	D	F. Mères-F. Dieu
29	L	St Aymar
30	M	St Ferdinand
31	M	V. de la Ste Vierge

JUIN 1989 — 3 h 53 à 19 h 44

1	J	Ste Pamela
2	V	Ste Blandine
3	S	St Kévin
4	D	Ste Clotilde
5	L	St Igor
6	M	St Norbert
7	M	St Gilbert
8	J	St Médard
9	V	Ste Diane
10	S	St Landry
11	D	St Barnabé
12	L	St Guy
13	M	St A. Padoue
14	M	St Elisée
15	J	Ste Germaine
16	V	St J.-F. Régis
17	S	St Hervé
18	D	Fête des Pères
19	L	St Romuald
20	M	St Silvère
21	M	ÉTÉ
22	J	St Alban
23	V	Ste Audrey
24	S	St Jean Baptiste
25	D	St Salomon
26	L	St Anthelme
27	M	St Fernand
28	M	St Irénée
29	J	St Pierre-Paul
30	V	St Martial

FÊTES DE L'ANNÉE

FÊTE NATIONALE	Jeudi	JOUR DE L'AN	Dimanche
ASSOMPTION	Lundi	PÂQUES	26 Mars
TOUSSAINT	Mardi	FÊTE DU TRAVAIL	Lundi
ARMISTICE 1918	Vendredi	ASCENSION	4 Mai
NOËL	Dimanche	VICTOIRE 1945	Lundi
		PENTECÔTE	14 Mai

ÉCHANGES

A. Le calendrier français

1. *En anglais.* Look at the French calendar on page 18. In what ways is it similar to an American calendar? Dissimilar?

2. *En français.*

a. *C'est la fête de qui?* Which saint's day is it?

• **MODÈLE:**   Le 25 novembre, c'est la fête de Sainte Catherine.

(1) le 18 octobre
(2) le 17 mai
(3) le 11 décembre
(4) le 15 novembre
(5) le 29 septembre
(6) le 30 janvier
(7) le 9 juin

b. *Et votre fête?* Find your saint's day. If you do not have one, choose one.

c. *Et le professeur?*

(1) Quel est le jour de la fête du professeur?
(2) Quelle est la date de l'anniversaire du professeur?

B. Conversation en français.

You see someone in the school cafeteria sitting alone and reading the magazine *Paris-Match*. Approach, start a conversation, and, eventually, extricate yourself politely.

L·E·C·T·U·R·E

Faire-part de naissance

▶ Préparation à la lecture

Have you ever sent or received a printed announcement? What was it for? What kind of information did it contain? On what other occasions are printed announcements appropriate?

► Activités de lecture

A. What types of documents are these?

Le Capitaine Bruno Beth et Madame
née Hélène Claret ont la joie de vous
annoncer la naissance et le Baptême de

Matthieu

8, Allée des Rosiers
04400 Barcelonnette
23 Mai - 2 Juin 1984   (92) 81.31.31

Le Lieutenant et Madame Frédéric Beth
laissent à Bénédicte la joie d'annoncer
la naissance et le baptême de

Guillaume

7, avenue Maréchal Fayolle
56380 Coëtquidan

14 - 29 Avril 1984

Monsieur Christian Debay et Madame
née Françoise Beth,
laissent à Benoist, Marie et Arnauld
la joie de vous annoncer la naissance et le baptême
de leur petite sœur
Alix
les 8 et 13 Février 1984

14, rue des Condamines
78000 Versailles

953 27-60

B. Look at the list below. Select the kinds of information found in these cards.

time	weather	dates	event
addresses	city	names	religion
personal titles	price	reply requested	numbers
first names	profession	relationships	

C. What do these cards have in common regarding format, language, information? What are the differences between these cards?

D. What is the purpose of these cards? Do they contain references to sad or happy events? What did you base your answers on: format, presentation, words?

À la recherche des détails

A. Was it a boy or a girl? (Answer for each card.)

B. Which of these three babies is the youngest? Which is the oldest?

C. Which of these people are brothers, brothers and sisters, brothers-in-law, sisters-in-law, first cousins?

Apprenons

A. *Mots et expressions*

Since 1066, when William the Conqueror invaded England, a number of French words have infiltrated and survived in English, often with the same meaning and the same or similar spelling. These words are called cognates. Learn to use cognates along with the other French words that you are learning and you will be able to get a lot of information from a text. Try to train yourself to capitalize on these resources as you read.

For instance, you can recognize the English word *baptism* in **baptême.** Now if you know **baptême,** can you guess **naissance?** And if you guess **naissance,** what does the word **née** mean in the expression **Madame née Françoise Beth?**

Née and **naissance** belong to the same family of words. Words in the same family are related but not identical in spelling, pronunciation, and meaning. Identifying the family to which an unknown word belongs will help you guess its meaning.

Cognates, word families, and context are three very useful tools in guessing the meaning of new words in a text. Using these tools, can you guess the meaning of the words in boldface?

... ont la **joie** de vous annoncer la naissance et le baptême de leur **petite sœur** Alix... (card 1)

B. *La culture française* Look at the birth announcement below. Compare it to the ones on pages 20–21. What factors might determine the kind of person who would send this announcement? The announcements on pages 20–21? Which one do you prefer?

A   ALAIN & SOPHIE   MEILLEURE
PRODUCTION

REMI
Coproducteurs :
SOPHIE   -   ALAIN
sc 1 | p 1

SORTIE   NATIONALE : 18 mai 1985

▶ Après la lecture

A. *Décidons*   What would you or someone in your family do after receiving a card like one of these? Phone? Write a letter? Write a note? Anything else?

B. *Discutons la culture française*

 1. *Que faire?* If you were living in France, how would you decide what to do after receiving one of these announcements?
 2. *Un cadeau?* Last year you lived **au pair** (as a live-in babysitter) with the Debay family. When you got your mail yesterday, you found a **faire-part** announcing the birth of a new baby. How will you respond?

▶ Mise en pratique: Une bonne nouvelle

A. *Une note pour Madame Debay*   You have decided to send some flowers to Mrs. Debay and you want to attach a note. Which of the following will you use? Why?

 1. Chère Françoise, Bravo pour Alix! Bon courage!
 2. Félicitations et meilleurs souvenirs!
 3. Je partage votre joie.

B. *Et les enfants?*   You can't forget the other children. Choose one of the following for a note to Benoist, Marie, and Arnauld.

 1. Salut, Benoist, Marie et Arnauld!
 2. Bonjour, ça va?
 3. Bravo pour la petite sœur!

C. *Et vous*   If you had been born in France, what do you think your parents might have put on your birth announcement? Make a card announcing your birth!

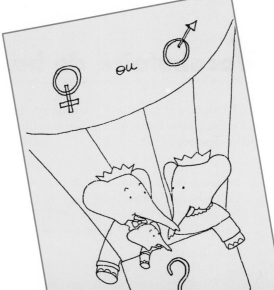

Orthographe et prononciation

▶ **L'alphabet français**

Although French is written using the same alphabet as English, the sounds corresponding to many of the letters are different:

a (ah)	g (gé)	m (em)	s (es)	w (doublevé)
b (bé)	h (ach)	n (en)	t (té)	x (iks)
c (cé)	i (i)	o (o)	u (u)	y (igrec)
d (dé)	j (ji)	p (pé)	v (vé)	z (zed)
e (euh)	k (ka)	q (ku)		
f (ef)	l (el)	r (er)		

Activités

À l'aéroport. You are the tour guide who will be meeting several tourists at Orly. Spell each name for the clerk at their hotel.

- **MODÈLE:** M. Smith
  Monsieur Smith, S-M-I-T-H

1. M. et Mme Zweig
2. Mlle Wiltberger
3. Mlle Matecki
4. Mme Jakada
5. Mme Hawthorne
6. M. Buxton
7. M. Quigley

Vocabulaire de base

The *Vocabulaire de base* (basic vocabulary) for each lesson contains the words and expressions that you are responsible for learning to use in speaking and in writing:

les jours de la semaine (voir page 4)
les mois de l'année (voir page 4)
les saisons de l'année (voir page 5)
les chiffres de 1 à 39 (voir page 4)

NOMS

le cahier   *notebook*
le chat   *cat*
le chien   *dog*
l'étudiant (m.), l'étudiante (f.)*
  student (male), student (female)
le livre   *book*
le professeur   *teacher*
le stylo   *pen*

DIVERS

à bientôt   *see you soon*
à demain   *see you tomorrow*
au revoir   *good-bye*
aussi   *also*
avec   *with*
bien   *fine, good, well*
bonjour   *hello*
ça va?   *how's it going?*

c'est le huit janvier   *it's January 8, it's the eighth of January*
c'est le premier octobre   *it's October 1, it's the first of October*
c'est lundi   *it's Monday*
comment allez-vous?   *how are you? (formal)*
comment ça va?   *how's it going?*
d'accord   *all right, OK*
de   *of, from, about*
et   *and*
et toi?   *what about you? (to a friend)*
et vous?   *what about you? (to an adult)*
j'adore   *I love*
j'aime   *I like, I love*
je déteste   *I hate*

je m'appelle   *my name is*
je ne comprends pas   *I don't understand*
je ne sais pas   *I don't know*
madame (Mme)   *ma'am (Mrs.)*
mademoiselle (Mlle)   *miss, Miss*
mais   *but*
merci   *thank you*
moi   *me*
monsieur (M.)   *sir, Mr.*
non   *no*
oui   *yes*
pardon   *excuse me*
pas mal   *not bad*
pour   *for, in order to*
premier   *first*
salut   *hi, bye*
très bien   *fine, good, very good*
tu adores   *you love*
tu aimes   *you like, you love*

Vocabulaire supplémentaire

The *Vocabulaire supplémentaire* for each lesson contains words and expressions that you should be able to recognize when you hear them or when you read them. You may want to learn some of these words and expressions for active use in speaking or writing.

NOMS

l'affiche (f.)   *poster*
l'année (f.)   *year*
l'anniversaire (m.)   *birthday*
la date   *date*
la fleur   *flower*
le jour   *day*
le mois   *month*
le poisson   *fish*
la saison   *season*
la semaine   *week*
le week-end   *week-end*

DIVERS

à tout à l'heure   *see you later*
aujourd'hui   *today*
bon week-end!   *have a nice weekend!*
ça dépend   *that depends*
ça y est!   *that's it, done, finished!*
c'est quand, ton anniversaire?   *when's your birthday? (to a friend)*
c'est quel jour aujourd'hui?   *what day is it today?*
comment?   *what did you say?*
comment t'appelles-tu?, Tu t'appelles comment?   *what's

your name? (to a friend or a child)*
comment vous appelez-vous?   *what's your name? (to someone you don't know well)*
je comprends   *I understand*
moi aussi   *me too, so do I*
moi non plus   *me neither, neither do I*
pas du tout   *not at all*
pas moi   *not me*
quelle est la date aujourd'hui?   *what's the date today?*
tu es d'où?   *where are you from?*

---

*m. = masculine; f. = feminine

vous aimez _____? *Do you like*
_____?
vous êtes _____? *are you*
_____?

LE FRANÇAIS FAMILIER
le bouquin = le livre
chais pas = je ne sais pas
j'comprends pas = je ne
   comprends pas
ouais = oui
le prof = le professeur

ON ENTEND PARFOIS...
Although English is spoken in both the United States and Great Britain, there are some differences, particularly in vocabulary. For example, in the United States you rent an *apartment* and you buy *gas* for your car. In Great Britain, however, you rent a *flat* and you buy *petrol*. There are similar kinds of differences in countries where French is spoken. The section **On entend parfois...** *(You sometimes hear . . .)* contains a selection of words along with the French-speaking country where they're used.

la fin de semaine (Canada) = le
   week-end
bonjour (Canada) = au revoir
la fête (Canada) = l'anniversaire

Comment êtes-vous?

En bref

TALKING ABOUT
WHAT YOU AND
YOUR FRIENDS
ARE LIKE AND
NOT LIKE • LIKES
AND DISLIKES •
USING SLANG IN
FRENCH • THE
FRENCH SCHOOL
CALENDAR

◀ *Qui sont-ils?*
Comment sont-ils?

Vocabulaire

A. Here is the male half of the world! In order to talk about the female half, you will have to wait a few pages until you have learned the feminine form of adjectives!

Voilà Patrick. Il est grand et brun. Il est sérieux, travailleur et raisonnable. Il est aussi sympathique et généreux.

Voilà Jean. Il est petit et blond. Il est méchant, pénible et égoïste.

Voilà Michel. Il est mince. Aujourd'hui, il est malade, fatigué et déprimé.

Voilà Bertrand. Il est gros. Il est intelligent mais il est paresseux. Il est sociable et équilibré.

Voilà Robert. Il est beau mais il est trop timide et il est très naïf.

Voilà Émile. Il est laid, bizarre et bête. Mais il est très amusant!

Voilà Candide et Alceste. Candide est heureux mais Alceste est malheureux.

Voilà Guy. Il est sportif et très occupé.

Voilà Napoléon. Il est français.

Voilà Daniel Boone. Il est américain.

Voilà John Macdonald. Il est canadien.

- Patrick est plus sympathique que Jean. Émile est moins beau que Robert. Et Alceste? Il est plus beau que Robert? Qui est plus mince, Michel
  ou Bertrand? Qui est plus grand, Napoléon ou Daniel Boone? Qui est
  moins sportif, Guy ou Bertrand? Comment est Napoléon? Comment est
  Daniel Boone? Comment est John Macdonald?

B. Qui aime…

les cours?

les devoirs?

les examens?

les fêtes?

la musique classique?

le jazz ou le rock?

l'université?

les vacances?

- Et vous, vous aimez les cours? le rock? les fêtes? la musique classique?

Autres mots et expressions

c'est bizarre *that's weird (odd, strange)*
c'est normal *that's normal*
c'est tout *that's all*
il/elle adore *he/she loves*
il/elle aime *he/she likes, he/she loves*

il/elle déteste *he/she hates*
maintenant *now*
où *where*
plus ou moins *more or less*

Notes de vocabulaire

A. Aimer/aimer bien. If you want to say that you love someone, use the verb **aimer.** If, however, you want to emphasize the fact that you like that person as opposed to loving them, use **aimer bien:**

> **J'aime bien** Marc mais c'est   *I like Marc but I love Christophe.*
>   Christophe que **j'aime.**

B. Ou/Où. **Ou** (no accent) means *or;* **où** (with an accent) means *where:*

> — Où est Michèle?   *"Where's Michèle?"*
> — Michel ou Michèle?   *"Michel or Michèle?"*

C. Singulier ou pluriel? Some words that are used in the singular in English are used in the plural in French, and vice versa.
   Le devoir/les devoirs. A **devoir** is an assignment. **Les devoirs** refers to homework in general:

> Je déteste les devoirs.   *I hate homework.*

Les vacances. The word **vacances** is always plural in French:

> J'adore les vacances.   *I love vacation(s).*

D. La prononciation. Spelling differences do not always indicate differences in pronunciation. In the example below, the words in boldface type are both pronounced alike:

> Il **aime** le jazz.   Tu **aimes** le rock?

The same is true in **j'adore, tu adores,** and **il/elle adore** as well as for **je déteste, tu détestes,** and **il/elle déteste.**

E. La comparaison. Use **plus/plus... que** and **moins/moins... que** to make comparisons:

> Qui est **plus mince,** Michel   *Who's thinner, Michel or*
>   ou Bertrand?   *Bertrand?*
> Jean est **plus égoïste que** Patrick   *Jean is more selfish than*
>   et il est **moins sympathique.**   *Patrick, and he is less likable.*

F. Très, trop. **Très** and **trop** are adverbs that can be used to qualify an adjective:

> Il est très intelligent.   *He's very intelligent.*
> Il est trop généreux.   *He's too generous.*

G. Les fêtes.   The word **fête** may refer to a holiday or simply to a party. **Une boum** is a party given by high school or college-age people. It usually includes dancing and loud music.

D'ACCORD?

A. *Comment est... ?*   Describe each person. Base your description on what you know from his picture. Then add other possible characteristics.

   1. Robert **6.** Bertrand
   2. Émile **7.** Napoléon
   3. Patrick **8.** Daniel Boone
   4. Jean **9.** John Macdonald
   5. Michel

B. *Il aime/il déteste*   Imagine one thing that each person likes or hates.

   1. Alceste **3.** Émile **5.** Michel
   2. Candide **4.** Guy

C. *Positif ou négatif?*   Decide which of the French adjectives you know have positive or negative connotations. Are there some adjectives that are both negative and positive or that are otherwise difficult to classify?

   1. Adjectifs positifs
   2. Adjectifs négatifs
   3. Adjectifs difficiles à classer

D. *Qui est... ?*
   1. Qui est plus intelligent, Émile ou Patrick?
   2. Qui est moins grand, Jean ou Patrick?
   3. Qui est moins beau, Napoléon ou Guy?
   4. Qui est plus heureux, Candide ou Michel?
   5. Qui est plus malheureux, Robert ou Alceste?
   6. Qui est plus sérieux, Bertrand ou John Macdonald?

E. *Comparez*   Compare the following people:

   1. Michel et Bertrand
   2. Patrick et Jean
   3. Guy et Alceste
   4. Robert et Candide
   5. Napoléon et Daniel Boone
   6. Émile et vous

Les mots et la culture

A. L'argot.   What slang expressions do you use? When do you use them? With whom?

Slang **(l'argot)** in French, as in English, serves to define speakers in relationship to their age group, social class, and other affiliations. It is unstable and changes from generation to generation and from group to group. Words that are common slang expressions in current French will be marked as such in your vocabulary lists. Again, as was the case with informal French, you will want to be able to recognize these words, but you should be careful about using them with French speakers since such use may seem insensitive or inappropriate.

B. Les fêtes religieuses, les fêtes civiles.   What holidays do you celebrate? What do they commemorate?

You probably noticed on the French calendar on page 18 that the words in boldface are the names of holidays. Some of these holidays commemorate national or historical events, for example, July 14, the national holiday in France **(le 14 juillet),** and November 11, Armistice Day **(l'Armistice).** These holidays, **les fêtes civiles,** occur on the same date every year. Some holidays, however, are religious, **les fêtes religieuses.** These occur on the same date every year **(la Toussaint, Noël)** or they may vary in date **(la Pentecôte, Pâques).**

This duality of tradition is characteristic of France and reflects the strong historical influence of the Roman Catholic Church along with the political and national celebrations that are the heritage of the French Revolution and the events of the nineteenth and twentieth centuries.

TRUCTURE

▶ Le verbe *être*

Here are the forms of the verb **être** *(to be):*

je suis	*I am*
tu es	*you (familiar) are*
il est	*he (it) is*
elle est	*she (it) is*
nous sommes	*we are*
vous êtes	*you (formal or plural) are*
ils sont	*they are*
elles sont	*they are*

Note that the **-s** of **vous** is pronounced as a **z** in front of the vowel **ê-** in **êtes:**

vous‿êtes
/**z**/

Use **ils** to refer to any group that includes a male. **Elles** is used only to refer to groups that are composed exclusively of females.

Vous avez compris?

A. *Complétez par un pronom* Fill in the appropriate pronoun.

1. _____ sommes américains.
2. _____ êtes sympathique.
3. _____ suis malade.
4. _____ es timide.
5. _____ sommes raisonnables.
6. _____ est bête!
7. _____ est heureux.
8. _____ est égoïste.
9. _____ sont minces.
10. _____ sont malades.

B. *Complétez par un verbe* Fill in the blanks with the correct form of the verb **être.**

1. Tu _____ très égoïste!
2. Il _____ grand et gros.
3. Vous _____ américains?
4. Elles _____ étudiantes?
5. Nous _____ occupés.
6. Je _____ plus mince que Bertrand!
7. Elle _____ timide.

▶ La forme négative

To make a verb negative in French, put **ne** in front of the verb and **pas** after it:

ne + *verb* + **pas**

Here are the negative forms of *détester.*

je **ne** déteste **pas**	*I don't hate*
tu **ne** détestes **pas**	*you don't hate*
il ⎱ **ne** déteste **pas**	*he* ⎱ *doesn't hate*
elle ⎰	*she* ⎰

Note that the **-e** of **ne** is dropped in front of a verb form beginning with a vowel:

— Tu **n'**es pas heureux?
— Non. Ça ne va pas du tout. Patrick **n'**aime pas les chats et moi je **n'**aime pas les chiens!

Vous avez compris?

A. *L'esprit négatif* Candide sees life through rose-colored glasses. Alceste does not. Say what Alceste would say.

- **MODÈLE:** (Candide) Je suis heureux!
  (Alceste) Je ne suis pas heureux.

1. J'aime les chats!
2. Les chiens sont sympathiques!
3. L'automne est beau!
4. Le professeur est très intelligent!
5. Les étudiants sont sérieux!
6. J'aime le printemps!
7. Je suis généreux!
8. Ça va!

B. *Et vous, est-ce que vous aimez... ?*

- **MODÈLE:** les chats?   Oui, j'aime les chats. / Non, je n'aime pas les chats.

les chiens? les poissons? les vacances? les examens? les fêtes? les devoirs? la musique classique? le rock? les professeurs?

► La formation des adjectifs

In French, adjectives agree in number and gender with the person or object to which they refer. Thus adjectives may change form depending on whether the person or object they refer to is singular or plural, masculine or feminine:

Paul est **grand** et **beau**.
Nicole est **grande** et **belle**.

Paul et Marc sont **grands** et **beaux**.
Nicole et Marie sont **grandes** et **belles**.

Adjectifs comme mince

Adjectives whose masculine singular form ends with a mute **-e** (an **-e** that is not pronounced) are spelled identically in the masculine and feminine forms. They add **-s** to form the plural. These changes affect spelling only; all four forms are pronounced identically:

	MASCULINE	FÉMININE
Singular	Il est minc**e**.	Elle est minc**e**.
Plural	Ils sont minc**es**.	Elles sont minc**es**.

Other adjectives like **mince** are **bête, bizarre, égoïste, malade, raisonnable, sociable, sympathique,** and **timide**.

Adjectifs comme fatigué

Adjectives that end in **-é** form their feminine by adding a silent **-e.** Their plurals end in a silent **-s.** Changes involve spelling only; all four forms are pronounced identically:

	MASCULINE	FEMININE
Singular	fatigué	fatiguée
Plural	fatigués	fatiguées

Other adjectives like **fatigué** are **déprimé, équilibré,** and **occupé.**

Adjectifs comme grand *et* français

The majority of adjectives that end in a silent consonant (rather than a mute **-e** or an **-é**) form their feminine by adding **-e.** The addition of this **-e** causes the preceding consonant to be pronounced:

	MASCULINE	FEMININE
Singular	Il est grand.	Elle est grande.
	(*-d not pronounced*)	(*-d- pronounced*)
	Il est français.	Elle est française.
	(*-s not pronounced*)	(*-s- pronounced*)

Plurals are formed by adding **-s** to the singular form (unless that form already ends in **-s,** in which case nothing is added). The plural **-s** is never pronounced:

	MASCULINE	FEMININE
Plural	Ils sont grands.	Elles sont grandes.
	Ils sont français.	Elles sont françaises.

Other similar adjectives include **américain, amusant, blond, brun, content, intelligent, laid, méchant,** and **petit.**

D'autres adjectifs

Some adjectives have feminine and/or plural forms that do not fall into the three categories just discussed. The forms of adjectives that do not follow one of these three patterns are always given in the vocabulary list. You should learn them as you encounter them.

Here are the forms of irregular adjectives in this lesson:

MASC. SING.	FEM. SING.	MASC. PL.	FEM. PL.
-eux	**-euse**	**-eux**	**-euses**
généreux	généreuse	généreux	généreuses
paresseux	paresseuse	paresseux	paresseuses
sérieux	sérieuse	sérieux	sérieuses

MASC. SING.	FEM. SING.	MASC. PL.	FEM. PL.
-s	**-sse**	**-s**	**-sses**
gros	grosse	gros	grosses
-f	**-ve**	**-fs**	**-ves**
naïf	naïve	naïfs	naïves
sportif	sportive	sportifs	sportives
-ien	**-ienne**	**-iens**	**-iennes**
canadien	canadienne	canadiens	canadiennes
-eur	**-euse**	**-eurs**	**-euses**
travailleur	travailleuse	travailleurs	travailleuses
-al	**-ale**	**-aux**	**-ales**
normal	normale	normaux	normales

IRREGULAR ADJECTIVE

beau	belle	beaux	belles

Vous avez compris?

A. *Des jumeaux et des jumelles*   Here are some sets of twins. You already
know what one twin is like. What is the other twin probably like?

• **MODÈLE:**   Sophie est intelligente. Et Marc?
Il est intelligent.

1. Jacques est timide. Et Jacqueline?
2. Béatrice est sociable. Et Bernard?
3. Martine est sportive. Et Marie?
4. Paul est laid. Et Pierre?
5. André est généreux. Et Anne?
6. Claudine est grosse. Et Charles?

Offres spéciales
aux lecteurs du
Point
Vols spéciaux

B. *Comment sont... ?* Refer to exercise A to tell what each pair of twins is like.

- **MODÈLE:** Sophie et Marc?
  Ils sont intelligents.

  1. Jacques et Jacqueline?   **4.** Paul et Pierre?
  2. Béatrice et Bernard?   **5.** André et Anne?
  3. Martine et Marie?   **6.** Claudine et Charles?

EXERCICES D'ENSEMBLE

A. *Au contraire!* Opposites attract! Here are some couples whose characteristics are exactly opposite. Say this, following the model.

- **MODÈLE:** M. Leblanc est petit. Et Mme Leblanc?
  Elle n'est pas petite. / Elle est grande.

  1. Mme Roche est timide. Et M. Roche?
  2. M. Fournier est bête. Et Mme Fournier?
  3. Mme Dupont est paresseuse. Et M. Dupont?
  4. Mme Cordier est blonde. Et M. Cordier?
  5. M. Marchand est beau. Et Mme Marchand?

B. *Et les sœurs?* Look at the pictures on page 39. Each of these people has a sister. What are the names of these sisters? What is each one like? Use your imagination!

- **MODÈLE:** Jean? Il est petit et blond. Il est méchant et égoïste. Et sa *(his)* sœur?
  C'est Jeanne. Elle n'est pas petite. Elle est grande et blonde. Elle est sympathique et sociable.

C. *Je suis/je ne suis pas* Say what you are and are not like.

- **MODÈLE:** Je suis sociable et sportif/sportive.
  Je suis généreux/généreuse mais je ne suis pas naïf/naïve!

D. *Soyons gentils! (Let's be nice!)* Introduce one of your classmates to the rest of the class. Say something nice about him or her.

- **MODÈLE:** C'est Susan. Elle est sympathique / elle n'est pas méchante, etc.

Échanges

A. *Comment est... ?* With a partner, or in groups, find out as much as possible about each other using the vocabulary you already know. Find out where your classmates are from, what they like, what they do not like, and what they are like. Be ready to tell the class one or two interesting things about the people to whom you have been talking.

B. *Et les étudiants?* What do you know about the people in your class? Write down three or more things you know about various people in your class. If you do not know at least three things, invent some. Compare your answers.

> • **MODÈLE:** John est sympathique. Vicki est de Miami. Stacy aime les chats.

C. *Décrivez-les* As a class or in groups, make a list of three to five famous people. Then, using the adjectives you know, say as much about each person as you can.

D. *Le professeur idéal* Describe the ideal instructor. Be sure to say how he or she is as well as how he or she is not.

Le professeur idéal est...

Le professeur idéal n'est pas...

E. *Et les étudiants?* Now describe ideal students from the instructor's point of view.

Ils sont...

Ils ne sont pas...

F. *Mais en réalité!* Now come back to reality and describe *typical* students and the *typical* instructor.

Le professeur typique est...

Les étudiants typiques sont...

Leila

Jean-Paul

Véronique

Philippe

G. ***Comparez-les*** In small groups, compare Leila and Jean-Paul. Then compare Véronique and Philippe. Put your ideas together to write a short paragraph about each pair. Don't forget words like *et, mais, très, trop,* etc.

H. ***Conversation en français*** You are talking to a friend who has a knack for writing personal ads. Tell him or her about yourself. Keep in mind that absolute truth may not be to your advantage in this situation.

L·E·C·T·U·R·E
Le calendrier scolaire

► Préparation à la lecture

What are some of the documents you received when you first arrived on campus? What were they for? What kinds of information did they include?

► Activités de lecture

De quoi s'agit-il?

A. From the list below, select the kinds of information you can find in this text.

dates	weather	seasons	holidays	institutions
cities	time	months	places	countries

B. What does this calendar refer to?

geographic map	academic life	seasonal weather
tide schedule	national holidays	school holidays

À la recherche des détails

A. Compute how many days of vacation students have for:

la Toussaint
Noël
les vacances d'hiver
les vacances de printemps

B. If you were French, how would you decide which dates apply to you?

Apprenons

A. **Mots et expressions** Use what you know about this text to guess the meaning of the following words: **rentrée, la Toussaint, élèves.**

B. **La culture française**

1. *Les différences.* Use *oui* or *non* to react to the following statements based on what you have learned from this calendar. In what ways are France and your country alike? In what ways are they different?

VACANCES SCOLAIRES 1990/1991

Zone A

Zone B

La zone A comprend les académies de Bordeaux, Caen, Clermont-Ferrand, Créteil, Grenoble, Montpellier, Nancy-Metz, Nantes, Paris, Rennes et Versailles.

La zone B comprend les académies d'Aix-Marseille, Amiens, Besançon, Dijon, Lille, Limoges, Lyon, Nice, Orléans-Tours, Poitiers, Reims, Rouen, Strasbourg et Toulouse.

Rentrée des personnels enseignants	**Zones A et B**	Vendredi 7 septembre 1990
Rentrée des élèves	**A et B**	Lundi 10 septembre 1990
Vacances de Toussaint	**A et B**	Du samedi 27 octobre 1990 au lundi 5 novembre 1990
Vacances de Noël	**A et B**	Du samedi 22 décembre 1990 au lundi 7 janvier 1991
Vacances d'hiver	**A**	Du jeudi 14 février 1991 au lundi 4 mars 1991
	B	Du jeudi 21 février 1991 au lundi 11 mars 1991
Vacances de printemps	**A**	De samedi 20 avril 1991 au lundi 6 mai 1991
	B	Du samedi 27 avril 1991 au lundi 13 mai 1991
Vacances d'été	**A et B**	Du samedi 6 juillet 1991 au mardi 10 septembre 1991

Le départ en vacances a lieu après la classe, la reprise des cours a lieu le matin des jours indiqués. En cas de vacance des classes le mercredi ou le samedi, lorsque le départ est prévu ces jours-là, les vacances commencent après la classe, respectivement, du mardi ou du vendredi.

Agenda de textes 1990–1991. *La Nouvelle Famille éducatrice, août-septembre 1990.*

In France:

   a. Saturday is a school day.
   b. Religious holidays are vacation days.
   c. Vacation dates are uniform throughout the country.
   d. The school calendar is determined officially for the country.
   e. The country is divided into major geographic areas.
   f. Vacations coincide with official national dates.
   g. Schoolchildren have a lot of vacations.
   h. Students have many short holidays.
   i. The school year is very long.
   j. Vacations are easy to plan.

▶ Après la lecture

A. *Décidons*

1. Imagine that you are spending a year in France teaching English in a high school in Strasbourg. What vacations will you have? If you decide to travel during vacations, where will you go? Use the calendar to plan your vacations.

2. You and your family are spending a year in Paris. Take the school calendar into account and decide what the best time of year would be for:

   a skiing holiday   a trip abroad
   a stay in London   a trip to the United States

B. *Discutons la culture*

1. *Les systèmes.* Can you figure out why the school calendar is such an official document in France?
2. *Oui et non.* Find some similarities and some differences between school vacations in France and in your country.

▶ Mise en pratique: Mon calendrier personnel

A. *Préparation* Look at the French calendar on page 18 and identify the main holidays. Make a list using the month and the name of each holiday.

en décembre   Noël
en janvier   _____
_____   _____

B. *Trouvez la date* Here are the first sentences of some postcards that were written by French students on vacation to their friends back home, but the dates are illegible. Decide on a logical date for each card. Write the date in French.

• **MODÈLE:** Nous sommes à Cannes avec les parents. Hôtel, restaurants,... le 20 juillet (le 20.7)

1. Je suis avec Olivier et Jean-Luc à Chamonix. Nous skions et nous...
2. Noël en famille chez les grands-parents!
3. Paris en avril...
4. Bonne fête, chère Noëlle!
5. Bonne et heureuse année!
6. Bravo pour le succès aux examens! Bonnes vacances!

C. *Le calendrier du semestre/trimestre* Use French to make a calendar of the important dates at your school. Include personal dates that are important to you, too.

la rentrée: le 29 août
les vacances de Thanksgiving: du... au...
anniversaire de Julie: le 18 décembre

Orthographe et prononciation

▶ Les signes diacritiques

French uses five diacritical signs: **l'accent aigu** (´), **l'accent grave** (`), **l'accent circonflexe** (^), **la cédille** (¸), and **le tréma** (¨). Omitting, misplacing, or misusing a diacritical is the same as misspelling a word in French.

Here we will discuss **l'accent aigu** (´); the others appear in Lesson 3.

The **accent aigu** (´) is found only over the letter **e.** It marks the sound represented by the **e** in the word **étudiant.**

Activités

A. *Prononcez* Here are some words from Lesson 3 whose spelling includes an *accent aigu*. Repeat them after your instructor.

1. la clé *(key)* 2. la télévision 3. le réveil *(alarm clock)*
4. agréable *(nice, pleasant)* 5. le téléphone

B. *Écrivez* Here is a list of words that you have already learned. Rewrite them adding the *accents aigus* that are missing.

1. americain 2. genereux 3. penible 4. universite

Vocabulaire de base

NOMS

le cours   *course, class*
le devoir (les devoirs)
   assignment (homework)
l'examen (*m.*)   *test, exam*
la fête   *holiday, party*
le jazz   *jazz*
la musique   *music*
le rock   *rock (music)*
l'université (*f.*)   *university,
   college*
les vacances (*f. pl.*)*   *vacation*

ADJECTIFS

américain(e)   *American*
beau, belle, beaux, belles
   *beautiful, good-looking,
   handsome*
bête   *dumb, stupid*
bizarre   *weird, strange, odd*
blond(e)   *blond*
brun(e)   *dark-haired*

canadien, canadienne
   Canadian
fatigué(e)   *tired*
français(e)   *French*
généreux, généreuse   *generous*
grand(e)   *tall*
gros, grosse   *big, fat*
heureux, heureuse   *happy*
intelligent(e)   *smart, intelligent*
laid(e)   *ugly*
malade   *sick*
malheureux, malheureuse
   unhappy
mince   *slim, thin*
naïf, naïve   *naïve*
occupé(e)   *busy*
paresseux, paresseuse   *lazy*
pénible   *obnoxious*
petit(e)   *short (stature), small*
raisonnable   *reasonable, sensible*
sociable   *sociable, gregarious*
sportif, sportive   *athletic*

sympathique   *nice, congenial,
   likable*
timide   *shy*
travailleur, travailleuse
   hardworking

VERBE

être   *to be*

DIVERS

il/elle adore   *he/she loves*
il/elle aime   *he/she likes, he/she
   loves*
il/elle déteste   *he/she hates*
maintenant   *now*
moins (moins... que)   *less
   (less... than)*
ou   *or*
où   *where*
plus (plus... que)   *more (more...
   than)*
très   *very*

Vocabulaire supplémentaire

NOM

la musique classique   *classical
   music*

ADJECTIFS

amusant(e)   *fun*
déprimé(e)   *depressed*
égoïste   *selfish*
équilibré(e)   *well-adjusted*
méchant(e)   *mean*
normal(e)   *normal*
sérieux, sérieuse   *serious,
   hardworking*

DIVERS

c'est tout   *that's all*

Comment est Jean?   *What is
   Jean like?*
plus ou moins   *more or less*
qui   *who*
trop   *too (too much)*
voilà   *there are/is (here are/is),
   there!*

LE FRANÇAIS FAMILIER

la boum = la fête
branché(e) = "*with it*"
crevé(e) = très fatigué(e)
la fac = l'université
marrant(e) = amusant(e)
sympa (*invariable*) =
   sympathique

ON ENTEND PARFOIS...

une ambiance (Zaïre) = une
   fête
assez, ben (Canada) = très
bolé(e) (Canada) = intelligent
cagou (Antilles) = malade
fatigué(e) (Maghreb) = malade
minçolet(te) (Suisse) = très
   mince
les tâches (*f. pl.*) (Suisse) = les
   devoirs

---

*pl. = plural

Comment est votre chambre?

En bref

DESCRIBING YOUR ROOM • TALKING ABOUT YOUR POSSESSIONS • HOTELS IN FRANCE

◄ *Voilà la chambre de Nathalie.*

45

Vocabulaire

A. Voilà la chambre de Monsieur et Madame Mercier.

Dans la chambre de Monsieur et Madame Mercier, il y a une porte, une fenêtre avec des rideaux, un lit, deux tables de nuit, un fauteuil et une commode avec des tiroirs. Sur le mur, il y a un tableau et sur la table de nuit, il y a un réveil. Par terre, il y a un tapis.

- La chambre est grande ou petite? Elle est claire ou sombre? Vous aimez la chambre de Monsieur et Madame Mercier?

B. Voilà la chambre de Jessica et de Susan.

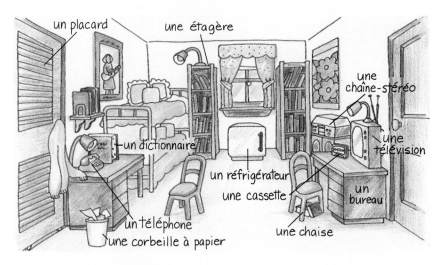

Jessica est la camarade de chambre de Susan. Dans la chambre de Jessica et de Susan, il y a un placard, deux chaises, deux bureaux et deux étagères. Il y a aussi un téléphone, une télévision, une chaîne-stéréo et un réfrigérateur. Sur les murs, il y a des affiches et par terre, sous la chaise, il y a deux livres. Il y a aussi une cassette, un dictionnaire et une corbeille à papier.

- La chambre est agréable? Elle est en ordre ou en désordre? Jessica et Susan sont françaises ou américaines?

C. Voilà la chambre de Jean-Pierre.

Dans la chambre de Jean-Pierre, il y a un lavabo et un miroir. Il y a aussi une guitare, une radio et un disque. Il y a une lampe sur le bureau et une photo sur l'étagère.

- Jean-Pierre est français ou américain? La chambre est en ordre ou en désordre? Jean-Pierre déteste la musique? Vous aimez la chambre de Jean-Pierre?

D. Voilà le bureau de Mme Bernstein.

un ordinateur

un crayon

une machine à écrire

une clé

une calculatrice

un sac

- Qu'est-ce qu'il y a dans le bureau de Madame Bernstein? Le bureau est clair ou sombre? Il est agréable?

E. Les couleurs

Dans la chambre de Monsieur et Madame Mercier, les murs sont blancs, les rideaux et le fauteuil sont verts, le chat est noir et blanc, le tapis est bleu et vert, et les fleurs sont rouges.

Dans la chambre de Jessica et de Susan, le téléphone est orange, les bureaux sont bruns, les rideaux sont jaunes, les chaises sont orange et la corbeille à papier est blanche.

- Dans la chambre de Jean-Pierre, de quelle couleur sont les rideaux? et la guitare? et le lavabo? et la lampe? et la chaise? Et dans le bureau de Madame Bernstein, de quelle couleur sont les fleurs? et l'ordinateur? et le sac? et le téléphone? et le fauteuil?

Autres mots et expressions

il n'y a pas de *there is no, there are no*

impossible *impossible*

on *one, they, people*

peut-être *perhaps, maybe*

possible *possible*

qu'est-ce que c'est? *what's this?/ what's that?*

une salle de classe *classroom*

Notes de vocabulaire

A. Voilà/il y a. **Voilà** is used to point out something or someone. It can mean either *there is/there are* or *here is/here are.* **Il y a** is used to state that someone or something exists, to enumerate, and to describe. It does not point out. **Il y a** can mean either *there is* or *there are:*

Voilà la chambre d'Anne.	*There's Anne's room.*
Il y a deux chaises, un lit...	*There are two chairs, a bed . . .*

B. On. **On** is a third-person singular subject pronoun (like **il** and **elle**) that corresponds very roughly to the English *one.* **On** is commonly used in spoken French instead of **nous** or in cases where it is easily understood to whom the **on** refers:

On parle français et anglais à Montréal.
One speaks French and English in Montreal.
They speak French and English in Montreal.
French and English are spoken in Montreal.

On a un examen aujourd'hui?
We have a test today?

C. Le pluriel des noms irréguliers. A small number of nouns do not form their plural by adding **-s.** These plurals will always be given in vocabulary lists. Here are the nouns you already know that have irregular plural forms:

SINGULAR	PLURAL
un bureau	des bureaux
un rideau	des rideaux
un tableau	des tableaux

D. Orange. The adjective **orange** is invariable. It has only one form.

Les cahiers de Jean-Pierre sont orange.	*Jean-Pierre's notebooks are orange.*

D'ACCORD?

A. *Chassez l'intrus* In each line, find the word whose meaning does not fit with that of the other words.

- **MODÈLE:** une porte, une chaise, *un professeur,* un stylo

  1. une table, une chaise, un livre, un bureau
  2. un stylo, un cahier, un crayon, une porte

3. une étagère, un chat, une commode, un fauteuil
4. un téléphone, une radio, un tapis, une télévision
5. un tiroir, une clé, un cahier, un crayon
6. jaune, bleu, bête, brun

B. *Qu'est-ce qu'il y a dans... ?* What might you expect to find in each of the following?

1. Dans une chambre?
2. Dans une salle de classe?
3. Dans un bureau?
4. Dans un sac?

C. *Une chambre d'étudiant* Make two lists.

1. The things in a typical dorm room before a student moves in.
2. The things that are added after a student moves in.

D. *Décrivez* Describe this room.

E. *La chambre idéale* What would the ideal dorm room be like? Make a drawing and label as many items as you can.

F. *Les couleurs*

1. De quelle(s) couleur(s) sont...

    a. les chats?   d. les téléphones?
    b. les chiens?   e. les ordinateurs?
    c. les poissons?

2. De quelle(s) couleur(s) sont... (use your imagination)

    a. les lundis?   b. les samedis?   c. le printemps?   d. l'automne?

A. Le franglais. Here are some English words and expressions that have come from French and some French words that have come from English. Can you add to the lists?

French → English: restaurant, gauche, lingerie,...
English → French: un poster, le football, le rock,...

When two languages come into contact, there is a mutual borrowing of words, though meanings and pronunciation may be altered. This is the case with English and French. Although many people in France, including those in government, may try to avoid using "franglais," the mutual borrowing of words between French and English has been going on for over a century.

B. Porte ouverte ou porte fermée? When do you close doors? What doors are more likely to be found open than closed?

In many cultures the open door is a sign of friendliness, goodwill, and sharing. In houses, doors to rooms are generally left at least partially open, and, in fact, the issue of open or closed bedroom doors is often a contentious one between parents and adolescents. In France, however, where people live in tighter quarters, the sense of space is different, and there is a feeling that private areas of a home should remain private. Consequently, most French people feel that a closed door, rather than indicating unfriendliness or secrecy, is a quite natural way of delineating private space. A closed door in a French home does not mean that you are not welcome. It does mean, however, that entering the room behind it must be negotiated. A knock on the door and an invitation to come in and sit down are necessary and expected.

C. La chambre d'étudiant. What do you think of when you think about university life?

Traditionally, French universities have been urban institutions. They have always been centers of higher learning rather than centers of student life. These older universities are not organized in campuses where students move in for a period of time to live, study, and have fun before entering the professional adult world. Instead, students who attend these universities come only for classes and live either at home, in a small rented studio, or rent a room with a family. In the 1960s, some universities were built outside cities. These universities have dormitories (*cités universitaires*) and tend to have more of a campus atmosphere.

STRUCTURE

▶ L'article indéfini

In English the indefinite articles *a (an)* and *some (any)* are used to refer to persons or objects whose identity is not specified. In French, the indefinite articles **un, une,** and **des** are used in the same way. Note the pronunciation of **des** before a vowel.

un + *masculine singular noun*	**un** livre, **un** hôtel
une + *feminine singular noun*	**une** chaise; **une** affiche
des + *plural nouns*	**des** livres; **des** chaises
	des hôtels; **des** affiches
	/z/ /z/

Dans **une** chambre, il y a **un** lit,   *In a room, there's a bed, a lamp,*
   une lampe et **des** livres.   *and some books.*

In French, unlike English, the article must be used:

Il y a **des** chiens et **des** chats   *There are (some) dogs and*
   et **des**...   *(some) cats and (some) . . .*

RAPPEL! Remember that when you are talking about things that you like or do not like (using verbs like **aimer, adorer,** and **détester**) or about things in general, you must use the definite article **(le, la, l', les)** in French, even though there is no article in English:

J'aime **les** chats mais je déteste   *I like cats, but I don't*
   les chiens.   *like dogs.*

Vous avez compris?

A. *Chassez l'intrus* In each list, one word does not belong because of its number (singular or plural) or its gender (masculine or feminine). Read each list aloud, adding the appropriate article (*un, une,* or *des*) in order to find the intruder.

- **MODÈLE:** chaise, photo, étudiante, livres
  une chaise, une photo, une étudiante, *des livres*

1. rideau, crayon, porte, livre
2. sac, table, étudiante, porte
3. lit, radios, chat, cahier
4. bureaux, étagères, tiroir, affiches

B. *Cherchez le singulier*   Give the singular of each word.

1. des tables   4. des professeurs
2. des bureaux   5. des crayons
3. des tapis

▶ Les articles après *ne... pas*

Un, une, and **des** become **de (d')** after a negative expression like **ne... pas:**

Il y a **un** chat?   Non, il **n'**y a **pas de** chat.
Il y a **des** crayons?   Non, il **n'**y a **pas de** crayons.

The definite articles **(le, la, l', les)** always stay the same:

J'aime **les** chats.   Je **n'**aime **pas les** chats.

Vous avez compris?

A. *Trouvez l'article*   Complete each sentence with an appropriate article
   (un, une, des, de, d', le, la, l', les).

1. Il y a _____ dictionnaire et _____ livres dans la chambre.
2. Il n'y a pas _____ bureau mais il y a _____ table.
3. J'aime _____ fêtes.
4. Je déteste _____ examens.
5. J'aime _____ télévision mais il n'y a pas _____ télévision dans la
   chambre!

SHEBA
POUR DIRE JE T'AIME

B. *Alceste n'est pas content* Alceste is surveying the state of his room and he is *not* happy. Follow the model.

- **MODÈLE:** Il y a une machine à écrire, mais...
  il n'y a pas d'ordinateur!

1. Il y a un fauteuil, mais...
2. Il y a une radio, mais...
3. Il y a des cassettes, mais...

4. Il y a une table, mais...
5. Il y a des livres, mais...
6. Il y a une chaîne stéréo, mais...

▶ Le verbe *avoir (to have)*

LA FORME AFFIRMATIVE		LA FORME NÉGATIVE	
j'ai	nous avons	je n'ai pas	nous n'avons pas
tu as	vous avez	tu n'as pas	vous n'avez pas
il elle } a	ils elles } ont	il elle } n'a pas	ils elles } n'ont pas

Note the pronunciation of the plural forms:

nous avons ils ont
/z/ /z/

vous avez elles ont
/z/ /z/

RAPPEL! Remember that the articles **un, une,** and **des** become **de (d')** after a negative:

Je n'ai pas **de** radio mais j'ai **une** chaîne stéréo.

I don't have a radio but I have a stereo.

Vous avez compris?

A. *Les possessions* Use the verb *avoir* to tell what everybody owns or does not own.

le professeur de français	une radio
les étudiants	un réveil
je	un/une camarade de chambre
elles	des affiches
ils	des cahiers
Alceste	une photo
tu	une télévision
vous	un chien
nous	des disques de rock
	des cassettes de Sinatra

B. *Qu'est-ce qu'ils ont?* What might each person logically possess and not possess?

- **MODÈLE:** Paul aime la musique classique.
  Il a des disques de Mozart. Il n'a pas de disques de rock.

  1. Martine et Michel aiment les livres classiques.
  2. Nicole aime les cours.
  3. Janine aime le jazz.
  4. Sophie aime les Beatles.

EXERCICES D'ENSEMBLE

A. *Un/une ou des?* In a classroom, are there usually one or more than one of each of the following?

- **MODÈLES:** professeur?   affiche?   table?
  Il y a un   Il y a une affiche   Il y a des tables.
      professeur.   (des affiches).

1. chaise?	4. fenêtre?	7. livre?	9. étudiant?
2. étudiante?	5. bureau?	8. stylo?	10. mur?
3. crayon?	6. porte?		

B. *Dans une chambre* Say which of the following things you have in your room. Then go through the list again and say what you do not have.

- **MODÈLE:** des affiches
  J'ai des affiches./Je n'ai pas d'affiches.

des rideaux	un bureau	un tapis
une chaise	une corbeille à papier	une étagère
un chien	des disques	des cassettes
un téléphone	une lampe	un chat
un ordinateur	une radio	un fauteuil
un lavabo	un professeur	une photo
une chaîne stéréo	une télévision	un/une camarade de
des fleurs	une affiche	chambre

C. *Qui a... ?* List the names of four or five students in the class. For each one, decide what he or she has and does not have. (Guess if you don't know.) When you have finished, find out how accurate your list is.

D. *La chaîne* One student starts the game by saying «*Dans une salle de classe, il y a une table*» (or another object). A second student repeats this and adds another object. Keep going as long as possible.

Échanges

A. *Chambres d'étudiants*   Tell what is and what is not in each room. Then give your overall impression of the rooms and of their occupants.

Il y a un/une/des...   Il n'y a pas de...   La chambre est...

B. *Des salles de classe*   Tell what is and what is not in each room.

Il y a un/une/des...   Il n'y a pas de...

C. *Ce n'est pas normal!*   Name at least three things that are *not* normally found in the following places.

- **MODÈLE:**   dans un bureau
    Il n'y a pas de télévision, pas de chien, pas de lit...

1. dans un bureau   **3.** dans une chambre
2. dans une salle de classe   **4.** dans un réfrigérateur

D. *Nous avons tous...*   In groups of three or four, find out what objects all of you possess (for example, each person in the group has some records). Report to the class.

E. *Et le professeur?*   Find out what your instructor's room is like. Ask as many questions as possible.

- **MODÈLE:**   *Vous:*   Vous avez une table?
    Le professeur: Oui, (j'ai une table.)

F. *Une chambre bizarre* What is not in this bedroom?

G. *La chambre de...* Look back at the pictures of various rooms on pages 46 through 48. Judging from the rooms, what do you think each person is like? Why?

H. *Conversation en français* Explain why you like or dislike your room. Give as many details as possible. You may want to begin, «J'aime (Je n'aime pas) ma *(my)* chambre parce que... »

L·E·C·T·U·R·E

— Deux hôtels —

▶ **Préparation à la lecture**

What accommodations are offered travelers where you live? How are these accommodations alike? Different?

If you were traveling in France, would you choose this hotel for a short stay? What would you want to know before deciding to stay there?

Hébergement

Hôtel Michel ✶✶
8, rue d'Odessa - 14e - T. 43 20 61 22 *M° Montparnasse Bienvenüe*

Un petit hôtel super, parfaitement situé en plein Montparnasse. Chambres avec cabinet de toilette à 102 f pour une personne et à 179 f pour deux. Avec salle de bains à 154 f pour une personne et à 240 f pour deux. Petit déjeuner en plus : 17 f.

Hôtel du Moulin Vert ✶✶
74, rue du Moulin Vert - 14e - T. 45 43 65 38 *M° Plaisance*

Rénové, propre, avenant et dans un quartier calme. Toutes les chambres ont téléphone direct, télé couleur, radio et mini-bar. Comptez 230 f à 260 f en single avec douche et wc, 290 f pour deux, 320 f avec salle de bains et wc. Lit supplémentaire 100 f. Petit déjeuner en plus : 22 f.

Françoise et Bernhard Delthil, *Paris pas cher* (MA Éditions)

▶ Activités de lecture

De quoi s'agit-il?

A. Look at the text rapidly. Then, from the list below, select the probable source of this text.

classified ads	a table of contents	book reviews
a book catalog	a guide book	an encyclopedia

B. What type of information can you get from this document?

À la recherche des détails

A. Use the chart below to compare accommodations at the two hotels.

HOTEL	TELEPHONE	SHOWER	BATHROOM	TV	BREAKFAST
HÔTEL MICHEL					
HÔTEL DU MOULIN VERT					

B. Now compare prices at the two hotels.

HOTEL	ROOM FOR ONE PERSON	ROOM FOR TWO PERSONS	ROOM WITH BATH	BREAKFAST
HÔTEL MICHEL				
HÔTEL DU MOULIN VERT				

Apprenons

A. *Mots et expressions*

1. Use context to guess the meaning of the following expressions: **le petit déjeuner en plus, pour une personne, un lit supplémentaire.**
2. Guess the meanings of the following cognates: **rénové, situé, comptez.**

B. *La culture française*

1. *Les transports.* Given that Paris is well served by public transportation, what do you think the words M° Montparnasse-Bienvenue, M° Plaisance mean? Look at the map on page 61. Can you find other *métro* stations?
2. *Les arrondissements.* Are both hotels in the same part of Paris? How do you know?
3. *Le confort sanitaire.* What factors seem to determine the difference in price between hotels? Rooms in the same hotel?

▶ Après la lecture

A. *Décidons* Which hotel would you choose in each case?

1. You'd rather spend your money on theater tickets than on a hotel.
2. You need to call home to tell your parents that you've arrived safely.
3. You want to see how the news is presented on French television.
4. You can't stand having to leave your room at night to use the bathroom in the hall.
5. You are traveling on an expense account.

B. *Discutons la culture française: La carte de Paris*

1. Look at the map of Paris. Find the approximate location of the two hotels.
2. Look at the numbers of the **arrondissements** in Paris. What do you think an **arrondissement** is? Which one would you like to stay in if you were visiting Paris?
3. **La gare Montparnasse** is one of five railway stations in Paris. Find the other four.

▶ Mise en pratique: Un bon petit hôtel

A. *Préparation à l'écrit* What adjectives can you think of to describe each hotel? Make a list. Then group these adjectives by twos, either contrasting them **(mais)** or adding one to the other **(et).**

• **MODÈLE:** confortable mais pas moderne/confortable et moderne

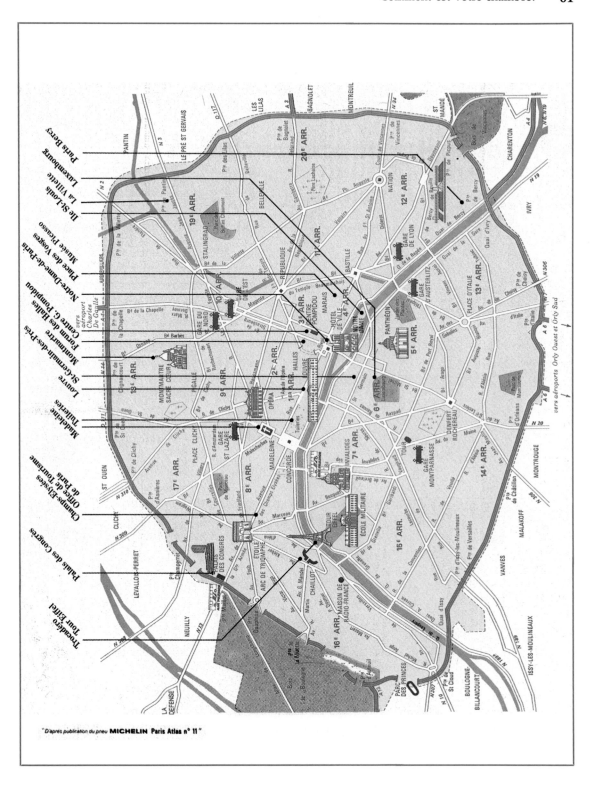

Paris Bercy
Luxembourg
La Villette
Ile St-Louis
Place des Vosges
Musée Picasso
Notre-Dame-de-Paris
Centre G. Pompidou
Forum des Halles
Montmartre
St-Germain-des-Prés
Louvre
Tuileries
Madeleine
Champs-Elysées
Office de Tourisme
de Paris
Palais des Congrès
Tour Eiffel
Trocadéro

"D'après publication du pneu **MICHELIN** Paris Atlas n° 11"

B. *Écrivons*   Now use French to write one or two sentences comparing these two hotels.

C. *Un hôtel de chez vous*   What hotel near you would you recommend to someone from France? Write a brief description. Use words like **très, trop, mais, et,** etc.

Orthographe et prononciation

▶ **Les autres signes diacritiques**

(Rappel: **L'accent aigu** (´) represents the sound of the **é** in **étudiant.**)

L'accent grave (`) represents the sound you hear for the second **e** in the word **étagère** and can be found over letters other than **e.** In these cases, it serves to distinguish the written forms of several homonyms:

à *to, at*   **a** *has*   **là** *there*   **la** *the*   **où** *where*   **ou** *or*

L'accent circonflexe (ˆ) indicates a letter was dropped from an earlier form of the word. Often the letter (usually an *-s-*) that disappeared still remains in the related English word. This accent does not change the sound of the vowel over which it appears. Do you now recognize these words?

forêt   **hôpital**   **arrêt**   **bête**   **château**   **maître**

Le tréma (¨) indicates that both vowels are pronounced:

égoïste (é-go-ïste)   **naïf** (na-ïf)   **Noël** (No-ël)

The **cédille** (¸), or cedilla, is found only under the letter **c.** It marks a soft **c** or **s** sound:

balcon   *no cedilla = hard c or k sound*
garçon   *cedilla = soft c or s sound*

Activités

A. *Prononcez*   Here are some words that you have already learned or will learn in Lessons 4 and 5. Repeat them after your instructor.

1. un garçon   *boy*   4. égoïste   *selfish*
2. le théâtre   *theater*   5. à côté de   *next to*
3. un problème   *problem*

B. *Écrivez* Rewrite the following words, adding any diacritical signs that are missing.

1. une fenetre
2. une chaine stereo
3. ca depend
4. peut-etre
5. tres
6. naive
7. francais
8. etre

Vocabulaire de base

Quel article? Beginning with this lesson, you will find words listed with either the definite article **(le, la, l', les)** or with the indefinite article **(un, une, des)**. Generally speaking, it is more natural, in a list, to use the indefinite article with things you can count (*une chaise, deux chaises,* etc.) and the definite article with things you do not usually count (*le jazz, la musique,* etc.). Note that you can use either article with any noun; it depends on what you want to say. Look at the sentences below. Can you tell why each article was used?

Candide aime **les** animaux. Il a **un** chat et **un** chien.
Alceste déteste **le** chat de Candide. Il n'aime pas **les** animaux.

NOMS
une affiche *poster*
un bureau, des bureaux *desk(s), office(s)*
un/une camarade de chambre *roommate*
une chaîne stéréo *stereo*
une chaise *chair*
une chambre *bedroom*
une clé *key*
un crayon *pencil*
un disque *record*
une étagère *bookcase, shelf*
une fenêtre *window*
une fleur *flower*
un lavabo *sink*
un lit *bed*
une photo *photograph*
un placard *closet*
une porte *door*

une radio *radio*
un réveil *alarm clock*
un sac *sack, purse*
une salle de classe *classroom*
une table *table*
un tapis *area rug*
un téléphone *telephone*
une télévision *television*

ADJECTIFS
agréable *agreeable, nice, pleasant*
grand(e) *big, tall*
petit(e) *little, small, short*

ADJECTIFS DE COULEUR
blanc, blanche *white*
bleu(e) *blue*
brun(e) *brown, dark-haired*
jaune *yellow*

noir(e) *black*
orange *(invariable) orange*
rouge *red*
vert(e) *green*

VERBE
avoir *to have*

DIVERS
dans *in, within*
il y a; il n'y a pas de *there is, there are; there is no, there are not any*
on *one, they, people*
peut-être *maybe, perhaps*
qu'est-ce que c'est? *what is this/that?*
sous *under*
sur *on, on top of*
voilà *there is, there are, here is, here are*

Vocabulaire supplémentaire

NOMS

une calculatrice   *calculator*
une cassette   *cassette*
une commode   *bureau, chest of drawers*
une corbeille à papier   *wastepaper basket*
une couleur   *color*
un dictionnaire   *dictionary*
un fauteuil   *armchair*
une guitare   *guitar*
une lampe   *lamp*
une machine à écrire   *typewriter*
un miroir   *mirror*
un mur   *wall*
un ordinateur   *computer*
un réfrigérateur   *refrigerator*
un rideau, des rideaux   *curtain(s)*

une table de nuit   *nightstand, night table*
un tableau, des tableaux   *painting*
un tiroir   *drawer*

ADJECTIFS

clair(e)   *bright, full of light*
impossible   *impossible*
possible   *possible*
sombre   *dark*

DIVERS

De quelle(s) couleur(s) est/ sont... ?   *What color is/are . . . ?*
en désordre   *messy*
en ordre   *straight, neat*

par terre   *on the floor*
Qu'est-ce qu'il y a dans... ?   *What is in . . . ?*

LE FRANÇAIS FAMILIER

un dico = un dictionnaire
un frigo = un réfrigérateur
une piaule = une chambre
un pieu = un lit
un poster = une affiche
une télé = une télévision

ON ENTEND PARFOIS...

un auditoire (Belgique) = une salle de classe
une boîte à portraits (Louisiane) = une télévision
une sacoche (Canada, Belgique) = un sac

Qu'est-ce que vous aimez?

En bref

TALKING ABOUT
PEOPLE • TALKING
ABOUT THINGS
YOU DO •
MEETING THE
DUBOIS FAMILY •
ASKING QUES-
TIONS • LEISURE
ACTIVITIES

◄ *Vous aimez danser?*

65

Vocabulaire

A. Voilà Vincent Dubois. C'est un homme sociable. Il aime mieux sortir que travailler et il n'aime pas rester à la maison. Il a beaucoup d'amis. Il aime parler, boire, fumer et danser. Il adore manger et il aime trop la cuisine française! Il aime aussi les films amusants: il adore rire. Il est très généreux et il aime donner des cadeaux. Vincent Dubois est le père de Chantal et de Marc.

B. Voilà Thérèse Dubois. C'est une femme très intelligente et équilibrée. Elle adore écrire des lettres et lire des livres sérieux. Elle aime aussi le théâtre classique et le cinéma. Elle adore marcher et elle aime beaucoup voyager. Elle parle anglais et elle étudie l'espagnol. Elle déteste le ménage et les cigarettes de Vincent! Thérèse Dubois est la mère de Chantal et de Marc.

C. Voilà Chantal Dubois. C'est une fille sportive et très sociable. Elle adore les animaux. Elle a un chien, Youky, et un oiseau, Nestor. Elle aime regarder des matchs de football et de tennis à la télévision. Elle aime aussi chanter et elle adore écouter des chansons à la radio. Elle n'aime pas étudier. Chantal est la sœur de Marc.

D. Voilà Marc Dubois. C'est un garçon sérieux et un peu timide. Il n'aime pas trop le sport. Il aime mieux lire et écouter des concerts à la radio. Il n'aime pas beaucoup les animaux, mais il a un chat, Minou. Il adore Minou! Il aime étudier, mais il déteste ranger. Marc est le frère de Chantal.

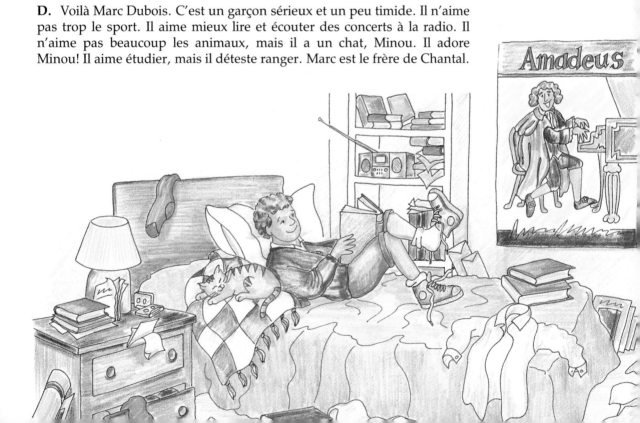

- Et vous, vous aimez danser? Vous aimez fumer? Vous aimez le cinéma? Et le sport?

- Vous aimez mieux sortir ou rester à la maison? Vous aimez mieux la cuisine française ou la cuisine américaine? Les films amusants ou les films sérieux? Le football ou le tennis? Les chats ou les chiens?

Autres mots et expressions

un/une camarade de classe *classmate*
c'est; ce n'est pas *it is, he is, she is;*
  it isn't, he isn't, she isn't
comme *like, as*
un/une enfant *child*
faux, fausse *false, untrue*
n'est-ce pas *isn't it, etc.*

parce que *because*
une personne *person*
vrai(e); c'est vrai; ce n'est
  pas vrai *true; that's*
  true; that's not true; you're
  kidding

Notes de vocabulaire

A. Beaucoup/beaucoup de. **Beaucoup** means *a lot* or *much*. It is placed after the verb:

Il aime **beaucoup** le cinéma.   *He likes the movies a lot.*
Il n'aime pas **beaucoup** le théâtre.   *He doesn't like the theater*
                          much (a lot).

Beaucoup de means *a lot of*. It is followed by a noun with no article. If the noun begins with a vowel sound, the **-e** of **de** is dropped:

Elle a **beaucoup de** devoirs.   *She has a lot of homework.*
Il n'a pas **beaucoup d'**amis.   *He doesn't have a lot of friends.*

B. Parler français. When you want to talk about speaking a language, the name of the language directly follows the verb **parler**. There is no article. When you want to talk about doing something else with a language, such as studying it, the definite article is used. Compare the following:

Il parle français et il   *He speaks French and he's*
  étudie l'anglais.   *studying English.*

C. Écouter et regarder. **Écouter** means *to listen to*; **regarder** means *to look at*. The *to* and the *at* are already included in the verb in French. You do not have to put them in:

— Tu regardes la télévision?   *Are you looking at (watching)*
                          television?
— Non, j'écoute la radio.   *No, I'm listening to the radio.*

D. La place des adjectifs.   In general, adjectives in French follow the noun they modify:

C'est un homme **intelligent.**   *He's an intelligent man.*
C'est une étudiante **sérieuse.**   *She's a serious student.*

E. L'usage de l'infinitif.   Certain verbs (for example, **aimer, adorer,** and **détester**) can be followed by an infinitive. This is similar to English usage. Note that the **ne... pas** goes around the conjugated verb:

J'aime **parler.**   *I like to talk.*
Je **n'**aime **pas travailler.**   *I don't like to work.*

When you want to use the infinitive by itself (as in making a list, for example), **ne pas** is placed in front of the infinitive:

Aujourd'hui: *Today:*
étudier   *study*
lire *L'Étranger*   *read* The Stranger
ne pas regarder la télé *not watch TV*
ne pas fumer!   *not smoke!*

F. Verbes à ne pas conjuguer.   Many verbs can be used in conjunction with other verbs such as **aimer** and **détester.** It will then be very useful for you to know the infinitive form of certain verbs even though you do not yet know how to conjugate them. For the moment, use the verbs listed here only in the infinitive form:

boire   *to drink*   dormir   *to sleep*
écrire   *to write*   lire   *to read*
rire   *to laugh*   sortir   *to go out*

D'ACCORD?

A. *Mes activités préférées* Classify each activity according to your preference.

  • MODÈLE: chanter?
             J'aime chanter. / Je n'aime pas chanter. / J'aime beaucoup chanter. / J'aime un peu chanter. / Je déteste chanter...

  1. écouter le professeur?
  2. voyager?
  3. travailler?
  4. fumer?
  5. regarder la télévision?

B. *Des stéréotypes* React to the following "stereotypes" with either « *C'est vrai!* » or « *C'est faux!* »

1. Les filles aiment les enfants.
2. Les garçons aiment le sport.
3. Les chats n'aiment pas les chiens.
4. Les oiseaux détestent les chats.
5. Les chats détestent les oiseaux.
6. Les étudiants détestent travailler.

C. *J'aime mieux...* Est-ce que vous aimez mieux...

1. manger ou boire?
2. regarder la télévision ou écouter la radio?
3. lire une lettre ou écrire une lettre?
4. sortir ou dormir?
5. voyager ou rester à la maison?
6. ranger ou étudier?
7. parler anglais ou parler français?
8. chanter ou danser?
9. parler ou écouter?

D. *Personnes et associations*

1. *Qui?* Name people you associate with each activity.

   a. la cuisine
   b. le football
   c. le jazz
   d. le rock
   e. la musique classique
   f. les cadeaux

2. *Continuez!* One student says the name of a well-known person. The class responds with words associated with that person.

• **MODÈLE:** Santa Claus?
   des cadeaux, rire, manger, donner...

E. *D'après vous* Qu'est-ce que vous aimez? Qu'est-ce que vous n'aimez pas?

• **MODÈLE:** J'aime chanter, mais je n'aime pas danser.
   Je n'aime pas boire et je n'aime pas les cigarettes.

A. Les femmes et les noms de famille. Do women keep the same name all their lives?

French women may legally use either their maiden or their married name, or both. For example, Thérèse Dubois could use any of the following names: Thérèse Dubois, Thérèse Ledoux, Thérèse Dubois-Ledoux, or Thérèse Ledoux-Dubois.

On all official documents (passports, identity cards, driver's licences, etc.), a woman's maiden name is written first, followed by *épouse* and her married name. For example, Thérèse Dubois is Thérèse Ledoux, épouse Dubois on her passport.

Les mots et la culture

1. Nom / Surname   -OLLIER-
   épouse -KARIANI-
2. Prénoms / Given names
   Isabelle Madeleine Françoise
3. Nationalité Française / French nationality
4. Date de naissance / Date of Birth
   20 AVR /34
5. Sexe / Sex
   F
6. Lieu de naissance / Place of Birth
   SAINT ETIENNE
   (Loire)
7. Date de délivrance / Date of issue
   06 SEP. 1988
9. Autorité / Authority
   LE PRÉFET
   Pour le Préfet du Puy-de-Dôme:
   Le Chef de Bureau délégué,
8. Date d'expiration / Date of expiry
   05 SEP. 1993
10. Signature du titulaire / Holder's signature
    Isabelle Kariani

B. Les prénoms. Do you have a middle name? When do you use it?

French people often have compound first names such as Anne-Françoise and Marie-Thérèse or Jean-Pascal and Jean-Paul.

C. Les Français. Where were your grandparents born? Your great-grand-parents?

A glance at any French telephone directory shows that the French population is made up of people of diverse origins. Look at the sample below and try to guess from which country the different names come.

à la poste

CAPO T propr Le Clos du Lay	(74) 43.72.09
CHALMIN D Le Canal	(74) 43.74.37
CHAMOUX Jean-Luc Le Canal	(74) 43.65.91
CHANELIèRE Jacques	
Les Trois Perdrix	(74) 43.78.33
CHARLES Henri	
lotiss Les Trois Perdrix	(74) 43.54.12
CHéRON Gérard agricult	(74) 43.44.56
Les Carcoussets	
CORTIER Marguerite	(74) 43.29.85
Aux Rondeaux	(74) 43.81.32
COTAIS Philippe Les Barands	(74) 43.55.76
DAMET G garag La Creuse	(74) 43.27.84
DANEL Jeanne Le Bois Fou	(74) 43.39.20
DENOUEL T Les Dames	(74) 43.03.63
DEVILLIER Etienne	(74) 43.70.02
Les Trois Perdrix	(74) 43.26.70
DHIRY Mme La Besace	(74) 43.21.18
DIAZ P Les Millets	(74) 43.31.29
DIRY M Les Loges	(74) 43.31.20
DONNART Roger Le Canal	(74) 43.98.78
DUBOIS Huguette La Creuse	(74) 43.49.81
DUBOIS Marcel Le Canal	(74) 43.12.24
DUNOT Jean-Pierre Bourg	(74) 43.48.47
DUPOUX L menuis Novers	
DUTOIT P agricult Bordes	
FALLOT Jean outilleur	(74) 43.15.26
Morcerand	
FEDERATION DEPARTEMENTALE	
DES CHASSEURS	(74) 43.36.60
FERNANDEZ G Les Graves	(74) 43.23.52
FORAUD H anesth	(74) 43.37.14
FRAGNY E cultiv Le Louage	(74) 43.28.15
FRéDéRIC J maçon	(74) 43.73.81
Le Vieux Château	(74) 43.83.26
GALMONT Anne café rest	(74) 43.95.41
GEOLOPOLOUS F La Place	(74) 43.47.62
GERBIER M agricult Bourg	(74) 43.21.86
GEY Joseph Hirondelles	(74) 43.58.55
GILBERT Mr Mme B Le Canal	
GILBERT C grains engrais	(74) 43.77.13
charbon	(74) 43.24.75
GIRARDET L avocat	(74) 43.51.88
GOLDBERG Mme C Le Bouchon	(74) 43.33.25
GRAS Adrien Les Colas	(74) 43.28.44
HABIB F Belleret	

MARCA Jacques Bel Air	(74) 43.95.48
MARIEN Mme L La Girouette	(74) 43.68.70
MARTIN Paul commerç Les Cours	(74) 43.20.17
MARTIN Emile retraité Bourg	(74) 43.46.62
METENIER J épic	(74) 43.27.43
MEYER D infirm Le Canal	(74) 43.30.74
MICHEL H La Besace	(74) 43.72.85
MICHEL Marie Les Gauthiers	(74) 43.22.84
MODESTO P La Creuse	(74) 43.17.77
MOULIN T La Lissière	(74) 43.51.19
MOUTON Marcel agricult	
Les Trois Perdrix	(74) 43.56.52
MROSZ H scier Les Sables	(74) 43.66.38
NAGARD Emile Noyers	(74) 43.42.83
NESHATFAR S Les Billards	(74) 43.73.96
NEURY Pierre Les Dames	(74) 43.27.58
NGUYEN Thuin instituteur	(74) 43.38.84
Faubourg du Pont	(74) 43.81.36
NICHOLAS Michel Le May	(74) 43.59.49
NICOLAS Thierry Les Dryats	
NICOLAS Victor agricult	(74) 43.26.64
Le Grand Rollier	(74) 43.02.08
NIVELON R Champ Guérin	(74) 43.49.94
NOTTE Michèle Le Lac	(74) 43.73.54
ORAMBOT J maréch ferr	(74) 43.27.66
OTTAVOLI Gina La Lissière	(74) 43.35.54
PARRAIN Jacques Vignol	(74) 43.25.89
PASQUIER P Pisseloup	(74) 43.27.64
PéGUY Louis Les Seguins	(74) 43.37.94
PEREIRA M Les Laurents	(74) 43.52.87
PERES J La Croix Verte	(74) 43.49.81
PEREZ M pl Mairie	(74) 43.93.43
PéRINET Anne La Montée	(74) 43.37.65
PETITJEAN R r Tardy	
PHARMACIE LOUCHET-LEBRUN	(74) 43.04.48
pl République	(74) 43.91.03
PICARD A cultiv Les Pins	(74) 43.38.81
PICOT Antoinette La Brosse	(74) 43.16.93
PILLE Robert Les Louages	(74) 43.20.04
PINAUD Yvonne Les Davots	(74) 43.81.27
PRINCE Daniel charc	(74) 43.65.61
PROST C boucher Le Parc	(74) 43.49.43
QUINAULT J notaire r Calvaire	(74) 43.58.05
RABOT Gilbert château Breuil	(74) 43.11.20
RAIBAUT Aimé rte Neuilly	(74) 43.44.09
RATEL Lucien La Bessaie	
ROUX T exploit agr	(74) 43.73.06
La Grande Forêt	(74) 43.28.87
RUSTIC (Le) bar	(74) 43.92.36
SCHWARTZ J La Girouette	(74) 43.51.01
SEGUIN J électr gén av Gare	(74) 43.37.51
SERRANO P métr r Paix	

STRUCTURE

▶ Les verbes en *-er*

A large number of French verbs have infinitives that end in **-er**. These verbs are called *first conjugation* or ***er** verbs*. Some examples are verbs like **aimer, détester,** and **travailler.** The infinitive ending, **-er,** is pronounced like the **é-** in **étudiant.** The **-r** is never pronounced.

To write the forms of an **-er** or first conjugation verb, simply take off the infinitive ending **(-er)** and add the following endings:

je travaill**e**   nous travaill**ons**
tu travaill**es**   vous travaill**ez**
il ⎫
elle ⎭ travaill**e**   ils ⎫
                          elles ⎭ travaill**ent**

In spoken French, the forms ending in **-e, -es,** and **-ent** sound alike. Thus, although you can distinguish among five forms in written French, there are only three in spoken French.

All **-er** verbs that begin with a vowel sound (for example, **aimer** or **écouter**) drop the **-e** of **je** and allow the **-s** of **nous, vous, ils,** and **elles** to link across to the vowel with a **z** sound:

j'aime   nous aimons
                                /z/

tu aimes   vous aimez
                                /z/

il ⎫
elle ⎭ aime   ils ⎫
                          elles ⎭ aiment
                                /z/

The **nous** form of verbs ending in **-ger** adds an **-e-** in front of the **-ons** ending. This spelling change retains the soft **g** sound throughout the verb conjugation:

je mang**e**   nous man**geons**
tu rang**es**   nous ran**geons**
il voyag**e**   nous voya**geons**

To make **-er** verbs negative, put **ne** in front of the verb form and **pas** after it, just as you did for **être** and **avoir.** Remember to drop the **-e** of **ne** in front of verb forms beginning with a vowel:

Je **n'**écoute **pas.**   *I'm not listening.*
Ils **ne** travaillent **pas.**   *They don't work.*

Note that the present-tense form of these verbs can be translated several different ways in English:

Elle **parle** français.   *She speaks French.*
                                  She does speak French!
                                  She is speaking French.

Vous avez compris?

A. *Faire des phrases*   Use the words given to make complete sentences.

  • **MODÈLE:**   il / ne... pas / écouter / le professeur
            Il n'écoute pas le professeur.

  1. Éric et Danielle / fumer / trop
  2. Tu / ne... pas / étudier / beaucoup
  3. Nous / voyager / beaucoup
  4. Vous / détester / regarder / la télévision?
  5. On / aimer mieux / sortir
  6. Je / travailler / dans la chambre

B. *Choisissons* (*Let's choose*)   From among all the verbs that you have learned, choose a verb that fits each sentence (there may be more than one). Use the correct form.

  1. Dans la salle de classe, le professeur _____ et les étudiants _____ .
  2. Nous _____ la télévision.
  3. Valérie et Suzanne _____ sympathiques.
  4. Marc _____ la radio.
  5. J(e) _____ étudier, et vous? Ah non, j(e) _____ étudier!
  6. Est-ce que tu _____ danser?
  7. Suzanne et Arnaud _____ la musique classique. Ils _____ le rock.
  8. Tu _____ anglais?

▶ *C'est / il est/elle est*

C'est is followed by a noun. **Il est** or **elle est** is followed by an adjective. Both can be used to describe things or people:

C'est + *noun*	**Il/elle est** + *adjective*
C'est une table.	Elle est petite.
C'est Michèle.	Elle est grande.
C'est un film.	Il est amusant.
C'est un professeur.	Il est intelligent.

Adjectives of nationality, such as **américain** or **français,** can become nouns of nationality. As nouns, they are capitalized:

Il est **américain.**	C'est un **Américain.**
Elle est **française.**	C'est une **Française.**

Vous avez compris?

C'est/il est/elle est?   Fill in the blanks with either *c'est, il est,* or *elle est.*

1. _____ un homme intelligent.
2. _____ belle.
3. _____ blond.
4. _____ Minou.
5. _____ le professeur de français.
6. _____ américaine.

▶ *Questions à réponse affirmative ou négative* (yes-no questions)

Yes-no questions can be answered by *yes* or *no.* There are three ways to ask yes-no questions: intonation, the use of *est-ce que,* and inversion.

Intonation   To ask a question using intonation, raise your voice at the end. In writing, you add a question mark. If you expect to get a yes answer, *n'est-ce pas* can be added at the end. Questions with intonation are typical of informal, spoken French.

Tu parles français?	*(Do) you speak French?*
Il regarde la télévision, n'est-ce pas?	*He's watching television, isn't he?*

Est-ce que vous aimez la musique?

Est-ce que   You can use *est-ce que* to ask a yes-no question by placing it at the beginning of the question. The final **-e** of *est-ce que* is dropped in front of a vowel.

Est-ce que + *question*
Est-ce que tu parles français?   *Do you speak French?*
Est-ce qu'il aime danser?   *Does he like to dance?*

Inversion   You can also invert the verb and subject pronoun to ask a yes-no question. Inversion questions are typically found in writing and in formal contexts.

Parlez-vous français?   *Do you speak French?*
Est-elle sympathique?   *Is she nice?*

In addition, inversion is frequently seen in fixed questions dealing with topics such as greetings, name, age, and time. Here are some of the questions using inversion you have already seen.

Comment allez-vous?   D'où est-il?
Comment vous appelez-vous?   Comment t'appelles-tu?

Note that:

1. Inversion is not generally used with **je:**

   Est-ce que j'ai les clés... oui!   *Do I have the keys... yes!*

2. If the written form of a third-person singular verb does not end in the letters **-d** or **-t,** a **-t-** is placed between the verb and the subject.

   A-t-elle la clé?   *Does she have the key?*

3. If the sentence has a noun subject, the word order is: *noun subject + verb + pronoun*

   Patrick et Paul ont-ils un chien?   *Do Patrick and Paul have a dog?*

Elles aiment parler, n'est-ce pas?

Vous avez compris?

A. *Trouvez les formes interrogatives* Here is an excerpt from an interview with the French movie star Christophe Lambert. What kinds of interrogative forms can you find? Make a list. (The interviewer is asking about Lambert's U.S. movie, *The Sicilian*.)

M.M.   C'est un film d'action avec de bons sentiments?

C.L.   Mettons un film épique avec une belle histoire. C'est aussi un film de rêve dans le sens où l'on aimerait parfois que les adultes restent aussi simples et déterminés que les enfants.

M.M.   Vous êtes adulte, vous?

C.L.   Je ne sais pas, je ne m'analyse jamais.

M.M.   En dehors du travail, qu'est-ce qui vous plaît, dans la vie?

C.L.   Les gens.

M.M.   Pas les livres?

C.L.   Quand ça me prend.

M.M.   La peinture?

C.L.   Ah oui, ça dégage plus qu'un livre.

M.M.   La musique?

C.L.   J'aimerais en faire mais…
        [….]

M.M.   Quel acteur ancien admirez-vous particulièrement?

C.L.   Spencer Tracy. J'aime les acteurs qui ne calquent pas la vie mais qui la subliment.

M.M.   Vous croyez à l'amour plus qu'à l'intelligence?

C.L.   L'amour est une forme d'intelligence, la plus belle…

M.M.   Vous êtes courageux?

C.L.   Je crois que je peux être lâche. Je serais peut-être courageux par rapport à de vraies injustices.

M.M.   Vous avez des engagements politiques?

C.L.   Comme je fais les choses à fond ou pas du tout, je n'ai pas le temps.
        [….]

M.M.   Alors, qu'est-ce que vous faites, vous, contre l'injustice?

C.L.   Attention, c'est un choix…. Je déteste ceux qui font des choses en dilettante ou se contentent d'envoyer de l'argent….

M.M.   Quelle est votre position par exemple par rapport à SOS Racisme?

C.L.   Je suis forcément pour puisque je suis totalement contre la différenciation entre les êtres humains.

Christophe Lambert: «L'Important, c'est la passion»
Interview de Michèle Manceaux, *Marie-Claire*, novembre 1987, p. 350

B. *Posez des questions*   Change the statements into questions using *est-ce que.*

- **MODÈLE:**   C'est un garçon sympathique.
                Est-ce que c'est un garçon sympathique?

1. Vous étudiez beaucoup.
2. Tu aimes le cinéma.
3. Il a un chat.
4. Vous êtes américain.
5. Ils aiment sortir.
6. C'est un professeur pénible.
7. Bruno et Anne voyagent beaucoup.
8. C'est une chambre agréable.

C. *Avec «est-ce que»*   Rephrase each question using *est-ce que.*

- **MODÈLE:**   A-t-il un chien?
                Est-ce qu'il a un chien?

1. Les étudiants étudient-ils beaucoup?
2. Aimez-vous sortir?
3. Sont-ils fatigués?
4. Est-ce une fille sympathique?
5. Danse-t-il bien?

EXERCICES D'ENSEMBLE

A. *Et vous?*   What are you like? What do you do? Use each verb to say something about yourself. (Mots utiles: *beaucoup, un peu, trop.*)

- **MODÈLE:**   danser
                Je ne danse pas. Je déteste danser. Je danse beaucoup.

1. manger
2. chanter
3. parler
4. travailler
5. fumer
6. marcher

B. *Les goûts* (Tastes)   Find out what your classmates like or dislike. Ask questions using a rising intonation, *est-ce que,* or *n'est-ce pas.*

- **MODÈLES:**   Lisa, tu aimes danser?
                 Lisa, est-ce que tu aimes danser?
                 Lisa, tu aimes danser, n'est-ce pas?

C. *En général*   According to you, what do each of the following groups like or dislike, have or have not?

1. les filles
2. les garçons
3. les étudiants
4. les professeurs
5. les chiens
6. les chats

D. *Et le professeur* Find out as much about your instructor as you can. Ask questions about what he or she likes, doesn't like, possesses, and so on.

E. *Devinez*

1. In pairs or in groups, choose a well-known person and describe him or her. Write at least five or six sentences.
2. Try to guess the identity of the people chosen by the various groups. Ask questions.

Échanges

A. *La famille Dubois*

1. Vincent Dubois

    a. Say as much as you can about Vincent Dubois.
    b. Invent his best friend.

2. Thérèse Dubois

    a. Say as much as you can about Thérèse Dubois.
    b. What does the bedroom of M. and Mme Dubois look like?

3. Chantal Dubois

    a. Say as much as you can about Chantal Dubois.
    b. Compare her to her brother.

4. Marc Dubois

    a. Say as much as you can about Marc Dubois.
    b. Compare him to his parents.

B. *Un(e) étudiant(e) à Laval* Follow the steps below to invent a student (not necessarily Canadian) attending Laval University in Quebec City.

1. *L'étudiant/l'étudiante.* Name? nationality? physical characteristics?
2. *Caractère et préférences.* What is this person like? Give personality characteristics, likes, and dislikes.
3. *La chambre.* What is this person's room like? Choose your own format (diagram, list, description).
4. *Le sac.* What does this person have in his or her backpack, book bag, or handbag? Make a list.

C. *Les camarades de chambre*

1. The ideal roommate is hard to describe. But try! Using the French you know, make a list of the qualities you would look for in a roommate. Include personal qualities, likes, dislikes, and so on.
2. But you never get what you want. From your point of view, make a list of the attributes of the worst possible roommate—the person you never want to have to share a room with!

D. *Conversation en français*   You cannot stand it one more second. Your roommate is driving you crazy. Tell the person in charge of housing why you can no longer room with your roommate.

L·E·C·T·U·R·E
——Centre culturel Anatole France——

▶ Préparation à la lecture

A. What do people do for entertainment and relaxation after school and work? Where do they go?

B. Look at the cover of the brochure. Can you guess what it might be about? What might it contain?

▶ Activités de lecture

De quoi s'agit-il?

A. *La présentation*   Use the various kinds of print to determine how many types of activities are offered at the **Centre Anatole France.** How many activities are in each category?

B. *Les renseignements*   List the kinds of information you can obtain from this brochure. Are they what you expected?

À la recherche des détails

Group the activities at the **Centre Anatole France** according to the following categories:

activités physiques   activités musicales
activités créatrices   activités visuelles
activités intellectuelles   activités artisanales (*crafts*)

CENTRE CULTUREL ANATOLE FRANCE

ACTIVITES ADULTES

ARTS PLASTIQUES

CERAMIQUE   Catherine HAUBOIS
Mardi : 14 H - 17 H
Modelage, sculpture, élaboration d'une forme
17 H 30 - 20 H 30 /   Recherche sur l'émail
Théorie et technique d'émaillage

ATELIER : RECHERCHE ET REFLEXION SUR L'ACTUALITE DE LA CREATION PLASTIQUE
                             Catherine HAUBOIS
Lundi : 14 - 17 H ou 17 H 30 - 20 H 30
Travail à partir de thèmes, avec le support de vidéo
K7, diapos, films, visites d'expositions... Et séances
d'apports techniques, en fonction du thème.

DESSIN - PEINTURE - GRAPHISME
                             Claude GANIVET
Jeudi : 17 H 30 - 19 H 30
- GRAPHISME : organiser l'espace - étude du trait,
du volume, de l'ombre et de la lumière...
- COULEUR : pratique des pastels, encres,
gouaches, peintures à l'huile...

IMPRESSION SUR TISSU ET CONFECTION
                             Brigitte MARCELIN
Jeudi : 14 H - 17 H ou 17 H 30 - 20 H 30
- Peinture sur tissus (soie-coton-laine)
- Création textile par des méthodes d'impression de
teinture (méthodes africaines, Batik)
Réalisation de tissus pour la confection de tentures
murales, vêtements, objets de décoration...

AUDIO-VISUEL

VIDEO   Fred LAFON
Mardi : 18 H - 20 H et une séance de 4 H tous les 15
jours. L'objectif de cet atelier est de réaliser un court
métrage. Le travail de préparation se déroule selon
trois étapes : écriture de scénario - formation technique - formation d'acteurs et écriture des dialogues.

PHOTO   Claude GANIVET
Fonctionnement sous forme de stage de 20 heures,
les lundis 7, 14, 21, 28 novembre et le lundi 5
décembre - Horaires des séances à déterminer avec le
groupe d'inscrits. Contenu du stage : prise de vue
extérieur et intérieur, développement, tirage.
Exposition des travaux réalisés.

CINE VIDEO CLUB   Fred LAFON
Projections de longs et court-métrages cinéma ou
vidéo, français ("classiques") ou étrangers (Inde,
Pays de l'Est...) Suivies de discussion d'ordre tech-
nique et d'un débat.
Séances : 2 fois par trimestre le mardi
Horaires : 20 H 30
Demandez le programme au Centre Anatole France

INFORMATIQUE   Vladimir SOLODKI
Club ATARI - Jeudi 18 H - 20 H

ACTIVITES PHYSIQUES

DANSE

AFRO JAZZ   Sidney RIBEIRO
Lundi : 18 H - 19 H (débutants)
19 H - 20 H (perfectionnement)

MODERN' JAZZ   Corinne REYNAUD
Mardi : 18 H 30 - 19 H 30 (débutants)
19 H 30 - 20 H 30 (perfectionnement)

YOGA   Danielle NOTHON
                                 Jacques GAILLARD
JEUDI :   18 H 30 - 19 H 30 (perfectionnement)
               19 H 30 - 20 H 30 (débutants)

GYMNASTIQUE

AERO-GYM   Paola MIGNON
Lundi : 17 H 30 - 18 H 30

AERO-STRETCHING (gym douce + étirement)
                                 Paola MIGNON
Mardi : 9 H 30 - 10 H 30

GYM D'ENTRETIEN
Jeudi 9 H - 10 H   Paola MIGNON
Mercredi 18 H - 19 H et 19 H - 20 H   **J.M. SIXET**

STRETCHING
Jeudi : 18 H 30 - 19 H 30   Paola MIGNON

Centre culturel Anatole France, ville de Clermont-Ferrand

Apprenons

A. *Mots et expressions* For each category use context, English cognates, etc., to guess what the words in italics might mean:

Vidéo: *une séance, l'étape*   Ciné vidéo club: *étrangers, fois*
Photo: *contenu, le groupe*   Danse: *débutants, perfectionnement*
   d'inscrits

B. *La culture française*

   1. *Quand?* When are activities scheduled? not scheduled? Why are there no morning activities?
   2. *Qui?* Which instructors' names seem "French" to you? Are some instructors not French? Explain your reasoning.
   3. What connotations do you think the name **Centre culturel Anatole France** might have for the French? How could you find out?

▶ Après la lecture

A. *Décidons* Which activity will each person register for?

Michel likes to draw and he finishes work at 5:00.
Sylvie likes painting and is interested in interior design.
Fatima likes to discuss and analyze art.
Jean-Luc likes to dance and wants to get in shape.
David is too old to exercise actively but needs to stay fit.
Véronique has just received a 35 mm camera.
Aline likes old movies.

B. *Discutons la culture*

   1. Are there centers like this one where you live? Are they like or not like **le Centre Anatole France?** How?
   2. Make a list (or underline) English words used in the brochure (**stretching,** etc.). Why do you think this might be? Are there words that seem to be both French and English?

▶ Mise en pratique

A. *Préparation à l'écrit* Use French to make a list of possible activities for the following people: an eight-year-old girl, a fourteen-year-old girl, a ten-year-old boy, a fifteen-year-old boy.

B. *Écrivons* Using the model **Activités adultes,** design a possible schedule of offerings for French children between eight and sixteen **(Activités enfants et adolescents).** Before you begin, find out what a typical French school schedule is like (see page 504) so you can schedule your activities realistically.

Orthographe et prononciation

► Les consonnes finales

Generally, final consonants are silent in French. A consonant plus **-e** is pronounced:

grand   *-d* not pronounced   grande   *-d* pronounced

Four consonants, **-c, -r, -f,** and **-l,** are frequently pronounced at the end of a word. In the words listed below, the letters in boldface are pronounced:

par**c**   sporti**f**   su**r**   traditionne**l**

Frequently, the final consonant of French words adopted from other languages is pronounced. Here, the letters in boldface are pronounced:

tenni**s**   ga**z**   campu**s**   shor**t**

Finally, note that the **-r** of the infinitive ending **-er** is not pronounced:

étudie**r**   regarde**r**

Activités

A. Chassez l'intrus Read each list aloud to find the words whose final consonant is pronounced.

1. enfant, fleur, tapis, blond
2. intelligent, français, animal, laid
3. cahier, devoir, étudier, travailler
4. sportif, parler, anglais, chat
5. écouter, comment, grosse, d'accord

Vocabulaire de base

NOMS
un ami, une amie *friend*
un animal, des animaux *animal(s)*

un cadeau, des cadeaux *present(s), gift(s)*
un/une camarade de classe *classmate*

le cinéma *movie theater, the movies*
un/une enfant *child*
une femme *woman*

une fille   *girl*
un frère   *brother*
un garçon   *boy*
un homme   *man*
une mère   *mother*
une personne   *person*
un père   *father*
une sœur   *sister*
le sport   *sports*

ADJECTIFS
amusant(e)   *fun*
anglais(e)   *English*
espagnol(e)   *Spanish*
sérieux, sérieuse   *serious, hardworking*
vrai(e)   *true, right*

VERBES
adorer   *to love*

aimer   *to like, to love*
aimer mieux (que)   *to like better (than), to prefer*
chanter   *to sing*
danser   *to dance*
détester   *to hate*
donner   *to give*
écouter   *to listen to*
étudier   *to study*
fumer   *to smoke*
manger   *to eat*
marcher   *to walk*
parler   *to talk, to speak*
ranger   *to straighten up, to clean up*
regarder   *to look at, to watch*
travailler   *to work*
voyager   *to travel*

DIVERS
beaucoup   *a lot, much*
beaucoup de   *a lot of, many*
c'est; ce n'est pas   *it is, he is, she is; it isn't, he isn't, she isn't*
c'est vrai; ce n'est pas vrai   *that's true; that's not true, you're kidding*
comme   *like, as*
parce que   *because*
parler anglais   *to speak English*
parler espagnol   *to speak Spanish*
parler français   *to speak French*
rester à la maison   *to stay home*
trop   *too (too much)*
un peu   *a little*

Vocabulaire supplémentaire

NOMS
une chanson   *song*
une cigarette   *cigarette*
un concert   *concert*
la cuisine   *cooking, cuisine*
un film   *film, movie*
le football   *soccer*
une lettre   *letter*
un match   *game*
le ménage   *housework*
un oiseau, des oiseaux   *bird(s)*
le tennis   *tennis*
le théâtre   *theater*

ADJECTIF
faux, fausse   *false*

VERBES À NE PAS CONJUGUER
(verbs that are not to be conjugated at this point)
boire   *to drink*
dormir   *to sleep*
écrire   *to write*
lire   *to read*
rire   *to laugh*
sortir   *to go out*

LE FRANÇAIS FAMILIER
bosser = travailler
bûcher = étudier
le ciné = le cinéma
un copain, une copine = un ami, une amie

le foot = le football
un gars = un homme
un/une gosse = un/une enfant
rigoler = rire
un/une snob = *snob*
snob *(invariable)* = *snobbish*
un type = un homme

ON ENTEND PARFOIS
boumer (Zaïre) = danser

Rédacteur en chef: *Isabelle Kaplan*
Rédacteurs adjoints: *Laura K. Heilenman et Claude Toussaint Tournier*
Assistante de production: *Jackie Rebisz*

Revue périodique • Un numéro tous les quatre chapitres • Publiée à l'aide de documentations internationales

AUTOMNE
PREMIER SEMESTRE

Numéro 1

COMMENT VOUS APPELEZ-VOUS?

Des générations de prénoms

Le prénom a ses époques. Il a aussi ses classes. Mais une fois que la mode est lancée, tout le monde la suit. Tiercé gagnant en 80 : Sébastien, Nicolas et Céline. C'est ce que montre Guy Desplanques, chercheur à l'I.N.S.E.E., dans une étude au titre révélateur « *Les enfants de Michel et Martine Dupont s'appellent Nicolas et Céline* ». Côté garçon, cela donne : Jean, Pierre, André et René en 1935. Dans les années 50, Alain rejoint Michel. 1958 : Philippe prend la première place à Patrick et la gardera jusqu'en 1967. 1968–1969 : Christophe. 1970–1975 : Stéphane. 1976–1979 : Sébastien. 1980–1981: Nicolas. Côté filles, de 1950 à 1958, c'est le règne des Martine, en 1960 celui des Brigitte. En 1961–1964 : Sylvie. 1965–1971 : Nathalie. 1972– 1979 : Sandrine, talonnée par Stéphanie et Céline. 1980–1981: Céline, Aurélie et Émilie, c'est le tiercé dans l'ordre. Il paraît que, quand on regarde autour de soi, ça marche...

FÊTES À SOUHAITER
OCTOBRE

Adeline, Bruno, Céline, Denis, Dimitri, Gérard, Jean, Luc, Quentin, René, Serge, Simon, Thérèse

portrait

BIRAGO DIOP: Le souffle des ancêtres

Birago Diop, né en 1906, est mort discrètement à la fin de l'année 1989, hors de son pays, le Sénégal... Départ sans tapage...

Ceux qui sont morts ne sont jamais partis

NÉ À: Ouakam, près de Dakar
LE: 11 Décembre 1906
FAMILLE: Ouolof
RELIGION: Musulmane
FRÈRES: Massyla–Journaliste et romancier; Youssoupha–Docteur en médecine
ÉTUDES: Université de Toulouse, 1928–1932
PROFESSION: Docteur-Vétérinaire, Inspecteur d'élevage, Ambassadeur en Tunisie

ŒUVRES DE BIRAGO DIOP

- *Les Contes d'Amadou Koumba,* Présence africaine, 1961 (1re édition: Fasquelle,1947).
- *Les Nouveaux Contes d'Amadou Koumba,* Présence africaine, 1958.
- *Leurres et Lueurs,* Présence africaine, 1960.
- *Contes et Lavanes,* Présence africaine, 1960.
- *L'Os de Mor Lam,* Dakar, N.E.A., 1967.
- *Contes d'Awa,* Dakar, N.E.A., 1977.
- *La Plume raboutée (Mémoires I),* Présence africaine, 1978.
- *À rebrousse-temps (Mémoires II),* Présence africaine, 1982.
- *À rebrousse-gens (Mémoires III),* Présence africaine, 1985.
- *Du temps de (Mémoires IV),* Présence africaine, 1987.
- *Et les yeux pour me dire (Mémoires V),* L'Harmattan, 1989.

★ VOTRE HOROSCOPE ★

VIERGE
24 Août–23 Septembre

Amour: Beaucoup de tentations. Rencontres excitantes
Carrière: Attention, compétition et collègues jaloux
Argent: Pas de décisions importantes. Patience
Santé: Pas d'excès! Pas d'efforts musculaires

BALANCE
24 Septembre–23 Octobre

Amour: Vous êtes marié? Tendresses, affection et fidélité
Carrière: Courage et persévérance
Argent: Beaucoup de chance le12 et le13.
Santé: Mois difficile et fatigant. Pas de banquet! Dormez beaucoup.

Magazine du monde français pour les étudiants de "Voilà!"

FRANCOPHONE

ÉTUDIER LE FRANÇAIS, POURQUOI?

ÉDITORIAL Étudier le français à l'université! un an, deux ans? pourquoi?

 Pour avoir un diplôme universitaire, c'est souvent obligatoire... Mais aussi...

 Pour parler et écouter des sons, des mots différents,

 Pour voyager et avoir beaucoup d'amis dans beaucoup de pays.

 Peut-être pour travailler en France, en Amérique, dans un pays francophone, un jour...

 Pour découvrir une langue

 une culture

 un peuple

 littératures et œuvres d'art...

 Pour avoir des idées différentes.

 Pour sortir de l'ethnocentrisme où nous sommes emprisonnés.

 Pour étudier des modes et des styles différents.

 Pour découvrir des horizons plus larges.

Pour changer les stéréotypes et les idées conformistes de la tradition familière.

Et vous? pourquoi étudiez-vous le français? Le français est-il obligatoire? indispensable? nécessaire pour une éducation moderne? Pourquoi? Un an, deux ans, c'est assez?

ILS SONT CÉLÈBRES AUSSI...

TOURÉ KOUNDA
les griots super-stars

Présente-t-on Touré Kounda? Trois disques d'or, des chansons aussi connues qu'*Emma, Touré Kounda, Waadini, Karadindi*... C'est le groupe qui, en réussissant le syncrétisme entre différentes formes de musiques traditionnelles, populaires et modernes, a fait sortir la musique africaine de son continent d'origine et l'a popularisée à travers le monde.

une population multiculturelle

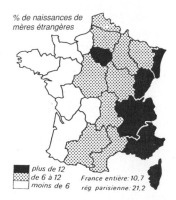

% de naissances de mères étrangères

plus de 12
de 6 à 12   France entière: 10.7
moins de 6   rég. parisienne: 21.2

Le Sénégal

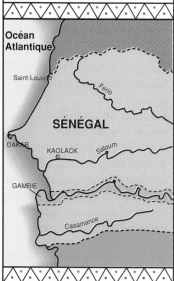

Superficie: 197 000 km²
Population: 5,3 millions d'habitants (Sénégalais)
Gouvernement: République
Capitale: Dakar
Villes principales: Saint-Louis, Rufisque, Kaolack, Ziguinchor
Monnaie: Franc C.F.A. (divisé en 100 centimes)
Langue: Français (officielle). Langues locales
Religion: musulmane en grande majorité; faible pourcentage de catholiques; dans tous les cas, la population reste fortement imprégnée de sa religion originale, l'animisme.
Ressources: phosphates, arachides, riz, mil.

Le Maroc

Superficie: 447 000 km²
Population: 20 500 000 habitants
Gouvernement: Royaume
Capitale: Rabat-400 000 habitants
Villes principales: Casablanca (1 600 000 habitants), Marrakech, Fès, Meknès, Tanger, Safi
Monnaie: le dirham (divisé en cent centimes)
Langues: arabe et français
Religion: musulmane
Ressources: phosphates, céréales, vigne, primeurs et agrumes, moutons et chèvres, conserveries de poisson, textiles, artisanat, tourisme (très développé).

Où sommes-nous? Quel continent? Quels océans? Quels produits? Quelles langues? Quelles religions? Différences et ressemblances dans ces pays? Pourquoi sont-ils francophones?

SIGLES FRANÇAIS

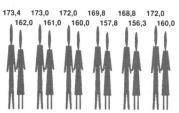

La population française

SECTEUR TERTIAIRE 54 %　SECTEUR SECONDAIRE 36,9 %　SECTEUR PRIMAIRE 9,1 %

FORTE DENSITE
■ plus de 100 hab. au km²
DENSITE MOYENNE
■ de 50 à 100 hab. au km²
DENSITE FAIBLE
■ moins de 50 hab. au km²

RÉPARTITION DE LA POPULATION FRANÇAISE

FRANÇAIS, QUI ÊTES-VOUS?

plus on est âgé,
plus on est petit

Taille moyenne par sexe en fonction de l'âge (en cm):

173,4　173,0　172,0　169,8　168,8　172,0
162,0　161,0　160,0　157,8　156,3　160,0

18-24 ans　25-34　35-44　45-54　55 et +　Moyenne

CHAMBRES/APPARTEMENTS

001. Loue chambre meublée, tout confort pour étudiant de préférence. Tel. 72.26.75.10.

002. Chambre meublée 2 personnes tt confort, près Université -étudiants (tes) 10-15/06-01. Tel. 72.93.10.04.

003. Petit appartement 4 personnes près ski, face au Mont Blanc, loue à la semaine. Hiver et printemps Tel. 86.83.53.21.

CORRESPONDANCE

004. Valérie (Pont du château) correspondant américain. Aime guitare, jazz, nager, skier. Ecrire Magazine francophone.

005. Nadine (Megève) aime ski, musique classique, parle anglais. Cherche correspondante pour échanger cassettes musique favorite.

006. Marc et Patricia, aiment foot et basket, kayak et voile. Pour correspondre en anglais et rencontre été, juillet/août en France.

RENCONTRES/MARIAGES

007. Professeur, grand, brun, 34 ans, célibataire, souhaite union jeune fille sensible, affectueuse, intelligente.

008. Blonde, jolie, mince, adore danse, sport, voyages et aime rire. Cherche jeune homme stable et sentimental.

009. Elle danse, skie, nage, aime le cinéma et la musique. Sylvie, secrétaire distinguée, cherche ami dynamique, riche, et amour pour toujours.

RECHERCHES DIVERSES

010. Ordinateur IBM neuf ou occasion. tel. 21.43.25.11 - de 8h à 12h Dimanche matin.

Jeune fille canadienne pour garder enfants de 16 à 20 heures, lundis, mardis, vendredis. Bon salaire. Appeler fin de semaine.

Jeux de langage

Fantaisie sur un pronom personnel

Petit poème grammatical

Je, c'est moi
Moi, unique, différent
Moi, une personne
Personnalité,
Identité,
C'est moi.
Pas toi! pas vous!
Je, c'est moi

Je, c'est moi
Je parle, j'écoute
Je suis, j'ai, j'aime
Et je déteste aussi
Moi, c'est moi
Et j'aime ça!

(Anonyme)

Mots et symboles

Je: une lettre
Toi: une enveloppe
Nous: des amis dans ma chambre
Lui, elle, il: une photo
Vous: une façade
Eux, ils: une porte
À vous de créer. Quels mots, quelles images pour: Je, Toi etc.? Quels symboles pour les mots suivants: examens, université, fenêtre, radio, cours, réveil, sac.

Comptine de Provence

Une aile
Deux ailes
Trois ailes
Quatre ailes
Cinq ailes
Six ailes
C'est elle!

DIX PAYS FRANCOPHONES

L	I	S	U	I	S	S	E
O	T	I	N	T	O	G	O
U	C	Z	M	H	A	U	C
M	H	A	A	A	L	Y	O
B	A	E	L	I	B	A	N
U	D	R	I	T	R	N	G
R	U	E	O	I	S	E	O
E	N	B	O	C	T	U	T

Les âges de la vie

En bref

COUNTING TO
100 • TALKING
ABOUT PEOPLE
AT VARIOUS
AGES • MEETING
THE FIRKET,
MABILLE, PINEL,
RASQUIN, AND
GILMARD FAM-
ILIES • GETTING
THE GIST OF
A FRENCH
MAGAZINE
ARTICLE

◄ *Quel âge ont-ils?*
(Paris)

Vocabulaire

A. Les chiffres de 40 à 100

cinquante, cinquante et un, cinquante-deux, cinquante-trois...

40	quarante	80	quatre-vingts
41	quarante et un	81	quatre-vingt-un
42	quarante-deux	82	quatre-vingt-deux
50	cinquante	90	quatre-vingt-dix
60	soixante	91	quatre-vingt-onze
70	soixante-dix	92	quatre-vingt-douze
71	soixante et onze	100	cent
72	soixante-douze		

B. Les enfants

Voilà Guillaume Firket. C'est un bébé. Il a six mois. Il est mignon. Il mange tout le temps et il aime dormir. C'est un enfant facile. Il est toujours content, mais il pleure quand il est fatigué.

Voilà Sylvie Mabille. Elle a onze ans. Elle est très jolie mais c'est une enfant gâtée et difficile. Elle n'est pas souvent très sage. Elle adore jouer mais elle n'a pas beaucoup d'amis parce qu'elle est égoïste: elle n'aime pas partager. C'est une petite fille mal élevée. Elle déteste l'école.

Voilà François Pinel. Il a six ans. C'est un petit garçon typique. Il est très actif. Il adore jouer et il a beaucoup d'amis parce qu'il est gentil. Il est sage et bien élevé. C'est un enfant heureux et bien équilibré. Il est toujours content.

C. Les jeunes

Voilà Cédric Rasquin. Il a seize ans. C'est un adolescent. Il n'est pas facile. Il est parfois de bonne humeur et parfois de mauvaise humeur. Il aime être seul, mais il joue de la guitare avec des copains. Il a des problèmes et il est malheureux. Il n'aime pas le lycée. Il est timide avec les filles et il n'a pas de petite amie. Il adore les bandes dessinées.

Voilà Suzanne Mabille. Elle a dix-huit ans. C'est une jeune fille. Elle ne mange pas trop parce qu'elle est au régime. Elle est intellectuelle. Elle adore parler. Elle est souvent de bonne humeur. Elle a un copain. Elle est sportive et elle aime le tennis.

D. Les adultes

Voilà Béatrice Dubois. Elle a trente-sept ans et elle habite Toulouse. Elle est élégante. C'est une femme énergique et débrouillarde mais têtue. Elle a trois enfants. Avec les enfants, elle est sévère mais compréhensive. Elle est professeur d'anglais dans un lycée et elle a parfois des problèmes avec les adolescents. Ils ne sont pas méchants mais ils ne sont pas toujours polis et ils adorent rire.

Voilà Jean Rasquin. Il a quarante-cinq ans et il habite Paris. Il aime les voitures et les femmes. Il est très bavard, mais il est souvent ennuyeux. Il déteste être seul. Il n'est pas pauvre mais il n'est pas riche. Il adore les vacances et les week-ends.

Voilà Jacques Dubois. Il a soixante-huit ans. Il habite Nice. C'est une personne âgée. Il marche beaucoup et il est en forme. Il est calme et ré-servé. Il est un peu triste parce qu'il est seul.

Voilà Paulette Gilmard. Elle a soixante-six ans. C'est une femme enthousiaste. Elle est optimiste et sociable. Elle aime la vie et elle n'est pas souvent déprimée.

- Et vous, quel âge avez-vous? Est-ce que vous êtes en forme aujourd'hui? Est-ce que vous êtes de bonne humeur ou de mauvaise humeur aujourd'hui? Est-ce que vous êtes débrouillard(e)? Est-ce que vous êtes optimiste ou pessimiste?
- Et dans le cours de français, qui joue de la guitare? Qui aime les bandes dessinées? Qui aime les voitures?

E. Les prépositions

Paulette est loin de Jacques.

Paulette est derrière Jacques.

Paulette est près de Jacques.

Paulette est devant Jacques.

Paulette est sur le banc.

Jacques est sur le banc à côté de Paulette.

Les deux chiens sont sous le banc.

- Comment est Jacques? Comment est Paulette? Est-ce qu'ils habitent à Paris? Est-ce qu'ils sont amis? De quelle couleur est le chien de Jacques? Et le chien de Paulette? Est-ce que les deux chiens sont amis?
- Et dans la salle de classe, qui est près de la fenêtre? Qui est près de la porte? Qui est loin du professeur? Qui est devant le professeur?

Autres mots et expressions

chez *at the house of*	pessimiste *pessimistic*
combien de *how many, how much*	vieux (vieil), vieille; vieux,
fâché(e) *angry, mad, disgruntled*	vieilles *old*

Notes de vocabulaire

A. Chez.   The preposition **chez** means *at the house* or *home of:*

Il est **chez** Marie.   *He's at Marie's (house).*
Je suis chez moi.   *I am at home.*

B. De.   The preposition **de** can be used to express possession, to say where someone is from, or to qualify a noun. **De** is also used as a part of longer prepositions and to express the idea of playing a musical instrument:

1. **De** + *noun* expresses possession. This is the equivalent of *'s* in English:

   C'est le cahier **de Michel.**   *It's Michel's notebook (the notebook of Michel).*

2. **De** + *indication of place* expresses origin:

   D'où êtes-vous?   *Where are you from?*
   Je suis **de** Dallas.   *I'm from Dallas.*

3. **De** + *noun* acts as an adjective and qualifies a noun:

   C'est le professeur **d'anglais.**   *It's the English teacher (the teacher of English).*
   Où est mon livre **de maths?**   *Where is my math book?*

4. *Prepositions ending in* **de.**   Certain prepositions end in **de:**

   Il est **à côté de** la fille.   *He's next to the girl.*
   Vous habitez **près de** Fort Worth?   *Do you live near Fort Worth?*
   J'habite **loin de** l'université.   *I live far from school.*

5. **Jouer de** + *instrument de musique:*

   Tu **joues de** la guitare?   *Do you play the guitar?*

C. De + *article défini*. The combination **de** + **le** contracts to become **du.** The combination **de** + **les** contracts to become **des:**

> **de + le = du**
> **de + les = des**

C'est le chat **du** garçon.	*It's the boy's cat.*
Je joue **du** piano.	*I play the piano.*
Il est à côté **du** professeur.	*He's next to the teacher.*
Les chats n'aiment pas être près **des** chiens.	*Cats don't like to be near dogs.*

D. L'âge. Use the verb **avoir** to say how old someone is. Be sure to include the word **ans:**

> Elle **a soixante ans.**   *She's sixty (years old).*

To ask how old someone is, use these questions:

> **Quel âge avez-vous?**
> **Quel âge as-tu?**

E. Habiter (à) + *ville*. Use **habiter** with or without the preposition **à** to say that someone lives in a city:

Il **habite à Portland.**	*He lives in Portland.*
Vous **habitez San Francisco?**	*Do you live in San Francisco?*

F. La place des adverbes. Adverbs are placed after the verb:

Ils parlent **tout le temps!**	*They're always talking!*
Il ne pleure pas **souvent.**	*He doesn't cry often.*

G. Combien de. To ask how many or how much a person has of something, use one of the following:

> Elle a combien de chats?
> Combien de chats est-ce qu'elle a?   *How many cats does she have?*
> Combien de chats a-t-elle?

D'ACCORD?

A. Les chiffres Read each line aloud, filling in any missing numbers.

1. 40, _____, 42, 43, _____, 45, _____, 47
2. 58, _____, _____, 61, 62, 63, _____, 65

3. 9, _____, 11, _____, _____, 14, _____, 16
4. 69, _____, 71, _____, 73, _____, _____, 76
5. 78, 79, 80, _____, 82, _____, _____, 85
6. 89, _____, _____, 92, 93, _____, 95, _____

B. *Alceste garde tout* **(Alceste keeps everything)**   Alceste has never thrown anything away. How many do you think he has of each item?

• **MODÈLE:**   cassettes
          Il a soixante-cinq cassettes.

1. affiches   **3.** stylos   **5.** photos
2. calculatrices   **4.** clés   **6.** disques

C. *Chassez l'intrus*   Find the word that does not belong.

1. un bébé, un enfant, un banc, un adolescent, un adulte
2. une chambre, une école, un lycée, une université
3. bavard, amusant, sociable, timide
4. triste, optimiste, fâché, déprimé
5. actif, énergique, réservé, enthousiaste
6. mignon, gâté, sage, bien élevé
7. méchant, gentil, égoïste, pénible

D. *L'album de photos d'Alceste et Candide*   Voilà des photos d'Alceste et Candide. Quel âge ont-ils?

1.

3.

2.

4.

E. ***À quel âge?*** At what age do people do the following where you live?

- **MODÈLE:** habiter seul
  À 18 ans.

1. boire du vin
2. *(pour un garçon)* sortir avec une fille
3. *(pour une fille)* sortir avec un garçon
4. voyager seul
5. avoir un permis de conduire *(driver's license)*
6. travailler dans un restaurant
7. voter
8. se marier *(get married)*

F. ***Les records d'âge*** What is your best guess? What do you think the age record is for each animal?

1. un canari   3. un chien   5. un kangourou
2. un chat   4. un éléphant 6. un lion

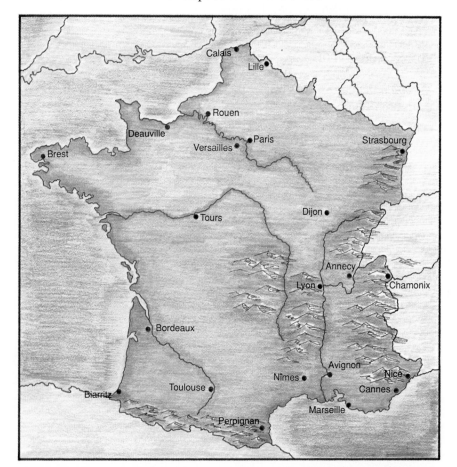

G. *Les villes de France* Look at the map. Is each statement true or false? Correct the false statements.

- **MODÈLE:** Cannes est près de Paris.
  Non, Cannes est loin de Paris.

1. Nice est à côté de Cannes.
2. Nîmes est loin de Paris.
3. Rouen est loin de Paris.
4. Bordeaux est à côté de Strasbourg.
5. Avignon est à côté de Nîmes.

H. *Possessions* Complete each dialogue with *de (d')* or *de* plus the definite article *(du, de la, de l', des)*.

1. — C'est le cahier _____ Janine?
   — Non, c'est le cahier _____ fille qui est derrière Janine.
2. — C'est le stylo _____ Marc?
   — Non, c'est le stylo _____ professeur.
3. — C'est le livre _____ Anne?
   — Non, c'est le livre _____ étudiante qui est à
   côté _____ Anne.
4. — C'est la voiture _____ M. Mercier?
   — Non, c'est la voiture _____ amis _____ M. Mercier.

I. *Comment sont...*

1. les enfants bien élevés?
2. les enfants mal élevés?
3. les adolescents de quinze ans?
4. les étudiants de l'université?
5. les professeurs de l'université?

Les mots et la culture

A. Près de, à côté de, loin de... How close is too close? When is someone "too close for comfort"?

These prepositions all relate to space and distance, concepts that may, at first glance, seem fairly neutral. But in reality, the way we feel about distance and space is culturally conditioned. The next time you watch a French movie or have the opportunity to observe French people interacting, observe how far apart they tend to stand from each other. In general, you will find that the French tend to stand closer to one another than would be comfortable for Americans. In fact, an American talking to a French person will often have an urge to back up in order to regain a comfortable distance, at which point the French person will want to step closer for exactly the same reason!

B. L'Hexagone. Do you think of your country or state as having a geometric shape? Which one?

The line that joins the French cities of Brest, Calais, Strasbourg, Nice, Perpignan, and Biarritz forms a hexagon, and, in fact, France is often referred to as **l'Hexagone.** The concept of France as an ordered, geometric space with definite boundaries satisfies the French taste for a geometric ordering of space and gives a sense of natural destiny as well as a feeling of safety and protection.

STRUCTURE

▶ Les verbes comme *sortir*

Sortir *(to go out)* and two other common verbs, **dormir** *(to sleep)* and **partir** *(to leave),* have identical endings in the present tense:

sortir

je sors	nous sort**ons**
tu sors	vous sort**ez**
il elle} sort	ils elles} sort**ent**

partir

je pars	nous part**ons**
tu pars	vous part**ez**
il elle} part	ils elles} part**ent**

dormir

je dors	nous dorm**ons**
tu dors	vous dorm**ez**
il elle} dort	ils elles} dorm**ent**

The singular forms sound identical. In the plural, the **-m-** or the **-t-** of the stem is pronounced:

> il dort (**-t** *not pronounced*)
> ils dor**ment** (**-m-** *pronounced*)
> elle sort (**-t** *not pronounced*)
> elles sor**tent** (**-t-** *pronounced*)

Sortir indicates movement out of a place or going out on the town, alone, with others, or on a date. **Partir** simply means *to leave*:

Il **sort** de la chambre. *He's going out of the room.*
Elle n'aime pas **sortir**. *She doesn't like to go out.*
Nous **partons** demain pour *We're leaving tomorrow for*
    New York. *New York.*

Vous avez compris?

Complétez Complete each sentence with a form of *sortir, partir,* or *dormir.* In some cases, there may be more than one possibility.

1. Je ne _____ pas dans la classe de français.
2. Le professeur de français _____ pour Paris.
3. Est-ce que vous _____ bien?
4. Nous _____ avec Pierre et Marie le week-end.
5. Tu ne _____ pas avec Anne demain?
6. Vous _____ pour Montréal?
7. Elle _____ avec Michel mais elle aime Pierre.

► La place des adjectifs

Adjectifs qui suivent le nom

Most adjectives that are used to describe nouns follow the noun they modify:

Martine aime **la musique anglaise.** *Martine likes English music.*
C'est **une chambre agréable.** *It's a pleasant room.*

Adjectifs qui précèdent le nom

A small group of adjectives precede the noun they modify. You already know some of these. Others, as they occur, will be marked in the vocabulary list:

beau   *good-looking, beautiful*
grand   *big, tall*
gros   *big, thick, fat*
jeune   *young*
joli   *pretty*
petit   *small*
pauvre   *poor (to be pitied)*
vieux   *old*

C'est une **petite** chambre.   *It's a small room.*
La **pauvre** Monique!   *Poor Monique!*

Bel *et* vieil

The adjectives **beau** and **vieux** have alternate forms, **bel** and **vieil,** that are used before a masculine singular noun beginning with a vowel sound. They are pronounced the same as the feminine forms **belle** and **vieille.**

M. Rolland est un **vieux** professeur.	*M. Rolland is an elderly (old) teacher.*
M. Rolland est un **vieil** homme.	*M. Rolland is an old man.*
Oscar est un **beau** chien.	*Oscar is a good-looking dog.*
Oscar est un **bel** animal.	*Oscar is a good-looking animal.*

Vous avez compris?

A. *Les adjectifs et les phrases* Rewrite each sentence to make it more descriptive. Use two adjectives for each sentence. Choose from this list: *jeune, français, petit, sombre, vieux, grand, sympathique, énergique, joli, clair, blond, gros, pauvre, fâché, beau, laid, travailleur.*

- **MODÈLE:** Paul est un étudiant.
  Paul est un jeune étudiant français.

1. Émile est un monstre.
2. Il a une chambre.
3. C'est une chambre avec une fenêtre et des rideaux.
4. Ernestine est une amie d'Émile.
5. C'est une étudiante.

B. *Les goûts* Tell what you like and dislike. Pay attention to the agreement and placement of adjectives.

- **MODÈLE:** les films (bizarre, amusant, classique, beau)
  J'aime les beaux films amusants. Je n'aime pas les films bizarres.

1. la musique (anglais, espagnol, américain, français, classique)
2. les professeurs (sympathique, raisonnable, bête, paresseux, travailleur, intelligent)
3. les chambres (vieux, joli, laid, petit, grand, clair)
4. les chiens (grand, petit, méchant, gentil)
5. les hommes (mince, gros, blond, brun, sportif, intellectuel, naïf, riche)
6. les femmes (grand, petit, compréhensif, blond, brun, sportif, intelligent)
7. les copains (égoïste, généreux, paresseux, sérieux, sociable, têtu, timide)
8. les voitures (grand, petit, américain, français, vieux, beau)
9. les livres (petit, gros, amusant, sérieux, classique)

▶ Les formes toniques des pronoms

Pronouns in French have special tonic or stressed forms:

moi	*me, I*
toi	*you (familiar)*
lui	*him, he*
elle	*her, she*
nous	*us, we*
vous	*you (formal, plural)*
eux	*them, they (all-masculine or mixed group)*
elles	*them, they (all-feminine group)*

Stressed pronouns are used in the following situations:

1. When there is no verb:

   — **Moi?**   *"Me?"*
   — Oui, **toi!**   *"Yes, **you!**"*

2. When they are the object of a preposition:

   — Il part **avec nous?**   *"Is he leaving with us?"*
   — Non, **avec eux.**   *"No, with them."*

   — Elle est **chez lui?**   *"Is she at his house?"*
   — Non, il est **chez elle!**   *"No, he's at her house!"*

3. After **c'est:**

   — **C'est toi?**   *"Is that you?"*
   — Oui, **c'est moi.**   *"Yes, it's me."*

4. For emphasis:

   — **Moi,** je déteste danser.   *"**I** hate dancing."*
   — Mais tu danses bien, **toi!**   *"But **you** dance well!"*

5. After **c'est à** to indicate possession:

   —**C'est à eux?**   *"Is it theirs?"*
   —Non, **c'est à nous.**   *"No, it's ours."*

   —**C'est à qui?**   *"Whose is this?"*
   —**C'est à moi.**   *"It's mine."*

C'est à qui? can also mean *Whose turn is it?* or *Who's next?* **C'est à moi** can also mean *It's my turn* or *I'm next.*

Vous avez compris?

A. *La vie de Jean Rasquin*   Here are some of the things that make up Jean Rasquin's life. Repeat each one, but instead of using the nouns in italics, use stressed pronouns.

• **MODÈLE:**   C'est *Jean Rasquin.*
   C'est lui.

1. Il parle avec *des copains.*
2. Il sort avec *Marie-France.*
3. Il mange chez *Solange et Christine.*
4. Il voyage avec *Marc.*
5. Il écoute des disques avec *Philippe et Sylvie.*

B. *Qui... ?*   Guess the preferences of your classmates. The person about whom you're talking confirms or denies your guess. Use stressed pronouns where possible.

• **MODÈLE:**   Qui aime étudier?
   — Lui! Lui, il aime étudier! *(pointing to another student)*
   — Moi? Non! Pas moi! / Moi? C'est vrai. Moi, j'aime étudier.

1. Qui aime chanter?
2. Qui aime danser?
3. Qui étudie tout le temps?
4. Qui travaille beaucoup?
5. Qui regarde souvent la télévision?
6. Qui écoute toujours le professeur?

EXERCICES D'ENSEMBLE

A. *Trop de noms!*   Rewrite the paragraph below, replacing some (but not all) of the nouns in italics with pronouns. Use either subject pronouns *(je, tu, il, elle, on, nous, vous, ils, elles),* the pronoun *ce,* or stressed pronouns *(moi, toi, lui, elle, nous, vous, eux, elles).*

Voilà Vincent Dubois. *Vincent* est un homme sociable et *Vincent* adore sortir. *Vincent* a une femme. *La femme de Vincent* s'appelle Thérèse. *Thérèse* n'aime pas sortir avec *Vincent.* Pourquoi est-ce que *Thérèse* n'aime pas sortir avec *Vincent?* Parce que *Vincent* adore boire, manger, parler et fumer. Et *Thérèse* aime lire et regarder des films classiques à la télé... et *Thérèse* déteste les cigarettes! Demain, *Vincent et Thérèse* partent pour New York. *Vincent* est content parce que *Vincent* adore New York. Et *Thérèse? Thérèse* est contente aussi. Pourquoi? Parce que *Thérèse* aime parler anglais et *Thérèse* adore voyager.

B. Et vous?

1. Quand est-ce que vous dormez beaucoup?
2. Quand est-ce que vous ne dormez pas beaucoup?
3. Quand est-ce que vous sortez?
4. Avec qui est-ce que vous sortez?
5. En quel mois est-ce que vous partez en vacances?
6. Est-ce que vous aimez mieux étudier seul(e) ou avec un copain ou une copine?

C. Interrogez! For each question, think of follow-up questions. Use the questions you have prepared to find out about your classmates.

• **MODÈLE:** Tu chantes? (Bien? Souvent? Quand? Où?...)

1. Tu regardes la télé?
2. Tu manges?
3. Tu aimes sortir?
4. Tu travailles?

5. Tu étudies?
6. Tu as des copains? des copines?
7. Tu es heureux (heureuse)?
8. Tu as des problèmes?

Échanges

A. Le petit ami de Suzanne Describe Suzanne's boyfriend from the viewpoint of: Suzanne, her parents, her sister. (His picture is at the beginning of this lesson.)

B. Et elle? Who is this? What is her name? How old is she? Where does she live? What is she like? What does she like? What does she dislike?

C. Comment est...

1. la femme idéale?   3. l'enfant idéal?
2. l'homme idéal?   4. l'adolescent idéal?

D. Et vous? Describe yourself using the French you know.

E. Conversation en français Bring a picture of one of your friends and be ready to talk about him or her. Start out by saying « *Voilà mon ami(e)* ».

L·E·C·T·U·R·E

Ni rouge ni morte

▶ **Préparation à la lecture**

What different sections do you find in a magazine or newspaper?

▶ **Activités de lecture**

De quoi s'agit-il?

A. How many titles does each article have? What helps you differentiate them? Which title has the most information? What do you learn from each one (main title, subtitle, blurb)?

B. Look at the articles on the facing page. What are they?

editorials   book reviews
film reviews   historical commentaries
interviews of movie stars political analyses

À la recherche des détails

A. Use the title, subtitle, and blurb for the first article to fill in the following data sheet on Margarete Buber-Neumann.

Name: _____
Date and place of birth: _____
Country of origin: _____
Political affiliation: _____
Place of residence in 1935: _____
Place of residence between 1935 and 1936: _____
Place of residence between 1938 and 1940: _____
Place of residence between 1940 and 1945: _____
Place of residence in 1986: _____

LIVRES
Rescapée du Goulag et des camps nazis, elle sera à « Apostrophes » le 17 janvier

Ni rouge ni morte

A 84 ans, Margarete Buber-Neumann n'a rien oublié. Née à Potsdam, communiste, réfugiée à Moscou en 1935, déportée en Sibérie en 1938, livrée à Hitler par Staline en 1940, elle est internée jusqu'en 1945 à Ravensbrück où elle se lie avec Milena, l'amie de Kafka. Nous l'avons rencontrée chez elle à Francfort

Une voix au bout du fil, à Francfort : *« Oh ! vous savez, quand on a passé sept ans dans les camps, on n'a besoin de rien et tout fait plaisir. »* Nous avions demandé à Margarete Buber-Neumann ce que nous pourrions lui apporter de Paris. Son livre sur Milena, l'amie de Kafka, qu'elle a connue en déportation et aimée, doit paraître en français dans quelques jours. Sept ans dans les camps ! Quarante ans après, cette femme de 84 ans évoque ce cauchemar comme s'il avait pris fin hier seulement. Il faut dire que son destin ne fut pas banal. Si les deux horreurs du siècle furent le Goulag et le nazisme, Margarete Buber-Neumann eut le triste privilège d'être victime de l'un et de l'autre. Comment pourrait-on oublier qu'on a passé deux ans dans un camp en Sibérie, puis cinq à Ravensbrück, livrée par Staline à Hitler !

Margarete Buber-Neumann habite un petit appartement plein de livres, dans le centre

Didier Eribon, « Ni rouge ni morte », *Le Nouvel Observateur*

LIVRES
Henri Troyat publie la biographie de Maxime Gorki

Un vieil ours faible et violent

● *par Claude Roy*

Vagabond révolté, adolescent romantique, révolutionnaire, exilé, auteur officiel, pétitionnaire et contestataire de coulisse... Non, on ne sait plus à quel Gorki se vouer. Sinon au grand écrivain

Gorki a 16 ans, il en a vu de toutes les couleurs, il a fait tous les métiers, plus celui de rebelle. Il a été chiffonnier, plongeur dans la cuisine d'un navire, apprenti boulanger seize heures par jour, gardien de nuit dans une gare, débardeur, oiseleur, jardinier, etc. Il ne trouve pas le monde « bien fait ». *« J'avais une telle envie de donner un bon coup de pied à la terre et à moi-même, pour que tous, moi compris, nous nous élancions dans un joyeux tourbillon de danse où les hommes s'aimeraient les uns les autres, et où commencerait une vie nouvelle, belle, vaillante, honnête. »* Comme elle tarde à commencer, cette vie nouvelle, à 19 ans il décide de se suicider. Il se tire une balle dans le cœur en laissant une lettre insolente, pré-sur-réaliste : *« Je prie de rendre responsable de ma*

Claude Roy, « Un vieil ours faible et violent », *Le Nouvel Observateur*

B. Use the title, subtitle, and blurb for the second article to select personality traits of Maxime Gorki. Choose from the list below.

strong	realist	rebellious	great	ordinary
calm	weak	romantic	famous	obscure
conformist	violent	patriotic	exiled	

Apprenons

Mots et expressions

In the second blurb, can you find a word besides *auteur* that means *writer, author*? What word family does it belong to?

▶ Après la lecture

A. ***Décidons*** On the basis of the titles and blurbs of these articles, which of the two books would you select to read? Why?

B. ***Discutons la culture française*** What kind of magazine do you think these articles were taken from? What magazines are similar in your country?

▶ Mise en pratique: Un compte-rendu

A. ***Préparation à l'écrit*** Decide on several French adjectives that would characterize each book. Make two lists.

Livre 1: _____

Livre 2: _____

Now, using these adjectives, write a short paragraph about each book.

Livre 1: C'est un livre _____ et _____ . Mais ce n'est pas un livre _____ . C'est une biographie _____ et _____ . J'aime le livre sur Margarete Buber-Neumann parce que j'aime les livres _____ . Mais je n'aime pas les livres _____!

Livre 2: C'est un livre _____ et _____ . C'est une _____ de Maxime Gorki. Ce n'est pas une _____ _____ . Généralement, les biographies sont _____ et _____ . Mais la biographie de Gorki semble (*seems*) _____ .

B. *Écrivons*   Write a biography! First, select a famous person from the past.

1. List at least three or four French adjectives that describe the person you have chosen. Include both physical characteristics and personality traits.

2. Find some information about the life of the person you have chosen. Use the French you know to write several sentences about him or her.

3. Now write a short paragraph in which you combine your information about this person's life with the adjectives you found to describe him or her. Try to write a cohesive paragraph rather than a series of unrelated sentences.

Comment est Madame Ponsolle? (Nice, France)

Orthographe et prononciation

▶ La liaison

La liaison (*linking*) is characteristic of spoken French. A liaison occurs when the final consonant of one word is pronounced along with the beginning vowel sound of the following word. This liaison consonant (the one pronounced) is not heard when it is followed by another consonant:

Comment‿allez-vous?   Comment ça va?
liaison t   **silent t**

Liaison consonants **-s** and **-x** are pronounced /z/.

les‿livres   les‿enfants   deux‿enfants
silent s   /z/   /z/

The letter **h-** is silent, making liaison possible with the vowel that follows:

les‿hommes   deux‿hommes
/z/   /z/

Activités

A. *Prononcez* Repeat the following words after your instructor.

1. les affiches
2. deux adultes
3. C'est une femme.
4. Elles ont des enfants.
5. Elles sont étudiantes.
6. Nous avons des ordinateurs.

B. *Trouvez les liaisons* Say each pair of words aloud; mark the *liaisons*.

1. trois hommes; trois lits
2. les jeunes; les amis
3. des étagères; des clés
4. C'est un chat. C'est Paul.
5. Nous détestons chanter. Nous adorons danser.
6. Ils ont des amis. Ils sont sympas.

Vocabulaire de base

Les chiffres de 40 à 100 (voir page 86)
Les formes toniques des pronoms (voir page 99)

NOMS

un an *year*
une école *school*
une guitare *guitar*
les jeunes *young people*
une jeune fille *girl (between about 15 and 25; not married)*
un lycée *high school*
un petit ami, une petite amie *boyfriend, girlfriend*
un problème *problem*
la vie *life*
une voiture *car*

VERBES

dormir *to sleep*
habiter *to live (inhabit)*
jouer *to play*
partir *to leave*
sortir *to go out*

ADJECTIFS

bavard(e) *talkative*

compréhensif, compréhensive *understanding*
content(e) *glad*
débrouillard(e) *resourceful*
déprimé(e) *depressed*
difficile *difficult, hard to get along with*
égoïste *selfish*
équilibré(e) *well-adjusted*
facile *easy*
gentil, gentille *kind, nice*
jeune (precedes noun) *young*
joli(e) (precedes noun) *pretty*
méchant(e) *mean*
mignon, mignonne *cute*
pauvre (precedes noun) *poor, to be pitied*
riche *rich*
seul(e) *alone*
triste *sad*
vieux (vieil), vieille, vieux, vieilles (precedes noun) *old*

ADVERBES

parfois *sometimes*
souvent *often*
toujours *always*
tout le temps *all the time*

PRÉPOSITIONS

à *in, to, at*
à côté de *next to, beside*
chez *at the house of*
derrière *behind, in back of*
devant *in front of*
loin de *far from*
près de *near (to)*

DIVERS

avoir... ans *to be . . . years old*
combien de *how many, how much*
quand *when*
qui *who*

Vocabulaire supplémentaire

NOMS

un adolescent, une adolescente *adolescent, teenager*
un adulte *adult*
un banc *bench*
une bande dessinée *comic strip, comic book*
un bébé *baby*
une personne âgée *an older person*

VERBES

partager *to share*
pleurer *to cry*

ADJECTIFS

actif, active *active*
âgé(e) *old, elderly*
bien élevé(e) *well-mannered*
calme *calm*
élégant(e) *elegant*
énergique *energetic*
ennuyeux, ennuyeuse *boring, annoying*
enthousiaste *enthusiastic*
fâché(e) *angry, mad, disgruntled*
gâté(e) *spoiled*
impoli(e) *impolite*

intellectuel, intellectuelle *intellectual*
mal élevé(e) *ill-mannered, rude*
optimiste *optimistic*
pessimiste *pessimistic*
poli(e) *polite*
réservé(e) *reserved, quiet*
sage *well-behaved*
sévère *strict*
têtu(e) *stubborn*
typique *typical*

DIVERS

c'est à qui? *whose is it? whose turn is it?*

être au régime   *to be on a diet*
être de bonne humeur   *to be in a good mood*
être de mauvaise humeur   *to be in a bad mood*
être en forme   *to be in shape, to feel great*
jouer de la guitare   *to play the guitar*
quel âge as-tu (avez-vous)?   *how old are you?*

LE FRANÇAIS FAMILIER
une bagnole = une voiture
barbant, -e = ennuyeux, ennuyeuse
une BD = une bande dessinée

une boîte = un lycée
un copain, une copine = un petit ami, une petite amie (*meaning depends on context*)
fauché(e) = très pauvre
un gamin, une gamine = un/une enfant
un intello = un intellectuel
marrant(e) = amusant(e)
roupiller = dormir

ON ENTEND PARFOIS...
une blonde (Canada) = une petite amie
chéri-coco, chérie-coco (Sénégal) = petit(e) ami(e)
un chum, un tchomme (Canada) = un petit ami
être jaguar (Bénin, Togo) = être élégant
être jazz (Zaïre) = être élégant
huitante (Suisse) = quatre-vingts
jasant(e) (Canada) = bavard
un (petit) mousse (Canada) = un petit garçon
niaiseux, niaiseuse (Canada) = pas très débrouillard, un peu bête
nonante (Suisse, Belgique) = quatre-vingt-dix
septante (Suisse, Belgique) = soixante-dix

Votre horaire

LEÇON

En bref

TELLING TIME •
FRENCH CITIES
AND TOWNS •
COLD? HOT?
SLEEPY? • WHERE
YOU GO AND
WHAT YOU DO •
GETTING INFORM-
ATION • A YOUNG
BELGIAN ATHLETE

◄
Quelle heure est-il?
(Musée d'Orsay,
Paris)

109

Vocabulaire

L'heure

A. Quelle heure est-il...

à New York?
Il est huit heures du matin.

à Chicago?
Il est sept heures du matin.

à Denver?
Il est six heures du matin.

à San Francisco?
Il est cinq heures du matin.

à Paris?
Il est deux heures de
l'après-midi.

à Moscou?
Il est quatre heures de
l'après-midi.

à Tokyo?
Il est dix heures du soir.

à Sydney?
Il est onze heures du soir.

Il est huit heures du matin et on mange à New York. Mais à Denver il est six heures du matin et on dort. Est-ce qu'on dort à Paris à deux heures de l'après-midi? Est-ce que les enfants travaillent à Moscou à quatre heures de l'après-midi?

B.

Il est une heure.

Il est une heure cinq.

Il est une heure et quart.

Il est une heure vingt.

Il est une heure et demie.

Il est deux heures moins le quart.

Il est deux heures moins trois.

Il est deux heures.

C.

Il est minuit à Paris.

Il est midi à Rennes.

- Et aujourd'hui? Quelle heure est-il maintenant? Quelle heure est-il à Los Angeles? Et à Montréal (c'est comme à New York)? Et à Bruxelles (c'est comme à Paris)? Et à Tokyo? À Sydney, maintenant, c'est aujourd'hui ou demain?

- Et vous? À quelle heure est-ce que vous commencez le cours de français? À quelle heure est-ce que vous terminez le cours de français? À quelle heure est-ce que vous mangez le matin? et le soir?

Où?

A. En ville

Voilà Cinet, une petite ville française. À Cinet, il y a des maisons, des appartements, une église, un parc, un super-marché, un hôpital, une pis-cine, des magasins, des banques, un hôtel, des restau-rants, des cafés, une poste, et une bibliothèque.

• Est-ce que l'église est près du café? Est-ce que la poste est à côté de la bibliothèque? Est-ce que le parc est loin de l'hôpital?

B. À la campagne

• Dans le village, est-ce qu'il y a une église? un supermarché? des maisons? De quelles couleurs sont les vaches?

Sur la photo, il y a un pré avec des vaches. Il y a aussi un village.

C. En montagne

En montagne, il y a… des montagnes! Sur la photo, il y a aussi un lac et des fleurs. Il n'y a pas beaucoup de neige parce que c'est l'été.

- Est-ce que vous aimez la neige en montagne? et en ville? Quelle est la couleur du lac sur la photo? et des fleurs? Est-ce qu'on skie sur la photo?

D. À la mer

À la mer, il y a… la mer! Sur la photo, il y a aussi une plage et des bateaux. Aujourd'hui, le ciel est bleu et le soleil brille.

- Quelle est la saison? Est-ce qu'on nage?

- Et vous, vous préférez la mer ou la montagne? Vous habitez en ville ou à la campagne? Qu'est-ce qu'il y a chez vous? Qu'est-ce qu'il n'y a pas chez vous?

Expressions avec avoir

A.

Alceste a froid.

B.

Candide a chaud.

C.

Alceste et Candide ont
sommeil.

- Et vous? Est-ce que vous avez froid à la piscine en été? et au printemps?
  Est-ce que vous avez chaud quand vous jouez dans la neige en hiver?
  Est-ce que vous avez sommeil à huit heures du matin?

Autres mots et expressions

chercher   *to look for, to search (for)*
une journée   *day (period of time)*
un laboratoire   *laboratory*
pendant   *during*
un pique-nique   *picnic*
préféré(e)   *preferred, favorite*
quel, quelle; quels, quelles
   what, which (adjective)

une résidence universitaire
   dormitory
s'il te plaît   *please (familiar)*
téléphoner (à)   *to call
   (telephone)*
trouver   *to find*

Notes de vocabulaire

A. Préférer. The verb **préférer** is a spelling-change verb. The *accent aigu*
(´) over the second **-e-** becomes an *accent grave* (`) in all singular forms and
the third person plural:

je préf**è**re   nous préf**é**rons
tu préf**è**res   vous préf**é**rez
il ⎱
elle⎰ préf**è**re   ils ⎱
                        elles⎰ préf**è**rent

Other verbs that have the same spelling changes as **préférer** will be marked
in the vocabulary lists.

B. Commencer. In order to retain the soft /s/ sound in the verb **commencer,** a cedilla is added to the **-c-** before the ending **-ons:**

je commence   nous commençons

C. Dans/en. The English preposition *in* can be translated in French by either **dans** or **en,** depending on the context. In general, **dans** is used when it means or implies *within, inside of* **(dans la chambre),** while **en** is used in fixed expressions where there is no article **(en ville).**

The English prepositions *to* and *at* can usually be translated by the French preposition **à (à la plage).** In certain fixed expressions, however, **en** (with no article) is used **(en classe).** These expressions must simply be memorized.

Here are the most common fixed expressions using **en:**

en ville	*in town, downtown*
en vacances	*on vacation*
en montagne	*in the mountains*
en classe	*in class*
en juillet, en avril, etc.	*in July, in April, etc.*
en automne	*in autumn*
en hiver	*in winter*
en été	*in summer*

BUT:

au printemps   *in spring*

D. Quel. **Quel** means *what* or *which*. It is an adjective. **Quel** may be separated from its noun by a form of the verb **être.** Like other adjectives, its form depends on the number and gender of the noun it modifies:

C'est **quel jour?** *(masculine singular)*
Quelle est **la date** aujourd'hui? *(feminine singular)*
Vous avez **quels disques?** *(masculine plural)*
Quelles couleurs est-ce qu'il préfère? *(feminine plural)*

Note the use of **quel** to express an exclamation.

Quel hiver!	*What a winter!*
Quelles vacances!	*What a vacation!*

E. Pour préciser le temps. Note the following:

Le lundi. Il est à la bibliothèque *le* **lundi** means that he goes to the library *every Monday*.

Jour/journée, an/année. The words **jour** and **an** refer to periods of time that are countable.

Il y a **sept jours** dans une semaine.	*There are seven days in a week.*
Il a **14 ans.**	*He's 14 (years old).*

Journée and **année** refer to periods of time thought of as a whole:

Voilà **la journée** de Mme Dupont.	*That's Mrs. Dupont's day.*
Quelle **année!**	*What a year!*

Matin/après-midi/soir. To specify morning, afternoon, or evening, use the following expressions:

Il est quatre heures **du matin.**	*It's four in the morning.*
Il est une heure **de l'après-midi.**	*It's one in the afternoon.*
Il est dix heures **du soir.**	*It's ten in the evening (at night).*

F. Téléphoner à + *personne*. The verb **téléphoner** is followed by the preposition **à** to mean *to telephone (to call) someone:*

Il **téléphone à** Paul.	*He's calling Paul.*

D'ACCORD?

A. À quelle heure? When can you usually be found doing the following?

1. Je mange…
2. La nuit, je dors de… à…
3. Le soir, j'étudie de… à…
4. Je suis de mauvaise humeur…
5. Je suis de bonne humeur…
6. Je pars le matin à…

B. Chassez l'intrus Find the word in each group whose meaning does not fit.

1. université, maison, cours, bibliothèque, résidence universitaire
2. devoir, examen, vacances, étudier, professeur
3. plage, mer, août, nager, froid
4. école, examen, cahier, juillet, laboratoire
5. café, restaurant, hôtel, supermarché, ciel
6. neige, noir, hiver, skier, montagne
7. poste, mer, hôtel, magasin, banque

C. *Classons*   Group the following words according to whatever categories you want. (There may be two or three words left over.) Then compare your categories with those of other students in your class.

ciel, supermarché, lac, vacances, lycée, lundi, mois, laboratoire, octobre, magasin, poste, musée, juillet, dormir, nager, mer, matin, plage, ville, février, froid, café, chaud, affiche, camarade de chambre, skier, habiter, mars, mercredi, soir, minuit, parc, pique-nique, fête, hiver, mai, décembre, dimanche, heure, hôtel, jour, campagne, cours

D. *Les sensations*   Imagine yourself in the following situations. React using a French expression.

- **MODÈLE:**   You are at the North Pole.
          J'ai froid.

  1. It is 2 A.M.
  2. The wind chill factor is −50°.
  3. You are in Miami in July.
  4. You are at a boring party and it's 3 in the morning.

E. *Jour, mois, saison...*

  1. Quel(s) jour(s) de la semaine est-ce que vous préférez? Détestez?
  2. Quel(s) mois est-ce que vous préférez? Détestez?
  3. Quels sont les jours de classe? Les jours du week-end?
  4. Pendant quelle(s) saison(s) est-ce que vous avez froid? Chaud?
  5. Quels sont les mois de vacances? De l'hiver? De l'été? De l'automne? Du printemps?
  6. En quel mois ou quelle saison est Noël? Pâques? La Toussaint? La fête nationale française? La fête nationale américaine? La fête des mères? La fête du travail en France? La fête du travail chez vous? Le jour de l'an? Votre anniversaire?

F. *C'est normal ou c'est bizarre?*

  1. être à l'église le dimanche?
  2. avoir un cours de français le dimanche?
  3. être au théâtre le lundi matin?
  4. être en classe le mercredi?
  5. trouver des enfants à la piscine à deux heures du matin?
  6. être à la banque le vendredi?
  7. être à la poste le dimanche?
  8. sortir le samedi soir?
  9. avoir froid l'été?

G. *Qu'est-ce qu'on fait... ?* What do people do at the following places?

• **MODÈLE:** à l'université?
On étudie, on travaille, on...

1. dans un parc?   3. dans un restaurant?
2. dans un hôtel?   4. à la campagne?

H. *Et vous?*

1. À quelle heure est-ce que vous commencez à étudier le soir?
2. À votre université, où est-ce qu'on trouve des professeurs? Où est-ce qu'on ne trouve pas de professeurs?
3. À quel âge est-ce qu'on commence l'école? Le lycée? L'université?
4. À quel âge est-ce que vous commencez à travailler?
5. Où est-ce qu'on cherche un livre? Des clés? Une chambre? Une affiche? Un cadeau?

Les mots et la culture

A. **Les vingt-quatre heures.** Where do you hear expressions like "eighteen hundred hours"?

In much of the world, including many French-speaking countries, official time schedules are based on a 24-hour rather than a 12-hour clock:

24-HOUR CLOCK	12-HOUR CLOCK	(AFTER NOON)
12 h 00	12 h	midi
15 h 30	3 h 30	trois heures et demie
17 h 45	5 h 45	six heures moins le quart
19 h 00	7 h	sept heures

Note that when using the 24-hour clock, the expressions **et quart, et demie,** and **moins le quart** are not used:

20 h 15	vingt heures quinze
21 h 30	vingt et une heures trente
22 h 45	vingt-deux heures quarante-cinq
23 h 00	vingt-trois heures

B. **L'heure, c'est l'heure!** If you're invited to dinner, do you arrive on time? If you're five minutes late for an appointment, should you worry?

Just as space is perceived and used in different ways in different cultures, so is time. In American culture, promptness is usually seen as a virtue. In France, however, this is not necessarily the case. In fact, to people used to the American tendency to be "on time," it may seem that in France only the trains are on time! But in fact the French are obeying their own set of culturally determined rules. Hosts, for example, do not expect their guests to arrive any earlier than 15 to 30 minutes after the given time, and guests would never think of arriving any earlier. However, arriving more than 30 to 40 minutes late is considered "being late" and requires an excuse. Appointments, on the other hand, require promptness. If you are to meet someone in his or her office at 3:00, you should be there at 3:00.

C. De 8 à 12, de 2 à 7. When are stores not open?

In France, many offices, stores, and schools are closed between noon and 2 o'clock during the week. This is to give people time to go home for lunch. In some parts of France, stores do not reopen until 3 or 4 o'clock. As a consequence, the usual closing time is between 6 and 7 or even 8. This, of course, would then push the dinner hour back to 8 or even 9 o'clock. Although these customs are changing in the larger French cities, a long lunch hour and a late dinner hour are still quite important to most French people.

STRUCTURE

▶ Le verbe *aller*

The verb **aller** *(to go)* is irregular:

je vais	nous allons
tu vas	vous allez
il } elle } va	ils } elles } vont

Aller can be followed by an infinitive to indicate future time or to express intention.

Nous **allons étudier.**   *We're going to study.*

In the negative, **ne... pas** is placed around the conjugated form of **aller:**

Elle **ne** va **pas** aller à la plage.   *She's not going to go to the beach.*

RAPPEL! **Aller** is also used to say how you are or to ask how someone else is.

— Comment **allez**-vous?   *"How **are** you?"*
— Je **vais** bien, merci.   *"I'm fine, thanks."*

Vous avez compris?

A. *On y va!* People are going places—some more exciting than others! Say so following the model.

• **MODÈLE:** Paul / à la bibliothèque
             Paul va à la bibliothèque.

1. Anne / à la plage
2. Tu / à l'hôtel pour le week-end
3. Nous / chez nous après l'école
4. Vous / à l'hôpital!
5. Marie-Paule et Geneviève / manger à l'université aujourd'hui?
6. Léon / en ville
7. Je / à Paris demain!

B. *Et demain?* Some people never change. Say so following the model.

• **MODÈLE:** Aujourd'hui, j'étudie et demain,…
             je vais étudier (aussi).

1. Aujourd'hui, nous allons à la piscine et demain,…
2. Aujourd'hui, il téléphone à Myriam et demain,…
3. Aujourd'hui, vous avez froid et demain,…
4. Aujourd'hui, elles sont tristes et demain,…
5. Aujourd'hui, tu fumes et demain,…
6. Aujourd'hui, je travaille et demain,…
7. Aujourd'hui, nous sommes de mauvaise humeur et demain,…
8. Aujourd'hui, la vie est triste et demain,…

▶ Les prépositions *à* et *de* et l'article défini

The prepositions **à** and **de** combine with two forms of the definite article, **le** and **les,** to form contractions. They do not contract with **la** or **l'** or when no definite article is present:

à + le = au

Il va **au** musée.   *He's going to the museum.*

de + le = du

C'est le livre **du** professeur.   *It's the teacher's book.*

à + les = aux

Elle parle **aux** plantes! | *She talks to plants!*

de + les = des

Où est la photo **des** professeurs d'anglais? | *Where's the picture of the English teachers?*

Note the pronunciation of **aux** and **des** when followed by a vowel sound:

Il va parler **aux** enfants. | *He's going to talk to the children.*
/z/

Voilà l'école **des** enfants de Marie. | *There's Marie's children's school.*
/z/

RAPPEL! Do not confuse the plural indefinite article **des** with the contraction of the preposition **de + les = des**. Although they are identical in spelling, they function very differently:

des = plural, indefinite article

Il y a **des** affiches sur le mur. | *There are some posters on the wall.*

des = de + les

Le professeur est à côté **des** étudiants. | *The teacher is next to the students.*

Vous avez compris?

A. Où sont-ils?

• **MODÈLE:**

Ils sont au parc.

1.

2.

3.

4.    **5.**    **6.**

B. *De, du, des, de la, de l' ou d'?* Complete using *de* alone or *de* plus the definite article. Pay attention to gender and number.

- **MODÈLE:** C'est l'appartement **des** filles.

1. C'est la bibliothèque _____ université.
2. C'est le bureau _____ professeur.
3. C'est le lit _____ enfants.
4. Ce sont les murs _____ chambre.
5. C'est le lac _____ Chicago.
6. C'est le disque _____ Olivier.
7. C'est l'anniversaire _____ M. Dupont.
8. C'est la porte _____ maison.
9. Ce sont les chaises _____ église.
10. C'est le premier jour _____ vacances.

► Questions pour demander des renseignements

Information questions ask for information. In order to indicate what kind of information you are asking about, you need to use a question word (*how, what, when, where,* etc.). Here are some information questions. Can you find the question words?

Tu es d'où?	*Where are you from?*
Où est-ce que tu vas?	*Where are you going?*
Comment est Georges?	*What is George like (how is George)?*
Pourquoi est-ce que tu es fatigué?	*Why are you tired?*
Quand part-il?	*When is he leaving?*
Vous avez combien de chats?	*How many cats do you have?*

You can use intonation, **est-ce que,** or inversion to form information questions much as you did to form yes-no questions. The only difference is the addition of a question word.

Intonation The question word can appear before or after the verb.

Comment tu t'appelles?   Tu t'appelles **comment?**

Est-ce que The question word is placed in front of **est-ce que.**

> question word + **est-ce que** + rest of sentence

Quand est-ce que tu pars?   *When do you leave (are you leaving)?*

Comment est-ce qu'on va à la   *How do you get to (go to) the library?*
bibliothèque?

Inversion The question word is placed at the beginning of the sentence.

D'où est-elle?   *Where is she from?*
Quand pars-tu?   *When are you leaving (do you leave)?*
Comment va-t-on à la   *How do you get to (go to) the library?*
bibliothèque?

Vous avez compris?

A. *Posez des questions* What would you say in French to find out the following?

- **MODÈLE:** Where you are going now
        Où est-ce que tu vas (vous allez) maintenant?

1. Why you like to watch television
2. When Martine and Jean-Pierre are leaving for New York
3. How many students there are in class
4. Where Mme Mercier lives
5. When Alceste is leaving on vacation
6. How to get to the library

—Où est-ce que tu vas?
—À la bibliothèque, et toi?
(Montréal, Canada)

B. *Et des questions!*   Ask as many questions as you can about the photograph.

EXERCICES D'ENSEMBLE

A. *Où est-ce qu'il va?*   Look at Pierre's schedule and answer the questions.

Lundi :	Manger avec Claudine – 8h
Mardi :	Exposition de Picasso.
Mercredi :	Travailler à la biblio (9h à 12h)
Jeudi :	Banque, poste (matin)
Vendredi :	Étudier l'anglais – examen à 11h.
	Copains – 4h30 (aller nager?)
Samedi :	Annie Hall avec Hélène
Dimanche :	Pique-nique avec Marie-Thérèse
	à midi.

1. Quel(s) jour(s) est-ce que Pierre va en ville?
2. Quel(s) jour(s) est-ce que Pierre va à l'université?
3. Quel(s) jour(s) est-ce que Pierre va sortir avec une jeune fille?
4. Où est Pierre vendredi après-midi? lundi soir? jeudi matin? dimanche matin? dimanche après-midi?
5. Comment est Pierre? *(Draw as many conclusions as you can from what you know!)*

B. *Votre horaire* Say where you are and what you are usually doing at each of the following times.

• **MODÈLE:** *cinq heures, dimanche matin*
  Je suis au lit. Je dors.

1. six heures, lundi matin
2. minuit, mercredi soir
3. onze heures, dimanche matin
4. huit heures et demie, samedi soir
5. trois heures, mardi après-midi
6. une heure, samedi matin

C. *C'est vous le professeur!* Read the paragraph. What questions can you ask about it?

Alain et Annette habitent à la campagne, dans une petite maison très agréable. Alain a trente ans; il est grand, mince et blond. Annette est plus jeune. Petite et blonde, elle a vingt-six ans. Ils ont deux enfants (Adrien et Jean-Philippe), deux chiens (Olaf et Sacha) et un chat (Ouistiti). Alain est professeur dans un lycée en ville. Le matin, il part à six heures et demie parce que le lycée est loin de la maison. Les étudiants ne sont pas toujours faciles et Alain est souvent fatigué le soir. Annette parle anglais et elle travaille avec des Américains. Le week-end, ils aiment rester à la maison. Ils mangent souvent avec des amis le samedi soir et ils adorent dormir tard le dimanche matin. Mais c'est difficile parce que les enfants aiment jouer et ils ne sont pas calmes! Alain et Annette ne sont pas très riches, mais ils sont heureux parce qu'ils aiment la campagne, les enfants et les animaux!

Échanges

A. **Emploi du temps** Take a moment to think about your weekly schedule. Then use the following questions to find out about the weekly schedules of people in your class.

1. Combien d'heures de cours avez-vous?
2. Combien d'heures de laboratoire avez-vous?
3. Combien d'heures de sciences avez-vous? D'anglais? De français?
4. À quelle heure est-ce que vous allez au restaurant universitaire? À la bibliothèque? Au cours le matin?
5. Où est-ce que vous êtes à 7 h du matin? À 3 h de l'après-midi? À 5 h du soir? À 10 h du soir? À minuit?
6. Quel jour est-ce que vous préférez? Quel jour est-ce que vous détestez? Pourquoi?
7. Quelle heure est-ce que vous préférez? Quelle heure est-ce que vous détestez? Pourquoi?

B. **L'emploi du temps idéal** Set up an ideal schedule!

C. **L'emploi du temps du professeur** Find out as much as you can about your teacher's schedule by asking him/her questions.

D. **Association d'idées** Make a list of words (activities, colors, etc.) that come to your mind when you think of each season. Compare your list with those of your classmates.

E. **À Saint-Barthélemy** Look at the ad for Saint-Barthélemy (Saint-Barth), a small French Caribbean island that is located 15 miles from Saint Martin and 140 miles from Guadeloupe. What can you say about it?

À Saint-Barth, il y a...
À Saint-Barth, il n'y a pas de...
J'aime Saint-Barth parce que...
Je n'aime pas Saint-Barth parce que...

F. *Conversation en français* You need to make an appointment to talk to your French teacher about some homework that you don't understand. You go up to your instructor after class and set up a time when the two of you can get together.

L·E·C·T·U·R·E

— Ingrid Lempereur —

▶ Préparation à la lecture

Think of the life of a fellow student who is an athlete. Imagine her/his daily schedule, responsibility, problems, and decisions. What would it be like in a system where sports are not integrated into university life?

▶ Activités de lecture

De quoi s'agit-il?

A. *Le titre* Underline the key words of the title. Can you guess what the text is going to be about? Who is Ingrid Lempereur?

B. *Les thèmes* Discover the topics of the passage. List all the words that refer to *nager* and the world of swimming. Who is Ingrid? Then list all the words that refer to *étudier* and the life of students. Who is Ingrid?

C. *Le problème* Which list is longer? What is Ingrid's dilemma?

À la recherche des détails

A. *Renseignements biographiques* Fill in the chart to reflect Ingrid's life.

Country of origin: _____
Date of birth: _____
Place of birth: _____
Resident of: _____
Member of: _____
Competitions attended: _____, _____, _____
Rewards received: _____, _____, _____
Student at: _____
For how long: _____
Professional objectives: _____
Names of other athletes: _____, _____

B. *La vie quotidienne d'Ingrid*

   1. Calculate her study time, her leisure time, and her swimming time.
   2. At what age did she start to train for competitive swimming?

Ingrid Lempereur: étudier en nageant

Ingrid Lempereur est née à Misancy le 26 février 1969. Elle nage depuis 1977 au club de natation de sa petite ville d'Arlon (Belgique). Dans son palmarès figurent notamment une médaille de bronze aux Jeux Olympiques de Los Angeles – Ingrid avait alors quinze ans – et une médaille d'argent aux championnats d'Europe de Strasbourg.

Elle a reçu en 1988 le Trophée national du mérite sportif qui récompense traditionnellement le meilleur athlète belge de l'année et fait partie du gotha sportif belge aux côtés d'Eddy Merckx et de Jacky Ickx. Depuis un an, Ingrid est étudiante à l'Université catholique de Louvain où elle effectue sa première année de candidature en éducation physique. Son emploi du temps reste encore bien rempli:

8h Lever.
9h–11h Entraînement de natation.

11h–12h Cours.
12h–14h Déjeuner et conditionnement physique.
14h–17h Cours.
17h–20h Souper et étude.
20h–22h Entraînement de natation.

« Pendant 6 ans, j'ai consacré tous mes loisirs à la natation. Le sentiment d'avoir raté mon adolescence? Non, certainement pas. J'ai fait des expériences que les filles de mon âge n'ont pas faites et réciproquement. »

A 19 ans, Ingrid a décidé d'interrompre sa carrière sportive à la suite des Jeux Olympiques de Séoul où elle s'est classée 7e de la finale du 100 mètres brasse.

« J'ai beaucoup donné à la natation, il est temps d'accorder la priorité à mes études. »

Entrevue et recherche: Olivier Goutal.

Universités, vol. 9, no. 4; vol. 10, no. 1, May 1989.

Apprenons

A. *Mots et expressions*

1. Use sentence and paragraph context to determine the meaning of:

   depuis: line 2 in paragraph 1 and line 7 in paragraph 2
   emploi du temps: line 11 in paragraph 2
   entraînement: line 2 in the schedule
   interrompre: line 1 in paragraph 5
   la priorité: line 2 in the last paragraph

2. Look at the verbs of the last three paragraphs. *J'ai consacré, J'ai fait, Ingrid a décidé,* etc. What part of her life is Ingrid referring to? What tense might this be?

B. *La culture francophone*

1. Is Ingrid's university public or private?
2. Vrai ou faux?

En Belgique les sports apportent un certain prestige.
Les athlètes ont beaucoup de facilités pour s'entraîner.
Les athlètes concilient facilement sports et études.
Quand on est étudiant on n'a pas le temps de faire du sport.
Il est difficile pour les athlètes de combiner études et entraînement.

▶ Après la lecture

A. *Décidons* Is Ingrid right to abandon official competition? What advice would you give her?

B. *Discutons la culture* Sports do not play the same role in all cultures. What are the benefits of sports? their drawbacks? Are there advantages or disadvantages in emphasizing the role of sports in a culture? What seems to be the case in Belgium? What is it like in your own culture? Give examples that illustrate and support your position.

▶ Mise en pratique

A. *Préparation à l'écrit*

1. Continue the list of advantages and disadvantages for school and sport.

	AVANTAGES	DÉSAVANTAGES
Les études	C'est important.	C'est difficile.
	_____	_____
Les sports	C'est amusant.	Ce n'est pas sérieux.
	_____	_____

2. Make a list of possible careers in which a sports background would be useful (*travailler à la télévision, travailler dans un club sportif,* etc.).

B. *Persuasion* Take a position in favor of or against either **sports** or **études**. Write a series of sentences that could be included on a poster in favor of one or the other.

• **MODÈLE:** Le sport, c'est bon pour vous.

Orthographe et prononciation

► L'élision

L'élision appears in spoken and written French. When the **-e** or **-a** in words such as **le, la, ne, je,** or **que** is followed by a vowel sound, the **-e** or **-a** is dropped. In writing, an apostrophe shows that *élision* has occurred:

NO ÉLISION	ÉLISION
un hôtel	l'hôtel
une université	l'université
Il ne regarde pas le film.	Il n'écoute pas la radio.
Est-ce que Jean est heureux?	Est-ce qu'il est heureux?

Activités

A. *Prononcez* Repeat the following after your instructor.

1. Ils ne sont pas à l'hôpital.
2. J'aime l'amie d'Élise.
3. Nous n'avons pas d'amis.
4. Voilà l'affiche d'Anne.
5. Est-ce qu'elle va à l'école?

B. *Chassez l'intrus* Put *le* or *la* before each noun. Which word does not fit?

- **MODÈLE:** fille, femme, homme
  la fille, la femme, *l'homme*

1. après-midi, matin, soir
2. magasin, parc, hôtel
3. église, campagne, bibliothèque
4. restaurant, hôpital, banque
5. plage, orange, lac

Vocabulaire de base

NOMS
un appartement *apartment*
un après-midi *afternoon*
une bibliothèque *library*
un café *café*

la campagne *country, countryside*
une heure *hour*
un hôtel *hotel*
un lac *lake*

un magasin *store*
une maison *house*
le matin *morning*
la mer *sea, ocean*
la montagne *mountain(s)*

la neige   *snow*
la nuit   *night, darkness*
un parc   *park*
une piscine   *swimming pool*
une plage   *beach*
la poste   *post office*
une résidence universitaire   *dormitory*
un restaurant   *restaurant*
le soir   *evening*
le soleil   *sun*
un supermarché   *supermarket*
un village   *(rural) village*
une ville   *city, town*

VERBES
aller   *to go*

chercher   *to look for, to search (for)*
commencer (à + *infinitif*)   *to begin (to), to start (to)*
préférer   *to prefer*
téléphoner (à quelqu'un)   *to telephone, to call (someone)*
terminer   *to finish, to end*
trouver   *to find*

ADJECTIF
quel, quelle, quels, quelles   *which, what*

DIVERS
à... heure(s)   *at . . . o'clock*
à quelle heure?   *at what time?*

aujourd'hui   *today*
avoir chaud   *to be hot*
avoir froid   *to be cold*
avoir sommeil   *to be sleepy*
comment   *what, how*
demain   *tomorrow*
en   *in*
pendant   *during*
pourquoi   *why*
quelle heure est-il? (vous avez l'heure?)   *what time is it? (do you have the time?)*
s'il te plaît   *please (familiar)*
s'il vous plaît   *please (formal, plural)*

Vocabulaire supplémentaire

NOMS
un arbre   *tree*
une banque   *bank*
un bateau, des bateaux   *boat(s)*
le ciel   *sky*
une église   *church*
un hôpital   *hospital*
une journée   *day (period of time)*
un laboratoire   *laboratory*
un pique-nique   *picnic*
un pré   *meadow*

un restaurant universitaire   *college cafeteria, dining hall*
une vache   *cow*

VERBES
briller   *to shine*
nager   *to swim*
skier   *to ski*

ADJECTIF
préféré(e)   *preferred, favorite*

LE FRANÇAIS FAMILIER
un appart = un appartement

l'aprèm = l'après-midi
une BU = une bibliothèque universitaire
un labo = un laboratoire
un restau, un resto = un restaurant
un restau-u = un restaurant universitaire

ON ENTEND PARFOIS...
le serein (Guadeloupe) = le soir

Une famille française

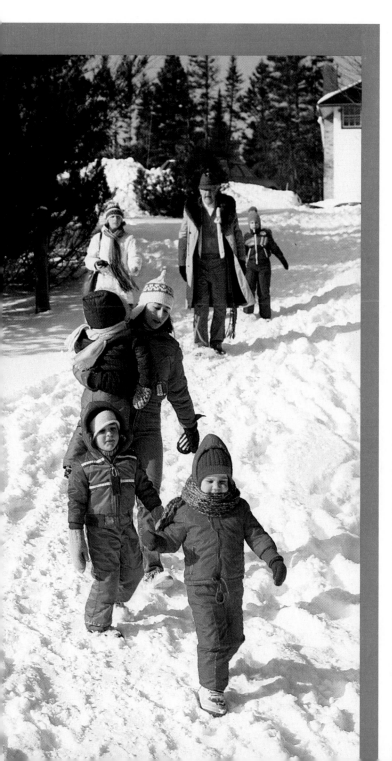

En bref

FAMILY
RELATIONSHIPS •
WEATHER •
TALKING ABOUT
WHAT YOU DO
AND WHAT YOU
WANT • GETTING
MARRIED IN
FRANCE

◄ *Une famille canadienne. (Québec, Canada)*

133

Vocabulaire

A. La famille Dubois en 1993

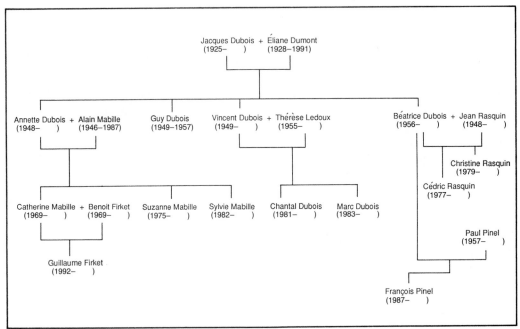

Jacques Dubois + Éliane Dumont
(1925–)   (1928–1991)

Annette Dubois + Alain Mabille   Guy Dubois   Vincent Dubois + Thérèse Ledoux   Béatrice Dubois + Jean Rasquin
(1948–)   (1946–1987)   (1949–1957)   (1949–)   (1955–)   (1956–)   (1948–)

Christine Rasquin
(1979–)

Cédric Rasquin
(1977–)

Catherine Mabille + Benoit Firket   Suzanne Mabille   Sylvie Mabille   Chantal Dubois   Marc Dubois
(1969–)   (1969–)   (1975–)   (1982–)   (1981–)   (1983–)

Paul Pinel
(1957–)

Guillaume Firket
(1992–)

François Pinel
(1987–)

Jacques Dubois   François Pinel   Vincent + Thérèse Dubois   Chantal Dubois   Marc Dubois

Cédric Rasquin   Béatrice Dubois   Sylvie Mabille   Suzanne Mabille

Vincent Dubois Il est né en 1949. Il est marié. C'est le mari de Thérèse Ledoux. C'est le fils de Jacques et d'Éliane Dubois. C'est l'oncle de Catherine, Suzanne, Sylvie, Christine, Cédric et François.

- Qui sont les sœurs de Vincent? Qui est le frère de Vincent? Est-ce que Vincent a des enfants?

Annette Dubois Elle est née en 1948. C'est la femme d'Alain Mabille, mais Alain Mabille est mort. C'est la fille de Jacques et d'Éliane Dubois. C'est la grand-mère de Guillaume Firket. C'est la tante de Chantal, Marc, Christine, Cédric et François.

- Est-ce qu'elle a une petite-fille? Est-ce que c'est la tante de Sylvie?

Jacques Dubois Il est né en 1925. Il est grand-père. Catherine, Suzanne, Sylvie, Chantal, Marc, Cédric, Christine et François sont les petits-enfants de Jacques Dubois.

- Jacques Dubois a combien de petits-enfants?

Guillaume Firket Il est né en 1992. Ses parents sont Catherine et Benoît Firket. Il n'a pas de frère. C'est le petit-fils d'Annette Dubois. Guillaume n'a pas de cousins mais Catherine, la maman de Guillaume, a deux cousines, Chantal et Christine, et trois cousins, Marc, Cédric et François.

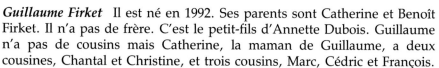

- Est-ce que Guillaume est célibataire?

Jean Rasquin Il est né en 1948. Il est divorcé. C'est le père de Cédric et de Christine.

- Est-ce que c'est le père de François?

- Et vous, est-ce que vous avez une grande ou une petite famille? Combien de cousins est-ce que vous avez? Combien de cousines? Combien d'oncles? Combien de tantes?

B. Grand-père arrive

Dans la salle de séjour des Dubois:

Dans la cuisine:

- Et vous, vous aimez faire le ménage? Vous préférez faire la cuisine ou faire la vaisselle? Est-ce que vous faites les lits le matin?

C. Le temps

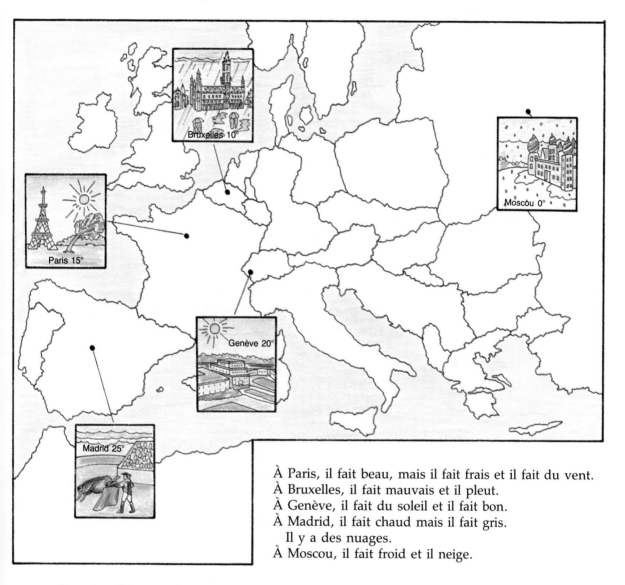

À Paris, il fait beau, mais il fait frais et il fait du vent.
À Bruxelles, il fait mauvais et il pleut.
À Genève, il fait du soleil et il fait bon.
À Madrid, il fait chaud mais il fait gris.
 Il y a des nuages.
À Moscou, il fait froid et il neige.

- Et aujourd'hui, quel temps fait-il?

Autres mots et expressions

après *after, afterward*
des grands-parents (m.) *grandparents*
il fait lourd *it's hot and humid*
une femme de ménage *cleaning lady*

neiger *to snow*
pleuvoir *to rain*
qui... ? *who . . . ?*

Notes de vocabulaire

A. Le temps. In French, when referring to the weather, the verb **faire** is generally used:

Il **fait** beau!   *It's nice!*
Il ne **fait** pas froid.   *It's not cold.*

Faire is *not* used with the verbs **pleuvoir** and **neiger.**

Il **pleut.**   *It's raining.*
Il va **neiger?**   *Is it going to snow?*
Il va **pleuvoir?**   *Is it going to rain?*

B. Les personnes. In French, the word **femme** can mean either *wife* or *woman*. Similarly, the word **fille** may mean either *daughter* or *girl*. There are separate words to designate *husband* (**mari**) and *man* (**homme**) as well as *son* (**fils**) and *boy* (**garçon**).
  Do not confuse **mari** *(husband)* with **marié(e)** *(married)*.
  Femme means *wife*. **Mari** means *husband*. There is no feminine form of the word **mari**.

C. Qui + *verbe*? **Qui** is used by itself (no **est-ce que**) to ask *who* as the subject of a question:

Qui + *verb* + *rest of sentence*
Qui est là?   *Who's there?*
Qui va faire la vaisselle?   *Who's going to do the dishes?*

D. Les dates. Here is one way to express years:

1950 (dix-neuf cent cinquante)
1715 (dix-sept cent quinze)
1988 (dix-neuf cent quatre-vingt-huit)

E. Si/oui. Use **si** instead of **oui** to answer yes to a negative question or to contradict a negative statement:

— Tu n'aimes pas chanter?   *"You don't like to sing?"*
— **Si,** j'adore chanter.   *"Yes (on the contrary), I love to sing."*

— Il n'est pas raisonnable, lui.   *"He's not reasonable."*
— **Si,** il est raisonnable!   *"Yes he is!"*

D'ACCORD?

A. ***Des groupes***   Refer to the family tree on page 134 and make groups as follows:

1. les femmes
2. les hommes
3. les vieux
4. les jeunes

B. ***Vrai ou faux?***   Say if the following statements are true *(vrai)* or false *(faux)*. Correct those that are false.

1. Jacques Dubois est l'oncle de Chantal Dubois.
2. Guillaume Firket est le fils de Benoît Firket.
3. Chantal Dubois est la sœur de Marc Dubois.
4. Jacques Dubois est le grand-père de Vincent Dubois.
5. Annette Dubois est la grand-mère de Guillaume Firket.
6. Chantal Dubois est la tante de Sylvie Mabille.

C. ***L'état civil***   Dans les familles Dubois, Mabille, Rasquin et Pinel...

1. qui est marié?
2. qui est célibataire?
3. qui est divorcé?
4. qui est mort?

D. ***Les liens de parenté***   How is each person related to the rest of his or her family?

• **MODÈLE:**   Jacques Dubois?
　　　　　　　C'est le mari d'Éliane Dumont; c'est le père d'Annette Dubois...

1. Vincent Dubois?
2. Paul Pinel?
3. Chantal Dubois?
4. Annette Dubois?
5. Catherine Mabille?
6. François Pinel?

E. ***Dans ma famille***

1. Est-ce que vous avez des grands-parents? Combien?
2. Est-ce que vous avez des frères? Combien? Comment s'appellent-ils? Quel âge ont-ils?
3. Est-ce que vous avez des sœurs? Combien? Comment s'appellent-elles? Quel âge ont-elles?
4. Est-ce que vous êtes marié(e) ou célibataire?
5. Est-ce que vous avez des enfants? Combien? Des garçons ou des filles? Comment s'appellent-ils? Quel âge ont-ils?

F.   *Lire les dates*   Match the dates and the events.

    1. 1502   a. mort de François « Papa Doc » Duvalier à Haïti
    2. 1965   b. naissance de la princesse Stéphanie de Monaco
    3. 1574   c. conquête de la Tunisie par les Turcs
    4. 1848   d. abolition de l'esclavage à la Guadeloupe
    5. 1971   e. découverte de la Martinique par Christophe Colomb

G.   *Les dates de la vie*   Give the year of birth and/or death of each of the following people.

• **MODÈLE:**   Alain Mabille
              Il est né en 1946 et il est mort en 1987.

    1. Éliane Dumont   **4.** Guy Dubois
    2. Christine Rasquin   **5.** Benoît Firket
    3. Suzanne Mabille

H.   *D'après les images*   Qu'est-ce qu'ils vont faire?

1.

2.

3.

I.   *Préférences*   Est-ce que vous préférez…

    1. faire les lits ou faire la vaisselle?
    2. faire les courses ou faire la cuisine?
    3. faire le ménage ou faire la vaisselle?
    4. ranger la maison ou faire la cuisine?

J. La météo

  1. Nous sommes en janvier: quel temps fait-il...

    a. à Montréal?
    b. à San Francisco?
    c. à Rio de Janeiro?
    d. à Londres?
    e. chez vous?

  2. Nous sommes en juillet: quel temps fait-il...

    a. dans la Vallée de la Mort?
    b. à Bruxelles?
    c. à Sydney?
    d. à Vostok Station (Antarctique)?
    e. chez vous?

K. Oui ou si? Answer using either *oui, non,* or *si.*

  1. Vous n'aimez pas parler français?
  2. Vous êtes américain(e)?
  3. Le professeur ne parle pas français?
  4. Vous n'aimez pas faire la cuisine?
  5. Vous jouez de la guitare?
  6. Vous allez souvent à la bibliothèque?
  7. Vous n'avez pas d'amis?
  8. Les étudiants à l'université ne sont pas sympathiques?

A. La famille.   What does the word *family* bring to mind?

Reflections of France's origins as a Roman Catholic and rural society are seen today in the structure of the family. The traditional French family was based on the father as the provider and the mother as the caretaker, a state of affairs that was formalized by the enacting of the Napoleonic **Code civil** in the nineteenth century. Recent changes in laws and practices due to the emergence of the women's movement, among other things, have caused many changes to occur. The dechristianization of France in the 20th century and the arrival of immigrants from different ethnic and religious backgrounds have also created new models of family in French society. Nevertheless, the place of the family at the center of French life and its image as a source of individual happiness have remained strong.

B. L'état civil *(Legal status).* How centralized is your government structure? How much authority is local? National?

Due to the highly centralized nature of French government, many areas of family life are the concern of the state. Subsidies to encourage couples to have children and to support the education of those children are a part of French life. These subsidies are seen by the French as a right due them from the government. One consequence of this degree of governmental involvement in French life is a great deal of bureaucratic paperwork. The **livret de famille, carte d'identité,** and **registre d'état civil** are documents that record an individual's birth, marriages, children, divorces, and death.

STRUCTURE

▶ Le verbe *faire*

The verb **faire** means both *to make* and *to do.* Its conjugation is irregular:

je fais	nous faisons
tu fais	vous faites
il ⎱ fait elle ⎰	ils ⎱ font elles ⎰

Faire is used in many expressions referring to the weather. In similar cases, English uses the verb *to be:*

Il fait chaud aujourd'hui.   *It's hot today.*

ATTENTION! A question using *faire* does not *always* require an answer using *faire.*

Question: Qu'est-ce que tu fais?
Réponses possibles: Je travaille. J'étudie. Je dors. Je parle au téléphone. Je vais en ville. Je fais le ménage. Etc.

Vous avez compris?

A. Les familles et le ménage Different families divide household tasks up in different ways. Say so, following the model.

• **MODÈLE:**   Martin / le père / la vaisselle
Dans la famille Martin, le père fait la vaisselle.

1. Grandjean / les filles / le ménage
2. Dellicourt / la grand-mère / les courses
3. Durieux / les enfants / les lits
4. Leclerc / le grand-père / la cuisine

B.   *Et vous?* What do you do (or not do) to help out around the house?

• **MODÈLE:**   Est-ce que vous faites le ménage?
Oui, je fais le ménage. / Non, je ne fais pas le ménage.

1. Est-ce que vous faites la cuisine?
2. Est-ce que vous faites la vaisselle?
3. Est-ce que vous faites les courses?
4. Est-ce que vous faites le lit le matin?
5. Est-ce que vous faites le ménage?

Quel temps fait-il aujourd hui? (Auvergne, France)

C. *Qu'est-ce que vous faites... ?*

> • **MODÈLE:** Le vendredi soir?
>
>   Je travaille.

1. Le vendredi à midi?
2. Le dimanche matin?
3. Le samedi soir?
4. Le mercredi à minuit?
5. Le dimanche soir?
6. Dans le cours de français?

▶ Les adjectifs possessifs

Possessive adjectives are one way of specifying ownership. In English, a possessive adjective is a word such as *his* or *my*. The forms of the possessive adjectives in French are given below. In French, possessive adjectives have the *same gender* and *number* as the noun they modify:

MASCULIN	FÉMININ	PLURIEL	
mon	ma	mes	*my*
ton	ta	tes	*your (familiar)*
son	sa	ses	*his, her*
notre		nos	*our*
votre		vos	*your (formal or plural)*
leur		leurs	*their*

Use the masculine singular forms in front of feminine nouns beginning with a vowel sound:

Ton amie est sympathique!   *Your friend is nice!*
C'est **son** école?   *Is that his (her) school?*
C'est **mon** affiche.   *That's my poster.*

There is no way to distinguish between *her book* and *his book* and *her mother* and *his mother* simply by using a possessive adjective:

C'est **son** livre?   *That's her (his) book?*
C'est **sa** mère?   *That's his (her) mother?*

In French, the context usually prevents any misunderstanding since the people involved generally know who **son, sa,** or **ses** refers to.

Vous avez compris?

A. *Un petit frère infernal* While you've been away at school, your little brother has appropriated a large number of your possessions. You're on the phone with your sister, who is warning you about this. Play the two roles using the suggestions given and adding any you may think of.

- **MODÈLE:** — Il a tes disques.
  — Il a mes disques!

affiches, calculatrice, chaîne stéréo, chambre, chat, chien, dictionnaire, étagère, fauteuil, guitare, livres, machine à écrire, ordinateur, poissons, radio, réveil, stylos, téléphone, télévision

B. *La famille* Tell how everyone in the family is related to Catherine Mabille.

- **MODÈLE:** Suzanne Mabille?
  C'est sa sœur.

  1. Guillaume Firket?
  2. Benoît Firket?
  3. Alain Mabille?
  4. Éliane Dumont?
  5. Annette Dubois?
  6. Jacques Dubois?
  7. Sylvie Mabille?

▶ Le verbe *vouloir*

Vouloir means *to want*. Its conjugation is irregular:

je veux	nous voulons
tu veux	vous voulez
il ⎫ veut elle ⎭	ils ⎫ veulent elles ⎭

To be more polite, use the following forms:

Je voudrais	*I would like*
Tu voudrais	*You would like*
Il/elle voudrait	*He/She would like*

Vous avez compris?

A. *Projets de week-end*   Qu'est-ce qu'on veut faire ce week-end?

• **MODÈLE:**   Virginie *veut* regarder la télévision.

1. Nous _____ aller au cinéma.
2. Marc et Paul _____ dormir.
3. Vous _____ étudier?
4. Je _____ manger dans un restaurant en ville.
5. Tu _____ sortir avec des copains?
6. Paulette et Marie-Claude _____ nager à la piscine.

B. *Et vous?*   Qu'est-ce que vous voudriez faire ce week-end?

• **MODÈLE:**   lire?
              Oui, je voudrais lire. / Non, je ne voudrais pas lire.

1. sortir?
2. travailler à la bibliothèque?
3. aller au cinéma?
4. aller danser?
5. dormir?
6. étudier?
7. regarder la télévision?
8. parler avec vos parents?

EXERCICES D'ENSEMBLE

A. *Chez vous*   Et chez vous, qui fait quoi?

• **MODÈLE:**   la cuisine?
              mon père/ma mère/moi...

1. la vaisselle?
2. les lits?
3. la cuisine?
4. les courses?
5. le ménage?

B. *Pour mon anniversaire*   In groups, make lists of what different people would like for their birthdays. Report to the class.

Je voudrais...
Il/elle voudrait...

C. *Parlez de votre famille.*

1. Où habite votre famille?
2. Combien de frères et de sœurs avez-vous?
3. Est-ce que vous avez un petit frère? Une petite sœur? Comment sont-ils?
4. Est-ce que vous préférez les grandes familles ou les petites familles? Pourquoi?
5. Est-ce que vous voulez habiter près de votre famille après l'université? Pourquoi?
6. Est-ce que vous aimez partir en vacances avec votre famille?

D. *Et sa famille?*   Here is a picture that Jean-Pierre took of his family. Say as much as you can about his family. What do you think Jean-Pierre is like?

◄ Échanges ►

A. *Généalogies célèbres* In groups, pick one of the following famous families. Combine your knowledge to say as much as you can about them.

1. la famille royale d'Angleterre
2. la famille royale de Monaco
3. la famille Kennedy
4. la famille Simpson
5. une autre famille célèbre (au choix)

B. *La famille d'Alceste* Given what you already know about Alceste, imagine what the various members of his family might be like.

1. sa mère
2. son petit frère
3. son grand-père

C. *Ils sont typiques!* What are typical mothers, fathers, children, and grandparents like?

• **MODÈLE:** les grands-parents
    Ils sont généreux. Ils ne sont pas très actifs...

1. les mères
2. les pères
3. les enfants de six ans
4. les garçons de douze ans
5. les filles de seize ans
6. les grands-parents

D. *Des dates de l'histoire américaine* Among the dates listed below, find the correct year(s) for each event in American history.

1861–1865	1972
1919	1929
1915	1776
1963	

1. la déclaration d'Indépendance
2. la guerre de Sécession
3. le *Lusitania* torpillé par un sous-marin allemand
4. commencement de la prohibition (Loi Volsted)
5. le jeudi noir, début de la crise économique
6. l'inauguration du téléphone rouge entre les U.S.A. et l'U.R.S.S.
7. l'arrestation de cinq cambrioleurs au siège du parti démocrate (au Watergate) à Washington

E. ***La météo en France et en Europe*** Look at the two maps and answer the
following questions. You will have to guess the names of the cities that
have been abbreviated.

1. Quel temps fait-il à Paris?
2. Quel temps fait-il à Rennes?
3. Quel temps fait-il à Nice?
4. Est-ce qu'il y a du vent à la mer?
5. Est-ce qu'il fait chaud à Madrid?
6. Où est-ce qu'il fait bon?
7. Où est-ce qu'il fait frais?
8. Quelle est la saison?

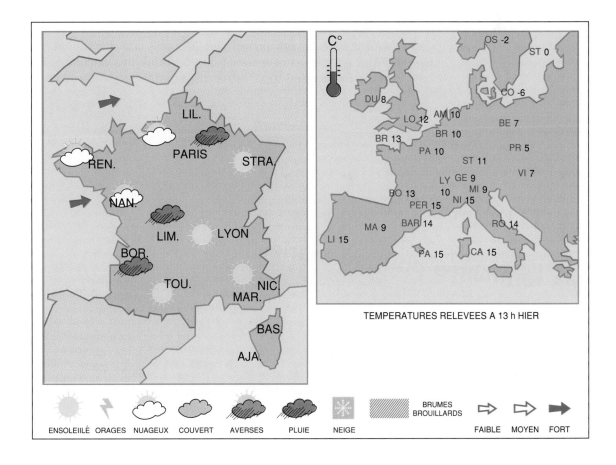

F. ***Conversation en français*** Describe your family. How many people are
there? What is their relationship to you? How old are they? What are
they like?

L·E·C·T·U·R·E

Les formalités pour se marier

▶ Préparation à la lecture

What kinds of things do you have to do in order to get married in your country?

▶ Activités de lecture

De quoi s'agit-il?

A. Look at the format of this document. The titles give you clues about its contents. From what kind of material do you think this document is taken? What is the general topic being discussed?

---

fonder une famille

le mariage

les formalités pour se marier

Si vous désirez vous marier, vous devez:
- si vous êtes un homme, être âgé de **18** ans;
- si vous êtes une femme, être âgée de **15** ans;

toutefois, si vous n'avez pas atteint cet âge, vous pouvez demander au procureur de la République (du tribunal de grande instance dont dépend le lieu de célébration du mariage), de vous accorder une **dispense**, pour motif grave (par exemple, un enfant déjà né ou qui va naître);

en plus, si vous n'avez pas atteint 18 ans, vous devez demander une **autorisation** à vos parents;

- n'avoir aucun lien de proche parenté ou d'alliance avec votre futur conjoint (dans certains cas, une dispense peut vous être accordée par le président de la République — votre demande doit être adressée à la Présidence de la République Palais de l'Élysée — 75008 Paris);
- ne pas être déjà marié.

Guide des jeunes (Albin Michel)

B. Look at the two types of prints. Why do you think boldface is used for some words and numbers?

C. Whom is this document written for?

À la recherche des détails

Based on information in the text, use *oui* or *non* to say if the following people can get married legally.

1. Patrick n'a pas 18 ans.
2. Claude n'a pas 18 ans, mais il a l'autorisation du procureur de la République.
3. David n'a pas 18 ans, mais il a l'autorisation de ses parents.
4. Aline n'a pas 15 ans.
5. Catherine n'a pas 15 ans, mais elle a une dispense.
6. Olivier a 17 ans et Mireille aussi. Ils sont beau-frère et belle-sœur.
7. Jean-Pascal a 25 ans et Marie-Claire a 15 ans. Il est marié et elle est célibataire.
8. Daniel a 33 ans et Sylvie a 30 ans. Il est célibataire et elle est mariée.
9. Marc a 16 ans et Françoise a 14 ans. Ils vont avoir un enfant.

Apprenons

A. ***Mots et expressions*** You can learn new words by relating them to words you already know. Look at the text to find one or two words related to each of the following words: *mari, parent, naissance.*

You can also guess the meaning of words from the context provided by surrounding words and the format. In the second paragraph of the text, what word is used to indicate an exception? In the third paragraph, what word is used to indicate yet another condition? Can you think of English equivalents for these two words?

B. ***La culture française*** What more would you like to know about getting married in France? Use the French you know to write 2 or 3 questions.

▶ Après la lecture

A. ***Décidons*** Is it easier to get married in your country or in France? Why?

B. ***Discutons la culture française*** Compare the information you have gotten about marriage in France to what you know about marriage in your country. What is similar? What is different?

▶ **Mise en pratique**

A. *Se marier à 17 ans!*   Olivier and Mireille, both 17, want to get married. Use French to imagine the reactions of their parents.

  1. Les parents d'Olivier.
     a. Toi? Mais tu es trop…
     b. Et tu n'es pas…
     c. Et en plus, tu n'as pas…
     d. Et tu n'aimes pas…
     e. Et elle! Elle est…
     f. Elle a…
  2. Les parents de Mireille.
     a. Lui, il est…
     b. Et toi aussi. Tu as…
     c. Tu n'aimes pas…
     d. Tu adores…
     e. Et lui aussi, il adore…

B. *La lettre*   Imagine a letter that the parents of either Olivier or Mireille might write to their son or daughter. Use comparisons and questions to help make your point.

Lyon, le 16 décembre

Mon cher Olivier (Ma chère Mireille),

Alors! Tu veux te marier! Mais c'est impossible! Tu es beaucoup trop jeune, et tu…

Des jeunes mariés.

Orthographe et prononciation

▶ **Les voyelles en français**

Many English vowels are glides or diphthongs: during pronunciation the tongue actually moves. French vowels are simpler sounds with no movement of the tongue involved. Compare the pronunciation of the following:

ENGLISH (diphthongs)	FRENCH (one vowel sound)
lay	les
see	si
bow, beau	beau

Activités

Prononcez Repeat after your instructor.

1. la télé
2. un mari
3. c'est la vie
4. difficile
5. joli
6. midi
7. un lavabo
8. un hôtel
9. je vais
10. je ne sais pas
11. une université
12. très bien

Vocabulaire de base

NOMS

LA FAMILLE

un cousin, une cousine *cousin*
une famille *family*
une femme *wife, woman*
une fille *daughter, girl*
un fils *son*
une grand-mère *grandmother*
un grand-père *grandfather*
des grands-parents (*m.*)
   grandparents
un mari *husband*
un oncle *uncle*

des parents (*m.*) *parents,*
   relatives
une tante *aunt*

AUTRES NOMS

une cuisine *kitchen*
une salle de séjour *living*
   room, family room
le temps *weather*

ADJECTIFS

mort(e) *dead*
né(e) (en) *born (in)*

ACTIVITÉS

faire les courses *to run errands*
faire la cuisine *to cook*
faire le ménage *to do*
   housework
faire la vaisselle *to do the*
   dishes

LE TEMPS

il fait beau *it's nice out*
il fait chaud *it's warm, it's hot*
il fait du soleil *it's sunny*
il fait du vent *it's windy*

il fait froid   *it's cold*
il fait mauvais   *it's nasty out*
il neige   *it's snowing*
il pleut   *it's raining*

VERBES

arriver (à)   *to arrive (at), to get (to)*
faire   *to do, to make*
vouloir   *to want, to wish*

DIVERS

après   *after, afterwards*
là   *there, here*
qui... ?   *who... ?*

Vocabulaire supplémentaire

NOMS

une femme de ménage
  cleaning lady
un nuage   *cloud*
une petite-fille   *granddaughter*
un petit-fils   *grandson*
des petits-enfants (m.)
  grandchildren

ADJECTIFS

célibataire   *unmarried, single*
divorcé(e)   *divorced*
marié(e)   *married*

VERBES

neiger   *to snow*
pleuvoir   *to rain*

DIVERS

faire les lits   *to make the beds*
il fait bon   *it's pleasant (mild)*
il fait frais   *it's cool*
il fait gris   *it's overcast*
il fait lourd   *it's hot and humid*
quel temps fait-il?   *what's the
  weather like?*

LE FRANÇAIS FAMILIER

ça caille = il fait très froid
faire du shopping = faire les
  courses
un frangin = un frère
une frangine = une sœur
maman = mère
mémé, mamie, bonne-
  maman = grand-mère

la météo = le temps (à la
  télévision, à la radio, par
  exemple)
papa = père
pépé, bon-papa = grand-père

ON ENTEND PARFOIS...

une avalasse (Louisiane) =
  beaucoup de pluie
il drache (Belgique) = il pleut
  beaucoup
il tombe (Ruanda et
  Burundi) = il pleut
magasiner (Canada) = faire des
  courses
il neigeote (Suisse) = il neige
  un peu

Vous êtes sportif?

En bref

VACATIONS AND
VACATION
ACTIVITIES •
SPORTS AND
MUSIC • MORE
ABOUT ASKING
QUESTIONS • THE
FRANCOPHONE
GAMES

◄
Aimez-vous faire du vélo? (Ardèche, France)

155

Vocabulaire

A. Des projets de vacances. Jacques Dubois veut aller en vacances avec ses enfants et leur famille, mais c'est difficile parce que tout le monde veut faire des choses différentes. Jacques voudrait faire de la marche et Paulette a envie de faire du vélo. Vincent veut faire de la natation et Chantal voudrait faire de l'exercice, mais Thérèse a envie de rester à la plage pour lire. Et Marc? Il est comme sa mère, il n'est pas très sportif mais il ne veut pas partir sans Minou!

B. Et maintenant, qu'est-ce qu'ils font?

Qui joue aux cartes? Qui regarde un match de football à la télévision? Qui joue du piano? Qui joue du violon?

Mais où est Thérèse?

Thérèse fait une promenade avec le chien.

C. Et les autres membres de la famille? Jacques Dubois téléphone aux autres membres de la famille. Qu'est-ce qu'ils veulent faire pendant les vacances? Sylvie veut faire du ski, François veut jouer au football, Cédric a envie de rencontrer des filles, Suzanne voudrait jouer au tennis avec son petit ami et Béatrice a envie de faire du jogging.

- Et vous, qu'est-ce que vous voulez faire pendant vos vacances d'été? et pendant vos vacances d'hiver? Où est-ce que vous voulez aller, à la mer, en montagne ou à la campagne? Où est-ce que vous ne voulez pas aller? Pourquoi?

Autres mots et expressions

> aller à pied à   *to walk to*
> à pied   *on foot*
> un bateau à voile   *sailboat*
> ce, cet, cette / ces   *this, that / these, those*
> célèbre   *famous*
> une équipe   *team*
> être membre (de)   *to be a member (of)*
> faire de la musique   *to make music*
> faire de la planche à voile   *to windsurf*

faire de la plongée sous-marine   *to go scuba diving*
faire de la voile   *to sail*
faire du bateau   *to go boating*
faire du golf   *to golf*
faire du sport   *to participate in a sport for exercise*
faire une randonnée   *to hike*
fatigant(e)   *tiring*
gagner   *to win*
horrible   *horrible*
ici   *here*
important(e)   *important*
jouer au basket-ball   *to play basketball*
un joueur, une joueuse   *player*
mal   *badly, bad*
merveilleux, merveilleuse   *wonderful, marvelous*
sûr(e)   *sure*
tomber   *to fall*
voici   *here is, here are*

Notes de vocabulaire

A. Faire une promenade. **Faire une promenade** means *to take a walk.*
Faire de la marche means *to walk for exercise.* **Faire une randonnée** means *to hike.* If you are simply *going someplace on foot (walking there)*, use **aller à pied:**

Tu **fais de la marche?**	*Are you going walking?*
J'aime **faire des promenades.**	*I like to take walks.*
Nous **allons** en classe **à pied.**	*We walk to class.*
Je voudrais **faire une randonnée** en montagne.	*I would like to hike in the mountains.*

B. Les jeux et les sports. When talking about sports or games, the verb **jouer** plus the preposition **à** is generally used to refer to sports played by two or more people:

Vous aimez **jouer au tennis** ou vous préférez **jouer aux cartes?**	*Do you like to play tennis or do you prefer playing cards?*

The verb **faire** + **de la, de l', du** is used to describe *participation in a sport or activity.* In general, **faire** + *activité* corresponds to the verb indicating that activity in English:

Il adore **faire du ski** et **faire du jogging** mais il déteste **faire de la marche.**	*He loves to ski and to jog, but he hates hiking.*

C. La musique. When talking about playing musical instruments, use the verb **jouer** plus the preposition **de:**

Il joue **du piano** et elle joue **de la guitare.**	*He plays the piano and she plays the guitar.*

D. Avoir envie de + *infinitif*. The expression **avoir envie de** + *infinitif* is used to mean *to feel like:*

Tu as envie de faire une promenade?	*Do you feel like taking a walk?*

E. Ce, cet, cette, ces. Use the adjective **ce** to express the English *this* or *that* and *these* or *those:*

Je n'aime pas **ce** livre. *(masculine singular)*
Tu n'aimes pas **cet** hôtel? *(masculine singular before a vowel sound)*
Il n'aime pas **cette** musique. *(feminine singular)*
Vous n'aimez pas **ces** photos? *(plural)*

If it is necessary to distinguish between two items, the suffix **-ci** *(here, nearer)* or **-là** *(there, farther)* may be added to the noun:

Tu préfères **cette voiture-ci** ou **cette voiture-là?**	*Do you prefer this car or that car?*

D'ACCORD?

A. *Activités* Choose the verb that belongs (*gagner, rencontrer, rester,* or *tomber*); then use *C'est agréable* or *Ce n'est pas agréable* to say how you feel about the activity.

- **MODÈLE:** _____ le président.
  Rencontrer le président. C'est agréable.

  1. _____ chez un ami le week-end.
  2. _____ un match de football à l'université.
  3. _____ des personnes importantes.
  4. _____ dans la neige.
  5. _____ à la maison le samedi soir.
  6. _____ à la maison quand il fait froid.
  7. _____ des garçons (filles) sympathiques.
  8. _____ de vélo.
  9. _____ un match de tennis.

B. ***À mon avis*** How would you rate the following activities? Use *C'est fatigant, C'est horrible, C'est merveilleux,* or *C'est important.*

1. Faire du jogging pendant six heures.
2. Faire une promenade sur la plage le soir.
3. Faire la vaisselle pour 20 personnes.
4. Jouer au football américain.
5. Faire du sport à 5 heures du matin.
6. Faire une randonnée en montagne.
7. Faire du ski à Chamonix.
8. Faire de l'exercice pour être en forme.
9. Aller à pied à la banque quand il fait très froid.
10. Avoir des professeurs compréhensifs.

C. ***Le distrait*** Patrick is very absent-minded and is constantly having to ask his roommate what he said. Play the two roles.

• **MODÈLE:** (Patrick) Quel livre?
(Camarade de chambre) **Ce** livre!

1. Quel cadeau?
2. Quelle calculatrice?
3. Quel étudiant?
4. Quelle fille?
5. Quel examen?
6. Quels cours?
7. Quel hôtel?
8. Quels devoirs?

D. ***Personnes célèbres*** Take turns choosing a famous person and having the other students say what that person does.

• **MODÈLE:** — Yannick Noah?
— Il joue au tennis.

E. ***Le désir et la réalité*** Make a list of six things that you normally do during the day. Look at your list. Use *avoir envie de* to say what you feel like doing now or do not feel like doing now.

• **MODÈLE:** je mange, j'étudie…
Maintenant, j'ai envie de manger. Je n'ai pas envie d'étudier…

F. ***À la mer, à la campagne ou en montagne?*** Based on what you know about various members of the Dubois family, where do you think each of the following would like to go on vacation? Why?

1. Cédric.
2. Paulette.
3. Vincent.

Les mots et la culture

A. Les faux amis. Can you think of words that English and another language have in common?

Since French and English share a linguistic history, there are many words that are approximately the same in both languages. These words are known as cognates:

FRENCH	ENGLISH
animal	*animal*
bleu	*blue*
problème	*problem*

Some French words, however, have evolved differently and have meanings quite different from words they resemble in English. As a result, they may look the same but have very different meanings. Such words are called **faux amis** *(false friends)*. Here are some examples:

FRENCH	ENGLISH MEANING	RELATED ENGLISH WORD
rester	*to stay*	*to rest*
sympathique	*nice*	*sympathetic*
chambre	*bedroom*	*chamber*
formidable	*great, super*	*formidable*

B. Les grandes et les petites vacances. In your country, what do people do when they have a long weekend?

One of the most striking changes in France since the Second World War has been the spread of the automobile. Although young people are not likely to have cars, most adults do. More and more, the French use their cars to escape city living. As soon as there is any free time, a holiday, or a long weekend, people will hop in their cars to travel to the country, the seaside, or the mountains.

C. Les sports. What sports are popular in your area?

Despite a fanatical interest in soccer **(le football, le foot)** and the Tour de France (an annual bicycle race around France), sports are not as widely practiced in France as they are in the United States. Further, sports, especially team sports, are not an integral part of the educational system in France. Whereas young Americans learn team spirit and teamwork as a part of their education, young French children learn to value individual effort in a school setting that emphasizes intellectual effort. In France, sports are a source of relaxation and entertainment.

STRUCTURE

► Les pronoms interrogatifs

Use interrogative pronouns (question words that stand for nouns) to ask about people and things.

Questions about direct objects

1. Use **qui** *to ask about people.*

> **qui** + *est-ce que* + rest of question

Qui est-ce que Paul aime?	***Who(m)*** *does Paul like?*
Qui est-ce que tu cherches?	***Who(m)*** *are you looking for?*

2. Use **que** to ask about *things.*

> **que (qu')** + *est-ce que* + rest of question

Qu'est-ce que Jean-Luc regarde?	***What*** *is Jean-Luc watching?*
Qu'est-ce que tu fais?	***What*** *are you doing?*

Questions about subjects

1. Use **qui** to ask about *people.*

> **qui** + verb + rest of question

Here, you do not need **est-ce que.** Note that the third-person singular (the **il**-form) of the verb is used with **qui** as a subject. The **-i** of **qui** is never dropped.

Qui est là?	*Who's there?*
Qui veut manger?	*Who wants to eat?*

2. Use **qu'est-ce qui** to ask about *things.*

> **qu'est-ce qui** + verb + rest of question

Qu'est-ce qui arrive?	*What's happening (going on)?*
Qu'est-ce qui est important pour toi?	*What's important for you?*

Qui apprend à faire du ski? (Val d'Isère, France)

Questions about objects of prepositions

1. After a preposition **(avec, sur, à, de, chez, etc.),** use **qui** to ask about *people*. Unlike English, the question has to start with the preposition.

> preposition + **qui** + *est-ce que* + rest of question

À qui est-ce que tu veux parler?	*Who(m) do you want to talk **to?***
Avec qui est-ce qu'elle sort?	*Who's she going out **with?***
	*(**With whom** is she going out?)*

2. Use **quoi** to ask about *things*. Again, the question will start with the preposition.

> preposition + **quoi** + *est-ce que* + rest of question

De quoi est-ce que vous voulez parler?	*What do you want to talk **about?***
Avec quoi est-ce que tu joues?	*What are you playing **with?***

Note that **quoi** may be used alone to ask for clarification or to express indignation. To be a bit more polite, use **comment:**

— Je vais avoir un enfant.	*"I'm going to have a baby."*
— **Quoi?!**	*"What?!"*
— Je m'appelle Emeric Vanderstichele.	*"My name is Emeric Vanderstichele."*
— **Comment?!**	*"Excuse me?!"*

RAPPEL! You can also use inversion to ask questions such as these:

1. **Qui** aimez-vous?   Chez **qui** vas-tu?
   Que fait-il?   De **quoi** parle-t-il?

Of course, when **qui** is the subject of the question, there is no inversion.

Qui veut jouer au tennis?   **Qui** dort?

2. **Quel** is an adjective. It must be used to modify a noun.

— **Quel chien** est-ce que tu
regardes?

"What dog are you looking at?"

— Je regarde le chien près
de l'arbre.

*"I'm looking at the dog next
to the tree."*

— **Qu'est-ce que** tu regardes?

"What are you looking at?"

— Je regarde le chien près
de l'arbre.

*"I'm looking at the dog next
to the tree."*

Vous avez compris?

A. *Des questions* Complete using *qui*, *que*, or *quoi*. Remember to drop the
-e of *que* in front of a vowel.

• **MODÈLE:** — À ___qui___ est-ce que vous voulez parler?
— À madame Renaud, s'il vous plaît.

1. — _Qui_ cherche Pierre?
— Moi!
2. — _Qui_ est-ce que vous faites?
— Mes devoirs.
3. — De _quoi_ est-ce qu'ils parlent?
— Du professeur.
4. — _Qui_ regardes-tu?
— Cet homme-là.
5. — À _quoi_ as-tu envie de jouer?
— Au basket-ball.
6. — _Que_ est-ce que vous voulez?
— Une télévision, une chaîne-stéréo, des vacances,…

B. *Et en français* Put each sentence into French.

1. *chercher*
   a. What's he looking for?
   b. Who's he looking for?
   c. Who's looking for Pascal?

2. *parler*
   a. Who's he talking to?
   b. What are they talking about?
   c. Who's talking to Pascal?

3. a. What are you doing?
   b. What's happening?
   c. What movie do you feel like watching?

▶ Les expressions négatives

To talk about how people or things are not or what they do not do, or to express ideas such as *never, no more,* or *nothing,* you need to learn how to use negative expressions.

1. *In complete sentences.* In complete sentences, negative expressions have two parts: **ne (n')** in front of the conjugated verb and **pas** or another negative word after the verb:

   ne... pas (*not*)

Il **ne** chante **pas** bien.	*He doesn't sing well.*

   ne... jamais (*never*)

Il **ne** chante **jamais**.	*He never sings.*

   ne... plus (*not anymore, no longer*)

Je **n'**habite **plus** chez eux.	*I don't live with them anymore.*

   ne... rien (*not anything, nothing*)

Nous **ne** faisons **rien**.	*We're not doing anything.*

2. *In incomplete sentences.* Frequently the idea of *no* is expressed without using a complete sentence. In these cases, **ne** does not appear. Note the following expressions:

Jamais.	*Never.*
Jamais de la vie.	*Not on your life.*
Pas question.	*No way.*
Personne.	*No one.*
Rien.	*Nothing.*
Pas moi.	*Not me. (Not I.)*

— Qui aime travailler?	*"Who likes to work?"*
— **Personne.**	*"Nobody."*

— Qui aime les examens?	*"Who likes tests?"*
— **Pas moi!**	*"Not me!" ("Not I!")*

Toc, toc.	*Knock, knock.*
— Qu'est-ce que c'est?	*"What is it?"*
— **Rien, rien.** Excusez-moi!	*"Nothing, nothing. Excuse me!"*

3. Use **de (d')** (rather than **un, une,** or **des**) after *all* negative expressions:

Il **n'**y a **plus de** fleurs?	*There aren't any more flowers?*
Elle **n'**a **jamais de** stylo!	*She never has a pen!*
Vous **n'**avez **pas d'**animaux dans votre appartement?	*You don't have any animals in your apartment?*

Vous avez compris?

A. ***Vrai ou faux?*** Make complete sentences. Then decide if the statement is true or false. If it is false, change it to make it true.

1. Les étudiants / ne jamais / être / fatigués
2. Mes copains et moi, / nous / jouer / aux cow-boys et aux indiens
3. Je / rester / à la maison / le week-end
4. Le professeur / ne jamais / être / de mauvaise humeur
5. On / ne rien / faire / dans le cours de français
6. Nous / ne pas / avoir / de problèmes
7. Je / ne plus / regarder / la télévision le samedi matin

B. ***Ni oui ni non*** (*Neither yes nor no*) Answer each question but *do not* use *oui* or *non*.

- **MODÈLE:** Vous chantez?
  Jamais! / Dans ma chambre. / Pas beaucoup.

1. Vous téléphonez à vos parents?
2. Vous sortez le lundi soir?
3. Vous parlez avec vos amis?
4. Vous faites de l'exercice?
5. Vous jouez du piano?
6. Vous gagnez aux cartes?
7. Vous allez à l'université à pied?
8. Vous avez envie d'étudier?
9. Vous voulez être à l'université pendant les vacances de Noël?

▶ L'impératif

To give someone a direct order, you must use the imperative or command forms of a verb. These forms are nearly identical to present tense forms. No subject pronoun is used:

Vous écoutez, oui ou non?   *Are you listening or not?*
                                   (present tense)
Écoutez!   *Listen! (imperative)*

There are three imperative forms:

1. The **tu** form, used when speaking to one person, in a familiar relationship:

   Fais la vaisselle!   *Do the dishes!*

2. The **vous** form, used when speaking to one person in a formal relationship or to more than one person:

Faites la vaisselle!   *Do the dishes!*

3. The **nous** form, used when including oneself in the command or making a suggestion:

Faisons la vaisselle!   *Let's do the dishes!*

To make a command negative, put **ne** in front of it and **pas** in back of it:

Ne fais pas la vaisselle!   *Don't do the dishes!*
Ne faites pas la vaisselle!   *Don't do the dishes!*
Ne faisons pas la vaisselle!   *Let's not do the dishes!*

When writing, note the spelling difference between first conjugation (**-er**) verbs in the present tense and in the imperative:

Tu ne **travailles** pas?   *Aren't you working?*
Travaille!   *Work!*

Aller, in this case, is treated as if it were a member of the first conjugation:

Tu **vas** à la biblio?   *Are you going to the library?*
Va aussi à la banque.   *Go to the bank too.*

The verbs **avoir** and **être** are irregular in the imperative:

être	avoir
sois	aie
soyez	ayez
soyons	ayons

Ne sois pas difficile!   *Don't be difficult!*
Ayez un peu d'argent avec vous. *Have a little money with you.*
Soyons calmes!   *Let's be calm!*

Vous avez compris?

A. *Bon conseil ou mauvais conseil?* Do you agree with the following pieces of advice for university students? If you don't agree, change the advice so that you do.

• **MODÈLE:** Ne soyez pas gentil avec les professeurs!
              Non! Soyez gentil avec les professeurs!

1. Allez à la bibliothèque le soir!
2. Sortez tout le temps!
3. Étudiez le week-end!
4. Dormez le matin!
5. Téléphonez au professeur à 6 heures du matin.
6. Soyez travailleur!
7. Ne faites pas de sport!

B. *Alceste ne va pas bien* Alceste hasn't been doing too well lately and Candide has some advice for him. Use the words given below to reconstitute Candide's words of wisdom.

- MODÈLE: sortir / avec des amis
  Sors avec des amis!

1. ne pas / dormir / trop
2. écouter / la musique de Mozart
3. faire une promenade / avec le chien
4. jouer / au tennis / avec moi
5. ne pas / être / de mauvaise humeur

EXERCICES D'ENSEMBLE

A. *Je ne fais jamais...* What three things do you never do? Say this in French.

- MODÈLE: Je ne chante jamais, je...

B. *Je ne vais plus...* What three things are you not going to do anymore? Say this in French.

- MODÈLE: Je ne vais plus fumer, je...

C. *Jouer au «ni oui ni non».* Play a game of «ni oui ni non» (neither *oui* nor *non*). Make up five questions to ask your classmates. They must answer without using either *oui* or *non*.

D. *Les tics du professeur de français* Make a list of things French teachers are always telling students to do or not do.

- MODÈLE: Parlez français!

E. *Le professeur a besoin de conseils* Make a list of things to tell your instructor to do or not to do.

- MODÈLE: Soyez raisonnable!

F. *La famille Martin*   Read the following paragraph. Make up as many questions as you can about it.

Les Martin habitent à Genève. Philippe Martin a cinquante ans et sa femme Nadine a quarante-huit ans. Ils ont trois enfants: Luc, vingt-six ans, Isabelle, vingt ans, et Marie-Claude, dix-huit ans. Ils habitent un bel appartement moderne en ville. Philippe Martin est professeur à l'université de Genève. Nadine ne travaille pas, mais elle veut écrire un livre. Luc travaille dans une banque. Il aime beaucoup la campagne et il voudrait avoir beaucoup de chiens et de chats. Mais c'est difficile parce que sa femme n'aime pas les animaux. Isabelle est à l'université où elle étudie l'anglais. Elle va souvent à Londres parce que son petit ami est anglais. Marie-Claude commence l'université. Elle adore sortir avec ses amis et elle parle souvent de politique avec eux.

Échanges

A. *Sports et saisons*   Which sports are played in which seasons in your area? What activities go with each season?

• **MODÈLE:**   En hiver?
   On joue au football américain. On fait du ski. On va au cinéma…

1. En automne?
2. En hiver?
3. Au printemps?
4. En été?

B. *Les sports et les dates*   What happened when, in the world of sports? Match the events and the dates.

1967, 1980, 1982, 1983, 1986 et 1989 et 1990

1. Greg LeMond (américain) gagne le Tour de France.
2. Yannick Noah (français) et Chris Evert (américaine) gagnent au stade Roland-Garros.
3. Hershel Walker gagne le Heisman Memorial Trophy.
4. Jean-Claude Killy (français) gagne le slalom spécial, le slalom géant et la descente.
5. Jack Nicklaus (américain) gagne l'Open américain.

C. **Loisirs** What do you do for fun and relaxation?

1. pendant la semaine?
2. pendant le week-end?
3. en février?
4. en juillet?
5. quand vous avez un examen important?
6. quand vous êtes chez vos parents?

D. **La famille et les loisirs** Who, in your family, does or does not partici-pate in each of the following activities?

1. jouer aux cartes?
2. faire de la natation?
3. faire du vélo?
4. jouer du piano?
5. faire de la marche?
6. jouer au tennis?

E. **La classe en chiffres** What is your class like?

1. Choose five or six categories (for example: *le sport, la musique, les vacances, la famille, l'université...*).
2. In groups of four or five, choose one of the categories and prepare questions to ask your classmates.
3. Ask everybody in class your questions.
4. Present your results to the class. What are your conclusions? (For example: *la classe est très sportive, la classe n'aime pas la musique classique...* etc.)

F. **Conversation en français** You've gone home for the weekend only to find that your 16-year-old brother has a guest for the weekend, a French teenager who doesn't speak English! Your family, in despera-tion, enlists your services to find out what this French person likes to do so that they can plan the weekend. Find out the guest's preferences, likes, dislikes, and so forth.

L'équipe de football du Cameroun. Coupe du Monde, 1990.

L·E·C·T·U·R·E

Les premiers Jeux de la francophonie

▶ Préparation à la lecture

What do the words *Olympic Games* call to mind? Fill in the semantic map with words and ideas that each category brings to mind.

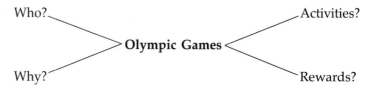

Who? _____ Activities?

Olympic Games

Why? _____ Rewards?

Les premiers Jeux de la francophonie

Les premiers Jeux de la francophonie ont lieu du 8 au 22 juillet 1989 au Maroc et leur tenue concrétise un projet des chefs d'État des pays ayant en commun l'usage du français lors du Sommet de Québec en septembre 1987. À cette occasion, épreuves sportives traditionnelles et épreuves artistiques vont cohabiter; c'est là l'originalité de ces Jeux.

Athlétisme, basket-ball (féminin), football (masculin) et judo d'une part, mais aussi peinture, sculpture, art chorégraphique, métiers d'art (travail du cuir, instruments de musique en bois et tissage) et vidéo constituent les disciplines qui donnent lieu à compétitions. Trente-trois pays ont déjà répondu présent aux organisateurs et 2 500 athlètes sont attendus à Casablanca et à Rabat au mois de juillet. Tous les lauréats, sportifs et artistes, vont être récompensés par des médailles. En ce qui concerne les disciplines artistiques, chaque pays présente un candidat par discipline et les jurys sont composés de personnalités, artistes, enseignants ou représentants d'organismes culturels qui sont proposés par l'Agence de coopération culturelle et technique (ACCT).

Le choix du Maroc comme pays hôte a suscité l'approbation unanime des pays membres du Sommet, compte tenu de l'expérience acquise par le Maroc en matière d'organisation de manifestations internationales (Jeux Méditerranéens en 1983, Jeux Panarabes en 1985, Coupe d'Afrique de football en 1988...) et de l'existence d'importantes infrastructures susceptibles d'accueillir les compétiteurs (Stade Mohammed V de Casablanca: 80 000 places, Stade Prince Moulay Abdallah: 60 000 places).

Nombre des athlètes qui participent à ces premiers Jeux de la francophonie étudient dans les universités francophones.

Universités, vol. 9, no. 4; vol. 10, no. 1, May 1989.

▶ Activités de lecture

De quoi s'agit-il?

A. *Le titre* Read the title. What do you expect to find out by reading this article?

B. *Le texte* Make a list of or underline the words and expressions that you know or can understand (cognates). Use these words to answer the following questions:

1. Qui participe?
2. Pour faire quoi?
3. C'est quand?
4. C'est où?

C. *La structure du texte* What is the purpose of each paragraph? Select from the following suggestions and explain your answers.

give facts	expand on the title
express an opinion	give an explanation
make a digression	debate an issue
announce a problem	present the topic
solve a problem	give specific details
give a justification	present new information

À la recherche des détails

A. *Quelques chiffres* Look through the text to find the number of the following items.

les jours des Jeux de la francophonie
les athlètes
les sports représentés
les activités artistiques
les villes où ont lieu les Jeux
les pays qui ont répondu
les Jeux organisés par le Maroc
les places dans les stades marocains

B. *Renseignements importants*

1. What is the origin of these games?
2. Find two words at the end of the first paragraph that explain the purpose of these games.
3. Who sits on the panel of judges for the artistic competitions?
4. Find two expressions in the last paragraph that explain the selection of Morocco as the site for these first games.

Apprenons

A. *Mots et expressions*   Use context to guess the meaning of the words in italics:

ont lieu (paragraphe 1)
pays (paragraphes 1 et 2)
médailles (paragraphe 2)
récompensés (paragraphe 2)

B. *Culture francophone*

1. How are these games different from the usual international games? What words does the author use to describe them?
2. Why were these games organized this way?
3. What characterizes the countries participating in these games?
4. Which countries might be some of the 33 mentioned in paragraph 2?
5. What sports seem to be very popular in the francophone community of Morocco? What types of sport are they?
6. What does the organization of these games tell us about francophone communities around the world? Their interests? Needs?

▶ Après la lecture

A. *Décidons*   Who might attend these games? For what reasons? What might some of the results of these games be?

B. *Discutons la culture francophone*   Using this article as your source of information, compare the anglophone community to which you belong and the francophone community as it is described here. Are they different? How? Evaluate priorities, values, sense of belonging to a community, links shared.

▶ Mise en pratique

A. *Préparation à l'écrit*

1. Make a list of some activities that athletes have to do before a competition. Include when and where these activities take place.

   • **MODÈLE:**   courir de 6 à 8 heures et de 16 à 18 heures dans le stade

2. Make a list of activities for visitors to these games. Then use an adjective to tell what kind of activity this is.

   • **MODÈLE:**   (activité) aller à l'exposition de sculpture
                     (adjectif) sérieux

B. *Écrivons*

1. *Journal des premiers Jeux francophones.* Imagine that you are an athlete competing in the *premiers Jeux francophones.* Record any three entries in your journal. Note your activities, impressions, intentions, and describe what you see.
2. *La médaille des premiers Jeux francophones.* Design the medal for one of the competitions at the *Jeux francophones.*

Orthographe et prononciation

▶ Les voyelles en français (suite)

In English words of several syllables, one syllable is stressed more strongly than the others; for example, the second syllable of *equality*. Vowels in other syllables receive less stress and may even be reduced to an "uh" sound. Compare, for example, the sound of the letter *a-* in *atom* and *atomic*. This system of stressed and unstressed syllables does not occur in French. In French, each syllable is pronounced with approximately the same intensity and vowels are not reduced. Compare the pronunciation of the following words as your instructor pronounces them in English and then in French:

ENGLISH	FRENCH
chocolate	chocolat
animal	animal
salad	salade

Activités

A. *Prononcez* Repeat the following after your instructor.

1. le cinéma
2. optimiste
3. pessimiste
4. la philosophie
5. un camarade
6. la prononciation
7. un restaurant
8. l'université

B. *Des phrases à prononcer* Repeat after your instructor:

1. Pierre a une radio mais il n'a pas de télévision.
2. Pauvre de moi! Je suis fatigué, déprimé et malade!

Vocabulaire de base

Les expressions négatives (voir page 166)
Les pronoms interrogatifs (voir pages 163–165)

NOMS
un bateau, des bateaux *boat*
une chose *thing*
un projet *project*
un vélo *bike*

VERBES
gagner *to win*
rencontrer *to meet*
rester *to stay (someplace)*
tomber *to fall*

ADJECTIFS
autre *(precedes noun)* *other*
différent(e) *different*
fatigant(e) *tiring*
important(e) *important*

ACTIVITÉS
faire de la marche *to walk (for exercise)*

faire de la natation *to swim*
faire de l'exercice *to exercise, to get some exercise*
faire du bateau *to go boating*
faire du jogging *to jog*
faire du ski *to ski*
faire du sport *to participate in a sport for exercise*
faire du vélo *to ride a bike, to cycle*
faire une promenade *to take a walk*
faire une randonnée *to hike*
jouer au football *to play soccer*
jouer au tennis *to play tennis*
jouer aux cartes *to play cards*
jouer de la guitare *to play the guitar*
jouer du piano *to play the piano*

jouer du violon *to play the violin*

DIVERS
à pied *on foot*
avoir envie de + *infinitif* *to feel like (doing something)*
ce, cet, cette / ces *this, that / these, those*
ici *here*
mal *bad, badly*
sans *without*
si *yes (on the contrary)*
tout le monde *everybody, everyone*
voici *here is, here are*

Vocabulaire supplémentaire

NOMS
le basket-ball *basketball*
un bateau à voile *sailboat*
une carte *card*
une équipe *team*
le football américain *football*
le golf *golf*
un joueur, une joueuse *player*
un membre *member*

ADJECTIFS
célèbre *famous*
horrible *horrible*
merveilleux, merveilleuse *wonderful, marvelous*
sûr(e) *sure*

DIVERS
aller à pied à *to walk to*
être membre (de) *to be a member (of)*
faire de la musique *to make music*
faire de la planche à voile *to windsurf*
faire de la plongée sous-marine *to go scuba diving*
faire de la voile *to go sailing*

LE FRANÇAIS FAMILIER
le basket = le basket-ball
faire une balade = faire une promenade

faire du footing = faire du jogging
le foot = le football
formidable = *super, great*
un truc = une chose

ON ENTEND PARFOIS...
le soccer (Canada) = le football
le football (Canada) = le football américain

Rédacteur en chef: *Isabelle Kaplan*
Rédacteurs adjoints: *Laura K. Heilenman et Claude Toussaint Tournier*
Assistante de production: *Jackie Rebisz*

Revue périodique • Un numéro tous les quatre chapitres • Publiée à l'aide de documentations internationales

AUTOMNE
PREMIER SEMESTRE

Numéro 2

POUR FAIRE LE PORTRAIT D'UN PAYS

ÉDITORIAL

Prendre des chiffres, et encore des chiffres.
Faire des additions, des soustractions, des divisions, des multiplications…
Écrire des titres, des questions et faire des colonnes et des listes.
Conclure…

Des chiffres, des statistiques, des faits mathématiques… On regarde une culture et on a l'image d'une réalité culturelle. Pour la population, les modes de vie, les loisirs et les autres catégories, on interroge les chiffres, on regarde les statistiques. Quand partez-vous en vacances? Où allez-vous? Qu'est-ce que vous préférez, le cinéma ou la télévision? Qui fait ceci? Combien font cela? 50 ou 75%? Nous aimons les statistiques, nous adorons les chiffres; ils représentent des informations précises et scientifiques. Nous avons l'illusion de comprendre la culture et nous comparons, nous évaluons, souvent aussi nous jugeons. Mais la culture, est-ce que c'est des chiffres? Et les habitants d'un pays, est-ce que c'est des statistiques? Est-ce qu'il est possible d'emprisonner la vie, les émotions dans des paquets chiffrés? Qu'est-ce que les chiffres ne disent pas? À vous de répondre!

FÊTES À SOUHAITER

Alice	16 décembre
André	30 novembre
Barbara	4 décembre
Catherine	25 novembre
Christian	23 novembre
Daniel	11 décembre
Léon	10 novembre
Lucie	13 décembre
Marguerite	16 novembre

Quelques chiffres pour planter le décor

55,7 MILLIONS D'HABITANTS EN MÉTROPOLE

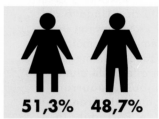

51,3%   48,7%

- dont 3,7 millions d'étrangers
- +1,4 million de Français dans les DOM—TOM
- +1,5 million de Français à l'étranger
- 21 million de ménages
- 12,5 millions d'enfants de 0 à 16 ans
- 10,4 millions de 60 ans ou plus

STATUT

46,2%	49,2%		39,2%	46,2%
Mariés 47,7%			Célibataires 42,6%	

3,1%	2,1%		11,5%	2,4%
Divorcés 2,6%			Veufs 7,1%	

Est-ce que c'est comme ça chez vous?
Quelles différences? Vous êtes surpris? Par quoi?

Magazine du monde français pour les étudiants de "Voilà!"

FRANCOPHONE

Le Québec
la belle province

Rivière-du-Renard
Province du Québec

Sa géographie

Le Québec est la plus étendue des **dix** provinces du Canada. Du détroit de Belle-Isle à l'est, au rivage oriental de la baie James à l'ouest : 1 600 km de large. Dans l'autre sens, de la frontière des États-Unis à la côte arctique de l'Ungave : 1 900 km. En tout, environ un million et demi de kilomètres carrés. Le Québec, immense territoire qui a le profil d'une tulipe épanouie, pourrait aisément contenir la France, l'Espagne, le Portugal, la Belgique, la Suisse et l'Allemagne. Le Québec, c'est le sixième du territoire du Canada (qui, par sa taille, est le deuxième État du monde après l'U.R.S.S.). Le Québec est immense mais, ne nous trompons pas : seule une petite portion est actuellement vivable et habitée : approximativement deux bandes de terre au long du Saint-Laurent : là, demeurent plus de 6 millions de Québécois.

La géographie de leur pays est simple. Trois grandes régions naturelles : le « bou-

La ville de Québec

clier canadien », la plaine du Saint-Laurent, les Appalaches.

Les Québécois, qui sont-ils? D'où viennent-ils?

Un Québécois, c'est, le plus généralement, un Nord-Américain de langue française dont les ancêtres ont quitté, entre 1608 et 1760, les provinces françaises de l'ouest pour s'installer au Canada.

Les 5.000 premiers colons venus en Nouvelle-France au XVIe siècle étaient tous catholiques, ainsi que les 5.000 autres arrivés au XVIIe siècle. En 1763, la Nouvelle-France devient « the Province of Quebec ». Sa population est de 60.000 habitants. En 1911, elle est de deux millions. Aujourd'hui, elle est de six millions (81% de francophones).

Les choses changent, l'immigration récente modifie peu à peu la population. Ainsi s'installent au Québec des francophones de l'Asie du Sud-Est, des Libanais, des Antillais surtout et beaucoup de Haïtiens très vite assimilés.

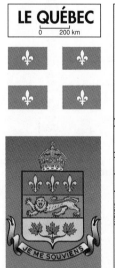

LE QUÉBEC
0   200 km

Baie d'Hudson

Baie d'Ungava

OCÉAN ATLANTIQUE

Fort Chimo

Poste-de-la-Baleine

Schefferville

Baie James

TERRE NEUVE

NOUVEAU QUÉBEC

Blanc-Sablon

ONTARIO

Lac Manicouagan   Gagnon

Chibougamau

Sept-Iles

Port-Cartier

Iles d'Anticosti

Amos

Baie-Comeau   Ste-Anne-des-Monts   Gulf Du St-Laurent

St-Félicien

Rimouski   Gaspé

Iles de la Madeleine

Rouyn-Noranda

Chicoutimi

Trois Rivières   Québec   Rivière-du-Loup

I.du Prince Edouard

Hull

NOUV. BRUNSWICK

Ottawa   Montréal   Sherbrooke

NOUVELLE ÉCOSSE

JE ME SOUVIENS

LES CHIFFRES DE LA FRANCOPHONIE

qui parle français?

Le français dans le monde.
Francophones, combien
êtes-vous?
Où habitez-vous?
Quelles sont les langues les
plus parlées? les plus
importantes?
Pourquoi?
Quel est le pays francophone le
plus peuplé?

**120 millions : c'est le nombre
estimé de francophones dans le
monde aujourd'hui : 67 M en
Europe, 28 M en Afrique, 13 M au**
Maghreb, 11 M en Amérique, 2 M
en Asie et 100 000 en Océanie.
Même si, en chiffres absolus le
français connaît un accroissement
certain, il est proportionnellement
"en recul" sur la planète. Moins
parlé que le chinois, l'anglais,
l'hindi, l'espagnol, le russe, l'arabe,
le portugais et le japonais, le
français conserve, cependant, la
place de deuxième langue étrangère
dans le monde, après l'anglais.
D'ici quelques années, le Zaïre
devrait être le deuxième pays
francophone après...la France;
mais, d'ores et déjà, la majorité des
francophones se trouvent...hors de
France.

LE TEMPS DES VACANCES

VACANCES D'HIVER

- 20 % des séjours de vacances de
  l'hiver 1986–87 ont débuté entre le
  19 décembre et le 2 janvier.
- 26 % des séjours se sont déroulés
  dans le massif alpin, 14 % sur la
  côte méditerranéenne, 7 % sur la
  côte atlantique, 7 % en Bretagne,
  5 % dans le massif pyrénéen, 5 %
  en Île-de-France, 5 % dans la région Rhône-Alpes.

GRANDES VACANCES

- La durée moyenne des vacances
  prises hors domicile est de 24 jours.
- 41 % des Français considèrent que
  les vacances servent à voyager,
  36 % à profiter de leur famille,
  21 % à ne rien faire, 12 % à faire
  du sport, 2 % à avoir des aventures
  amoureuses, 2 % à être plus
  performant dans le travail.

Mais enfin, les DOM-TOM, qu'est-ce que c'est?

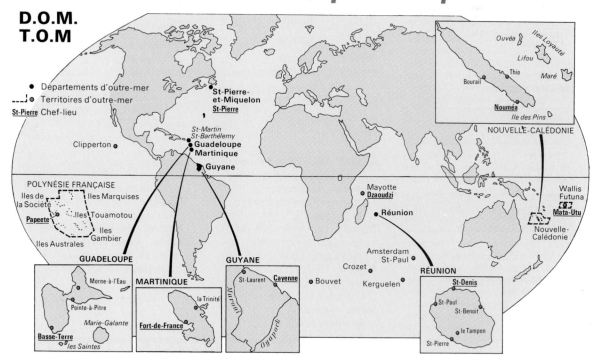

ECHANGES

001 Echange petit appartement calme Paris, Quartier Latin pour appartement Manhattan Juillet-Août. (3 personnes-ni chien ni chat, ni enfants).

002 Echange studio meublé Côte d'Azur, d'Août à Octobre pour appartement Londres; Contactez 43.64.27.61.

AU PAIR

003 Jeune fille dynamique et motivée cherche famille américaine-aime enfants, cuisine, sport. Libre immédiatement. Ecrire Duval, 54 rue Constant, 75008 Paris.

EMPLOIS

004 Cherche jeune homme compétent en français, expertise en traduction et économie pour travailler dans hôtel international. Pas sérieux, s'abstenir.

005 Jeune femme bilingue cherche travail intéressant Paris ou Genève, expérience export-import, spécialisée ordinateurs IBM.

006 Cherche jeune américaine, enthousiaste, pour 2 enfants entre 2 et 5 ans. Savoir faire la cuisine, et conduire. Sportive et sérieuse. Près de Biarritz. 1 an minimum.

DIVERS

Cherche guitare électrique et batterie. Bon prix et disponible immédiatement. Tél. 74.53.81.00.

REMERCIEMENTS

Lyon, M. et Mme Roger Turet, leurs enfants et petits-enfants; M. et Mme Joseph Malick, leurs enfants et petite-fille, M. et Mme Albert Maillot et leurs enfants, son frère André, les familles Marchand-Marthod, parents, alliés et amis vous remercient des marques de sympathie au moment du décès de Monsieur Charles Maillot.

Jeux de langage

Les chiffres célèbres

Blanche-Neige et les _____ nains

Les _____ Grâces

Les _____ Commandements

Les _____ Muses

_____ Hommes en colère

La guerre de _____ ans

(À vous, continuez…)

Charades

Mon premier: un animal domestique

Mon second: un adjectif possessif

Mon tout: l'enfant de mon premier

Petit poème

Interrogation et Négation

Vous? Moi?

Non, personne

personne jamais

non vraiment personne
  jamais

....

Non vraiment personne
  jamais

nulle part

rien ni personne

jamais

non jamais

Jean Tardieu

Comparaisons traditionnelles

ROUGE	comme	_____	JAUNE	comme	_____
VERT	de	_____	HEUREUX	comme	_____
BLANC	comme	_____	LÉGER	comme	_____
BLEU	comme	_____			
PÂLE	comme	_____			
NOIR	comme	_____			

Choisissez: le ciel, la neige, la mort, une tomate, la nuit, peur, une plume, les blés, un poisson dans l'eau.

★ VOTRE HOROSCOPE ★

SCORPION
24 Octobre–22 Novembre

Amour: Vous allez trouver la personne unique.

Carrière: Adaptation et charme. Vous êtes près du succès

Travail: Le temps libre est pour le travail. Pas de loisirs pour vous

Argent: Ce n'est pas le moment d'acheter. Comptez et conservez

Santé: Attention aux premiers froids

SAGITTAIRE
23 Novembre–21 Décembre

Amour: Séparations favorables. Dites adieu aux relations instables.

Carrière: Pas de travail, pas de succès….

Argent: Pas d'envies folles

Santé: Evitez les nuits de travail. Un peu d'exercice physique est souvent très bénéfique!

★★★★★★★★★★★★★★★★★★★★★★★★★★★★★★★

Qu'est-ce qu'on mange?

En bref

MEALS AND
FOOD • EATING
HABITS IN
FRANCE •
DRINKING AND
DINING

◀
C'est quel repas?
Qu'est-ce qu'il y a sur
la table? (Paris)

177

Vocabulaire

► Au supermarché, samedi 15 novembre...

A. M. Delvaux. Et pour demain? Pour le petit déjeuner, un pain. Il est très bon ici. Et pour le déjeuner? J'ai un rôti, des petits pois, des pâtes. Ça va. Je vais acheter une tarte aux pommes et un gâteau au chocolat. Et des bonbons pour quand j'ai faim entre les repas. Oh là là, j'ai faim maintenant, moi! Je vais prendre un petit quelque chose... un croissant? Bonne idée! Oh, et pour ce soir? Je n'ai pas envie de faire la cuisine. Il y a un bon restaurant chinois pas loin...

1. un rôti
2. des petits pois (m.)
3. des pâtes (f.)
4. un pain
5. un croissant
6. une tarte aux pommes
7. un gâteau au chocolat
8. des bonbons (m.)

B. Mieng Lao. Des légumes, des fruits, des yaourts, des œufs... pas de pain, c'est mauvais pour le régime. J'ai soif! Je vais acheter un jus de pamplemousse...

1. le jus de pamplemousse
2. l'eau minérale (f.)
3. le vin
4. le champagne
5. la bière
6. le thé
7. le café

8. des légumes (m.)
9. des fruits (m.)
10. un yaourt
11. des œufs (m.)

1. des fraises (f.)
2. des haricots verts (m.)
3. une banane
4. une pêche
5. une pomme
6. une orange
7. un citron
8. la glace à la vanille

9. les frites (f.)
10. un poulet
11. un bifteck
12. un jambon
13. un saucisson

C. Mme Baldini. Est-ce qu'il y a quelque chose à manger pour ce soir? Il y a des restes dans le réfrigérateur et j'ai une pizza dans le congélateur. Tout le monde adore la cuisine italienne, pas de problème. Est-ce que j'achète des biftecks ou un poulet pour dimanche midi? Un poulet! Pour six, c'est plus facile. Avec des haricots verts et des frites... les frites surgelées sont excellentes ici. Un melon comme entrée, c'est délicieux. Et comme dessert? J'ai des fraises et un gâteau, ça va. Ah, je vais aussi acheter des jus de fruits pour les enfants...

D. Philippe Vandamme. Bon, pour ce soir... Comme apéritif, avant le dîner, des chips. Comme entrée, des crudités: des carottes et des tomates. C'est bien pour Anne, qui est au régime. Comme plat principal, une omelette peut-être... avec des champignons. Avec Marc qui est végétarien, c'est une bonne idée. Après, une salade, deux ou trois fromages... Ah, je n'ai pas de dessert... une glace? Oui, bonne idée! Caroline adore la glace à la fraise, et moi aussi. Ça va être un bon petit dîner. Et comme boisson? Qu'est-ce qu'on va boire? J'ai des bières dans le réfrigérateur. Tout le monde aime la bière, pas de problème.

1. des chips (m.)
2. une carotte
3. une tomate
4. une laitue
5. un fromage
6. des conserves (f.)
7. le beurre
8. le lait

Questions

1. Comment est M. Delvaux? Qu'est-ce qu'il aime? Est-ce qu'il mange bien?
2. Comment est Mieng Lao? Qu'est-ce qu'elle aime? Est-ce qu'elle mange bien?
3. Comment est Mme Baldini? Est-ce qu'elle habite seule? Combien de personnes est-ce qu'il y a dans sa famille? Qu'est-ce qu'ils vont manger ce soir? Et dimanche?
4. Comment est Philippe Vandamme? Pourquoi est-ce qu'il fait les courses? Qu'est-ce qu'ils vont manger? C'est vrai que tout le monde aime la bière?
5. Et vous? Qu'est-ce que vous aimez? Qu'est-ce que vous n'aimez pas?

Autres mots et expressions

une asperge *asparagus*
À table! *Dinner (lunch, breakfast) is ready!*
le café au lait *coffee and milk*
la charcuterie *cold cuts*
le chocolat *chocolate*
le Coca-Cola *Coca-Cola, cola*
la confiture *jam*
des épinards *(m.)* *spinach*
le goûter *snack taken in the late afternoon*
un hamburger *hamburger*
inviter *to invite*
japonais(e) *Japanese*
un melon *melon, cantaloupe*
la nourriture *food*
un oignon *onion*
le pâté *pâté*
une poire *pear*

le poisson *fish*
le poivre *pepper*
une pomme de terre *potato*
le porc *pork*
prendre un verre *to have a drink*
une prune *plum*
quelqu'un *somebody*
un raisin *grape*
le riz *rice*
un sandwich (au jambon, au fromage...) *sandwich (ham, cheese)*
le sel *salt*
une soirée *party*
la soupe (aux tomates) *(tomato) soup*
le sucre *sugar*
la viande *meat*

Notes de vocabulaire

A. Bon/mauvais. The adjectives **bon** and **mauvais** are placed in front of the noun:

Les professeurs aiment les **bons étudiants,** mais les **mauvais étudiants?** C'est un problème!

B. Avant/après, devant/derrière.   Note the difference in usage of these prepositions:

avant/après = *before/after* (in time)
devant/derrière = *in front of/in back of* (in space)

Est-ce que tu étudies **avant** ou **après** le dîner?	*Do you study before or after dinner?*
Il y a quelqu'un **derrière** toi!	*There's someone behind you!*
Il n'y a personne **devant** moi.	*There's nobody in front of me.*

C. Acheter.   The verb **acheter** adds an *accent grave* over the middle **-e-** in forms where the ending is silent:

j'ach**è**te	nous achetons
tu ach**è**tes	vous achetez
il elle } ach**è**te	ils elles } ach**è**tent

D. Qui: *pronom relatif.*   Qui can be used to join two sentences or ideas together. It is called a relative pronoun because it replaces a noun and because it relates two sentences or ideas. **Qui** as a relative pronoun may refer to either people or things:

C'est lui **le professeur qui donne** beaucoup de devoirs?	*Is he the teacher who gives a lot of homework?*
Les livres qui sont sur la table sont les livres de M. Burdin.	*The books that are on the table are Mr. Burdin's books.*

E. J'ai faim! J'ai soif!   Avoir faim and **avoir soif** are expressions with **avoir** similar to **avoir sommeil, avoir chaud,** and **avoir froid.**

Quand M. Delvaux **a faim,** il mange des bonbons.	*When Mr. Delvaux is hungry, he eats candy.*
J'ai soif! Je vais boire un coca-cola.	*I'm thirsty! I'm going to have a Coke.*

D'ACCORD?

A.   *Chassez l'intrus*   In each group, find the food or meal that does not fit because of meaning.

1. une pomme de terre, une tomate, le jambon, des haricots verts, une carotte
2. un bifteck, un rôti, une pomme, un saucisson, un poulet

3. des asperges, une poire, une pêche, une fraise, un pamplemousse
4. le petit déjeuner, le goûter, des crudités, le dîner, le déjeuner
5. le beurre, la confiture, le café au lait, le pain, les épinards
6. une glace, un pâté, des raisins, un gâteau, une tarte
7. le riz, le lait, le thé, la bière, le Coca-Cola
8. des asperges, des petits pois, le sucre, des oignons, des épinards

B. *Quand?* When are you most likely and least likely to eat or drink each of the following? (*Suggestions: au petit déjeuner, à midi, à 16 heures, au dîner, à 21 heures.*)

- **MODÈLE:** le café au lait?
  Au petit déjeuner, pas au dîner…

1. une bière	4. une glace au chocolat
2. du jambon	5. un sandwich
3. une pizza	6. une omelette

C. *Dans la cuisine* It's late and you're hungry and thirsty. Say so, following the model.

- **MODÈLE:** Où sont les bananes?…
  J'ai faim!

1. Où est le lait?…
2. Où est le jambon?…
3. Où est la pizza?…
4. Où sont les bonbons?…
5. Où est la bière?…

D. *Normal ou bizarre?* C'est normal ou c'est bizarre?

1. un bifteck dans un tiroir
2. des épinards dans une salade
3. des bières dans le réfrigérateur
4. le pain dans le réfrigérateur
5. des tomates dans un sac
6. des frites surgelées dans un placard

E. *Les goûts et les couleurs* React to the following items according to your taste. (*Suggestions: c'est beau, c'est laid, c'est bon, c'est mauvais, ça dépend.*)

1. un gâteau au chocolat
2. une bière chaude
3. une pêche verte
4. une vieille banane
5. le lait chaud

F. *Les goûts*

1. Make a list of items in each of the following categories.

a. les légumes   d. les fruits
b. la viande   e. les boissons
c. les desserts

2. Ask questions to find out which items your classmates like or do not like.

• **MODÈLE:**   Tu aimes les haricots verts ou non?

G. *Qu'est-ce que c'est?*   Here are some food riddles for you to solve.

1. Il est bon quand il est un peu vieux. Qu'est-ce que c'est?
2. Elles sont bonnes quand elles sont rouges. Qu'est-ce que c'est?
3. Il est blanc avec le poisson et rouge avec le bifteck. Qu'est-ce que c'est?
4. Elles sont vertes, jaunes ou brunes. Qu'est-ce que c'est?
5. Ils sont verts et ils sont délicieux quand ils sont très petits. Qu'est-ce que c'est?

A. L'apéritif.   Some friends are invited over for a drink. What time will they arrive? What will be served?

In France, **l'apéritif** refers both to a drink taken before lunch or dinner and to the convivial time that people share before a meal. When guests are present, **l'apéritif** is served with crackers, chips, nuts, or other snacks. One can be invited for **l'apéritif** by itself, before either meal. In that case, the guest is expected to leave early enough for the family to have time for their meal, especially if it is lunch. Friends can also meet in a **café** before going home for their meal. **L'apéritif** is then perceived as a transitional time between work and home.

Les mots et la culture

Quand on a des invités, on prend l'apéritif avant de manger.
(Bruxelles, Belgique)

B. Les repas en France.   Which meal is the most important?

Traditionally, the noon meal is the most important meal of the day in France. French people take at least an hour to eat and then some time after the meal to drink coffee and read the paper. They will often start the meal with a first course (raw vegetables, **charcuterie,** etc.), followed by the main dish (meat or fish plus vegetable), then a salad, and finally cheese and/or dessert. The evening meal, taken around 8, will be lighter and might consist of soup, **charcuterie,** leftovers, an omelette, or pasta. This is the general pattern, but you will encounter many differences depending on region and family circumstances. Moreover, things are changing, especially in larger cities, where people often have lunch at work or at school. Although lunchtime is shorter, people still often have an appetizer, a main dish, a salad, and cheese or dessert. The evening meal is then considered the main meal.

Meals are considered important in France. It is a time for the family to be together and for both children and parents to communicate around the table. In some families, however, the television set is in the dining room and meals are taken while watching the news (at 1 and at 8 o'clock).

C. Le goûter.   When you were in elementary school, what did you eat when you got home from school?

Since dinner is late in France, French children have a **goûter** when they arrive home from school at 4 o'clock. Most often, they have bread with jam or chocolate and a cup of hot chocolate or milk. For their birthday, French children can invite their friends to a **goûter d'anniversaire** featuring cakes and pies. **Le goûter** refers to food eaten in the late afternoon and is the equivalent of the British afternoon tea. To express the French equivalent of the English expression *to have a snack,* use **prendre quelque chose** (*to eat something*) or **prendre un petit quelque chose** (*to eat a little something*).

STRUCTURE

▶ Les verbes *boire* et *prendre*

The verb **boire** means *to drink.* Its conjugation is irregular:

je bois	nous buvons
tu bois	vous buvez
il ⎫ elle ⎭ boit	ils ⎫ elles ⎭ boivent

Qu'est-ce qu'on **boit?**   *What does everybody want to drink?*

The verb **prendre** means *to take.* Its conjugation is irregular. Note the double **-n-** in the third person plural:

je prends	nous prenons
tu prends	vous prenez
il elle} prend	ils elles} pren**n**ent

Je sors. Je **prends** mon vélo. *I'm going out. I'm taking my bike.*

Tu vas **prendre** ton dictionnaire ou pas? *Are you going to take your dictionary or not?*

Prendre is also used to express the idea of having a meal or having something to eat or drink:

À quelle heure est-ce qu'**on prend** le dîner chez toi? *What time do you eat dinner at your house?*

Est-ce que **tu prends** ton café sans sucre? *Do you take your coffee without sugar?*

Je prends un croissant, et toi? *I'll have a croissant. How about you?*

Vous avez compris?

A. Complétez Complete each sentence with a form of the verb *boire.*

1. Qu'est-ce que vous _buvez_?
2. Ils _boivent_ trop!
3. Marianne ne _boit_ jamais avec les repas.
4. Qu'est-ce que tu vas _bois_?
5. Je ne _bois_ jamais entre les repas.

B. En famille The Durieux family is getting ready to leave in the morning. Use the verb *prendre* to reconstruct what various family members were saying as they went out the door.

- **MODÈLE:** Tu / tes cahiers?
     Tu prends tes cahiers?

1. Je / le sac pour aller au supermarché. _prends_
2. Sophie! Paul! Vous / votre vélo? _vous prenez_
3. Martine! Ton père / la voiture? _prend_
4. Les enfants / leurs livres? _prennent_
5. Oui, oui maman! Nous / nos sandwichs! _prenons_

C. *Faites des phrases* Combine the words and phrases to make complete sentences.

1. Tu / ne rien boire?
2. Elle / aller / prendre / un thé.
3. Est-ce que / il y a / quelque chose à / boire / dans le réfrigérateur?
4. Quand / je / avoir très soif, / je / boire / un jus de fruit.
5. Qu'est-ce que / ils / prendre / au petit déjeuner?
6. M. Pinard / boire / beaucoup de vin rouge / le soir.

▶ L'article partitif

To talk about a part of something that you cannot count, use the partitive article:

MASCULINE	FEMININE	BEFORE A VOWEL
du riz	**de la** bière	**de l'**eau
(some) rice	*(some) beer*	*(some) water*

In many cases, the English *some* or *any* can be used to translate the partitive article. Frequently, however, it is omitted:

| Est-ce qu'il y a **de la bière** dans le frigo? | *Is there (any) beer in the refrigerator?* |
| Non, mais il y a **du coca**. | *No, but there's (some) cola.* |

If whatever you're talking about is countable, use an indefinite article: **un, une, des**:

| Tu veux **un sandwich?** | *Do you want a sandwich?* |
| Oui, et **des frites**, et après, **une glace** à la fraise! J'ai très faim! | *Yes, and some (french) fries, and then a strawberry ice cream (cone). I'm really hungry!* |

Note that some objects can be either counted or not, depending on the context:

Tu veux **du café?**	*You want (some) coffee?*
Tu veux **un café?**	*You want (a cup of) coffee?*
Tu bois **de la bière?**	*Are you drinking beer? (some beer, not all the beer in the world!)*
Je veux **une bière**.	*I want a (can of, bottle of) beer.*

| Comme dessert, il y a **une tarte aux pommes.** | *For dessert, there's an apple pie.* |
| Tu veux **de la tarte?** | *Do you want some pie?* |

Vous avez compris?

A. *Au restaurant universitaire* Say what each person has to eat today.

- **MODÈLE:** Jean-Pierre: bifteck, frites, glace au chocolat, eau minérale
  Il a un bifteck (du bifteck), des frites, une glace au chocolat (de la glace au chocolat) et de l'eau minérale (une eau minérale).

1. Pauline: œuf, asperges, fromage
2. Michel: jambon, poisson, carottes, pommes de terre, salade, pain, fromage, tarte aux fraises, café
3. François: crudités, pâtes au fromage, pain, poire, jus de fruit
4. Solange: sandwich au fromage, thé
5. Anne: poulet, frites, salade, pain, fromage, glace, café

B. *Candide va au supermarché* Candide has invited some friends for dinner. Before he goes to the grocery store, he's making a list of what he needs. Unfortunately, he has left out all his articles! Put them in for him. Use *un, une, des, du, de la,* or *de l'*.

_____ café, _____ vin, _____ gâteau, _____ épinards, _____ rôti de porc, _____ pain, _____ champignons, _____ pommes de terre, _____ tarte aux pommes, _____ œufs, _____ eau minérale, _____ sel, _____ melon, _____ fromage, _____ yaourt, _____ glace, _____ riz

▶ L'article partitif et l'article indéfini après une expression négative

The partitive article, like the indefinite article, is reduced to **de (d')** when it follows a negative expression:

| Qu'est-ce qu'il y a dans le frigo? | *What's in the refrigerator?* |
| On **a des** pommes mais on **n'a pas de** poires. On **a du** vin mais on **n'a plus de** lait. On **a de la** confiture mais il **n'y a jamais de** beurre. | *We've got (some) apples but we don't have (any) pears. We've got (some) wine, but we don't have any more milk. We've got (some) jam, but there's never any butter.* |

RAPPEL!   *Les articles définis, indéfinis et partitifs*

	LES ARTICLES DÉFINIS	LES ARTICLES INDÉFINIS	LES ARTICLES PARTITIFS
MASCULIN	le (l')	un	du (de l')
FÉMININ	la (l')	une	de la (de l')
PLURIEL	les	des	————

1. Use definite articles:

   • to talk about preferences (with verbs like **aimer, détester, préférer,** etc).

J'aime **le thé** mais je préfère **le café.**	*I like tea but I prefer coffee.*

   • to talk about things in general.

Les légumes sont bons quand on est au régime.	*Vegetables are good when you're on a diet.*

   • to refer to something specified or already mentioned. English uses definite articles in the same way.

— On mange une pizza ce soir?	*How about a pizza tonight?*
— Oui, d'accord.	*Sure, OK.*
— Bon, alors, qui achète **la pizza,** toi ou moi?	*Good, who's buying the pizza? You or me?*
— Moi, et toi, tu achètes **le coca** et **la bière.**	*Me, and you're buying the Coke and the beer.*

   Definite articles do not change after a negative expression.

Candide n'aime pas **les tomates.**	*Candide doesn't like tomatoes.*

2. Use indefinite articles to refer to unspecified things that you can count. Indefinite articles become **de (d')** after a negative expression.

— Tu veux **une pomme?**	*Do you want an apple?*
— Non, je ne veux pas **de pomme.**	*No, I don't want an apple.*

3. Use partitive articles to refer to unspecified things that you do not count. Partitive articles become **de (d')** after a negative expression.

— Est-ce qu'il y a **du fromage?**	*Is there any cheese?*
— Non, il n'y a pas **de fromage** mais il y a **de la glace.**	*No, there isn't any cheese but there's some ice cream.*

— Je ne veux pas **de glace.**   *I don't want ice cream.*
     Est-ce qu'il y a **du yaourt?**   *Is there any yogurt?*
— Oui, il y a **du yaourt.**   *Yes, there's some yogurt.*

les jos fruit
des fruit
le lait
le gâteau

Vous avez compris?

A. *Qu'est-ce qu'on prend?* Make lists of what is normally eaten or drunk in North America for each occasion. Be sure to use either the partitive (*du, de la, de l'*) or the indefinite article (*un, une, des*).

Le café au lait

1. au petit déjeuner?
2. au déjeuner?
3. au dîner?
4. à l'anniversaire d'un enfant?
5. à la plage?
6. pour un pique-nique?

B. *Qu'est-ce qu'on ne prend jamais?* Make lists of what you never (or almost never) eat or drink in North America for each occasion. Since you're saying *never*, put *de* or *d'* in front of each item.

- **MODÈLE:** au petit déjeuner?
  Pas de pizza, pas de soupe et jamais de vin!

de porc

1. au petit déjeuner?
2. au déjeuner?
3. au dîner?
4. à l'anniversaire d'un enfant?
5. à la plage?
6. pour un pique-nique?

le champagne
pas de vin
pas
La soupe aux tomates

Qu'est-ce qu'elle va faire? (Paris)

des han

EXERCICES D'ENSEMBLE

A. *Le régime de M. Legros* M. Legros has to lose weight. Tell him what he is going to eat and drink and what he is not going to eat and drink.

- **MODÈLE:** Vous allez manger des légumes. Vous n'allez pas boire de bière.

la glace au chocolat

B. *Mlle Dubois est végétarienne* Mlle Dubois is a vegetarian; she doesn't eat meat or fish. Give her responses.

- **MODÈLE:** — Vous prenez des œufs?
  — Oui, je prends des œufs.
  — Vous prenez du jambon?
  — Non, je ne prends jamais de jambon!

1. Vous prenez du pain?
2. Vous prenez du saucisson?
3. Vous prenez des frites?
4. Vous prenez des oranges?
5. Vous prenez du chocolat?
6. Vous prenez du pâté?

C. *Dans le frigo* What is and what is not in each refrigerator?

1. dans votre réfrigérateur?
2. dans le réfrigérateur de votre professeur?
3. dans le réfrigérateur à la Maison Blanche?
4. dans le réfrigérateur de…?

D. *Qu'est-ce qu'ils boivent?* Tell what the following people drink. (If you don't know, ask!)

1. les Chinois?
2. les Allemands?
3. les Français?
4. votre grand-mère?
5. vous avec vos amis?
6. vous avec vos parents?

E. *Qu'est-ce qu'ils mangent?* Tell what the following people usually eat. (If you don't know, ask!)

1. les Japonais?
2. les Italiens?
3. les Français au petit déjeuner?

4. les étudiants devant la télévision?
5. votre grand-père?
6. un joueur de football américain?
7. une personne au régime?
8. les enfants français au goûter?

F. *La classe et les repas* Ask questions to find out what your classmates eat and drink at different meals.

• **MODÈLE:** — Qu'est-ce que tu prends au petit déjeuner?
— Du pain, de la confiture et du café.

Échanges

A. *Les Français et les repas* Here is information about French eating habits. Compare this to what you know about eating habits where you live. (*Mots utiles: chez nous aussi; pas chez moi; mais, chez moi, on... ; pas chez nous parce que...*)

1. On fait les courses très souvent.
2. Au petit déjeuner:

   a. On prend souvent du café au lait.
   b. On prend souvent du pain avec du beurre et de la confiture.
   c. On prend quelquefois des croissants.

3. À midi:

   a. On mange souvent à la maison.
   b. On prend du vin avec le repas.
   c. On prend une entrée, un plat principal, un légume, une salade, du fromage et un dessert.
   d. On mange la salade après le plat principal.
   e. On prend le café après le repas.

4. À 4 heures:

   a. Les enfants prennent le goûter (souvent du pain et du chocolat).
   b. Les enfants boivent souvent du chocolat chaud.
   c. Les adultes boivent du café ou du thé.
   d. On prend souvent le goûter à la cuisine.
   e. Les enfants ont des goûters d'anniversaire.
   f. Pour un goûter d'anniversaire, il y a des tartes et des gâteaux.

5. L'apéritif:

    a. On prend parfois l'apéritif dans un café.
    b. On prend l'apéritif avant le déjeuner et avant le dîner quand on a des invités.
    c. On invite souvent des amis à prendre l'apéritif.

6. Le dîner:

    a. On mange toujours en famille.
    b. On mange souvent des restes le soir.
    c. On prend le dîner entre sept heures et neuf heures du soir.
    d. Quand on va à un dîner, on donne des fleurs, des chocolats ou une bouteille de vin.

Vous avez envie de prendre le déjeuner ici? (Cannes, France)

B. ***Un menu***

1. Look at the menu on page 192 and answer the following questions:

   — Combien de plats est-ce qu'on a pour 110 francs?
   — Qu'est-ce qu'il y a comme boisson?
   — Qu'est-ce qu'il y a comme dessert?
   — Si on n'a pas envie de dessert, est-ce qu'il y a autre chose après
     le plat principal?
   — Devinez ce que c'est *(guess the meaning):* Avocat? Bœuf grillé? La
     suggestion du jour? Pâtisserie maison?
   — Qu'est-ce que vous allez prendre?

2. You and a few friends decide to invite your classmates to a gourmet
   meal. In groups, create a menu. Then compare it with menus from
   other groups. Which group(s) would you like to eat with?

C. ***Un banquet***

1. Choose one of the following:

   un repas de Noël ou une autre fête
   un repas de mariage
   une grande réception à la Maison-Blanche pour une personne célèbre
   les 50 ans de mariage de vos parents
   un banquet pour l'équipe de foot

2. Prepare the guest list. Tell why you chose to invite each person.
   Decide the day, the time, and the place of the meal or reception.
3. Decide on your budget and prepare the menu.
4. Prepare the shopping list.

D. ***Conversation en français*** What do you have in your refrigerator?
Why? What is not in your refrigerator? Why?

L·E·C·T·U·R·E

Le bon vivre

▶ Préparation à la lecture

Menus frequently contain the names of French dishes. Can you name
some French dishes you've seen on menus?

▶ Activités de lecture

De quoi s'agit-il?

A. From looking at how this text is presented as well as its format, can you guess where it came from? Explain.

B. Underline or list the words you recognize. What is this text about?

C. Why do you think this text appears next to the list of restaurants?

Le "bon vivre"

Tantôt fine ou de grande solidité, tantôt chaleureuse ou délicate, la cuisine de l'Auvergne lui ressemble à n'en point douter. Saucissons secs et jambons goûteux précèderont des filets de truite sauvage ou d'omble chevalier, ou de saumon du Haut Allier.

Ce lever de rideau annonce un gigot "brayaude" piqué d'ail, encore fumant sur son lit de pommes de terre cuites au four. Ou peut-être un coq au vin baignant dans l'onctuosité brune parsemée de croûtons et de lardons. Ou encore un épais filet de bœuf venu de salers ou des troupeaux de charolais de la plaine, relevé d'un fondant de bleu d'Auvergne.

Car ici le fromage se cuisine : tourtes, truffades au cantal ; le menu prend du corps. Un Saint-Nectaire fermier constitue le point d'orgue, avant le grand dessert : clafoutis aux cerises, aux poires ; "pompes" aux pommes, tartes aux myrtilles et aux framboises, et variété infinie de beignets et "panlades". Les délicieuses pâtes de fruits d'Auvergne combleront la dernière petite faim.

Autour d'un Châteaugay ou d'un Rosé des Côteaux de Corent, on trinquera à cette tenue du bon vivre et du bien manger.

Hôtels/restaurants/loisirs

Office Municipal de Tourisme, Clermont-Ferrand

Bien manger

Restaurants

● **Gare Routière** +++ Boulevard Gergovia Tél. 93.13.32	Ouvert tous les jours midi et soir. Fermé le samedi de juillet au 15 septembre. R. DE. C. : Brasserie repas à la carte. 1er étage : Menu gastronomique 100 F et grande carte. Service traiteur spécialisé pour banquets et lunchs. Carte de crédit : AE GB D E CA
Ambassade Lyonnaise 55, bd Pasteur Tél : 93.12.94	Ouvert du lundi au vendredi inclus. Salle de 80 couverts et salon de 12 couverts.
● **Atlantide** Hotel terminus Av. de l'Union Soviétique Tél. 92.49.06	Menus 50 F, 98 F et carte. Restaurant groupes et repas d'affaires jusqu'à 150 places
Boutron Restaurateur 48, rue des Chandiots Tél. 24.76.18	Ouvert midi et soir sur réservation. Fermé le dimanche. Menus de 120 à 215 F et carte.
Chez Alain 8, rue Abbé Girard Tél. 92.85.20	Ouvert tous les jours sauf le dimanche. Service rapide à midi. Pizzas tous les jours. Spécialités à la carte midi et soir.
Clef des champs Rue Gustave Flaubert Tél. : 26.98.53	Restaurant grillades ouvert jusqu'à 22 h. Dimanche et jours fériés.
Colibri 27, rue des Jacobins Tél. : 91.70.29	Ouvert tous les jours sauf samedi et dimanche. Menus à 28,10 F et 42,20 F. Pizzas et spécialités. Accepte les tickets et chèques restaurant.
Courte Paille Grill 9, bd Etienne Clémentel Tél. : 24.50.99	Ouvert tous les jours de 10 h à 22 h sans interruption. Parking. Cartes de crédit acceptées : GB E

Hôtels/restaurants/loisirs

Office Municipal de Tourisme, Clermont-Ferrand

À la recherche des détails

A. Underline or list the proper nouns (those that begin with a capital letter). Find one that is repeated several times. What do you think it refers to?

B. Make a list of all the food items in each of the four paragraphs. Include those you don't know as well as those you do.

C. Organize the food names you find according to the type of food to which you think they might refer: fish, meat, cheese, sweets, wines.

D. Have you noticed that these dishes often have two-part names (**un coq au vin,** for example)? List several dishes like this, separating the first part of the name from the second **(un coq / vin).** What do you think the first part usually refers to? The second?

Apprenons

A. Mots et expressions

   1. What food category do each of the following represent? Choose from **une entrée** (first course), **un plat principal** (main course), or **un dessert.**
   le saucisson (paragraph 1)
   l'omble chevalier (paragraph 1)
   le gigot (paragraph 2)
   le clafoutis (paragraph 3)
   la «pompe» aux pommes (paragraph 3)
   les beignets et «panlades» (paragraph 3)
   2. La cuisine de l'Auvergne (paragraph 1, line 3) means: the kitchen of Auvergne, the cook from Auvergne, or Auvergne-style cooking?
   3. Fumant (paragraph 2, line 2) means: very hot, smoked, or fumigated?

B. La culture française

   1. Underline or list the words in the first paragraph that describe this style of cooking. For each word, find a food dish anywhere in the text that has that quality.
   2. What do you think the expression **la cuisine régionale** might mean? How would you define it?

► **Après la lecture**

A. Décidons

   1. What dishes described in the text do you think you'd like? Not like?

   J'aimerais…   Je n'aimerais pas…

2. Think of a restaurant that you know. What items on its menu do you think a group of visiting French people would like? Not like?

Ils aimeraient…   Ils n'aimeraient pas…

B. *Discutons la culture française*

1. Eating habits and even what one eats change from culture to culture. Based on this text as well as on your own experience, what can you say about French eating habits and tastes?
2. How do you think you would react to French eating habits? What would you find easy to get used to? Difficult to get used to? Explain.

▶ Mise en pratique: Un menu auvergnat

A. *Les restaurants* Look at the list of restaurants. Choose one that you think would be likely to serve the types of dishes described in the text **Le «bon vivre»**.

B. Make a list of the dishes in the text organized by course. Write their names as they might appear on a menu.

Entrée: Filets de truite sauvage
Plat principal: Filet de bœuf relevé d'un fondant de bleu d'Auvergne
Dessert: Clafoutis aux poires
Vins: Châteaugay

C. *Le menu* Put together the menu for the restaurant you chose. Include the name of the restaurant, hours, prices, etc.

Orthographe et prononciation

▶ Le *h* aspiré

In general, words beginning with **h-** in French are treated as if they began with a vowel:

Anne déteste l'hiver. *(élision)*   **Les hivers** sont froids ici. *(liaison)*
                                              /z/

A few words, largely of non-French origin, that begin with **h-** are treated as if they began with a consonant. The **h-** is silent, but *élision* and *liaison* do not occur. These words are marked in dictionaries by an asterisk:

*hamburger   Veux-tu des frites avec le hamburger?
*haricots verts   Qui aime les haricots verts?

Activité

Prononcez et devinez Repeat the following words beginning with an **h aspiré** after your instructor. Can you guess what they mean in English?

1. les hot dogs
2. faire hara-kiri
3. la Hollande
4. le haschisch
5. le hamac
6. les hamsters
7. le harem
8. les hippies

Vocabulaire de base

Quel article? Things that are not usually counted are used in French with either the partitive article *(du beurre, de la glace, de l'eau)* or, in certain cases, with the definite article *(J'aime la glace. Où est le beurre?)*. These kinds of nouns will appear in the vocabulary lists with the definite article.

NOMS
une banane *banana*
le beurre *butter*
la bière *beer*
un bifteck *steak*
le café *coffee, coffee shop*
une carotte *carrot*
le chocolat *chocolate*
la cuisine *cooking, cuisine*
le déjeuner *lunch*
le dessert *dessert*
le dîner *dinner*
l'eau *(f.) water*
une fraise *strawberry*
des frites *(f.) (french) fries*
le fromage *cheese*
un fruit *fruit*

un gâteau (au chocolat) *cake (chocolate)*
la glace (au chocolat, à la vanille, à la fraise) *ice cream (chocolate, vanilla, strawberry)*
des *haricots verts *(m.) green beans*
une idée *idea*
le jambon *ham*
le jus de fruit *fruit juice*
le lait *milk*
un légume *vegetable*
un œuf *egg*
une orange *orange*
le pain *bread*
une pêche *peach*
le petit déjeuner *breakfast*

des petits pois *(m.) peas*
le poisson *fish*
le poivre *pepper*
une pomme *apple*
une pomme de terre *potato*
un poulet *chicken*
un réfrigérateur *refrigerator*
un repas *meal*
le riz *rice*
la salade *salad*
un sandwich (au jambon, au fromage) *sandwich (ham, cheese)*
le sel *salt*
le sucre *sugar*
une tarte (aux pommes) *pie (apple)*

le thé   *tea*
une tomate   *tomato*
la viande   *meat*
le vin   *wine*
le yaourt   *yogurt*

ADJECTIFS
bon, bonne *(precedes noun)*   *good*
mauvais(e) *(precedes noun)*   *bad*

VERBES
acheter   *to buy*
boire   *to drink*
prendre   *to take, to have, to eat, to drink*

DIVERS
avant   *before*
avoir faim   *to be hungry*

avoir soif   *to be thirsty*
entre   *between*
prendre (un petit) quelque chose   *to have a snack*
quelque chose   *something*
quelqu'un   *someone*

Vocabulaire supplémentaire

NOMS
l'apéritif *(m.)*   *a drink (served before a meal)*
des asperges *(f.)*   *asparagus*
une boisson   *beverage*
un bonbon   *(piece of) candy*
le café au lait   *coffee and milk*
le champagne   *champagne*
un champignon   *mushroom*
la charcuterie   *cold cuts*
un citron   *lemon*
le Coca-Cola   *Coca-Cola, cola*
la confiture   *jam*
un congélateur   *freezer*
des conserves *(f.)*   *canned food*
un croissant   *croissant*
des crudités *(f.)*   *raw vegetables*
l'eau minérale *(f.)*   *mineral water*
l'entrée *(f.)*   *first course (appetizer)*
des épinards *(m.)*   *spinach*
le goûter   *light meal taken in the afternoon*
un *hamburger   *hamburger*
une laitue   *lettuce*
un melon   *melon (cantaloupe)*
la nourriture   *food*
un oignon   *onion*
une omelette (au fromage)   *(cheese) omelette*

le plat principal   *main dish, main course*
un pamplemousse   *grapefruit*
le pâté   *pâté*
des pâtes *(f.)*   *pasta, spaghetti, noodles*
une pizza   *pizza*
une poire   *pear*
le porc   *pork*
une prune   *plum*
un raisin   *grape*
des restes *(m.)*   *leftovers*
un rôti   *roast*
le saucisson   *salami*
une soirée   *party*
la soupe (aux tomates)   *(tomato) soup*

VERBE
inviter (quelqu'un à faire quelque chose)   *to invite (someone to do something)*

ADJECTIFS
chinois(e)   *Chinese*
délicieux, délicieuse   *delicious*
excellent(e)   *excellent*
italien, italienne   *Italian*
japonais(e)   *Japanese*
surgelé(e)   *frozen*

végétarien, végétarienne   *vegetarian*

DIVERS
à table!   *dinner (lunch, breakfast) is ready! let's eat!*
prendre un verre   *to have a drink*

LE FRANÇAIS FAMILIER
l'apéro = l'apéritif
les chips = *potato chips*
le coca = le Coca-Cola
un cracker = *cracker*
une patate = une pomme de terre
prendre un pot = prendre un verre

ON ENTEND PARFOIS...
un breuvage (Canada) = une boisson
un chien chaud (Canada) = un hot dog
le déjeuner (Belgique, Canada) = le petit déjeuner
le dîner (Belgique, Canada) = le déjeuner
un pain chargé (Sénégal) = un sandwich
le souper (Belgique, Canada) = le dîner

Où est-ce que vous habitez?

En bref

HOUSES AND
FURNISHINGS •
MORE ABOUT THE
MABILLE,
DUBOIS, AND
RASQUIN FAM-
ILIES • NUMBERS
ABOVE 100 •
TALKING ABOUT
WHAT HAPPENED
IN THE PAST

◄ *Préférez-vous habiter une maison ancienne ou une maison moderne? (Conques [Aveyron], France)*

199

Vocabulaire

A.   35, rue Minerve, 1060 Bruxelles: la maison des Mabille, en Belgique.
C'est une maison de ville, ancienne et agréable. Au sous-sol, il y a une
grande cave pratique pour le vin et un garage pour une voiture. Au rez-de-
chaussée, il y a trois grandes pièces: une salle de séjour qui donne sur le
jardin, une cuisine moderne et une salle à manger. Il y a aussi des W.C. Il
y a deux étages. Au premier étage, il y a une salle de bains, des W.C. et
trois chambres: une pour Annette Mabille, une pour sa fille Sylvie et une
pour les amis. Au dernier étage, dans le grenier, il y a la chambre de
Suzanne. C'est une chambre assez sombre, mais elle adore sa chambre
parce qu'elle est très grande et Suzanne aime être à l'aise! La troisième fille,
Catherine, est mariée et n'habite plus chez sa mère.

- Quelle est l'adresse des Mabille? Est-ce qu'ils habitent en France? Est-ce
  qu'ils ont une maison moderne ou ancienne? Combien d'étages est-ce
  qu'il y a? Où est la chambre d'Annette Mabille? de Sylvie? de Suzanne?
  Qu'est-ce qu'il y a dans la chambre de Suzanne? Comment est-elle?

le grenier
(le deuxième étage)

une douche

une baignoire

la salle de bains

une chambre

le premier étage

la cuisine

la salle à manger

les W.C.

la salle de séjour

le rez-de-chaussée

un escalier

la cave

le garage

le sous-sol

un **arbre**

le toit

des volets (m.)

un mur

le jardin

la terrasse

la pelouse

B. 75, avenue Edith Cavell, 06000 Nice: la maison de Jacques Dubois.
C'est une maison confortable et pratique. À l'intérieur, les pièces sont
claires et agréables. En bas, il y a une cuisine et une grande salle de séjour
avec un coin salle à manger. Il y a aussi deux chambres et une salle de
bains. En haut, il y a une troisième chambre.

À l'extérieur, il y a un garage, une terrasse, une piscine et un grand jardin
avec des arbres et des fleurs. Jacques a aussi des légumes dans son jardin,
mais ils sont derrière la maison.

- Où habite Jacques Dubois? Quelle est son adresse? Il y a combien de
  pièces dans la maison? Est-ce que vous préférez la maison des Mabille ou
  la maison de Jacques Dubois? Pourquoi?
- À votre avis, quelle est la saison sur la photo? Qui est en vacances chez
  Jacques Dubois?

**C. 164, rue Legendre, 75017 Paris: l'ap-
partement de Jean Rasquin.** C'est un
trois pièces au sixième étage d'un immeuble moderne à Paris.

L'appartement de Jean Rasquin

un immeuble

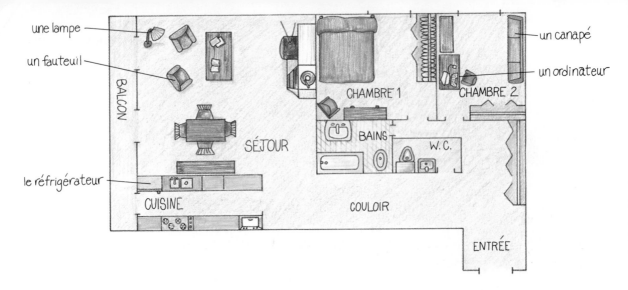

Dans l'appartement de Jean Rasquin il y a une petite cuisine, un grand séjour avec un coin repas, deux chambres et une salle de bains. Il y a aussi une entrée avec des placards, des W.C. et un couloir qui va à la cuisine et au séjour. La cuisine et le séjour donnent sur un grand balcon ensoleillé.

- Où habite Jean Rasquin? Quelle est son adresse? Est-ce que son appartement est grand? Est-ce qu'il est en ordre ou en désordre? Est-ce qu'il est agréable? Pourquoi ou pourquoi pas? À votre avis, est-ce que Jean Rasquin monte en ascenseur ou par l'escalier? Pourquoi?

D. Les chiffres au-dessus de 100

100	cent	*a hundred*
101	cent un	*a hundred and one*
102	cent deux	*a hundred and two*
200	deux cents	*two hundred*
220	deux cent vingt	*two hundred twenty*
500	cinq cents	*five hundred*
555	cinq cent cinquante-cinq	*five hundred fifty-five*
999	neuf cent quatre-vingt-dix-neuf	*nine hundred ninety-nine*
1.000	mille	*a thousand*
1.001	mille un	*a thousand one*
1.100	onze cents, mille cent	*eleven hundred, one thousand one hundred*
1.500	quinze cents, mille cinq cents	*fifteen hundred, one thousand five hundred*
2.000	deux mille	*two thousand*
10.000	dix mille	*ten thousand*
100.000	cent mille	*one hundred thousand*
1.000.000	un million	*a million*
1.000.000.000	un milliard	*a billion*

Combien coûtent ces voitures?

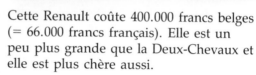

Cette Renault coûte 400.000 francs belges
(= 66.000 francs français). Elle est un
peu plus grande que la Deux-Chevaux et
elle est plus chère aussi.

La Deux-Chevaux coûte
45.000 francs français. Elle
ne coûte pas très cher.

Cette Citroën coûte 115.000 francs français.
C'est une grande voiture qui coûte assez cher.

• Quelle voiture préférez-vous?

Autres mots et expressions

à l'extérieur de	*outside of*
à l'intérieur de	*inside of*
l'argent *(m.)*	*money*
ça coûte cher	*it's expensive*
un centime	*centime (1/100 franc)*
aux États-Unis	*in the United States*
hier	*yesterday*
un meuble	*piece of furniture*
quelquefois	*sometimes*
si	*if, so, whether*

Notes de vocabulaire

A. Les nombres ordinaux. Here are the forms of the ordinal numbers in French:

premier, première	1er, 1ère	onzième	11^e
deuxième	2^e	douzième	12^e
troisième	3^e	treizième	13^e
quatrième	4^e	quatorzième	14^e
cinquième	5^e	quinzième	15^e
sixième	6^e	seizième	16^e
septième	7^e	dix-septième	17^e
huitième	8^e	dix-huitième	18^e
neuvième	9^e	dix-neuvième	19^e
dixième	10^e	vingtième	20^e

B. Les chiffres et l'argent. In written numbers, French uses a period where English uses a comma, and vice versa:

FRENCH	ENGLISH
12,25 (douze virgule vingt-cinq)	12.25
3.000 (trois mille)	3,000

The franc is the basic monetary unit in France, Belgium, Luxembourg, and Switzerland. Each franc is divided into 100 parts or centimes. One Belgian franc is worth less than one French franc, and one French franc is worth less than one Swiss franc. Monetary amounts are written like this:

30 F 50 (trente francs cinquante)   *30 francs 50 (centimes)*

Beyond 199, the word **cent** *(hundred)* is written with an **-s** when it is not followed by another number. Otherwise, it has no **-s**. The word **mille** *(thousand)* never has an **-s:**

100	cent
200	deux cents
4.000	quatre mille

The year may be expressed using either **cent** or **mil:**

1989	dix-neuf cent quatre-vingt-neuf
	mil neuf cent quatre-vingt-neuf

C. Jour, semaine, année + *dernier*. Note the use of **dernier** in the following expressions:

dimanche dernier	*last Sunday*
la semaine dernière	*last week*

le mois dernier	*last month*
l'année dernière	*last year*

In all other cases, **dernier** precedes its noun:

Il habite au **dernier étage.**   *He lives on the top floor.*

D. Une pièce. Une pièce is the generic term for a room. **Une salle** is a room used for public functions or a specific purpose **(une salle de classe, une salle de cinéma,** or **une salle à manger,** for example). **Une chambre** is a bedroom.

E. Si. The word **si** has three different equivalents in English.

1. Affirmative response to negative question or statement:

— Tu ne travailles pas assez!	*"You don't work enough!"*
— **Si!** Je travaille trop!	*"I do so! In fact, I work too much!"*

2. **Si** meaning *if* or *whether:*

S'il fait beau, je vais jouer au tennis.	*If it's nice, I'm going to play tennis.*
Je ne sais pas **s'**il va faire beau demain.	*I don't know whether it will be nice tomorrow.*

    The **-i** of **si** is dropped in front of **il** and **ils** only:

S'ils font la vaisselle, papa va être content!
Si elles font la vaisselle, papa va être content!
Si on ne fait pas la vaisselle, papa ne va pas être content!

3. **Si** meaning *so,* to intensify the meaning of an adjective or an adverb:

Il fait **si** beau aujourd'hui.   *It's **so** nice out today.*

D'ACCORD?

A. *Chassez l'intrus* Find the word in each group that does not fit because of meaning.

1. le fauteuil, le canapé, le garage, la chaise
2. le fauteuil, la table, le lavabo, le canapé
3. la douche, le lavabo, le réfrigérateur, la baignoire
4. les W.C., le jardin, les arbres, les fleurs
5. l'immeuble, le meuble, la maison, l'appartement
6. l'ascenseur, le sous-sol, le rez-de-chaussée, le premier étage
7. la cuisine, la salle de bains, la terrasse, la salle à manger

B. *Ça va ensemble* For each item in the left column, find one or more items in the right column that seem to go with it.

• MODÈLE: un réfrigérateur
            froid, en bas...

un jardin	sombre
une piscine	froid
une terrasse	vert
une cave	rouge
un arbre	pratique
une fleur	confortable
un ascenseur	agréable
le rez-de-chaussée	clair
le premier étage	à l'extérieur
un couloir	grand
un balcon	à l'intérieur
une fenêtre	en bas
une salle de bains	en haut

C. *Listes* Make lists of the rooms in a North American house that would fit each category.

Quelles pièces d'une maison américaine...

1. sont pour tout le monde?
2. ne sont pas pour tout le monde?
3. sont en haut?
4. sont en bas?
5. ont une télévision?
6. ont un téléphone?

D. *Où?* For you, where do the following things happen? Where do they never happen?

• MODÈLE: j'étudie
            à la bibliothèque, dans ma chambre, devant la télévision...

1. je parle au téléphone
2. je dors
3. je mange
4. je fais la vaisselle
5. j'étudie
6. j'ai souvent froid
7. j'ai souvent chaud
8. j'ai souvent sommeil

E. *Nos meubles*   You just moved into a new apartment with two friends. The kitchen and the bathroom are fully equipped, but otherwise, the apartment is unfurnished. In groups, make a list of all the rooms. Then decide on the furniture needed for each room. Give details and approximate prices. How much are you going to spend in all?

F. *Calculons*   Give the answer to each problem (+ = *plus*, − = *moins*).

- **MODÈLE:**   110 + 5 =
             Cent dix plus cinq font cent quinze.

  1. 100 + 120 =
  2. 330 + 400 =
  3. 750 + 750 =
  4. 6.000 + 7.000 =
  5. 40.500 + 150 =
  6. 50.000 + 42.000 =
  7. 250.000 + 300.000 =

G. *Une course cycliste*   Here are the times posted during a recent bicycle race in France. Make a list of who came in first, second, third, and so on.

- **MODÈLE:**   LeMond: premier

LeMond	20′23″4	Hinault	20′25″96
Zoetemelk	21′15″59	Raas	21′26″95
Tinazzi	21′33″10	Kerbrat	21′35″3
Kelly	21′48″46	Seznec	21′49″49
Bernaudeau	22′7″31	Garde	22′10″57
Priem	22′15″2	Kneteman	22′23″40
Breu	22′25″12	Glaus	22′45″12

H. *Les prix*   What is your estimate of the average price (in dollars) of each of the following items?

  1. un petit réfrigérateur pour une chambre d'étudiant
  2. une calculatrice pour un cours de mathématiques à l'université
  3. un vélo
  4. une voiture de sport
  5. un studio à New York, près de Central Park
  6. une nuit dans un grand hôtel de San Francisco
  7. un repas pour deux personnes dans un restaurant très élégant
  8. un repas pour deux personnes à McDonald's

Les mots et la culture

A. Le rez-de-chaussée et les étages.   You get on the elevator on the tenth floor and push one. Where will you get off?

The **rez-de-chaussée** is the ground floor in France. The floor above it (the second floor according to the American system) is then called the first floor or **premier étage,** the next floor (American third floor) the **deuxième étage,** and so on.

B. La salle de bains.   How many English words can you think of to refer to bathrooms (ladies' room, for example)? Why are there so many?

In French homes, **la salle de bains** usually contains a sink, a bathtub (with or without a shower), and a bidet. There is usually no toilet. The toilet is found in **les W.C.** (short for the English *water closet*), which is a separate room. The term **les toilettes** is also used.

STRUCTURE

▶ Les verbes comme *vendre*

One group of verbs in French has infinitives that end in **-re**. These verbs are conjugated identically and are grouped together as third conjugation or **-re** verbs. To conjugate one of these verbs in the present, drop the infinitive ending (**-re**) and add the endings shown in bold type:

vendre *to sell*

je vend**s**	nous vend**ons**
tu vend**s**	vous vend**ez**
il elle } vend (*no ending*)	ils elles } vend**ent**

Note the following pronunciation points about **-re** verbs:

1. The three singular forms have the same pronunciation.
2. The **-d-** in spelling is not pronounced in the singular. It is pronounced in the plural. Notice especially the difference in pronunciation between **il/elle vend** (no **-d** pronounced) and **ils/elles vendent** (**-d-** pronounced).

Verbs like **vendre** include **descendre** (*to descend* or *to go down; to take down*), **répondre à** (*to answer*), **perdre** (*to lose*), **entendre** (*to hear*), and **attendre** (*to wait* or *to wait for*):

Il n'aime pas **répondre aux** questions.	*He doesn't like to answer questions.*
Nous **descendons.**	*We're coming down.*
J'attends dix minutes et c'est tout!	*I'm waiting ten minutes and that's it!*
Elle **perd** ses clés tout le temps.	*She's always losing her keys.*
Tu **entends** quelque chose?	*Do you hear something?*

Vous avez compris?

A. *Des phrases* Use each group of words to make a complete sentence.

1. Je / descendre / par l'escalier.
2. Ils / perdre / toujours / leurs stylos.
3. Nous / ne pas / répondre / au professeur / en anglais.
4. Tu / attendre / tes copains?
5. Vous / vendre / votre voiture?
6. Anne / attendre / une lettre de son petit ami.
7. Je / ne rien / entendre.

B. *Complétez.* Complete with the correct form of one of the following verbs: *vendre, attendre, descendre, perdre, répondre, entendre.*

1. Tu _____ toujours tes clés!
2. Je veux être en forme et je ne _____ jamais en ascenseur.
3. Nous _____ notre appartement pour acheter une maison.
4. Pierre ne _____ jamais à mes lettres.
5. Vous _____? Jacques et Paul _____ en bas et ils ne sont pas contents.
6. Écoute! Tu n(e) _____ pas quelque chose... ou quelqu'un?

▶ Le passé composé avec *avoir*

There are several verbal forms that can be used to talk about the past in French. Of these, the most common is the *passé composé*, or compound past. It is called the compound past because it has two parts: a helping or auxiliary verb and a past participle. The majority of verbs in French form their *passé composé* with the helping verb **avoir**:

Elle **a** travaillé avec moi.   *She worked with me.*

*(helping   (past
 verb)   participle)*

The French *passé composé* may have more than one equivalent in English:

Il **a vendu** son vélo?   *Did he sell his bike? / Has he sold his bike?*
Oui, il **a vendu** son vélo.   *Yes, he sold his bike. / Yes, he has sold his bike.*

travailler au passé composé

j'ai travaillé	nous avons travaillé
tu as travaillé	vous avez travaillé
il } elle } a travaillé	ils } elles } ont travaillé

vendre au passé composé

j'ai vendu	nous avons vendu
tu as vendu	vous avez vendu
il } elle } a vendu	ils } elles } ont vendu

Past participle of regular verbs

Verbs that belong to the first and third conjugations (**-er** and **-re**) have regular past participles. The past participle is formed by adding endings to the verb stem as follows:

INFINITIVE	STEM	ENDING	PAST PARTICIPLE
parler	parl-	-é	**parlé**
étudier	étudi-	-é	**étudié**
travailler	travaill-	-é	**travaillé**
vendre	vend-	-u	**vendu**
répondre	répond-	-u	**répondu**
attendre	attend-	-u	**attendu**

Elle **a parlé** à sa mère ce matin. *She talked to her mother this morning.*

Ils **ont attendu** pendant cinq minutes. *They waited for five minutes.*

Past participle of irregular verbs conjugated with avoir

Some verbs have past participles that do not follow these rules. Of the verbs conjugated with **avoir** that you know, only four have irregular past participles:

boire	**bu**
dormir	**dormi**
faire	**fait**
prendre	**pris**

From this point on, verbs with irregular past participles will be indicated as they appear.

Vous avez compris?

A. *Où sont les participes passés?* Each sentence needs a past participle. Use the past participles of the verbs in the list below to complete the sentences. Verbs may be used more than once. More than one verb may be possible in a given sentence.

trouver, dormir, donner, gagner, jouer, boire, danser, faire, perdre, acheter, vendre, prendre

1. Nous avons _____ des pommes au supermarché.
2. Où est mon stylo? J'ai _____ mon stylo!
3. Ils ont _____ la nuit et ils ont _____ le matin.
4. Hier, j'ai _____ du ski.
5. Vous avez _____ votre chien?
6. Tu as _____ au football dimanche? Qui a _____?
7. Est-ce que vous avez _____ vos devoirs?
8. Nous avons _____ notre voiture à des amis pour 500 dollars.
9. J'ai _____ un beau chat noir. Qui a _____ un chat?
10. Ils ont _____ un sandwich et j'ai _____ une bière.

B. *Au passé avec* **avoir**   Use one of the verbs in the list below to complete each sentence in the *passé composé*. Verbs may be used more than once. More than one verb may be possible in a given sentence.

rencontrer, parler, manger, téléphoner, faire, vendre, dormir, perdre

1. Hier, je *ai* _____ à Suzanne et nous *avons* _____ de toi!
2. Les Simon *ont* _____ leur maison à des Américains.
3. Dimanche, nous _____ dans un petit restaurant en ville.
4. Est-ce que vous *avez* _____ du sport ou est-ce que vous _____ hier après-midi?
5. Tu *n* _____ une fille merveilleuse en vacances? Et tu _____ son numéro de téléphone?!

▶ Le passé composé à la forme négative et à la forme interrogative

To make a verb in the *passé composé* negative, put the negative expression around **avoir** (the helping verb). Note that the English equivalent usually requires a helping verb:

Il **n'a pas fait** ses devoirs.   *He hasn't done (didn't do) his homework.*

Tu **n'as rien mangé?**   *You haven't eaten (didn't eat) anything?*

Candide **n'a pas pris de** dessert.   *Candide didn't have (eat) any dessert.*

Les HLM (Habitations à loyer modéré) sont parfois des immeubles très modernes. (Banlieue de Lille, France)

To ask a question using the *passé composé,* you may use a rising intonation when speaking, or you may use the expression **est-ce que,** or you may invert the helping verb. Again, note that the English equivalent may require a helping verb:

Tu **as** bien **dormi?**	*Did you sleep well?*
Tu **n'as pas attendu?**	*You didn't wait?*
Est-ce qu'il **a acheté** le livre?	*Did he buy (has he bought) the book?*
Avez-vous mangé?	*Have you eaten?*
Qu'est-ce qu'il a fait?	*What did he do?*

Vous avez compris?

A. *À la forme négative* Make each sentence negative using the expression in parentheses.

1. Tu as trouvé M. Durand? (ne… pas)
2. Il a attendu? (ne… pas)
3. J'ai mangé chez Paulette. (ne… jamais)
4. Ils ont fait la vaisselle. (ne… pas)
5. Vous avez étudié? (ne… pas)
6. Tu as mangé du pâté? (ne… jamais)
7. Il a pris le petit déjeuner? (ne… pas)

B. *Des questions* Ask questions to find out what everybody did yesterday.

1. Marc / étudier?
2. Vous / faire / votre lit?
3. Sabine et Chantal / dormir / chez elles?
4. Tu / perdre / ton cahier?
5. Ils / gagner?
6. Jean-Pierre / manger / chez Nathalie?

EXERCICES D'ENSEMBLE

A. *Parlons de vous*

1. Qu'est-ce que vous perdez souvent?
2. Est-ce que vous répondez souvent en classe?
3. Est-ce que vous attendez le professeur s'il n'est pas là quand le cours commence?
4. Est-ce que vous préférez monter par l'escalier ou en ascenseur? Pourquoi?
5. Qu'est-ce que vous avez acheté la semaine dernière?
6. Quel(s) livre(s) est-ce que vous voulez vendre?

B. *La journée de Claudine*   Claudine is summing up her day's activities. Here's what she did and did not do today. Read each item and say if you did or didn't do that today.

- **MODÈLE:**   (Claudine) J'ai téléphoné à mes parents.
  (Vous) Je n'ai pas téléphoné à mes parents mais j'ai télé- phoné à une amie.

1. J'ai étudié cent pages de philosophie.
2. J'ai téléphoné à la banque.
3. J'ai acheté un disque de Mozart.
4. J'ai pris le petit déjeuner avec des amis.
5. Je n'ai pas regardé la télévision à midi.
6. Je n'ai pas rangé ma chambre.
7. J'ai regardé un beau film à la télévision.
8. J'ai joué au tennis.
9. Je n'ai pas fait mes devoirs de français.
10. J'ai acheté des bonbons.
11. Je n'ai pas fait mon lit.

C. *Un jeu!*   Make a list of three things you have done at least once. Try to be original. If you say something nobody else has said, you win! Choose among the following verbs: *jouer, faire, perdre, acheter, donner, regarder, parler, téléphoner, rencontrer, travailler, manger, boire, prendre.*

- **MODÈLE:**   J'ai mangé des escargots *(snails)*. J'ai perdu ma voiture pendant six heures.
  J'ai acheté un bateau…

D. *Jamais!*   Make a list of three or four things you have never done in your life. Choose among the following verbs: *jouer, faire, perdre, acheter, donner, regarder, parler, téléphoner, rencontrer, travailler, manger, prendre, boire.*

- **MODÈLE:**   Je n'ai jamais téléphoné au président.

◀ Échanges ▶

A. *Bric-à-brac (rummage sale)*   You are graduating and moving on. You and your friends have decided to sell off the things you do not need rather than transport them back home or store them.

1. Make a list of the objects you want to sell and put a price on each.
2. One after the other, offer what is for sale to the class. The class asks questions and offers to buy what you have for sale. Try to get the best price possible!

- **MODÈLE:**

VENDEUR:	Je vends un tapis.
ÉTUDIANTS:	Il est grand?
	Il est bleu?
	Combien coûte ton tapis?…
VENDEUR:	Qui achète mon tapis?
ÉTUDIANTS:	Moi!
	Pas moi!
	Je donne 5 dollars.

B. *À vendre* Here are some real estate ads. Choose the house or apartment that you want to buy. Be able to say why.

—Normandie. Très belle maison ancienne à la campagne. Grand séjour, 2 chambres, salle de bains, W.C., cuisine, téléphone. Grand jardin.

400.000F

—Megève. Le ski à votre porte. Grand deux pièces, balcon, très ensoleillé. A côté des pistes.   650.000F

—Côte d'Azur. Studio + cuisine moderne, salle de bains, belle terrasse, piscine, donne sur la mer.

800.000F

—Paris. Trois pièces au deuxième étage. Séjour avec balcon, cuisine, salle à manger, 2 chambres avec terrasse, salle de bains, cave, garage.

1.000.000F

—Maison provençale avec jardin et piscine. 4 pièces, cuisine moderne, salle de bains, belle terrasse. Près de Nice.

1.500.000F

—Rouen. Studio + terrasse. Parc avec piscine privée et tennis.

300.000F

C. *Conversation en français* Describe your house or apartment. Give as many details as possible. Be ready to answer any questions you are asked about your living quarters.

L·E·C·T·U·R·E

—Halte au vol—

▶ Préparation à la lecture

This picture is the cover of a brochure. From the cover, what do you think it's about? Who might feel the need to read it?

La Garantie Mutuelle des Fonctionnaires

▶ Activités de lecture

De quoi s'agit-il?

1. This is a page from the brochure. Look at the drawings at the top of each column. What's the general topic of each column?
2. Look at the two columns. Write down or underline the words you understand in each.
3. Now look at the two columns again. What kinds of information are found on the left? On the right?

À la recherche des détails

1. **Statistiques**

   a. For each bulleted section, list or underline the word which is central to the information given. Does the information you find here correspond to what you wrote above?

STATISTIQUES

- **En 1980, 2.600.000 crimes ou délits** ont été constatés.

- La plupart de ces délits sont des cambriolages d'habitations principales, de résidences secondaires ou des vols de véhicules.

- Il y a donc **750 cambriolages et vols par jour** en France.

- **Pour les habitations principales,** ce sont PARIS, la SEINE ST-DENIS et les BOUCHES DU RHÔNE qui sont les plus touchés.

- **Pour les résidences secondaires,** ce sont le VAR, les ALPES MARITIMES et les BOUCHES DU RHÔNE qui sont particulièrement visés.

- 80 % de ces vols sont commis lors de votre absence entre 14 H 00 et 17 H 00.

- Les cambriolages **ont doublé en 8 ans.**

- Il existe des moyens de prévention contre le vol que nous vous présentons dans ce document.

PRÉCAUTIONS

- Fermez toujours vos fenêtres et votre porte à clef, même si vous ne sortez que pour peu de temps.

- Évitez d'ouvrir avant d'avoir regardé par le judas ou mis l'entrebâilleur.

- Inutile de fermer les meubles et de cacher les clefs (coffre-fort mis à part), car leurs serrures sont vulnérables et ils seraient détériorés en cas de cambriolage.

- Notez le numéro ou prenez des photocopies de vos papiers d'identité, de voiture, de votre chéquier et de votre carte de crédit.

- Pour vos objets de valeur, conservez dans un endroit sûr les factures, bons de garanties ou photos les concernant.

- Ne dissimulez pas vos clefs sous le paillasson, dans un pot de fleurs, une boîte aux lettres.

- N'indiquez pas vos nom, adresse sur votre porte-clefs.

- En cas de perte de votre trousseau, faites immédiatement changer votre serrure.

- Ne conservez chez vous ni bijoux, ni argent, ni objets de valeur en cas d'absence prolongée, mais enfermez-les plutôt dans un coffre à la banque.

- Évitez de donner les signes évidents d'une absence prolongée : courrier s'entassant dans la boîte aux lettres. . .

La Garantie Mutuelle des Fonctionnaires

b. In which bulleted section would you look to find the:

daily figures on robberies and theft
most dangerous times for thefts
most recent figures
most populated vacation places
most populated areas in France
whether theft has increased or decreased over the past several years

c. **Vrai ou faux?**

The majority of thefts or robberies concern cars.
Every day sees 750 robbers jailed.
There are more crimes now than before.
Most robberies take place at night.
It is impossible to prevent robberies.
Les Bouches du Rhône is a particularly bad place to live as far as theft goes.

2. **Précautions**

a. For each bulleted section, list or underline the verb that is central to the sentence. Then list or underline the words you recognize.

b. Where would you look to find references to:

valuables
long trips away from home
important papers
leaving the house even if just for a brief period of time
someone you don't know at the door

c. **Vrai ou faux?**

Always lock your doors and windows.
Your valuables should be carefully documented.
Hide your keys under the doormat when you go on a trip.
Keep all valuables in the bank.
Make photocopies of all important documents.
Change your locks if you lose your keys.

Apprenons

A. *Les mots et expressions*

1. **Statistiques**

a. Give the names of two types of crime.

b. Find the expression used for summer homes.

c. Find a synonym for: **un crime, une habitation, une voiture.**

À vendre, banlieue de Grenoble: petite maison moderne, claire et agréable. Prix intéressant.

2. **Précautions**

   a. Look at the first line **(Fermez toujours vos fenêtres et votre porte à clé).** What does **fermez** mean? What form is this verb? Look at all the verbs you have listed or underlined in **Précautions.** Which bulleted section does not use this form?

   b. Use context to guess the meaning of:

   bullet 2: **judas**
   bullet 3: **serrure**
   bullet 4: **votre chéquier**
   bullet 6: **dissimulez, votre paillasson, une boîte aux lettres**

B. *Culture française*

   1. Use a map of France to identify the regions mentioned in this document. Why do you think the Paris region, its suburbs, and the Bouches du Rhône region are so prone to crime?

   2. Why might the hours between two and five in the afternoon be prime time for thefts and robberies?

   3. What are **résidences secondaires?** What might their existence indicate about the way people live?

▶ Après la lecture

A. *Discutons la culture française*

   1. **Précautions.** How many of these precautions do you already take? Are there any you don't take that you should?

   2. **Statistiques.** Do these figures correspond to what you expected? Do they give you an accurate picture of the crime situation in France? Make a list of questions you might want to ask someone knowledgeable in order to get additional information.

► **Mise en pratique**

A. *Préparation*   Theft is usually a problem around college campuses. Use the chart below to indicate the extent of the problem where you go to school.

Les vols:
  Combien? _____
  Où? _____
  Quand? _____
  Quoi? _____
Les victimes: _____
Les voleurs: _____

B. *Écrivons*   Use the list in **Précautions** as a model to make a list of precautions that students and staff at your school should take against theft. **Mots utiles: mettez** *(put),* **gardez** *(keep),* **fermez, ouvrez** *(open),* **laissez** *(leave).*

Orthographe et prononciation

► **Les syllabes**

In speech English syllables tend to end with a consonant sound and French with a vowel sound. Compare how the two languages divide the following words:

ENGLISH	FRENCH
fin-ish	fi-nir
an-i-mal	a-ni-mal

Activité

Prononcez   Repeat the following words after your instructor.

1. la radio
2. une affiche
3. un réfrigérateur
4. une université
5. commencer
6. vous achetez
7. automne
8. une avenue
9. un hôpital

Vocabulaire de base

Chiffres au-dessus de 100 (voir page 202)
Nombres ordinaux (1–20) (voir page 204)

NOMS
un arbre   *tree*
l'argent (*m.*)   *money*
une baignoire   *bathtub*
un balcon   *balcony*
un canapé   *couch*
une cave   *basement*
une douche   *shower*
un escalier   *staircase, stairs*
un étage (premier, deuxième…)
   floor (second, third, etc.)
un fauteuil   *armchair*
un franc   *franc*
un immeuble   *apartment house*
un jardin   *garden, yard*
une lampe   *lamp*
un mur   *wall*
une pièce   *room (general term)*
un réfrigérateur   *refrigerator*
le rez-de-chaussée   *ground floor*
   (first floor)

une salle à manger   *dining
   room*
une salle de bains   *bathroom*
une terrasse   *patio, terrace*
les W.C.   *toilet, restroom, water
   closet*

ADJECTIFS
cher, chère   *expensive*
clair(e)   *bright, full of light*
confortable   *comfortable*
dernier, dernière   *(precedes
   noun)* *last*
pratique   *practical*
sombre   *dark*

VERBES
attendre   *to wait (for)*
coûter   *to cost*

descendre   *to go down*
entendre   *to hear*
monter   *to go up*
perdre   *to lose*
répondre (à quelqu'un ou à
   quelque chose)   *to answer
   (someone), to reply (to someone)*
vendre   *to sell*

DIVERS
à l'extérieur (de)   *outside (of)*
à l'intérieur (de)   *inside (of)*
assez   *quite, sufficiently,
   enough*
en bas   *downstairs*
en désordre   *messy*
en *haut   *upstairs*
en ordre   *straight, neat*
hier   *yesterday*
quelquefois   *sometimes*
si   *if; so; yes, on the contrary*

Vocabulaire supplémentaire

NOMS
une adresse   *address*
un ascenseur   *elevator*
une avenue   *avenue*
un centime   *centime (1/100
   franc)*
un coin   *corner*
un coin repas   *breakfast nook,
   eating area*
un couloir   *hall, corridor*
une entrée   *entranceway*
un garage   *garage*
un grenier   *attic*

un meuble   *piece of furniture*
   (des meubles)   *(furniture)*
une pelouse   *lawn*
le sous-sol   *basement level,
   underground*
un toit   *roof*
une rue   *street*
des volets (*m.*)   *shutters*

ADJECTIFS
à l'aise   *at ease, comfortable
   (person)*

ancien, ancienne   *antique, old*
belge   *Belgian*
ensoleillé(e)   *sunny*
moderne   *modern, contemporary*

DIVERS
à votre avis   *according to you*
au rez-de-chaussée, au premier
   étage…   *on the first floor, on
   the second floor, etc.*
aux États-Unis   *in the United
   States*

*Follows days of the week, months, and years.

combien coûte _____? *how much does _____ cost?*

coûter cher; ça coûte cher *to be expensive; it's expensive*

le dernier étage *top floor*

donner sur *to overlook, to have a view of*

en Belgique *in Belgium*

en France *in France*

monter/descendre en ascenseur *to take the elevator (up/down)*

monter/descendre par l'escalier *to take the stairs (up/down)*

où sont les toilettes? *where's the restroom/bathroom?*

LE FRANÇAIS FAMILIER

une brique = un million de francs

coûter un os = coûter cher

du fric = de l'argent

du pognon = de l'argent

un living(-room) = une salle de séjour

relax(e) = à l'aise

un séjour = une salle de séjour

des sous = de l'argent

ON ENTEND PARFOIS...

la bécosse (Canada) = les W.C.

un char (Canada) = une voiture

la cour, la toilette (Belgique) = les W.C., les toilettes

dispendieux, -ieuse (Canada) = cher

un galetas (Suisse) = un grenier

un vivoir (Canada) = une salle de séjour

Qu'est-ce que vous mettez?

En bref

CLOTHING •
GIVING AND
RECEIVING COM-
PLIMENTS • MORE
ABOUT THE PAST

◄ *«Pas mal, cette jupe,
tu ne trouves pas?»
(Paris)*

223

Vocabulaire

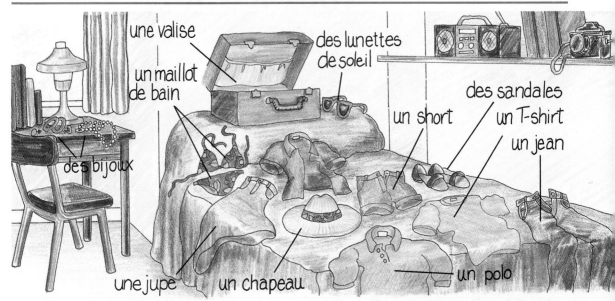

une valise

des lunettes de soleil

un maillot de bain

des sandales
un T-shirt
un jean

un short

des bijoux

une jupe   un chapeau   un polo

A. La valise de Claude. Regardez les vêtements de Claude. Est-ce que Claude est un garçon ou une fille? Claude a quel âge? Où est Claude? Qu'est-ce que Claude va faire aujourd'hui?

B. La chambre d'hôtel de M. Lévy. Voilà la chambre de M. Lévy. Est-ce que c'est un étudiant? Quel âge a M. Lévy? Est-ce qu'il est chez lui? Où est-il? Quelle heure est-il? Est-ce qu'il a bien mangé? Qu'est-ce qu'il va faire aujourd'hui?

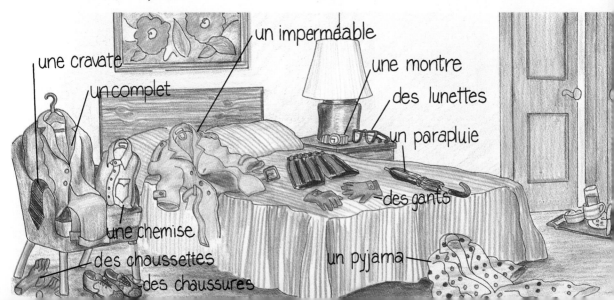

un imperméable

une cravate

une montre

un complet

des lunettes

un parapluie

des gants

une chemise

des chaussettes
des chaussures

un pyjama

un anorak beige

un blouson vert

un chemisier
vert foncé

un manteau vert

un chemisier
rose

un pantalon
gris

une jupe
beige

une veste
bleu clair

un tailleur gris

un pull

des chaussures
habillées

un survêtement violet,
vert et rouge

une robe rouge

des baskets

C. Les affaires de Dominique. Dominique, c'est un homme ou une femme? À votre avis, quel âge a Dominique? Où habite Dominique? Est-ce que c'est une personne bien habillée? Quels vêtements vont bien ensemble? Quelles sont les couleurs préférées de Dominique? Quelles couleurs est-ce que Dominique n'aime pas?

Autres mots et expressions

avoir besoin de   *to need*
avoir l'air + *adj.*; avoir
   l'air de + *inf.*   *to*
   look like, to seem
avoir le temps (de + *inf.*)
   to have time, to have
   the time to + inf.
combien de fois?   *how many*
   times?
court(e)   *short (adj.)*
déjà   *already, yet*
démodé(e)   *out of fashion*
ensemble   *together*

en solde   *on sale*
entrer   *to go/come in, to enter*
une fois   *one time, once*
long, longue   *long*
mal habillé(e)   *badly dressed*
nouveau (nouvel), nouvelle,
   nouveaux, nouvelles   *new*
pas encore   *not yet*
porter   *to wear*
rentrer   *to go/come home, to go/come*
   back
un voyage   *trip*

Notes de vocabulaire

A. Nouveau.   Nouveau means *new*. It is placed in front of the noun it modifies. Here are its forms:

Tu as un **nouveau** stylo? *(masculine singular)*
Donne-moi ta **nouvelle** adresse. *(feminine singular)*
J'ai besoin d'un **nouvel** imperméable. *(masculine singular before a vowel sound)*
Où sont les **nouveaux** rideaux? *(masculine plural)*
Voilà les **nouvelles** affiches. *(feminine plural)*

B. La place des adverbes au passé composé.   In general, short, common adverbs are placed between the helping verb and the past participle in the *passé composé:*

Vous avez **bien** dormi?   *Did you sleep well?*
Il a **trop** mangé.   *He ate too much.*

C. Fois/temps.   Fois refers to time as something you can count. It expresses repetition:

une fois	*one time, once*
deux fois	*two times, twice*
trois fois	*three times*
combien de fois?	*how many times?*

Temps refers to time as something that is not counted:

Aujourd'hui je n'ai pas **le temps.**   *Today I don't have (the) time.*

RAPPEL!

1. Use **heure** in telling time:

   Quelle **heure** est-il?   *What time is it?*

2. The word **temps** is also used to refer to the weather:

   Quel **temps** fait-il?   *What's the weather like?*

D. Habillé. Note the meaning of **habillé** in different contexts:

Il est bien **habillé.**   *He's well dressed.*
C'est une robe **habillée.**   *It's a formal dress.*

E. Vert foncé/gris clair. Color terms made up of more than one word are invariable:

J'aime porter ma veste **vert foncé**   *I love to wear my dark green*
 avec ma jupe **gris clair.**   *jacket with my light*
                                                              gray skirt.

F. Long, longue. The adjective **long** normally precedes the noun it modifies. In reference to clothing, however, it generally follows the noun.

une **longue** journée   *a long day*
une jupe **longue**   *a long skirt*

D'ACCORD?

A. *Chassez l'intrus* Find the word in each group whose meaning doesn't fit.

1. une jupe chaude, un pull, un anorak, un maillot de bain
2. un short, des sandales, une cravate, un polo
3. un tailleur, un complet, des baskets, un chemisier
4. un manteau, un imperméable, un pantalon, un blouson
5. un short, des gants, des lunettes de soleil, un tee-shirt
6. des chaussettes, une montre, des chaussures, des sandales
7. une robe, une jupe, un chemisier, un voyage

B. *Associations* What word(s) or expression(s) do you associate with each of the following? (Suggestions: *Tahiti, il fait frais, la mer, la plage, il fait froid, il pleut, sortir le soir, l'hiver, l'été, il fait chaud, aller danser, aller au théâtre, faire du jogging, jouer au tennis, faire un voyage, travailler dans une banque.*)

1. Un manteau et des gants
2. Un tailleur et un imperméable
3. Une robe et des chaussures élégantes
4. Un maillot de bain et des lunettes de soleil
5. Un jean et un tee-shirt
6. Une valise
7. Un survêtement et des baskets
8. Un polo blanc et un short
9. Un complet et une cravate

C. *Classer* Are there natural categories of clothes or not? Try to make lists of the following.

1. vêtements de femme
2. vêtements d'homme
3. vêtements d'un(e) étudiant(e) bien habillé(e)
4. vêtements d'un(e) étudiant(e) mal habillé(e)

D. *Mes affaires* Make a list of ten things (clothes or other objects) that you could not live without. Compare your list with those of other students.

• **MODÈLE:** un jean, mon ordinateur, mon violon...

E. *Qu'est-ce qu'on porte?* Describe what you might be wearing in each situation.

Qu'est-ce qu'on porte quand il pleut? (Paris)

• **MODÈLE:** À New York, le 3 janvier. Vous faites des courses. Je porte un manteau, des gants...

1. À Montréal, le vendredi 6 octobre. Vous allez au cinéma avec des copains le soir.
2. À Chicago, le lundi 3 décembre. Vous allez en classe le matin.
3. À Londres, le 15 avril à midi. Vous allez au restaurant.
4. À Rome, en juillet. Vous allez au musée.
5. À San Diego, en août. Vous allez à la plage.
6. À Aspen, en février. Vous allez skier.
7. À Dallas, le samedi premier mai. Vous allez danser.
8. À Kansas City, le dimanche 15 octobre. Vous allez dans un club sportif l'après-midi.

F. *De quoi est-ce que j'ai besoin?* What do you need in each situation?
Use *J'ai besoin de...* to answer.

- **MODÈLE:** Vous allez à la plage.
  J'ai besoin d'un maillot de bain, de mes lunettes de soleil...

1. Vous rentrez chez vous pour le week-end.
2. Vous allez en cours.
3. Vous allez étudier chez un copain.

G. *Apparences* Use *avoir l'air* + *adjective* to describe each drawing.

- **MODÈLE:**

Elle a l'air élégante.

1.

3.

2.

4.

H. À votre tour   Answer each question about yourself.

1. Est-ce que vous avez acheté des vêtements la semaine dernière? Où? Quoi? Pourquoi?
2. Qu'est-ce que vous achetez souvent en solde?
3. Est-ce que vous portez souvent une robe longue ou un complet? Quand? Où?
4. Est-ce que vous préférez les jupes courtes ou les jupes longues?
5. Qu'est-ce qu'on ne porte plus parce que c'est démodé?

Les mots et la culture

A. Les tailles.   What sizes would you need if you were buying clothes in Europe? Finding your size can be complicated.

Tableau comparatif entre les tailles américaines et françaises								
FEMMES								
Robes, manteaux et jupes								
Petites tailles								
USA			5	7	9	11	13	15
France			34	36	38	40	42	44
Tailles normales								
USA		6	8	10	12	14	16	18
France		36	38	40	42	44	46	48
Chaussures								
USA	5½	6	6½	7	7½	8	8½	9
France	36½	37	37½	38	38½	39	39½	40
HOMMES								
Complets								
USA			34	36	38	40	42	44
France			44	46	48	50	52	54
Chemises								
USA			14½	15	15½	16	16½	17
France			37	38	39	41	42	43
Chaussures								
USA			8	9	10	11	12	13
France			41	42	43	44½	46	47

B. Quelle jolie robe! Elle te va bien! Would you compliment your father or brother on a new sweater by saying "That's a pretty sweater"? Why or why not?

Complimenting people on the way they look is a less frequent occurrence in France than in the United States. Should such a compliment happen, the appropriate response is to pretend modestly that the object is unworthy of notice:

> — Quelle jolie robe! Elle te va bien!   *"What a pretty dress! It looks nice on you!"*
> — Oh, tu trouves?   *"Oh, do you think so?"*

STRUCTURE

▶ Les verbes comme *finir*

A group of verbs with infinitives ending in **-ir** such as **finir** are conjugated in the same way. They are called second conjugation or **-ir** verbs. To form the present tense of a verb in this group, remove the infinitive ending **(-ir)** and add the following endings:

finir   *to finish*

je fin**is**	nous fin**issons**
tu fin**is**	vous fin**issez**
il / elle fin**it**	ils / elles fin**issent**

Here are some other verbs in this group:

choisir (de + *infinitif*)	*to choose (to do something)*
grossir	*to gain weight*
maigrir	*to lose weight*
réfléchir (à)	*to think (about), to reflect*

> Elle **réfléchit** trop; elle est pénible.   *She thinks too much; she's a pain.*
> Nous **grossissons** en hiver et nous **maigrissons** en été!   *We gain weight in winter and we lose weight in the summer!*

Verbs in this group are conjugated with **avoir** in the *passé composé*. To form their past participles, replace the infinitive ending (**-ir**) with **-i:**

Tu n'**as** pas **fini?**   *You haven't finished?*
Paul **a choisi** la chemise bleue.   *Paul chose the blue shirt.*

RAPPEL!   There are two groups of verbs with infinitives in **-ir:** those like **finir (choisir, grossir, maigrir, réfléchir)** and those like **sortir (partir, dormir).**

They follow two different patterns of conjugation. As you come across other verbs ending in **-ir,** add them to the appropriate list:

Je **grossis.** Je ne **dors** pas assez.   *I'm gaining weight. I'm not*
   Je **sors** trop. Quelle vie!   *sleeping enough. I'm going out*
                                               too much. What a life!

Vous avez compris?

A. *Conjuguez*   Complete each sentence with a form of *finir, choisir, grossir, maigrir,* or *réfléchir.*

1. — À quoi est-ce que vous _____?
   — À mon nouveau jean. J'ai _____ pendant les vacances et maintenant il est trop petit!
   — Mais ce n'est pas un gros problème. Mangez moins et vous allez
   _____.
   — Oui, je sais... et je vais faire de l'exercice et...
2. — À quelle heure est-ce qu'ils vont finir?
   — Je ne sais pas. Et toi, tu as _____?
   — Oui. J'ai _____ à midi. Et toi?
   — Je n'ai pas encore _____ mais si je _____ avant une heure, ça va?
   — Oui, ça va.
3. — Et pour les vacances, tu as _____ où tu veux aller?
   — Oui, ma femme et moi, nous avons _____ de rester à la maison. Nous sommes trop fatigués pour partir en vacances!
4. — Patrick, ça va être le pull bleu ou le polo vert? Tu _____ maintenant. Nous partons dans deux minutes.

B. *Quel verbe choisir?*   Use one of the verbs in parentheses to complete each sentence.

1. Tu _____ à quelle heure? *(grossir/finir)*
2. Est-ce que Patrick _____ avec Joëlle ou avec Jacqueline? *(sortir/ maigrir)*
3. Tu manges tout le temps! Tu vas _____. *(maigrir/grossir)*

4. Vous avez bien _____? Vous n'êtes plus fatigué? *(dormir/réfléchir)*
5. Paul et Pierre _____ toujours en classe. *(partir/dormir)*
6. Voilà pourquoi ils ne _____ jamais les exercices. *(finir/partir)*

► Le verbe *mettre*

Mettre means *to put*. Here is its conjugation in the present tense. Notice the double **t** in the plural forms.

je mets	nous me**ttons**
tu mets	vous me**ttez**
il ⎫ elle⎭ met	ils ⎫ elles⎭ me**ttent**

Depending on context, **mettre** can also mean *to put on (clothes):*

Ah non, tu ne **mets** pas de jean pour aller chez ta grand-mère!

Oh no, you're not putting on jeans to go to your grandmother's!

Je **mets** tes affaires sur la table, d'accord?

I'm putting your stuff on the table, OK?

In the *passé composé,* **mettre** is conjugated with **avoir.** Its past participle **(mis)** is irregular:

Tu **as mis** ton pull? Il fait frais.   *Did you put on your sweater? It's cool out.*

Vous avez compris?

A. ***Qu'est-ce qu'on met?*** People wear different clothing to do different things. Say this using *mettre* and articles of clothing.

• **MODÈLE:**   Il va à l'église.
        Il met un complet.

1. Vous allez danser. Vous _____ _____ .
2. Ils vont à la bibliothèque. Ils _____ _____ .
3. Tu vas faire du jogging. Tu _____ _____ .
4. Elles vont à l'église. Elles _____ _____ .
5. Nous allons dans un bon restaurant. Nous _____ _____ .
6. Il va jouer au tennis. Il _____ _____ .
7. Je vais nager. Je _____ _____ .
8. Vous allez faire de la marche. Vous _____ _____ .

B. **Mettre** *ou* **mis?** Complete each sentence with either *mettre* or *mis*.

1. Tu vas _____ une cravate ce soir?
2. Il n'a pas _____ de cravate.
3. Vous n'allez pas _____ des baskets avec une robe!
4. Ils vont _____ leurs affaires ici?
5. Ils ont _____ leurs affaires ici.

▶ Le passé composé avec *être*

A relatively small group of verbs use **être** as a helping or auxiliary verb in the *passé composé* instead of **avoir:**

tomber au passé composé

je suis tombé(e)	nous sommes tombé(e)s
tu es tombé(e)	vous êtes tombé(e)(s)
il est tombé	ils sont tombés
elle est tombée	elles sont tombées

Notice that the past participle of a verb conjugated in the *passé composé* with **être** agrees with its subject:

Marie n'est pas là, **elle** est all**ée** à la poste.	*Marie isn't here. She went to the post office.*
Nous sommes sorti**s** hier soir et nous n'avons pas travaillé.	*We went out last night and we didn't work.*
Mes copains sont parti**s** pour New York.	*My friends left for New York.*
Ta grand-mère est tomb**ée?**	*Your grandmother fell?*

Here is a list of the verbs conjugated with **être** that have already been presented:

VERBE	PARTICIPE PASSÉ
aller	allé
arriver	arrivé
descendre	descendu
entrer	entré
monter	monté
partir	parti
rentrer	rentré
rester	resté
sortir	sorti
tomber	tombé

You can go about learning this list of verbs in several ways:

1. Notice that many **être** verbs fall naturally into pairs of opposites **(arriver–partir, entrer–sortir, etc.).**

2. Verbs conjugated with **être** are always intransitive verbs. That is, they cannot be followed by a direct object.

3. Many (but not all!) of these verbs have the idea of motion somewhere in their meaning.

Les Barbier sont arrivés à la gare beaucoup trop tôt et ils ont attendu une heure. (Tours, France)

Vous avez compris?

A. *Au passé avec* être Use one of the verbs in the list below to complete each sentence in the past tense. Don't forget to make your past participles agree with your subjects. Some verbs may be used more than once, and more than one verb may be possible in each sentence.

sortir, aller, entrer, descendre, partir, rentrer, arriver, rester, tomber

1. Nous _____ avant la fin du film.
2. Tu as l'air fatigué. Tu _____ à quelle heure hier soir?
3. Ce n'est pas vrai! Tu _____ dans la chambre de Jean et de Marc!
4. Mes copains _____ danser mais moi, je _____ à la maison.
5. Ils _____ avant le cours pour parler au professeur.
6. Mais vous dormez! Est-ce que vous _____ hier soir?
7. Les Dumont _____ faire du ski le week-end dernier.
8. Anne _____ dans l'escalier hier soir et elle _____ à l'hôpital.

B. Être *ou* avoir? Complete each sentence with a helping verb.

1. Mon père _____ mis son manteau et il _____ parti.
2. Ma sœur _____ rentrée à quatre heures du matin.
3. Mes amis _____ allés en ville. Là, ils _____ acheté des jeans et des pulls et ils _____ rencontré des filles. Après, ils _____ sortis ensemble.
4. Vous n'_____ pas fini? Mais vous _____ commencé à dix heures!
5. Tu _____ tombé combien de fois?
6. Ma camarade de chambre _____ restée dans sa chambre pour réfléchir à ses problèmes.

EXERCICES D'ENSEMBLE

A. *Et dans un/une... , qu'est-ce qu'on met?* What do people normally put or not put in each of the following places?

• **MODÈLE:** Dans une salle de classe?
  On met des bureaux. On ne met pas de lit.

1. Dans un sac?
2. Sous le lit?
3. Sur une étagère?
4. Dans une cuisine?
5. Dans un tiroir?
6. Dans un réfrigérateur?

B. *Associations* Which verb(s) do you associate with each item?

sortir, partir, dormir, finir, choisir, grossir, maigrir, réfléchir, mettre, entrer

1. un lit
2. manger tout le temps
3. avoir des problèmes
4. étudier
5. les copains
6. une université
7. les devoirs
8. faire de l'exercice
9. prendre de la glace ou
   un gâteau entre les repas

C. *Le week-end passé* Here's what Candide did last weekend. Use the suggestions to say what Alceste did.

• **MODÈLE:** CANDIDE: Je suis allé dans un restaurant avec des amis.
  ALCESTE: Je / rester / chez moi.
  Je suis resté chez moi.

1. CANDIDE: J'ai fini mon travail.
   ALCESTE: Je / ne rien / finir.

2. CANDIDE: J'ai bien dormi.
   ALCESTE: Je / ne pas / bien dormir.

3. CANDIDE: J'ai fait une promenade dimanche après-midi.
   ALCESTE: Je / tomber / dans l'escalier!

4. CANDIDE: J'ai mis mon nouveau jean et je suis sorti avec des copains.
   ALCESTE: Je / mettre / mon vieux survêtement et je / regarder / un film à la télévision.

D. *L'été de Marie-Claude*   Here is a list of the things that Marie-Claude did last summer. Did you do what she did or not?

- **MODÈLE:**   Elle a nagé dans la mer.
  Moi aussi, j'ai nagé dans la mer. / Moi, je n'ai pas nagé dans la mer. / Moi, j'ai nagé dans une piscine.

  1. Elle est sortie avec son petit ami.
  2. Elle a travaillé dans un restaurant.
  3. En juillet, elle est partie en vacances avec sa famille pendant un mois.
  4. Elle a grossi un peu.
  5. Elle n'a pas joué au tennis.
  6. Elle a commencé à fumer.
  7. En août, son petit ami est parti en vacances sans elle.
  8. Le 10 août, elle a rencontré un bel Espagnol et elle a beaucoup parlé espagnol!

E. *Vingt questions pour le professeur*   What did your instructor do last summer? Find out. Ask as many questions as you can.

Échanges

A. *Où aller?*   Where are you going to go to buy what you need?

- **MODÈLE:**   J'ai besoin d'un maillot de bain.
  Je vais à *(nom d'un magasin)*.

  1. J'ai besoin de vêtements élégants.
  2. J'ai besoin d'une télévision.
  3. J'ai besoin d'affiches pour ma chambre.
  4. J'ai besoin d'un jean.
  5. J'ai besoin d'une chaîne stéréo.

B. *Un défilé de mode*   You are organizing a fashion show for students. What kinds of clothes will students need in various situations? Describe outfits for both male and female models. (Suggestions: *pour aller en cours, pour une fête habillée, pour sortir avec des copains, pour faire du sport…*)

Situation:
Pour une femme:
Pour un homme:

C. *La tombola* You have just won the grand prize in a sweepstakes and you have your choice of spending a week with two or three of your friends at one of the following locations: *Tahiti, Nice, Monte-Carlo, Paris, Montréal*. First, however, you have to plan your trip. By yourself or together with two or three classmates, decide the following matters. Write a brief summary of your plans. Check them for feasibility!

1. Where you want to go (be able to justify your choice)
2. When you can go
3. What kind of lodging (with friends, at a hotel, in an apartment, etc.)
4. What you want to do when you get there
5. What you will need to take (remember, you do not want to have to carry around too much luggage, so you will have to say why you need everything you plan to take)

D. *Conversation en français* One of your friends has a job interview to-morrow and is worried about what to wear. Discuss his or her options. What does he or she already own? What kind of job is the interview for?

L·E·C·T·U·R·E
La 'nouvelle cravate'

▶ **Préparation à la lecture**

Complete the star with other words that the word *tie* evokes for you.

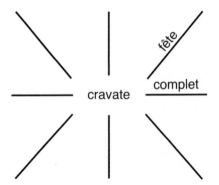

▶ **Activités de lecture**

De quoi s'agit-il?

A. *Le titre* Look at the title and its presentation. Make a list of possible topics that might be treated in this text.

La 'nouvelle cravate'

Le port de la cravate coupe la France en deux: un Français sur deux en porte tous les jours de semaine (mais un sur cinq en porte rarement ou jamais). Les Français achètent en moyenne une cravate par an (8 pour les Américains, 5 pour les Espagnols), mais ceux qui en portent régulièrement en achètent 4. Tout homme possède en moyenne 15 cravates (dont la plupart démodées!). 70% des cravates sont achetées par des femmes, principalement pour la fête des Pères et à Noël!

Comme la chaussure, la cravate a trouvé une nouvelle jeunesse en se donnant une nouvelle signification. Traditionnellement synonyme de sérieux, adulte, obligatoire, elle est aujourd'hui 'détournée' par les jeunes pour devenir objet de fantaisie, de séduction ou de personnalisation. La cravate ne sert plus à marquer l'entrée dans l'univers des adultes et le début de la vie active. Une façon, peut-être, de refuser une séparation trop nette entre jeunesse et âge adulte, entre vie personnelle et vie professionnelle.

Francoscopie 1987

B. *La structure* Look at the first paragraph. What type of information is given? In the second paragraph, list or underline all cognates. Which paragraph do you think is going to provide facts? Which paragraph will provide commentary or analysis?

C. *Paragraphe un* Find the words that contain the key idea in the first paragraph.

D. Which title would you choose for this paragraph?

Les petites cravates sont à la mode
La géographie de la cravate en France
Le port de la cravate et la société française
Les statistiques sur le port de la cravate

E. *Paragraphe deux* Find the words that contain the key idea in the second paragraph.

F.   Which title would you choose for this paragraph?

Des cravates dans les magasins de chaussures
Les nouvelles attitudes envers la cravate
Les différentes cravates sur le marché des vêtements
Les couleurs et les formes des cravates à la mode

À la recherche des détails

A.   *Paragraphe un*   Vrai ou faux?

1. French men wear a tie every other day.
2. One out of five men hardly ever wears a tie.
3. American men buy more ties than French men.
4. Four Spanish men out of five buy a tie a year.
5. A lot of the ties men already have are out of style.
6. Men buy most of their ties themselves.
7. Most ties are given to men as gifts for holidays.

B.   *Paragraphe deux*

1. List, or underline in different colors, the words that refer to opposing ideas. Organize these words according to the ideas they refer to.

   Traditionnellement:
   Aujourd'hui:

2. Vrai ou faux?

   a. In the past, ties were worn only by adults.
   b. Young people have created new looks for ties.
   c. Young people tend to wear nontraditional ties.
   d. Young people tend to use ties to reflect their personalities.
   e. The new approach to wearing ties reflects a refusal to separate people's lives into compartments.

Apprenons

A.   *Mots et expressions*

1. *Familles de mots dans le texte.* Find a word of the same family as **porter** and **mode**. What do the words you found mean?
2. *Expressions pour exprimer des chiffres.* Find the expressions that indicate: *one out of many, an average.*
3. *Nouveau pronom.* Guess what the pronoun **en** stands for in: **un sur cinq en porte...** , **en achètent** (paragraph 1).
4. *Pour qualifier une action.* Place the following adverbs in a logical sequence: **jamais, tous les jours, rarement, régulièrement.**

B. *La culture française*

1. *Les Français et la cravate.* Make a list of the facts that you have learned in the text regarding some aspects of French culture. For each one of these facts, draw a conclusion and say what you're basing this conclusion on.

LES FAITS	MA CONCLUSION
Un Français sur deux porte une cravate tous les jours.	En France on porte des vêtements très classiques.

2. *L'ancienne et la nouvelle cravate.* Is there really a "new tie" in France? What really is new? What kinds of changes do you think might be going on in French society?

▶ Après la lecture

A. *Décidons*   How do you picture **une cravate fantaisie?** What kinds of things do you do to personalize the way you dress?

B. *Discutons la culture française*   What other questions would you ask to obtain more information regarding changes in French society? What other areas would you want to or need to study?

▶ Mise en pratique

A. *Préparation*   The numbers and conclusions in the text imply that a survey was done at some point. Use the text to reconstruct some of the original survey questions.

• MODÈLE: Combien de cravates avez-vous?

Et eux, est-ce qu'ils portent une cravate aujourd'hui? Pourquoi? (Rouen, France)

B. *Écrivons* Select an article of clothing or other object and design a set of questions to conduct a survey on its use and importance. Some questions may need subquestions or be in multiple-choice format.

- **MODÈLE:** Quel type de chaussures aimez-vous?

traditionnelles	simples	modernes
colorées	sportives	élégantes

Orthographe et prononciation

▶ Les voyelles orales et les voyelles nasales

French has both oral and nasal vowels. Oral vowels are produced mostly within the mouth cavity. Nasals are produced by diverting air into the nose.

ORAL VOWELS	NASAL VOWELS
nos	non
à	an
vert	vend

French has four nasal vowels:

[ɑ̃] as in *vendredi, janvier*
[ɛ̃] as in *printemps, examen*
[ɔ̃] as in *maison, montagne*
[œ̃] as in *brun, un*

Activités

A. *Prononcez* Repeat the following after your instructor.

1. C'est quand, ton examen?
2. Elle ne prend jamais de poisson.
3. Il y a vingt et un Américains bruns dans le magasin!

B. *Trouvez la règle* Look at the two lists below. How does the French spelling system show the nasal pronunciation of vowels?

1. *(voyelles orales)* brune, semaine, bonne, année, femme, homme
2. *(voyelles nasales)* brun, humain, bon, an, faim, son

Vocabulaire de base

Les verbes et les prépositions

One group of French verbs is followed directly by an infinitive or a noun complement: **Il aime nager. Il aime la glace.** Another group requires that the preposition **à** be inserted: **Je commence à avoir faim. Tu réfléchis à demain?** Still another group requires the preposition **de: Elle a choisi de rentrer. Vous avez envie d'un café?** Vocabulary lists at the end of each lesson as well as the end vocabulary will give you this information. Here are some of the abbreviations used in dictionaries to indicate this type of information:

> *inf.* = infinitif
> *qqch.* = quelque chose (*something*)
> *qqn* = quelqu'un (*someone*)

NOMS

les affaires (*f. pl.*) *belongings, stuff*
un chapeau *hat*
une chaussette *sock*
une chaussure *shoe*
une chemise *shirt (man's)*
un chemisier *shirt (woman's)*
un complet *suit (man's)*
une cravate *tie*
un gant *glove*
un imperméable *raincoat*
un jean *pair of jeans*
une jupe *skirt*
un maillot de bain *swimsuit, bathing suit*
un manteau *coat*
une montre *wristwatch*
un pantalon *pair of pants*
un parapluie *umbrella*
un pull *sweater*
une robe *dress*
un short *pair of shorts*
un tailleur *suit (woman's)*

une valise *suitcase*
une veste *jacket, sport coat*
des vêtements *clothes*
un voyage *trip*
des lunettes (*f. pl.*) *eyeglasses*

VERBES

choisir (de + *inf.*) *to choose*
entrer *to go/come in, to enter*
finir *to finish*
grossir *to gain weight*
maigrir *to lose weight*
mettre *to put, to put on, to wear*
porter *to carry, to wear*
réfléchir (à + *qqch.*) *to think (about), to reflect*
rentrer *to go/come home, to go/come back*

ADJECTIFS

clair(e) *light*
foncé(e) *dark*
habillé(e) *dressed, dressed up, formal*

long, longue (*precedes noun except for clothing*) *long*
nouveau (nouvel), nouvelle, nouveaux, nouvelles (*precedes noun*) *new*

ADJECTIFS DE COULEUR

beige *beige*
gris(e) *gray*
rose *rose*
violet(te) *purple*

DIVERS

avoir besoin de *to need*
avoir l'air +*adj*; avoir l'air (de + *inf.*) *to look like, to seem*
avoir le temps (de + *inf.*) *to have time (to have the time to + inf.*)
déjà *already, yet*
ensemble *together*
pas encore *not yet*
une fois *one time, once*

Vocabulaire supplémentaire

NOMS

un anorak *parka, ski jacket*
des baskets (*f. pl.*) *sneakers*
un blouson *jacket (aviator)*

un bijou, des bijoux *piece of jewelry, jewelry*
des lunettes de soleil (*f. pl.*) *sunglasses*

un polo *tennis (golf) shirt*
un pyjama *pair of pajamas*
une sandale *sandal*
un tee-shirt *T-shirt*

un survêtement   *sweatsuit*

ADJECTIFS
bien habillé(e)   *well dressed*
court(e)   *short*
démodé(e)   *out of fashion*
mal habillé(e)   *badly dressed*

DIVERS
combien de fois?   *how many times?*
en solde   *on sale*

LE FRANÇAIS FAMILIER
un costard = un complet
être bien (mal) fringué(e) = être bien (mal) habillé(e)
être bien (mal) sapé(e) = être bien (mal) habillé(e)
les fringues *(f. pl.)* = les vêtements
une godasse = une chaussure
un imper = un imperméable
le look = *stylish appearance*
un survêt = un survêtement

un sweat (pronounced "sweet") = *sweatshirt*
un training = un survêtement

ON ENTEND PARFOIS...
une mitaine (Canada) = un gant
un sapeur (Congo, Niger, Cameroun, Côte-d'Ivoire) =un homme qui aime être bien habillé

Au travail! 12

En bref

JOBS AND WORK
• LIFE IN THE
SMALL FRENCH
TOWN OF CINET •
HOW TO TALK
ABOUT WHAT
HAPPENED IN
THE PAST • HOW
TO TALK ABOUT
THE WAY THINGS
WERE AND WHAT
USED TO HAPPEN
IN THE PAST •
ASKING FOR
DIRECTIONS

◄
Qu'est-ce qu'il vend?
(Provence, France)

245

Vocabulaire

A. Retour à Cinet

Aujourd'hui, nous retournons à Cinet, la petite ville française de la leçon 6. À Cinet, il y a une mairie, un commissariat de police, une gare, une école primaire et une usine, Bovy et Cie. Il y a aussi des fermes parce que Cinet est à la campagne.

Si vous êtes à la gare, comment allez-vous à l'hôpital? Vous prenez la rue de la Gare. Vous continuez tout droit jusqu'à l'avenue Émile Zola. Vous tournez à gauche. Ensuite, vous prenez l'avenue Mermoz à droite et puis la rue de l'Hôpital à gauche. L'hôpital est au coin de la rue de l'Hôpital et de l'avenue Victor Hugo.

- Regardez bien le plan de la ville: Qu'est-ce qu'il y a d'autre à Cinet? Qu'est-ce qu'il n'y a pas à Cinet? Comment allez-vous à l'église si vous êtes à la mairie? Comment allez-vous au commissariat de police si vous êtes au parc?

B. Le Crédit Régional. M. Lacroix est banquier. Il a une secrétaire, Mme Domont. Elle aime beaucoup son travail et elle tape bien à la machine. M. Lionnet et Mlle Caron sont des employés de banque. Mme Renglet est cadre. Elle travaille à la banque comme juriste. Elle a un métier intéressant et elle est bien payée.

- Qui travaille pour M. Lacroix? Qui gagne beaucoup d'argent? Pourquoi?

C. L'entreprise Bovy. L'entreprise Bovy est une petite usine où on fait des ordinateurs. Il y a 50 personnes dans l'entreprise. M. Bovy est chef d'entreprise. C'est le patron de tout le monde. Mlle Jacob et M. Saïdi sont ingénieurs. Ce sont des cadres. Ils ont un bureau mais ils dirigent l'atelier; alors ils sont souvent avec les ouvriers. Mme Collin est ouvrière. Elle ne gagne pas beaucoup d'argent.

• Qui est allé à l'université? Qui a un travail intéressant?

D. Le Café de la Poste.   Il est onze heures du matin et il y a beaucoup de clients. M. et Mme Ségal sont retraités. Donc, ils ne travaillent plus. M. Meunier est chômeur. Il a perdu son travail. M. Bastin est agriculteur. Il a une ferme près de Cinet. Mlle Collin est serveuse. M. Piette est policier. Il parle avec M. Caron, le propriétaire.

• Qui est M. Caron? Qui ne travaille pas? Pourquoi?

E. Chez Cléo.   Mme Renard est commerçante. Elle a un magasin de vêtements, Chez Cléo. Mlle Caron est vendeuse. Mme Derni est caissière. Et Mme Lacroix? C'est une cliente. Elle cherche une robe pour le mariage de son fils.

• Que fait le père de Mlle Caron? Et sa sœur? Qui est la patronne de Chez Cléo?

F. À Cinet, il y a aussi des avocats, des médecins, des dentistes, des cuisiniers, des instituteurs et des fonctionnaires.

M. Lacroix, avocat

Mlle Bastin, médecin

M. Renglet, dentiste

M. Derni, cuisinier

Mme Jacob, institutrice

Mme Meunier, employée de la poste

M. Domont, employé de la S.N.C.F.

Mlle Lionnet, employée de la mairie

Mme Meunier, M. Domont et Mlle Lionnet sont fonctionnaires parce qu'ils travaillent pour l'État. Mme Jacob et M. Piette sont aussi fonctionnaires. M. Derni est le cuisinier du restaurant Au Vieux Cinet. C'est un métier dur parce que les journées de travail sont très longues.

• Qui est le père de M. Lacroix? Où est-ce qu'il travaille? Que fait le père de Mlle Bastin? Où travaille la femme de M. Renglet? Où travaille M. Derni? Et sa femme? Que fait la fille de Mme Jacob? Qui travaille à la gare? Qui travaille à la poste? Pour qui est-ce que la femme de M. Domont travaille? Qui travaille avec les enfants? Que fait le père de Mlle Lionnet?

Autres mots et expressions

les affaires *(f. pl.) business*
aller chez le médecin, chez
  le dentiste, chez l'avocat
  to go to the doctor,
  the dentist, the lawyer
un bruit *noise*
d'abord *first*
décider (de + *inf.*)   *to decide*
  (to do something)
enfin *at last, finally*
ensuite *then, next*

expliquer *to explain*
une femme au foyer *housewife*
il y a...   *. . . ago*
oublier (de + *inf.*) *to forget*
  (to do something)
un/une psychologue *psychologist*
puis (et puis) *then, and then*
sonner *to ring*
tout à coup *all of a sudden*
utiliser *to use*

Notes de vocabulaire

A. Les affaires.   **Affaires** can mean *business*, as in **un homme ou une femme d'affaires** *(businessman, businesswoman)*. It can also mean *belongings*, as in **mes affaires** *(my belongings, my stuff)*.

B. Juriste/avocat/notaire.   **Un notaire** is a private lawyer who works for families. **Un notaire** is also a notary public. **Un avocat** is a lawyer who takes cases to trial. **Un juriste** is a general term for people who have law degrees.

C. C'est/il est + métier.   To say what a person does, use one of the following formulas:

Il est (elle est) / ils sont (elles sont) + *profession (no article)*

Il est dentiste.	*He's a dentist.*
Elles sont étudiantes.	*They're students.*

C'est (ce sont) + un/une (des) + *profession*

C'est une secrétaire.	*She's a secretary.*
Ce sont des ingénieurs.	*They're engineers.*

If the word referring to a profession is modified by an article or an adjective, the second formula **(ce + être)** has to be used:

C'est l'avocat de mes parents.	*He's my parents' lawyer.*
C'est un avocat intelligent.	*He's an intelligent lawyer.*

D. Pour demander votre chemin. When you want to ask for directions, you may say one of the following:

— Pardon, Monsieur (Madame, Mademoiselle), pour aller à la gare (à la poste, à l'hôpital), s'il vous plaît?
— Excusez-moi, Monsieur (Madame, Mademoiselle), pourriez-vous me dire où se trouve la gare (la poste, l'hôpital), s'il vous plaît?

D'ACCORD?

A. Lieux de travail For each place of business, find the people who probably do not work there.

1. une banque: un avocat, un employé, un banquier, un cadre, une juriste
2. une usine: un ingénieur, un médecin, une ouvrière, un instituteur
3. une entreprise: un juriste, un ouvrier, une commerçante, un cadre
4. une école: une institutrice, un dentiste, un ouvrier, un professeur
5. un atelier: un commerçant, une vendeuse, un ingénieur, un médecin
6. la mairie: un fonctionnaire, une serveuse, une employée, un vendeur

un avocat

B. Métiers Give the profession of each person.

un notaire

une vendeuse

un agriculteur

un policier

les ouvriers

C. *Classer les métiers* Which occupations would you place in each of the following categories?

1. Les métiers où on gagne beaucoup d'argent?
2. Les métiers où on ne gagne pas beaucoup d'argent?
3. Les métiers où on trouve beaucoup de femmes?
4. Les métiers où on trouve beaucoup d'hommes?
5. Les métiers où on a besoin d'un diplôme universitaire?
6. Les métiers où on n'a pas besoin de diplôme universitaire?
7. Les métiers où il y a beaucoup de stress?
8. Les métiers où il n'y a pas beaucoup de stress?

D. *Les uniformes* Each occupation or job tends to have its own "uniform." According to your experience, what would you expect each of the following to be wearing and not to be wearing?

- **MODÈLE:** Les agriculteurs?
  Ils portent des jeans.

1. Les ouvriers?
2. Les cuisiniers?
3. Les étudiants?
4. Les professeurs?
5. Les banquiers?
6. Les serveurs?
7. Les serveuses?

E. *Au déjeuner* Where are these people most likely to eat? What will their lunch probably consist of?

- **MODÈLE:** Mme Renglet (cadre)
  Elle prend son déjeuner au restaurant. Elle prend du poulet et une salade. Elle boit de l'eau minérale.

1. M. et Mme Ségal (retraités)
2. M. Piette (policier)
3. M. Lacroix (banquier)
4. Mlle Caron (vendeuse)

F. *Associations* What verb(s) do you associate with each of the following? (Suggestions: *sonner, décider, diriger, entendre, expliquer, gagner, oublier, utiliser.*)

1. un ordinateur
2. un réveil
3. beaucoup d'argent
4. la grammaire française
5. ses clés
6. du bruit
7. un atelier
8. fumer moins

G. *Un peu d'ordre, s'il vous plaît!* Here's what Alceste and Candide did yesterday. Put their actions in order. Use *et, mais, d'abord, ensuite, (et) puis, enfin* and/or *alors.*

1. Il est allé dans la rue.
Il est arrivé chez lui.
Il n'a pas trouvé sa clé.
Alceste est sorti du bureau.
Il a pris l'ascenseur.
Il est retourné au bureau.
Il a cherché sa clé.
Il a pris l'autobus.

2. Il a cherché une vendeuse.
Il a donné son cadeau à sa mère.
Il a choisi un cadeau.
Il a payé.
Candide est entré dans un magasin.

3. Il a mangé.
Il est allé dormir.
Il a regardé la télévision.
Il a acheté du poulet, du riz et des légumes.
Alceste est allé au supermarché.
Il a fait la cuisine.
Il est rentré chez lui.

Les mots et la culture

A. Les femmes et les métiers. What do you visualize when you hear the word *chairman?* When you think of a doctor, an executive, or an engineer, do you picture a man or a woman?

Traditionally in France, as in other countries, women tended to be found in certain professions and not in others. Today, however, women have gained access to most professions, but the language has not always followed suit. Thus, some professions have only a masculine form, which is used for both men and women.

Elle est professeur.
Évelyne est un bon médecin.
Ma mère est cadre dans une grosse entreprise.
Ta sœur veut être ingénieur?

If the context requires that you differentiate between men and women working in these jobs, you can add the word **femme** in front of the noun:

La vie des **femmes policiers** est quelquefois difficile mais toujours in-téressante.

Note that in Canada, some of these profession names have acquired a feminine form, for example: **une professeure, une ingénieure, une écrivaine.**

B. Les fonctionnaires en France.   Who pays your professors' salaries?

Un fonctionnaire is someone who works for the government, for ex-ample, a government office employee, a postal worker, and a police officer. Since the public school system is under central government control, teach-ers are also considered **fonctionnaires.**

C. Les trains en France.   What transportation system is most used in your country? Least used? Why?

The **S.N.C.F. (Société nationale des chemins de fer français)** is respon-sible for rail traffic in France. The French rail system allows easy access to all parts of France and has the reputation of being on time. Because of this and because France is much smaller, trains are used much more frequently for travel in France than in the United States.

STRUCTURE

▶ Parler au passé: L'imparfait

To talk about how things were in the past or about how things used to be, French uses a verb tense called the *imparfait* (imperfect). The following text tells about a school in Montreal. Can you find the verbs in the *imparfait?*

« À l'école où j'allais avant, il y avait tellement de bruit dans les classes que je n'arrivais pas à prendre des notes. Les profs étaient dépassés et tout le monde « niaisait ». Par exemple, on n'avait pas d'examen le lundi car c'était le premier jour de la semaine; ni le vendredi car c'était le dernier; ni le jeudi car c'était la veille du vendredi... Ici, c'est très différent. »

—Katie Meilleur, diplômée de secondaire 5.
Daniel Pérusse, Une école pas comme les autres

(Sélection du Reader's Digest, octobre 1987, p. 37).

L'imparfait: Formation

1. Take the first person plural form of the present tense and remove the **-ons** ending. This gives you the *imparfait* stem:

PRESENT TENSE FORM	IMPARFAIT STEM
nous **aim**ons	**aim-**
nous **finiss**ons	**finiss-**
nous **attend**ons	**attend-**
nous **dorm**ons	**dorm-**
nous **all**ons	**all-**
nous **av**ons	**av-**
nous **buv**ons	**buv-**
nous **mett**ons	**mett-**
nous **pren**ons	**pren-**
nous **voul**ons	**voul-**

2. Add the *imparfait* endings (**-ais, -ais, -ait, -ions, -iez, -aient**) to this stem:

aller à l'imparfait

j'all**ais**	nous all**ions**
tu all**ais**	vous all**iez**
il elle } all**ait**	ils elles } all**aient**

Note that the endings **-ais, -ait,** and **-aient** are pronounced alike.

Est-ce que les petites villes françaises sont comme les petites villes de chez vous? (Lodève [Hérault], France)

The verb **être** has an irregular stem. It is the only verb whose *imparfait* forms cannot be derived from the **nous** form of the present tense:

être à l'imparfait

j'**étais**	nous **étions**
tu **étais**	vous **étiez**
il elle } **était**	ils elles } **étaient**

Quand j'**avais** dix ans, je **voulais** être médecin.	*When I was 10, I wanted to be a doctor.*
Ils **étaient** fatigués mais ils ont fini.	*They were tired but they got done.*
Où est-ce que vous **alliez** à l'école avant?	*Where did you go to school before?*

Note the following points:

1. The *imparfait* of **pleuvoir, neiger,** and **il y a:**

Il **pleut** aujourd'hui? Il **pleuvait** hier aussi.	*It's raining today? It was raining yesterday too.*
Il **neigeait** quand je suis arrivé.	*It was snowing when I got there.*
Il y avait beaucoup de clients hier.	*There were a lot of customers yesterday.*

2. The *imparfait* of verbs like **commencer** and **manger.** Verbs whose infinitives end in **-cer** must add a *cedilla* to a **-c-** preceding an ending that begins with **-a** in order to maintain the /s/ sound. Verbs whose infinitives end in **-ger** must add **-e** before an ending that begins with **-a** in order to maintain a soft **g** sound:

imparfait stem: **commenc-**

je commen**ç**ais	nous commencions
tu commen**ç**ais	vous commenciez
il elle } commen**ç**ait	ils elles } commen**ç**aient

imparfait stem: **mang-**

je mang**e**ais	nous mangions
tu mang**e**ais	vous mangiez
il elle } mang**e**ait	ils elles } mang**e**aient

3. The *imparfait* of verbs like **préférer** and **acheter.** Although verbs whose infinitives end in **-érer** or **-eter** have a spelling change in the present, they have *no* spelling change in the *imparfait*.

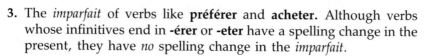

L'imparfait: Usage

The *imparfait* is used:

1. To tell or describe what things were like in the past:

   Il **faisait** beau hier. Les oiseaux **chantaient,** les enfants **jouaient** dans le parc et moi, j'**étais** très content.

   It was nice out yesterday. The birds were singing, the children were playing in the park, and I was very happy.

2. To tell how things used to be in the past:

   Quand j'**avais** dix ans, j'**allais** chez mes grands-parents le week-end. Ils **habitaient** une grande maison à la campagne. Il y **avait** un jardin où je **jouais** avec les chiens. Je **mangeais** bien, je **dormais** bien, la vie **était** belle.

   When I was 10, I used to go to my grandparents' for the weekend. They lived in a big house in the country. There was a yard where I played with the dogs. I ate well, I slept well, and life was grand.

3. To tell what was going on when something else happened:

Alceste **prenait** une douche quand le téléphone **a sonné.**	*Alceste was taking a shower when the telephone rang.*

Vous avez compris?

A. *Le bon(?) vieux temps* According to M. Ségal, the world has not been changing for the better. He prefers the (good?) old days. Complete each sentence using a verb in the *imparfait*. Then, imagine how M. Ségal's daughter would respond to his statements.

- **MODÈLE:** Les femmes _____ à la maison.
  Les femmes restaient à la maison.

  1. Les jeunes gens _étaient_ polis.
  2. Nous _____ en famille le soir.
  3. Nous ne _regardions_ pas la télévision.
  4. Les jeunes filles ne _allaient_ pas à l'université.
  5. Les femmes _restaient_ la cuisine pour leur mari.
  6. Les ouvriers _travaillaient_ bien.
  7. Les enfants ne _écoutaient_ pas de rock.
  8. On _mangeait_ bien! Ah! La cuisine de ma mère!
  9. Les femmes ne _____ pas de pantalon.
  10. Les hommes _portaient_ une cravate tous les jours.

B. *Souvenirs de mes seize ans* Claude is remembering being 16. Complete each sentence with a verb in the *imparfait* from the following list. Each verb may be used more than once.

avoir, être, aller, commencer, parler, arriver, étudier, vouloir, regarder, aimer, sortir, rentrer, finir, préférer, manger, boire, prendre, travailler, faire

Quand je _____ seize ans, ma sœur et moi, nous _____ au lycée. Je _____ beaucoup parce que je *voulais* aller à l'université. Ma sœur ne _____ pas le lycée et elle ne _____ jamais. L'école _____ à quatre heures et nous _____ à la maison à quatre heures et demie. Nous *buvait mangion* une tartine au chocolat et nous *buvion* un thé et puis, je _____ mes devoirs. Mais ma sœur _____ toujours aller jouer au foot ou écouter des disques. Le soir, toute la famille _____ le dîner à huit heures. Après, nous _____ un peu la télévision ou nous _____ dans la salle de séjour. Le week-end, je _____ avec des copains. On _____ quelquefois au cinéma et on _____ parler pendant des heures au café. Mais mes parents _____ sévères et je _____ toujours avant minuit. Et vous, à seize ans, comment *alliez*-vous?

▶ Parler au passé: L'imparfait et le passé composé

You are now familiar with two ways of talking about the past in French, the *passé composé* and the *imparfait*. The *passé composé* is used to recount events in the past, to say what happened:

Patrick **a rencontré** Suzanne. Ils **ont parlé.** Puis, ils **sont allés** au café.
Patrick met Suzanne. They talked. Then they went to the café.

If, however, you want to describe how things were in the past, you must use the *imparfait:*

Il **faisait** beau hier. Les oiseaux **chantaient,** les enfants **jouaient** dans le parc et moi, j'**étais** très content.
It was nice out yesterday. The birds were singing, the children were playing in the park, and I was very happy.

If the action is to start up again after a description, the *passé composé* must be used:

Il faisait beau hier. Les oiseaux chantaient, les enfants jouaient dans le parc et moi, j'étais très content. Et puis, tout à coup, il **a commencé** à pleuvoir!
It was nice out yesterday. The birds were singing, the children were playing in the park, and I was very happy. And then, all of a sudden, it started to rain!

The difference in usage between these two past tenses can be summarized as follows:

---

passé composé

Tells what happened (recounts, narrates)
Frequently corresponds to the English simple past:

Il a neigé.   *(It snowed.)*

imparfait

Tells how things were (describes)
Tells how things used to be or what people used to do
Tells what was going on when something else happened
Frequently corresponds to the English progressive past:

Il neigeait.   *(It was snowing. / It used to snow.)*

J'ai oublié!	*I forgot (I've forgotten)!*
Qu'est-ce que tu **as oublié?**	*What did you forget (have you forgotten)?*
Je **dormais** bien quand le réveil **a sonné.**	*I was sleeping well when the alarm clock went off.*
Quand mon frère **avait** cinq ans, il **voulait** être policier.	*When my brother was 5, he wanted to be a police officer.*
Avant, je **sortais** beaucoup, mais...	*Before, I used to go out a lot, but . . .*

Vous avez compris?

A. *En français* Look at the story below. First, identify which verbs are in the *imparfait* and which are in the *passé composé*. Then, for each verb, decide why the author chose to use the *imparfait* or the *passé composé*.

C'était un soir d'automne. Il pleuvait et il y avait beaucoup de vent. J'étais à l'intérieur et j'écoutais du Mozart à la radio. Tout à coup, j'ai entendu du bruit dans le jardin... C'était comme quelqu'un qui marchait. J'ai mis mon imperméable et je suis sorti sur la terrasse. Il n'y avait personne. Alors, je suis rentré. Mais deux minutes après, j'ai entendu un plouf et puis beaucoup de bruit. Il y avait quelque chose ou quelqu'un dans ma piscine. Alors, je suis retourné dans le jardin et quand je suis arrivé à la piscine, j'ai trouvé un petit chat noir très malheureux qui nageait dans l'eau et qui avait très froid. Et moi, qu'est-ce que j'ai fait? Je suis entré dans l'eau et j'ai pris le petit chat noir avec moi. Voilà comment j'ai rencontré Moïse, mon chat!

B. *On n'est jamais tranquille!* The minute you think you have got everything under control, something happens! Here are some typical situations. For each, decide what was going on (*imparfait*) and what happened (*passé composé*) to interrupt it.

1. M. Lepropre / être sous la douche / quand / il / entendre le téléphone.
2. Mme Guitton / faire la cuisine / quand / son fils / tomber de la chaise.
3. Nous / sortir / quand / ils / arriver.
4. Je / jouer au tennis / quand / il / commencer / à pleuvoir.
5. Les Pinot / regarder la télévision / quand / ils / entendre un bruit à l'extérieur.

Les verbes *pouvoir* et *devoir*

Here are the forms of the verbs **pouvoir** (*to be able to, can*) and **devoir** (*to have to, must*):

pouvoir		devoir	
je peux	nous pouvons	je dois	nous devons
tu peux	vous pouvez	tu dois	vous devez
il elle } peut	ils elles } peuvent	il elle } doit	ils elles } doivent

Both **pouvoir** and **devoir** may be followed by an infinitive:

Je ne **peux** pas parler maintenant. *I can't talk now.*
Vous **devez** téléphoner à vos   *You have to call your*
  parents.   *parents.*

Devoir can also mean *to owe*:

Il **doit** deux millions de dollars *He owes the bank two million*
  à la banque!   *dollars!*

Both **pouvoir** and **devoir** are regular in the *imparfait*:

Quand j'avais quinze ans, je ne **pouvais** pas sortir souvent et je **devais** toujours rentrer avant dix heures du soir.

When I was 15, I couldn't go out a lot and I was always supposed to get home before 10 P.M.

Note the various English equivalents of **devoir** and **pouvoir** in the present and the *imparfait*:

	AU PRÉSENT	À L'IMPARFAIT
DEVOIR	must, to have to, to have got to	was supposed to
POUVOIR	can, to be able to	could

Tu **dois** fumer moins.   *You have to (must) smoke less.*
Hier soir, je **devais** étudier.   *Last night, I was supposed to study.*

Tu ne **peux** pas sortir!   *You can't go out!*
Je ne **pouvais** rien entendre.   *I couldn't hear anything.*

Vous avez compris?

A. *Complétez* Use the present tense to make complete sentences out of each group of words in the left column. Then choose a suitable response for each one from the right column. There may be more than one possibility.

1. Mon frère / ne pas / pouvoir / aller au cinéma.
2. Mme Simone / devoir / souvent / taper à la machine.
3. Tu / ne pas / pouvoir / jouer dans le jardin.
4. Mlle Durand / devoir / bien parler anglais.
5. Vous / pouvoir / téléphoner avant neuf heures.
6. Je / ne pas / pouvoir / aller en classe.
7. Mes parents / ne pas / pouvoir / dormir.
8. M. Brasseur / devoir / beaucoup d'argent au médecin.

a. Elle est secrétaire.
b. Il est chômeur et il est souvent malade.
c. Je suis malade aujourd'hui.
d. Il pleut trop.
e. Elle a habité Londres pendant deux ans.
f. Ils ont beaucoup de problèmes.
g. Il doit travailler.
h. Mais pas après.

B. *La vie à douze ans* Use either *devoir* or *pouvoir* in the *imparfait* to complete Jean-Pierre's story of what his life was like when he was 12 years old.

Quand j'avais douze ans, je _____ rentrer à la maison après l'école. Je ne _____ pas jouer avec mes copains, parce que je _____ d'abord faire mes devoirs. Ma sœur et moi, nous _____ aussi travailler dans la maison. Nous _____ faire la vaisselle et ranger notre chambre. Après, nous _____ quelquefois regarder la télévision. Mon père, lui, _____ regarder la télévision quand il voulait et il _____ aller dormir à minuit! Mais nous, nous _____ aller dormir à neuf heures.

EXERCICES D'ENSEMBLE

A. *Associations* Which verb—*vouloir, pouvoir,* or *devoir*—do you associate with each activity?

1. faire les devoirs
2. être au régime
3. téléphoner aux parents
4. dormir
5. manger du chocolat
6. sortir pendant la semaine
7. parler au professeur

B. *Il y a trois ans...*   What was your life like three years ago?

• **MODÈLE:** J'avais quinze ans. J'allais à l'école, j'avais beaucoup de copains...

C. *Et vous à douze ans?* What were your obligations when you were 12? What were you allowed to do? Say as much as you can.

1. Je devais...
2. Je pouvais...
3. Je ne pouvais pas...

D. *Et maintenant?* Make three lists, one of the things you want or would like to do, one of the things you are supposed to do, and one of the things that you actually can do.

Je veux (je voudrais)...
Je dois...
Je peux...

E. *Le rêve de Jacqueline* Jacqueline was so impressed by the dream she had last night that she wrote it down. Complete her account using the verbs in parentheses in either the *imparfait* or the *passé composé.*

Je _____ (*être*) seule dans une grande ville sombre. Il _____ (*pleuvoir*) et je _____ (*être*) déprimée: je _____ (*ne pas avoir*) d'amis, pas de métier, pas de famille. Je _____ (*réfléchir*) à ma vie et je _____ (*ne pas regarder*) où je _____ (*aller*). Tout à coup, je _____ (*entendre*) un bruit. Ce _____ (*être*) une femme qui _____ (*chanter*). Je _____ (*devoir*) rencontrer cette femme! Ce _____ (*être*) très important! Alors, je _____ (*décider*) de chercher où elle _____ (*être*). Je _____ (*entrer*) dans une vieille maison et je _____ (*regarder*) dans les pièces. Personne! Je _____ (*entrer*) dans une église. Je _____ (*chercher*) à l'intérieur, mais elle _____ (*ne pas être*) là. Tout à coup, un cheval [*horse*] blanc _____ (*arriver*) et sur le cheval, il y _____ (*avoir*) une femme. Ce _____ (*être*) ma grand-mère! Mais elle _____ (*être*) jeune, jolie et très heureuse. Ce _____ (*être*) elle qui _____ (*chanter*)!

F. *Un opéra moderne*   Use either the *imparfait* or the *passé composé* of the verbs in parentheses to complete the story.

Il était une fois [*Once upon a time*] une jolie jeune fille qui _____ *(travailler)* comme vendeuse dans un petit magasin de chaussures. Elle _____ *(ne pas aimer)* son patron parce qu'il _____ *(être)* méchant. Il _____ *(adorer)* l'argent et, lui, il _____ *(gagner)* beaucoup d'argent mais les vendeuses qui _____ *(travailler)* pour lui _____ *(ne pas être)* bien payées. La jeune fille _____ *(ne plus vouloir)* travailler pour lui mais elle _____ *(ne pas pouvoir)* trouver d'autre travail. Alors, elle _____ *(décider)* de rester dans le magasin de chaussures, mais elle _____ *(ne pas être)* contente et elle _____ *(pleurer)* souvent chez elle le soir parce qu'elle _____ *(ne pas avoir)* assez à manger et parce qu'elle _____ *(être)* si fatiguée.

Puis, un jour, un beau jeune homme _____ *(entrer)* dans le magasin. Il _____ *(être)* très bien habillé et il _____ *(avoir)* l'air sympathique. Il _____ *(ne rien acheter)*, mais lui et la jeune fille _____ *(parler)* ensemble et il _____ *(inviter)* la jeune fille à manger avec lui le soir. Ils _____ *(aller)* dans un petit restaurant italien où ils _____ *(prendre)* des spaghetti et du Chianti. Ils _____ *(parler beaucoup)* et la jeune fille _____ *(oublier)* l'heure. Puis elle _____ *(regarder)* sa montre. Il _____ *(être)* minuit et elle _____ *(devoir)* être au magasin à sept heures du matin! Elle _____ *(expliquer)* le problème au jeune homme et ils _____ *(partir)*.

Le matin, elle _____ *(sortir)* de son lit quand elle _____ *(entendre)* un bruit. Elle _____ *(regarder)* par terre et elle _____ *(trouver)* les clés du jeune homme. Elle _____ *(avoir)* son numéro de téléphone, alors, elle _____ *(téléphoner)* chez lui. Et qui _____ *(répondre)*? Son patron! Le jeune homme _____ *(être)* le fils de son patron!

◀ Échanges ▶

A. *Le métier idéal*   No job is ever perfect. What three things are the most important for you to find in a job?

B. *Et leur week-end?*   It's Monday morning at the *Entreprise Bovy*. Say how each person spent his or her weekend.

1. M. Bovy   3. M. Saïdi
2. Mlle Jacob   4. Mme Collin

C. *Et le week-end du professeur?*   What did your instructor do last weekend? Ask questions to find out.

D. Histoire en images Tell the rags-to-riches story of M. Richard. What was his life like? What happened to him?

1. À dix ans,...

2. À vingt ans,...

3. À quarante ans,...

E. Conversation en français What did you do last weekend? Give as many details as you can.

L·E·C·T·U·R·E

Ici le PROJET 2000

▶ **Préparation à la lecture**

What do you think of when you think of your future career? Arrange the following ideas in order of importance for you: *Raisons du choix, préparation, avantages, aptitudes, inconvénients, aspirations, qualité de la vie, chance d'avenir.* Expand each category.

• **MODÈLE:** *Préparation:* les études, les diplômes, les écoles spécialisées, etc.

Que feras-tu en l'an 2000?
Tu ne le sais pas?

**Tu pourrais être professeur
de français langue seconde!**

On a grand besoin de professeurs de fr...
seconde de nos jours et on prévoit que...
continuera à augmenter au cours...
prochaines années.

▶ # Activités de lecture

De quoi s'agit-il?

A. What does the cover of this document announce? Who is it addressed to? What is it trying to do? What country do you think it comes from?

B. *Anticipation* Make up six questions that you would ask if you thought of becoming a teacher.

Voici quelques questions pour t'aider à te décider.

Pourquoi considérer l'enseignement?

— L'enseignement est une profession très satisfaisante où tu t'épanouieras personellement tout en contribuant à l'épanouissement des autres.
— Il existe un besoin pressant de professeurs de français langue seconde.
— Tu es presque assuré d'un emploi à la fin de tes études.
— Tu pourras travailler presque n'importe où au Canada et même à l'étranger.
— Le salaire et les conditions de travail sont très avantageux.
— Tu contribueras à l'essor de la société canadienne de l'avenir.

Comment se prépare-t-on à devenir professeur de français langue seconde?

On doit:
— Compléter une formation universitaire avec une concentration ou une spécialisation en français ou dans une discipline connexe comme la linguistique appliquée à l'enseignement des langues.
— Obtenir un brevet d'enseignement avec une qualification pour le français langue seconde.

Qu'est-ce qui peut m'aider à devenir un bon professeur de français langue seconde?

Il faut:
— Des aptitudes pour les relations interpersonnelles.
— Un niveau de compétence en français égale à celle d'un locuteur natif.
— La capacité de bien communiquer en anglais.
— Une formation universitaire reliée à la didactique des langues.
— Une expérience de travail auprès des enfants ou de jeunes adultes.

Comment peut-on devenir compétent dans une langue seconde?

Il faut:
— Étudier cette langue au niveau secondaire et universitaire.
— Vivre au moins un an dans un milieu favorable à l'apprentissage de cette langue.
— Participer à des programmes d'échanges.
— Se prévaloir de toutes les occasions d'écouter et d'utiliser cette langue.

Quels cours devrais-je suivre à l'université pour bien me préparer à devenir professeur de français langue seconde?

En plus des cours en éducation tu devrais considérer des cours tel que:
— Introduction à la linguistique
— Histoire de l'enseignement des langues
— Acquisition d'une langue seconde
— Langue et culture
— Composition et style
— Grammaire descriptive du français
— Phonétique française
— Analyse comparée du français et de l'anglais
— Psychologie de l'enfant et de l'adolescent
— Littérature de jeunesse
— Littérature française et canadienne-française
— Langue étrangère: le russe, le japonais, l'arabe . . .
— Techniques d'animation de groupe
— Art dramatique, musique
— Tout autre cours portant sur l'enseignement de la langue seconde

Comment puis-je en savoir davantage sur cette carrière?

Il te faut:
— Parler à ton orienteur.
— Discuter avec ton professeur de français langue seconde.
— Communiquer avec un conseiller pédagogique de français langue seconde.
— Communiquer avec un professeur responsable de la formation des enseignants à la faculté d'éducation.

— Écrire à:
L'association des professeurs de français langue seconde de ta province
ou

L'Association ontarienne des professeurs de langues vivantes (AOPLV)

**B.P. 5039, Station "A"
Toronto, Ontario M5W 1N4**

1886-1986
OMLTA AOPLV

C. *Looking at the text* Now look at the text. Identify the organization that published it and the country of origin.

D. *Appearance and format* What is the purpose of this document? to inform? to describe? to argue? to instruct? to direct? to advertise? to convince?

E. *Format* Who is asking the questions? Who is answering? Compare these questions with your own. Which ones did you not have?

F. *Title* The sentence at the top of the page indicates the purpose of the document. Is this what you had thought at first (See D.)?

À la recherche des détails

A. Which sets of answers will you read to:

— obtain information on developing mastery of a second language?
— obtain information regarding professional preparation?
— be convinced of the value of the teaching profession?
— obtain further information?

B. *Vrai ou faux?*

Pourquoi considérer l'enseignement?
1. C'est une profession très bien payée.
2. Il y a beaucoup de postes à remplir.
3. On peut beaucoup voyager.

Comment se prépare-t-on?
1. Des études spécialisées
2. Un diplôme universitaire
3. Travailler dans une école

Comment devenir compétent dans une langue seconde?
1. Étudier cette langue pendant longtemps
2. Vivre et étudier dans le pays étranger
3. Parler la langue tout le temps

Quels cours devrais-je suivre pour bien me préparer à devenir professeur de français langue seconde?
1. Apprendre trois autres langues
2. Faire une spécialisation en linguistique
3. Avoir un bon accent

Comment puis-je en savoir davantage sur cette carrière?
1. Faire partie d'une association de professeurs
2. Demander l'avis de tes professeurs
3. Demander des renseignements dans une école spécialisée pour les enfants

Apprenons

A. Mots et expressions

1. Many words in this text concern education. Write all the words that you recognize pertaining to this topic and organize them in thematic categories (people, discipline, activities, economy, responsibilities, etc.)
2. Famille de mots: *enseignement, enseignants, enseigner.* Find a synonym for *enseignant.* Now guess what *enseignement* and *enseigner* mean.

B. La culture canadienne

1. What are *second languages?* Why are they called second? What might these languages be in Canada? What language is mentioned here?
2. According to this document, what is the status of the teaching profession in Canada? Why is it so important?
3. *Réponses à la première question:* Look at the first set of answers in the text and select the right meanings for the underlined words:

   tu es assuré d'un underline{emploi} = a job, a class, a reward
   tu pourras travailler underline{même} à l'étranger = except, even, rarely
   tu contribueras à l'underline{essor} de la société = development, solutions, economics

▶ Après la lecture

A. *Décidons* Mark each answer in the first section of the text with an X if you agree or are convinced. Look at your answers. Is the teaching profession for you? Why?

What is surprising to you in the requirements and recommendations? Evaluate them in general. What seems helpful, not so helpful?

B. Discutons la culture canadienne

1. Now mark each answer in the first section of the text with an X if this is the case in your own country. Look at the answers. What is different? Why? How? (Use your teacher as informant if you do not know.)
2. The role of languages in Canada. Imagine that you live in a truly bilingual country. Make a list of all the signs of bilingualism that you

encounter around you. What would being monolingual mean? Can modern countries stay bilingual? How? What are some of the pressures that act to encourage or discourage bilingualism?

▶ Mise en pratique

Faire des études à l'étranger!

A. *Préparation* Make a list of all the advantages that your own university offers. Organize your answers by topic: location, size, offerings, special programs, special services, financial packages, special opportunities, etc.

B. *Écrivons* Use the question-and-answer format of this brochure to design a brochure for French-speaking students who may be interested in studying at a university in your country. Present it as a brochure and design a cover page.

Orthographe et prononciation

▶ La lettre *r*

The letter **r** represents the sound [ʀ], as in **riz**, **partez**, and **arrivez**. It sounds nothing like the English **r**. To pronounce the French **r**, first say the word *garage* in English. When you say the **g**, your tongue bunches up toward the back of your mouth. Now, say *garage* again, this time exaggerating the **ga** sound. Leave your tongue bunched up toward the back of your mouth and try to say the word **garage** in French. Keep the tip of your tongue firmly behind your bottom teeth.

Activités

A. *Prononcez* Repeat the following after your instructor.

1. Mes parents ne sont pas raisonnables.
2. Il y a un rat sur la radio.
3. La sœur de Robert va porter une robe rouge mercredi.

B. *Trouvez la règle* Look at the list of words below. When is the letter **r** silent in French?

adorer	avoir	janvier	cours
fruit	porte	porter	autre

Vocabulaire de base

NOMS

les affaires (f. pl.)   business
un avocat, une avocate   (court) lawyer
une banque   bank
un bruit   noise
un bureau   office
un cadre   executive
un client, une cliente   client, customer
un commerçant, une commerçante   shopkeeper, retail store owner
un/une dentiste   dentist
une église   church
un employé, une employée (de bureau)   employee (office)
une entreprise   firm, business
une femme au foyer   housewife
un hôpital   hospital
un ingénieur   engineer
un instituteur, une institutrice   teacher (grade school)
un/une juriste   attorney

un médecin   doctor, physician
un métier   profession, trade
un patron, une patronne   boss
un policier   police officer
un/une propriétaire   owner
un/une secrétaire   secretary
un serveur, une serveuse   waiter, waitress
le travail (un travail)   work (job)
un vendeur, une vendeuse   salesperson

ADJECTIFS

dur(e)   hard, tough
intéressant(e)   interesting

VERBES

décider (de + inf.)   to decide (to do something)
devoir   to have to, must
diriger   to manage, to run
expliquer   to explain

gagner   to earn, to win
oublier (de + inf.)   to forget (to do something)
pouvoir   can, to be able to
retourner   to go back, to return (conj. with être)
sonner   to ring
utiliser   to use

DIVERS

aller chez le médecin, chez le dentiste, chez l'avocat   to go to the doctor, the dentist, the lawyer
alors   so (+ clause)
d'abord   first (of all)
donc   therefore, thus
enfin   at last, finally
ensuite   next, then
être (bien, mal) payé   to be paid (well, badly)
il y a...   ... ago
puis (et puis)   then (and then)
tout à coup   all of a sudden

Vocabulaire supplémentaire

NOMS

un agriculteur   farmer
un atelier   workshop
un banquier   banker
un caissier, une caissière   cashier
un chef d'entreprise   company head, business owner
un chômeur, une chômeuse   unemployed person
un commissariat de police   police station
un cuisinier, une cuisinière   cook
une école primaire   elementary school
l'État (m.)   state, nation
une ferme   farm
un/une fonctionnaire   civil

servant, government worker, state employee
une gare   train station
une mairie   city hall
un ouvrier, une ouvrière   worker (blue collar)
un plan   city map
un/une psychologue   psychologist
le retour   return
un retraité, une retraitée   retired person
la S.N.C.F.   French national railway
une usine   factory

VERBES

continuer   to continue
tourner   to turn

DIVERS

à droite   to the right
à gauche   to the left
aller (continuer) jusqu'à   to go (to continue) to (as far as)
taper à la machine   to type
tout droit   straight

LE FRANÇAIS FAMILIER

une boîte = une entreprise, une usine, un bureau
un boulot = un travail (job)
le boulot = le travail (work)
un flic = un policier
un job = un travail
un toubib = un médecin

ON ENTEND PARFOIS...

une jobine (Canada) = un petit job

Rédacteur en chef: *Isabelle Kaplan*
Rédacteurs adjoints: *Laura K. Heilenman*
et *Claude Toussaint Tournier*
Assistante de production: *Jackie Rebisz*

Revue périodique • Un numéro
tous les quatre chapitres •
Publiée à l'aide de
documentations internationales

NUMÉRO SPÉCIAL

ÉDITORIAL

Il était une fois... Tous les pays ont une histoire, et on la lit, on l'apprend à l'école dans les livres, dans les classes. L'histoire, c'est des noms, des chiffres, des dates, des lieux géographiques: champs de bataille, châteaux, cathédrales, montagnes, fleuves et frontières qui changent avec les siècles. Louis XIV, Napoléon, Charles de Gaulle et tous les autres. Étrange! Bizarre, comme cette histoire est toujours l'histoire des hommes: rois, empereurs, généraux, révolutionnaires, imposteurs!... Et les autres? Où sont-ils? Il n'y avait pas de femmes au Moyen Âge? Pendant la Renaissance? Les révolutions?

Il y a une autre histoire, plus modeste et moins connue. L'histoire de la vie de tous dans les pays. Les femmes, les enfants, les mères, les prostituées, les poétesses, les romancières, les oubliées pendant longtemps.

Maintenant les voilà! Elles sont sorties de l'ombre, de la nuit des temps. Elles arrivent dans la course du XXe siècle, nombreuses, dynamiques, actives; elles sont partout, avec leur talent, leur imagination, leur patience, leur force et leur ardeur. Elles travaillent, elles chantent, elles écrivent, elles aiment, elles votent, elles gouvernent, elles font le ménage, le jardin, elles pilotent des avions, elles créent des machines, elles font des œuvres d'art. Elles sont les artisans et les artistes du monde de demain. Allez les femmes, à vous la vie, à vous la France, à vous le monde!

Ouvrez ce numéro spécial et découvrez les femmes françaises et les femmes francophones. Lisez ce qu'on dit d'elles, ce qu'on écrit sur elles. Regardez-les vivre, écoutez-les parler et découvrez leur monde et leur condition.

Le rôle de la femme

L'image sociale de la femme a plus changé en vingt ans qu'en vingt siècles. Les conséquences concernent la société tout entière. Mais la nouvelle image de la femme a précédé ou dépassé la réalité dans certains domaines. Les femmes cherchent toujours l'équilibre parfait entre leur vie personnelle, familiale et professionnelle.

La "Nouvelle Femme" a vingt ans

Les femmes ne se contentent plus de la trilogie maison-mère-mari.

Pendant des siècles, la vie de la femme s'est résumée aux « trois M » : elle partageait son temps entre les travaux de la *maison*, son rôle de *mère* et la satisfaction des besoins de son *mari*, de la cuisine à la chambre à coucher. Si la révolution féministe n'a pas totalement aboli cette triple fonction, elle l'a rendue plus acceptable par un grand nombre de femmes.

La plus grande conquête est celle de la contraception.

L'évolution fulgurante de la condition féminine n'aurait pas été possible sans le développement de la contraception.

Magazine du monde français pour les étudiants de "Voilà!"

FRANCOPHONE

LES NOUVELLES FEMMES

CONCILIER SON MÉTIER ET SA CURIOSITÉ DU MONDE

VÉRONIQUE LEROY INFIRMIÈRE EN ZAMBIE

Véronique Leroy a déjà effectué quatre missions différentes depuis 1982.

Véronique Leroy, 28 ans, originaire de Paris et infirmière à Médecins sans Frontières, rentre tout juste d'une mission d'un an en Zambie. Depuis 1982, elle a effectué quatre missions différentes. Une façon pour elle de concilier un métier et une irréductible envie de connaître d'autres pays.

PAR ANNE-MARIE DUCROUX

Véronique Leroy, infirmière M.S.F.

Djura *Le Voile Déchiré*

Djura chante sa liberté, sur la scène de l'Espace européen, jusqu'au 28 avril. « Djur Djura, c'est mon combat, le reflet de moi-même. » Un peu du défi de ces femmes du Maghreb. Sur fond de darbouka, flûte et chœur, un retour à ses origines de jeune Kabyle qui a grandi en France, Djura écrit sa liberté. « Le Voile du silence » (Michel Lafon) est une façon d'exorciser le passé. Depuis sa naissance, elle a dû supporter une double déchirure : le poids de la tradition et les affres du racisme, et affronter l'autorité d'un père et d'un frère, ainsi que la brutalité d'un clan qui l'a condamnée à mort pour avoir enfreint des règles ancestrales, pris pour compagnon un Français et conçu un enfant. Son témoignage est une leçon de courage : « Le prix à payer pour exister. »

Elle a l'étoffe des héros

Exceptionnellement, la promotion 90 de l'Epner, l'école qui forme les pilotes d'essai, compte une jeune femme de 26 ans : Sylvie Loisel. Comme les autres stagiaires, elle subit un entraînement intensif qui lui permettra d'être capable de tester n'importe quel type d'avion, du planeur à l'Airbus A-320 en passant par le Mirage 2000. A ce jour, la France n'avait eu qu'une seule femme pilote d'essai, la célèbre Jacqueline Auriol.

Sur les traces de Jacqueline Auriol ! Sylvie Loisel, jeune ingénieur de 26 ans, est aussi à l'aise dans un Mirage III B que sanglée à bord d'un Alpha Jet. Elle compte bien décrocher avec brio son brevet de navigante d'essai.

LES GRANDES BATAILLES

1850 : Admission des filles à l'école primaire
1880 : Admission au lycée
1937 : Garçons et filles suivent le même programme scolaire
1945 : Obtention du droit de vote
1965 : Suppression de la tutelle du mari
1967 : Légalisation de la contraception
1970 : Partage de l'autorité parentale
1972 : Principe légal de l'égalité de rémunération pour des travaux de valeur égale
1975 : Légalisation de l'IVG
1980 : Remboursement de l'IVG par la sécurité sociale. Loi sur l'égalité professionnelle
1985 : Possibilité d'administrer conjointement les biens familiaux.

Egalité entre les hommes et les femmes : la loi et les faits

Avec la loi sur l'égalité professionnelle, adoptée le 30 juin 1983, les femmes sont devenues officiellement des travailleurs à part entière. Tous les métiers leur sont désormais ouverts.

MÉTIERS DE FEMMES

Proportion de femmes dans certaines professions (%) :

Secrétaires sténodactylos	97,6
Personnel de service	81,1
Vendeurs et salariés du commerce	75,3
Emplois de bureau non qualifiés	71,0
Enseignement primaire et assimilé	67,2
Emplois de bureau qualifiés	50,3

Part des femmes dans la population ouvrière (%) :

Ouvriers qualifiés	7,9
Ouvriers non qualifiés	36,2
Total ouvriers	**19,4**

BIT-INSEE

portrait

KATEB YACINE

a pris sa valise

De son vrai nom Mohammed Khellouti, Kateb Yacine, « monstre sacré » de la littérature maghrébine selon Rachid Mimouni, est mort à Grenoble d'une leucémie, le 28 octobre 1989 à soixante ans.

Kateb Yacine au carrefour de trois langues

Kateb Yacine est devenu un emblème de la revendication de la démocratie linguistique teintée — il est vrai — d'un soupçon de populisme.

Kateb écrit d'abord en français et s'est expliqué sur ce chapitre tant sur le registre de la nécessité —c'était son seul outil (d'expression écrite) — que sur le plan de l'efficacité dans sa lutte contre le colonialisme : « écrire en français pour dire en français aux Français que nous n'étions pas Français ».

Le rapport de Kateb à la langue berbère est empreint de beaucoup de subjectivité.

La langue arabe, c'est le lien rompu, c'est l'exil dans le silence (la rupture du « lien ombilical », l'arrachement).

Mohamed-Lakhdar Maougal

L'œuvre de Kateb Yacine

En français

Soliloques, Imprimerie du Réveil bônois, poèmes, Bône, 1946, épuisé.
Abdelkader et l'indépendance algérienne, Alger, 1948, Editions En-Nahdha, épuisé.
Poèmes de l'Algérie opprimée, Alger, En-Nahdha, 1948, épuisé.
Nedjma, Le Seuil, 1956, 256 p.
Cent mille vierges, Editions J.-P. Oswald, 1958.
Le Cercle des représailles, Le Seuil, 1958, 169 p.
 Comprend : Théâtre : *Le Cadavre encerclé, La Poudre d'intelligence, Les Ancêtres redoublent de férocité;* Poésie : *Le Vautour.*
Le Polygone étoilé, Le Seuil, 1966, 182 p.
L'Homme aux sandales de caoutchouc, Le Seuil, 1970, 288 p.
L'œuvre en fragments, Editions Sindbad, 1986, 446 p.

Inédit, en arabe

Le Roi de l'Ouest (1967).
Mohammed, prends ta valise (1971).
Saout Ennisa (La voix des femmes) (1972).
La Guerre de deux mille ans (1974).
La Palestine trahie (1977).

Jeux de langage

Poème

Des draps blancs dans une armoire
Des draps rouges dans un lit
L'enfant dans sa mère
Sa mère dans les douleurs
Le père dans le couloir
Le couloir dans la maison
La maison dans la ville
La ville dans la nuit
La mort dans un cri
Et l'enfant dans la vie

Jacques Prévert
Paroles, Gallimard 1949

Expressions imagées

Pour nous recevoir, elle a mis les petits plats dans les grands! Mangeons, j'ai l'estomac dans les talons! Moi aussi, j'ai une faim de loup et je vais manger comme un ogre!

FÊTES À SOUHAITER
DÉCEMBRE

Alice, Barbara, Daniel, David, Étienne, Florence, Gérald, Lucie, Nicolas, Ninon, Odile, Roger, Sylvestre, Viviane

Métamorphoses

Hier j'étais un arbre
Aujourd'hui je suis un crayon
Demain je serai un poème

Hier j'étais...
Aujourd'hui je suis...
Demain je serai...

A vous! Choisissez un objet et suivez-le dans sa vie et ses métamorphoses.

Proverbes

Il faut manger pour vivre et non pas vivre pour manger. Comme on fait son lit on se couche

Femmes célèbres de l'histoire

Qui sont-elles? Marie-Antoinette, Jeanne d'Arc, Madame de Maintenon, Madame Curie, Marguerite Duras, George Sand, Marie de France. Et encore?...

★ VOTRE HOROSCOPE ★

CAPRICORN
22 Décembre–20 Janvier

Amour: L'être idéal est avec vous: ne regardez pas ailleurs.
Carrière: Vous avez raison d'être prudent, demandez l'avis de vos supérieurs.
Argent: C'est le moment de faire des économies, pas d'achats spontanés.
Santé: Attention aux changements de température. Pas d'imprudences.

VERSEAU
21 Janvier–19 Février

Amour: Dans votre cas, il n'y a que la vérité.
Carrière: Ne travaillez pas seul, la coopération est le secret des entreprises modernes.
Argent: Vous comptez toujours, mais parfois la générosité est une meilleure résolution.
Santé: Sortez, prenez l'air, faites du sport. Vous avez besoin d'oxygène!

★★★★★★★★★★★★★★★★★★★★★★★★★★★★★★★★★★★★★★★

Une invitation chez les Dumas

LEÇON

En bref

INSIDE STORES AND REST-AURANTS • CASH, CHECK, OR CREDIT CARD: MAKING PURCHASES • READING MENUS AND ORDERING MEALS • ABOUT DINING PRACTICES AND HOSPITALITY AMONG FRENCH-SPEAKING PEOPLE

◄

*Qu'est-ce qu'on vend au marché?
(Malaucène
[Provence], France)*

271

Vocabulaire

Alain et Sophie Dumas ont des invités importants ce soir: le patron de Sophie et sa femme. Alors, ils sont très occupés.

A. D'abord, ils doivent faire les courses. Alain achète des gâteaux et du pain à la boulangerie-pâtisserie, un rôti à la boucherie, 500 grammes de pâté et des tranches de jambon à la charcuterie. Il va aussi à l'épicerie pour acheter deux bouteilles de vin rouge, un litre de lait, deux boîtes de petits pois et deux ou trois fromages.

Sophie va au marché. Elle achète un melon, deux kilos de pommes de terre, un kilo de carottes, un kilo de tomates et des champignons.

- Qu'est-ce que Sylvie et Alain achètent? À votre avis, qu'est-ce qu'ils vont préparer pour ce soir?

une nappe

une serviette
une assiette à soupe

une assiette

une fourchette

un couteau

un verre

une petite cuillère

une cuillère à soupe

B. Ensuite, ils mettent la table.

- Qu'est-ce qu'il y a au milieu de la table? Qu'est-ce qu'il y a à gauche des assiettes? À droite des assiettes? Qu'est-ce qu'il y a devant les verres? Pourquoi est-ce qu'il y a deux fourchettes? Deux verres?

une plante verte

un morceau de fromage

C. Mais dans la cuisine, il y a des problèmes… La sauce a débordé, le chat a renversé le lait, le chien a pris le fromage et le rôti a brûlé.

- Qu'est-ce qu'il n'y a plus pour ce soir?

D. Au restaurant.

SERVEUR:	Vous avez choisi?
MME MICHAUT:	Oui, je vais prendre…
ALAIN:	(Comment est-ce qu'on va payer?)
SOPHIE:	(Qu'est-ce qu'elle va commander?)

- Où est-ce qu'ils mangent ce soir? Pourquoi? Est-ce que les Dumas sont heureux? Pourquoi, à votre avis?

M. et Mme Michaut

de la monnaie

l'addition

une carte de crédit

un chéquier

une tasse

une boîte de chocolats

E. Et à deux heures du matin…

ALAIN: Ce n'était pas un restaurant bon marché!
SOPHIE: Tu parles!

• À votre avis, qu'est-ce que Madame Michaut a commandé? Et Monsieur Michaut? Qui n'a pas pris de dessert? Est-ce qu'ils ont bu du vin? Combien a coûté le repas? À votre avis, est-ce que les Dumas ont payé comptant, par chèque ou avec une carte de crédit?

Le Belvédère

Le 10-4-92

Table C

4 couverts

2 Soupes à l'oignon		
1 Crudités	80	00
1 Pâté maison	30	00
1 Poisson grillé	40	00
1 Steak au poivre vert	90	00
1 Côte d'agneau	110	00
1 Tagliatelle aux champignons	110	00
1 Beaujolais	60	00
1 Eau	90	00
1 Mousse au chocolat	20	00
1 Profiterole	50	00
2 Cafés	50	00
1 Expresso	30	00
1 Thé	20	00
	15	00
Montant	795	00
Service 18 %	143	00
Total	938	00

Autres mots et expressions

apporter *to bring*

combien est-ce que je vous dois?
  how much do I owe you?
un couvert *silverware, place setting*
un doigt *finger*
fermé(e) *closed*
laisser un pourboire *to leave a tip*

une main *hand*
ouvert(e) *open*
un plat *serving dish, dish*
  (of food)
quelle sorte de *what kind of*
tout, toute, tous, toutes *all*

Notes de vocabulaire

A. Assiette/plat. An **assiette** is a *plate*. A **plat** may be either a *serving dish* or the *food* on the serving dish.

B. Payer. The verb **payer** has a spelling change in the present tense. The -y- changes to -i- in all but the **nous** and **vous** forms:

je paie   nous payons
tu paies   vous payez
il ⎫   ils   ⎫
elle⎭ paie   elles ⎭ paient

Note that no preposition is used with **payer:**

Qui va **payer** le repas?   *Who's going to pay for the meal?*

C. Tout. The adjective **tout** means *all.* Here are its forms:

	MASCULINE	FEMININE
Singular	tout	toute
Plural	tous	toutes

In the following sentences, note the pattern **tout** + *definite article* + *noun:*

Ma sœur étudie **tout le temps.**   *My sister studies all the time.*
Tu as **tous les verres?**   *Do you have all the glasses?*
Le bébé du premier étage a   *The baby on the second floor*
  pleuré **toute la nuit.**   *cried all night.*
Toutes les filles sont arrivées. *All the girls have arrived.*

Tout as a pronoun means *all* or *everything:*

Tout va bien?   *Is everything going OK?*
C'est **tout?**   *Is that all? Is that it?*

Here are some common expressions using **tout:**

tout de suite	*right away, at once*
tout le monde	*everyone, everybody*
tout le temps	*all the time*
tous les jours	*every day*
tous les deux	*both*
pas du tout	*not at all*
tout à coup	*suddenly, all of a sudden*
tout à fait	*completely, absolutely*

D. Je n'ai plus faim. Use the expression **Je n'ai plus faim** to say that you have had enough to eat or that you are full.

D'ACCORD?

A. Qu'est-ce qu'on vend?

1. Dans une boulangerie: du jambon, des lits, des croissants, des chaussures, du pain, des bonbons, du chocolat, des ascenseurs.
2. Dans une charcuterie: du pâté, du saucisson, des livres, des plantes vertes, des crayons, du jambon.
3. Dans une boucherie: des cadeaux, des gants, des fraises, un rôti, des machines à écrire, de la viande.
4. Dans une pâtisserie: des jupes, des gâteaux, des boîtes de chocolats, des tartes, des fauteuils, des pâtisseries, des couteaux, de la glace, des tomates.
5. Dans une épicerie: du sucre, du café, des chapeaux, du fromage, des légumes, des plats surgelés, des pulls, des tapis, du thé, des boîtes de conserve.

B. Associations: kilo, bouteille, boîte, morceau ou tranche? Quel mot— *kilo, bouteille, boîte, morceau* ou *tranche*—est-ce que vous associez avec les produits suivants?

• **MODÈLE:** du saucisson
  tranche, morceau...

1. du lait
2. des tomates
3. de la soupe
4. du vin
5. du fromage
6. des petits pois
7. des pommes de terre
8. du jambon
9. du pâté
10. des haricots verts

C. *Comment est-ce que vous payez?*

- **MODÈLE:** Vous achetez une veste.
    Je paie comptant (par chèque, avec une carte de crédit).

1. Vous achetez une glace.
2. Vous achetez une robe élégante.
3. Vous restez une nuit à l'hôtel.
4. Vous prenez un repas dans un restaurant bon marché.
5. Vous achetez un ordinateur.
6. Vous allez au cinéma.
7. Vous achetez un gâteau à la pâtisserie.
8. Vous allez au supermarché.

D. *Qu'est-ce qu'on utilise pour manger...*

1. des petits pois?
2. des frites?
3. du poulet?
4. un pamplemousse?
5. une poire?
6. de la salade?
7. une pizza?
8. un sandwich?

E. *Quel cadeau?* Quel cadeau est-ce que vous allez apporter?

- **MODÈLE:** Vous allez dîner chez votre professeur.
    (J'apporte) une boîte de chocolats.

1. Vous allez dîner chez les parents d'un ami.
2. Vous allez pour le week-end dans une famille où il y a beaucoup d'enfants.
3. Vous allez à une fête chez des copains pour l'anniversaire d'une amie.
4. Vous allez dans une famille française pour le mois de juillet.

F. *Chez...* You have just been put in charge of a new French restaurant in your area.

1. Name your restaurant.
2. Establish the menu. Will there be a fixed-price meal? *À la carte* dishes? Which ones? How much will each cost?

A. Au restaurant. How much do you tip in restaurants when you go out?

La carte is a list of the various dishes available in a restaurant. It is the equivalent of the English *menu*. In a French restaurant, **le menu** is a fixed-price meal. You pay one price and get your choice of two or three items in each course listed. It is almost always cheaper to order **le menu** than to order **à la carte**.

The words **service compris (service inclus)** on a menu means that a service charge (usually between 15 and 20 percent) will automatically be added to your bill. An additional tip is not expected, although you may leave a small amount if you wish. If you want to ask whether a service charge is included or not, ask, «**Est-ce que le service est compris?**»

B. Les magasins. Where do you or your family do your grocery shopping?

Although the French often do their shopping at a **supermarché** or even an enormous **hypermarché,** many people like to shop at smaller, more specialized stores in their neighborhoods. Here are some examples:

• **une épicerie**	neighborhood grocery store
• **une boucherie**	beef butcher (also sells mutton)
• **une charcuterie**	pork butcher (also sells chicken, rabbit, and prepared dishes). In many ways, a **charcuterie** resembles a delicatessen.
• **une boucherie-charcuterie**	combination **boucherie** and **charcuterie**
• **une pâtisserie**	pastry shop (may also sell candy and ice cream)
• **une boulangerie**	bread bakery (may also sell cakes and chocolates)
• **une boulangerie-pâtisserie**	combination **boulangerie** and **pâtisserie**

C. Venez dîner! If you're invited to someone's home for dinner, do you bring a gift?

French homes are very private places. People do not just "drop by" unannounced, and an invitation to a meal or a visit is a special privilege. It is considered polite to bring a gift if you are invited to eat at someone's home, usually candy (especially chocolates) or flowers. It is also important to thank your host or hostess for an invitation to his or her home when leaving. After a longer stay, a thank-you note will make a good impression.

D. Le marché. What ideas come to mind when you think of an open-air market?

The **marché** *(market)* is a common sight in French cities and towns. **Le marché** takes place at least once a week in a central location. Farmers from neighboring villages come to sell their fresh produce. You can also buy dairy products, **charcuterie,** inexpensive clothing, and various other items. Prices at the market are usually similar to the prices in grocery stores, but the freshness of the produce causes many people to make a special effort to go to the **marché** once or twice a week.

E. « C'est moi qui invite ». It's been a great meal but now it's time to pay the check. How do you decide who pays?

When you hear **« C'est moi qui invite »**, you can be sure that the person who said it will pay for the drink or meal. Although **« C'est moi qui invite »** literally means *"I'm the one inviting,"* it is really the equivalent of the English expression *"It's my treat."* It is generally considered polite then for you to offer to pay the next time you are together. However, French students, like Americans, tend to split the bill when they go out together.

Likewise, if you take out a pack of cigarettes or something to eat when in the company of French people, you are expected to offer it around.

STRUCTURE

▶ Le verbe *venir*

The verb **venir** *(to come)* is irregular in the present tense. Notice the double **-n-** in the third person plural form:

je viens   nous venons
tu viens   vous venez
il ⎫ vient   ils   ⎫ vien**n**ent
elle⎭   elles⎭

Il **vient** manger chez nous   *He's coming to eat at our house*
   après le film.   *after the movie.*

Venir is conjugated with **être** in the *passé composé*. The past participle of **venir** is **venu:**

Elle **est venue** le premier   *She came on the first of*
   février.   *February.*

The *imparfait* of **venir** is regular:

> Ils **venaient** toujours à   *They always came at*
> huit heures.   *eight o'clock.*

Venir + **de** + *infinitif* means *to have just* + *verb (past participle)* or the equivalent expression in the simple past:

> Je **viens de manger.** Je n'ai   *I've just eaten. (I just ate.) I'm*
> plus faim.   *not hungry anymore.*

Vous avez compris?

A. *Une réunion de famille* Thérèse et Vincent Dubois are hosting a family reunion. Use a present tense form of *venir* to complete their conversation.

> THÉRÈSE: Suzanne _vient_ avec ses parents?
> VINCENT: Non, elle et son petit ami _viennent_ ensemble.
> THÉRÈSE: Bon, d'accord, et ton père, il _vient_, n'est-ce pas?
> VINCENT: Oui, et Paulette Gilmard _vient_ avec lui.
> THÉRÈSE: Et toi, tu _viens_ ou non?
> VINCENT: Moi, je ne sais pas. Je dois travailler, mais, oui, je _viens_!

B. *Après la réunion de famille* Some family members didn't leave with the people they came with. Use *venir* and *partir* in the *passé composé* to say this.

1. Cédric Rasquin _____ avec sa mère et son mari (son beau-père) mais il _____ avec son père.
2. Jacques Dubois et Paulette Gilmard _____ ensemble mais Paulette _____ seule.
3. Suzanne _____ avec son petit ami mais elle _____ avec ses parents.
4. Jean Rasquin _____ seul mais il _____ avec son fils.

C. *Les habitudes* M. Caron, the owner of the Café de la Poste, is discussing the habits of his clientele when he first opened several years ago. Say this using the *imparfait* of *venir*.

• **MODÈLE:**   M. Ségal (tous les jours pour l'apéritif)
>   M. Ségal venait tous les jours pour l'apéritif.

1. Mme Ségal (ne jamais)
2. M. Meunier (tout le temps)
3. M. Piette et sa femme (le dimanche)
4. Mlle Lagarde et M. Renglet (quelquefois le samedi)

D. *Ce n'est pas vrai!* Candide cannot believe what everybody has just done. Say this using *venir de* + *infinitive*.

1. Michel et Sandrine / partir à Nice!
2. Il est huit heures du matin et tu / manger une pizza!
3. Vous / acheter une voiture de sport! Avec quel argent!?
4. Jean-Pierre / vendre son ordinateur!
5. Alceste / rire *(laugh)*!

▶ Les expressions de quantité

Expressions of quantity are followed by **de** + *noun*. There is no article. Expressions of quantity may be either nouns **(un verre de lait)** or adverbs **(trop de lait).** In both cases, the pattern is *quantity expression* + **de (d')** + *noun:*

Tu veux **un morceau de fromage?**	*Do you want a piece of cheese?*
Il mange **trop de chocolat.**	*He eats too much chocolate.*

Here is a list of quantity expressions that you already know:

assez de	*enough*
une assiette de	*a plate of*
beaucoup de	*a lot of*
une boîte de	*a box of*
une bouteille de	*a bottle of*
un kilo de	*one kilo of*
un morceau de	*a piece of*
un peu de	*a little, a little bit of*
une tasse de	*a cup of*
une tranche de	*a slice of*
trop de	*too much, too many*
un verre de	*a glass of*

RAPPEL!

1. When talking in general and after verbs such as **aimer** and **détester,** use **le, la, l',** or **les** (definite articles):

Je n'aime pas **les petits pois!**	*I don't like peas.*
Les petits pois sont bons pour toi.	*Peas are good for your health.*

2. When you are not talking in general, use either the indefinite article or the partitive article:

   a. If you are talking about things you can count, use **un, une,** or **des** (indefinite article):

   Tu veux **des petits pois?**   *Do you want (some) peas?*

   b. If you are talking about things that you cannot count, use **du, de la,** or **de l'** (partitive article):

   Tu veux **du lait?**   *Do you want (some) milk?*

3. After expressions of quantity, use **de** followed directly by a noun (no article):

   Tu veux **un verre de lait?**   *Do you want a glass of milk?*
   Il boit **beaucoup de lait.**   *He drinks a lot of milk.*

4. After negative expressions, **un, une, du, de la, de l',** and **des** all become **de (d').** **Le, la, l',** and **les** remain the same:

   Lui, il aime **les** vieilles maisons mais elle n'aime pas **les** vieilles maisons. Elle préfère les appartements modernes.
   Alors, il a **une** vieille maison mais elle n'a pas **de** maison du tout.

   Il n'y a plus **de** lait dans le frigo.
   Candide ne boit jamais **de** vin.

Vous avez compris?

A. ***Combien?*** Complete each sentence with an expression of quantity that makes sense.

1. Patrick a bu _____ vin: il est malade.
2. Je n'ai pas _____ argent: je dois aller à la banque.
3. Les Lange ont _____ travail: ils ont huit enfants, deux chiens et une grande maison.
4. J'ai _____ monnaie, mais pas assez pour acheter une glace.
5. Est-ce que vous prenez _____ sucre ou _____ lait dans votre café?
6. Bonjour, madame. Je voudrais _____ haricots verts, _____ lait, _____ saucisson, _____ soupe aux tomates, _____ fromage et _____ vin blanc, s'il vous plaît.

B. ***Le frigo de Mlle Piggy*** Complete using one of the following: *un, une, d', des, le, la, l', les, du, de la, de l', de.*

Mlle Piggy aime Kermit la grenouille *(frog)* et elle aime aussi manger! Elle aime _____ gâteaux au chocolat, _____ glace et _____ bonbons. Elle aime aussi _____ tarte aux pommes et _____ pâtisseries. Maintenant, la pauvre Mlle Piggy est au régime parce que Kermit

trouve qu'elle est trop grosse. Alors, dans son frigo, il y a beaucoup
_____ légumes et _____ fruits. C'est tout. Le matin, elle prend
_____ tasse _____ thé et un morceau _____ pain. À midi, elle
prend _____ yaourt ou _____ assiette _____ crudités. Le soir, elle
prend _____ salade avec _____ verre _____ lait. Elle ne mange
jamais _____ frites et elle ne boit plus _____ bière. Mais elle peut
prendre un peu _____ vin.

Mais, même *(even)* quand Mlle Piggy est mince et n'est pas au
régime, il n'y a pas _____ jambon dans son frigo! Et est-ce qu'il y a
_____ cuisses de grenouille *(frogs' legs)*? Mais non, il n'y a pas
_____ cuisses de grenouille! Quelle horreur!

► Les pronoms relatifs *qui* et *que*

Relative pronouns relate or connect two sentences that share the same
noun so that you can develop an idea or specify what you are referring to.
When two sentences are connected by a relative pronoun, each one (now
part of the new sentence) is called a clause:

J'entends un enfant. L'enfant
pleure.

J'entends un enfant **qui** pleure.

C'est le professeur. Tu cherchais
ce professeur.

C'est le professeur **que** tu
cherchais.

*I hear a child. The child is
crying.*

I hear a child who is crying.

*That's the instructor. You were
looking for that instructor.*

*That's the instructor whom you
were looking for.*

Qui

1. **Qui** is used as a subject. (It is usually followed directly by its verb.)
2. **Qui** may refer to either people or things. The English equivalent of
qui may be *who, that,* or *which*:

Voilà **le professeur qui** a travaillé avec Janine la semaine dernière.
(**qui** = *person*)
J'ai trouvé **une robe qui** est très belle. (**qui** = *thing*)

3. The verb following **qui** agrees with the noun that **qui** replaced:

C'est **moi qui suis** malade!

4. The **-i** of **qui** is never dropped in front of a vowel sound.

Que

1. **Que** is used as a direct object. (It is usually followed by the noun or
pronoun that is the subject of the clause.)

2. Que may refer to either people or things. The English equivalent of **que** may be *who, whom, which,* or *that,* or it may even be omitted. **Que** may not be omitted in French:

C'est **l'homme que** j'ai rencontré hier. (**que** = *person*)
C'est **le livre qu'**il a acheté hier. (**que** = thing)

3. The **-e** of **que** is dropped before a vowel sound.

RAPPEL!   The words **qui** and **que** are also used as interrogative pronouns:

INTERROGATIVE PRONOUNS (at the beginning of a sentence)	RELATIVE PRONOUNS (in the middle of a sentence)
qui = *who?* **que** = *what?*	**qui** = subject (*who, that, which*) **que** = direct object (*whom, which, that*)

Qui parle? (**qui** = *interrogative pronoun*)
C'est le professeur **qui** parle. (**qui** = *relative pronoun*)

Qu'est-ce que tu cherches? (**que** = *interrogative pronoun*)
Je cherche le livre **que** j'avais hier. (**que** = *relative pronoun*)

Vous avez compris?

A. *Arnaud et les femmes*   Complétez par *(by) qui* ou *que.*

— Voilà Arnaud!
— C'est un étudiant _____ habite dans notre résidence, n'est-ce
    pas?
— Oui. C'est un homme _____ toutes les femmes trouvent beau.
— Et toi?
— Moi, je n'aime pas les hommes _____ sont trop beaux, mais
    j'adore les hommes _____ sont intelligents.
— Et Arnaud est intelligent?
— Pas très, non! Mais voilà Aurélie.
— Qui est Aurélie?
— C'est l'étudiante _____ sort avec Arnaud... C'est une fille
    _____ je déteste!
— ...

B. *Une nouvelle maison*   Complétez par *qui* ou *que.*

M. Bovy vient de trouver une maison: J'ai trouvé une maison _____
j'adore. Il y a un jardin _____ est très grand, avec des arbres _____
sont très vieux et des fleurs _____ ma femme va beaucoup aimer. Il
y a des pièces _____ sont claires, une cuisine _____ j'aime beaucoup, une piscine _____ les enfants vont adorer et trois salles de
bains _____ mes filles vont beaucoup utiliser!

EXERCICES D'ENSEMBLE

A. *Qu'est-ce qu'on vient de faire?* Account for how everybody is feeling now by telling what they just did to get that way. Use *venir de* + *infinitif.*

- MODÈLE: Tu n'as plus soif!
           Tu viens de boire un Coca-Cola.

1. Il a soif.
2. Nous sommes fatigués.
3. Nous n'avons plus d'argent.
4. Ils sont malades.
5. J'ai très froid.
6. Elle a très chaud.
7. Elle est contente.
8. Il est très triste.

B. *Un gâteau* Martine is getting ready to make a cake. Use appropriate articles *(le, la, l', les, un, une, des, du, de la, de l', de, d')* to complete the passage to find out what kind of cake she is making.

— Je vais faire _____ gâteau. Voyons *(Let's see).* J'ai besoin de trois œufs, 200 grammes _____ farine *(flour),* 100 grammes _____ beurre et _____ petit verre _____ rhum *(rum)...* Je mets _____ œufs et la farine dans _____ grand plat. Mais je n'ai pas _____ rhum! Est-ce que je peux aller à _____ épicerie? Non, j'ai trop _____ travail. Paulette, Paulette!

— Oui, qu'est-ce que tu veux?

— _____ bouteille _____ rhum.

— Du rhum? Pourquoi?

— Pour faire _____ gâteau.

— _____ gâteau avec du rhum? Mais moi, je n'aime pas _____ rhum.

— Mais c'est délicieux! Est-ce que tu peux aller chercher _____ rhum? Et aussi _____ beurre et un peu _____ lait?

— Mais j'ai beaucoup _____ devoirs!

— Bon, d'accord. Alors, on va faire _____ gâteau au chocolat. Ça va?

C. *Un peu d'imagination!* Complétez ces phrases.

1. Voilà une femme qui...
2. Voilà un homme que...
3. J'aime les professeurs qui...
4. C'est une université qui...
5. C'est un exercice que...

D. *Et vous?*

1. De quelle ville venez-vous?
2. De quelle ville vient votre professeur?
3. Est-ce que vous faites assez de sport?
4. Est-ce que vous avez trop de travail?
5. De quoi est-ce que vous n'avez pas assez?

Échanges

A. **Une publicité pour les tissus de Provence, Les Olivades** *(ad for a fabric trademark from Provence, Les Olivades).*

Arts et Décoration, No. 295, Juillet–Août 1990.

1. Regardez bien la photo. C'est quel repas? Où se trouve la table? Qu'est-ce qu'il y a sur la table? Qu'est-ce qu'il n'y a pas sur la table?
2. Vous devez faire une photo pour *Les Olivades*, pour une publicité dans votre pays *(for an ad in your country)*. Vous voulez respecter la culture de votre pays. Comment va être votre photo? (C'est quel repas? Qu'est-ce qu'il y a sur la table? Qu'est-ce qu'il n'y a pas sur la table? Etc.)

Restaurant Snack

LIPP

8, rue Haldimand. P. Mader
Tél. 23 75 28

Ouvert tous les jours dès 6 h. 30,
dimanche dès 11 h.
Restauration chaude de 11 h. à 23 h.,
dimanche de 11 h. à 22 h.

salades

Crudités et salades préparées à l'huile
de tournesol pure.

1	**Assiette de crudités**	5.20
2	**Assiette du jardinier**	6.90

choix de légumes selon saison :
baby-carottes, salsifis, haricots verts,
petits pois, demi-tomate grillée,
asperges, légume du jour

3	**Assiette hors-d'œuvre**	7.50

jambon cuit, terrine, sardine, demi-œuf
cuit dur, asperges, tomate, salade céleri

4	**Chef's salade**	7.50

salade, jambon émincé,
gruyère, céleri, tomates

5	**Salade niçoise**	7.50

comme sur la Côte... salade, tomates,
olives, anchois, poivrons, sardines, œuf dur

les pâtes

6	**Spaghetti** ou	
7	**Tagliatelle**	
N	**Napolitaine**	6.50

sauce tomate, parmesan et beurre

B	**Bolognaise**	7.50

sauce à la viande de 1er choix
parmesan et beurre

8	**Lasagnes vertes** au four	8.50

pizza

9	**Pizza napolitaine**	7.—

tomates, fromage, épices, anchois

10	**Pizza Margherita**	7.—

tomates, fromage, épices

11	**Pizza sicilienne**	8.—

tomates, fromage, jambon,
poivrons, œufs, anchois, épices

12	**Pizza Romana**	8.—

tomates, fromage, olives,
jambon, champignons

13	**Pizza fruits de mer**	8.—

tomates, fromage, fruits de mer

14	**Pizza 4 saisons**	8.—

tomates, fromage, poivrons, œufs,
anchois, fruits de mer, jambon

15	**Pizza Lipp**	9.—

tomates, fromage, crevettes

spécialités

16	**T-Bone steak** 300 g	25.50

côte de bœuf avec filet, très tendre
garniture et sauce au choix

17	**Châteaubriand** 400 g	45.50

pour 2 pers.
garniture et sauce au choix

18	**Entrecôte double** 400 g	38.50

pour 2 pers.
garniture et sauce au choix

19	**Rognon de veau** 180 g	22.50

sauté au beurre avec ail et jus de
citron, flambé au cognac, garni de riz

20	**Cuisses de grenouilles** 300 g	16.50

avec ail, échalotes, herbes
de Provence, flambées au cognac

21	**US-Beef** 200 g	22.50

selon arrivage. La viande de bœuf US
est d'une tendreté réputée. Elle est
persillée et d'un goût extrêmement fin.
Ses qualités proviennent du fait que ce
sont des bêtes très jeunes, sévèrement
sélectionnées et nourries au maïs.

les viandes

Nos prix comprennent une garniture et une sauce
à votre choix

22	**Steak haché** 120 g	8.50

préparé avec de la viande de pur
bœuf haché, maigre et fraîche

23	**Escalope de veau** 100 g	12.50

nous vous la conseillons nature
ou aux champignons

24	**Steak de bœuf** 100 g	11.50

très tendre

25	**Entrecôte** 1er choix 180 g	18.50

Garnitures

pf	Pommes frites, légumes
pn	Pommes natures
r	Riz
t	Tagliatelle
sp	Spaghetti
sal	Salade mêlée

Sauces

Choisissez

m	Mexicaine
ch	Champignons
cp	Café de Paris
pc	Poivre concassé nature
pv	Poivre vert
w	Woronoff : avec romarin, thym, basilic, whisky, jus de viande, champignons de Paris et crème fraîche

notre spécialité

Fondue bourguignonne
(min. 2 personnes)   par pers.   **15.80**
servie avec 150 g de viande de bœuf
très tendre, par personne, pommes
frites. Pour une personne seule   **17.—**
Supplément de viande 200 g   **10.—**
Supplément sauce et pommes frites   gratuit

pour nos petits canards uniquement

2 tranches de jambon	5.50

pommes frites

Mini steak, pommes frites	6.—
Mini escalope de porc riz	5.50
Mini portion spaghettis	4.—

bolognaise ou napolitaine

Coupe Donald	3.—

1 boule de glace, salade de fruits

Sirop	gratuit

glaces

Fabrication maison
Vanille, fraise, pistache, mandarine,
chocolat, mocca

2 parfums nature	3.—
2 parfums avec Chantilly	3.50
Meringue glacée Chantilly	4.50

2 parfums de glace au choix

Meringue Chantilly	3.50
1 portion crème Chantilly	2.—

milk shakes

Maxi frappé 1/2 l	3.50

Parfums : vanille, fraise, pistache,
mandarine, chocolat, mocca

B. ***Un dîner intime*** Claude and Dominique have known each other for a year and one has invited the other home for a romantic dinner.

  1. Decide who has invited whom (the names Claude and Dominique may refer to either males or females).
  2. Plan the menu.
  3. Make a shopping list.
  4. Describe what the table will look like.

C. ***Au restaurant Lipp à Lausanne*** Here are some people who have eaten at the restaurant Lipp. Look at the menu on page 288 and then decide what they ordered.

  1. Les Mercier: M. Mercier, 36 ans, médecin; Mme Mercier, 35 ans, femme au foyer. Ils ont mangé au restaurant Lipp avec leurs deux enfants (2 ans et 5 ans) le dimanche 15 février à midi.
  2. M. et Mme Spalding: M. Spalding, 70 ans, retraité, était professeur de français dans une université américaine; Mme Spalding, 68 ans, était professeur d'allemand dans une université américaine. Ils ont déjeuné au restaurant Lipp le mardi 8 juillet. M. Spalding était au régime.
  3. Christophe, Étienne et Brigitte: des étudiants entre 18 et 20 ans. Ils sont arrivés au restaurant à 22 h 30 (après le cinéma) le samedi 22 avril. Ils avaient très faim.
  4. Alceste et Candide: Ils sont arrivés au restaurant à 18 heures le vendredi 19 octobre avant d'aller au cinéma. Candide avait très faim. Alceste ne voulait pas passer des heures au restaurant parce que le film commençait à 19 heures.

D. ***Conversation en français*** You have been spending your summer traveling in Europe. It's the middle of August, and you are in Lausanne. It's 2 o'clock in the afternoon and you are very hungry but you are not very rich! You go into the Restaurant Lipp, sit down, get a menu, and order.

L·E·C·T·U·R·E
——— Êtes-vous un ours bien léché? ———

▶ **Préparation à la lecture**

À faire et à ne pas faire dans un dîner chez des amis. Faites deux listes.

  Faire: Ne pas faire:

▶ Activités de lecture

De quoi s'agit-il?

A. Regardez le format, les dessins et la présentation de ce document. Décidez de quel type de texte il s'agit. Est-ce que c'est...

un livre d'enfant
un résumé de livre
un sondage
un examen de français
un questionnaire de sociologie
un jeu-test

B. Quel est le sujet du document? Choisissez la meilleure réponse.

1. Les animaux dans la maison
2. Quel cadeau choisir pour mon hôtesse?
3. Savez-vous choisir les fleurs?
4. Le savoir-vivre en société
5. Comment choisir des cadeaux pour les enfants?

À la recherche des détails

A. Il y a cinq catégories dans le texte (A, B, C, D, et E). Laquelle discute:

les cadeaux à donner?
les façons d'inviter?
les façons de parler à ses invités?
les remerciements pour les cadeaux?
les appréciations sur les boissons?

B. Cherchez des cadeaux possibles à apporter quand vous êtes invité à dîner et dites dans quelles circonstances ils conviennent.

Apprenons

A. **Les mots et les expressions**

1. Donnez un équivalent pour les mots et les phrases en italique:

A2: écrire *un petit mot*
C2: vous *reléguez* les fleurs à la cuisine
C3: vous *placez* les fleurs sur la table
E2: vous *assortissez* la valeur du bouquet au niveau social de votre hôte
E7: vous arrivez *les mains vides*

LE TEST DE LA VIE

ÊTES-VOUS UN OURS BIEN LÉCHÉ ?

GABS.

Quel homme, quelle femme êtes-vous en société ?

A. *BRISTOL ?*
Quand vous invitez, vous préférez :

1 • Passer un simple coup de téléphone : « Venez, on s'amusera beaucoup »	○
2 • Ecrire un petit mot : ça précise bien les choses ...	○
3 • Dire : « Venez, et apportez quelque chose »	○

B. *ALORS, C'EST PAS BON ?*
Vous recevez des amis à dîner :

1 • Insistez-vous interminablement pour qu'on reprenne des plats ?	○
2 • Vous ne faites jamais d'erreur, du genre : servir un plat qu'un invité n'aime pas	○
3 • ...En disant, en outre : « Mangez donc, pour me faire plaisir »	○
4 • Avez-vous déjà dit, ne serait-ce qu'une seule fois, l'une des phrases que voici : « Prenez-vous du fromage, ou pas ? », « Voulez-vous vous resservir ? », « Prendrez-vous une quatrième part de gâteau ? », « Encore un peu de poulet ? », « Vous aimez ça, ne vous gênez pas, reprenez-en ! »	○

C. *COMME C'EST GENTIL !*
L'un de vos invités apporte des fleurs ou un petit cadeau :

1 • Vous exhibez fleurs et cadeau à la ronde, et spécialement à ceux qui n'ont rien apporté	○
2 • Vous reléguez les fleurs à la cuisine : on s'en occupera plus tard !	○
3 • Vous placez les fleurs sur la table du repas ou, tout au moins, bien en vue dans la salle à manger	○

D. *AÏE, LA PLANTE !*
On sert, chez des amis, un vin que vous détestez :

1 • Vous dites « Non merci, je ne bois qu'entre les repas »	○
2 • Vous demandez de la bière, ou de l'eau	○
3 • Vous vous laissez servir mais vous maintenez le vin dans le verre au « top niveau »	○
4 • Vous verser subrepticement le contenu de votre verre dans une plante à votre portée	○
5 • Vous buvez sans sourciller jusqu'à la lie	○
6 • Vous retournez votre verre en posant le couteau dessus pour qu'on ne puisse pas vous servir	○
7 • Vous buvez et rebuvez en pensant : « Qu'importe le vin pourvu qu'il y ait de la joie »	○

E. *ON LEUR ACHÈTE QUOI ?*
En général, quand vous êtes invité chez des amis,

1 • Vous apportez des fleurs	○
2 • Vous assortissez la valeur du bouquet au niveau social de votre hôte	○
3 • Vous assortissez la valeur du bouquet au degré d'affection que vous lui portez	○
4 • Vous apportez une petite plante verte : c'est plus durable et souvent moins cher	○
5 • Si vos amis ont un ou des enfants, vous apportez un jouet	○
6 • Ou des bonbons : c'est moins cher	○
7 • Vous arrivez les mains vides, pour ne pas contraindre vos amis à apporter « quelque chose » à leur tour, quand ils viendront chez vous	○

La Vie, mars 1987

2. *Les préfixes.* D'après le contexte et les familles de mots, devinez le sens des mots suivants et celui de leur préfixe:

B1: reprendre   B4: resservir   D6: retourner   D7: reboire

B. **La culture française: la politesse en France** Trouvez dans ce texte les gestes, les expressions, les habitudes, et les rites spécifiquement français.

▶ Après la lecture

A. *Décidons*

1. Cherchez dans le texte les phrases qu'on dit pour:

a. inviter quelqu'un   c. refuser de boire
b. présenter un plat à un invité

2. Faites le test et demandez la signification de votre résultat à votre professeur.

B. *Discutons la culture française*

1. Identifiez dans le texte les gestes et expressions qui appartiennent à la fois à votre culture et à la culture française.

2. Quand on connaît mal une culture, l'intelligence, la sensibilité guident les étrangers. Préparez une liste de questions pour découvrir les rituels et les codes de politesse dans un pays francophone.

▶ Mise en pratique: Une lettre de remerciement

A. *Préparation*

1. Pourquoi est-ce qu'on invite? Faites une liste d'invitations possibles: pour une soirée, pour…

2. Trouvez des adjectifs pour décrire les invitations: une soirée délicieuse… un dîner…

3. Complétez ces descriptions pour exprimer… Le dîner était… La soupe était… Le dessert était… Tout était… J'ai aimé… J'étais heureux (-euse) de…

B. *« Un petit mot » pour remercier vos hôtes*

Pour commencer: À qui écrivez-vous? (Déterminez le style.)
Pour quelle raison: dîner, séjour… ? Où? Avec qui?
Choisissez: «Cher monsieur, Chère madame, Chère mademoiselle, Chers amis, Mon cher Paul… »
La lettre: «Merci mille fois (beaucoup, infiniment) pour… » Précisez où et quand. Décrivez l'événement et exprimez votre appréciation. Mentionnez les autres personnes ou choses importantes. Enfin, ajoutez une petite note personnelle pour exprimer votre propre reconnaissance.

Pour terminer: «Merci encore.» Et choisissez, d'après votre hôte, «Amicalement, Très amicalement, Respectueusement, Cordialement, Avec toutes mes amitiés… »

Orthographe et prononciation

▶ L'alphabet et les sons

It is true that in both English and French, the relationship between sounds and how they are written is far from straightforward. In English, for example, the sound represented by the letter **f-** in the word *full* can also be spelled **-ff** (*puff*), **-gh** (*tough*), **-ph-** (*telephone*), and even **-lf** (*half*)! To make matters even more complicated, a letter combination like **-gh-** may represent more than one sound (*laugh, daughter, ghost, through*).

Likewise, in French, the sound represented by the letter **k-** in a word like **kilo** may also be spelled **c- (cours, combien)**, **-cc- (d'accord)**, **-q (cinq)**, or even **qu- (qui, quoi)**. Similarly, the letter **-s-** may represent more than one sound **(disque, disent, trois)**.

In spite of this seemingly chaotic state of affairs, considerable regularity can be found in both the French and English spelling systems. Can you find the regularity underlying the spellings of the words in the pairs below?

| mad | made | bit | bite | set | seat | bet | beat |
| not | note | met | meet | fed | feed | | |

Activité))))

Trouvez la règle Look at the list of words below. How many ways can you find to spell the sound **é** as in *étudiant?*

| écouter | vous avez | elle est entrée | mes |
| manger | les | janvier | chez |

Vocabulaire de base

NOMS
l'addition *(f.) restaurant bill, check*

une assiette (de) *plate (of)*
une boîte (de) *can (of), box (of)*
une bouteille (de) *bottle (of)*

une boucherie *butcher shop*
une boulangerie *bakery*
la carte *restaurant menu*

une carte de crédit *credit card*
une charcuterie *pork shop, delicatessen*
un chèque *check*
un couteau *knife*
une cuillère *spoon*
une cuillère à soupe *soup spoon, tablespoon*
un doigt *finger*
une épicerie *grocery store*
une fourchette *fork*
un(e) invité(e) *guest*
un kilo (de) *one kilogram (of)*
une liste (de) *list (of)*
une main *hand*
un marché *market*
un morceau (de) *piece (of)*
une pâtisserie *pastry shop, pastry*

une petite cuillère *teaspoon*
une plante verte *houseplant*
un plat *serving dish, dish of food*
une serviette *napkin*
une tasse (de) *cup (of)*
une tranche (de) *slice (of)*
un verre (de) *glass (of)*

ADJECTIFS

bon marché *(invar.)* *cheap, inexpensive*
fermé(e) *closed*
ouvert(e) *open*
tout, tous, toute, toutes *all*

DIVERS

assez (de) *enough (of)*
à droite (de) *to/on the right (of)*

à gauche (de) *to/on the left (of)*
au milieu (de) *in the middle (of)*
pas du tout *not at all*
quelle sorte de... ? *what kind of . . . ? what sort of . . . ?*
tous les deux, toutes les deux *both*
tous les jours *every day*
tout à fait *absolutely, completely*
tout de suite *right away, at once*
trop (de) *too much (of)*

VERBES

apporter *to bring*
commander *to order*
payer *to pay*
venir *to come (conj. with* être*)*
venir de *to have just*

Vocabulaire supplémentaire

NOMS

une assiette à soupe *soup plate*
une boîte de chocolats *box of chocolates*
une boulangerie-pâtisserie *bakery which also sells pastries*
un chéquier *checkbook*
un couvert *silverware, place setting*
un gramme (de) *one gram (of)*
un litre (de) *one liter (of)*
le menu (à... francs) *fixed-price meal (at . . . francs)*
la monnaie *change, coins*
une nappe *tablecloth*
une sauce *sauce, gravy*

VERBES

brûler *to burn*
déborder *to spill over*
préparer *to prepare*
renverser *to knock over*

DIVERS

à la carte *à la carte*
c'est moi qui invite *it's my treat, I'm paying*
combien est-ce que je vous dois? *how much do I owe you?*
est-ce que le service est compris? *is the tip included?*
j'en ai assez *I've had it, I've had enough*
laisser un pourboire *to leave a tip*
mettre la table *to set the table*
payer avec une carte de crédit *to pay by credit card*
payer comptant *to pay cash*
payer par chèque *to pay by check*
service compris *tip included*
vous avez choisi? *are you ready to order?*

LE FRANÇAIS FAMILIER

j'en ai marre = j'en ai assez
j'en ai ras le bol = j'en ai assez

ON ENTEND PARFOIS...

un dépanneur (Canada) = *neighborhood grocery store with late hours*
donner une bonne-main (Suisse) = donner un pourboire
donner une dringuelle (Belgique) = donner un pourboire
gréyer la table (Canada) = mettre la table
un légumier (Belgique) = quelqu'un qui vend des légumes
payer (Afrique) = acheter
une praline (Belgique) = un chocolat

Que faire un jour de pluie?

En bref

NEWSPAPERS
AND MAGAZINES
IN FRANCE •
USING THE
TELEPHONE •
MAIL AND THE
POST OFFICE

◀ *Où sont-ils? Que font-ils?*

295

Vocabulaire

Stéphane, Michel, Béatrice et Nathalie sont des étudiants suisses. Ils viennent de Lausanne et ils font du camping près de La Baule, en Bretagne.

Aujourd'hui, il pleut. Alors, ils ont décidé d'écrire des lettres et de lire des journaux et des magazines. Stéphane veut aussi téléphoner chez lui parce que c'est l'anniversaire de sa mère et Nathalie voudrait téléphoner à un ami qui habite à La Baule, mais elle n'a pas son numéro de téléphone.

A. À la poste. À la poste, Stéphane vient d'acheter une télécarte. Il n'a pas téléphoné de la poste parce qu'il y avait trop de personnes qui attendaient. Alors, il va téléphoner d'une cabine téléphonique. Et Béatrice? Elle a acheté 10 timbres pour cartes postales et deux timbres pour lettres.

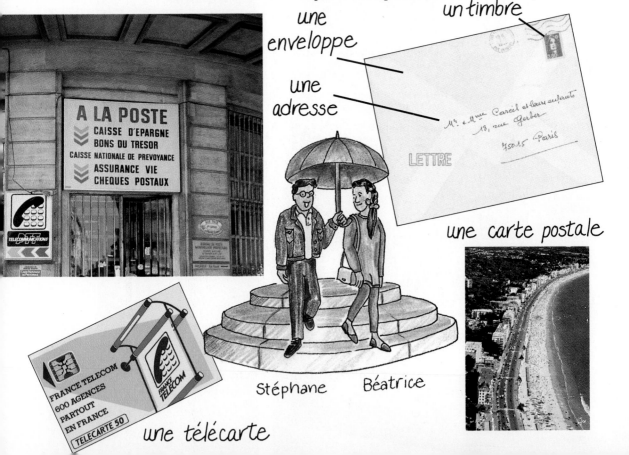

une enveloppe

un timbre

une adresse

une carte postale

une télécarte

Stéphane   Béatrice

Nathalie un annuaire
Michel

une cabine
téléphonique

B. Dans une cabine téléphonique. Stéphane téléphone à Lausanne. Nathalie cherche le numéro de téléphone de son ami dans l'annuaire.

des cartes postales

LIVRES TABACS JOURNAUX

un journal

un magazine

C. Au bureau de tabac. Ils achètent des cartes postales, des bonbons, des journaux et des magazines.

D. Dans un cafe. Béatrice fait son courrier: elle veut envoyer des cartes postales à tous ses amis en Suisse. Stéphane est en train de lire *Ouest France*. Il aime la page des sports parce qu'il adore le football. Il veut aussi lire la météo et les bandes dessinées. En vacances, il déteste les choses intellectuelles. Nathalie est en train de lire *L'Express*. Elle est plus sérieuse que Stéphane. Elle aime la politique et elle veut être au courant des événements importants de la semaine. Elle aime aussi les rubriques littéraires et scientifiques. Michel est en train de lire *Paris Match* parce qu'il adore les photos de ce magazine et parce qu'il aime les articles sur les personnes célèbres.

E.

- Et vous, qu'est-ce que vous aimez faire quand il pleut? Est-ce que vous aimez lire des magazines? Quel magazine préférez-vous? Qu'est-ce que vous aimez lire dans le journal? Quand vous êtes en vacances, est-ce que vous aimez écrire des cartes postales? Et des lettres?

  Regardez bien la carte postale de Béatrice à Dominique: c'est vrai qu'il faisait beau à La Baule ce jour-là?

Autres mots et expressions

l'amour (*m.*) *love*
un article *article*
une boîte aux lettres *mailbox*
demander (qqch. à qqn)
  to ask (someone for something)
un dessin humoristique *cartoon*
une dissertation *paper*
  (written for a class)
un écrivain *writer*
un facteur *mail carrier*
féminin(e) *feminine*
un(e) journaliste *journalist*
une librairie *bookstore*
la littérature *literature*
masculin(e) *masculine*

mettre une lettre à la poste
  to mail a letter
une nouvelle *piece of news*
passé(e) *last (day, month, etc.)*
les petites annonces (*f.pl.*)
  classified ads
un poème *poem*
poser une question (à qqn)
  to ask a question (of someone)
la publicité *advertising*
une question *question*
un renseignement *piece of
  information*
un roman *novel*
la vérité *truth*

Notes de vocabulaire

A. Cher. The adjective **cher, chère** has two meanings in English. Placed in front of the noun, it means *dear*; behind the noun, it means *expensive*:

Cher John,	*Dear John,*
La BMW est une voiture **chère**.	*The BMW is an expensive car.*

B. Envoyer. The **-y-** in the stem of the verb **envoyer** changes to **-i-** in the present tense when the ending following it is silent. This is the same pattern as you learned for the verb **payer (je paie, nous payons).**

j'envoie	nous envoyons
tu envoies	vous envoyez
il elle } envoie	ils elles } envoient

D'ACCORD?

A. *Chassez l'intrus* Find the words that do not fit because of meaning.

1. enveloppe, courrier, timbre, article, facteur
2. bureau de tabac, annuaire, cabine téléphonique, téléphone
3. journal, magazine, courrier, article, publicité
4. écrivain, événement, littérature, roman
5. petite annonce, titre, article, facteur

B. *Trouvez la suite* Complete each item in the left-hand column by choosing one or more items in the right-hand column.

1. Où est l'annuaire?
2. Tu dois acheter le journal d'aujourd'hui.
3. Combien coûtent les timbres pour le Canada?
4. Où est-ce qu'on peut téléphoner, s'il vous plaît?
5. Où est la cabine téléphonique?
6. Est-ce qu'il y a un bureau de tabac près de l'hôtel?
7. Je cherche un appartement pour l'été.

a. Il y a un article sur toi.
b. Pour une lettre ou pour une carte postale?
c. Je voudrais acheter un journal et des cigarettes.
d. Regarde dans les petites annonces du *Figaro*.
e. J'ai besoin d'un numéro de téléphone.
f. Mais à la poste, monsieur!
g. Tout près du supermarché, à droite.

C. *Dans quelles circonstances est-ce que vous utilisez...*

• **MODÈLE:** le téléphone
pour parler à mes copains, pour...

1. la boîte aux lettres?
2. une carte postale?
3. un timbre?
4. un annuaire?

D. *Les médias: vrai ou faux?*

1. Les nouvelles importantes sont à la première page du journal.
2. Il y a des articles sur les enfants dans les magazines féminins.
3. Il y a des adresses dans les petites annonces.
4. Les petites annonces sont très faciles à lire.
5. On parle de littérature sur la page des sports.
6. Vous devez lire les petites annonces pour trouver un appartement.
7. La météo n'est jamais dans le journal.
8. Pour trouver le numéro de téléphone de mes amis, je regarde dans les petites annonces.
9. Dans les magazines, les photos sont en couleurs.
10. Il y a des articles sur la cuisine dans les magazines scientifiques.
11. Dans l'annuaire, il n'y a pas d'adresses.
12. En France, les boîtes aux lettres sont jaunes.
13. Les bureaux de tabac ne vendent pas de timbres.
14. En France, on peut téléphoner à la poste.

E. *Quelle sorte de magazine est-ce?* Qui va le lire? Pourquoi?

1.

2.

3.

4.

5.

6.

7.

8.

9.

10.

11.

A. La poste.   What kinds of services are provided by post offices where you live? Who runs the postal service?

The post office in France is run by the government and is known as **les P. et T. (postes et télécommunications),** or simply **le bureau de poste** or **la poste** *(the post office).* This is where you go to mail letters, buy stamps, send telegrams, make phone calls, and even do your banking. You can also buy stamps at tobacco shops **(bureaux de tabac)** and mail letters in any yellow mailbox **(la boîte aux lettres),** which you will probably find nearby. Note that telegrams and telephone service are part of the postal service in France.

B. Le bureau de tabac.   Where can cigarettes, matches, postcards, and newspapers be bought where you live?

Un bureau de tabac, or **un tabac,** is a small store where cigarettes, stamps, postcards, newspapers, magazines, comic books, matches, telephone cards, and candy can be bought. The French government has a monopoly on tobacco products and matches. These items can only be bought in a **bureau de tabac** that is duly licensed by the government. This is not necessarily the case in other parts of the world where French is spoken. In Belgium, for example, tobacco products and matches are commonly sold in grocery stores.

C. Téléphoner en France.   Where can you find a pay phone? Name as many places as possible.

Telephone service in France was greatly modernized in the 1980s. Telephone booths are numerous and easy to use. Some are coin-operated, others now require a telephone card, **une télécarte,** that can be purchased at the post office or in a **bureau de tabac.** Phone directories and many other services have been computerized and can be accessed through minicom-

puters **(les Minitels)** available on loan to home subscribers or in the larger post offices. **Minitels** can also be used to reserve train or plane seats, to reserve theater tickets, and to place other kinds of orders.

D. Au téléphone. How do you answer the telephone at home?

Allô is how you say hello on the telephone. Here are a few expressions commonly used on the telephone. Try to find an English equivalent for each one. (See also the *Mini-lexique* for the telephone in the *Vocabulaire supplémentaire* at the end of the lesson.)

— Allô! Ici Catherine. Est-ce que je peux parler à Michel, s'il vous plaît?
— Je voudrais un renseignement, s'il vous plaît.
— Je voudrais parler à M. Jolivet.
— Qui est à l'appareil?
— Madame Simon n'est pas là. Pouvez-vous rappeler à deux heures?
— Quel est votre numéro de téléphone?
— Le 87.31.44 à Angers.

STRUCTURE

▶ Les verbes de communication: *dire, lire, écrire*

Dire (to say)

Note the **vous** form, **vous dites:**

je dis	nous disons
tu dis	vous dites
il elle } dit	ils elles } disent

Pourquoi est-ce que vous **dites** ça?   *Why do you say that?*

The past participle of **dire** is **dit. Dire** is conjugated with **avoir** in the *passé composé:*

Qu'est-ce qu'il **a dit?**　　*What did he say?*

The *imparfait* of **dire** is regular:

Qu'est-ce qu'il **disait?**　　*What was he saying?*

Note the formula **dire quelque chose à quelqu'un** *(to say something to someone):*

Paulette, **dis merci à M. Laporte.**　　*Paulette, say thank you to Mr. Laporte.*

Est-ce que **vous avez dit la vérité à vos parents?**　　*Did you tell your parents the truth?*

The verb **dire** is used in two idiomatic expressions:

1. To ask for the French equivalent of a word in English:

Comment dit-on « *then* » en français?　　*How do you say "then" in French?*

2. To find out what a word means:

Que veut dire « poche »?　　*What does "poche" mean?*
Qu'est-ce que ça **veut dire?**　　*What does that mean?*

Écrire (to write)

j'écris	nous écrivons
tu écris	vous écrivez
il \ elle / écrit	ils \ elles / écrivent

Les étudiants n'**écrivent** pas souvent à leurs parents; ils préfèrent téléphoner!　　*Students don't write to their parents often; they'd rather phone!*

The past participle of **écrire** is **écrit. Écrire** is conjugated with **avoir** in the *passé composé:*

J'**ai écrit** deux lettres hier.　　*I wrote two letters yesterday.*

The *imparfait* of **écrire** is regular:

Elle **écrivait** une carte postale quand je suis entré.

She was writing a postcard when I came in.

The verb **décrire** *(to describe)* is conjugated like **écrire**.

Lire (to read)

je lis	nous lisons
tu lis	vous lisez
il } elle } lit	ils } elles } lisent

Vous **lisez** beaucoup?
Ma mère **lit** toujours le journal le matin.

Do you read a lot?
My mother always reads the newspaper in the morning.

The past participle of **lire** is **lu. Lire** is conjugated with **avoir** in the *passé composé:*

Est-ce que tu **as lu** ce roman?

Have you read this novel?

The *imparfait* of **lire** is regular:

Avant, je **lisais** beaucoup, mais maintenant je n'ai plus le temps.

I used to read a lot, but now I don't have (the) time.

Vous avez compris?

A. *Activités du week-end* Use the present tense of the verbs in parentheses to say what everyone is doing this weekend.

1. Aline _____ un roman de Hawthorne. (lire)
2. Jacques et Alain _____ des dissertations. (écrire)
3. Nous _____ un article sur la politique dans un magazine très sérieux. (lire)
4. Tu _____ une lettre à ta sœur? (écrire)
5. Je _____ à un ami et je _____ ma vie à l'université. (écrire / décrire)

B. *Activités du week-end, suite* Now use the *passé composé* of the verbs in parentheses to say what everyone *did not do* last weekend.

1. Aline _____ le roman de Hawthorne. Elle _____ un roman d'amour! (ne pas lire / lire)
2. Jacques et Alain _____ leurs dissertations. Ils _____ des poèmes pour leurs petites amies! (ne pas écrire / écrire)
3. Nous _____ l'article sur la politique. Nous _____ un article sur les sports! (ne pas lire / lire)
4. Tu _____ de lettre à ta sœur! Tu _____ une carte postale à toute la famille! (ne pas écrire / écrire)
5. Je _____ à mon ami; je _____ ma vie à l'université au téléphone! (ne pas écrire / décrire)

C. *La vie était belle à dix ans!* Life used to be easier. Say this using the *imparfait* of the verbs in parentheses.

1. Les professeurs _____ quand nous _____ des bandes dessinées. (ne rien dire / lire)
2. Je _____ de dissertations. (ne pas écrire)
3. Je _____ de livres sérieux. (ne pas lire)
4. Nous _____ des petits poèmes pour notre mère. Elle était très contente! (écrire)

▶ Les pronoms d'objet direct

Many sentences have a subject, a verb, and a direct object. The direct object is a noun or pronoun that receives the action of the verb. It answers the question "what?" or "whom?" after the verb. A direct object may be either a person or a thing:

Il lit un livre.	*He is reading a book.*
s v do	s v do

Il regarde sa fille.	*He is watching his daughter.*
s v do	s v do

Nouns used as subjects and nouns used as direct objects may be replaced by pronouns. The use of pronouns allows speakers and writers to avoid being repetitious.

You are already familiar with subject pronouns **(je, tu, il/elle, on, nous, vous, ils/elles)** in French. Subject pronouns replace nouns used as subjects:

Suzanne est allée en ville hier soir. *Suzanne went downtown last night.*

Elle est rentrée un peu après minuit. *She got home a little after midnight.*

The direct object pronouns (**les pronoms d'objet direct**) in French are as follows:

me	*me*
te	*you (familiar, singular)*
le (l')	*it, him*
la (l')	*it, her*
nous	*us*
vous	*you (formal or plural)*
les	*them*

Direct object pronouns replace nouns used as direct objects. In French, direct object pronouns directly precede the verb they are the object of:

— Tu **m'**aimes? *"Do you love me?"*
— Oui, je **t'**aime. *"Yes, I love you."*

Study the placement of direct object pronouns in the following sentences. Note the placement of **ne** and **pas** in the negative.

1. *Present tense.* The direct object pronoun is placed directly in front of the present tense verb:

   Je lis **le journal.**   Je ne lis pas **le journal.**
   Je **le** lis.   Je ne **le** lis pas.

2. *Infinitive construction.* The direct object pronoun is placed directly in front of the infinitive:

   Je vais lire **le journal.**   Je ne vais pas lire **le journal.**
   Je vais **le** lire.   Je ne vais pas **le** lire.

3. *Passé composé.* The direct object pronoun is placed directly in front of **avoir** (the helping verb):

   J'ai lu **le journal.**   Je n'ai pas lu **le journal.**
   Je **l'**ai lu.   Je ne **l'**ai pas lu.

4. *With voilà.* The direct object pronoun is placed directly in front of **voilà:**

   Voilà **le journal.**   **Le** voilà.

RAPPEL!   You are also familiar with stressed pronouns (**moi, toi, lui, elle, nous, vous, eux, elles**). These pronouns replace nouns standing alone, nouns after prepositions, and nouns used after **c'est**:

Qui? **Moi?**

Qui est là? C'est **Paul**.
Qui est là? C'est **lui**.

Hier, il a étudié avec **Marc et moi**.
Hier, il a étudié avec **nous**.

Vous avez compris?

A. *L'étourdi* Candide is a bit absentminded and has once again lost his belongings. Help him find them.

> • **MODÈLE:**   Où sont mes chaussures?
> Les voilà!

1. Où est mon chapeau?
2. Où est ma montre?
3. Où est mon dictionnaire?
4. Où sont mes cahiers?
5. Où est ma valise?
6. Où est ma tasse?
7. Où est mon verre?
8. Où sont mes clés?

B. *Les goûts et les couleurs...*   Est-ce que vous les aimez ou est-ce que vous ne les aimez pas?

> • **MODÈLE:**   les bananes
> Je les aime. / Je ne les aime pas.

1. le lait
2. la bière
3. les pommes
4. l'eau minérale
5. mes amis
6. les animaux
7. l'hiver
8. les épinards
9. les repas à
10. le vin

C. *Vouloir, c'est pouvoir*   Here's a list of what your French instructor would like to do. Be encouraging. Tell your instructor that he or she can do what he or she wants to do.

• **MODÈLE:**   Je voudrais lire les romans de Tolstoï.
Vous pouvez les lire!

1. Je voudrais chanter *La Traviata*.
2. Je voudrais choisir mes étudiants.
3. Je voudrais danser le tango.
4. Je voudrais trouver la vérité.

D. *Les résolutions du jour de l'an* Here are some ideas for New Year's resolutions. Use direct object pronouns to say whether you are going to do each one or not.

• **MODÈLE:**   perdre mes clés   finir le livre de français
Je ne vais pas les perdre.   Je vais le finir.

1. attendre mes amis
2. commencer mes devoirs tout de suite
3. donner ma télévision
4. écouter mes amis
5. dire la vérité tout le temps
6. étudier le français tous les soirs
7. faire mon lit tous les matins
8. payer les repas de mes copains
9. lire les romans de Tolstoï
10. perdre mes affaires

—Ah, mon courrier!
—Oui, le voilà, madame.
(Poitiers, France)

E. *Et hier?*   Here is what Alceste usually does every day. Now say whether or not he did each thing yesterday.

• **MODÈLE:**   faire son lit (oui)   lire le journal (non)
                 Oui, il l'a fait.   Non, il ne l'a pas lu.

1. porter son pantalon noir (oui)   **5.** attendre Candide (oui)
2. lire le journal (oui)   **6.** boire son jus d'orange
3. mettre son imperméable (non)   le matin (non)
4. finir son travail (oui)

▶ L'accord du participe passé

You have already learned that the past participle of verbs conjugated with **être** in the *passé composé* agrees with the subject of the sentence:

Martine **est rentrée** chez elle et   *Martine came home and*
elle **a regardé** la télévision.   *she watched television.*

The past participle of verbs conjugated with **avoir** in the *passé composé* agrees instead with a direct object when the direct object precedes the verb. This occurs in three instances:

1. When a direct object pronoun precedes the verb:

   Les Lemont ont vendu leur maison?   *Have the Lemonts sold their*
     Oui, ils **l'**ont vendu**e** la semaine   *house? Yes, they sold it*
     passée.   *last week.*

   Tu as envoyé les cartes de Noël?   *Did you send the Christmas*
     Oui, je **les** ai envoyé**es** hier.   *cards? Yes, I sent them*
                                              yesterday.

2. In a question using **quel:**

   Quelle chemise est-ce que   *Which shirt did Paul buy?*
     Paul a achet**ée**?
   Quels magazines est-ce que   *Which magazines did you buy?*
     tu as achet**és**?

3. In a sentence containing the relative pronoun **que**. In this case, **que** functions as a preceding direct object. The past participle agrees with the noun that **que** has replaced:

C'est **la lettre que** j'ai écrite hier.

That's the letter (that) I wrote yesterday.

Où sont **les magazines que** tu as lus?

Where are the magazines that you read?

As with verbs conjugated with **être** in the *passé composé*, past participle agreement in verbs conjugated with **avoir** in the *passé composé* is primarily a written phenomenon. There are only a few verbs where this agreement is reflected in pronunciation.

1. For verbs with a past participle that ends in a consonant, the addition of **-e** because of a preceding feminine direct object causes the final consonant to be pronounced:

Où est-ce que tu as mis mes chaussettes?

Where did you put my socks?

Je **les** ai mis**es** dans le tiroir.

I put them in the drawer.

Tu as fini la lettre à Marc?
Oui, je **l'**ai écrit**e** hier.

Did you finish the letter to Marc?
Yes, I wrote it yesterday.

2. As is the case for adjectives, past participles ending in **-s** are identical in the masculine singular and plural:

Est-ce que Michel a pris ses gants?
Non, il ne **les** a pas pris. Les voilà, sur la table.

Did Michael take his gloves?
No, he didn't take them.
There they are, on the table.

Vous avez compris?

A. *Faire les accords*   Complete each sentence by making the past participle agree, if necessary.

1. Ma robe? Oui, je l'ai pris _____ .
2. Quelle voiture est-ce que tu as acheté _____?
3. Nous sommes rentré _____ tard hier soir.
4. Est-ce qu'elles sont descendu _____?
5. Mes devoirs? Tu les as donné _____ au professeur?
6. Les pommes! Qui les a mangé _____?
7. Quelles fleurs est-ce que tu as mis _____ sur la table?
8. Ils sont entré _____ par la porte du garage.
9. Mais ils sont sorti _____ quand ils ont rencontré _____ deux gros chiens méchants.
10. Où est mon parapluie? Tu ne l'as pas pris _____?
11. Il n'y a plus de tomates! Elles ont mangé _____ toutes les tomates?

B. *Les préparatifs de fête* You are having a party. Everything is ready Here's what various people have already done:

Patrick a acheté les fleurs et le vin.
Aline a fait le ménage.
Jean-Michel a fait la cuisine.
Patrice a mis la table.
Daniel est allé au supermarché pour acheter le fromage, les légumes et les jus de fruit.
Véronique est allée chercher le pain à la boulangerie.
Luc est allé chercher les tartes et le gâteau à la pâtisserie.
Bruno a fait les crudités.
Diane a fait la sangria.

But Roger can't leave well enough alone. Answer Roger's questions.

• **MODÈLE:**   On a fait la cuisine?
                 Oui, Jean-Michel l'a faite.

1. On a acheté le fromage?
2. On a mis la table?
3. On a acheté le gâteau?
4. On a fait le ménage?
5. On a acheté le pain?
6. On a acheté les jus de fruit?
7. On a fait les crudités?
8. On a fait la sangria?

EXERCICES D'ENSEMBLE

A. *Qu'est-ce qu'on fait avec... ?* Use direct object pronouns to say everything you do (or do not do) with each object.

• **MODÈLE:**   le livre de français
                 Je le lis. Je le mets sur l'étagère. Je ne le donne pas à mon petit frère...

1. le journal
2. les haricots verts
3. la télévision
4. le français
5. le fromage
6. les gants

B. *Trop de noms!* Pierre and Ingrid went to Barcelona last summer. Retell their story by replacing nouns with pronouns whenever appropriate. When you've finished, reread your version to make sure you haven't taken out too many nouns. (There is no one way to do this.)

Pierre et Ingrid sont allés à Barcelone l'été passé. Ingrid a fait les valises. Pierre a choisi ses vêtements. Pierre a mis ses vêtements sur le lit et Ingrid a mis les vêtements de Pierre dans une valise. Ingrid a pris aussi sa jupe bleue et sa robe orange. Ingrid a mis sa jupe bleue et sa robe orange dans la valise.

À Barcelone, Pierre et Ingrid ont trouvé un hôtel pas cher. Pierre a aimé l'hôtel mais Ingrid n'a pas aimé l'hôtel parce qu'Ingrid aime les grandes chambres claires. Dans cet hôtel, Pierre et Ingrid ont parlé avec une Espagnole sympathique. L'Espagnole sympathique s'appelait Mercedes. Pierre et Ingrid ont invité Mercedes à Paris. Mercedes va aller chez Pierre et Ingrid pour les vacances de Noël. Pierre et Ingrid vont acheter un cadeau pour Mercedes parce que Mercedes a invité Pierre et Ingrid chez Mercedes à Ségovie.

Pierre et Ingrid ont fait un beau voyage.

C. *Les vacances de Dominique*   Dominique (a girl) and Dominique (a boy) both took interesting vacations. Unscramble the sentences below to find out what each did. (Suggestion: First, decide for each sentence whether it concerns Dominique the girl, Dominique the boy, or if you can't tell. Make three lists. Then put the sentences together so that they make sense.)

Dominique a gagné un million à la loterie. Dominique a mangé du poisson. Dominique a fait de la natation. Dominique a envoyé beaucoup de cartes postales de la plage. Dominique est partie à Nairobi (Kenya). Dominique est resté sur la plage. Dominique a acheté du poisson. Dominique est restée un mois. Dominique est allé au casino. Dominique est parti en été. Dominique a acheté des masques africains. Dominique a fait un safari-photo. Dominique est allé à Nice. Dominique est rentrée en Concorde à Paris. Dominique est resté quinze jours. Dominique a perdu son argent. Dominique est arrivée en hiver. Dominique est rentré à Paris en auto-stop *(hitchhiking)*. Dominique est parti en train avec ses amis. Dominique est sorti tous les soirs. Dominique est descendue dans un hôtel près d'un parc. Dominique est descendu dans un hôtel bon marché. Dominique est montée sur un éléphant. Dominique a dansé dans les discothèques. Dominique a pris beaucoup de photos de lions.

D. *Parlons un peu*

1. Est-ce que vous écrivez des lettres? À qui?
2. Quels magazines est-ce que vous lisez? Quels magazines est-ce que vous ne lisez jamais? Pourquoi?
3. Est-ce que vous dites toujours la vérité? À vos amis? À vos parents? À vos professeurs? À vos enfants?
4. Qu'est-ce que vous lisez sur la plage?
5. Est-ce que vous voulez être journaliste? Écrivain? Pourquoi ou pourquoi pas?
6. Est-ce que vous aimez lire des poèmes?
7. Est-ce que vous écrivez des poèmes?
8. Qu'est-ce que vous lisez maintenant?

◀ Échanges ▶

A. *Le courrier* Here is the mail that was received at two of the apartments in an apartment building in Toulouse. Look at the mail. Who do you think lives in each apartment? What kind of people are they? What are their lives like?

B. *Et le week-end passé?* Choose one of the apartments in activity A. How do you think the people who live there spent their weekend? What did they do? Where did they go? With whom? Why?

C. *Un immeuble* Regardez l'immeuble de Jean Rasquin à Paris (page 201). Qui d'autre habite cet immeuble? Des familles? Des couples? Des enfants? Comment sont ces gens? Qu'est-ce qu'ils font? Qu'est-ce qu'ils aiment? Qu'est-ce qu'ils mangent? Qu'est-ce qu'ils portent? Comment sont leurs appartements? C'est à vous de décider!

1. **Qui habite dans cet immeuble?** Choose an apartment. Who lives in this apartment? What are their names, ages, occupations?
2. **Et leur appartement?** What is their apartment like? How many rooms are there? What kind of furniture do they have? (You may want to sketch a floor plan.)
3. **Leurs habitudes.** What is life like in this apartment? What do people eat? How do they dress? What do they do?
4. **Et les autres appartements?** What are the other people living in this apartment house like? Prepare a list of questions to ask.

5. **Devant les boîtes aux lettres.** People in this apartment building frequently meet and talk in front of their mailboxes. Assume the identity of one of the people you have created. In pairs, "meet in front of the mailboxes" and try to satisfy your curiosity about each other. Ask each other as many questions as you can.

D. *Conversation en français* It's a nice day, and you've decided to take your work outside. You go to the park, where you notice a young man or young woman reading *L'Express*. Since you're tired of studying and you want to practice your French, you try to start a conversation with him or her. Try to keep the conversation going for at least two or three minutes.

L·E·C·T·U·R·E
Minitel et télécarte

▶ **Préparation à la lecture**

À quels mots pensez-vous quand vous entendez le mot **technologie.** Faites une chaîne d'associations (objets, qualités, problèmes, etc.)

Technologie _____ _____ _____ _____ _____

▶ Activités de lecture

De quoi s'agit-il?

A. Quelles fonctions sont remplies par ces documents? Répondez par *oui* ou *non* et dites de quel document (1 ou 2) il s'agit.

1. Donner des renseignements sur l'achat
2. Donner des renseignements sur l'utilisation
3. Proposer des objets bon marché
4. Informer sur la création de nouveaux services
5. Proposer des services nouveaux
6. Informer sur les réductions de prix
7. Présenter plusieurs modèles d'un objet
8. Donner des illustrations et des exemples
9. Donner des détails précis
10. Présenter une évaluation globale des objets

B. Quel organisme présente ces objets?

la banque   l'université   le cinéma
le supermarché   la poste   les grands magasins

C. D'où viennent ces documents? Répondez par *oui* ou *non.*

un catalogue de vente par correspondance
une encyclopédie moderne
un annuaire des téléphones
un dictionnaire du français moderne

À la recherche des détails

Quelques détails importants

	COMBIEN DE MODÈLES?	QUEL PRIX?	OÙ?
MINITEL			
TÉLÉCARTE			

Apprenons

A. **Les mots et les expressions**

1. *Les mots.* Utilisez l'image pour deviner les mots. Trouvez comment on dit ces mots en français: *screen, keyboard, for sale.*
2. *Famille de mots.* Trouvez des mots de la même famille que: *utile, vendre.*

TÉLÉCOMMUNICATIONS GRAND PUBLIC PRODUITS ET SERVICES (suite)

Minitel 1

Minitel
(voir aussi Télétel)

– Le Minitel est un petit terminal de fonctionnement simple qui se branche sur la ligne téléphonique. Il se compose d'un écran et d'un clavier et permet de communiquer avec de nombreux services (informations, renseignements, dialogues, etc.).
Ainsi, de partout en France, vous pouvez obtenir le service de l'annuaire électronique (voir page 3).
Plusieurs modèles de Minitel sont proposés à tous les usagers selon deux régimes de commercialisation : en zone **Emeraude** et en zone **Rubis.**

– Le Minitel 1 est proposé en remplacement de l'annuaire papier sans supplément d'abonnement dans les zones Emeraude. Ailleurs, dans les zones Rubis, il est disponible avec un supplément d'abonnement de 85 F* par mois.

– Le Minitel 1 dialogue, principalement destiné aux handicapés de l'ouïe et de la parole, est un Minitel 1 particulier qui permet de dialoguer par écrit avec tout usager équipé d'un Minitel quelconque.
Il est proposé avec un supplément d'abonnement de 10 F* par mois par rapport aux conditions de mise à disposition du Minitel 1.

– Le Minitel 10 est un appareil haut de gamme avec écran et clavier séparés, qui comporte un certain nombre de fonctions spécifiques : haut-parleur, enregistrement de numéros, appel automatique, etc... Le Minitel 10 est proposé avec un supplément d'abonnement de 60 F* par mois par rapport aux conditions de commercialisation du Minitel 1.

– Le Minitel 1 couleur est proposé sur tout le territoire avec un supplément d'abonnement de 200 F*.
Les zones Emeraude progressent rapidement en nombre en taille et en densité.

Télécarte

Les télécartes sont utilisables comme la carte Télécom dans les appareils à carte à mémoire.
Il y a deux types de télécartes :
– à 40 unités dont le prix est de 30,80 F*;
– à 120 unités dont le prix est de 92,40 F*;

Ces télécartes sont en vente dans les agences commerciales des Télécommunications, les bureaux de poste, les débitants de tabac, les guichets SNCF et chez les revendeurs agréés reconnaissables grâce à une affichette :

"TÉLÉCARTE en VENTE ICI"

*Attention, les tarifs indiqués sont ceux en vigueur à la date du 3 juin 1986. Des modifications ont pu intervenir après cette date. Pour une information à jour, consultez l'annuaire électronique, le service des renseignements ou votre Agence Commerciale des Télécommunications.
■ Les communications obtenues par le 10 ne bénéficient pas de tarif réduit.

Ministère des PTT, 1987.

B. *La culture française*

1. Ces objets proviennent de quels services? À quels aspects de la vie française s'appliquent-ils?
2. *La diversité du Minitel.* Comptez le nombre de différents types de Minitels. Pourquoi y a-t-il ces différences? Est-ce que ce sont des différences de prix ou de services?

▶ Après la lecture

A. *Décidons*

1. Qui a un Minitel? Qu'est-ce qu'ils font avec leur Minitel?
2. Qui a une télécarte? Pourquoi?

B. *Discutons la culture française*

1. Quels adjectifs pouvez-vous appliquer au Minitel? à la télécarte?
2. D'après ce que vous savez de la France et d'autres objets technologiques, trouvez des adjectifs qui qualifient la vie dans la France contemporaine. (Inclure les références aux prix, à l'utilisation, etc.)

La France est un pays _____, _____ et _____.
La vie en France est _____, _____ et _____.

▶ Mise en pratique: Correspondance

A. *Une carte postale*

1. Décidez. À qui écrivez-vous? Pourquoi (raconter, expliquer...)? D'où est-ce que vous écrivez? Est-ce que vous êtes seul(e)?
2. Écrivez la carte.

   a. Pour commencer: revoir la leçon 8 et la leçon 13; revoir aussi le mini-lexique de correspondance.
   b. Première partie: ce que vous avez déjà fait.
   c. Deuxième partie: ce que vous allez faire.
   d. Pour terminer: «Amicalement, Très amicalement, Bien amicalement, Grosses bises, Je t'embrasse».

B. *Une lettre officielle*

1. Décidez. À qui est-ce que vous écrivez cette lettre? Pourquoi? C'est une demande? Une excuse?
2. Écrivez la lettre.

a. Pour commencer: «Monsieur, Madame, Mademoiselle, Monsieur le Directeur, Cher/Chère… »

b. Présentez-vous: Qui êtes-vous? Que faites-vous? Où habitez-vous?

c. Présentez votre demande ou excuse: «Je vous écris pour…, J'aimerais…, Pourriez-vous…?»

Orthographe et prononciation

▶ Homonymes

Homonyms are words that have the same pronunciation but whose spelling and meaning differ. English has many homonyms:

dew, due, do   aisle, isle, I'll

French also has various sets of homonyms:

a/à *(have/to);* **ces/ses** *(those/his);* **la/là** *(the/there);* **on/ont** *(one* or *we/have);* **où/ou** *(where/or);* **peu/peux/peut** *(little/can/can);* **son/sont** *(his or her/ are);* **vin/vingt** *(wine/twenty).*

For some French speakers, **et** and **est** may be homonyms.

Activité

Trouvez le mot juste   Complete each sentence with the right word.

1. Patrick est (à, a) New York avec (sont, son) frère.
2. (Où, Ou) est-ce que je (peut, peu, peux) mettre le (vingt, vin)?
3. (Ces, Ses) enfants sont (ces, ses) enfants?
4. (On, Ont) dit qu'ils (on, ont) fini.

Vocabulaire de base

NOMS
une adresse *address*
un article *article*
une boîte aux lettres *mailbox*
une cabine téléphonique
  telephone booth

une carte postale *postcard*
le courrier *mail, correspondence*
une dissertation *paper (written for class)*
un écrivain *writer*
une enveloppe *envelope*

un facteur *mail carrier*
un journal, des journaux
  newspaper
un(e) journaliste *journalist, reporter*
une lettre *letter*

une librairie *bookstore*
un magazine *magazine*
un numéro (de téléphone)
    (telephone) number
une page *page*
une petite annonce *classified
    ad*
la politique *politics*
la publicité *advertising*
une question *question*
un renseignement *piece of
    information*
un timbre *stamp*
la vérité *truth*

ADJECTIFS

cher, chère *(precedes noun)* *dear*
passé(e) *last (day, month, etc.)*

VERBES

décrire *to describe*
demander (qqch. à qqn) *to ask
    (someone for something)*
dire (qqch. à qqn) *to say, to
    tell (something to someone)*
écrire (qqch. à qqn) *to write
    (something to someone)*
envoyer (qqch. à qqn) *to send
    (something to someone)*

lire *to read*

DIVERS

être au courant de + *nom* *to be
    informed, to know about*
être en train de + *infinitif* *to be
    in the middle of (doing
    something)*
poser une question (à qqn) *to
    ask a question (of someone)*
vouloir dire *to mean*

Vocabulaire supplémentaire

NOMS

l'amour (m.) *love*
un annuaire (des téléphones)
    (telephone) book
un bureau de tabac *tobacco
    shop*
un dessin humoristique
    cartoon
un événement *event*
la littérature *literature*
une nouvelle *piece of news*
un poème *poem*
un roman *novel*
une rubrique *section, column
    (in a periodical)*
le sommaire *table of contents of
    a magazine*
un titre *title*

ADJECTIFS

culturel, culturelle *cultural*
féminin(e) *feminine*
littéraire *literary*
masculin(e) *masculine*
scientifique *scientific*
suisse *Swiss*

DIVERS

en Bretagne *in Brittany*
en Suisse *in Switzerland*
mettre une lettre à la poste *to
    mail a letter*
faire du camping *to go
    camping, to camp*

MINI-LEXIQUE (CORRESPONDANCE)

Amicalement (très
    amicalement, bien
    amicalement) *Cordially*
Grosses bises *Love*
Je t'embrasse *Hugs and kisses*
Je vous prie d'agréer, cher
    monsieur (chère madame,
    mademoiselle), l'expression
    de mes sentiments les
    meilleurs *Very truly yours,
    Sincerely*

MINI-LEXIQUE (TÉLÉPHONE)

Allô! *hello (on the phone)*
Qui est à l'appareil? *Who is
    it?*
Pouvez-vous rappeler? *Can
    you call back?*

Quel est votre numéro de
    téléphone? *What's your
    phone number?*
Excusez-moi. J'ai fait un faux
    numéro. *Excuse me, I dialed
    the wrong number.*
Ne quittez pas. *Could you
    hold? Don't hang up. Stay on
    the line.*

LE FRANÇAIS FAMILIER

une dissert = une dissertation
donner un coup de fil =
    téléphoner
une pub = une annonce
    publicitaire, une publicité

ON ENTEND PARFOIS…

les annonces classées
    (Canada) = les petites
    annonces
une carte-vue (Belgique) = une
    carte postale
le postillon (Canada) = le
    facteur
une tabagie (Canada) = un
    bureau de tabac

Chez les Hanin

En bref

DAILY ROUTINES • PARTS OF THE BODY • FAMILY LIFE • TELLING A STORY

◄ *«Dis, papa, regarde... un bâteau!» (Paris)*

321

Vocabulaire

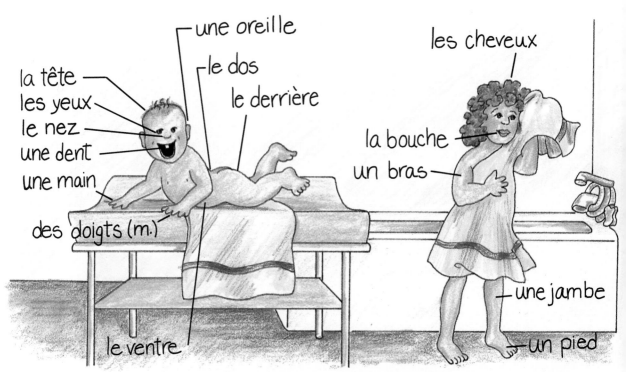

la tête
les yeux
le nez
une dent
une main
des doigts (m.)
le ventre

une oreille
le dos
le derrière

les cheveux
la bouche
un bras
une jambe
un pied

A. C'est le soir chez les Hanin. Julie et Nicolas vont aller au lit. Julie a trois ans. Elle est rousse et frisée. C'est une petite fille adorable mais elle est très énergique et elle fait beaucoup de bêtises. Son frère, Nicolas, a neuf mois. Il a les cheveux châtains et les yeux marron. C'est un enfant sage qui ne pleure pas souvent.

• Comment est Nicolas? Comment est Julie?

B. Et maintenant, c'est le matin. Le réveil sonne et Bruno Hanin se réveille. C'est le père de Julie et de Nicolas. Il est seul aujourd'hui. Sa femme, Véronique, est en voyage d'affaires à San Francisco. Bruno se lève et va

dans la salle de bains pour se préparer. D'abord, il prend une douche et se lave les cheveux. Ensuite, il se sèche, se brosse les dents, se rase et se peigne. Enfin, il s'habille.

- Est-ce que Bruno se réveille tôt ou tard? Où est sa femme? Qu'est-ce que Bruno fait dans la salle de bains le matin? Comment est-ce que Bruno s'habille? Comment est Bruno?

une serviette de bain

une brosse à dents

du dentifrice

un savon

un peigne

une moustache

une brosse à cheveux

C. Et maintenant, les enfants. Nicolas est réveillé mais Julie dort encore. Bruno la réveille. Ensuite, il change et lave Nicolas. Bien sûr, Julie veut se laver toute seule et elle met de l'eau partout. Bruno habille Nicolas, mais Julie veut s'habiller et se coiffer toute seule.

• Est-ce que Julie est sage? Qu'est-ce qu'elle va mettre?

D. Enfin, les enfants sont propres et habillés. Bruno a préparé le petit déjeuner et maintenant, il est en train de boire son café et de lire le journal. Mais Nicolas s'amuse à manger et Julie n'a pas faim. Bruno commence à s'énerver.

- Décrivez le petit déjeuner chez les Hanin.

E. Bruno emmène Nicolas à la crèche et Julie à l'école maternelle.

- Où vont les enfants? Pourquoi?

- Et maintenant, rêvons un peu avec Bruno. Comment est le matin idéal pour lui, à votre avis? Et pour vous?

Autres mots et expressions

un article de toilette *toilet article*
une barbe *beard*
cacher *to hide*
chauve *bald*
combien de fois (par jour, par mois, par an) *how many times (a day, a month, a year)*
un corps *body*
du déodorant *deodorant*
d'habitude *usually*
énervant(e) *irritating, annoying*
faire la sieste *to take a nap*

un gant de toilette *mittenlike washcloth*
un monstre *monster*
prendre un bain *to take a bath*
un rasoir *razor*
un rêve *dream*
rêver (de) *to dream (of)*
sale *dirty*
un séchoir (à cheveux) *(hair) dryer*
le shampooing *shampoo*

Notes de vocabulaire

A. Les verbes réfléchis. A reflexive verb is a verb whose action is reflected onto the person concerned. French has many verbs like this. You can identify them by the reflexive pronoun that precedes the infinitive **(se laver).** English has a few verbs that act in this way (for example, *to cut oneself*), but frequently the *yourself* is implied or optional. Look at the following examples of a verb used nonreflexively and reflexively:

Bruno **habille les enfants.**   *Bruno's dressing the children.*
Bruno **s'habille.**   *Bruno's getting (himself) dressed.*

In the first sentence, Bruno is dressing someone else; in the second sentence, the reflexive pronoun **se (s')** indicates that he is dressing himself. The use of these verbs will be described in more detail in the *Structure* section of this lesson.

B. Les cheveux. Note that the word **cheveux** *(hair)* is plural in French. The singular is **un cheveu. Mon cheveu,** then, would mean *my one hair!*

C. Comment décrire les personnes? Here are some possible ways to describe people. Bruno, for example, might describe his children as follows:

Julie a trois ans. Elle est petite, rousse et frisée. Elle a les yeux verts et elle a un petit nez adorable.
Nicolas a neuf mois. Il a les cheveux châtains et les yeux marron.

D. Les dents/ses dents. In certain cases where possession is obvious, French tends to use a definite article **(le, la, les)** where English would use a possessive adjective *(my, your, his, her, etc.)*:

Il va se laver **les** cheveux.
Elle se brosse **les** dents trois fois
    par jour.

He's going to wash his hair.
*She brushes her teeth three
    times a day.*

D'ACCORD?

A. *On en a combien?* Complétez les listes.

1. On a deux yeux, deux…, deux… *main, oreille, bras, jambe*
2. On a un/une…, un/une…
3. On a beaucoup de…

B. *Énigme* Qu'est-ce que vous utilisez…

1. pour parler?
2. pour faire de la marche?
3. pour nager?
4. pour manger?
5. pour écouter?
6. pour écrire?
7. pour lire?

C. *À quoi ça sert?* Pour quelle partie du corps est-ce que vous utilisez ces objets?

• **MODÈLE:** un peigne
              pour les cheveux

1. des lunettes de soleil
2. du dentifrice
3. des chaussettes
4. des gants
5. un chapeau
6. du shampooing

D. *Un monstre pour Hollywood!* You have been commissioned to create a monster for a forthcoming horror movie. Draw a picture of the monster you are proposing. Label its various parts. Be ready to describe and defend your creation.

E. *Normal ou bizarre?*

• MODÈLE: Henri se lave les dents, puis il mange.
C'est bizarre./C'est normal.

1. Alceste sort, puis il s'habille.
2. Jeanne se lève, puis elle prend une douche.
3. Patrick se lave le visage, puis il descend.
4. Jacqueline se lève, puis elle se réveille.
5. Candide s'habille, puis il se lève.
6. Patricia se coiffe, puis elle se lave les cheveux.
7. Bruno se sèche, puis il prend un bain.

F. *Portraits*   Décrivez ces personnes.

1. votre camarade de chambre
2. votre sœur ou votre frère
3. votre père ou votre mère
4. un de vos professeurs
5. un de vos amis ou une de vos amies
6. Candide ou Alceste

G. *Rêvons!*   What do you dream about doing in the following situations?
Compare with your classmates.

• MODÈLE: le vendredi soir?
Je rêve d'aller au cinéma avec un(e) ami(e).

1. le dimanche matin?   4. pendant les vacances de printemps?
2. le lundi matin?   5. pendant l'été?
3. le samedi soir?

Les mots et la culture

A. **La crèche et l'école maternelle.**   What child care options are available to parents?

French children may attend nursery school, **l'école maternelle,** around the age of 3. Places in **une crèche** (*nursery* for infants and children under 3 years of age) are available for children whose parents work. Both institutions are supported by the government. Some private companies also provide **crèches** for working parents. At present, however, there is a scarcity of **crèches,** resulting in problems for working parents.

B. **Le corps humain.**   Are words the only way you communicate? What is body language? How is it learned?

1. *La nudité.* Cultures vary widely in their attitudes toward the human body, and even within the same culture, different generations may vary in what they consider proper and normal (compare the swimming suits worn in the 1950s with those worn now!). In general, the French are more casual about nudity than the majority of North Americans. For instance, on French beaches, women of all ages can be seen sunbathing in small monokinis, and nudity is common in advertising. It is important to realize that this is not an indication of widespread eroticism (as might be the case in a North American context); rather it is simply a case of different values and norms.

2. *Les gestes.* As people grow up in a culture, they adopt the gestures, movements, and mannerisms particular to that culture. Thus "looking French" is more than adopting a certain way of dressing or a certain hairstyle. It also has to do with how the French move, gesture, and hold their bodies. The French tend to hold their bodies straighter with their arms closer to the body than North Americans. Also, gestures are common but are made with relatively limited movements, largely involving the arm from the elbow down, and tend to be less expansive than North American gestures.

3. *Les yeux, le regard, le sourire.* Just as body movements and gestures are culturally conditioned, so are facial expressions and ways of looking at people. The French tend to smile less than North Americans, with the result that the French appear unfriendly to North Americans and North Americans appear overingratiating to the French! Further, when the French are engaged in conversation, they tend to stare very directly at the person to whom they are speaking, a habit that in a North American context can be interpreted as intimidating and even a little rude.

STRUCTURE

▶ Les verbes réfléchis

Reflexive verbs are verbs whose action reflects onto their subjects. There are a few verbs like this in English:

I cut myself.   **She's looking at herself** in the mirror.

In French, such verbs are called **verbes réfléchis.** They are listed in vocabulary lists and dictionaries with the reflexive pronoun **se** in front of the infinitive (for example, **se lever** = *to get up*). This reflexive pronoun will change as the verb is conjugated. Reflexive pronouns follow the same rules for placement as direct object pronouns.

Reflexive verbs are conjugated as follows:

se laver   *to wash (oneself)*

je me lave	nous nous lavons
tu te laves	vous vous lavez
il ⎱ se lave elle ⎰	ils ⎱ se lavent elles ⎰

To negate a reflexive verb, place **ne** in front of the reflexive pronoun. Place **pas** after the verb:

je ne me lave pas	nous ne nous lavons pas
tu ne te laves pas	vous ne vous lavez pas
il ⎱ ne se lave pas elle ⎰	ils ⎱ ne se lavent pas elles ⎰

To form questions with reflexive verbs, use intonation, put **est-ce que** in front of the sentence, or use inversion:

Tu te lèves tôt?	*Do you get up early?*
Est-ce que tu te laves les cheveux tous les jours?	*Do you wash your hair every day?*
À quelle heure **te lèves-tu?**	*What time do you get up?*

In the infinitive form, the reflexive pronoun is placed directly before the infinitive. This pronoun must agree with the subject of the sentence:

Nous allons **nous** habiller maintenant.	*We're going to get dressed now.*
Je ne veux pas **m'**habiller.	*I don't want to get dressed.*

Note that many verbs that are used reflexively in French can also be used nonreflexively. In this case, the action is directed toward someone or something else. Look at the following examples:

Bruno se réveille à six heures et demie.	*Bruno wakes up at 6:30.*
Bruno réveille les enfants à sept heures.	*Bruno wakes the children up (gets the children up) at 7:00.*

Nicolas s'amuse à manger.	*Nicolas is having a good time eating.*
Ça n'amuse pas son père!	*That doesn't amuse his father!*
Comment vous appelez-vous?	*What's your name?*
Appelle ton frère!	*Call your brother!*
Bruno couche les enfants, et	*Bruno puts the children to bed*
puis il se couche.	*and then he goes to bed.*
Paulette n'aime pas se promener	*Paulette doesn't like to take walks*
toute seule mais elle adore	*by herself but she loves to*
promener son chien.	*walk her dog.*

Here are some additional verbs that may be used both reflexively and nonreflexively:

arrêter, s'arrêter	*to stop, to stop (oneself)*
changer, se changer	*to change, to change one's clothes*
déshabiller, se déshabiller	*to undress (someone else), to get undressed*
ennuyer, s'ennuyer	*to bore (someone else), to get bored*
maquiller, se maquiller	*to make up (someone else), to put makeup*
	on (oneself)

RAPPEL!   Several verbs in this lesson have spelling changes in the present tense:

1. **appeler/s'appeler.** Doubles the letter -l- in front of silent endings:

   tu t'appelles (*but* vous vous appelez)

2. **changer/se changer.** Like **manger:**

   nous nous changeons

3. **ennuyer/s'ennuyer.** Like **envoyer:**

   je m'ennuie (*but* nous nous ennuyons)

4. **lever/se lever, promener/se promener.** Like **acheter:**

   il se lève (*but* vous vous levez)

   il se promène (*but* vous vous promenez)

5. **sécher/se sécher:** Like **préférer:**

   tu te sèches (*but* vous vous séchez)

Vous avez compris?

A. **Et vous?** Here is what various people do at different times of the day. What about you?

- **MODÈLE:** Jean-François se lève à six heures du matin. Et vous?
Moi aussi, je me lève à six heures. / Moi, je ne me lève pas à six heures.

1. Janine se lave les cheveux le matin.
2. Isabelle se maquille tous les jours.
3. Marc se rase tous les jours.
4. Candide se promène l'après-midi.
5. Alceste se regarde souvent dans le miroir.
6. Simone se brosse les dents après tous les repas.
7. Sylvie se réveille à dix heures du matin.
8. Bernadette s'habille après le petit déjeuner.

B. **La vie n'est pas facile** Here is what some people have to do every day. What they would like to do, however, is another matter. Say this, using the suggestions in parentheses.

- **MODÈLE:** Nous nous réveillons à cinq heures du matin. (midi)
Mais nous voulons nous réveiller à midi.

1. Mes frères se rasent deux fois par jour. (une fois par jour)
2. Ma petite sœur s'appelle Linda. (Mary)
3. Mon petit frère se couche à huit heures. (dix heures)
4. Candide se promène seul. (avec un copain)
5. Tu te lèves à sept heures. (neuf heures)
6. Nous nous arrêtons à sept heures. (cinq heures)
7. Vous vous préparez pour aller à la bibliothèque. (au restaurant)

C. **Réfléchi ou non?** Complete each sentence using the appropriate verb, either reflexive or nonreflexive according to meaning.

1. Je ne _____ pas à l'école! (amuser / s'amuser)
2. Bruno _____ les cheveux de Julie tous les matins. (brosser / se brosser)
3. Véronique _____ le matin. (maquiller / se maquiller)
4. Tu me _____! (énerver / s'énerver)
5. Vous n'allez pas sortir en short! Vous allez _____! (changer / se changer)
6. Qu'est-ce que vous _____? (regarder / se regarder)
7. Le soleil me _____ le matin. (réveiller / se réveiller)
8. Je dois _____ tôt ce soir. (coucher / se coucher)
9. Cet exercice me _____! (ennuyer / s'ennuyer)

▶ Les verbes réfléchis à l'impératif

The negative imperative of reflexive verbs is formed by putting **ne** in front of the reflexive pronoun and **pas** after the verb:

Ne t'énerve pas.	*Don't get annoyed.*
Ne vous déshabillez pas!	*Don't get undressed!*
Ne nous levons pas ce matin.	*Let's not get up this morning.*

The affirmative imperative of reflexive verbs is formed by adding the stressed form of the reflexive pronoun (**toi, vous,** or **nous**) after the verb:

Lève-toi!	*Get up!*
Lavez-vous!	*Get washed!*
Changeons-nous et allons en ville.	*Let's get changed and go downtown.*

Vous avez compris?

A. ***Combattre le stress*** Your instructor really needs a vacation—but that's not possible. Use the suggestions below to give your instructor some advice about relaxing and reducing stress.

- **MODÈLE:** se coucher tôt
  Couchez-vous tôt. Ne vous couchez pas tard.

1. s'amuser le week-end
2. s'arrêter de travailler avant dix heures du soir
3. ne pas s'énerver
4. se promener souvent quand il fait beau
5. se lever tard le dimanche

B. ***Le mauvais exemple*** M. Rivière is telling his two daughters not to be like their brother Paul.

- **MODÈLE:** Paul ne se lave pas.   Paul s'énerve tout le temps.
  Lavez-vous!   Ne vous énervez pas!

1. Paul fume.
2. Paul se lève tard.
3. Paul boit trop.
4. Paul rentre tard le soir.
5. Paul s'amuse toute la nuit.
6. Paul n'est pas gentil avec les autres.
7. Paul se couche tard.
8. Paul demande la voiture le week-end.

C. *Marie-Claire a un problème*   Marie-Claire's parents are arriving in one hour. Here is a list of everything she needs to do before they arrive. Help her out by establishing her priorities. Tell her what to do. Add anything she forgot.

La liste de Marie-Claire

ranger ma chambre, mettre une robe, trouver la photo de mes parents, faire la vaisselle, me brosser les dents, me coiffer, me sécher les cheveux, cacher les photos de mes petits amis, me laver les cheveux, faire mon lit...

• **MODÈLE:**   Écoute, Marie-Claire, d'abord, lave-toi les cheveux, puis...

► Les pronoms d'objet indirect

Indirect objects indicate the person to whom something is given, shown, said, and so forth:

*I talked **to my father** yesterday.*

With verbs that have both a direct and an indirect object, English permits two different word orders. In these two sentences, **Joel** is the indirect object:

*He gave the book **to Joel**.   He gave **Joel** the book.*

In French, the preposition **à** appears in front of a noun used as an indirect object:

Il a donné le livre **à Joël**.   *He gave Joel the book. (He gave the book to Joel.)*

Indirect object pronouns **(les pronoms d'objet indirect)** replace nouns used as indirect objects:

me	*(to) me*
te	*(to) you (familiar, singular)*
lui	*(to) him, (to) her*
nous	*(to) us*
vous	*(to) you (formal or plural)*
leur	*(to) them*

Note that **lui** can mean either *(to) him* or *(to) her*. The context almost always indicates which is meant.

Indirect object pronouns follow the same placement rules as direct object pronouns:

1. In front of a one-word verb:

Il **me** parle pendant des heures.	*He talks to me for hours.*
Je **leur** disais que...	*I was telling them that...*

2. In front of the infinitive in a *verb + infinitive* combination:

Tu vas **lui** parler demain?	*Are you going to talk to him/her tomorrow?*
Non, je ne peux pas **lui** parler demain.	*No, I can't talk to him/her tomorrow.*

3. In front of the helping verb in the *passé composé*:

Martin **lui** a donné le livre.	*Martin gave him/her the book (gave the book to him/her).*

RAPPEL!

1. Past participles agree only with preceding direct objects, not with indirect objects:

Martin **leur** a donné les fleurs.	*Martin gave them the flowers.*
Les fleurs? Martin **les** a donné**es** à ses parents.	*The flowers? Martin gave them to his parents.*

2. The indirect object pronoun **leur** is already plural. Do not add **-s**. The possessive adjective **leur** (*their*) does take **-s** when it modifies a plural noun:

Il a parlé aux étudiants de leurs devoirs? Oui, il **leur** a parlé de **leurs** devoirs!	*Did he talk to the students about their assignments? Yes, he talked to them about their assignments.*

3. A few verbs that are followed by direct objects in English are followed by indirect objects in French. Here are the ones you have already learned.

   téléphoner à

Il a téléphoné à ses parents.	*He called his parents.*

   répondre à

Il n'a pas répondu à sa sœur.	*He didn't answer his sister.*

   demander à

Il a demandé de l'argent à Paul.	*He asked Paul for some money.*

Vous avez compris?

A. *Parler avec des pronoms* Replace the words in italics by indirect object pronouns.

- **MODÈLE:** Je n'écris plus *à mes parents;* je téléphone *à mes parents.*
  Je ne leur écris plus; je leur téléphone.

1. Le professeur n'a pas dit la date de l'examen *aux étudiants.*
2. Candide a apporté des fleurs *à sa mère.*
3. Roméo a chanté une chanson *à Juliette.*
4. Nous n'allons pas téléphoner *à nos parents* ce soir.
5. Patrick a décrit sa sœur *à ses copains.*
6. Le professeur veut écrire une lettre *à sa fille.*

B. *Répondez avec des pronoms* Answer each question using an indirect object pronoun to replace the word in italics.

- **MODÈLE:** Tu vas envoyer ce cadeau *à ta sœur?* (oui)
  Oui, je vais lui envoyer ce cadeau.

1. Tu ne donnes pas cette robe *à Claudine?* (si)
2. Est-ce que vous allez téléphoner *à vos parents* ce soir? (non)
3. Est-ce que tu as écrit *à ta grand-mère?* (oui)
4. Ton mari ne *t'*apporte plus de cadeaux? (non)
5. Tu as parlé *au professeur?* (non)

Aimez-vous vous promener en automne?
(Montréal, Canada)

EXERCICES D'ENSEMBLE

A. ***Un jour dans la vie de X***   Choose one or more students in the class (or the instructor). Answer the following questions about the person you chose. (Don't ask—guess!) Afterward, find out how close you were to the truth.

1. Comment est-ce qu'il/elle s'appelle?
2. À quelle heure est-ce qu'il/elle se réveille?
3. Est-ce qu'il/elle se maquille?
4. À quelle heure est-ce qu'il/elle se lève?
5. Est-ce qu'il/elle prend une douche ou un bain?
6. Est-ce qu'il/elle se lave les cheveux tous les jours? Quand?
7. Est-ce qu'il/elle se regarde souvent dans le miroir?
8. Combien de fois par jour est-ce qu'il/elle se brosse les dents? Avec quel dentifrice?
9. Est-ce qu'il/elle aime se promener? Où? Avec qui?

B. ***Les parents parlent***   Here is a list of things French children are commonly told to do or not to do. Decide whether children where you live are told the same things. Use *Oui, on dit ça* or *Non, on ne dit pas ça.*

1. Ne parle pas à table.
2. Ne mange pas avec les doigts.
3. Mets les mains sur la table.
4. Ne mange pas ta salade avec un couteau.
5. Ne parle pas quand tu manges.
6. Ne réponds pas.
7. Écoute quand je te parle.
8. Sois sage.
9. Lave-toi les mains avant de manger.

C. ***Histoire d'amour***   Here is the sad story of a love triangle. Rework it using subject, stressed, direct object, and indirect object pronouns to make the story less repetitive and more natural. Remember to leave a few nouns so that the story makes sense.

David aime Claudine mais Claudine n'aime pas David. David cherche Claudine toute la journée. David va à la bibliothèque. À la bibliothèque, David trouve Charles et Monique et David parle à

Charles et Monique, mais David ne trouve pas Claudine. David va au restaurant universitaire. Devant le restaurant, David voit (*sees*) une étudiante. Est-ce que c'est Claudine? Non, ce n'est pas Claudine; c'est sa copine Mireille.

David rentre dans sa chambre où David téléphone à Claudine pour inviter Claudine au cinéma, mais Claudine ne répond pas. David ne peut pas trouver Claudine! Enfin, à onze heures du soir, David trouve Claudine. Mais Claudine n'est pas seule—Claudine est avec Robert!

Après, le pauvre David trouve Claudine partout. David va à la bibliothèque. Voilà Claudine—mais avec Robert! David trouve Claudine et Robert au restaurant universitaire. David trouve Claudine et Robert au cinéma. Claudine regarde Robert tout le temps et Claudine parle à Robert avec beaucoup d'enthousiasme! David ne s'amuse pas. Claudine et Robert commencent à énerver David. Alors, David décide d'appeler la copine de Claudine—Mireille. Si David va au cinéma avec Mireille, Mireille va peut-être aimer David. Mireille va peut-être parler à David avec beaucoup d'enthousiasme. David rêve beaucoup!

Échanges

A. ***Ça m'amuse / ça m'énerve / ça m'ennuie*** React to each situation using one of these three expressions.

1. regarder la télévision à midi quand je suis en train de manger
2. étudier à la bibliothèque le samedi soir
3. me lever tôt pour aller en classe
4. me lever tôt pour partir en voyage
5. emmener mon petit frère et ma petite sœur au cinéma
6. lire le journal au lit le dimanche matin
7. lire un article sur la politique américaine dans un magazine sérieux
8. faire les magasins pour trouver des vêtements
9. partir en vacances avec mes parents
10. me changer pour aller dans un restaurant élégant avec mes parents et leurs amis

Pierre se rase tous les jours.

B. Un sondage

In groups of three or four, prepare questions that you would like to ask your classmates about their daily habits (one question per person in the group). Choose one of your group questions and circulate in class, asking as many people as possible. When finished, go back to your group and put the results together in order to present them to the class.

C. Voilà Georges... ou est-ce que c'est Georgette?

1. You decide. Is this Georges or Georgette? What is he/she like? Where does he/she live?
2. *Une journée normale?* What constitutes a typical day for Georges/ Georgette?

D. Conversation en français
You're interviewing a local celebrity for the campus newspaper. Find out about this person's life, daily routine, and so on.

L·E·C·T·U·R·E
Quelques conseils!

▶ **Préparation à la lecture**

Comment identifier un objet inconnu? Un texte sans contexte?

▶ **Activités de lecture**

De quoi s'agit-il?

A. *Premiers indices!* De quel objet ou de quel service est-ce qu'il s'agit dans chaque document? Cherchez des indices et devinez.

B. *Sur la bonne piste!* Quelle est la fonction de chaque document? Choisissez dans cette liste:

refuser	démontrer	enseigner	prévenir
faire de la publicité	obtenir	vendre	décrire
informer	diriger	annoncer	recommander

À la recherche des détails

Trouvez quel document est destiné à:

obtenir de l'argent	voyager en Italie
trouver une chambre pas trop chère	téléphoner

Apprenons

A. *Les mots et les expressions*

1. *Laissez-vous guider par le contexte.* Que veulent dire ces expressions?

   Document 1: Profitez-en   Document 3: au moindre prix
   Document 2: votre conjoint   Document 4: garez

2. *Précisions linguistiques.* À quoi se réfèrent ces pronoms?

   Document 1: Profitez-**en**   Document 2: ne **l'**inscrivez pas
   Document 2: signez-**la**   Document 4: garez-**la**

3. *Familles de mots.* Trouvez des mots de la même famille.

   Document 1: collaborer, place   Document 3: site
   Document 2: recevoir, inscrivez Document 4: comprendre

1

Pour chacun de vos collaborateurs, pour chaque membre de votre famille... ou pour vous-même: la Carte Télécom, c'est comme emmener le téléphone en déplacements. Profitez-en!

Venez commander votre Carte Télécom auprès de votre Agence Commerciale ou de votre Téléboutique (adresses dans les pages bleues de l'annuaire).

2

Dès réception, signez-la au verso et conservez-la séparément de votre chéquier. Gardez confidentiel votre numéro de code, ne l'inscrivez pas sur tout document susceptible d'être perdu avec votre carte.

Si votre carte a été retenue par un distributeur de billets et que vous n'ayez pas pu la récupérer auprès du guichet, avertissez rapidement votre centre de chèques en précisant

où et quand votre carte a été avalée.

Multipliez par 2 les avantages de la CARTE BLEUE : votre conjoint bénéficie d'une carte à demi-tarif, au titre de votre compte.

3

4

Attention, encore et toujours, à votre argent et vos papiers. Pas de sac ni d'appareil photo en bandoulière. Ne relâchez pas votre vigilance. Fermez votre voiture, garez-la dans un parking gardé, et soyez compréhensif avec le gardien. Mieux vaut ne pas porter de bijou.

Musées

9 h à 14 h. Fermés samedi et dimanche.

Eglises

9 h à 13 h et 17 h à 19 h. Mais en cette période, les horaires sont plus souples. Faites preuve de gentillesse avec le gardien !

Banques

8 h à 13 h 30. Fermées samedi et dimanche. Nombreux bureaux de change ouverts en dehors de ces horaires. Ne changez pas à l'hôtel. Toujours à peu près deux cents lires pour un franc français.

Boutiques et achats

9 h à 13 h 30 et 16 h 30 à 19 h 30. Attention les 24 et 25 décembre sont fériés, comme le 1er janvier. Pour vos beaux achats (vêtements, cuirs...), via Roma, via Chiaia, via delle Mille.

B. *La culture française* Pour chaque expression, écrivez la lettre A si cela existe dans la culture française seulement. Si cela existe dans la culture française et dans votre culture, écrivez la lettre B.

les cartes bancaires
les cartes de téléphone
les hôtels économiques en centre-ville

▶ Après la lecture

A. *Décidons* Quel document va être le plus pratique pour:

un homme d'affaires qui voyage   une famille en vacances?
   beaucoup?
un étudiant qui voyage en Europe?   vous en France?

B. *Discutons la culture française* Évaluez ces documents. Est-ce qu'ils contiennent des informations utiles? Est-ce qu'ils sont bien présentés?

▶ Mise en pratique: Un dépliant

You are part of a team putting together an international brochure to help in orienting foreign students on your campus. You are responsible for the part that will be in French.

A. *Recherche d'idées*

Les choses importantes à inclure: la vie dans les résidences, la vie quotidienne...
Les choses secondaires à noter: les loisirs, les amis...

B. *Conseils et directives* Make a list of things to do and not to do.

À faire: aller au cours...
À ne pas faire: manger à la bibliothèque...

C. *Rédigez* Finish your part of the brochure. Develop sentences for each topic you have identified. Decide on the order in which you are going to discuss each topic. Your work should be clear and precise, but you only have one page! Don't forget to use pronouns to keep from being repetitious.

Orthographe et prononciation

Les lettres -ti- et -th-

In French, -ti- (as in **action**) is pronounced like an **s.** There is no **sh** sound. In addition, -th- is pronounced like a **t.** There is no **th** sound.

Activité

Prononcez Repeat the following after your instructor.

1. Fais attention!
2. Je n'ai plus de patience.
3. Où est le dictionnaire?
4. Il n'est pas très enthousiaste.
5. Allons au théâtre ce soir!

Vocabulaire de base

NOMS
une bouche   *mouth*
un bras   *arm*
une brosse à dents   *toothbrush*
un cheveu, des cheveux   *hair*
une dent   *tooth*
un dos   *back*
une jambe   *leg*
un nez   *nose*
un œil, des yeux   *eye*
une oreille   *ear*
un pied   *foot*
une tête   *head*

VERBES
amuser   *to amuse (someone)*
  s'amuser   *to have a good time, to play*
appeler   *to call*
  s'appeler   *to be named*
arrêter   *to stop*
  s'arrêter   *to stop (oneself)*
brosser   *to brush*
  se brosser (les cheveux, par ex.)   *to brush (one's hair, for example)*

coucher   *to put to bed*
  se coucher   *to go to bed*
emmener   *(conjugué comme acheter)   to take (somebody somewhere)*
énerver   *to irritate, to annoy (someone)*
  s'énerver   *to get irritated, annoyed*
ennuyer   *(conjugué comme envoyer)   to bore*
  s'ennuyer   *to be bored*
habiller   *to dress (someone else)*
  s'habiller   *to get dressed*
laver   *to wash (something, someone else)*
  se laver   *to wash (oneself)*
lever   *(conjugué comme acheter) to lift, raise*
  se lever   *to get up*
promener (un chien, par ex.)   *(conjugué comme acheter)   to take for a walk (a dog, for example)*
  se promener   *to take a walk*

regarder   *to look at*
  se regarder   *to look at oneself*
réveiller   *to wake (someone else) up*
  se réveiller   *to wake up (oneself)*
rêver (de)   *to dream (about, of)*

ADJECTIFS
marron (*invar.*)   *brown (eyes)*
roux, rousse   *red (hair)*

DIVERS
bien sûr   *of course*
d'habitude   *usually*
encore   *still, again*
partout   *everywhere*
prendre une douche   *to take a shower*
tard   *late*
tôt   *early*
tout(e) seul(e)   *all alone, all by oneself*

Vocabulaire supplémentaire

NOMS

un article de toilette *toilet article*
une barbe *beard*
un corps *body*
une crèche *day-care center, nursery*
le dentifrice *toothpaste*
le déodorant *deodorant*
un derrière *rear end*
une école maternelle *nursery school, kindergarten*
un gant de toilette *washcloth*
un monstre *monster*
une moustache *moustache*
un peigne *comb*
un rasoir *razor*
un rêve *dream*
le savon *soap*
un séchoir (à cheveux) *(hair) dryer*
une serviette de bain *bath towel*
le shampooing *shampoo*
un ventre *stomach, abdomen*
un visage *face*

VERBES

cacher *to hide*
changer *to change*
  se changer *to change one's clothes*
coiffer *to fix someone's hair*
  se coiffer *to fix one's own hair*
déshabiller *to undress (someone else)*
  se déshabiller *to get undressed*
maquiller *to make up (someone else)*

se maquiller *to put makeup on (oneself)*
peigner *to comb (someone else)*
  se peigner (les cheveux, par ex.) *to comb (one's own hair, for example)*
se préparer *to get (oneself) ready*
raser *to shave (someone else)*
  se raser *to shave (oneself)*
sécher *(conjugué comme préférer) to dry off (someone, something)*
  se sécher *(conjugué comme préférer) to dry off (oneself)*

ADJECTIFS

adorable *adorable*
châtain(e) *light brown (hair)*
chauve *bald*
énervant(e) *annoying*
frisé(e) *curly*
propre *clean*
réveillé(e) *awake*
sale *dirty*

DIVERS

combien de fois (par jour/mois/an) *how many times (a day/month/year)*
faire des bêtises *to do dumb things*
faire la sieste *to take a nap*
prendre un bain *to take a bath*

LE FRANÇAIS FAMILIER

se barber = s'ennuyer
se débarbouiller = se laver (le visage)
s'éclater *s'amuser*

Quelle barbe! *What a bore!*

DES EXPRESSIONS AVEC LES PARTIES DU CORPS

être bête comme ses pieds = être très bête
se lever du pied gauche = se lever de mauvaise humeur
il me casse les pieds = il m'ennuie beaucoup
jouer comme un pied = jouer très mal
avoir une bonne tête = avoir l'air sympathique
faire la tête = ne pas être content *(to make a face)*
à l'œil = gratis, free
mon œil! *my foot!*
coûter les yeux de la tête = coûter très cher
dormir sur les deux oreilles = très bien dormir
tomber comme un cheveu sur la soupe = arriver à un mauvais moment

ON ENTEND PARFOIS...

avoir le temps long (Belgique) = s'ennuyer
crollé(e) (Belgique) = frisé
une débarbouillette (Canada) = un gant de toilette
un drap (de bain) (Belgique) = une serviette de bain
une lavette (Suisse) = un gant de toilette
un linge de bain (Suisse) = une serviette de bain
siester (Afrique) = faire la sieste

Une histoire d'amour

En bref

LOVE • MAR-
RIAGE • PERSONAL
RELATIONSHIPS •
TALKING ABOUT
WHAT YOU DID
AND USED TO DO

◄ *Jean-Michel et
Diane se sont
mariés le 12 mai.
(Carentan, France)*

345

Vocabulaire

A. Un jour d'été à Marrakech

Valérie Tremblay a 30 ans et elle est journaliste. Elle vient de Montréal mais elle habite toute seule à Paris. Elle est en vacances au Club Med à Marrakech, au Maroc.

Christophe Delcourt a 27 ans et il est médecin. Il habite à Lyon avec ses parents et ses frères et sœurs. Il est aussi en vacances au Club Med à Marrakech.

- Comment est Valérie? Comment est Christophe?

B.   La rencontre.   Elle, elle se promène dans les rues de Marrakech pour prendre des photos. Lui, il cherche un tapis pour ses parents. Et c'est dans la rue qu'ils se rencontrent pour la première fois. Ils s'arrêtent, ils se regardent et… c'est le coup de foudre! Ils tombent tout de suite amoureux.

- Comment est-ce que Valérie trouve Christophe? Comment est-ce que Christophe trouve Valérie?

C.   Une belle soirée.   Ce soir, ils sortent ensemble. Ils se parlent pendant des heures et ils se racontent leur vie. Ils sont amoureux, ils s'entendent bien… La vie est belle! Mais Christophe vient d'arriver et c'est le dernier jour de vacances de Valérie. Demain, elle rentre à Paris!

- Où sont-ils? Quelle heure est-il? Qu'est-ce qu'ils font? Quel est le problème?

D. La fin des vacances de Valérie. Ils doivent se séparer, mais ils ne veulent pas se quitter. Ils s'embrassent longtemps, ils se disent qu'ils s'aiment et qu'ils vont se retrouver un jour. Maintenant, Valérie doit se dépêcher...

- Où va Valérie? Et Christophe? Qu'est-ce qu'ils se disent?

Et plus tard...

E. Est-ce que c'est la fin de l'histoire? Non! Ils se retrouvent souvent à Paris ou à Lyon. En décembre, ils se fiancent et ils vont à Montréal pour rencontrer la famille de Valérie. En juin, ils se marient et ils vont en lune de miel au Maroc, bien sûr!

En octobre, Valérie est enceinte. Ils ont un petit garçon en juillet. Mais Christophe n'a jamais le temps de s'occuper de l'enfant. Valérie s'ennuie à la maison et elle déteste le ménage.

Après un an, elle n'a plus de patience. Elle veut faire quelque chose d'autre dans la vie et elle veut retourner travailler, mais Christophe n'est pas d'accord. Il est jaloux et il se demande si Valérie a envie de le tromper. Valérie et Christophe se disputent souvent, ils ne sont plus heureux. Est-ce la fin de leur amour?

- Pourquoi est-ce que Valérie et Christophe ne sont plus heureux? À votre avis, où va Valérie? Pourquoi?

Autres mots et expressions

à cause de *because of*
avoir bon/mauvais caractère
    to be easy/hard to get along with
un couple *couple*
déçu(e) *disappointed*
le divorce *divorce*
divorcer *to divorce*
s'endormir *to fall asleep*
faire attention *to be careful*
un fiancé, une fiancée *fiancé(e)*
fidèle *faithful*
infidèle *unfaithful*
un ménage *household, couple*
patient(e) *patient*

pendant que *while*
quelqu'un (d'intéressant, de
    sympathique...) *someone
    (interesting, nice, etc.)*
qu'est-ce qui se passe? *what's
    happening?*
se réconcilier *to make up*
se reposer *to rest*
sortir avec *to go out with, to date*
se souvenir (de) (*conjugué comme*
    venir) *to remember*
se tromper (de) *to be wrong, to
    make a mistake*

Notes de vocabulaire

A. Les verbes réciproques. In French, the reflexive pronoun is also used to express the idea of reciprocity (**se regarder** = *to look at oneself* or *to look at each other*):

Ils **se parlent** souvent.   *They often talk (to each other).*

This is discussed further in the *Structure* section of this lesson.

B. Les verbes réfléchis et réciproques idiomatiques. A small group of reflexive and reciprocal verbs are idiomatic. Their meaning and use must be learned individually:

se demander   *to wonder*
se dépêcher   *to hurry*
se disputer   *to argue, to fight*
s'entendre bien/mal (avec) *to get along well/badly (with)*
se marier (avec)   *to marry, to get married*
s'occuper de   *to take care of*
se reposer   *to rest*
se retrouver   *to get together, to meet (again)*
se souvenir de   *to remember*
se tromper   *to be wrong, to make a mistake*

Ma camarade de chambre et moi,
    nous **nous entendons** bien.
Je **m'entends** avec tout le monde.
Christophe et Valérie **se marient**
    en juin.

*My roommate and I get
    along well.*
I get along with everybody.
*Christophe and Valérie are
    getting married in June.*

Tu **te maries** avec Marc?	*You're marrying Marc?*
On va **se retrouver** après le film?	*Shall we get together after the film?*
Tu **te souviens de** nos vacances à Marrakech?	*Do you remember our vacation in Marrakech?*
Vous devez **vous reposer.**	*You've got to rest.*

C. Que: conjonction. In the following sentence, **que** is used as a subordinating conjunction to link two clauses:

| Un ami dit **qu'**il a des problèmes. | *A friend says that he has problems.* |

D. Quelqu'un de + adjectif / quelque chose de + adjectif. The adjective following **quelqu'un de** and **quelque chose de** is always masculine singular:

| Ta sœur est **quelqu'un d'important?** | *Is your sister someone important?* |

E. Quitter/partir/sortir. **Quitter** means *to leave someone* or *something*. It must be followed by a direct object:

| Vous n'allez pas **quitter l'université?!** | *You're not going to leave school?!* |

Sortir means *to go out*. It is the opposite of **entrer** *(to enter, to go in, to come in)*. **Partir** means *to leave*. It is the opposite of **arriver** *(to arrive)*. Both **sortir** and **partir** are intransitive verbs. They may be followed by a prepositional phrase or an adverb. They are never followed by a direct object:

| Valérie **est sortie hier soir.** | *Valérie went out last evening.* |
| Christophe **part pour Paris demain.** | *Christophe is leaving for Paris tomorrow.* |

F. Préposition ou conjonction? Sometimes English words have more than one equivalent in French. Note these differences in usage.

preposition + noun/pronoun

| Il vient **à cause de toi.** | *He's coming because of you.* |
| Il est resté là **pendant une heure.** | *He stayed there for an hour.* |

conjunction + subject + verb

| Il vient **parce qu'il veut te rencontrer.** | *He's coming because he wants to meet you.* |
| Il est resté là **pendant que je travaillais.** | *He stayed there while I was working.* |

D'ACCORD?

A. *Chassez l'intrus* Find the words that do not fit because of meaning.

1. s'aimer, se séparer, se disputer, divorcer
2. sortir ensemble, se détester, se marier, se fiancer
3. s'entendre, s'embrasser, tomber amoureux, se quitter
4. amour, coup de foudre, divorce, lune de miel

B. *Trouvez le contraire*

1. se marier
2. travailler
3. se détester
4. s'ennuyer
5. s'entendre bien
6. se réveiller
7. oublier
8. se réconcilier
9. se quitter

C. *Choisissez* Complétez par *(with) que, pendant que, parce que, pendant,* ou *à cause de.*

1. La sœur de mon fiancé nous a raconté _____ elle allait divorcer.
2. J'ai lu votre article _____ je mangeais et je l'ai trouvé intéressant.
3. Ils se séparent _____ ses chats: elle n'aime pas les chats et lui, il les adore.
4. J'ai rencontré mon mari _____ les vacances.
5. Candide et Alceste disent _____ ils vont partir à Montréal.
6. Solange veut quitter son petit ami _____ il est infidèle.
7. Je voudrais habiter à Nice, mais nous devons habiter à Paris _____ le travail de ma femme.

D. *Des questions indiscrètes* Use the following "indiscreet questions" to find out about the people in your class.

1. Est-ce que vous avez un(e) petit(e) ami(e)? Si oui, est-ce que vous vous disputez souvent ou est-ce que vous vous entendez bien?
2. Est-ce que vous vous souvenez de votre premier amour? Racontez!
3. Est-ce que vous voulez vous marier? À quel âge? Avec qui? Où est-ce que vous voulez aller en lune de miel? Pourquoi?
4. Est-ce que vous voulez avoir des enfants? Combien? Des filles ou des garçons?

E. *L'histoire de Christophe et de Valérie*   Finissez l'histoire de Christophe et de Valérie.

1. Où est-ce qu'ils habitent, à Lyon ou à Paris? Pourquoi?
2. Ils ont un enfant. Comment est-il?
3. Est-ce qu'ils vont avoir d'autres enfants? Pourquoi ou pourquoi pas?
4. Comment est-ce que Valérie trouve Christophe maintenant?
5. Comment est-ce que Christophe trouve Valérie maintenant?
6. Quels sont les problèmes du couple?
7. Racontez la fin de l'histoire. Est-ce qu'ils vont rester ensemble ou est-ce qu'ils vont divorcer?

Les mots et la culture

A. Le Club Med.   What advantages are there to traveling alone? Traveling with someone? Traveling with an organized tour? Which costs the most? Which do you prefer? Why?

Le Club Méditerranée was created in 1950 as a response to the need for organized vacations in postwar France. From its beginnings as a small vacation club, Club Med has gone on to become a large enterprise with resorts in many countries around the world. The democratic atmosphere that it promotes (informal dress, meals at group tables, etc.) and its relatively inexpensive prices have made travel abroad more widely available.

B. Liberté, égalité, sexualité!   What part of your life has feminism most affected?

Traditionally, the role of women in French society has been limited by religious beliefs, social taboos, and strict legislation that made women legally dependent on their husbands. Now, with the lessening influence of the Catholic Church and the repeal of repressive legislation, women share much more equally in French society. Many women have entered the work force and the political arena alongside men. As a result, relationships between young men and women have also changed, and there is less expectation that a woman will marry and become a wife and mother.

C. Amour! Amour!   "I love you." Who might say that? When? Where? To whom?

Romantic love has a long literary tradition in France and is reflected in popular songs and films as well as in novels and plays. This influences relationships between the sexes and is behind the ideal of **l'amour-passion** or **le grand amour,** which is viewed as an event overriding more mundane social conventions.

French young people tend not to date as early as is common in North America. Instead they go out in mixed groups for a long time and couples are formed only gradually.

STRUCTURE

▶ Le verbe *voir*

The present tense of the verb **voir** *(to see)* is irregular:

je vois   nous voyons
tu vois   vous voyez
il ⎱
elle ⎰ voit   ils ⎱
            elles ⎰ voient

Qu'est-ce que tu **vois?**   *What do you see?*
Je ne **vois** rien.   *I don't see anything.*

Voir is regular in the *imparfait:*

Quand j'avais quinze ans, j'avais   *When I was 15, I had a*
   un petit ami que je **voyais** tous   *boyfriend that I saw*
   les jours.   *every day.*

The *passé composé* of **voir** is conjugated with **avoir.** The past participle of **voir** is **vu:**

Il n'**a** pas **vu** le chien.   *He didn't see the dog.*

Vous avez compris?

A. ***De la fenêtre...*** Here is what each person can see from his or her bedroom window. Say this using *voir* in the present tense.

1. Candide / des arbres.
2. Tu / un mur!
3. Daniel et Guy / des voitures.
4. Nous / la rue.
5. Je / des personnes qui se promènent.
6. Vous / la fenêtre du couple qui habite en face.

B. ***Dans les rêves*** Here is what various people saw in one of their dreams last night. Use *voir* in the *passé composé* to complete each sentence.

1. Je _____ un chien orange.
2. Candide _____ un chat vert qui parlait espagnol.
3. Alceste dit qu'il _____ un homme qui avait deux têtes.
4. Nous _____ un monstre qui nous a demandé de venir avec lui.
5. Tu _____ le professeur qui promenait un grand chien noir?
6. Mes petites sœurs racontent qu'elles _____ une belle femme habillée en blanc.
7. Vous _____ une voiture qui était grande comme une maison!

C. **Les contacts perdus**   We all used to see people that we no longer see at all. Use *voir* in the *imparfait* and the *présent* to say this.

- **MODÈLE:**   En été, Claudine / sa tante Irène tout le temps, mais maintenant, elle / ...

    En été, Claudine voyait sa tante Irène tout le temps, mais maintenant, elle ne la voit plus.

1. Avant, tu / tes cousins tout le temps, mais maintenant, tu / ...
2. L'année dernière, mon mari et moi, nous / les Dumont tout le temps, mais maintenant, nous / ...
3. Quand vous aviez dix ans, vous / vos grands-parents tout le temps, mais maintenant, vous / ...
4. Pendant l'hiver, Alceste / ses copains au café tout le temps, mais maintenant, il / ...
5. Quand elles étaient jeunes, Anne et Claire / leur père tout le temps, mais maintenant, elles / ...
6. À l'université, je / Jean-Luc tout le temps, mais maintenant, je / ...

▶ Les verbes réciproques

Reciprocal verbs *(les verbes réciproques)* indicate reciprocal action. In English, this is expressed by the use of a reciprocal pronoun or prepositional phrase: *(to) each other* or *(to) one another*. In French, the reflexive pronouns (**nous, vous, se...**) serve this purpose:

Candide et Alceste **se parlent.**	*Candide and Alceste are talking to each other.*
Vous ne **vous parlez** plus?	*You're not speaking (to each other) anymore?*

Note that many verbs can be used both reflexively and reciprocally. In French, this is ambiguous, and speakers must depend on context to distinguish between these meanings. In English, no such ambiguity exists:

Ils **se parlent.**	*They're talking to themselves / They're talking to each other.*

Vous avez compris?

A. **Choisissez**   Use the present tense of one of the verbs in parentheses to complete each sentence.

1. Christophe et Valérie _____ (aimer/s'aimer) et ils _____ (écrire/s'écrire) tous les jours.
2. Alceste _____ (téléphoner/se téléphoner) souvent à sa mère et ils _____ (parler/se parler) pendant des heures.

3. Adrien _____ (tromper/se tromper) sa femme avec une secrétaire de vingt ans.
4. Martine _____ (voir/se voir) souvent sa copine Mireille et elles _____ (raconter/se raconter) tous leurs problèmes.
5. Monsieur et madame Rey _____ (séparer/se séparer) après vingt ans de mariage parce qu'ils ne _____ (entendre / s'entendre) plus.

B. **Des nouvelles de Cinet**   Here is the latest news from Cinet. Make complete sentences.

1. Monsieur Lionnet et mademoiselle Caron / se marier.
2. Monsieur Bovy et monsieur Saïdi / ne plus se parler.
3. Monsieur et madame Ségal / se disputer / tout le temps.
4. Monsieur et madame Domont / ne pas s'entendre. / Ils vont divorcer.
5. Madame Renard et monsieur Renglet / se retrouver / au café le soir.

▶ Les verbes réfléchis et réciproques au passé

Reflexive and reciprocal verbs follow the usual rules for formation of the *imparfait:*

À seize ans, je ne **m'entendais** pas bien avec mes parents.	*When I was 16, I didn't get along well with my parents.*
Nous **nous reposions** quand le téléphone a sonné.	*We were resting when the telephone rang.*

Reflexive and reciprocal verbs are always conjugated with **être** in the *passé composé*. The past participle of these verbs will in most cases agree with the subject of the verb:

Ma sœur s'est mariée l'année passée.	*My sister got married last year.*
Nous nous sommes amusés.	*We had a good time.*
Ils se sont rencontrés à Paris.	*They met in Paris.*

The rules governing past participle agreement with reflexive and reciprocal verbs are complex. Although such verbs use **être** as a helping verb, their past participles really agree with a preceding direct object (if one exists). Since the reflexive or reciprocal pronoun usually represents a direct object, this means that the past participle agrees with both the preceding direct object (the reflexive pronoun) and the subject.

Sometimes the reflexive or reciprocal pronoun represents an indirect object rather than a direct object. In these cases, there is no past participle agreement. This will happen with two specific types of verbs:

1. Verbs with indirect objects (no past participle agreement):

   se dire   se parler   s'écrire   se donner
   se raconter   se téléphoner   se demander

   Les deux sœurs **se sont téléphoné**   *The two sisters called each*
      et elles **se sont parlé** pendant des   *other and talked for*
      heures.   *hours.*

2. Reflexive verbs having reference to a part of the body (no past participle agreement):

   Marie **s'est lavé les mains.**   *Marie washed her hands.*

In this sentence, **mains** is the direct object, and **se** is the indirect object, telling to whom the hands belong.

Vous avez compris?

A. *Mariages* Avec qui est-ce qu'ils se sont mariés? Choisissez parmi Martha, Napoléon, Marie-Antoinette, mon grand-père, Franklin, Anne Boleyn et Joe DiMaggio.

- **MODÈLE:**   Marilyn Monroe
                Elle **s'est mariée avec** Joe DiMaggio.

   1. George Washington
   2. Henri VIII
   3. Eleanor Roosevelt
   4. ma grand-mère
   5. Joséphine
   6. Louis XVI

B. *Qu'est-ce qu'ils ont fait?* Soyez logique.

- **MODÈLE:**   Philippe a utilisé une serviette de bain.
                Il s'est séché.

   1. Marguerite a utilisé du savon.
   2. Richard a utilisé une brosse à dents.
   3. Charles a mis une chemise, un complet, une cravate et des chaussures.
   4. Donna a entendu le réveil.
   5. Alceste et Candide ont utilisé une brosse à cheveux.

C. *Accordez les participes passés*   Make any past participle agreements that are necessary.

1. Paulette s'est couché _____ tôt hier soir.
2. Est-ce que Candide et Alceste se sont brossé _____ les cheveux?
3. Martine et Valérie se sont retrouvé _____ au café. Elles se sont parlé _____ pendant une heure, et puis elles sont parti _____ ensemble.
4. Ils se sont rasé _____ la tête! Mais pourquoi?
5. Nous nous sommes bien amusé _____ hier soir.

D. *Les souvenirs d'un vieux couple*   Monsieur and Madame Ségal have been married for a long time. They are reminiscing about what their life was like in the early years of their marriage. Complete the dialogue by putting the verbs in parentheses in the *imparfait*.

— Tu te souviens quand tu me _____ (apporter) le café au lit le matin?
— Oh, oui, tu _____ (ne jamais se lever) avant huit heures.
— Oui, mais je _____ (se coucher) toujours tard parce que je _____ (s'occuper) du ménage le soir.
— C'est vrai, et moi, je _____ (se coucher) tard aussi parce que je _____ (vouloir) rester avec toi.
— Nous _____ (s'entendre) si bien!
— Oui, nous _____ (ne jamais se disputer).

EXERCICES D'ENSEMBLE

A. *Qui est-ce que vous avez vu hier? Où?*

• **MODÈLE:** J'ai vu mon professeur d'anglais au supermarché.

B. *Et vous?*

1. Est-ce que vous avez vu un chien qui s'entendait avec un chat?
2. Est-ce que vous vous êtes levé(e) avant cinq heures du matin?
3. Est-ce que vous vous êtes disputé(e) avec un professeur?
4. Est-ce que vous vous êtes endormi(e) pendant un cours?
5. Est-ce que vous avez vu un oiseau qui parlait?
6. Est-ce que vous êtes tombé(e) amoureux/amoureuse de quelqu'un?

C. ***Rencontre sur la plage*** It's summer, and Catherine and Olivier meet at the beach. Write their story. The following verbs may be useful: *se voir, se regarder, se parler, sortir ensemble, s'embrasser, se disputer, se séparer, se rencontrer, se retrouver, s'amuser, se téléphoner, s'écrire, se dire au revoir, s'entendre bien (avec).*

Échanges

A. ***Racontez l'histoire*** Imagine that you are one of the people in each couple. Tell your story.

1. Béatrice Dubois: 37 ans, divorcée, remariée avec Paul Pinel
   Jean Rasquin: 45 ans, divorcé, premier mari de Béatrice Dubois
2. Jacques Dubois: 68 ans, retraité, veuf (sa femme est morte)
   Paulette Gilmard: 66 ans, retraitée, a rencontré Jacques Dubois à Nice
3. Monsieur Ségal: 69 ans, retraité, marié, se dispute tout le temps avec sa femme
   Madame Ségal: 67 ans, retraitée, mariée, se dispute tout le temps avec son mari
4. Monsieur Domont: 40 ans, employé de la S.N.C.F., marié
   Madame Domont: 40 ans, secrétaire, mariée mais veut divorcer
5. Monsieur Renglet: 50 ans, dentiste, marié, retrouve Madame Renard au café le soir
   Madame Renglet: 45 ans, cadre, mariée.
6. Bruno Hanin: 29 ans, écrivain, marié, deux enfants, s'occupe beaucoup de ses enfants
   Véronique Hanin: 27 ans, cadre dans une banque, mariée, deux enfants, voyage beaucoup pour son travail

MARRAKECH

Maroc

VILLAGE

Abrité par de hauts remparts, l'hôtel est situé sur la célèbre place Djemaa-el-Fnâ. Chambres à 2 lits avec salle de bains d'inspiration mauresque. Possibilités de chambres individuelles, se reporter aux tableaux de prix. Voltage : 220.

A votre disposition : un hammam, une boutique, des films vidéo en quatre langues sur grand écran, un service de location de voitures. A 10 mn en navette, la très belle Palmeraie avec ses activités sportives et son restaurant-barbecue. Enfants acceptés à partir de 6 ans mais pas de moniteurs spécialisés.

SPORTS

Une piscine au village. A la Palmeraie : une autre piscine. Natation. Tennis : 5 courts en terre battue.

Culture physique. Aérobic. Volley-ball. Pétanque. Tir à l'arc. Golf : pitch and putt 9 trous, putting green et practice avec filet. Avec frais : équitation.

Activité payante hors Club : un magnifique golf 18 trous à 10 mn du village, navette gratuite dans le cadre de l'école de golf du Club.

DECOUVERTE DU MAROC

Un circuit vous est proposé en complément de votre séjour au village. Voir page 112.

C.M. - Marrakech -
Tél : 212.4.440.18 - Fax : 212.4.446.47

EXCURSIONS

En 1/2 journée
Marrakech en calèche : visite des principaux monuments de la ville.
Visite des souks : une des curiosités de Marrakech.

B. *Des vacances de rêve au Club Med*

1. Regardez la publicité pour le Club Med à Marrakech. Est-ce que c'est un vrai village? Décrivez le village Club Med. Est-ce que l'hôtel est en ville ou à l'extérieur de la ville? Quels sports est-ce qu'on peut faire au Club Med de Marrakech? Est-ce que vous devez payer pour faire du sport? Est-ce qu'il y a aussi d'autres choses intéressantes à faire au Club Med?

2. Vous avez lu l'histoire de Valérie et de Christophe et, la nuit passée, vous avez rêvé que vous étiez en vacances au Club Med de Marrakech. Le matin, vous racontez votre rêve à vos amis: comment était le club? Qu'est-ce que vous faisiez pendant la journée? Est-ce que vous avez fait quelque chose d'intéressant? Est-ce que vous avez rencontré quelqu'un d'intéressant?

Est-ce que vous vous souvenez de votre premier amour? (Paris)

C. *Conversation en français* How old were you the first time you fell in love? What was the person like? How did you meet? Tell the whole story.

L·E·C·T·U·R·E

Pauvre Marianne... Sans caprice!

▶ Préparation à la lecture

La question féminine

Évaluons les progrès des femmes dans la société moderne. Pour cela, faites une liste des domaines où elles ont...

fait des progrès   encore des progrès à faire

▶ Activités de lecture

De quoi s'agit-il?

A. *Regardez le titre* Est-ce qu'il va être question d'hommes? de femmes? d'enfants?

B. *Le sous-titre* Faites une liste ou soulignez les mots qui sont fréquents et ceux que vous reconnaissez. D'après ce sous-titre, quel est le sujet de cet article? Choisissez.

Les femmes au travail	L'absence des femmes au travail
Le chômage des femmes	Les nuisances de bruit au travail
Les inégalités devant l'emploi	Les emplois féminins

C. *L'article* Regardez cet article rapidement. Quel type de chiffres voyez-vous? Quel mot dans le sous-titre annonce ces chiffres? Quelle sorte de renseignements allez-vous trouver dans cet article?

D. *La structure* Regardez la première phrase de chaque paragraphe.
Quel paragraphe marque un contraste ou une opposition?
Quel paragraphe discute de l'éducation des femmes?
Quel paragraphe indique une évaluation?

E. *Les thèmes* Faites une liste ou soulignez les mots importants dans chaque paragraphe. Quel paragraphe traite du travail des femmes? du rôle des femmes en politique? du chômage des femmes? du féminisme?

F. *La conclusion* Regardez le temps des verbes dans les deux dernières phrases. Est-ce qu'ils marquent une concordance ou une opposition?

À la recherche des détails

A. *Quel est le nombre des femmes*

dans la population totale?
parmi les personnes âgées?
dans les classes terminales au lycée?
parmi les criminels?
maires dans toute la France?
députées au Parlement?
parmi les chefs d'entreprise?
jeunes chômeuses parmi toutes les femmes?
mères seules et défavorisées?

PAUVRE MARIANNE... SANS CAPRICE!

D'où vient que les chômeurs, en France, font peu de bruit ? Peut-être de ce que les chômeurs sont... des chômeuses. Quelle drôle de tête font aux femmes les statistiques ! Si bien faite, et si mal employée... Vous reconnaîtrez-vous dans des portraits signés Insee ?

Un portrait flatteur : mes 28.196.999 compagnes et moi constituons la majorité absolue de la population française, 51 %. Et 59 % des personnes âgées, car nous survivons en moyenne huit années à nos compagnons.

Quant à la tête, elle va bien, merci : les jeunes filles ont aujourd'hui, un niveau de formation meilleur que les garçons. Ainsi, 56 % des élèves de Terminale appartiennent au sexe jadis faible.

Plus nombreuses, plus fortes, plus malignes, nous sommes aussi plus courageuses : la moindre jeune femme effectue 25 heures de travail à la maison en plus de son boulot professionnel tandis que son mari en fait à peine 13 (qu'il dit...) Avec des enfants, c'est bien plus. Combien ? Vous comptez, vous ?

Continuons notre campagne promotionnelle : nous sommes « *très minoritaires parmi les auteurs d'infractions* » : pas plus de 19 % des crimes et délits à nous reprocher.

Avec tout ça, on pourrait s'attendre raisonnablement à ce que nous soyons en tête des secteurs-clés de notre belle République. Hélas, il n'en est rien. Pauvre Marianne, tu dois te sentir bien isolée — en dehors des jours d'élection où les citoyennes votent presque autant que les citoyens — avec 4 filles-maires et 10 députées seulement sur 100, un préfet en tailleur pour 99 en complet... (femmes chefs d'entreprise : 12%).

Mais là où il y a urgence, c'est du côté de l'ANPE et de la Caisse d'épargne : 12 chômeuses pour 8 chômeurs et 31 % de jeunes femmes sans emploi, 54 % de mères seules dans la population la plus défavorisée. L'inégalité entre salaires masculins et féminins reste de 35 % en moyenne.

Etonnant : plus les femmes sont diplômées et plus l'écart avec les hommes de même niveau se creuse !

Le miroir magique des chiffres qui nous répète complaisamment que nous sommes les plus belles, les plus douées, les plus travailleuses ne serait-il donc qu'un miroir aux alouettes ? Le féminisme était presque passé de mode. Voilà un document qui risque fort de le faire ressortir de nos placards à balais.

France de LAGARDE

« *Femmes en Chiffres* » INSEE et CNIDF : 7, *rue du Jura, 75013 PARIS.*

La Vie, décembre 1986

B. *Vrai ou Faux*   Regardez chaque paragraphe.

1. Les femmes vivent 8 ans de plus que les hommes.
2. Les jeunes filles ont une formation égale à celle des garçons.
3. Les femmes sans enfants travaillent 25 heures par jour.
4. Il y a peu de femmes écrivains.
5. Les femmes votent plus que les hommes.
6. Il y a quatre fois plus de femmes que d'hommes au chômage.
7. Trente-cinq pour cent des femmes sont moins bien payées que les hommes.
8. Ce document montre que le féminisme n'est plus un problème.

▶ Après la lecture

Apprenons

A. *Les mots et les expressions*

1. Relevez tous les mots synonymes de *femmes*.
2. Quels noms de métiers ont une forme masculine et une forme féminine? Lesquels sont seulement masculins?
3. Relevez tous les adjectifs se rapportant aux femmes.
4. Dans le dernier paragraphe, devinez le sens de l'expression: **un miroir... aux alouettes.** Choisissez le sens qui est le meilleur d'après le contexte: une illusion, une erreur, une prédiction.

B. *La culture française*

1. Les institutions françaises. Relevez les termes qui se réfèrent

   au travail et à la profession.
   à la situation sociale.
   à la politique et au gouvernement.

2. Identifiez les domaines où les femmes ont fait des progrès. Ceux où il y a encore des progrès à faire.

▶ Après la lecture

A. *Décidons*

Quel est le résultat de ces statistiques sur les décisions professionnelles des femmes? Sur leurs décisions personnelles?

Quels sont les organismes qui sont le plus concernés par ces statistiques?

B. *Discutons la culture française*

1. Préparez 15 questions sur les problèmes d'inégalités présentés dans cet article pour trouver les causes de cette situation en France.
2. Marianne est le symbole de la République française et aussi l'héroïne d'une pièce de théâtre célèbre, *Les Caprices de Marianne* par Marivaux (un auteur du XVIIIe siècle). Quelle interprétation donnez-vous au titre de cet article?

▶ Mise en pratique: Journal d'une femme au chômage

A. *Préparation*

1. Créez une identité pour une jeune femme au chômage (âge, diplôme, profession, résidence, situation familiale, etc.).
2. Établissez l'horaire journalier de cette femme, heure par heure (tâches ménagères, démarches à l'agence de l'emploi, etc.).
3. Faites une liste de phrases et d'expressions qui indiquent ses sentiments selon chaque action, chaque moment de la journée. *Je suis… Peut-être que je vais…*

B. *Écrivons*

La page de son journal à la fin de la journée. Intégrez tous ces éléments et rédigez cette page d'après son point de vue à elle.

Orthographe et prononciation

▶ Les lettres *qu-*

In French **qu-** is always pronounced as **k.** It never has a **w** sound as in English.

Activité

Prononcez Repeat the following after your instructor.

1. Quelle est la question?
2. Quand? Avant le quinze?
3. Vous avez dit quatre ou quatorze?

Vocabulaire de base

NOMS

l'amour (m.)   *love*
le couple   *couple*
le divorce   *divorce*
la fin   *end*
une histoire   *story*

VERBES

se demander   *to wonder*
se dépêcher   *to hurry (up)*
se disputer (avec)   *to argue (with)*
divorcer   *to divorce*
embrasser   *to kiss, to embrace*
s'endormir   *(conjugué comme dormir)   to fall asleep*
s'entendre (bien/mal) (avec qqn)   *to get along (well/badly) (with someone)*

se marier (avec)   *to marry, to get married (to)*
s'occuper (de)   *to take care (of)*
quitter   *to leave (someone, someplace)*
raconter   *to tell (a story)*
se reposer   *to rest*
se retrouver   *to get together, to meet (again)*
se souvenir de (conjugué comme venir)   *to remember*
se tromper (de)   *to be wrong, to make a mistake*
voir   *to see*

ADJECTIFS

amoureux, amoureuse (de)   *in love (with)*
jaloux, jalouse   *jealous*

patient(e)   *patient*

DIVERS

à cause de   *because of*
faire attention   *to pay attention, to be careful*
longtemps   *a long time*
pendant que   *while*
que   *that*
quelque chose (d'intéressant, d'autre...)   *something (interesting, else...)*
quelqu'un (d'intéressant, d'autre...)   *someone (interesting, else...)*
qu'est-ce qui se passe?   *what's happening?*
tomber amoureux, amoureuse (de)   *to fall in love (with)*

Vocabulaire supplémentaire

NOMS

un coup de foudre   *love at first sight*
un fiancé, une fiancée   *fiancé(e)*
la lune de miel   *honeymoon*
un ménage   *household, couple*
la patience   *patience*
une rencontre   *encounter, meeting*

VERBES

se fiancer   *to get engaged*
se réconcilier   *to make up*
se séparer   *to separate, to break up*
tromper   *to fool, to cheat*

ADJECTIFS

déçu(e)   *disappointed*

enceinte   *pregnant*
fidèle (à)   *faithful (to)*
infidèle   *unfaithful*

DIVERS

au Maroc   *in Morocco*
avoir bon/mauvais caractère   *to be easy/hard to get along with*
sortir avec   *to go out with, to date*
sortir ensemble   *to go out together, to date*

LE FRANÇAIS FAMILIER

draguer   *to be looking for action*
un dragueur   *guy who's always after girls*
faire gaffe = faire attention
génial!   *great! super!*

super!   *great! super!*

ON ENTEND PARFOIS...

attendre famille (Belgique) = être enceinte
avoir un coup de soleil (pour) (Haïti) = avoir un coup de foudre (pour)
être en famille (Canada) = être enceinte
tomber en amour (Canada) = tomber amoureux

Rédacteur en chef: *Isabelle Kaplan*
Rédacteurs adjoints: *Laura K. Heilenman et Claude Toussaint Tournier*
Assistante de production: *Jackie Rebisz*

Revue périodique • Un numéro tous les quatre chapitres • Publiée à l'aide de documentation ~~internationales~~

HIVER
DEUXIÈME SEMESTRE

Numéro 4

DOSSIER IMMIGRATION

Magazine du monde français pour les étudiants de "Voilà!"

FRANCOPHONE

ÉDITORIAL

CULTURES EN CONFLIT, CONFLITS CULTURELS

Ils vivent en France, vont à l'école française, travaillent dans les usines et sur les routes de France, dans les bureaux et dans les hôpitaux, ils ont des diplômes français, la sécurité sociale, les allocations familiales, et s'ils sont français ils sont élus maires, députés. Parfois aussi, ils sont en prison, devant les tribunaux, battus par la police, alphabétisés par des volontaires. On les trouve sur les scènes des théâtres, dans les magasins de disques, dans les maisons et les appartements où les sons de leur musique nouvelle et exotique rythment la vie quotidienne.

Qui sont-ils? Les immigrés.

Venus de tous les coins du monde, à des moments différents de l'histoire, pour des raisons différentes, ils font de la France un pays multiculturel où leurs modes de vie et leurs problèmes confrontent les habitudes traditionnelles, changent les optiques, réveillent parfois les vieux instincts racistes, la violence qui refuse. Leur vie et leur présence forcent l'évolution d'une culture ancienne qui n'aime pas toujours les changements, la nouveauté. Mais les confrontations dans un pays républicain et socialiste sont aussi dialectiques et l'assimilation dans un monde où les frontières disparaissent promet un avenir de liberté et de fraternité.

À l'avenir de prouver l'idéologie démocratique d'une nation qui vient de célébrer le bicentenaire de sa Révolution!

Ouvrez ce **DOSSIER IMMIGRATION** et faites connaissance avec les nouveaux immigrés, leur vie, leurs problèmes et leur rencontre avec la France d'aujourd'hui et de demain.

HARLEM DÉSIR
Portrait d'un
immigré célèbre

Le racisme, il en parle d'expérience. Né d'une mère alsacienne et d'un père martiniquais, qui, en hommage à la lutte des Noirs américains, lui firent cadeau d'un prénom symbole : Harlem, élevé en banlieue, du côté de Bagneux, il n'est vraiment accepté nulle part. Perçu comme un «Zoreille» (un Blanc) en Martinique, et comme un Noir en France, où l'état civil importe moins que le faciès. Le racisme inavoué — de jobs qui tombent à l'eau en chambres subitement déjà louées — ne lui a laissé ni amertume ni colère. «C'était plus humiliant pour l'autre», dit-il. Licencié en philosophie, c'est à la fac de Tolbiac qu'il a connu ses amis, aujourd'hui tous permanents de SOS-Racisme. Ensemble, ils ont vécu l'espoir déçu soulevé par la marche des beurs en 1983. Ensemble, ils ont cru à l'élan de Convergence 84, mouvement pluri-ethnique pour l'égalité.

«Touche pas à mon pote» relève d'une morale simple, presque naïve —«Aime ton prochain»— et d'une éthique de l'amitié sans seuil de tolérance. Harlem ne ménage pas sa peine pour populariser l'esprit de l'association.

Intégration ou réintégration

Rejetés, ici, par une frange de la population, les immigrés doivent-ils retourner chez eux ou tenter de s'assimiler coûte que coûte ?

La mauvaise réputation

Chômage, coût social, délinquance, niveau scolaire : les immigrés servent de boucs émissaires. Autant d'idées reçues, autant d'erreurs.

Les Français du refus

La cohabitation forcée naît la violence. Certains s'en réclament ouvertement.

La France de Babel

Une tradition bicentenaire. Une pénurie chronique d'accueil des réfugiés politiques. L'immigration a une longue histoire. de main-d'œuvre.

Le monde des femmes

Les épouses ont dû s'adapter. C'est souvent une véritable révolution culturelle.

Ils représentent le disco, la liberté des mœurs. Ils portent des jeans et des tee-shirts, ils fument, mais restent fidèles aux traditions. Seul lien originel, celles-ci restent sacrées.
●●●

Le cœur sur la main

Succès pour la campagne « Touche pas à mon pote ». Harlem Désir, son animateur, veut aller plus loin. Tout en redoutant la récupération.

SMAÏL MEKKI

Mais qui est donc Mekki?

Il a quitté son Algérie natale à l'âge d'un an, pour se retrouver dans la grisaille de la région parisienne. Loin de ces banlieues qui abritent des pavillons cossus et fermés sur eux-mêmes. Il a passé vingt années de sa vie au milieu de grands ensembles lépreux, entre terrains vagues, entrepôts et usines désaffectées.

Le théâtre, le monde du showbiz, il y est arrivé comme un cheveu dans la soupe. Et par pur hasard. « Je ne ferai pas, dit-il, comme certains de mes camarades, qui prétendent que le métier de comédien, c'est toute leur vie. Je n'affirme pas davantage que, dès mon plus jeune âge, je récitais des poèmes, que le théâtre était ma vocation. Tout le tremblement quoi. Ce serait faux. »

De ces deux films, il parle avec beaucoup de tendresse. À cause de scénario, une histoire sans aucune violence vécue par un Arabe comme lui, Mostephe. Il a toujours rêvé de décrocher un premier rôle pour, lui aussi, avoir droit aux feux de la rampe.

C'est du moins l'espoir qu'il nourrit avec sa compagne marocaine qui, bien sûr, tient le premier rôle dans sa vie. Mais ce n'est pas le seul. Smaïl Mekki ne désespère pas, en effet, de faire enfin comprendre aux Français que « l'étranger, l'Arabe, n'est pas synonyme de terreur... ».

Ces Parisiens séduisent le monde

Ils patinent comme des dieux, ou sont sapés comme des milords. Basés à **Paris,** mégalopole, ils sont fatigués de porter une étiquette **black.** Attachés à la fois à leurs racines et à leur liberté, voilà bien de vrais Parisiens des **années 90.** Le showbiz se les arrache. Cette année, à Tokyo ou à Montréal, la France c'est eux.

Jusqu'où montera la grâce d'Axel Médéric, dix-neuf ans, en stage d'été à la patinoire de la Roche-sur-Yon? Ce jeune de Créteil peut devenir le prochain Alain Calmat du patinage artistique français.

Desvarrieux, arrangeur de Kassav' qui a remis les Antilles et Paris sur la carte du monde après avoir grandi à Marseille. A l'époque, il rêvait d'Hendrix. Au téléphone, Claudie lance un label black international chez Carrère. Plus loin, Martheley, de Kassav', une des voix d'or du zouk.

« **A**vant d'être blacks, nous, Africains ou Antillais qui vivons à Paris, sommes d'abord des hommes, et nous nous sentons citoyens du monde. Merde aux mythes noirs, aux conneries des médias, aux clichés blancs et vice versa. Oublions enfin Y'a bon Banania. Il y a aussi bien des intellectuels que des têtes de lard noires ! »

Et ce sont des Noirs de Paris, des Parisiens qui le disent haut et fort.

L'argument de leur œuvre est parfait : des Noirs à la fois musulmans et intellos, qui essaient de réconcilier le Coran avec Freud, Picasso, Charlie Parker et Henri Miller.

ISAACH DE BANKOLÉ

REÇOIT AVEC STYLE

La presse à l'hôtel Raphaël. Au Japon, le film *Chocolat* dont il est l'acteur principal trône à Tokyo. Son prochain film, *Comment faire l'amour avec un nègre sans se fatiguer,* a battu *Rain Man* à Montréal. Isaach rigole — « Je joue le faux époux Turenge dans le film qu'Oury tourne sur l'affaire Greenpeace. »

au carrefour de l'amitié

RECHERCHES DE CORRESPONDANTS

Oumar Diouf (H) 26 a. (B.P. 2791, Nouakchott, Mauritanie). Corr. Mus., sp., voy.

Belmaallam Ghez 19 a. (Immeuble «C», n° 37, Rue Regragui Akkari, Rabat, Maroc). Corr. JF-H. 17–18 a. en franç. USA., Ang., Franc., Ital. Lect., mus., sp., cart-post.

Léonard Acadire (H) 16 a. (16, av. Général de Gaulle, BP 59 Makona, Congo). Corr. JF-H. 16–19 a. en franç. Belg., Haïti., Guad., Iv., Franc., Mart. Foot., mus., ten., lect., éch. divers.

Christian Ondzongo (H) (82, rue Bakonkongas, Poto-Poto, Brazzaville, Congo). Corr. F–H. Franc., URSS., Suède., Grèc., Hong., Afr. de l'Ouest., Holl. Cin., lect., mus., archéol.

Christiane Niang 23 a. (BP 4618, Yaoundé, Cameroun). Corr. J. Mde. en franç. Sp., cin., voy.

Aimée Dianzinga 20 a. (1900 rue Vindza, Plateau des 15 ans, Brazzaville, Congo). Corr. J. Française 20–25 a. Lect., dans., voy.

Birane Jidon (H) 25 a. (B.P. 942 Nouakchott, Mauritanie). Corr. J.F-H. 16–30 a. en franç. Tour., mus., photo.

Khada Isidore (12, rue Paul Ramadier. 44200 Nantes, France). Corr. J.F. 15–20 a. Mart., Ital., Antil., Am. Mus., sp., voy.

Mohamed Jidou 22 a. (B.P. 794, PIN République Centrafricaine). Corr. J. 20–25 a. Belg., Ital., Franc., Gab. Voy., éch. divers.

Léopold N'Djate 17 a. (ON. HLM 6, Villa n° 912, Dakar, Sénégal). Corr. F. 17–20 a. en franç. Mus., cin., dans., jeux., sorties.

Hassan Scharman 22 a. (27, rue Machraa Hammadi, Cité Andalouss, Berkane, Maroc). Corr. Mus., éch. divers.

François Kamgang 23 a. (B.P. 493 Nouakchott, Mauritanie). Corr. J. 17–77 a. Mde. Lect., mus., philat., voy., sp.

Maurice M'Boumba (B.P. 603, Kinshasa-7, Zaïre). Corr. J. 12–40 a. Mde. en franç.

Un beau cadeau (un anagramme particulier)

Prenez le nom d'une amie ou d'un ami. Trouvez tous les mots que vous pouvez faire avec ce nom. Maintenant créez des vers avec ces mots, faites des strophes et vous avez un poème d'anniversaire, de fête, à mettre sur une carte. Illustrez si vous êtes artiste!

MADELEINE

Ma dame à l'aile de laine
Ma dame à l'aile liée
Délie la, délie la, Adeline!

Ma dame à l'aile laide
Ma dame à l'aile aidée
Amie Line, Adeline.

En l'an mil, ni l'aile, ni l'an
Il n'a lié l'amie de Line
Il a dîné, l'a aidée
L'amie Line de l'an mil!

Nid lié, nid ailé
Aide la, la dame liée!

(Inspiré de Georges Pérec, Epithalames, Bibliothèque Oulipiennes, N 19)

Confusion aux bagages perdus!

À l'aéroport, l'employé s'est trompé. Aidez-le à assembler villes et pays correctement sur les étiquettes.

Portrait en images

EXPRESSIONS TRADITIONNELLES

Pour trouver chaque expression, complétez en choisissant le mot final:

Blonde comme _____

Un teint _____

Une peau de _____

Les cheveux _____

Rond comme _____

Haut comme _____

Le nez en _____

Une santé de _____

Un sourire _____

(trois pommes, angélique, trompette, poivre et sel, de pêche, velours, les blés, fer, une boule)

Une soirée devant la télévision

En bref

◄

Qu'est-ce qu'il y a à la télévision ce soir? (Paris)

Vocabulaire

A. C'est le 28 mars. Il est vingt heures. Tout le monde est devant la télévision. Mais qu'est-ce qu'il y a à la télévision aujourd'hui? Est-ce que tout le monde regarde la même chose?

Au premier étage, on regarde un jeu télévisé sur la troisième chaîne (FR3).

Au rez-de-chaussée, on regarde le journal sur la deuxième chaîne (A2).

- Où habite le chien? Est-ce qu'il y a des enfants dans l'immeuble? Où? Où est-ce qu'on regarde le journal? Qu'est-ce qu'ils font en même temps? Qui ne regarde pas la télévision? Pourquoi?

B. Maintenant, il est vingt heures trente-cinq. Les informations sont finies. Au premier étage, on a déjà regardé une émission pour les petits (un dessin animé avec un chat et un chien) et un feuilleton américain. Après les jeux de FR3, on va regarder sur TF1 (la première chaîne) une émission de variétés avec des chanteurs célèbres.

Au rez-de-chaussée, on a déjà regardé la fin de l'interview d'une personnalité politique. Et maintenant, on va regarder le début d'une pièce comique sur A2.

• Comment sont les personnes qui habitent au rez-de-chaussée? Et au premier étage?

C. Et au deuxième étage? Qu'est-ce qui se passe? Ils ont regardé le programme et ils n'ont rien trouvé d'intéressant. Ils n'aiment pas les chansons et ils trouvent la pièce de théâtre ennuyeuse. Sur FR3, il y a un documentaire sur la vie des chats, mais ils détestent les chats! Sur la 5, il y a un téléfilm tragique et ils n'ont pas envie d'être tristes. Alors, ils vont écouter un concert de musique classique à la radio. Ils ont un magnétoscope et, plus tard, ils vont regarder un film d'épouvante avec l'acteur célèbre Boris Karloff. Ils adorent avoir peur!

• Qui habite au deuxième étage? Où sont les deux hommes maintenant? Où sont les deux autres personnes? Pourquoi, à votre avis? Décrivez la soirée de tout le monde au deuxième étage.

Vous pouvez choisir: Chez qui est-ce que vous voulez passer la soirée? Pourquoi?

Autres mots et expressions

annoncer (*conjugué comme* commencer)   *to announce*
apprendre (à) (*conjugué comme* prendre)   *to learn*
une comédie   *comedy*
comprendre (*conjugué comme* prendre)   *to understand*
devenir (*conjugué comme* venir)   *to become*
durer   *to last*
étranger, étrangère   *foreign*
faire peur (à); ça me fait peur   *to scare; that scares me*
un film d'aventure   *adventure movie*
un film de science-fiction   *science fiction movie*
un film policier   *detective/police movie*
le goût   *taste*
grave   *serious*
international(e), internationaux, internationales   *international*
montrer   *to show*
national(e), nationaux, nationales   *national*
permettre (de) (*conjugué comme* mettre)   *to allow, to permit*
promettre (qqch. à qqn) (*conjugué comme* mettre)   *to promise (something to someone)*
un reporter   *reporter*
revenir (*conjugué comme* venir)   *to come back*
une série   *series*
une speakerine   *television hostess*
surprendre (*conjugué comme* prendre)   *to surprise*
violent(e)   *violent*
un western   *western (movie)*

Notes de vocabulaire

A. Ne... rien de / ne... personne de. As was the case with adjectives following the expressions **quelque chose de** and **quelqu'un de**, the adjective following **ne... rien de** and **ne... personne de** is always masculine singular:

Il y a **quelque chose d'intéressant** ici?	*Is there anything interesting here?*
Non, il **n'y a rien d'intéressant** ici.	*No, there's nothing interesting here.*
Il y a **quelqu'un d'intéressant** ici?	*Is there someone/anybody interesting here?*
Non, il **n'y a personne d'intéressant** ici.	*No, there's no one/nobody interesting here.*

B. À la télé / à la radio. To talk about what is on television or on the radio, use **à la télévision** or **à la radio**:

Qu'est-ce qu'il y a **à la télévision** ce soir?	*What's on television tonight?*

C. Un programme / une émission. **Le programme** refers to the television schedule. To refer to an individual television program, use **une émission**:

J'ai vu dans **le programme** qu'il y a **une émission** sur les gorilles ce soir.	*I saw in the schedule that there's a program on gorillas tonight.*

D. Même. The word **même** can mean *same* or *even.* Here are some expressions using **même**:

c'est la même chose	*it's the same thing, it's all the same*
quand même	*all the same, even so, nevertheless*
c'est toujours la même chose	*it's always the same old story*
même pas moi	*not even me*
en même temps	*at the same time*
Personne n'a aimé le repas, **même pas moi!**	*Nobody liked the meal, not even me!*
J'ai beaucoup de travail, mais j'ai **quand même** le temps de m'amuser.	*I have a lot of work, but I have time to have fun even so.*

E. Un feuilleton. *Un feuilleton* is a continuing story like the American *feuilletons Dallas, Falcon Crest* and *Santa Barbara,* all seen on French television. An equivalent French *feuilleton* is *Châteauvallon* (which was interrupted after 26 segments *(épisodes)* because of a car crash that temporarily incapacitated Chantal Nobel, one of the principal actresses). **Une série** is a half hour or an hour show like *Miami Vice, Columbo* or *Roseanne* (all on French television). Many American series are shown on French television, even though the French have also their own series like, for example, *Marc et Sophie, Tribunal* and *Maguy.*

F. Les familles de verbes: les verbes composés. A verb family consists of verbs that have a common base form and are conjugated similarly but have different meanings:

1. **mettre** *(to put)*

   permettre (de)   *to permit, to allow*
   promettre (de)   *to promise*

   — Je veux sortir ce soir!   *"I want to go out tonight!"*
   — Je ne vais pas te **permettre de**   *"I'm not going to let you*
     le faire.   *do it."*
   — Mais tu m'**as promis!**   *"But you promised me!"*

2. **prendre** *(to take)*

   apprendre (à)   *to learn*
   comprendre   *to understand*
   surprendre   *to surprise*

   Jacques **apprenait à** skier   *Jacques was learning to ski*
     quand il est tombé.   *when he fell.*
   Je n'**ai** rien **compris.**   *I didn't understand anything.*

3. **venir** *(to come)*

   revenir   *to come back*
   devenir   *to become*

   Quand est-ce que vous **revenez?**   *When are you coming back?*
   Elle **est devenue** toute rouge,   *She got all red and then*
     puis elle est sortie.   *she left.*

D'ACCORD?

A. *Chassez l'intrus* Find the words that do not belong because of meaning.

   1. tragique, violent, grave, comique
   2. un documentaire, un acteur, le journal télévisé, les informations
   3. une speakerine, un reporter, une chaîne, une personnalité de la télévision
   4. un magnétoscope, un programme, une émission, une chaîne
   5. une émission amusante, une pièce comique, un téléfilm tragique, une comédie

B. *La télévision américaine: vrai ou faux?*

   1. On dit la météo pendant le journal télévisé.
   2. Il n'y a pas de publicité à la télé.
   3. Il y a beaucoup de feuilletons.
   4. Il y a beaucoup de sport le week-end.
   5. Le journal télévisé dure toujours trente minutes.
   6. Il y a beaucoup d'émissions de variétés avant Noël.

C. *Quelle sorte d'émission est-ce?*

   1. *Larry et Balki.*
   2. *Les animaux d'Australie.*
   3. Football américain: Independence Bowl: Texas Tech–Mississippi
   4. Flash Infos
   5. *Tom et Jerry*
   6. Barenboim joue Beethoven
   7. *Deux flics à Miami*
   8. *Salut, les 60!* Avec Johnny Halliday, Claude François, Elvis Presley, Simon et Garfunkel, Aretha Franklin, les Beatles et Sylvie Vartan.

D. *La télévision et les âges*

   1. Quelle sorte d'émissions est-ce que vous regardiez à cinq ans? À douze ans? À seize ans?
   2. Et maintenant? Quelle sorte d'émissions est-ce que les enfants regardent? Et les étudiants? Et les professeurs?
   3. Quelle sorte d'émissions est-ce que les enfants ne regardent pas? Et les personnes âgées? Et vous?

E. Quelle sorte de film est-ce? Lisez les descriptions des films et répondez aux questions:

---

1 INDIANA JONES ET LA DERNIÈRE CROISADE. Amér., coul. (89), de Steven Spielberg: De Venise en Turquie, via l'Autriche et Berlin, en pleine frénésie nazie, Indy, accompagné de son père, part à la conquête du Saint Graal, l'ultime aventure. Avec Harrison Ford, Sean Connery.

---

2 QUAND HARRY RENCONTRE SALLY. Amér., Coul. (89), de Rob Reiner: Après douze ans d'une amitié amoureuse chaotique, Harry et Sally, qui ne l'ont jamais ''fait'' ensemble, s'avouent enfin leur amour. Cela devrait-il nécessairement être le commencement de la fin? Avec Meg Ryan, Billy Cristal.

---

3 LA VIE EST BELLE. Amér., noir et blanc (46), de Frank Capra: La veille de Noël, un ange vient en aide à un désespéré qui redécouvre alors les joies de l'existence. Avec James Stewart, Donna Reed, Lionel Barrymore.

---

4 CYRANO DE BERGERAC. Franç., coul. (89), de Jean-Paul Rappeneau: Au XVIIᵉ siècle, Cyrano de Bergerac, affublé d'un nez dont la laideur l'obsède, entretient un amour secret pour sa cousine Roxane. Avec Gérard Depardieu, Anne Brochet.

---

5 LUCKY LUKE. Franco-belge, coul., (71), de Pierre Tchernia: Les aventures du cowboy justicier, dans un Far West de fantaisie. D'après les personnages des BD de Morris et Goscinny.

---

6 37 DEGRÉS 2 LE MATIN. Franç., coul. (85), de Jean-Jacques Beineix: Betty, une belle fille impulsive, débarque dans la vie de Zorg, qui, à 35 ans, ferait aisément figure de « paumé ». C'est le début d'une passion à la fin tragique. Avec Jean-Hugues Anglade, Béatrice Dalle. Interdit aux moins de 12 ans.

---

7 LES INCORRUPTIBLES. Amér., coul. (87), de Brian de Palma: Chicago 1930. À la tête d'une équipe de G-Men, Eliot Ness décide de mettre un terme à la carrière d'Al Capone qui règne par la violence et la corruption sur la ville entière. Avec Kevin Costner, Robert de Niro, Sean Connery.

L'Officiel des spectacles, 5 sept. au 11 sept. 1990

Quelle sorte de films sont dans la liste? Quels films sont américains? Français? Quels films sont vieux? Quel film n'est pas en couleurs? Quel film n'est pas pour les enfants, officiellement? Quels films sont violents? Tragiques? Comiques? Quels films avez-vous vus? Quels films avez-vous aimés? Détestés? Pourquoi? Quel(s) film(s) voulez-vous voir? Quel film ne voulez-vous pas voir? Pourquoi?

F. Est-ce que vous avez peur?

1. Vous rentrez tard le soir. Vous êtes seul(e). Il y a un homme près de votre porte.
2. Vous voyez un gros chien méchant quand vous faites du jogging.
3. Vous regardez le film *Psycho* tard le soir.
4. Vous entendez le téléphone à trois heures du matin.
5. C'est la nuit et vous entendez un bruit bizarre. Vous cherchez mais vous ne trouvez rien.
6. Vous faites du camping et un grand animal entre sous la tente pendant que vous dormez.

De quoi d'autre est-ce que vous avez peur? En groupes, faites une liste et comparez avec le reste de la classe.

G. Associations   Quels verbes est-ce que vous associez avec les idées suivantes?

1. le français
2. l'anglais
3. être sage
4. les vacances
5. un cadeau
6. la vie

H. Méli-mélo (mish-mash)   Répondez aux questions.

1. Qu'est-ce que vos parents ne vous permettaient pas de faire quand vous aviez dix ans?
2. Quand est-ce que vous devenez rouge?
3. Si vous ne comprenez pas quelque chose, qu'est-ce que vous faites?
4. Qu'est-ce que vous voulez apprendre à faire?
5. Qu'est-ce que vous avez promis de faire et que vous n'avez pas fait?
6. Qu'est-ce qui vous a surpris quand vous êtes arrivé à l'université?

Les mots et la culture

La télévision en France.   CNN, ESPN, AE, HBO: How do these channels differ from CBS, NBC, etc.? What purpose does television serve in your country?

A. Les chaînes.   There are seven television stations in France: Télévision Française 1 (TF1), Antenne 2 (A2), France Régions 3 (FR3), Canal Plus (Canal +), La Cinq (la 5), Modulation 6 (M6), and La Sept. TF1, la 5, and M6 are private channels. A2 and FR3 are government-run. La Sept is a cultural channel that also broadcasts some of its programs on FR3. Canal + is a special channel that has to be paid for separately.

B. Les speakerines.   Les speakerines are women who introduce seg-ments of programming on television. They also comment on each pro-gram, serving as a sort of television hostess.

C. Les programmes.   Until only recently, French television was regulated by the government and programming was limited (largely due to economic constraints) to certain hours of the day—no early morning or late evening television available. As the privatization of French television continues, this is changing. Many of the perceptions that the French have of North America are colored by the fact that television series and movies produced in the United States are rebroadcast on French television.

STRUCTURE

▶ Les verbes *savoir* et *connaître*

Savoir means *to know a fact* or *to know how to;* **connaître** means *to know* in the sense of *to be acquainted with.* Here are the forms of the verbs **connaître** and **savoir** in the present tense:

connaître

je connais   nous connaissons
tu connais   vous connaissez
il ⎫   ils ⎫
elle ⎭ connaît   elles ⎭ connaissent

Vous **connaissez** Paul?   *Do you know Paul?*
Oui, je le **connais.**   *Yes, I know him.*

savoir

je sais   nous savons
tu sais   vous savez
il ⎫   ils ⎫
elle ⎭ sait   elles ⎭ savent

Vous **savez** pourquoi il a dit ça?   *Do you know why he said that?*
Non, je ne **sais** pas.   *No, I don't know.*

Savoir *et* connaître *au passé*

Both **savoir** and **connaître** are regular in the *imparfait:*

Quand j'avais vingt ans, je   *When I was 20, I knew*
connaissais bien Chicago et je   *Chicago well and I*
savais où aller pour m'amuser.   *knew where to go to have*
                                          a good time.

Both **savoir** and **connaître** are conjugated with **avoir** in the *passé composé.* The past participle of **connaître** is **connu.** The past participle of **savoir** is **su.**

The *passé composé* of **connaître** can have the meaning *to have met*. The *passé composé* of **savoir** can mean *to have found out* as well as *to have learned*:

Marie **a connu** Paul à une soirée chez les Grandjean.	*Marie met Paul at a party at the Grandjeans'.*
J'**ai su** la vérité quand je lui ai parlé.	*I found out (learned) the truth when I talked to him/her.*

Savoir *ou* connaître?

Both **connaître** and **savoir** can be translated by the English verb *to know*. They are not, however, interchangeable.

connaître

1. Means *to know* in the sense of knowing a person or being familiar with a place or a situation.
2. Must have a direct object.
3. Cannot be followed by a **que** clause.

Est-ce que vous **connaissez** Paul? Il **connaît** très bien la France.	*Do you know Paul? He knows (is well acquainted with) France.*
Quand j'avais vingt ans, je **connaissais** toutes les boîtes de Toulouse.	*When I was 20, I knew (was familiar with) all the nightclubs in Toulouse.*
Il l'**a connue** chez moi.	*He met her at my place.*

savoir

1. Means *to know* by fact or learning.
2. When followed by an infinitive, means *to know how to*.
3. May be used with or without a direct object.
4. May be followed by a clause beginning with **que** *(to know that)*, **pourquoi** *(to know why)*, **quand** *(to know when)*, etc.

— Tu **sais** quand il vient? — Non, je ne **sais** pas.	*"Do you know when he's coming?"* *"No, I don't."*
Tu ne **sais** pas nager?	*You don't know how to swim?*
Je **sais qu'**il est allé à Montréal.	*I know (that) he went to Montreal.*
Tu ne **savais** pas ça?	*You didn't know (weren't aware of) that?*
Quand est-ce que vous l'**avez su?**	*When did you find out about it?*

Vous avez compris?

A. **Savoir *ou* connaître?** For each use of the verb *know* in the English sentences below, decide whether French would use *connaître* or *savoir*. Do not translate!

1. Do you know the Joneses?
2. Yes, I met them in New York.
3. Did you know that Mary got married last weekend?
4. No! How did you find out?
5. Who knows how this works?
6. Paul knows, but I don't know where he is.
7. Do you know where the Art Institute is?
8. No, I'm sorry. I just moved here and I don't know the city very well yet.

B. *Qui connaît qui?*

- **MODÈLE:** Il connaît Jeanne?
                Oui, il la connaît.

1. Elle connaît Paul? Oui, elle…
2. Tu connais les Durand? Non, je…
3. Vous connaissez mon père? Non, nous…
4. Tes parents connaissent ton camarade de chambre? Oui, ils…
5. Candide connaît Alceste? Oui, il…

C. *Les métiers et le savoir-faire* People in different lines of work know how to do different things. Say this following the model.

- **MODÈLE:** Paul est journaliste.
                Il sait écrire.

1. Valérie est chanteuse.
2. M. Hécan est professeur.
3. Mlle Verdier et M. Dupont sont secrétaires.
4. Janine est femme au foyer.
5. Patrick and Jean-Paul sont cuisiniers.
6. Nous sommes étudiants.

D. **Un voyage à Montréal** Complétez le dialogue avec *connaître* ou *savoir* au présent.

— Est-ce que tu _____ que nous allons à Montréal cet été?
— C'est vrai? Tu _____ la ville?
— Moi, non. Mais ma femme la _____ un peu et nous _____ des Canadiens. Ils vont nous montrer des choses intéressantes.
— Vous _____ où vous allez dormir?
— Oui, dans un petit hôtel pas cher, rue Saint-Denis.
— Je _____ un bon restaurant rue Saint-Denis. Ils _____ faire des frites comme à Bruxelles.
— C'est vrai? C'est quel numéro, rue Saint-Denis?
— Je ne _____ pas, mais c'est facile à trouver.

E. **La femme de monsieur Vilar** A friend of Mr. Vilar has asked how he first met his wife. Complete the dialogue with forms of *savoir* or *connaître* in either the *passé composé* or the *imparfait*.

— Comment est-ce que tu _____ ta femme?
— Eh bien, j'avais vingt ans et j'étais étudiant à Montpellier. Je n'étais pas de Montpellier et je ne _____ pas beaucoup d'autres étudiants… Je ne _____ même pas comment leur parler. J'étais très seul et très timide. Mais un jour, je _____ qu'il y avait une maison pour étudiants étrangers et un soir, pendant que j'étais là, une jolie jeune fille anglaise est entrée. Nous nous sommes parlé et je _____ que ses parents passaient souvent leurs vacances près de chez moi et qu'ils _____ mes parents! Alors, on est sorti et… mais tu connais la fin de l'histoire!

▶ Le pronom *en*

En is a personal pronoun that replaces nouns referring to things.

Quantité

The pronoun **en** may express the idea of quantity in the following cases (note that it is not always possible to translate **en** directly into English):

1. **With a number expression (including un/une):**

Il a **trois livres?**	*Does he have three books?*
Oui, il **en** a **trois.**	*Yes, he has three (of them).*

Vous avez **deux voitures?**	*Do you have two cars?*
Ah, non, j'**en** ai une.	*No, I have one.*

2. With an adverb of quantity:

Tu as **beaucoup de travail?**	*Do you have a lot of work?*
Non, je n'**en** ai pas **beaucoup.**	*No, I don't have a lot (of it).*

3. As a replacement for a partitive construction:

Il y a **du fromage?**	*Is there any cheese?*
Bien sûr, il y **en** a.	*Of course, there is (some).*
Tu as **de l'argent?**	*Do you have (any) money?*
Oui, j'**en** ai.	*Yes, I do (have some).*
Il n'y a plus **de lait?**	*There isn't any more milk?*
Non, il n'y **en** a plus.	*No there isn't any more.*

4. As a replacement for the plural indefinite article **(des)** + a noun:

Il y a **des pommes?**	*Are there any apples?*
Oui, oui, il y **en** a.	*Yes, there are (some).*
Il n'y a plus **d'oranges?**	*There aren't any more oranges?*
Non, il n'y **en** a plus.	*No, there aren't any more.*

De + *noun*

En may replace **de** + *noun* referring to an object or place:

Tu as peur **des chiens?**	*Are you afraid of dogs?*
Non, je n'**en** ai pas peur.	*No, I'm not afraid of them.*
Il a besoin **d'amour.**	*He needs (some) love.*
Oui, et moi aussi, j'**en** ai besoin.	*Yes, and I need it (some of it) too.*

Où placer le pronom en?

En follows the placement rules you already know for direct and indirect object pronouns. There is no past participle agreement with the pronoun **en:**

Il **en** demande trois.
Il **en** demandait trois.
Il va **en** demander trois.
Il **en** a demandé trois.
Il n'**en** a pas demandé trois.

Note that **en** always follows **y** in the expression **il y a:**

Est-ce qu'il **y en** a?	*Are (Is) there any?*
Il **y en** a.	*There are (is) some.*
Il n'**y en** a pas.	*There aren't (isn't) any.*

Vous avez compris?

A. *Mais de quoi est-ce qu'on parle?*

> • **MODÈLE:** J'en ai mangé une.
> J'ai mangé une pomme.

1. Il y en a dans mon frigo.
2. Je n'en ai pas.
3. J'en veux beaucoup.
4. J'en ai un.
5. Les étudiants n'en ont pas beaucoup.
6. Les étudiants en boivent trop.

B. *Qu'est-ce que vous avez dans votre chambre?*

> • **MODÈLE:** une télévision?
> Oui, j'en ai une. / Non, je n'en ai pas.
> des chaises?
> Oui, j'en ai. / Non, je n'en ai pas.

1. un bureau?
2. un ordinateur?
3. des rideaux?
4. un grand lit?
5. un réveil?
6. un chat?

C. *Dans le frigo idéal, qu'est-ce qu'il y a?*

> • **MODÈLE:** du jus de fruit?
> Oui, il y en a. / Non, il n'y en a pas.

1. du lait?
2. de la bière?
3. du Coca-Cola?
4. du thé froid?
5. de l'eau?
6. des tomates?

D. *En veux-tu, en voilà...*   Rewrite each sentence using the pronoun *en*.

1. Je voudrais acheter une voiture.
2. Tu as assez d'argent?
3. Non, mais je vais gagner beaucoup d'argent.
4. Paul a peur des chats noirs.
5. Jeanne ne mange jamais de viande.
6. Nous avons bu trop de vin hier soir.

► La place des adjectifs

As you have already learned, the majority of adjectives in French follow the noun they modify.

Candide n'aime pas les films **violents.**	*Candide doesn't like violent movies.*

A small group of adjectives, however, precede the noun they modify. You learned some of these adjectives in Lesson 5. Others have been presented as part of the vocabulary of various lessons. Here is the complete list to this point.

beau, (bel) belle, beaux, belles	Jacques Dubois a une **belle** maison.
bon, bonne	J'ai une **bonne** idée.
grand, -e	Suzanne a une **grande** chambre.
gros, grosse	Quel **gros** chien!
jeune	François est un **jeune** enfant.
joli, -e	Sylvie a une **jolie** chambre.
long, -ue	Quelle **longue** journée!
mauvais, -e	Ça, c'est une **mauvaise** idée.
nouveau, nouvelle, nouveaux, nouvelles	J'ai une **nouvelle** robe.
pauvre	La **pauvre** femme!
petit, -e	Tu vois le **petit** chat?
vieux (vieil), vieille, vieux, vieilles	M. Martin est un **vieil** homme.

Avez-vous vu le dernier film de Chabrol? (Paris)

Some adjectives may be found either before or after the noun they modify. These adjectives change meaning according to their position. You have already learned two of these adjectives **(cher, chère; dernier, -ière)**. Study the chart.

ADJECTIF	DEVANT LE NOM	DERRIÈRE LE NOM
dernier, -ière	*last of a series, final* le **dernier** jour de la semaine	*last, most recent* la semaine **dernière**
cher, chère	*dear, beloved* **Chère** Aline, Je t'écris pour...	*expensive* La Mercédès est une voiture **chère**.
grand, -e *(refers to people)*	*great, important* On dit que Napoléon était un **grand** homme.	*tall* Mais on ne dit pas que c'était un homme **grand**!
même	*same* C'est la **même** chose.	*very, even, itself* Elle, c'est la bonté *(goodness)* **même**.
pauvre	*unfortunate, pitiful* Le **pauvre** garçon, il a tout perdu.	*without money* C'est un garçon **pauvre** mais intelligent.
propre	*own* C'est ma **propre** idée.	*clean* Tu as les mains **propres**?

Vous avez compris?

A. *À la télévision* Here are some things heard on French television. Give the English equivalent.

1. Mes chers amis, je vous promets...
2. Pauline, ne me quitte pas! C'est vraiment la dernière fois... Attends, je suis sérieux...
3. C'est vraiment tragique. Les pauvres Martin ont tout perdu.
4. Pour avoir les mains propres, utilisez le savon Paradis.
5. À la même heure demain soir.
6. Une interview avec une des grandes femmes de notre temps...

B. *Où est l'adjectif?*　Rewrite each item using the adjectives in parentheses to replace one of the asterisks (*). Pay attention to meaning to determine whether the adjective precedes or follows the noun.

1. (dernier)　—Tu as vu le * film * de Depardieu?
　　　　　　　　—Non, la * semaine *, j'avais trop de travail.
2. (même)　　—Écoute, arrête! On dit la * chose *.
　　　　　　　　—Mais non. Moi, je dis que le professeur est très intelligent. Toi, tu dis qu'il est * l'intelligence *. C'est différent.
3. (propre, grand)　—Tu es sûr? Tu as pris ta * valise *, pas ma valise?
　　　　　　　　—Oui, ta valise, c'est la * valise *. Ma valise est petite.
4. (pauvre)　　—Le * homme *. Il est malade et il a perdu son travail. Puis, il a des parents sans argent et une * femme * aussi.

EXERCICES D'ENSEMBLE

A.　*Chez Georges*　Here is where Georges (the monster you met in Lesson 15) lives. Replace the nouns that sound repetitive to you. Use subject pronouns, direct object pronouns, indirect object pronouns, stressed pronouns, or the pronoun *en*.

Georges habite une chambre chez les Dupont. Georges aime beaucoup les Dupont parce que les Dupont sont très gentils avec Georges, mais Georges déteste sa chambre. Sa chambre a une grande fenêtre mais il n'y a pas de rideaux et Georges a besoin de rideaux. Georges n'a pas de bureau et Georges voudrait un bureau pour écrire sa biographie. Georges voudrait aussi avoir beaucoup d'étagères. Il y a une étagère, mais l'étagère est trop petite. Georges a parlé aux Dupont de la chambre et Georges a demandé aux Dupont d'acheter à Georges un bureau, des étagères et des rideaux. Les Dupont ont promis à Georges d'acheter une étagère, mais Georges veut deux étagères. Les Dupont ont dit à Georges que les Dupont allaient acheter un bureau aussi. Mais si Georges veut des rideaux, c'est Georges qui doit acheter les rideaux. Alors, Georges ne sait pas si Georges va rester chez les Dupont ou si Georges va quitter les Dupont pour chercher une autre chambre où il y a des rideaux. Les rideaux sont très importants pour Georges parce que Georges ne veut pas qu'on regarde Georges pendant que Georges est en train de travailler à son livre. C'est un monstre très timide!

B. *La curiosité*   Posez des questions aux autres étudiants de la classe.

1. Est-ce qu'il y a quelqu'un qui connaît quelqu'un de célèbre? Qui?
2. Est-ce qu'il y a quelqu'un qui ne sait pas nager?
3. Est-ce qu'il y a quelqu'un qui veut devenir professeur? Journaliste? Avocat?
4. Est-ce qu'il y a quelqu'un qui sait parler espagnol?
5. Est-ce qu'il y a quelqu'un qui vient de New York? De Chicago? De Los Angeles? De Montréal?
6. Est-ce qu'il y a quelqu'un qui n'a pas les mains propres?
7. Est-ce qu'il y a quelqu'un qui est allé au cinéma la semaine dernière?
8. Est-ce qu'il y a quelqu'un qui fait la même chose le week-end que pendant la semaine?

C. *Complétez*

1. Je sais que...
2. Je connais...
3. Je veux devenir...
4. Je vous promets de...
5. Je comprends...
6. Je voudrais apprendre...
7. Le professeur ne comprend pas...
8. Je ne comprends pas...

◄ Échanges ►

A. *La télévision française*   Read the following information about French television. What similarities and differences can you find with television in your country?

1. Il y a des chaînes qui n'ont pas d'émissions la nuit.
2. Il y a des informations à une heure de l'après-midi.
3. Il y a toujours des informations à huit heures du soir.
4. Les dernières informations sont entre dix heures et demie et une heure du matin.
5. Les informations durent souvent trente minutes.
6. Il y a une speakerine qui annonce les émissions.
7. Il y a des feuilletons américains à la télévision.

B. *Nouvelles d'un soir à la télévision*   You are a news director responsible for the evening newscast. Here is a list of the day's news. Go over it, decide what the important stories are, and decide on the four or five stories that will get top coverage this evening. Be careful to present a balanced program.

Le président a parlé à la télévision.
Un millionnaire a acheté un tableau de Van Gogh.
Le nouveau film de Spielberg est sorti à
      Los Angeles.
Les danseurs chinois sont arrivés à New York.
À l'O.N.U., la délégation soviétique est sortie
      quand la délégation chinoise est arrivée.
Le président va aller à Paris au mois d'août.
Un accident de voiture a fait douze morts.
Scandale et drogue dans le monde du
      football américain.
Les médecins canadiens ont trouvé un nouveau virus.
Le prix de la viande diminue.
La police a trouvé 100 kilos de cocaïne à Miami.
Trois gangsters sont entrés dans une banque la nuit
      et ont pris un million de dollars.
Trois astronautes sont partis pour Mars.
Deux médecins suédois vont venir à Harvard
      travailler sur un projet biogénétique.
Les Chicago Cubs vont jouer à San Francisco ce soir.
LeMond est arrivé le premier à Grenoble.
Le dollar a diminué sur le marché international.

C. *La télévision au Canada*   Regardez à la page 390 le programme de télévision à Montréal, au Canada. Lisez-le et répondez aux questions.

1. Trouvez quatre émissions qui sont certainement
   en français.
2. Trouvez quatre émissions qui sont certainement
   en anglais.
3. Quelles émissions viennent des États-Unis?
4. À quelle heure est-ce qu'il y a des informations?
   Dans quelle langue?
5. Quels sont les films de la soirée? Dans quelle langue?
6. Est-ce qu'il y a une émission de variétés ce
   soir? À quelle heure?
7. De quoi est-ce qu'on parle dans l'émission
   «La Route des vacances» (à 20 h 30)?
   D'où vient cette émission?

20:00

② ② ④ ⑥ ⑦ ⑨ ⑨ ⑪ ⑫ ⑬
LA BELLE ANGLAISE / Comédie réalisée par Jacques Besnard. Avec Daniel Ceccaldi, Catherine Rich, Johan Rougeul et Nicole Croisille. «Très chères vacances». Julien se prélasse à Saint-Tropez avec sa femme et sa fille Nathalie. Celle-ci demande à son père de l'accompagner dans sa Rolls, en livrée de chauffeur, pour impressionner un copain.

④ ⑤ ⑥ ⑦ ⑧ ⑨ ⑩ ⑪ ⑬ ⑩
LES HÉRITIERS DU RÊVE / «Nulle part ou aller». Chip et Diana se réfugient dans une cabane déserte, en Oklahoma, où la police a tôt fait de les retrouver! Diana apprend à sa mère qu'elle est désormais Mme Tony Fenice!

⑧ ⑧ ⑫ ⑬ MAcGYVER

④ ⑤ ⑥ THE WONDER YEARS

③ KATE & ALLIE

⑤ ALF

20:30

② ⑧ ⑧ ⑨ ⑫ ⑮ ⑮ ⑰ ㉒ ㉚ ㉜
㉟ ⑩ ㊺ LA ROUTE DES VACANCES / Un magazine touristique qui nous invite à découvrir le Québec. Anim: Joanne Côté (rediffusion en soirée à 23h54)

④ ⑤ ⑥ DEGRASSI JUNIOR HIGH

⑤ HOGAN FAMILY

③ HEARTLAND

21:00

② ② ④ ⑥ ⑦ ⑨ ⑨ ⑪ ⑫ ⑬
LA LOI DE LOS ANGELES / Leland McKenzie sème la discorde en prenant une importante décision sans consulter ses associés. Abby défend sa première cliente, une belle-mère accusée de harceler sa belle-fille. Ann met les choses au point avec George Cromwell. Arnold s'improvise conseiller matrimonial.

② ⑧ ⑧ ⑨ ⑫ ⑮ ⑮ ⑰ ㉒ ㉚ ㉜
㉟ ⑩ ㊺ BEAU ET CHAUD / Une émission de variétés aux couleurs de l'été. Anim: Normand Brathwaite. Chroniqueurs: Edgar Fruitier, Marc Labrèche et Joane Prince.(rediffusion le mardi à 16h)

④ ⑤ ⑥ ⑦ ⑧ ⑨ ⑩ ⑪ ⑬ ⑩
SOUS LE SIGNE DU FAUCON / «Le dernier rire». En prison, Julia fait la rencontre d'une matrone peu rassurante ayant une vendetta contre les Channings. Le testament de Jacqueline est enfin révélé: Chase reçoit 50 millions de dollars qu'il doit partager avec son frère, Richard, à la seule condition que ce dernier fasse preuve de loyauté. Enfin, Jacqueline fait cadeau d'une clé mystérieuse à Angela... on verra qui rira le dernier!

③ ⑧ ⑫ ⑬ MURPHY BROWN

④ ⑤ ⑥ NEWHART

⑤ NBC MONDAY NIGHT MOVIE
(5) **MOVING TARGET** E.-U. 1988. Drame policier de C. Thomson avec Jason Bateman, John Glover et Jack Wagner. Après avoir conclu des transactions louches, un homme disparaît avec sa famille en oubliant de prévenir son fils qui se voit obligé de se mettre à leur recherche. Idée intéressante mais mal exploitée. Quelques longueurs. Un certain suspense. Interprétation valable. Film tourné pour la télévision. (2h)

⑧ ABC MONDAY NIGHT MOVIE /
(5) **LOVE LIVES ON** E.-U. 1985. Mélodrame de L. Peerce avec Mary Stuart Masterson, Christine Lahti et Sam Waterston. Les tribulations d'une adolescente tour à tour droguée, cancéreuse et enceinte. Enchaînement de malheurs fondé sur un cas réel. Mise en scène de métier. Interprétation inégale. Film tourné pour la télévision. (2h)

㉝ AMERICAN MASTERS / «Harold Clurman: A Life of Theatre» (1h)

㉔ MARC CHAGALL

21:30

② ④ ⑯ ⑳ ㉕ ㉚ ㉟ ㊾
LE GRAND JOURNAL / (dernière édition)

22:00

② ⑧ ⑧ ⑨ ⑫ ⑮ ⑮ ⑰ ㉒ ㉚ ㉜
LE TÉLÉJOURNAL

㉟ ⑩ ㊺ CINÉ-COLLECTION
(5) **SAUVE-TOI, LOLA** Fr. 1986. Comédie dramatique de M. Drach avec Carole Laure, Jeanne Moreau et Dominique Labourier. Se découvrant atteinte du cancer, une jeune

avocate avocate décide, avec d'autres femmes dans le même cas, de faire face à la maladie. Traitement oscillant entre le comique et le tragique. Quelques incidents grotesques. Réalisation assez vivante. Interprétation d'une grande sincérité. (1h50)

④ ⑤ ⑥ ⑦ ⑧ ⑨ ⑩ ⑪ ⑬ ⑩
FERLAND NADEAU EN VACANCES / Talk-show. Anim: Pierre Nadeau et Jean-Pierre Ferland

② ④ ⑯ ⑳ ㉕ ㉚ ㉟ ㊾
GARDEN-PARTY / Variétés avec Serge Laprade et Jano Bergeron. (Rappel de l'émission de 18h30 aujourd'hui)

22:20

② ② ④ ⑥ ⑦ ⑨ ⑨ ⑪ ⑫ ⑬
LE POINT

④ ⑤ ⑥ THE JOURNAL

22:30

㉒ A CURRENT AFFAIR

22:40

② ② ④ ⑥ ⑦ ⑨ ⑨ ⑪ ⑫ ⑬
LA MÉTÉO

22:45

② ② ④ ⑥ ⑦ ⑨ ⑨ ⑪ ⑫ ⑬
LES NOUVELLES DU SPORT

22:58

② ④ ⑯ ⑳ ㉕ ㉚ ㉟ ㊾
LE TIRAGE DE LA QUOTIDIENNE

23:00

② ② ④ ⑥ ⑦ ⑨ ⑨ ⑪ ⑫ ⑬
LES VEUVES / Drame policier réalisé par Ian Toynton. Avec Ann Mitchell, Maureen O'Farrell, Fiona Hendley et David Calder. (5e de 6) C'est l'heure de vérité. Les veuves mettent leur plan à exécution.

④ ⑤ ⑥ ⑦ ⑧ ⑨ ⑩ ⑪ ⑬ ⑩
LES NOUVELLES TVA

② ④ ⑯ ⑳ ㉕ ㉚ ㉟ ㊾
SPORTS PLUS

⑨ CE SOIR (dernière édition)

⑧ ⑫ ⑬ CTV NATIONAL NEWS

④ ⑤ ⑥ NEWSWATCH

⑤ NEWS 5 NIGHTSIDE

D. *Conversation en français* You are an exchange student living in a French-speaking Canadian family in Quebec. It is 8:00 in the evening and dinner is over—time for a little television. Look at the television guide and discuss what you are going to watch with the other members of the family.

L·E·C·T·U·R·E

D'accord, pas d'accord!

▶ Préparation à la lecture

Quelles sont les différences entre CBS ou ABC et PBS?

▶ Activités de lecture

De quoi s'agit-il?

A. *Le titre* D'après le titre, devinez le contenu de cet article. Trouvez dans le premier paragraphe un mot qui résume le titre.

B. *Le contenu* D'après la présentation du texte, la ponctuation et les caractères typographiques, dites comment l'article est composé. Trouvez un mot dans le deuxième paragraphe qui explique la présence des guillemets (« »).

FORUM D'ACCORD PAS D'ACCORD

1 **Y'en a qu'une c'est la pub ! Vous avez réagi, c'est peu dire. D'abord la lettre de M. Benton (n° 2176) puis celle de M. Castell (n° 21279) ont déclenché une avalanche de courrier pour ce débat autour des interruptions publicitaires à la télévision.**

2 Quel dialogue ! Vos lettres sont enflammées, raisonneuses ou même extrémistes, mais jamais anodines.

3 « *Approuvons totalement l'idée de M. Castell de boycotter les produits de cette pub envahissante* ». « *Entièrement d'accord* ». « *Espérant que nous serons nombreux* ». « *Tenons à protester en masse* ». Par paquets entiers, vous démarrez ainsi. Et la colère éclate : « *Nous ne sommes pas des oies à gaver malgré nous* » (Malaveille, 34), « *L'esprit souffle où il veut,* mais pas sur TF1. Insupportable publicité* » (S. Musnier. 83), M. Bricard (89) cite Coluche : « *La pub à la télé, ça s'adresse uniquement aux débiles mentaux* » et fait sien le slogan « *Y'en a qu'une qui m'importe, c'est la Une !* ». Quant à M. L. Coince, elle voit revenir, malgré l'âge, ses colères de jeunesse : « *Depuis la privatisation de TF1, elles me reprennent, au grand dam de mon métabolisme. J'enrage et je coupe. Le plus souvent au profit d'A2 ou FR3* ».

4 Vous êtes très nombreux à réagir de même. « *Nous estimons avoir été mis devant un fait accompli*, écrit P. Artaud (38). *Depuis les privatisations, nous boycottons systématiquement la Une et les autres chaînes commerciales. Nous ignorons totalement la 5 !* » « *Pour nous, TF1 le dimanche soir, c'est fini* » (L. Slorat. 56). « *Je ne prends plus jamais TF1, sauf pour « Droit de réponse »* » (G. Gaillaud. 23). « *Cette pratique inadmissible ne mérite qu'une seule riposte : le boycott systématique. Quand les chaînes concernées verront leur audience décroître, je pense qu'elles réviseront leurs positions...* » (J.-C. Georget. 51), « *Depuis que j'ai vu que les films étaient coupés par la pub sur TF1, je ne regarde plus cette chaîne. Et d'ailleurs, je regarde de moins en moins la télé* » (R. Lafontan. 73).

5 ... Continuez à nous écrire. Le dossier n'est qu'entr'ouvert. Nous l'ouvrirons à nouveau ensemble dans les semaines à venir.

6 Enfin, une petite précision. Vous n'êtes privés d'aucune séquence de film pendant la pub, comme certains le croient. Le film reprend là où il a été interrompu, bien sûr ! A très bientôt.

Claire Moreau, La Vie, #2172, 15 avril, 1987

C. *Le sujet* Trouvez des sigles *(acronyms)* familiers dans le texte. Quel mot dans le premier paragraphe annonce ces sigles?

D. *Il s'agit de* Assemblez tous ces indices et choisissez la meilleure réponse pour dire de quoi il s'agit dans cet article.

Dans cet article il s'agit...
les opinions sur l'étude du latin en France.
des opinions sur la qualité de la télévision en France.
des opinions sur la présence de la publicité à la télévision en France.
des opinions sur la distribution du courrier en France.

À la recherche des détails

A. *Le contenu* D'après ce que dit l'auteur de l'article dans le deuxième paragraphe, quel va être le contenu de l'article?

les opinions des téléspectateurs
les réactions des téléspectateurs
le ton des lettres des téléspectateurs

B. *Quelles réactions?* Cherchez, dans les troisième et quatrième paragraphes, les noms et les adjectifs qui expriment les émotions et les sentiments des personnes qui écrivent.

C. *Quelles décisions?* Les sentiments se traduisent en action. Cherchez les verbes et les expressions qui indiquent les décisions des téléspectateurs.

D. *Les objections des téléspectateurs* Identifiez dans le texte trois objections principales faites par les téléspectateurs dans leurs lettres.

Apprenons

A. *Les mots et les expressions*

1. Que veulent dire les expressions suivantes?

Paragraphe 1: ont déclenché
Paragraphe 2: anodines
Paragraphe 3: depuis la privatisation
Paragraphe 3: j'enrage
Paragraphe 3: je coupe

2. Certaines phrases, dans le paragraphe 3, ont été abrégées *(shortened)* pour réduire l'article. Essayez de retrouver la phrase complète.

« Approuvons totalement »
« Entièrement d'accord »
« Insupportable publicité »

B. *La culture française. Vrai ou faux?*

1. Les Français aiment mieux les émissions de FR3 que les émissions de TF1.
2. Les Français n'aiment pas les débats à la télévision.
3. Les Français préfèrent les chaînes privées.
4. Les Français boycottent les chaînes qu'ils n'aiment pas.
5. Les Français détestent la publicité pendant les films.
6. Les Français regrettent la disparition de la publicité.

Après la lecture

A. *Décidons: Comprenons la publicité*

1. Préparez cinq phrases pour décrire la publicité à la télévision chez vous.
2. La publicité à la télévision, êtes-vous pour ou contre? Pourquoi?

B. *Discutons la culture française* « D'accord, pas d'accord! »

1. Les causes du désaccord. Quel nouvel événement, mentionné dans le texte, a créé cette avalanche de lettres? À quoi se réfère le mot *privatisation?*
2. Quelles chaînes regarderiez-vous en France? Pourquoi?

▶ Mise en pratique: D'accord!

Vous venez de lire les réactions des téléspectateurs mécontents. Imaginez ce que les autres téléspectateurs satisfaits écrivent. Écrivez le dernier paragraphe de cet article.

A. *Recherche des idées*

1. Quels sont les avantages de la publicité à la télévision? Écrivez des phrases en faveur des spots.

La pub, c'est...   Ce n'est pas...   Elle...

2. *Les avantages des spots publicitaires.* Écrivez des phrases.
   Pendant les spots publicitaires, on peut… / je peux… / j'aime… / nous…

3. *Les avantages des chaînes publicitaires.* Faites des phrases.
   Elles sont… / Elles ne sont pas…

B. *J'approuve*   Recherchez dans le texte une ou deux expressions qui expriment l'approbation. Est-ce que vous connaissez d'autres expressions pour indiquer l'approbation?

C. *Écrivons*   En petits groupes, assemblez vos phrases et écrivez le dernier paragraphe. Mélangez des citations de lettres, des approbations, des évaluations et des conclusions analytiques. Avant d'écrire, regardez l'article une fois encore pour en extraire les indications de style et de présentation.

Orthographe et prononciation

▶ **Les lettres *-s-* et *-ss-***

The letter **-s-** may be pronounced as an **s** or as a **z**, or it may be silent.

1. At the beginning of a word, or next to a consonant, the letter **-s-** is pronounced as an **s:**

   sur   sous   disque

2. Between two vowels, the letter **-s-** is pronounced **z:**

   rose   grise   ils disent   organisation

3. At the end of a word, the letter **-s** is silent:

   dos   tu fais   les chats

4. The letter combination **-ss-** is always pronounced **s**:

passer   un dossier   grosse   une adresse

Activités

Prononcez Repeat the following after your instructor.

1. Sa sœur a sommeil.
2. C'est un cours impossible.
3. Elle s'est brossé les cheveux.
4. Isabelle et Élisabeth lisent beaucoup.

Vocabulaire de base

NOMS

un acteur, une actrice *actor, actress*
une chanson *song*
un chanteur, une chanteuse *singer*
une comédie *comedy (movie, play)*
un concert *concert*
le début *beginning*
un dessin animé *animated cartoon*
un documentaire (sur) *documentary (on)*
une émission *program*
un feuilleton *soap opera*
un film d'amour *romantic movie*
un film d'aventure *adventure movie*
un film de science-fiction *science fiction movie*
un film d'épouvante *horror movie*
un film policier *detective/police movie*
les informations (f. pl.) *news*
une interview *interview*
un jeu (télévisé) *game show*
le journal (télévisé) *(television) news*
une personnalité (de la télévision, du cinéma…) *(television, movie, etc.) celebrity*
une pièce (de théâtre) *play*
une soirée *evening*
une station *(radio) station*
un téléfilm *movie made for television*
un western *western (movie)*

ADJECTIFS

célèbre *famous*
comique *funny, amusing, comic*
ennuyeux, ennuyeuse *boring*
étranger, étrangère *foreign*
grave *serious*
même *same; even*
tragique *tragic*
violent(e) *violent*

VERBES

apprendre (à) *to learn (to)*
comprendre *to understand*
connaître *to know*
devenir (conj. avec être) *to become*
durer *to last*
montrer *to show*
passer *to spend*
permettre (de) *to allow, to permit*
promettre (qqch. à qqn) *to promise (something to someone)*
revenir (conj. avec être) *to come back*
savoir *to know*
surprendre *to surprise*

DIVERS

à la radio *on the radio*
à la télévision *on television*
avoir peur (de) *to be afraid (of)*

Vocabulaire supplémentaire

NOMS

une chaîne *television station, channel*

une émission de variétés *variety show*

le goût *taste*

un magnétoscope *videocassette recorder*

un programme *television/radio schedule*

un reporter *reporter*

une série *series*

une speakerine *television hostess*

ADJECTIFS

international(e), internationaux, internationales *international*

national(e), nationaux, nationales *national*

VERBE

annoncer (*conjugué comme commencer*) *to announce*

DIVERS

ça me fait peur *that scares me*

en même temps *at the same time*

faire peur (à) *to scare*

ne... personne de (sympathique...) *no one (nice, etc.)*

ne... rien de (comique...) *nothing (funny, etc.)*

quand même *all the same, even so*

LE FRANÇAIS FAMILIER

avoir la trouille = avoir peur

avoir la frousse = avoir peur

zapper = changer souvent de chaîne télé

ON ENTEND PARFOIS...

frousser (Zaïre) = avoir peur

Documentaire: Les habitants d'une petite ville

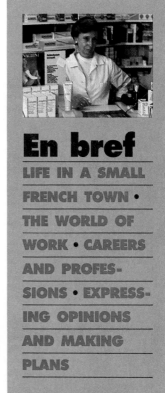

En bref

LIFE IN A SMALL FRENCH TOWN • THE WORLD OF WORK • CAREERS AND PROFESSIONS • EXPRESSING OPINIONS AND MAKING PLANS

◄ *Préférez-vous les petites villes ou les grandes villes? (Vernon, France)*

Vocabulaire

Est-ce que vous vous souvenez de Cinet, la petite ville que nous avons vue aux leçons 6 et 12? Aujourd'hui, nous sommes à Cinet avec une équipe de télévision pour faire un documentaire sur la vie dans les petites villes. Vous connaissez déjà beaucoup de personnes à Cinet. Écoutez-les se raconter:

A. Madame Lacroix, 49 ans

— Mon mari est banquier et moi, je suis mère de famille. Je m'occupe de la maison, du ménage et des enfants. J'en ai cinq, trois filles et deux garçons. Jacques, qui est avocat, se marie dans quinze jours, alors je suis très occupée. Il se marie avec une fille très bien, très bien oui; nous sommes très contents. Elle est pharmacienne. C'est un bon métier. Maintenant, les femmes gagnent leur vie. Quand j'étais jeune, ce n'était pas comme ça. On n'avait pas vraiment le choix, vous voyez.

— Vous n'avez jamais travaillé?

— Non, pas vraiment. Je suis musicienne; je joue du piano, mais je me suis mariée très jeune; les enfants sont venus tout de suite, alors... Mais je suis très heureuse, vous savez.

— Et vos filles, est-ce qu'elles veulent rester à la maison?

— Mes filles? Ah non, pas du tout. Christine a vingt-cinq ans et elle est informaticienne dans une grande société à Paris. Nathalie est encore à l'université. Elle veut être psychologue. Et Véronique, la petite dernière, est au lycée. Elle veut être cinéaste. Son père n'est pas d'accord. Il pense qu'elle doit apprendre un métier plus sérieux. On verra!

B. Madame Bastin, 60 ans

— Mon mari et moi avons une petite ferme. Nous sommes agriculteurs. Il faut travailler très dur et ce n'est pas facile. Avec les animaux, nous n'avons jamais congé, nous ne sommes jamais libres de partir… Et puis, nous ne sommes pas riches; alors, pour gagner un peu d'argent, je suis aussi femme de ménage. Je suis très forte et je ne suis jamais malade, heureusement!

— Et vos enfants, est-ce qu'ils sont restés à la ferme?

— Non. Ma fille est allée à l'université et maintenant elle est médecin ici. Mes fils n'aimaient pas l'école. Robert, qui adore les voitures, est garagiste. Jean-Marie est pompier. Ils ont tous les deux trouvé du travail à Cinet, alors nous les voyons souvent…

C. Stéphanie Caron, 17 ans

— Moi, je suis vendeuse maintenant, mais je ne veux pas faire ça toute ma vie, ah non!

— Qu'est-ce que tu veux faire?

— Eh bien, je détestais le lycée, alors j'ai arrêté et, bien sûr, je n'ai pas le bac. Mais je voudrais être danseuse, à Paris. Je suis très bonne, vous savez, mais mes parents ne sont pas d'accord… Ils pensent que Paris est trop dangereux pour une fille toute seule. Mais je suis sérieuse, vous savez. Et puis, je veux être libre, je veux déménager… Ici, je m'ennuie. Papa dit qu'il faut apprendre un bon métier. Moi, je veux bien, si je vais à Paris! Alors, je pense que je vais peut-être devenir coiffeuse…

D. Monsieur Saïdi, 30 ans

— Mes parents sont algériens, mais je suis né ici, en France. Je suis donc un immigré de la deuxième génération. Mon père est ouvrier. Ma mère n'a jamais travaillé... Enfin, bon, nous étions 5 enfants, alors elle avait beaucoup de travail à la maison! Elle ne sait pas lire mais c'est une femme intelligente qui a compris que nous, ses enfants, nous devions aller à l'école pour ne pas rester pauvres. Alors, nous avons tous le bac! C'est quelque chose, n'est-ce pas! Moi, je suis allé à l'université et maintenant, je suis ingénieur chez Bovy. J'ai une sœur comptable et une autre infirmière. Un de mes frères est gérant d'un hôtel à Agadir, au Maroc. L'autre est gendarme, ici, à Cinet. Mon rêve? Devenir un jour P.-D.G.!

E. Monsieur Bovy, 45 ans

— On dit que je suis très riche, mais on ne sait pas que la vie d'un chef d'entreprise est très difficile. D'abord, on a beaucoup de responsabilités! Et puis, c'est vraiment difficile de trouver des employés compétents, efficaces, responsables. Tout le monde veut gagner beaucoup d'argent, mais personne ne veut travailler. Moi, je ne vais jamais en vacances, jamais... Je prends parfois un jour de congé, et c'est tout. Mais mes employés, bien sûr, ont cinq semaines de congés payés par an. Alors, qui a la vie plus facile, eux ou moi?

F. Madame Renglet, 45 ans

— Je me suis mariée tard et j'ai deux enfants qui sont encore au lycée. Ils ont douze et quinze ans. J'adore mon travail à la banque et j'ai un très bon salaire: je gagne 20.000 francs par mois. Ce n'est pas toujours facile de travailler et d'avoir des enfants. J'essaie d'être souvent avec eux. Heureusement, j'ai une femme de ménage qui vient une fois par semaine. Elle m'aide beaucoup...

Questions

1. Qui est content de sa vie à Cinet? Pourquoi?
2. Qui n'est pas content de sa vie à Cinet? Pourquoi?
3. Vous allez en vacances à Cinet pour apprendre le français. Chez qui est-ce que vous voudriez habiter? Pourquoi?
4. Chez qui est-ce que vous ne voudriez pas habiter? Pourquoi?

Autres mots et expressions

chercher du travail/un travail
  to look for work/a job
un chercheur *scientist, researcher*
un directeur, une directrice
  manager (business, company)
dynamique *dynamic*
être fort(e) en *to be good at*
fort(e) *strong, heavy*

gratuit(e) *free of charge*
honnête *honest*
je pense que non *I don't think so*
je pense que oui *I think so*
penser (à/de) *to think (about/of)*
une pharmacie *pharmacy*
rapide *fast, rapid*

Notes de vocabulaire

A. Fort. The adjective **fort** has three possible meanings in English. Compare the following:

Elle est **forte** en maths.
Superman est très **fort.**
Ma sœur est jolie mais elle est un peu **forte.**

She's good in math.
Superman is very strong.
My sister is pretty but she's a little heavy.

B. **Penser que/penser à/penser de.**   Note the differences in the meaning of **penser** when used with **que, à,** and **de:**

Vous **pensez qu'**il est malade?   *Do you think (that) he's sick?*
Qu'est-ce que tu **penses de** mon idée?   *What do you think of my idea?*
À quoi est-ce que tu **penses?**   *What are you thinking about?*

D'ACCORD?

A.   *Associations*   Quels mots est-ce que vous associez avec les professions sur cette liste?

• **MODÈLE:**   chercheur: intelligent, travailleur, université, sciences, livre, trouver...

1. coiffeur/coiffeuse
2. joueur/joueuse de tennis
3. pompier
4. psychologue
5. père/mère de famille
6. comptable
7. infirmier/infirmière
8. speakerine

B.   *Classer les métiers*   Faites une liste...

1. des métiers où on voyage beaucoup.
2. des métiers où on travaille seul.
3. des métiers où on aide les autres.
4. des métiers où on doit être fort physiquement.
5. des métiers où on a beaucoup de responsabilités.

C.   *Les villes et les métiers*   Quels sont les métiers qu'on trouve souvent à chaque endroit?

1. Silicon Valley   3. Fort Knox   5. Dallas
2. Plains, Georgia   4. Hollywood   6. votre campus

D.   *Les boulots d'étudiants*   (**student jobs**)

1. You have been looking for work and have found several possibilities. Which ones might you take? Why? Which ones would you never take? Why?

Les possibilités: employé(e) de bureau, ouvrier/ouvrière dans une usine de boîtes de conserves, vendeur/vendeuse dans un grand magasin, serveur/serveuse dans un restaurant français, serveur/serveuse dans un restaurant universitaire, femme de ménage pour une vieille dame riche, garder des enfants pour une famille à la campagne, secrétaire pour un avocat, chercheur dans un laboratoire, femme de ménage dans un hôtel américain à Acapulco, danseur/danseuse à Walt Disney World.

2. Now that you have narrowed down your possibilities, you have to get ready for a job interview. What do you need to know before you decide to accept a certain job? List these things. What kinds of questions should you ask? List them also.

E. *Mais qu'est-ce qu'il faut?* Complétez les phrases.

1. Pour être heureux, il faut…
2. Pour devenir P.-D.G., il faut…
3. Pour devenir riche, il faut…
4. Pour devenir célèbre, il faut…
5. Pour se marier, il faut…
6. Pour s'amuser, il faut…

F. *Les rêves du patron* M. Lavallée (who heads up personnel in a large resort hotel) is always dreaming of finding the perfect person for each job. Make a list of what he wants for each position.

• **MODÈLE:** coiffeur: gentil, ne parle pas trop, beau, a travaillé en Europe, parle espagnol…

1. secrétaire
2. vendeur/vendeuse
3. serveur/serveuse
4. comptable
5. femme de ménage

Quel est leur métier?

Les mots et la culture

A. La pharmacie. What sort of products do you find in an American drugstore?

Medicine, cosmetics, and similar products are sold at **une pharmacie. Une pharmacie** does not, however, stock the wide variety of merchandise found in an American drugstore. **Le pharmacien** or **la pharmacienne** is frequently consulted about health matters.

B. Les vacances et les jours de congé/les jours fériés. In your country, what days are paid holidays? How much vacation time does the average blue-collar worker have a year?

Un jour férié is a public holiday. **Les jours fériés** coincide with national holidays **(les fêtes)** of either a religious or civil nature. **Un congé** is a period of time off, a leave, or a vacation (for example, **un congé scolaire** = a school vacation). The expression **les vacances** also means vacation and may be used instead of **congé (les vacances de Noël** or **les congés de Noël et de Nouvel An).** The expression **les grandes vacances** refers to the long summer vacation that most people take in either July or August, which leads to great crowding and congestion on the roads and in vacation areas. French workers have the right to a total of five weeks of paid vacation a year, more than workers in most other countries.

C. Les travailleurs immigrés. Refugees, immigrants, illegal aliens. How are these groups alike? How are they different?

Because of a relatively low birth rate over a long period of time, the French opened their borders to foreign immigration in order to supply their industries, cities, and farms with unskilled workers. These immigrant workers came largely from other French-speaking countries, former French colonies, or neighboring European countries with unemployment problems (Italy, Spain, and Portugal for the most part). Many recent immigrants have come from the countries of the Maghreb (Algeria, Morocco, and Tunisia) and, as a consequence, Islam has become the second most common religion in France. Because of differences in religion, culture, and race, these first- and second-generation immigrants face problems with regard to education and integration into French society.

D. Les petits commerçants.   Are you for or against small stores or large supermarkets? Why?

Artisans and independent boutiques are characteristic of the French economy in spite of the influence of mass production and modernization. These **petits commerçants** prefer the freedom to work independently in an economic structure that adapts well to family life even though widespread industrialization threatens to eliminate this type of life-style.

STRUCTURE

▶ Les verbes avec changement d'orthographe

You have already learned several first conjugation or **-er** verbs that have spelling changes in their conjugations. These verbs can be divided into four groups.

Verbes comme commencer *ou* manger

Verbs whose infinitive ends in **-cer** or **-ger** change the **-c-** to **-ç-** or the **-g-** to **-ge-** before endings that begin with **-o-** or **-a-:**

Je commence demain.	*I'm beginning tomorrow.*
Nous commençons demain.	*We're beginning tomorrow.*
Il mange des pâtes.	*He's eating pasta.*
Nous mangeons des pâtes.	*We're eating pasta.*
Tu commençais et...	*You were starting and . . .*
Nous commencions et...	*We were starting and . . .*
Elle nageait dans le lac?	*She was swimming in the lake?*
Vous nagiez dans le lac?	*You were swimming in the lake?*

Other verbs conjugated like **commencer** or **manger** are **annoncer, changer (se changer), déménager, nager, neiger, partager, ranger,** and **voyager.**

Verbes comme lever (se lever) *et* acheter

Verbs whose infinitive ends in **-e-** + *consonant* + **-er** change the **-e-** to **-è-** in front of a silent ending. Note, however, that **appeler (s'appeler)** doubles the **-l-** before a silent ending:

Il se l**è**ve à six heures.	*He gets up at 6 o'clock.*
Nous nous l**e**vons à six heures.	*We get up at 6 o'clock.*
Elles ach**è**tent une jupe.	*They're buying a skirt.*
Vous ach**e**tez une jupe.	*You're buying a skirt.*
Je m'app**e**lle John.	*My name is John.*
Vous vous app**e**lez Marie?	*Your name is Marie?*

Other verbs conjugated like **lever** and **acheter** are **emmener** and **promener (se promener).**

Verbes comme envoyer, ennuyer (s'ennuyer) *et* payer

Verbs whose infinitive ends in **-oyer** and **-uyer** change the **-y-** to **-i-** in front of a silent ending. Verbs ending in **-ayer** may either keep the **-y-** or change it to **-i-** in front of a silent ending:

Tu env**oies** un cadeau?	*Are you sending a gift?*
Vous env**oyez** un cadeau?	*Are you sending a gift?*
Elle s'enn**uie.**	*She's bored.*
Nous nous enn**uyons.**	*We're bored.*
Il p**aie** (p**aye**).	*He's paying.*
Vous p**ayez.**	*You're paying.*

Another verb conjugated like **payer** is **essayer.**

Verbes comme préférer

Verbs whose infinitive ends in **-é-** + *consonant* + **-er** change the **-é-** to **-è-** in front of a silent ending:

Je pr**é**f**è**re le premier.	*I prefer the first one.*
Nous pr**é**f**é**rons le deuxième.	*We prefer the second one.*

Other verbs conjugated like **préférer** are **espérer** and **sécher (se sécher).**

Vous avez compris?

A. ***Corrigez l'orthographe*** Here is a paragraph Patrick wrote about his family—spelling mistakes and all. Correct his mistakes.

Dans ma famille, nous voyagons beaucoup. Maman prefere aller à la mer mais papa déteste nager et il s'ennuye à la plage. Moi, j'espere travailler un jour comme journaliste et, pour cela, je dois savoir parler l'espagnol et l'anglais. Donc, les parents m'envoye passer des vacances avec des amis à Madrid ou bien à Liverpool. On m'a dit que je commençe à parler un peu ces deux langues-là. Pendant les vacances de Noël, nous sommes allés faire du ski. Nous avons dû partager une villa avec une famille américaine. J'ai essayé de parler anglais avec eux mais c'était difficile à cause de l'accent. Mais, finalement, on s'est bien amusé.

B. ***Parlons de vous***

1. Est-ce que vous avez déménagé souvent? Si oui, où est-ce que vous avez habité?
2. Est-ce que vous vous promenez souvent?
3. Qu'est-ce que vous aimez acheter? Qu'est-ce que vous détestez acheter?
4. Est-ce que vous partagez une chambre? Avec qui?

▶ Le futur

Formation du futur

You already know how to talk about things in the future by using the verb **aller** + *infinitive*. This is called the *futur proche* or "near future." It is the equivalent of the English *to be going to do something:*

Je **vais étudier** demain.   *I'm going to study tomorrow.*

French also has a future tense. It corresponds to the English *will* + *verb.* To form the future tense in French, add the following endings to the infinitive form of the verb (for verbs ending in **-re,** drop the **-e** first):

manger

je manger**ai**	nous manger**ons**
tu manger**as**	vous manger**ez**
il \\ elle ∫ manger**a**	ils \\ elles ∫ manger**ont**

choisir

je choisir**ai**	nous choisir**ons**
tu choisir**as**	vous choisir**ez**
il	ils
elle } choisir**a**	elles } choisir**ont**

attendre

j'attendr**ai**	nous attendr**ons**
tu attendr**as**	vous attendr**ez**
il	ils
elle } attendr**a**	elles } attendr**ont**

Je t'**attendrai** et nous **mangerons** en ville.	*I'll wait for you and we'll eat downtown.*
Va dormir, nous **parlerons** demain.	*Go to bed, we'll talk tomorrow.*
À quelle heure est-ce qu'il **partira?**	*What time will he leave?*
J'espère que vous vous **coucherez** tôt.	*I hope (that) you'll go to bed early.*

Certain verbs have irregular future stems:

aller	ir-	Qui **ira** pour nous?	*Who'll go for us?*
avoir	aur-	Je l'**aurai** demain.	*I'll have it tomorrow.*
devoir	devr-	Tu **devras** partir.	*You'll have to go.*
envoyer	enverr-	Qui l'**enverra?**	*Who'll send it?*
être	ser-	Je **serai** ici.	*I'll be here.*
faire	fer-	Tu le **feras?**	*You'll do it?*
pouvoir	pourr-	Ils **pourront** venir.	*They'll be able to come.*
savoir	saur-	Tu le **sauras!**	*You'll find out!*
venir	viendr-	Nous **viendrons.**	*We'll come.*
voir	verr-	On **verra.**	*We'll see.*
vouloir	voudr-	Il **voudra** le savoir.	*He'll want to know it.*

Note the use of the future to indicate what will happen if.

si + présent / futur

S'il fait mauvais demain, nous irons au cinéma	*If it's bad out tomorrow, we'll go to the movies.*

Les changements d'orthographe au futur

1. Verbs such as **lever** change the **-e-** to **-è-** in all forms of the future. Note that **appeler** changes the single **-l-** to **-ll-** in all forms of the future.
2. Verbs such as **ennuyer** change the **-y-** to **-i-** in all forms of the future. Note that **envoyer** has an irregular future stem **(enverr-).**
3. Verbs such as **espérer** and **préférer** retain the **-é-** in all forms of the future.

Nous l'**appellerons** Minou.	*We'll call it Minou.*
Il s'**ennuiera.**	*He'll be bored.*
Nous **achèterons** le journal demain.	*We'll buy the paper tomorrow.*
Tu préféreras cela.	*You'll prefer that.*

L'emploi du futur

In most cases, the use of the future in French parallels that of English. However, note the following:

1. The future tense is used after **quand** in French when the action is expected to occur in the future. In English, the present is used:

Je te téléphonerai **quand** j'**arriverai.**	*I'll call you when I get there.*

2. The present tense is often used instead of the future when the context is clear. English usage is similar:

Demain soir, nous **mangeons** chez les Dumont.	*Tomorrow evening we're eating at the Dumonts'.*
L'année prochaine, je **vais** en France.	*Next year, I'm going to France.*

Vous avez compris?

A. *Au futur!* Restate each sentence using the future tense.

1. Tu prends ta voiture quand tu pars pour Lyon?
2. Vous pouvez partir avec vos amis.
3. Nous voulons leur parler quand ils arrivent.
4. Mon petit frère fait la vaisselle.
5. Après un an à Paris, tu connais la ville.
6. Tu m'attends devant l'épicerie.
7. Quand je suis à Paris, je vois mes amis.
8. Nous écrivons à nos amis français.

B. *Les plaintes de Julien*   Julien cannot wait until he is grown up. Here is what he has to do now. Say what he will do when he is grown up.

- **MODÈLE:**   Je me réveille à sept heures. (à midi)
  Quand je serai grand, je me réveillerai à midi!

1. Je me lève à sept heures et demie. (à dix heures)
2. Je me couche à huit heures. (quand je voudrai)
3. Je prends une douche le soir. (ne pas prendre de douche)
4. Je mange des légumes. (ne pas manger de légumes)
5. Je bois du lait. (du Coca-Cola)
6. Je ne comprends pas les adultes. (comprendre les adultes)
7. Je ne peux pas regarder la télévision le soir. (pouvoir regarder la télévision le soir)
8. Je ne suis pas heureux! (être heureux)

▶ Grammaire supplémentaire: le futur antérieur

Grammaire supplémentaire sections are optional. Your instructor will tell you how to use them.

The **futur antérieur** expresses what will have happened before something else will. It is formed with the future tense of the appropriate helping verb (**avoir** or **être**) plus the past participle. Its English equivalent is *will have + verb.*

AVANT 18 HEURES...

- M. Saïdi aura beaucoup travaillé.
- M. Bovy aura téléphoné à Londres, à Paris et à Tokyo.
- les enfants de Mme Renglet seront rentrés du lycée.
- Stéphanie Caron se sera disputée avec son père.

BEFORE 6:00 P.M....

- Mr. Saïdi will have worked a lot.
- Mr. Bovy will have telephoned London, Paris, and Tokyo.
- Mrs. Renglet's children will have gotten home from school.
- Stéphanie Caron will have argued with her father.

Vous avez compris?

Avant janvier. Stéphanie Caron a beaucoup de projets à terminer avant la fin de l'année. Utilisez le futur antérieur pour dire ce qu'elle *(what she)* aura fait avant janvier.

- **MODÈLE:** trouver un travail à Paris
  Elle aura trouvé un travail à Paris.

1. déménager
2. apprendre le karaté
3. voir Paris
4. arrêter de travailler comme vendeuse
5. partir pour Paris
6. se séparer de son petit ami

► L'impératif avec les pronoms

Direct and indirect object pronouns as well as the pronoun **en** follow the same pattern as reflexive/reciprocal pronouns when used with the imperative forms.

A. In the negative: **ne** + pronoun + verb + **pas**

REFLEXIVE/RECIPROCAL PRONOUNS

Ne **te** lève pas!	*Don't get up!*
Candide! Alceste! Ne **vous** disputez plus!	*Candide! Alceste! Don't argue (with each other) anymore!*
Ne **nous** énervons pas!	*Let's not get upset!*

DIRECT OBJECT PRONOUNS

Ne **le** dis pas!	*Don't say it!*
Ne **me** regardez pas!	*Don't look at me!*
Ne **les** cherchons plus!	*Let's not look for them anymore.*

INDIRECT OBJECT PRONOUNS

Ne **me** parle plus!	*Don't talk to me anymore!*
Ne **lui** écrivez pas demain!	*Don't write (to) him/her tomorrow!*
Ne **leur** téléphonons pas ce matin.	*Let's not call them this morning.*

EN

N'**en** achetez pas!	*Don't buy any!*
N'**en** parlons plus!	*Let's not talk about it anymore!*

B. In the affirmative: verb-pronoun (**me/te** become **moi/toi**)

REFLEXIVE/RECIPROCAL PRONOUNS

Lève-**toi!**	*Get up!*
Amusez-**vous** bien!	*Have a good time!*
Dépêchons-**nous!**	*Let's hurry up!*

DIRECT OBJECT PRONOUNS

Écoute-**moi!**	*Listen to me!*
Regardez-**la!**	*Look at her!*
Oublions-**les.**	*Let's forget them.*

INDIRECT OBJECT PRONOUNS

Téléphone-**moi** à une heure!	*Call me at one!*
Écrivez-**lui** aujourd'hui!	*Write (to) him/her today!*
Demandons-**leur!**	*Let's ask them!*

EN

Achetons-**en!**	*Let's buy some!*

Note: First-conjugation verbs (**-er** verbs) add an **-s** to the second-person singular (**tu**) form of the imperative when the pronoun **en** follows. This serves to facilitate pronunciation.

Manges-**en!**	*Eat some!*

Vous avez compris?

A. ***Trouvez les noms*** Rewrite each command replacing the pronoun in italics with a noun. Don't forget to pay attention to meaning.

1. N'attendez plus! Envoyez-*les* à l'hôpital tout de suite!
2. Si vous n'êtes pas pressé, parlons-*en* un peu!
3. Ne *le* regarde pas comme ça! C'est dangereux!
4. Téléphone-*leur!* C'est urgent!
5. J'en ai marre! (*I've had it!*) N'*en* parlons plus!

B. ***Et les pronoms?*** Rewrite each command using a pronoun to replace the word or words in italics.

1. Ne prends pas *ce fromage!* Il est mauvais!
2. Oui, oui, parle *au professeur!* Tu verras, il va comprendre.
3. Ne regardons pas *ces hommes-là!* Ils ont l'air dangereux!
4. Prends *des vacances!* Ça te fera du bien!

EXERCICES D'ENSEMBLE

A. *La voyante* Play fortune-teller. Qui dans la classe…

1. aura dix enfants? n'aura pas d'enfants?
2. vendra des voitures pour gagner sa vie?
3. se mariera à l'âge de 22 ans? ne se mariera pas?
4. sera coiffeur/coiffeuse?
5. sera très riche? ne sera pas très riche?
6. sera pompier? sera avocat(e)? sera joueur/joueuse de football?
7. …

B. *Parlons un peu*

1. *En été,…*

   a. Où est-ce que vous serez?
   b. Est-ce que vous travaillerez? Qu'est-ce que vous ferez?
   c. Est-ce que vous voyagerez? Où? Avec qui? Comment?

2. *Après l'université…*

   a. Quel sera votre métier?
   b. Où est-ce que vous habiterez?
   c. Combien d'argent est-ce que vous gagnerez?
   d. Est-ce que vous aurez des enfants? Combien? Quels seront leurs noms?
   e. Quelle sorte de maison est-ce que vous aurez?
   f. Est-ce que vous vous marierez? Avec qui?

C. *Contradictions* Alceste is always contradicting himself. Finish his statements according to the model.

• **MODÈLE:** Regardez-moi!
  Non, non… ne me regardez pas!

  Ne les envoyez pas!
  Si, si… envoyez-les!

1. Ne me réveillez pas! Si, si…
2. Invitez-les! Non, non…
3. Ne la vendez pas! Si, si…
4. Ne me payez pas! Si, si…
5. Cherchons-les! Non, non…
6. Oubliez-moi! Non, non…

Échanges

A. *Prévision* Write four predictions (in the future, of course) for another student in your class. Exchange your papers. Read what was written about you and react *(Je pense que oui/non. J'espère que oui/non. Je ne pense pas. Je ne sais pas. Pas question!…)*.

B. *L'avenir du professeur* What about your instructor? Predict four or five things for your French teacher. Give him or her a chance to react!

C. *À Cinet*

1. *Les cinéastes travaillent.* You are a member of the television crew at Cinet. You want to do a more in-depth interview of one of the people featured. Decide whom you want to interview. Be able to justify your decision to the director.
2. *Rendez-vous ce soir!* You have an appointment this evening with the person you wanted to interview. But you have only 30 minutes. What questions are you going to ask? Write them down.

D. *Conversation en français* What are you going to do this summer? And what about your plans after graduation? With your instructor or with a classmate, spend two or three minutes talking about the future. Don't monopolize the conversation. Make sure that you ask the other person questions, too.

L·E·C·T·U·R·E
"Demain Clermont"

▶ **Préparation à la lecture**

Comment les villes sont-elles différentes les unes des autres?

▶ **Activités de lecture**

De quoi s'agit-il?

A. Identifiez le type de texte, puis les interlocuteurs.

B. Regardez le sous-titre. Qui est Claude Marti? Quel est son travail à Clermont-Ferrand?

Une image de mouvement

"Demain Clermont-Ferrand" a rencontré Claude Marti, conseil en communication parisien, auquel la Ville s'est adressé pour animer cette campagne destinée à donner une meilleure image à la capitale auvergnate.

Demain Clermont-Ferrand : Parlons d'abord de la façon dont vous avez découvert notre ville, comment vous l'avez perçue!

Claude Marti : Une ville n'est pas un simple produit, immobile et immuable. Une ville pense, parle, travaille, s'agite et quelquefois, meurt. Une ville est un corps, avec un cœur, une tête, des membres, une respiration. Pour l'aimer, il faut la rencontrer. Pour la rencontrer, il faut la comprendre. Pour la comprendre, il faut l'aimer. La communication est un cercle. La ville aussi.

Vous ne percevez d'abord que le bruit de la rue, le pas pressé des citoyens, la silhouette des bâtiments, le rythme de la cité. Peu à peu, elle vous devient familière. Vous notez un premier détail, vous distinguez une structure. Parler avec les habitants vous apprend des secrets qu'aucun almanach ne délivre. Marcher le nez en l'air, l'œil aux aguets, vous révèle un quotidien décrit nulle part et qui s'impose à vous, naturellement : Clermont-Ferrand est une ville industrielle, enracinée, fière.

D.C. : Une ville pourtant mal connue et de ce fait mal aimée...

C.M. : Clermont-Ferrand est au carrefour des grandes voies européennes, mais elle est enclavée, comme plaquée au sol. Ses professeurs, ses ingénieurs, ses chercheurs sont parmi les meilleurs de France et cela se sait peu.

On y fait de tout : du pneu, de la mécanique, de la chimie, de l'enseignement supérieur, de l'agroalimentaire, de la construction, du commerce, du cinéma, du sport, mais on la taxe souvent de monoindustrie. Ses écoles sont renommées, son administration efficace, ses entreprises dynamiques et son orchestre prestigieux. Pourtant, on la situe volontiers en plein milieu d'un plateau de fromage.

Voilà pour le cliché. Rendre le cliché plus lisible, plus ressemblant, faire qu'au premier coup d'œil on aille à l'essentiel, telle est la mission que la Municipalité nous a fixée.

D.C. : A partir de ce constat, quel a été votre projet?

C.M. : Tout de suite, s'est imposée à nous cette conviction : la ville de Clermont-Ferrand doit mettre en avant sa singularité plutôt que sa multiplicité car toute la ville est un kaléidoscope.

La réalité de Clermont-Ferrand, c'est d'abord Michelin, que le monde entier associe à la ville.

Le pneu c'est la route, le lien ancestral entre les hommes. Prendre la route, c'est conquérir, c'est se dépasser, c'est aller de l'avant. C'est conduire, c'est montrer le chemin. C'est refuser de marcher derrière et de tourner en rond. C'est vouloir être le premier. En tout.

Demain Clermont-Ferrand, avril 1987

C. Trouvez les deux noms employés pour parler de la « Ville »: un nom propre et un nom commun.

D. Trouvez les mots clés dans la première question. Dans la deuxième question. Dans la troisième.

E. Dans quel paragraphe se trouvent des détails sur la ville? Une description de la ville? Les spécialités de la ville? La façon de travailler de Claude Marti? Ses idées de promotion? La définition de sa mission?

À la recherche des détails

A. Trouvons l'essentiel. Pour découvrir Clermont-Ferrand, trouvez les phrases qui comprennent le nom de la ville.

B. Quelle sorte de ville est Clermont-Ferrand?

C. *Pour comprendre les idées* Dans la première réponse, quel paragraphe est général, quel paragraphe est concret? Soulignez les phrases qui définissent **le concept de la ville** pour Claude Marti. À quoi compare-t-il la ville?

D. *Pour comprendre les arguments* Dans la deuxième réponse, soulignez les mots d'articulation entre les faits. Groupez les faits qui représentent la réalité dans une colonne, les faits qui représentent le cliché dans une autre colonne.

LA RÉALITÉ   LE CLICHÉ

_____   _____

_____   _____

_____   _____

_____   _____

Trouvez la phrase dans laquelle Claude Marti explique le rapport entre le cliché et son travail.

E. *Pour comprendre les images* Dans la troisième réponse, trouvez les mots qui se réfèrent au pneu (Michelin). Trouvez les mots (verbes et noms) qui illustrent les images de la route. Quel est le but de ces images?

Apprenons

A. *Les mots et les expressions*

1. Dans la première réponse, à quel mot se réfèrent les pronoms soulignés: *Pour l'aimer, il faut la rencontrer. Pour la rencontrer il faut la comprendre, pour la comprendre il faut l'aimer…*
   Peu à peu, elle vous devient familière.
2. Dans la deuxième réponse, choisissez la signification pour chaque mot ou expression: *carrefour:* square, crossroads, meeting place

   plaquée au sol: sticking to the ground, rising in the sun, plagued with diseases
   Pourtant: moreover, besides, yet
   telle est: such is, as is, which is

Elles habitent une petite ville du sud de la France. (Agde)

B. *La culture française*

1. D'après ce texte, qu'est-ce qu'une ville française? Quels sont ses éléments constitutifs?
2. Quelles sont les préoccupations actuelles des dirigeants sur l'urbanisme?

▶ Après la lecture

A. *Décidons*   Terminez les phrases.

1. J'aimerais habiter à Clermont-Ferrand parce que...
2. Je n'aimerais pas habiter à Clermont-Ferrand parce que...

B. *Discutons la culture française*

1. *Renseignements supplémentaires.* Y a-t-il des sujets sur la ville, l'urbanisme, la vie urbaine que l'interview ne touche pas? Préparez cinq questions pour les poser à «Demain Clermont».
2. *Quelle est la solution de Claude Marti?* Est-elle en accord ou différente du cliché qu'il décrit? Êtes-vous d'accord avec lui?
3. *La ville de province.* C'est un phénomène particulièrement français. Utilisez la description de Clermont-Ferrand pour réaliser un portrait général. C'est une ville...

▶ Mise en pratique: Ma ville

A. *Préparation*

1. Situation géographique. Faites une liste des mots pour parler du paysage, du climat.

B. *Activités*

1. Faites des listes de ses productions économiques, de ses facilités et des distractions qui la caractérisent et des professions de ses habitants.
2. *Problèmes.* De quelle nature sont-ils? économiques? humains?
3. *Son avenir.* Sur quoi va-t-il se jouer?
4. *Une image.* Choisissez une image qui la représente et développez cette image (une forêt? un labyrinthe? un marché? une maison? un temple?...)

C. *Portrait de ma ville*   Assemblez tous les faits que vous avez énumérés pour faire un portrait imagé de votre ville.

Orthographe et prononciation

▶ Orthographe anglaise ou orthographe française?

People who know both French and English are often prone to spelling mistakes caused by the fact that many words in French have an English counterpart whose spelling differs only slightly. Here are some examples of words commonly misspelled in both French and English:

ENGLISH	FRENCH
apartment	appartement
address	adresse
terrace	terrasse
carrot	carotte
Morocco	Maroc
literature	littérature

Activités

A. *En anglais*   Find and correct the misspelled words in the following English sentences.

1. You can't go to Japon with an enfant only a few weeks old!
2. You're not being reasonnable.
3. She has a new apartement, but I don't know her addresse.

B. *En français* Find and correct the misspelled words in the following French sentences.

1. Philippe est une personalité de la télévision.
2. Pour maigrir, je fais des exercises et je mange des carrottes.
3. On dance sur la terrace tous les soirs.

Vocabulaire de base

NOMS
un agriculteur *farmer*
un chef d'entreprise *company head, business owner*
un chercheur *scientist, researcher*
un directeur, une directrice *manager (business, company)*
une ferme *farm*
un garagiste *garage (car repair shop) owner*
un infirmier, une infirmière *nurse*
une mère de famille *wife and mother*
un ouvrier, une ouvrière *worker*
une pharmacie *pharmacy*
un pharmacien, une pharmacienne *pharmacist*
un pompier *firefighter*

un salaire *salary*
une société *company*

VERBES
aider (qqn à + inf.) *to help (someone do something)*
déménager *to move (house)*
essayer (de) *to try (to)*
espérer (que) *to hope (that)*
penser (que) *to think (that)*
penser (à/de) *to think (about/of)*

ADJECTIFS
dangereux, dangereuse *dangerous*
efficace *efficient*
fort(e) *strong, heavy*
honnête *honest*
libre *free*
rapide *fast, rapid*

responsable *responsible*

DIVERS
avoir le choix *to have the choice*
avoir congé *to have time off*
avoir des responsabilités *to have responsibilities*
chercher du travail/un travail *to look for work/a job*
être fort(e) en *to be good at*
heureusement *happily*
je pense que non *I don't think so*
je pense que oui *I think so*
on verra *we'll see*
travailler dur *to work hard*
trouver du travail/un travail *to find work/a job*
vraiment *really*

Vocabulaire supplémentaire

NOMS
le baccalauréat *school-leaving exam (high school level)*
un/une cinéaste *filmmaker*
un coiffeur, une coiffeuse *hairdresser*
un/une comptable *accountant*
un danseur, une danseuse *dancer*

un gendarme *policeman*
un gérant, une gérante *manager (restaurant, hotel, shop)*
un informaticien, une informaticienne *computer specialist*
un musicien, une musicienne *musician*

un P.-D.G. (président-directeur général) *president, chairman of the board, CEO*

ADJECTIFS
algérien, algérienne *Algerian*
compétent(e) *competent*
dynamique *dynamic*
gratuit(e) *free (of charge)*

immigré, immigrée   *immigrant*

DIVERS

être libre de   *to be free to*

gagner *x* $ l'heure, par jour, par semaine, par mois   *to earn x $ per hour, per day, per week, per month*

gagner sa vie   *to earn a living*

il faut + *inf.*   *you have to + infinitive*

LE FRANÇAIS FAMILIER

le bac = le baccalauréat

un beur, une beurette = immigré (souvent de la deuxième génération) du Maghreb *(Algeria, Morocco or Tunisia)*. Not considered pejorative.

bosseur = travailleur

les boulots de vacances = les travaux d'été

chercher du boulot = chercher du travail

une grosse légume = un homme important

ON ENTEND PARFOIS...

un(e) jobiste (Belgique) = un(e) étudiant(e) qui a un job

Le tour du monde en 365 jours

En bref

COUNTRIES OF
THE WORLD •
WAYS OF GET-
TING AROUND •
TRAVELING • SUR-
PRISES, WISHES,
AND REQUESTS •
TALKING ABOUT
"WHAT IF"

◄ *Musiciens à Dakar,
au Sénégal.*

Vocabulaire

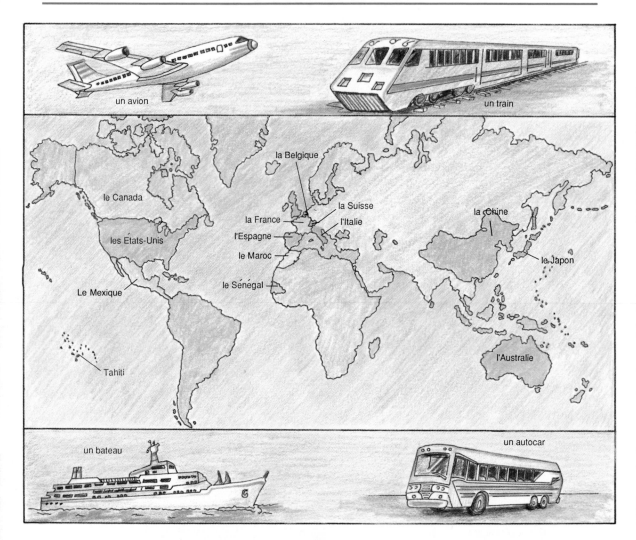

un avion

un train

la Belgique

la Suisse

le Canada

la France

l'Italie

la Chine

les États-Unis

l'Espagne

le Maroc

le Japon

Le Mexique

le Sénégal

Tahiti

l'Australie

un bateau

un autocar

A. Jean-Pierre et Anne se sont mariés le cinq septembre et ils ont décidé de faire le tour du monde pendant un an. Ils sont tous les deux professeurs dans un lycée de Bruxelles et ils ne sont pas très riches, mais ils ont fait des économies. Ils veulent traverser l'Europe, l'Asie, l'Australie, l'Amérique et l'Afrique et ils vont visiter beaucoup de pays. Ils vont voyager en train, en avion, en voiture, en autocar, en bateau et même en vélo.

• Que font Jean-Pierre et Anne pendant leur lune de miel? Comment est-ce qu'ils vont voyager?

Anne a essayé d'écrire leur voyage, mais il y avait trop de choses à faire… Alors, elle a écrit seulement un résumé. Le voilà:

B. Bruxelles, 7 septembre.   Voilà, on a fait les bagages. Nous emportons deux petites valises, un sac, les passeports, les billets d'avion et de train (pour le bateau, on verra), les chèques de voyage, nos permis de conduire, les cartes, les plans, les appareils-photo… Je pense que nous n'avons rien oublié. On est raisonnable; les valises ne sont pas trop lourdes.

Première étape: l'Europe en train… Nous allons passer par la France, la Suisse et l'Italie.

• Qu'est-ce qu'ils prennent avec eux? Est-ce beaucoup? Quels pays d'Europe est-ce qu'ils vont visiter?

C. Dans le train, Milan–Florence, 26 septembre. Quel problème à Milan! Notre taxi est arrivé en retard à l'hôtel. À la gare, nous nous sommes trompés de quai et nous avons vu notre train qui partait de l'autre quai. Bien sûr, nous l'avons manqué. Alors, nous sommes retournés au guichet pour changer notre billet. Heureusement, il y avait un autre train, mais tous les compartiments étaient pleins et il n'y avait plus de place assise. Alors, voilà, nous sommes debout dans le couloir. Ce n'est pas facile d'écrire et je m'arrête.

• Qu'est-ce qui s'est passé à Milan?

D. Dans l'avion, Pékin-Tokyo, 22 décembre. On passera Noël à Tokyo, au Japon. Voyage merveilleux en Chine. Quel pays! Mais alors, à l'aéroport de Pékin… Nous étions en avance, mais on nous a dit que nos billets n'étaient plus bons et que nous devions en acheter d'autres. Mais avec quel argent? Finalement, ils ont accepté nos billets. L'avion était à l'heure et nous ne l'avons pas manqué, heureusement. Le pilote vient de dire que nous arriverons à deux heures de l'après-midi. L'hôtesse de l'air vient de nous apporter un apéritif. Je pense que le vol sera agréable…

• Qu'est-ce qu'ils pensent de la Chine? Qu'est-ce qui s'est passé à l'aéroport?

Tokyo

Pékin

E.   Dans le bateau, Tahiti–Bora Bora, 9 avril.   Après le désert, les îles…
Voyager en bateau, mon rêve de toujours. Bien sûr, ce n'est pas une
croisière. Il n'y a pas de piscine et le restaurant n'est pas élégant. Mais c'est
la vie de la mer… Et après l'Australie que nous avons traversée en
autocar…

- Qu'est-ce qu'ils ont fait en Australie? Où sont-ils maintenant? Comment
  est le bateau? Est-ce qu'Anne est contente? Expliquez.

Sydney et son opéra

La baie de Cook, Tahiti

F.   Carmel, 18 mai. Et nous voilà aux États-Unis, en Californie. Nous avons décidé de louer une voiture à Los Angeles. C'est facile de conduire ici et nous avons deux mois.

Première étape: Los Angeles–San Francisco. Mais nous sommes tombés amoureux de Carmel et nous avons décidé de rester une semaine. Nous allons louer des vélos pour faire des promenades.

Deuxième étape: San Francisco–Reno–Salt Lake City.
Troisième étape: Yellowstone.
Quatrième étape: Mount Rushmore
Cinquième étape: Chicago (rendre visite à Frédéric).
Sixième étape: Montréal et Québec.
Septième étape: New York.

Je voulais voir le Texas et la Louisiane et Jean-Pierre voulait voir le Mexique, mais c'est vraiment impossible.

- Qu'est-ce qu'ils vont voir aux États-Unis? Et au Canada? Comment est-ce qu'ils voyagent? À votre avis, qu'est-ce qu'il faut voir aux États-Unis et au Canada?

L'Amérique en voiture

La ville de Québec

G. Madrid, 25 août. Nous avons passé deux semaines au Sénégal. Il y a fait très chaud et, en plus, c'était la saison des pluies, mais c'était vraiment intéressant. Nous sommes restés chez Évelyne, qui passait l'été chez ses parents à Dakar. C'était merveilleux d'habiter avec une famille africaine. Ensuite, on est allé deux semaines au Maroc, puis nous sommes partis pour l'Espagne. Et nous voilà! On est très fatigué et on n'a plus d'argent. Alors, on fait de l'auto-stop. On est arrivé à Madrid en camion et on espère partir demain, mais comment?

• Quels pays est-ce qu'ils ont visités en Afrique? Comment était le Sénégal? Qui est Évelyne, à votre avis? Où sont-ils maintenant? Comment est-ce qu'ils vont rentrer chez eux?

Autres mots et expressions

à l'étranger   *abroad*
l'Algérie *(f.)*   *Algeria*
l'Allemagne *(f.)*   *Germany*
l'Angleterre *(f.)*   *England*
à ta (votre) place   *in your place; if I were you*
changer (de train, d'avion…)   *to change (trains, planes, etc.)*
un continent   *continent*
être à   *to belong to*
faire un voyage   *to take a trip*
la Floride   *Florida*
il y a de la place?   *is there any room?*
Israël   *Israel*
léger, légère   *light (weight)*
lentement   *slowly, slow*
le métro   *subway*
un moyen de transport   *means of transportation*
réserver   *to reserve*

Évelyne

La Grande Mosquée, Dakar

la Russie   *Russia*
un souvenir   *souvenir*
une station de métro   *subway station*
un steward   *cabin attendant, steward*
surtout   *especially*
le T.G.V. (train à grande vitesse)   *very rapid French train*
un ticket   *ticket (bus or subway)*
vite   *fast, rapidly*

427

Notes de vocabulaire

A. À l'heure/en retard/en avance/tôt/tard/à bientôt. If you are **à l'heure,** you are on time. If you are **en avance,** you are early, and if you are **en retard,** you are late! It all depends on what time you were supposed to be there.

Tôt *(early)* and **tard** *(late)*, by contrast, are general terms. Remember that **à bientôt** means *see you soon:*

Il est huit heures dix et le film commence à huit heures. Nous sommes **en retard.**	*It's 8:10 and the movie starts at 8:00. We're late.*
J'arrive toujours **en avance** parce que je ne veux pas manquer le train.	*I always get there early because I don't want to miss the train.*
Le docteur Martin a beaucoup de travail. Il part **tôt** le matin et il rentre **tard** le soir.	*Dr. Martin has a lot of work. He leaves early in the morning and gets home late at night.*
Allez! Salut! **À bientôt!**	*OK. 'Bye. See you soon.*

B. Les prépositions et les pays. Here is how to express *to* or *in* with the name of a country:

en + *feminine country* (country whose name ends in **-e**)
en + *country beginning with a vowel* (masculine or feminine)
au + *masculine country* (except countries beginning with a vowel)

Il va **en France** en été.	*He's going to France in the summer.*
Namur est **en Belgique?**	*Namur is in Belgium?*
Vous allez **en Israël?**	*Are you going to Israel?*
Il fait beau **en Espagne** en mai.	*The weather is nice in Spain in May.*
Il est allé **au Canada.**	*He went to Canada.*

Note the following:

1. Use **aux** with **États-Unis** because it is masculine plural:

Aux États-Unis, on aime beaucoup le Coca-Cola.	*In the United States, people like Coke a lot.*

2. Although **Mexique** *(Mexico)* ends in **-e,** it is masculine. Use **au:**

On parle espagnol **au Mexique.**   *Spanish is spoken in Mexico.*

3. Generally, states follow the rules for countries. Except for a few states, however, usage is not yet firmly fixed. But you will always hear **en Californie, en Floride, en Louisiane,** and **au Texas.**

C. Visiter/rendre visite à. Use **visiter** to express the idea of *visiting a place.* Use **rendre visite à** to express the idea of *paying a visit to a person:*

On va **visiter Paris!**   *We're going to visit Paris!*
Je vais **rendre visite à Paul.**   *I'm going to visit Paul.*

D. Ce (adjectif démonstratif) et quel (adjectif interrogatif). You studied **ce** and **quel** in lessons 6 and 8. Review their forms and meanings. **Ce, cet, cette, ces.** The demonstrative adjective **ce** means either *this* or *that.*

Ce passeport français est à qui?	*This French passport belongs to whom?*
Cette carte est à vous?	*Is this map yours?*
Cet appareil de photo est à lui.	*That (This) camera is his.*
Ces valises sont à moi.	*These (Those) suitcases are mine.*

Quel, quelle, quels, quelles. The interrogative adjective **quel** means *which* or *what.* The noun it modifies may either immediately follow **quel** or be separated from it by the verb **être.**

Quel aéroport cherchez-vous?	*What airport are you looking for?*
Quels pays est-ce que tu as visités?	*What countries did you visit?*
Tu étais à **quelle station?**	*What station were you at?*
Quelles robes est-ce qu'elle a prises?	*What dresses did she take?*
Quelle est ton **adresse?**	*What's your address?*

A form of **quel** may be placed in front of a noun to express a reaction.

Quelle affaire!	*What a deal!*
Quelle surprise!	*What a surprise!*

E.   En avion, en voiture, à pied...   To talk about how you get places, use one of the following expressions:

aller à pied	*to walk, to go by foot*
aller en autobus, en autocar	*to take the bus, to go by bus*
aller en avion	*to fly, to go by air*
aller en bateau	*to take the boat, to go by boat*
aller en métro	*to take the subway, to go by subway*
aller en train	*to take the train, to go by train*
aller en vélo	*to bicycle, to go by bicycle*
aller en voiture	*to drive, to go by car*

Est-ce que tu vas à Nice **en avion,**	*Are you flying, driving, or*
en voiture ou **en train?**	*taking the train to Nice?*
Je vais à la bibliothèque **à pied.**	*I'm walking to the library.*

F.   Conduire.   The verb **conduire** *(to drive)* refers to the physical act of driving. Its conjugation is irregular:

PRÉSENT	je conduis	nous conduisons
	tu conduis	vous conduisez
	il ⎱ conduit elle ⎰	ils ⎱ conduisent elles ⎰
IMPARFAIT	je conduisais, etc...	
FUTUR	je conduirai, etc...	
PASSÉ COMPOSÉ	j'ai conduit, etc...	

J'adore **conduire.** Je **vais**	*I love driving. I drive*
partout **en voiture.**	*everywhere.*

G.   Place.   The French word **place** can mean *seat* or *room (space):*

Est-ce qu'il y a **une place**	*Is there a seat near the*
près de la fenêtre?	*window?*
Est-ce qu'il y a **de la place?**	*Is there (any) room?*

H.   Rapide/vite.   **Rapide** is an adjective. Use it to modify nouns. **Vite** is an adverb. Use it to modify verbs:

Elle a une voiture **rapide.**	*She has a fast car.*
Elle conduit **vite.**	*She drives fast.*

D'ACCORD?

A. *Chassez l'intrus* Find the word in each series that doesn't fit with the others because of meaning.

1. compartiment, quai, vol, train, T.G.V.
2. autobus, taxi, croisière, métro
3. être en avance, être assis, être à l'heure, être en retard
4. hôtesse de l'air, charcutier, pilote, steward

B. *En voyage* Match the items in the two columns so that they are meaningful. There may be more than one possibility.

1. Est-ce que le train est à l'heure?

2. L'avion de Paris est arrivé?

3. À quelle heure part l'avion pour Rome, s'il vous plaît?

4. Est-ce que tu es allé à la banque?

5. Est-ce que je dois changer de train?

6. Est-ce qu'il y a un autre vol pour New York?

7. C'est la saison des vacances.

8. Comment est-ce que je peux aller à l'hôtel?

a. J'ai manqué mon avion.

b. Non, madame, il est en retard.

c. En taxi ou en métro.

d. Non, mademoiselle, il va arriver dans cinq minutes.

e. À 15 h 25, porte numéro 35.

f. Oui, à Lyon.

g. Oui, j'ai acheté des chèques de voyage.

h. Tu dois acheter ton billet à l'avance si tu veux une place assise.

C. *Les déplacements* (*Getting around*). Vous passez un an à Paris. Voici une liste de ce que vous voulez voir. Choisissez un moyen de transport.

1. Rome
2. la tour Eiffel
3. Big Ben
4. les plages de la Côte d'Azur
5. le Mont Blanc (Suisse)
6. les pyramides d'Égypte

D. Les moyens de transport

1. Quels sont les moyens de transport pratiques et non pratiques...

   a. pour une famille de sept personnes?
   b. pour une femme P.-D.G.?
   c. pour un étudiant pauvre?
   d. en hiver à Montréal?
   e. en été à Los Angeles?

2. Pour vous, quels sont les moyens de transport pratiques et non pratiques...

   a. sur votre campus?
   b. où vous habitez?
   c. pour rentrer chez vous?
   d. pour aller en vacances en Floride ou en Californie?

E. La vie et les voitures

1. À quel âge est-ce que vous pouvez avoir un permis de conduire dans votre pays?
2. Est-ce que vous avez une voiture à l'université? Pourquoi ou pourquoi pas?
3. Quelle sorte de voiture est-ce que vous préférez?
4. Est-ce que vous conduisez bien?
5. Est-ce que vous aimez conduire vite?
6. Quand est-ce que vous ne devez pas conduire?
7. Est-ce que vous connaissez quelqu'un qui conduit mal? Qui?

F. Associations   Quels pays est-ce que vous associez avec...

1. le champagne?
2. le caviar?
3. les pâtes?
4. la bière?
5. le Coca-Cola?
6. les voitures de sport?
7. la mode?
8. le soleil, les plages, les vacances?

G. Leçon de géographie   Dans quel pays se trouvent ces villes?

• **MODÈLE:**   Paris
              En France (en Europe)

1. Madrid	4. Acapulco	7. Lausanne
2. Toronto	5. Tokyo	8. Toulouse
3. Munich	6. Bei-jing	

H. *Des touristes naïfs!* Tourists are often taken aback by things they're not used to. Play the role of a naive tourist traveling through France and tell your companions to look at what you've found.

• **MODÈLE:** Regardez ce sandwich!

1. Regardez _____ pain!

2. Regardez _____ viande!

3. Regardez _____ gâteaux!

4. Regardez _____ chien!

I. *Des touristes français* Now eavesdrop on a group of French tourists as they indicate what they find odd about North America. Use a form of **quel** to complete each item.

• **MODÈLE:** Quel sandwich!

1. _____ pantalon! Vert et rose! Et des chaussures blanches!

2. _____ petit déjeuner! Ils mangent tout ça?

3. _____ gros frigos!

4. _____ pain!

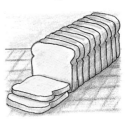

*J. **Rapide ou vite?*** Complétez par *rapide* ou *vite*.

1. Je ne comprends rien. Tu parles trop _____.
2. Vous avez fini? Vous êtes _____!
3. Ne marche pas trop_____!
4. Le train est moins _____ que l'avion.
5. M. Bovy aime les employés _____ qui travaillent _____.
6. _____! Dépêchez-vous!

*K. **Dix questions utiles quand on voyage*** Vous faites un voyage dans un pays francophone. Quelles sont les dix questions les plus importantes et les plus utiles?

Les mots et la culture

A. Les transports. What kinds of solutions to commuting problems have been found where you live?

A large system of public transportation is organized throughout France at the national and local levels. Networks of trains, buses, and subways serve cities and carry millions of people to work daily.

B. La voiture. What cars are the most popular in your country? Why?

In general, cars in France are smaller than in North America and are more expensive to buy and to operate. Due to this as well as to the presence of well-developed train, subway, and bus systems, cars are less essential than is the case in much of North America. When you buy a car, you go to **la préfecture** to register it. You will get a license plate **(une plaque d'immatriculation).** The license number consists of letters and numbers. Two of the numbers indicate the *département* where the car is registered. Young people, even students, rarely own a car. To travel in other countries, an oval sticker indicating the country of origin (F for France) must be attached to the car.

C. Le vélo et la mob. If you are young and poor, how do you solve your transportation problems?

In France, bicycles are used by many workers and young people as a means of transportation, even in large cities. Bicycles are also used to take long cycling tours during vacations. Often, however, instead of a bicycle, a moped **(une mobylette** or **une mob)** is used. The sound of **les mobylettes** provides a sort of background noise, day and night, in French cities.

D. Les voyages à l'étranger. How do young people spend their summer in your country? How do they decide?

Since the advent of paid vacations for the majority of French citizens, everyone travels. In the summer months in France, most of the population rushes to the beaches or the mountains, staying in camps or hotels, rented condos or houses. Wealthier French citizens travel abroad, exploring nearby Europe or more distant Africa, America, or Asia. Young people tend to go abroad at an early age to study languages. In their late teens and in their twenties, they often travel on their own or with friends during their summer vacation, either camping or staying in youth hostels (called *auberges de jeunesse*).

STRUCTURE

▶ Le conditionnel

You already know one expression in the conditional:

je **voudrais**   *I would like*

In general, the conditional is a French verb form that corresponds to the English *would + infinitive (he would go, we would listen)*.

Formation

The conditional is formed by using the infinitive as the stem and then adding the following endings: **-ais, -ais, -ait, -ions, -iez, -aient.** The final **-e** of **-re** verbs is dropped before the endings are added. Another way to look at this is to say that the conditional is formed by using the future stem plus the *imparfait* endings:

manger

je manger**ais**	nous manger**ions**
tu manger**ais**	vous manger**iez**
il elle } manger**ait**	ils elles } manger**aient**

choisir

je choisir**ais**	nous choisir**ions**
tu choisir**ais**	vous choisir**iez**
il elle } choisir**ait**	ils elles } choisir**aient**

vendre

je vendr**ais**	nous vendr**ions**
tu vendr**ais**	vous vendr**iez**
il elle} vendr**ait**	ils elles} vendr**aient**

Verbs with irregular stems in the future use the same stem to form the conditional. Verbs with spelling changes in the future have identical changes in the conditional:

À ta place, je **dirais** la vérité.	*In your place (If I were you), I'd tell the truth.*
Est-ce que je **pourrais** venir te parler?	*Could I come talk to you?*
Est-ce que vous **auriez** un dollar?	*Would you have a dollar?*
J'**achèterais** ce manteau-là si j'avais l'argent.	*I'd buy that coat if I had the money.*

Usage

The conditional can be used to express wishes or requests. It lends a tone of deference or politeness that makes a request seem less abrupt. Compare the following:

Je **veux** un bonbon.	*I want a piece of candy.*
Je **voudrais** un bonbon.	*I would like a piece of candy.*
Pouvez-vous me donner un renseignement?	*Can you give me some information?*
Pourriez-vous me donner un renseignement?	*Could you give me some information?*
Tu **dois** travailler!	*You must work!*
Tu **devrais** travailler!	*You should work!*

Note that the verb **pouvoir** in the conditional corresponds to the English *could* + *infinitive* and that the verb **devoir** in the conditional corresponds to the English *should* + *infinitive*.

The conditional can also be used to express something that depends on a condition that may or may not come true:

Si j'avais le temps, je **jouerais** au tennis.	*If I had the time, I would play tennis.*

Note that in French, you use the *imparfait* in the **si** clause, never the conditional:

Si tu **allais** à Paris, tu **verrais** la tour Eiffel.	*If you went to Paris, you would see the Eiffel Tower.*

R A P P E L ! *Would* has two meanings in English. One corresponds to the French conditional, the other to the French *imparfait*. Compare these two sentences:

Quand j'étais en France, je **me levais** toujours à neuf heures.	*When I was in France, I would get up at 9 o'clock.*

(*Would* = habitual action in the past = *imparfait*.)

À votre place, je **prendrais** l'avion.	*In your place (If I were you), I would take the plane.*

(*Would* = if possible = conditional.)

Vous avez compris?

A. *Toto et la politesse* Toto a six ans mais il n'est pas très poli. Jouez les rôles de Toto et de sa mère selon le modèle.

- **MODÈLE:** — Maman, je veux du chocolat!
  — Non! «Je voudrais du chocolat».
  — Je voudrais du chocolat.

1. — Je veux sortir!
2. — Je veux jouer avec Pierre!
3. — Je veux du gâteau!
4. — Je veux un jus d'orange!
5. — Je veux regarder la télévision!

B. *On est poli* Utilisez *pouvoir* au conditionnel pour demander quelque chose poliment.

- **MODÈLE:** M. Gaudin à Mme Gaudin / faire la cuisine ce soir
  Est-ce que tu pourrais faire la cuisine ce soir?

1. Un(e) étudiant(e) à son/sa camarade de chambre / faire ton lit
2. Une patronne à une secrétaire / taper cette lettre
3. Un professeur à un(e) étudiant(e) / répondre à ma question
4. Une mère à son fils / acheter des pommes au supermarché
5. Mme Gaudin à M. Gaudin / attendre deux minutes

C. *Complétez*   Complétez par le conditionnel. Puis, traduisez chaque phrase en anglais idiomatique.

1. Si j'avais assez d'argent, je (acheter) _____ une voiture de sport.
2. Si tu avais le temps et l'argent, où est-ce que tu (aller) _____?
3. Si nous étions malades, nous (rester) _____ chez nous.
4. Si vous travailliez, vous (ne pas avoir) _____ de problème avec ces exercices.
5. S'ils gagnaient le match, ils (être) _____ heureux.
6. Tu (arriver) _____ à l'heure si tu prenais l'autobus.
7. S'il t'aimait, il te le (dire) _____.

▶ Grammaire supplémentaire: le conditionnel passé

The *conditionnel passé* expresses what would have happened. It is formed with the conditional form of the appropriate helping verb (**avoir** or **être**) plus the past participle. Its English equivalent is *would have + verb*.

Et vous, qu'est-ce que vous auriez fait?	*What would <u>you</u> have done?*
Où est-ce que tu serais allé?	*Where would you have gone?*
Est-ce qu'elle se serait mariée avec lui?	*Would she have married him?*

Vous avez compris?

Est-ce que vous auriez fait la même chose? Voilà les réactions de quelques personnes devant les événements. Et vous, qu'est-ce que vous auriez fait?

• **MODÈLE:**   Robert avait besoin d'une voiture pour aller au cinéma. Il a pris la voiture de son frère—mais il ne lui a rien dit. Et vous?
Oui, j'aurais pris la voiture. Non, je ne l'aurais pas prise. Etc.

1. Mme Verdier a trouvé le journal intime *(diary)* de sa fille Carine et elle l'a lu. Et vous?
2. Candide avait besoin de crayons et de stylos chez lui. Il en a pris du bureau de son patron. Et vous?
3. Jean-Luc a téléphoné à la petite amie de son camarade de chambre, Paul, pour lui dire que Paul sortait avec une autre fille ce week-end. Et vous?
4. Marc a visité la ville où habitaient ses grands-parents et il ne leur a pas rendu visite. Et vous?
5. Catherine a dit à son père qu'elle passait la soirée chez une copine. Mais elle est allée danser. Et vous?

▶ Le pronom *y*

The pronoun **y** always refers to things. It varies in meaning according to its use.

1. **Il y a.** Y is part of a fixed expression. It has no independent meaning:

Est-ce qu'il **y** a de la confiture?	*Is there any jam?*
Non, il n'**y** a pas de confiture, mais il **y** a du beurre.	*No, there isn't any jam, but there's (some) butter.*

2. **Y** replaces **à** + *thing.* **Y** functions as a sort of indirect object pronoun for things:

Je ne veux pas répondre **à votre question.**	*I don't want to answer your question.*
Je ne veux pas **y** répondre.	*I don't want to answer it.*

3. **Y** is an adverb meaning *here/there.* **Y** replaces prepositional phrases indicating place (**à, dans, sous, sur, en...** + *place*):

Il va **au cinéma.**	*He's going to the movies.*
Il **y** va.	*He's going there.*
Je pense qu'il est **en Italie.**	*I think he's in Italy.*
Je pense qu'il **y** est.	*I think he's there.*
Tu ne vas pas mettre le lait **dans le frigo?**	*You're not going to put the milk in the refrigerator?*
Tu ne vas pas **y** mettre le lait?	*You're not going to put the milk there?*

Note that the pronoun **y** follows the placement rules you already know for direct and indirect object pronouns: in front of a one-word verb, in front of the infinitive in a sentence with an infinitive, and in front of the helping verb in the *passé composé:*

Tu **y vas?**	*Are you going (there)?*
Il ne veut pas **y aller.**	*He doesn't want to go (there).*
Nous n'**y sommes** jamais allés.	*We never went (there).*
Vas-**y!**	*Go ahead!*

RAPPEL!   When the noun following the preposition **à** is a person, replace it with an indirect object pronoun. If the noun following **à** is a thing, replace it with the pronoun **y.** Compare:

Je réponds aux **questions.**	J'**y** réponds.
Je réponds au **professeur.**	Je **lui** réponds.

Vous avez compris?

A. *Mais où sont-ils?*

> • **MODÈLE:** Le livre y est.
>   Le livre est sur la table.

1. Mes parents y habitent.
2. Le professeur y va souvent.
3. Je n'y vais jamais.
4. Mes clés y sont.
5. J'y suis.
6. J'y reste pendant des heures.

B. *Allez-y!* Remplacez les mots en italique par le pronom *y*.

> • **MODÈLE:** Il est allé en ville.
>   Il y est allé.

1. Je travaille toujours *dans ma chambre*.
2. Nous n'allons jamais *à la bibliothèque*.
3. Tu n'aimes pas dormir *à la plage*?
4. Je vais *au restaurant* ce soir.
5. Elle est restée quinze jours *à Rome*.
6. Vous n'êtes pas allés *en Belgique*?
7. Je verrai mes amis *au café*.
8. Quand il avait seize ans, il habitait *au Japon*.

▶ **Le verbe** *ouvrir*

The verb **ouvrir** *(to open)* is irregular.

PRÉSENT	j'ouvre	nous ouvrons
	tu ouvres	vous ouvrez
	il / elle ouvre	ils / elles ouvrent
IMPARFAIT	j'ouvrais, etc.	
FUTUR	j'ouvrirai, etc.	
CONDITIONNEL	j'ouvrirais, etc.	
PASSÉ COMPOSÉ	j'ai ouvert, etc.	
IMPÉRATIF	ouvre! ouvrez! ouvrons!	

The verb **découvrir** *(to discover)* is conjugated like **ouvrir.**

Vous avez compris?

A. *Qu'est-ce qu'on ouvre?* Faites une liste de ce qu'on ouvre.

> • **MODÈLE:** On ouvre les fenêtres,...

B. **Complétez** Complétez les phrases par *ouvrir*. Attention aux temps.

1. Tu as chaud? _____ la fenêtre.
2. Vous _____ la porte ou vous la fermez?
3. Qui a _____ la fenêtre? J'ai froid!
4. Quand nous étions petits, nous _____ nos cadeaux de Noël le matin, mais maintenant, nous les _____ à minuit.

EXERCICES D'ENSEMBLE

A. **Toto n'a pas appris** Revoilà Toto quinze ans après. Il n'a pas appris à parler poliment. Utilisez le conditionnel de *vouloir, pouvoir* ou *devoir* pour rendre ses demandes plus polies.

- **MODÈLE:** (à l'épicerie) — Un kilo de sucre.
  — Je voudrais un kilo de sucre, s'il vous plaît. /
  — Pourriez-vous me donner un kilo de sucre?

1. (à la poste) — Donnez-moi deux timbres!
2. (dans la rue) — Où est la boulangerie?
3. (au restaurant) — De l'eau!
4. (au café) — Une bière!
5. (à l'université) — Donne-moi un stylo!
6. (à la boucherie) — Trois tranches de jambon!
7. (au professeur) — Vous devez changer ma note!
8. (à sa mère) — Tu dois me comprendre!
9. (à son père) — Donne-moi les clés de la voiture!

Vous aimeriez faire du camping en France? (Midi, France)

B. *Une lettre de Jean-Pierre* It is August 3 and Jean-Pierre has just finished a letter to his friend Patrick telling him all about the trip he and Anne have been taking. Rewrite his letter replacing nouns by pronouns where appropriate.

Cher Patrick,

Comment vas-tu? Tu as passé de bonnes vacances en Italie? Maman nous a écrit que ta sœur se mariait en octobre. Dis à ta sœur que nous sommes très contents pour ta sœur.

Tout va bien pour nous. Quel voyage, mon vieux! Nous sommes maintenant au Maroc. Nous restons quinze jours au Maroc et puis nous rentrons en Belgique par l'Espagne et la France. Anne est à la piscine, mais il faisait trop chaud à la piscine, alors je ne suis pas resté avec Anne et je suis rentré dans notre chambre. Il fait frais dans notre chambre et c'est très agréable.

J'adore l'Australie, mais Anne préfère Tahiti. C'est parce qu'on a fait beaucoup de bateau à Tahiti. On a vu Frédéric à Chicago. Frédéric va très bien, mais Frédéric dit que Frédéric est très seul. Écris une lettre à Frédéric si tu as le temps... Je pense que Frédéric a besoin de lettres. Frédéric aime Chicago, mais Frédéric trouve que les hivers à Chicago sont trop froids. Savais-tu que la Belgique est plus petite que le lac Michigan?!

On pense rentrer à la fin de ce mois ou début septembre. On t'invitera pour te montrer les photos. On a beaucoup de photos!

À bientôt et bien amicalement,

C. *Imaginez* Qu'est-ce que vous feriez dans chaque cas?

1. Si j'avais faim à minuit, je...
2. Si mon ami(e) était malade, je...
3. Si j'habitais à New York, je...
4. Si j'invitais un(e) ami(e) à dîner, je...
5. Si j'allais en France, je...
6. Si je gagnais un million à la loterie, je...
7. Si je perdais mon passeport à Marseille, je...
8. Si je manquais mon avion, je...

D. *Qui a découvert...? Qui a inventé...?* Match each item with its discoverer or inventor.

1. l'ascenseur
2. le chewing-gum
3. la dynamite
4. le moteur d'auto
5. la pénicilline
6. le pneu de vélo
7. le radium
8. le révolver
9. le saxophone
10. la surgélation

a. A. Fleming, Angleterre, 1928
b. A. Nobel, Suède, 1866
c. T. Adams, États-Unis, 1872
d. J. B. Dunlop, Écosse, 1887
e. E. G. Otis, États-Unis, 1857
f. K. Benz, Allemagne, 1886
g. S. Colt, États-Unis, 1835
h. C. Birdseye, États-Unis, 1929
i. P. et M. Curie, France, 1898
j. A. Sax, Belgique, 1843

Échanges

A. *Retours de voyage* Below are some snapshots of various people as they appeared when they returned from their travels. For each one, decide where they went, why, and what happened. Then write a paragraph for each.

B. *Devinez le pays*

1. Find one or more students who have traveled outside of North America. Ask them questions in order to guess what country or countries they have visited.
2. Ask your instructor questions about his or her trips outside North America. Guess what country or countries he or she has visited.

C. *Les préparatifs de voyage*   Préparez-vous à faire un voyage.

1. Décidez où vous voulez aller.
2. Faites une liste de ce que vous allez mettre dans votre valise.
3. Faites une liste de ce que vous devez faire avant de partir.

D. *Un horaire de trains*   Voilà l'horaire des trains Paris-Le Puy:

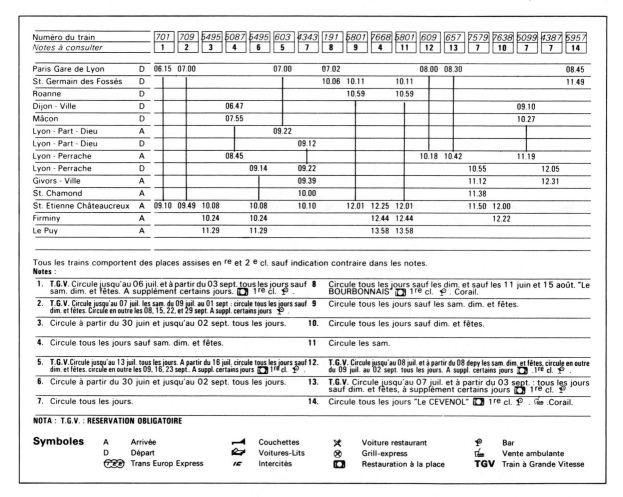

Numéro du train		701	709	5495	5087	5495	603	4343	191	5801	7668	5801	609	657	7579	7638	5099	4387	5957
Notes à consulter		1	2	3	4	6	5	7	8	9	4	11	12	13	7	10	7	7	14
Paris Gare de Lyon	D	06.15	07.00				07.00		07.02				08.00	08.30					08.45
St. Germain des Fossés	D								10.06	10.11		10.11							11.49
Roanne	D									10.59		10.59							
Dijon - Ville	D			06.47												09.10			
Mâcon	D			07.55												10.27			
Lyon - Part - Dieu	A						09.22												
Lyon - Part - Dieu	D						09.12												
Lyon - Perrache	A			08.45									10.18	10.42		11.19			
Lyon - Perrache	D				09.14		09.22								10.55		12.05		
Givors - Ville	A						09.39								11.12		12.31		
St. Chamond	A						10.00								11.38				
St. Etienne Châteaucreux	A	09.10	09.49	10.08		10.08	10.10			12.01	12.25	12.01			11.50	12.00			
Firminy	A		10.24		10.24					12.44	12.44				12.22				
Le Puy	A		11.29		11.29					13.58	13.58								

Tous les trains comportent des places assises en ᵉ et 2 ᵉ cl. sauf indication contraire dans les notes.

Notes :

1. T.G.V. Circule jusqu'au 06 juil. et à partir du 03 sept. tous les jours sauf sam. dim. et fêtes. A supplément certains jours. ▣ 1ʳᵉ cl. ⍴ .

2. T.G.V. Circule jusqu'au 07 juil. les sam. du 09 juil. au 01 sept : circule tous les jours sauf dim. et fêtes. Circule en outre les 08, 15, 22, et 29 sept. A suppl. certains jours ⍴ .

3. Circule à partir du 30 juin et jusqu'au 02 sept. tous les jours.

4. Circule tous les jours sauf sam. dim. et fêtes.

5. T.G.V. Circule jusqu'au 13 juil. tous les jours. A partir du 16 juil. circule tous les jours sauf dim. et fêtes. circule en outre les 09, 16, 23 sept. A suppl. certains jours ▣ 1ʳᵉ cl. ⍴ .

6. Circule à partir du 30 juin et jusqu'au 02 sept. tous les jours.

7. Circule tous les jours.

8. Circule tous les jours sauf les dim. et sauf les 11 juin et 15 août. "Le BOURBONNAIS" ▣ 1ʳᵉ cl. ⍴ . Corail.

9. Circule tous les jours sauf sam. dim. et fêtes.

10. Circule tous les jours sauf dim. et fêtes.

11. Circule les sam.

12. T.G.V. Circule jusqu'au 08 juil. et à partir du 08 depy les sam. dim. et fêtes, circule en outre du 09 juil. au 02 sept. tous les jours. A suppl. certains jours ▣ 1ʳᵉ cl. ⍴ .

13. T.G.V. Circule jusqu'au 07 juil. et à partir du 03 sept. : tous les jours sauf dim. et fêtes, à supplément certains jours ▣ 1ʳᵉ cl. ⍴ .

14. Circule tous les jours "Le CEVENOL" ▣ 1ʳᵉ cl. ⍴ . ⛢ .Corail.

NOTA : T.G.V. : RESERVATION OBLIGATOIRE

Symboles
A	Arrivée	⏢	Couchettes	✗	Voiture restaurant	⍴	Bar
D	Départ	⏢	Voitures-Lits	⊗	Grill-express	⛢	Vente ambulante
ⓉⒺⒺ	Trans Europ Express	*IC*	Intercités	▣	Restauration à la place	TGV	Train à Grande Vitesse

1. Regardez les symboles, en bas de l'horaire. Pouvez-vous deviner *(guess)* ce qu'ils veulent dire? Expliquez avec vos propres mots *(explain in your own words)*.
2. Quels trains sont des TGV (dites le numéro des trains)? Combien d'heures est-ce qu'il faut pour aller de Paris à Lyon en TGV?
3. Regardez le train numéro 701. À quelle heure est-ce qu'il part de Paris? À quelle heure est-ce qu'il arrive à St-Étienne Châteaucreux? Est-ce qu'on peut manger dans ce train? Et boire? Est-ce qu'il y a un train tous les jours?

4. Vous vouliez prendre le train de sept heures pour St-Étienne Châteaucreux, mais vous l'avez manqué. Heureusement, le train de sept heures deux est encore en gare. Regardez bien l'horaire: si vous prenez le train de sept heures deux, qu'est-ce que vous devez faire à St-Germain des Fossés? Combien de minutes est-ce que vous avez? À quelle heure est-ce que vous allez arriver à St-Étienne Châteaucreux? Combien d'heures de voyage est-ce qu'il y a? Et le train que vous avez manqué, à quelle heure est-ce qu'il arrive?

E. *Conversation en français* You are in Paris and you need to be in Lyon by 11 o'clock tomorrow morning. Buy a ticket.

Un train
en Chine

L·E·C·T·U·R·E
La francophonie

▶ Préparation à la lecture

Testez vos connaissances.

1. Quels sont les pays autres que la France où on parle français?
2. Combien y a-t-il de francophones dans le monde?
3. Pour quelle raison parlent-ils français?

▶ **Activités de lecture**

A. Quel type de texte est ce document?

B. Quels sont les mots clés des deux titres? D'après ces mots, imaginez de quels sujets l'article va traiter.

C. Quel est le sujet des deux premiers paragraphes (les paragraphes non numérotés)? Lequel de ces deux paragraphes n'est pas nécessaire pour comprendre l'article? Comment est-il imprimé? Pourquoi est-il inséré dans le texte?

D. Quels mots du titre sont développés dans le premier paragraphe? Dans le deuxième paragraphe? Dans le cinquième paragraphe?

E. Séparez en deux colonnes les informations objectives des interprétations et hypothèses. Lisez l'article phrase par phrase et dites dans quelle colonne chacune doit aller: *les faits* ou *les interprétations*.

À la recherche des détails

Classez les informations objectives que vous obtenez dans cet article.

1. Les populations francophones. Combien de personnes y a-t-il...

   a. En France métropolitaine,   d. En Europe?
      Dom-Tom et à l'étranger?   e. Au Québec?
   b. En Belgique?   f. En Afrique du Nord?
   c. En Suisse?

2. Le sommet de Québec.

   a. Combien de pays ont été présents?
   b. Quels pays ont été absents?

3. Quelle est la raison du Sommet de la francophonie à Québec?
4. Identifiez trois causes de tensions entre les pays francophones.

Apprenons

A. Les mots et les expressions

1. Devinez les mots en italique d'après le contexte:

   a. un discours *inaugural* (deuxième paragraphe non numéroté)
   b. *résoudre* une multitude de problèmes (deuxième paragraphe non numéroté)

HUIT – DH

Jeudi 3 septembre 1987

Politique

« France-Soir » vous explique ce qu'est la francophonie

120 millions d'hommes mais que de différences

CENT vingt millions d'êtres humains vivant dans trente-neuf pays sur tous les continents, un quart des chefs d'Etat ou de gouvernement de la planète, voilà pour les signes distinctifs qui font du sommet de la francophonie qui se tient à Québec une des conférences internationales les plus importantes de l'année.

« Quelle meilleure arme que la solidarité autour de la langue et de la culture qui rendent plus fort », interrogeait François Mitterrand dans son discours inaugural. Pour gagner cette bataille pacifique il faut résoudre une multitude de problèmes et « France-Soir » vous en explique l'importance et vous en donne la mesure.

Combien de francophones ?

Il y a environ 120 millions de personnes qui parlent le français dans le monde. Cinquante-sept millions de Français vivant en métropole, dans les Dom-Tom ou à l'étranger, près de six millions en Europe dont principalement quatre millions deux cent mille Belges et un million deux-cent mille Suisses. Hors d'Europe il y a plus de dix millions de francophones dont six millions de Québecois. En Algérie, au Maroc et en Tunisie, dix-neuf millions. En Afrique et à Madagascar, environ dix-sept millions.

Combien de pays participent au sommet ?

Trente-neuf pays sont représentés, la plupart par leur chef d'Etat ou leur chef de gouvernement dont la Belgique, le Canada, le Luxembourg, le Maroc, la Tunisie, ainsi que plusieurs grands d'Afrique noire comme le Congo, le Gabon, la Guinée, la Mauritanie, le Centrafrique, le Sénégal, le Tchad et le Zaïre. Deux présences remarquées : celle du Liban avec son président Gemayel et celle du Vietnam. Deux absences remarquées : celle du Cameroun et surtout celle de l'Algérie qui considèrent que le français est entré chez elle par effraction et demeure une force de colonisation.

Où est l'enjeu ?

Il s'agit avant tout de canaliser les volontés et de mettre en commun les ressources pour lutter contre le grave phénomène d'érosion du français et de la culture française dans le monde.

Quelles sont les perspectives ?

On considère que la démographie galopante des pays d'Afrique portera à l'aube du troisième millénaire le nombre des francophones à 170 millions. Mais cela n'ira pas sans créer d'énormes tensions car les différences vont s'accentuer.

Y a-t-il des tensions chez les francophones ?

Il y a déjà trois grandes raisons qui expliquent les difficultés du monde francophone : les différences de religion (l'Islam déjà majoritaire aura de plus en plus une position dominante), les séquelles de la colonisation qui poussent certains pays comme l'Algérie à refuser la francophonie et bien entendu les différences de niveau de vie entre une poignée d'états riches et plusieurs dizaines de pauvres et même très pauvres.

Jacques MALMASSARI

Jacques Malmassari, France-Soir,
3 septembre, 1987

2. Dans le paragraphe numéro 1, trouvez quelques façons de donner une approximation.

3. Dans le paragraphe numéro 2, que représente le pronom *celle* dans la phrase «Deux présences remarquées: *celle* du Liban… et *celle* du Viêtnam»?

B. La culture francophone

D'après ce texte, qu'est-ce que la francophonie?

▶ Après la lecture

A. Décidons

1. Quel type de manifestation est ce sommet? Pourquoi est-il important pour les Français?

2. Il semble que les francophones forment une grande communauté. Avez-vous l'impression de faire partie d'une communauté qui dépasse votre pays? Comment et quand avez-vous cette impression? Quelles sont les différences entre la communauté francophone et la communauté anglophone?

B. Discutons la culture francophone

Complétez les phrases à l'aide du texte.

1. Les peuples francophones ont fait un sommet parce qu'ils veulent…
2. Quand ils pensent à la France, les francophones…
3. Certains pays francophones ont peur de la France parce que…
4. L'impérialisme français est…

▶ Mise en pratique: Un reportage

Il y a toujours sur votre campus des événements importants—conseil de professeurs, réunion du conseil des étudiants, week-end des anciens étudiants… Choisissez un événement récent et faites un reportage.

A. Préparation
Organisez votre travail. Votre reportage doit inclure les aspects suivants:

1. des informations et des explications sur la circonstance (chiffres, dates, lieux, etc.)
2. le déroulement des événements (séquence, progression)
3. les résultats (concrets, moraux, immédiats)
4. des allusions aux problèmes s'il y en avait (avec votre interprétation)

B. *Écrivons* Choisissez une mode de présentation claire pour ces sujets et écrivez votre reportage. N'oubliez pas de donner un titre à chaque paragraphe.

1. titre
2. sous-titre
3. paragraphe d'introduction
4. le texte
5. paragraphe de conclusion

Orthographe et prononciation

▶ Mots apparentés

Many French and English words are similar in spelling and meaning. These are called *cognates* in English, *mots apparentés* in French.

1. French **-té** becomes English *-ty:*

   université   *university*
   société   *society*

2. French **-re** becomes English *-er:*

   théâtre   *theater*
   membre   *member*

3. French **-iste** becomes English *-istic:*

   optimiste   *optimistic*
   réaliste   *realistic*

4. French **-ique** becomes English *-ical:*

   logique   *logical*
   physique   *physical*

Activité

Trouvez l'anglais Find the English word related to each French word.

1. cité	4. nécessité	7. liberté	10. idéaliste
2. historique	5. octobre	8. égalité	11. centre
3. pessimiste	6. comique	9. fraternité	12. cynique

Vocabulaire de base

Les pays et les continents (voir pages 422–427)

NOMS

un aéroport   *airport*
un appareil-photo   *camera*
un autobus   *bus (city)*
un autocar   *bus (between cities)*
un avion   *airplane*
des bagages *(m. pl.)*   *luggage*
un billet (simple, aller-retour)
   ticket (one-way, round-trip)
une carte   *map*
une île   *island*
le métro   *subway*
le monde   *world*
un passeport   *passport*
un pays   *country*
une place   *seat, room*
un taxi   *taxi*
un ticket   *ticket (bus or subway)*
un train   *train*

VERBES

conduire   *to drive*
découvrir *(conj. comme* ouvrir*)*
   to discover
emporter   *to take, to carry*
   (away)
louer   *to rent*
manquer (un train, un avion)
   to miss (a train, a plane)
ouvrir   *to open*
passer *(conj. avec* être*)*   *to go*
   by, to stop by, to pass
rendre visite à   *to visit (a*
   person), to pay a visit to
traverser   *to go across, to cross*
visiter   *to visit (a place)*

ADJECTIFS

assis(e)   *seated, sitting down*

léger, légère   *light (weight)*
lent(e)   *slow*
lourd(e)   *heavy*
vide   *empty*

DIVERS

aller en avion   *to fly*
aller en vélo   *to ride a bicycle*
aller en voiture   *to drive*
être à l'heure   *to be on time*
être à   *to belong to*
être debout   *to be standing (up)*
être en avance   *to be early*
être en retard   *to be late*
faire un voyage   *to take a trip*
lentement   *slowly, slow*
par   *by, through*
surtout   *especially*
vite   *fast, rapidly*

Vocabulaire supplémentaire

NOMS

un camion   *truck*
un chèque de voyage   *traveler's*
   check
un compartiment   *(train)*
   compartment
un continent   *continent*
une croisière   *cruise*
un désert   *desert*
une étape   *step, stage, stop*
un guichet   *ticket window*
une hôtesse de l'air   *stewardess*
un moyen de transport   *means*
   of transportation
un permis de conduire   *driver's*
   license
un pilote   *pilot*
un quai   *platform*
un résumé   *summary*
la saison des pluies   *rainy*
   season
un souvenir   *souvenir, memory*
une station de métro   *subway*
   station

un steward   *cabin attendant,*
   steward
le T.G.V. (train à grande
   vitesse)   *very rapid French*
   train
un vol   *flight*

ADJECTIF

plein(e)   *full, crowded*

VERBES

changer (de train, d'avion…)
   to change (train, planes, etc.)
réserver   *to reserve*

DIVERS

à l'étranger   *abroad*
à ta (votre) place   *in your place,*
   if it were me
faire de l'auto-stop   *to hitchhike*
faire des économies   *to save*
   money
faire le tour du monde   *to go*
   around the world

faire les (ses) bagages   *to pack*
il y a de la place?   *is there any*
   room?

LE FRANÇAIS FAMILIER

un bus = un autobus
un car = un autocar

COMMENT S'APPELLENT-ILS?

africain(e)   *African*
allemand(e)   *German*
anglais(e)   *British*
asiatique   *Asian*
australien, australienne
   Australian
européen, européenne
   European
israélien, israélienne   *Israeli*
marocain(e)   *Moroccan*
mexicain(e)   *Mexican*
russe   *Russian*
sénégalais(e)   *Senegalese*

Le Tour de France

En bref

LE TOUR DE
FRANCE •
REGIONS OF
FRANCE •
DIRECTIONS •
COMPARING

◄ *Arrivée du Tour de
France à Paris.*

Vocabulaire

Le Tour de France est une grande course cycliste qui se passe en France au mois de juillet. En voilà les commentaires à la télévision.

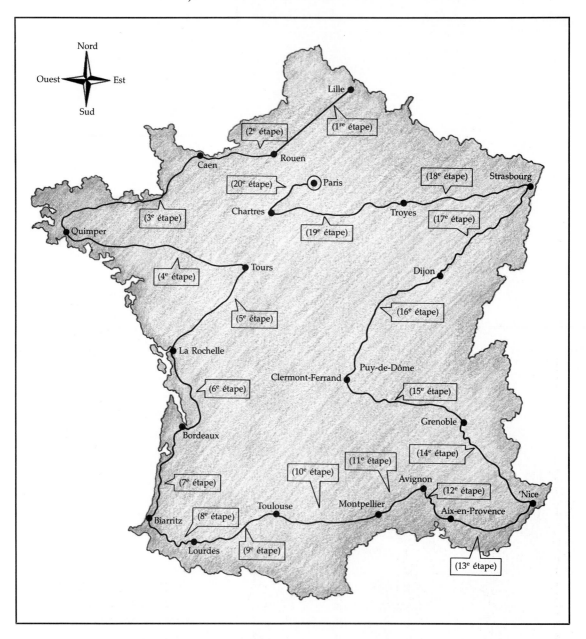

29 juin: Et voilà, ils sont partis pour 3.250 km! Première étape: Lille-Rouen... Pays plat mais étape difficile à cause des routes... Au bord de la route, les gens regardent passer les coureurs. Aujourd'hui, il fait beau et chaud. C'est rare dans le nord, région de nuages, de ciel gris et de temps frais, même en été.

30 juin: Rouen-Caen... La Normandie avec ses villages, ses fermes, ses vaches, son calme...

À Caen, malgré la pluie, les habitants sont tous dans la rue pour voir arriver les coureurs.

1er juillet: Caen-Quimper… L'ouest: la Bretagne, avec ses forêts, sa côte et ses ports… Beaucoup d'étrangers là-bas cette année. Mais qu'est-ce qui se passe? Un accident… Oh là là, c'est terrible! Un coureur est tombé! Non, non, ce n'est pas grave, ça va. Il a de la chance!

7 juillet: Biarritz-Lourdes… Étape de montagne, fatigante et difficile. Il fait très lourd; il va peut-être y avoir un orage. Beaucoup de touristes dans les Pyrénées! Et voilà Greg LeMond qui passe… La foule est enthousiaste!

10 juillet: Montpellier-Avignon… La Provence, terre de vacances, avec ses paysages pleins de soleil, ses monuments historiques… C'est le sud, où la vie est plus calme. Il n'y a pas beaucoup de monde aujourd'hui au bord des routes… Mais où sont donc les gens? Sont-ils tous sur la Côte d'Azur? Ou bien, attendent-ils les coureurs à Avignon?

17 juillet: Au centre de la France: course contre la montre au Puy-de-Dôme! À 1.465 mètres, ce n'est pas une montagne comme dans les Alpes ou dans les Pyrénées, mais ce n'est plus vraiment une colline! Dur pour les coureurs.

23 juillet: Dernière étape, Chartres-Paris… Étape courte et très rapide. La cathédrale est déjà loin.

Greg LeMond ou Laurent Fignon? Aujourd'hui, enfin, on va savoir qui va gagner!

Greg LeMond

Questions

1. Quand est-ce que les coureurs sont au nord de la France? À l'ouest? Au sud? À l'est? Au centre?
2. Comment est la Normandie? Où est-ce qu'elle se trouve?
3. Qu'est-ce qu'il y a en Bretagne? Où est-ce qu'elle se trouve?
4. Comment est la Provence? Où est-ce qu'elle se trouve?
5. Où se trouve le Puy-de-Dôme? Qu'est-ce que c'est?
6. Qui est Greg LeMond?

Autres mots et expressions

une autoroute *highway,*
  expressway, freeway
chasser *to hunt*
un château, des châteaux
  castle, mansion
de luxe *luxurious*
une étoile *star*
faire la connaissance de (qqn)
  to meet (someone) for the first
  time
faire les magasins *to go*
  shopping
faire les musées *to do the*
  museums
fermer *to close*

un fleuve *river (major)*
un groupe *group*
pêcher *to fish*
un pont *bridge*
qu'est-ce qu'il y a à faire?
  what is there to do?
une rivière *river (small), stream*
le sable *sand*
un sac à dos *backpack*
se trouver *to be located, to be*
  (somewhere)
un voyage organisé *(package)*
  tour
un zoo *zoo*

Notes de vocabulaire

A. Les directions. Note the following ways of indicating directions:

à l'est de	*to the east of*
à l'ouest de	*to the west of*
au centre de	*in the center of*
au nord de	*to the north of*
au sud de	*to the south of*
à 20 km de*	*20 kilometers from*

B. Les gens. There are various ways to express the meaning of the English word *people* in French.

1. Les gens *(m. pl.)* = *people* in a collective, indefinite sense:

J'ai rencontré **des gens** sympathiques
  pendant mes vacances.

*I met some nice people
  during my vacation.*

2. Une personne (des personnes) = *person (people)* when referring to specific people. The word can be either singular or plural but is always feminine, even when referring to males:

Chez les Berthier, j'ai rencontré
  une personne très sympathique.

*At the Berthiers', I met a
  very nice person.*

---

*Un kilomètre (km)** = 1.609 miles; **un mètre** = approx. 1 yard (3 feet). (1 yard = 0.91 meters)

3. **On** = *people* or *they* in a collective, general sense:

On conduit à gauche en Australie.	*People (they) drive on the left in Australia.*
On dit qu'il va pleuvoir ce soir.	*They say that it's going to rain this evening.*

4. **Monde** *(m. sing.)* = *people* in certain idiomatic expressions. It is always masculine singular:

Il n'y a pas **beaucoup de monde**.	*There aren't many people.*
Il y a **du monde** sur la Côte d'Azur en été.	*There are a lot of people (It's crowded) on the French Riviera in the summer.*

D'ACCORD?

A. *Réagissez* Quelle est votre réaction? (Suggestions: *j'aime, je déteste, c'est agréable, ce n'est pas agréable, c'est ennuyeux, c'est intéressant, c'est beau, c'est laid, c'est horrible, c'est terrible, c'est merveilleux, ça dépend...*)

1. voyager en groupe
2. le Canada en hiver
3. la Côte d'Azur au mois d'août
4. voyager en train
5. faire les magasins
6. pêcher dans une rivière
7. aller au zoo
8. s'embrasser sous les étoiles

B. *Qu'est-ce qui est... ?* À quoi ou à qui est-ce que vous pensez quand vous entendez ces adjectifs?

• **MODÈLE:** merveilleux
   un voyage, un film, un acteur, l'arbre de Noël, avoir un A en philosophie, aller en France pour les vacances...

1. terrible   2. historique   3. amusant   4. calme

C. *Où se trouve... ?* Ghislaine est une étudiante française à votre université. Pendant les vacances, elle veut rendre visite à des amis qui habitent les États-Unis. Mais elle ne sait pas où se trouvent les villes où ils habitent. Dites-lui où se trouvent ces villes.

• **MODÈLE:** Long Beach, Californie
   C'est sur la côte ouest, au sud de Los Angeles...

1. Milwaukee, Wisconsin
2. Ft. Lauderdale, Floride
3. Boulder, Colorado
4. Berkeley, Californie
5. Atlantic City, New Jersey

D. *On a de la chance?* Est-ce qu'ils ont de la chance? Utilisez «Tu as de la chance» ou «Tu n'as pas de chance» pour réagir.

1. Candide: J'ai trouvé cent francs dans la rue.
2. Alceste: J'ai perdu mon passeport.
3. La sœur de Candide: Je vais travailler comme femme de ménage dans un hôtel cet été.
4. Alceste: J'ai fait la connaissance d'une fille à la plage pendant les vacances.
5. Candide: Je vais dans les Alpes avec ma famille cet été.

E. *Décrivez* Describe each picture.

Au sud de la France

Au Québec

En Suisse

Les mots et la culture

A. La carte de France. Does your country have geographic regions? Are they more than geographic? How different are these regions from one another?

Until the French Revolution (1789), France was divided into 34 **provinces.** These **provinces** represented more or less natural physical divisions of France. Today France is divided into 95 **départements,** which are in turn regrouped into 22 **régions.** These **régions** are roughly identical to the old **provinces. Départements** serve administrative functions (postal codes, license plates, telephone numbers, records, elections, etc.). The **régions** serve to link the local **départements** to the central, national government.

Although the **départements** and **régions** have officially replaced the **provinces** as administrative divisions, the French still tend to talk about their country in terms of the geographic and historical regions represented by **les provinces.**

Each **province** has its own historical tradition and special identity. **La Normandie** *(Normandy),* for example, is associated with certain foods (apples, cider, calvados, butter, camembert, cream), countryside (cows in pastures, orchards, farms, beaches), architecture, traditions, and history (Vikings, the Norman Conquest, World War II).

B. La campagne. Where does the expression "provincial life" come from? What does it mean to you?

Distances between the borders of France are never more than about 800 miles. Yet within this relatively small country, the variety of landscapes, climates, and vegetation is as great as the variety of the architecture, traditions, and life-styles embodied in each of the old provinces. Further, the French countryside still bears the mark of a long agricultural tradition, and many French feel a strong attachment for the countryside. For them, **la campagne** represents a refuge from the polluted air and the noise of modern cities. In contrast to the stress and aggravation of the city, **la campagne** offers the urban dweller picturesque, pastoral landscapes for small trips, summer homes, and weekend outings.

STRUCTURE

► Les verbes *vouloir, pouvoir, devoir, avoir* et *être* au passé composé

These verbs are often found in the *imparfait* rather than the *passé composé* since they tend to refer to states in the past (how things were).

In the *passé composé*, they express a change of state (an event, something that happened). Their exact English equivalent will depend on the context. Note the form of the past participles of these verbs in the examples that follow:

vouloir (voulu)

M. Smith **voulait** aller au match de football mais Mme Smith **n'a pas voulu.** Donc, ils sont restés à la maison.

Mr. Smith wanted (felt like = state of mind) to go to the football game, but Mrs. Smith didn't want to (she said no, decided not to go = something that happened). So they stayed home.

pouvoir (pu)

J'ai perdu mes clés. Où est-ce que j'**ai pu** les mettre?

I lost my keys. Where could I have (did I = something that happened) put them?

Quand j'**avais** dix-huit ans, je **ne pouvais pas** sortir en boîte parce que mes parents étaient vieux jeu.

When I was 18 (how things were), I couldn't go out to clubs to dance (wasn't allowed to = how things were) because my parents were old-fashioned.

devoir (dû)

Paul **devait** arriver à cinq heures et il n'est toujours pas là. Il **a dû** manquer le train.

Paul was supposed to be here at 5 o'clock (how things were) and he's not here yet. He must have missed the train (something that happened).

avoir (eu)

Il **n'avait pas** peur des orages mais un jour en montagne, il **a eu** peur…

He didn't use to be afraid of storms (how things were), but one day in the mountains, he was afraid . . . (became afraid, got frightened = something happened to make him afraid).

être (été)

Après ce long voyage, j'**étais** fatigué et j'**ai été** content quand l'avion est arrivé.

After that long trip, I was tired (how things were), and I was happy (change in how things were = I became happy) when the plane arrived.

Vous avez compris?

A. *En anglais* Traduisez le paragraphe en anglais idiomatique. Pour chaque verbe, décidez pourquoi on a choisi le passé composé ou l'imparfait.

Hier, j'ai invité ma famille au restaurant pour célébrer l'anniversaire de mariage de mes parents. Je voulais aller dans un restaurant italien parce que je voulais manger des pâtes. Mais mes parents n'ont pas voulu et ils ont choisi un restaurant grec *(Greek)*. Ils voulaient manger de la moussaka. Le restaurant était plein et nous avons dû attendre. Heureusement, ce soir-là, je ne devais pas étudier.

Il y avait beaucoup de choses nouvelles sur le menu et on ne pouvait pas choisir. Alors, on a décidé de commander des plats différents et de partager. J'ai beaucoup mangé parce que j'avais très faim, mais après le dîner—catastrophe! Je n'ai pas pu payer parce que je n'avais pas mon sac! Alors, c'est Papa qui a dû payer. Et où était mon sac? Quand nous sommes rentrés, je l'ai vu sur la table; alors j'ai été contente et j'ai pu aller dormir.

B. *Histoire de fantôme* Complétez cette histoire de fantôme par des verbes au passé composé ou à l'imparfait.

Anne et Jacques (habiter) _____ dans un ranch en Amérique du Sud. Ils (avoir) _____ beaucoup d'animaux et ils (être) _____ heureux dans un pays où il (faire) _____ toujours beau et chaud. Le soir, ils (aller) _____ dormir tôt et ils (dormir) _____ toujours très bien parce que la maison (être) _____ très calme.

Une nuit, Anne (aller) _____ dans la cuisine pour prendre un verre d'eau et elle (voir) _____ un homme dans le salon. Alors, elle (avoir) _____ peur. Elle (retourner) _____ dans la chambre et elle (dire) _____ à son mari qu'il y (avoir) _____ un homme dans la maison. Jacques (prendre) _____ son revolver et il (aller) _____ dans le salon. Quand il (arriver) _____, l'homme le (regarder) _____, et puis il (passer) _____ à travers *(through)* le mur. Ce (être) _____ un fantôme.

Grammaire supplémentaire: le plus-que-parfait

The **plus-que-parfait** expresses what happened in the past before another event in the past or a specific time in the past. It is formed with the *imparfait* of the appropriate helping verb (**avoir** or **être**) plus the past participle. Its English equivalent is *had + verb.*

À neuf heures, **j'avais déjà fait** tous mes devoirs.

By (at) nine o'clock, I had already done all my homework.

Quand je suis arrivé au bord de la route, on m'a dit que **les coureurs étaient déjà passés.**

When I got to the side of the road, people told me that the racers had already gone by.

Tu ne savais pas que **les Martin s'étaient séparés?**

You didn't know that the Martins had separated?

Vous avez compris?

La vie en rose Vincent Dubois pense que tout va bien. Mais c'est parce qu'il n'est pas au courant de ce qui se passe dans sa famille! Utilisez le plus-que-parfait pour le dire.

• **MODÈLE:**   Vincent Dubois ne savait pas que (sa femme / décider de / faire un voyage en Espagne).

Vincent Dubois ne savait pas que sa femme avait décidé de faire un voyage en Espagne.

1. Vincent Dubois ne savait pas que (son père / se marier avec / Paulette Gilmard).
2. Il ne savait pas que (sa fille Chantal / partir / avec des copains pour voir le Tour de France).
3. Il ne savait pas que (son fils Marc / commencer à / jouer du violon).
4. Il ne savait pas que (sa sœur Béatrice / trouver / un travail au Canada).
5. Il ne savait pas que (son neveu, Cédric Rasquin / décider de / habiter avec eux).

▶ La comparaison des adjectifs et des adverbes

Use the following expressions to compare people or things:

plus (... que)	*more (. . . than)*
aussi (... que)	*as (. . . as)*
moins (... que)	*less (. . . than)*

A noun or a stressed pronoun is used after **que.** Note the various English equivalents possible:

Marie est **plus** belle **que** moi, mais je suis **plus** intelligente.	*Marie is prettier than I, but I'm smarter.*
Georges n'est pas **aussi** grand **que** Jérôme, mais il est **plus** fort.	*Georges isn't as tall as Jérôme, but he's stronger.*
Georges est **moins** têtu **que** Marc.	*Georges is less stubborn than Marc.*
Mon chien est **plus** intelligent **que** mon chat.	*My dog is more intelligent than my cat.*
Mon frère sort **plus** souvent **que** moi.	*My brother goes out more (often) than I.*
Est-ce que les professeurs travaillent **moins que** les étudiants?	*Do teachers work less than students?*

Bon/meilleur, bien/mieux

Bon *(good)* and **meilleur** *(better)* are adjectives. They agree with the nouns they modify:

Beth est une **bonne** étudiante. Elle est **meilleure** que sa copine Anne.	*Beth is a good student. She's better than her friend Anne.*

Bien *(well)* and **mieux** *(better)* are adverbs. They modify verbs. They are invariable:

Beth travaille **bien.** Elle travaille **mieux** que sa copine Anne.	*Beth works well. She works better than her friend Anne.*

Mauvais/mal

Mauvais *(bad)* is an adjective and, like **bon,** agrees with the noun it modifies. To say *worse* as an adjective, use **plus mauvais:**

— Il fait **mauvais** aujourd'hui.   *"It's nasty out today."*
— Oui, mais hier, il faisait   *"Yes, but it was worse*
  plus mauvais.   *yesterday."*

Mal *(badly)* is an adverb. Like **bien,** it modifies a verb. To say *worse* as an adverb, use **plus mal:**

— Elle joue **mal** aujourd'hui.   *"She's playing badly today."*
— Oui, mais hier, elle a joué   *"Yes, but yesterday she played*
  plus mal.   *worse."*

Vous avez compris?

A. *L'égocentrisme* Voilà une liste que Janine a faite pour se comparer à ses camarades de classe, à sa famille et à ses amis. Elle a utilisé les symboles +, − et = pour indiquer ses opinions. Interprétez la liste de Janine.

• **MODÈLE:**   intelligent(e): Martine +, Gauthier −
            Martine est plus intelligente que moi. Gauthier est moins intelligent que moi. (Je suis plus intelligente que Gauthier.)

1. beau (belle): Colette =, Danielle +, Valérie −
2. travailleur (travailleuse): mes frères −, ma mère =
3. riche: Bertrand +, Christophe −
4. fort (forte) en maths: Annick +, Pierre −

B. *Comparez* Faites les comparaisons suivantes:

1. les chats et les chiens   4. la ville et la campagne
2. les étudiants et les professeurs   5. Los Angeles et New York
3. les hommes et les femmes   6. Alceste et Candide

C. *Et les enfants?* M. et Mme N'Somwé parlent de leurs enfants. Utilisez *bon, bien, meilleur(e)* ou *mieux* pour compléter ce qu'ils ont dit.

— Jacqueline est _____ en maths qu'Évelyne.
— Oui, mais Évelyne travaille _____ que Jacqueline. Jacqueline est un peu paresseuse, tu sais.
— Peut-être. Mais elle est _____ en langues que son frère.
— Oui, mais lui, il travaille assez _____ . Et il est _____ que ses sœurs en sciences.

▶ Les phrases avec *si*

Use **si** to talk about "what if," to make suggestions, or to express a wish.

A. *If . . .*   To talk about *what will **probably** happen if* a certain condition is fulfilled, use **si** with a verb in the present tense **(si tu veux)** followed by a clause with a verb in the future **(je le ferai).** Note that **si** can be either in the first or second part of the sentence (the first or second clause).

<table>
<tr><td><u>S'il fait</u> beau demain, il y aura beaucoup de monde à la plage.</td><td>If it's nice out tomorrow, there'll be a lot of people at the beach.</td></tr>
<tr><td>Nous mangerons dans le jardin <u>s'il ne pleut pas.</u></td><td>We'll eat in the yard if it doesn't rain.</td></tr>
</table>

To talk about *what **might** happen if,* use **si** with a verb in the *imparfait* followed by a clause with a verb in the *conditionnel.* Again, **si** + **imparfait** may be in either clause.

<table>
<tr><td>Si j'avais assez d'argent, <u>j'achèterais</u> ce livre.</td><td>If I had enough money, I'd buy that book.</td></tr>
<tr><td>Tu ne serais pas si fatigué <u>si tu ne sortais pas</u> le soir.</td><td>You wouldn't be so tired if you didn't go out at night.</td></tr>
</table>

Tableau récapitulatif

SI CLAUSE	RESULT CLAUSE
présent	futur
imparfait	conditionnel

B. *Pour suggérer*   Use **si** plus the *imparfait* to suggest a course of action.

— J'ai faim.	*"I'm hungry."*
— Moi aussi. **Si on allait** au restaurant?	*"Me too. How about going out to dinner?"*
— D'accord.	*"OK."*

C. Pour exprimer un souhait ou un regret Use **si** plus the *imparfait* to express a wish or regret.

— **Si nous étions** riches! *"If only we were rich!"*
— Tu rêves! On ne sera *"You're dreaming. We'll never*
    jamais riche! *be rich!"*

Vous avez compris?

A. Dans la foule Put back together some remarks heard in the crowd at the Tour de France.

• **MODÈLE:** si / tu / avoir soif / je / aller chercher / quelque chose à boire
   Si tu as soif, j'irai chercher quelque chose à boire.

1. si / ils / ne pas faire attention / il y a / un accident
2. je / ne pas avoir / mon parapluie. // Si / il / commencer à / pleuvoir / je / rentrer
3. Lemond / gagner / si / il / continuer / comme ça
4. il y a / un accident / si / cet enfant / rester / si près de la route

B. Faire des phrases Combine items from the two columns to make logical sentences.

• **MODÈLE:** Si j'étais riche, j'achèterais une voiture.

1. avoir le temps   a. me coucher
2. être fatigué   b. donner des A
3. avoir des vacances   c. faire du sport
4. être le professeur   d. regarder la télévision
5. avoir faim   e. aller en Australie
6. dormir mal   f. prendre quelque chose

C. Faites des suggestions Play the role of Candide and suggest at least one course of action for each item.

• **MODÈLE:** Alceste: J'ai soif.
            Candide: Si on allait au café. Si tu buvais de l'eau.

1. J'ai faim.
2. Je suis fatigué.
3. Je m'ennuie.
4. Je ne veux pas travailler.

D. *La vie serait belle!* What suggestions can you give these people so as to improve their lot in life?

- **MODÈLE:** Ma fille est paresseuse. Alors, si elle travaillait?!

1. Je suis pauvre.
2. Mon camarade de chambre est toujours pessimiste.
3. Je n'ai pas de voiture.
4. Je n'ai pas d'amis.
5. Nous travaillons tout le temps.
6. Nous n'avons pas de vacances.

EXERCICES D'ENSEMBLE

A. *Un crime à Cinet?* Est-ce qu'il y a eu un crime à Cinet? Mettez les verbes entre parenthèses au passé composé ou à l'imparfait pour trouver ce qui s'est passé à Cinet.

À cinq heures, hier soir, il y _____ (avoir) beaucoup de monde au Café de la Poste. M. Meunier _____ (parler) avec M. Bastin. Les Ségal _____ (boire) du thé. Tout _____ (être) calme. Puis, tout à coup, la porte s'est ouverte et voilà M. Piette, l'air très sérieux. Il _____ (regarder) les gens pendant une ou deux minutes. Puis il _____ (aller) parler à M. Caron, le propriétaire.

— Où est Mlle Collin? Elle est serveuse ici, non?

— Oui, oui, mais elle _____ (finir) il y a deux heures et elle _____ (partir) juste après. Pourquoi? Il y a un problème?

— Peut-être. Ses parents _____ (téléphoner). Elle _____ (ne jamais arriver) chez elle!

Tout à coup, M. Caron _____ (avoir) très peur. Et puis, il _____ (se souvenir) que Mlle Collin _____ (avoir l'air) bizarre aujourd'hui… Elle _____ (regarder) sa montre tout le temps et elle _____ (ne rien écouter).

M. Piette _____ (demander) à tous les clients du café s'ils _____ (connaître) Mlle Collin et s'ils avaient vu quelque chose ou quelqu'un quand Mlle Collin _____ (partir). Alors, M. Ségal _____ (vouloir) parler seul avec M. Piette. Il lui _____ (dire) qu'il _____ (ne pas bien connaître) Mlle Collin, mais qu'il _____ (connaître) bien le fils du banquier, Jacques Lacroix, qui _____ (aller) se marier dans deux semaines avec une pharmacienne. Eh bien, à trois heures de l'après-midi, Monsieur et Madame Ségal _____ (se promener) dans la rue quand tout à coup, ils _____ (voir) Jacques Lacroix dans sa voiture au coin de la rue du Café de la Poste. Mlle Collin _____ (être) avec lui et ils _____ (s'embrasser)!

Alors, M. Piette _____ (téléphoner) aux parents de Jacques Lacroix et il _____ (découvrir) que personne dans la famille Lacroix ne _____ (savoir) où Jacques _____ (se trouver). Alors, qu'est-ce qui _____ (se passer), à votre avis?

B. *Histoire-squelette*   Here is the "skeleton" of a story. Flesh it out by providing the background. Remember to use the *imparfait* to tell how things were (to describe) and the *passé composé* to tell what happened (to narrate).

• **MODÈLE:**   Il était onze heures du soir. J'étais assis devant la télé quand, tout à coup, j'ai entendu du bruit... (Continuez à raconter l'histoire.)

J'ai entendu du bruit.   Je suis allé voir.
J'ai eu peur.   J'ai vu quelque chose.
J'ai mis mon imperméable.   Je suis rentré.
J'ai pris une lampe.   Je suis allé dormir.
Je suis sorti de la maison.

C. *La décision de Suzanne*   Deux jeunes gens ont invité Suzanne au Bal du printemps. Elle ne peut pas décider quelle invitation elle va accepter.

1. *Suzanne compare.* Lisez la liste et comparez Marc à Antoine.

Marc: intelligent, sérieux, gentil, bien équilibré, très grand, sportif, membre du club de foot, ne parle pas beaucoup, paie toujours, a une voiture de sport...
Antoine: intellectuel, artiste, branché, adore le rock, assez petit mais très beau, adore parler de politique, aime s'amuser, a beaucoup d'amis, n'a jamais d'argent, fume...

• **MODÈLE:**   Marc est plus sérieux qu'Antoine, mais Antoine fume.

2. *La décision.* Quelle invitation est-ce que Suzanne doit accepter? Pourquoi?

D. *La vie est belle!*   Imagine that these people get what they want. What might the consequences be? What could they do?

• **MODÈLE:**   Patrick: Oh, si j'avais une voiture... ou un vélo.
Si Patrick avait une voiture ou un vélo, il pourrait arriver à l'université à l'heure.

1. Carine: Si j'avais un petit ami!
2. David: Si j'étais grand... et beau!
3. Valérie: Si j'avais deux mois de vacances!
4. Christophe: Si j'étais sportif!

E. *À votre tour*   Comparez-vous...

1. à un membre de votre famille.   3. à un(e) autre étudiant(e).
2. à votre meilleur(e) ami(e).   4. à... ?

Échanges

A. *Les vacances dans votre pays*   Comment sont les vacances dans votre pays?

1. Combien de semaines de vacances est-ce qu'on a par an?
2. Quand est-ce qu'on prend ses vacances? Où?
3. Est-ce qu'on passe ses vacances en famille? Avec des copains?
4. Est-ce qu'on voyage beaucoup en voiture? En train? En avion?
5. Est-ce qu'on aime les voyages organisés quand on va à l'étranger?
6. Est-ce que les jeunes vont à l'étranger pour apprendre les langues étrangères?

B. *Les maisons de vacances*   Où est-ce que chaque famille va passer les vacances?

1. Les Carlier. Yvette et Jean-Paul Carlier habitent Toulouse. En hiver, ils aiment faire du ski le week-end. Ils n'ont pas d'enfants mais ils ont beaucoup d'amis.
2. Les Fayard. Ils aiment le soleil. Ils ont trois enfants qui adorent nager. La mère de M. Fayard, qui est de Perpignan, veut passer ses vacances avec eux.
3. Les Lévine. Ils adorent la mer mais ils n'aiment pas la Méditerranée parce qu'il fait trop chaud et qu'il y a trop de monde.
4. Et vous? Où allez-vous passer vos vacances?

C. *Un beau voyage* What luck! You and a few friends are going to take a trip this summer to a place where French is spoken. The only part of your trip that is already organized is the flight to wherever you're going. After that you are on your own. You will be leaving on June 24. You have to be back for your flight home on August 1. Plan your trip.

1. Où? Where are you going?
2. Votre itinéraire. Plan your itinerary and draw it on a map. (See the map section for maps of the French-speaking world.)
3. Les moyens de transport. Decide on transportation.
4. Les étapes. How long will you stay at each place? Where will you probably stay? What will you probably do?

D. *Conversation en français* You've just spent seven wonderful days at the Moorea Lagoon Hotel in Moorea, Tahiti. Tell your friends all about your stay there. Be prepared to answer any questions they may have.

L·E·C·T·U·R·E

Mon pays

▶ **Préparation à la lecture**

Pour représenter les mots suivants, quels mots emploierez-vous (noms, adjectifs, verbes)?

• **MODÈLE:** l'hiver: froid, neige

la plaine _____, _____
l'humanité _____, _____
la maison _____, _____
le jardin _____, _____
la route _____, _____

▶ **Activités de lecture**

De quoi s'agit-il?

A. *Le format* Qu'est-ce que c'est? Choisissez et justifiez votre réponse.

un poème?   un sonnet?   un lieder?
une ballade?   une chanson?   un hymne?

B. *Le langage* Observez le texte. Quelles remarques pouvez-vous faire sur la ponctuation, les phrases, les formes grammaticales?

Gilles Vigneault

MON PAYS

GILLES VIGNEAULT

Mon pays ce n'est pas un pays c'est l'hiver
Mon jardin ce n'est pas un jardin c'est la plaine
Mon chemin ce n'est pas un chemin c'est la neige
Mon pays ce n'est pas un pays c'est l'hiver

Dans la blanche cérémonie
Où la neige au vent se marie
Dans ce pays de poudrerie
Mon père a fait bâtir maison
Et je m'en vais être fidèle
À sa manière à son modèle
La chambre d'amis sera telle
Qu'on viendra des autres saisons
Pour se bâtir à côté d'elle

Mon pays ce n'est pas un pays c'est l'hiver
Mon refrain ce n'est pas un refrain c'est rafale
Ma maison ce n'est pas ma maison c'est froidure
Mon pays ce n'est pas un pays c'est l'hiver

De mon grand pays solitaire
Je crie avant que de me taire
À tous les hommes de la terre
Ma maison c'est votre maison
Entre mes quatre murs de glace
Je mets mon temps et mon espace
À préparer le feu, la place
Pour les humains de l'horizon
Et les humains sont de ma race

Mon pays ce n'est pas un pays c'est l'envers
d'un pays qui n'était ni pays ni patrie
Ma chanson ce n'est pas ma chanson c'est ma vie
C'est pour toi que je veux posséder mes hivers...

Le Grand Cerf-Volant
Éditions du Seuil
Paris

C. Trouvez toutes les définitions. Dans quelle partie du poème sont-elles? Pourquoi?

D. Trouvez tous les verbes d'action. Dans quelles parties du poème sont-ils? Pourquoi?

À la recherche des détails

A. **Les saisons** Cherchez tous les mots qui se rapportent à la saison évoquée par l'auteur.

B. **L'histoire** Dans la première strophe et la deuxième strophe:

	QUI	FAIT QUOI	POUR QUI	RÉSULTAT
STROPHE 1				
STROPHE 2				

Apprenons

A. **Les mots et les expressions**

   1. *Les effets poétiques.* Les inversions sont un effet poétique pour assembler les mots d'une façon inattendue.

   Écrivez la phrase suivante en prose: … *où la neige au vent se marie.*

   Dans la strophe 2, dites ce que *crie* le poète, à qui, où.

   2. *La ponctuation.* Essayez de ponctuer les strophes de ce texte.

   3. Quels mots découvrez-vous dans les mots suivants?

   poudrerie, froidure, posséder

   4. *Mots nouveaux.* Choisissez à quoi se réfèrent les mots suivants dans les refrains:

   une rafale = un vent, une température ou une couleur?
   l'envers = le contraire, le sentiment ou l'idée?

B. **La culture francophone** D'après les notes descriptives et les images de l'auteur, faites une courte description du pays de l'auteur. De quel pays s'agit-il? Justifiez votre réponse. D'après les actions et les intentions de l'auteur, quelle conception a-t-il de son pays? Pouvez-vous expliquer sa position?

Mon pays, c'est la glace (Chutes de Montmorency, Québec)

▶ Après la lecture

A. *Décidons*

   1. Décrivez la maison de l'auteur.
   2. Quels sont les rapports entre la maison et le pays? Trouvez les contrastes dans le poème.

B. *Discutons la culture francophone*   Quelles notions, quels concepts, quels sentiments attache-t-on au pays généralement? Comment ce poème est-il différent des idées traditionnelles? Pouvez-vous expliquer pourquoi il inclut «les humains» dans son pays? Comment peut-il avoir ce sentiment universaliste?

▶ Mise en pratique: *Mon pays c'est...* (Un petit poème)

A. *Recherche des images*   Pour votre pays (ou votre état) cherchez ce que vous associez aux catégories suivantes. Trouvez:

une saison _____   trois objets de la nature
deux couleurs _____   _____ , _____ ,
quatre qualités _____ ,   _____
_____ , _____ ,   cinq verbes _____ ,
_____   _____ , _____ ,
                                  _____ , _____
                                  un sentiment _____

Puis trouvez des opposés. Faites quelques définitions positives: Mon pays c'est _____ et _____ ; et négatives: Mon pays, ce n'est pas _____ .

B. *Organisation des idées*

Construisez un poème en utilisant les catégories précédentes et en les organisant de la façon suivante:

—————

————— , —————

————— , ————— , ————— , —————

————— , ————— , ————— , ————— , —————

————— , ————— , —————

—————

C. *Création littéraire* Maintenant faites des phrases sur chaque vers en mettant les mots que vous avez choisis ou en articulant et contrastant les images.

Mots utiles: *comme, pour*... + infinitif, *et, mais, pourtant, avec, sans, trop de, peu de.*

Orthographe et prononciation

▶ Mots apparentés (suite)

Here are some additional cognate patterns found between French words and English words.

1. French **-ment** becomes English *-ly:*

   naturellement   *naturally*
   vraiment   *truly, really*

2. French **é-** becomes English *s-:*

   école   *school*
   étudiant   *student*

Vocabulaire de base

NOMS

une autoroute *highway, expressway, freeway*
le calme *calm, peace and quiet*
le centre *center*
un château, des châteaux *castle, mansion*
une colline *hill*
la côte *coast*
l'est (m.) *east*
une étoile *star*
un étranger, une étrangère *foreigner, stranger*
une forêt *forest*
une foule *crowd*
les gens (m. pl.) *people*
un groupe *group*

le nord *north*
un nuage *cloud*
l'ouest (m.) *west*
la pluie *rain*
un pont *bridge*
une région *region, area*
une route *road*
une rue *street*
le sable *sand*
le sud *south*
la terre *earth, ground*
un/une touriste *tourist*
une vache *cow*

ADJECTIFS

meilleur(e) *better*
plat(e) *flat*

terrible *terrible*

VERBES

fermer *to close*
se trouver *to be located*

DIVERS

au bord de *at the side of, on the edge of, on the shore of, on the bank of*
aussi... que *as . . . as*
avoir de la chance *to be lucky*
faire la connaissance de (qqn) *to meet (someone for the first time)*
là-bas *over there*
mieux *better*

Vocabulaire supplémentaire

NOMS

un accident *accident*
les Alpes (f. pl.) *the Alps*
une cathédrale *cathedral*
un commentaire *comment, remark*
la Côte d'Azur *French Riviera*
un coureur (cycliste) *cyclist*
une course (cycliste) *race (bicycle)*
un fleuve *river (major)*
un habitant, une habitante *native, inhabitant*
un kilomètre (km) *kilometer*

un mètre *meter*
un monument *monument*
la Normandie *Normandy*
un orage *thunderstorm*
un paysage *landscape, scenery*
un port *port*
la Provence *Provence (south of France)*
les Pyrénées (f. pl.) *Pyrenees*
une rivière *river, stream*
un sac à dos *backpack*
un voyage organisé *(package) tour*
un zoo *zoo*

ADJECTIFS

historique *historical*
rare *rare*

VERBES

chasser *to hunt*
pêcher *to fish*

DIVERS

contre la montre *against the clock, timed race*
de luxe *luxurious*
en groupe *as a group*
faire les magasins *to go shopping*

faire les musées *to do the museums*

il y a beaucoup de monde *there are a lot of people, it's crowded*

malgré *in spite of, despite*

qu'est-ce qu'il y a à faire? *what is there to do?*

terrible *terrific*

avoir de la veine = avoir de la chance

un morne (Antilles) = une colline

le temps bleu (Louisiane) = un orage

Rédacteur en chef: *Isabelle Kaplan*
Rédacteurs adjoints: *Laura K. Heilenman
et Claude Toussaint Tournier*
Assistante de production: *Jackie Rebisz*

Revue périodique • Un numéro tous les quatre chapitres • Publiée à l'aide de documentations internationales

PRINTEMPS
DEUXIÈME SEMESTRE

Numéro 5

ÉDITORIAL

PARTIR, C'EST...

"**P**artir, c'est mourir un peu!" disent les poètes, les romantiques, les nostalgiques du départ. Cependant dans le monde moderne des records de vitesse en Concorde (Paris–Washington en quatre heures), en TGV (Paris–Marseille en quatre heures), les distances n'existent plus vraiment. Et si vous ajoutez le téléphone, la télévision, les relais satellites, il n'y a plus de barrières, il n'y a plus de raisons d'avoir peur de partir!

Mais partir ce n'est pas seulement faire le Tour de France, voyager autour du monde

Alors, **PARTIR**, qu'est-ce que ça veut dire?

Partir, c'est vrai, c'est découvrir, découvrir des sites célèbres, des monuments enchanteurs, des paysages fabuleux. Mais pour d'autres, partir, c'est faire des amis nouveaux, rencontrer des peuples différents. Pour d'autres, partir, c'est fuir la routine fastidieuse, les habitudes paralysantes.

Pour d'autres enfin, partir, c'est vivre pleinement, vivre des échanges. Échanges d'idées, d'amitiés. Échanges qui ouvrent le monde à notre imagination, enrichissent notre personnalité et élargissent les dimensions de notre territoire familier.

Et pour vous, partir, qu'est-ce que c'est?

Ouvrez ce magazine, et partez en voyage au pays des mots. Bonheur! Liberté! Quels autres grands mots nous poussent dans les mouvements collectifs? Bon voyage et bonne route au pays des valeurs!

les 18–25 ans

• Les domaines qui les intéressent particulièrement sont, par ordre décroissant d'importance: les spectacles (67%); les sports (56%); la société, l'évolution des mœurs (37%); la vie économique, les affaires (23%); la vie politique (13%).

• 69% souhaitent que se développe en France dans les prochaines années une société qui fasse plus de place à la solidarité (76% des filles et 62% des garçons); 26% préféreraient une société qui fasse plus de place à l'initiative individuelle (32% des garçons et 19% des filles).

• 51% souhaiteraient avoir dans vingt ans la nationalité française; 45% la nationalité européenne.

Le bonheur qu'est-ce que c'est?

Le hit-parade des gens heureux

Parmi 15 personnages proposés, c'est le Pape Jean-Paul II qui paraît le plus heureux aux Français, devant Bernard Tapie, Anne Sinclair, Yves Montand, Stéphanie de Monaco, Stéphane Collaro, Serge Gainsbourg, Catherine Deneuve, Madonna, Brigitte Bardot, François Mitterrand, Jacques Chirac, Ronald Reagan, Johnny Hallyday et Yannick Noah.

les ingrédients du bonheur

Les Français ne sont pas seulement heureux parce qu'ils ont l'impression que les autres ne le sont pas. Leur bonheur repose sur un certain nombre d'éléments objectifs. La famille est pour eux la plus grande source de satisfaction. La santé, la qualité du logement, celle du travail et de la vie sociale jouent aussi un rôle important.

Mais on constate un décalage important entre le bonheur rêvé et les réalités de la vie quotidienne: l'argent ne fait pas le bonheur, mais on en demande davantage; on habite dans les villes mais on rêve de vivre à la campagne; on est salarié d'une entreprise privée, mais on pense que les fonctionnaires sont les plus heureux; on passe son temps devant la télévision, mais on considère que la lecture est plus importante...

Magazine du monde français pour les étudiants de "Voilà!"

FRANCOPHONE

Ah, les valeurs!

libertés, libertés chéries

	celles que les Français jugeraient très graves de supprimer... %	... et celles qu'ils estiment aujourd'hui menacées %
★ Le droit de vote	79	2
★ La liberté de pratiquer sa religion	74	5
★ La liberté de choisir son médecin	74	19
★ La liberté de fonder une entreprise	73	15
★ Le libre choix de l'entreprise où on travaille	72	11
★ L'indépendance de la justice	70	14
★ La liberté de la presse	68	46
★ Le libre choix de l'école où on met ses enfants	65	66
★ La liberté de voyager à l'étranger	62	21
★ La liberté de manifester	53	8
★ Le droit de grève	52	5
★ Les syndicats	46	5
★ Les partis politiques	43	3
Aucune	16	
Sans opinion	15	

Le total des pourcentages est supérieur à 100, les personnes interrogées ayant pu donner plusieurs réponses.

La nouvelle identité nationale

A votre avis, lequel de ces slogans illustre le mieux votre idée de la France (') ?

Liberté, Egalité, Fraternité	45 %
Allez France	20 %
Travail, Famille, Patrie	14 %
La France aux Français	13 %

Selon vous, l'identité nationale est-elle essentiellement symbolisée par (') :

La cuisine française	63 %
Les droits de l'homme	62 %
La femme française	42 %
Les clochers des églises	34 %
Le chauvinisme	30 %
Le tiercé	22 %

(') Totaux supérieurs à 100, car plusieurs réponses possibles.

Pour beaucoup de Français, la liberté est aujourd'hui plus importante que l'égalité.

Ces dernières années sont placées sous le signe de la *Liberté.* C'est elle qui est aujourd'hui à la base de la plupart des revendications. C'est en son nom que s'est développé l'individualisme caractéristique de cette fin de siècle. Ce besoin croissant de liberté apparaît comme une sorte de réaction de compensation face aux contraintes nouvelles du moment (il faut faire des efforts, s'adapter, être informé, etc.) et aux risques auxquels chacun se sent confronté : chômage, délinquance, terrorisme, guerre, sida, etc.

TESTEZ VOTRE CULTURE GÉNÉRALE

Culture générale : les Français n'ont pas la moyenne

		% de réponses justes
1	Pouvez-vous citer quatre auteurs français du XVIIIᵉ siècle ?	15,3
2	Qui a peint « la Joconde » ?	66,4
3	Qu'est-ce qu'un quintal ?	60,3
4	Citez quatre capitales d'États africains	27,8
5	En quelle année a eu lieu le sacre de Charlemagne ?	32,7
6	Où se trouve Budapest ?	57,1
7	Qui a composé « la Sonate au clair de lune » ?	18,6
8	Qu'est-ce qu'un alexandrin ?	28,6
9	Qu'est-ce qu'un triangle équilatéral ?	58,4
10	En quelle année Christophe Colomb a-t-il découvert l'Amérique ?	15,0
11	Citez un os du bras	48,1
12	La Bastille a été prise le 14 juillet 1789. Qu'était la Bastille ?	80,8
13	Qui a écrit « le Cid » ?	46,4
14	Quelle note donne le diapason ?	43,5
15	Dans quelle ville se trouve la Maison-Blanche ?	78,1
16	Dans quelle ville se trouve la place Rouge ?	81,1
17	Qui a écrit « Eugénie Grandet » ?	32,0
18	Qui a découvert le vaccin contre la rage ?	88,3

Sur trente-deux questions posées, treize obtiennent plus de 50 % de réponses justes.

Réponses

1. Voltaire, Rousseau, Diderot, Montesquieu 2. Léonard de Vinci 3. 100 kilos 4. Alger, Tunis, Dakar, Abidjan, Rabat, Le Caire, Brazzaville, Tripoli, etc. 5. 800 6. Hongrie 7. Beethoven 8. Un vers de douze pieds 9. Un triangle dont les trois côtés sont égaux 10. 1492 11. Humérus, radius, cubitus 12. Une prison 13. Corneille 14. Le « Cid » 15. Washington 16. Moscou 17. Honoré de Balzac 18. Pasteur 19. Un sculpteur 20. Waterloo 21. 1905 22. Rouget de Lisle 23. Les globules blancs 24. Goethe, Marx, Nietzsche, Brecht, Kant 25. Dante, Morvavia, D'Annunzio, Pirandello 26. 54 millions 27. 1 milliard 28. Octobre 1917 29. Brésil 30. Défaite de l'armée française (principalement) face au Viêt-minh 31. 1933 32. Stendhal

---

Les vacances de Simon

Une nouvelle inédite par Angèle Kingué
Cameroun

Les aéroports sont des lieux de prédilection par excellence pour les curieux désireux d'observer les émotions humaines à l'œuvre. Valises, cartons, sacs, larmes, sanglots, cris de joie, rires, courses affolées, regards nerveux, mines défaites, c'est cela les aéroports ! Les aéroports de Douala ou d'Abidjan ne sont pas différents. Mais ce qui frappe lorsqu'on arrive à l'aéroport de Douala, après l'humidité et la chaleur, c'est la horde de chauffeurs de taxi et de porteurs qui se ruent vers vous pour solliciter votre clientèle. C'est aussi la longue heure d'attente qu'il faut passer aux bagages avant de voir arriver votre valise cahin-caha.

Je n'oublierai jamais l'arrivée de mon frère Simon. C'étaient les grandes vacances de 1974. J'avais alors 16 ans, le visage rond et luisant, assez potelé, «bien nourri» comme dirait mon père, moi je préfère dire que j'étais de taille et de corpulence moyennes. Cela faisait 5 ans que mon frère était parti en France faire des études de Droit et de Commerce. Son retour était donc une grande célébration familiale. On se demandait tous s'il avait changé, on n'aurait pas dit d'après les lettres qu'il nous écrivait. Elles étaient très affectueuses, pleines de conseils, et d'encouragement. Mais nous nous demandions quand même s'il était toujours aussi beau, aussi bavard et aussi amusant qu'avant, ou alors s'il aurait les gestes affectés, et l'air arrogant et indifférent de beaucoup de «revenants». Mon ami Yomkil m'avait raconté que son frère Matip ne savait plus parler le Bassa, sa langue maternelle, après un bref séjour en France et pire même n'arrivait plus à manger les mets locaux.

J'avais hâte de voir mon frère mais en même temps, j'étais habitée d'une espèce d'anxiété et d'appréhension. Il était prestigieux d'avoir un membre de la famille en France surtout à cette époque. Malheureusement, plusieurs revenants tombaient dans le culte de soi.

(A suivre)

LE COIN DES POETES

Liberté

Sur mes cahiers d'écolier
Sur mon pupitre et les arbres
Sur le sable sur la neige
J'écris ton nom

Sur toutes les pages lues
Sur toutes les pages blanches
Pierre sang papier ou cendre
J'écris ton nom

Sur les merveilles des nuits
Sur le pain blanc des journées
Sur les saisons fiancées
J'écris ton nom

Sur la lampe qui s'allume
Sur la lampe qui s'éteint
Sur mes maisons réunies
J'écris ton nom

Sur le fruit coupé en deux
Du miroir et de ma chambre
Sur mon lit coquille vide
J'écris ton nom

Sur le tremplin de ma porte
Sur les objets familiers
Sur le flot du feu béni
J'écris ton nom

Et par le pouvoir d'un mot
Je recommence ma vie
Je suis né pour te connaître
Pour te nommer
Liberté.

Paul Éluard

Trois Noms

J'ai gravé trois noms
Aux palais du dialogue
Sur les fûts des arbres
Sur les places publiques
Aux carrefours des routes
J'ai tant perdu de plumes
Et mon souffle en gravant
  ces noms
Liberté
  Paix
    Justice

Georges Mphumu-Ndonam (Congo)

Jeux de langage

Les préceptes proverbiaux

Il faut souffrir pour être belle!
Il faut tourner trois fois sa langue dans sa bouche avant de parler.
Il ne faut pas vendre la peau de l'ours avant de l'avoir tué.
Il faut manger pour vivre et non pas vivre pour manger...

A vous! Faites quelques préceptes:
Pour rèussir dans la vie, il faut...
Pour avoir beaucoup d'amis...
Pour être heureux...

LE BONHEUR

- 83 % des Français considèrent que les gens les plus heureux sont ceux qui vivent en couple ; 3 % ceux qui vivent seuls.
- 76 % des Français pensent que, pour avoir une vie heureuse, il est indispensable d'écouter de la musique, 75 % d'avoir des responsabilités dans son travail, 74 % de lire des livres, 7 % de disposer d'au moins 12 000 francs de revenus mensuels (pour une famille de quatre personnes), 66 % d'avoir plusieurs enfants, 62 % de partir en vacances l'été, 62 % de lire un journal, de pratiquer régulièrement un sport, 52 % d'avoir des rapports sexuels fréquents, 46 % d'écouter la radio, 41 % de croire en Dieu, 32 % d'être engagé dans un mouvement humanitaire, 31 % de pratiquer sa religion, 26 % d'avoir son baccalauréat, 20 % de regarder la télévision, 18 % d'avoir eu plusieurs partenaires sexuels au cours de sa vie, 15 % d'être engagé dans un mouvement syndical, politique ou associatif, 6 % d'avoir des aventures extraconjugales.
- Les mots qui viennent d'abord à l'esprit des Français quand ils pensent au bonheur sont, par ordre décroissant : vie de famille (36 %) ; bonne santé (30 %) ; être bien dans sa peau (10 %) ; relations sentimentales (8 %) ; enfants (4 %) ; argent (3 %) ; réussite dans le travail (3 %) ; amitié (1 %) : être indépendant (1 %) ; vacances (1 %).

la course au trésor

Avec les vacances qui arrivent, vous voulez faire un beau voyage. Mais voilà, vous n'avez pas beaucoup d'argent. Prenez l'itinéraire de notre jeu qui vous aidera à organiser un été d'aventure. Choisissez une des 6 premières suggestions et suivez la piste.

1 Vous demandez de l'argent à vos grands parents (allez en 7)
2 Vous faites un emprunt à un ami de votre famille (allez en 9)
3 Vous vendez tous vos bijoux (allez en 12)
4 Vous achetez un billet à la loterie (allez en 8)
5 Vous vendez les bijoux de votre mère (allez en 20)
6 Vous vendez la chaîne stéréo de votre camarade de chambre (allez en 10)
7 Vous ne leur avez pas écrit l'année dernière (allez en 16)
8 Vous oubliez d'acheter le journal pour les résultats (allez en 18)
9 Vous devrez payer 12% d'intérêts (allez en 14)
10 Vous devez quitter l'université (allez en 13)
11 Vous recevez un gros chèque de la chaîne de télévision (allez en 17)
12 Vous n'avez rien de grande valeur (allez en 21)
13 Vous entrez dans une agence de voyage (allez en 15)
14 Vous achetez un billet pour Bruxelles (allez en 21)
15 Vous êtes nommé dans une agence au Caire (allez en 25)
16 Vous les invitez à venir avec vous (allez en 19)
17 Vous décidez de faire du cinéma (allez en 23)
18 Vous apprenez que personne n'a réclamé le gros lot (allez en 24)
19 Vous devez vous coucher tôt et vous lever tôt (allez en 26)
20 Vous ne reverrez jamais votre famille (allez en 22)
21 Vous êtes tué dans un attentat terroriste à l'aéroport (allez en 28)
22 Vous décidez d'émigrer en Afrique (allez en 21)
23 Vous êtes sur la première page de tous les journaux (allez en 21)
24 Vous avez perdu votre billet (allez en 27)
25 Vous êtes assassiné dans votre chambre d'hôtel (allez en 28)
26 Vous mourez d'ennui et vous faites une fugue un soir (allez en 29)
27 Vous êtes désespéré et vous devenez fou (allez en 29)
28 Vous devenez l'origine d'un conflit international (allez en 30)
29 Vous êtes mis en prison pour la fin de l'été (allez en 20)
30 Vous ne devriez pas rêver !

Le bonheur, qu'est-ce que c'est?

En bref

WHAT IT MEANS

TO BE HAPPY:

VARIOUS

VIEWPOINTS •

POLITICS • SOCIAL

PROBLEMS • LIFE,

ITS PLEASURES

AND PROBLEMS •

IDEAS, EMOTIONS,

AND POINTS

OF VIEW

◀

Pour eux, qu'est-ce que c'est, le bonheur? (Normandie, France)

477

Vocabulaire

Chaque personne a une opinion différente sur le bonheur. Voilà ce que pensent quelques membres de la famille Dubois.

A. Vincent Dubois.   C'est un optimiste qui aime profiter de la vie. Il a beaucoup d'amis et il adore sortir. Manger, boire et bavarder sont ses activités préférées. Vincent est aussi matérialiste. Il apprécie l'argent, le confort matériel et les voitures. Les grands problèmes du monde ne l'intéressent pas. Il ne s'occupe pas de politique et il se méfie des gens qui en font. Il est pour l'ordre et l'autorité. Il dit qu'il est contre le racisme, mais il se méfie des étrangers et pense qu'il y en a trop en France. Pour lui, le bonheur, c'est les sorties, les loisirs et l'argent.

B. Thérèse Dubois. Pour elle, c'est la vie privée qui est importante. Elle est individualiste et elle aime garder son indépendance. Elle déteste la vie en société, mais elle a quelques amis qu'elle voit souvent. Elle est moins matérialiste que Vincent, mais c'est important pour elle d'habiter dans un endroit qu'elle aime. Elle est assez pessimiste et elle est toujours inquiète pour ses enfants et pour Vincent: elle a peur des accidents de voiture, des maladies, de la violence et de la mort. Comme Vincent, elle ne s'intéresse pas aux grands problèmes actuels, sauf quand ils concernent sa vie personnelle. Pour elle, le bonheur, c'est sa famille, son travail et les voyages.

C. Jacques Dubois. Il a besoin de sécurité et il n'aime pas les changements. Il habite dans une maison agréable et il n'a pas de soucis financiers. Il déteste la solitude et il a beaucoup souffert de la mort de sa femme avant de rencontrer Paulette. C'est un réaliste qui n'a pas beaucoup d'illusions. Il est conscient des problèmes du monde, mais il pense qu'il ne peut rien faire pour aider. Il pense que Dieu existe et il a des principes, mais il sait bien qu'on n'a pas toujours raison dans la vie. Alors, il respecte la liberté des autres et il n'essaie pas d'imposer ses opinions. Pour lui, le bonheur, c'est la sécurité, la santé et l'amour.

D. Suzanne Mabille. Elle est idéaliste. L'argent et le confort ne l'intéressent pas. Elle critique beaucoup le gouvernement et la société actuelle. Elle est contre la guerre, la pauvreté et l'injustice. Elle pense qu'il faut agir et elle a beaucoup de projets pour l'avenir: elle veut faire de la politique et espère avoir un jour le pouvoir de changer le monde. Elle ne comprend pas son oncle Vincent et elle discute souvent avec lui. Elle le trouve égoïste et il la trouve naïve. Son grand-père Jacques pense qu'elle perdra un jour ses illusions et qu'elle deviendra probablement une mère de famille qui n'aura pas le temps de s'occuper du monde. Évidemment, Suzanne pense qu'il a tort. Elle refuse d'accepter ces idées traditionnelles et elle veut montrer à toute sa famille qu'on peut changer les choses quand on le veut vraiment! Pour elle, le bonheur, c'est l'égalité entre les gens, la liberté pour tout le monde et la paix dans le monde.

E. Cédric Rasquin. Il n'est pas du tout satisfait de sa vie. Il a eu un grand malheur quand il avait dix ans: ses parents ont divorcé. Il est très difficile pour Cédric de s'adapter à sa nouvelle vie avec son beau-père. Il adore son père, mais il ne le voit pas souvent, malheureusement, parce qu'il habite Toulouse et son père habite Paris. Cédric souffre beaucoup de la solitude et il pense que la vie est injuste. Il voudrait rencontrer le grand amour, mais il n'ose pas parler aux filles. Alors, il rêve… Pour lui, le bonheur, c'est des parents qui s'entendraient bien, un père qui s'occuperait de lui et une petite amie qui le comprendrait.

F. Guillaume Firket. Il a des besoins très simples: manger, boire, dormir, être aimé. Il adore quand on l'embrasse et quand on le prend dans les bras. Il n'a pas de soucis et il ne se pose pas de questions… Mais il n'est pas toujours heureux. Il fait des cauchemars la nuit et il pleure quand il se réveille tout seul dans sa chambre. Pour lui, le bonheur, c'est être tout le temps près de ses parents et avoir tout ce qu'il veut.

Questions

1. Comme qui est-ce que vous êtes? Pourquoi?
2. Comme qui est-ce que vous n'êtes pas du tout? Pourquoi?
3. Comme qui est-ce que vous voudriez être? Pourquoi?
4. Comme qui est-ce que vous ne voudriez pas être? Pourquoi?

Autres mots et expressions

à mon avis *in my opinion*	un sentiment *feeling*
juste *fair, just, right*	social(e), sociaux, sociales
la réalité *reality*	*social*
la richesse *wealth*	la vie quotidienne *daily life*

Notes de vocabulaire

A. S'intéresser à/intéresser. Use **s'intéresser à** to say that *you are interested in* or *are not interested in something:*

Je **m'intéresse à** la politique.   *I'm interested in politics.*

Use **intéresser** to say that *something interests* or *does not interest you:*

La politique ne **m'intéresse** pas.   *Politics doesn't interest me.*

B. Avoir raison/avoir tort. Use **avoir raison** to say that someone is right. Use **avoir tort** to say that someone is wrong:

C'est vrai. Tu **as raison.**   *That's true. You're right.*
Ce n'est pas vrai. Tu **as tort!**   *That's not true. You're wrong!*

C. Souffrir. The verb **souffrir** is conjugated like **ouvrir:**

On **souffre** quand on a faim.   *One suffers when one is hungry.*
Jacques a beaucoup **souffert.**   *Jacques has suffered a lot.*

D'ACCORD?

A. Associations Indiquez le verbe de la liste de droite que vous associez avec chaque terme de la liste de gauche.

1. les copains	a. oser
2. la politique	b. apprécier
3. l'autorité	c. bavarder
4. un bon repas	d. discuter
5. les parents	e. souffrir
6. les examens	f. se méfier
7. la vie à l'université	g. respecter
8. faire le tour du monde seul avec un sac à dos	h. s'adapter

B. Un rêve ou un cauchemar? Est-ce un rêve ou un cauchemar?

1. Suzanne Mabille: habiter dans une petite maison à la campagne
2. Thérèse Dubois: une sortie avec les copains de Vincent
3. Jacques Dubois: partir avec Paulette pour un week-end
4. Guillaume Firket: être avec sa famille
5. Cédric Rasquin: sortir avec son père
6. Vincent Dubois: être au régime

C. Vous avez tort! Non, il a raison! Est-ce qu'on a raison ou est-ce qu'on a tort?

1. Il fait froid à Miami en hiver.
2. Les étudiants ne travaillent pas assez.
3. Alceste a vingt dollars. Il est riche.
4. Les professeurs sont idéalistes.
5. Il y a des livres dans une bibliothèque.
6. Les étudiants n'ont pas besoin de vacances.

D. Pour ou contre? Est-ce que vous êtes pour ou contre…

1. la guerre?
2. la violence?
3. l'amitié?
4. la paix?
5. le gouvernement?
6. le confort matériel?
7. l'autorité?
8. l'amour?
9. le changement?

E. Trouvez l'adjectif

1. Anne n'a pas d'illusions. Elle est _____ .
2. Paul adore l'argent. Il est _____ .
3. Patrick est très content de sa vie. Il est _____ .
4. Monique n'aime pas les maisons modernes. Elle aime les maisons _____ .
5. Daniel est _____ parce qu'il pense qu'il a raté un examen important.
6. Dominique n'invite pas beaucoup de monde chez elle. Elle aime garder sa vie _____ .
7. Béatrice pense que le monde peut devenir meilleur. Elle est _____ .

F. Comment êtes-vous?

1. Je suis…
2. Je ne suis pas…
3. Dans dix ans, je serai…
4. Il y a cinq ans, j'étais…

G. *Complétez*

1. Malheureusement...
2. Évidemment...
3. Je vais probablement...
4. Je vais sûrement...
5. Mes parents sont pour...
6. Mes parents sont contre...
7. Je souffre quand...
8. Je refuse de...

H. *À votre tour*

1. À quoi est-ce que vous pensez souvent? À qui?
2. Qui doit s'occuper des enfants dans une famille?
3. De qui ou de quoi doit-on se méfier?
4. Est-ce que vous faites des cauchemars? Est-ce que vous faisiez des cauchemars quand vous étiez plus jeune? Est-ce que vous vous en souvenez?
5. Est-ce que vous vous êtes adapté(e) vite à la vie à l'université?

Les mots et la culture

A. La politique. Make a list of the main topics of conversation when people get together in your country. Rank them in order of importance.

Because the system of centralized government does not allow for much involvement in local decision making, the French tend to be fascinated by national politics. Politics is taken very seriously, and elections are watched closely. Politics is discussed everywhere, and arguments, often quite theoretical, are common. Young people, high school and university students in particular, spend long hours in cafés talking politics, some of which leads to action in political demonstrations.

B. Les partis politiques. What words come to mind when you think of political parties? What is more important in your country, people or political parties? Which is more interesting to you?

France has always been characterized by numerous political parties. Historically, political battles were hotly contested between parties on the right and the left, with those in the center becoming allies in order to obtain a majority. More recently, with the advent of a presidential election system similar to that in the United States, political parties have been regrouped into two factions, the more conservative, nationalistic, and traditional parties of the right and the more radical, international, and socialist or even Marxist-inspired parties of the left. Moreover, as an answer to contemporary concerns, a few new parties have been created recently, for example, **les Verts** (*ecologists*) and **le Front National** (*far-right party*).

C. Et pour s'amuser? Make a list of favorite leisure activities for people your age.

What do young people do for fun in France? A lot! They especially like to get together in groups to eat out **(une pizza ou des crêpes)** or to eat at someone's apartment. They might spend an evening in a café discussing politics and **"refaire le monde." Les boîtes de nuits** (nightclubs where you can dance) are open until about 6:00 in the morning and are usually a good place to find young French people having fun. They might also decide to **"se faire une soirée sports"** and go bowling, swimming, or skating or play tennis. Movies are a popular pastime, and then, of course, there are **les boums. Une boum** is a party that centers on dancing. Alcohol may be drunk but not to excess.

D. Les soucis. Make a list of topics of concern for people your age. Can you rank them in order of importance?

Like young people everywhere, French youth worry about and discuss their problems: unemployment, pollution, the threat of nuclear war, peace, racism, the situation in eastern Europe, and events in the Middle East, among others.

STRUCTURE

▶ Le subjonctif, qu'est-ce que c'est?

The subjunctive is a mood, not a tense. Moods mark how a speaker considers an event. A mood may contain tenses, which deal with time. You have already used several moods in French.

1. The *indicative mood* deals with events as facts. Tenses refer to the different time periods in which events happen:

   Présent: what is happening
   Passé composé: what did happen
   Imparfait: what was happening
   Futur: what will happen

2. The *conditional mood* deals with "what would happen if."
3. The *imperative mood* gives direct commands.
4. The *subjunctive mood* deals with how one feels about an event.

Vous avez compris?

Identifiez le mode.   Identify the mood of each italicized verb. If the verb is in the indicative mood, give the tense. Explain your choices.

1. Ne me *regarde* pas comme ça!
2. Si Paul pouvait, il *serait* à la plage avec ses copains.
3. Je ne lui *ai* pas encore *parlé.*
4. Nous le *ferons* demain.
5. Il ne veut pas que je le *fasse.*
6. Il *faisait* beau hier.
7. Nous sommes contents que tu *puisses* venir.

▶ Formation du subjonctif

Although the subjunctive mood, like the indicative mood, actually does contain several tenses, only the present subjunctive and past subjunctive are in general use. In this book, you will deal only with the present subjunctive. From now on, when we write *subjunctive,* we mean the present subjunctive.

The majority of French verbs have only one stem in the subjunctive. It is derived from the third person plural **(ils)** form of the present tense of the indicative mood:

PRESENT TENSE (INDICATIVE)	SUBJUNCTIVE STEM
ils parlent	**parl-**
ils finissent	**finiss-**
ils vendent	**vend-**
ils sortent	**sort-**
ils écrivent	**écriv-**
ils mettent	**mett-**

The subjunctive endings are added to this stem:

SUBJUNCTIVE ENDINGS

je	**-e**	nous	**-ions**
tu	**-es**	vous	**-iez**
il } elle}	**-e**	ils } elles}	**-ent**

lire au subjonctif

(que) je lise	(que) nous lisions
(que) tu lises	(que) vous lisiez
(qu') il } (qu') elle} lise	(qu') ils } (qu') elles} lisent

There are three irregular verbs in this group:

VERB	SUBJUNCTIVE STEM
faire	**fass-**
savoir	**sach-**
pouvoir	**puiss-**

faire au subjonctif

(que) je fasse	(que) nous fassions
(que) tu fasses	(que) vous fassiez
(qu') il ⎱ fasse	(qu') ils ⎱ fassent
(qu') elle ⎰	(qu') elles ⎰

Note that some forms of the present indicative and imperfect are spelled the same as corresponding forms of the present subjunctive:

INDICATIVE PRESENT

je parle	nous parlons
tu parles	vous parlez
il ⎱ parle	ils ⎱ parlent
elle ⎰	elles ⎰

INDICATIVE IMPERFECT

je parlais	nous parlions
tu parlais	vous parliez
il ⎱ parlait	ils ⎱ parlaient
elle ⎰	elles ⎰

SUBJUNCTIVE PRESENT

(que) je parle	(que) nous parlions
(que) tu parles	(que) vous parliez
(qu') il ⎱ parle	(qu') ils ⎱ parlent
(qu') elle ⎰	(qu') elles ⎰

Vous avez compris?

Mettez au subjonctif Put the verbs in parentheses in the subjunctive. Then translate each sentence into idiomatic English. Can you formulate any hypotheses as to why the subjunctive is required in these cases?

1. Il faut que tu _____ : ton chien ou moi. (choisir)
2. Elle est triste qu'ils _____ sans elle. (partir)
3. Il fait froid. Je veux que tu _____ ton manteau. (mettre)
4. Nous partirons avant qu'elles _____ . (arriver)
5. Ma grand-mère veut que je lui _____ à Noël. (rendre visite)
6. Je ne vous parle plus pour que vous _____ étudier dans le calme. (pouvoir)

Les verbes à deux racines (Two-stem verbs)

Several verbs have two stems in the subjunctive, one for the singular and third person plural forms, the other for the **nous** and **vous** forms. The first stem of these verbs is derived as described earlier. The second stem comes from the **nous** form of the present indicative. The regular subjunctive endings are used:

VERB	STEM 1 (je, tu, il, elle, ils, elles)	STEM 2 (nous, vous)
boire	**boiv-**	**buv-**
devoir	**doiv-**	**dev-**
lever	**lèv-**	**lev-**
prendre	**prenn-**	**pren-**
venir	**vienn-**	**ven-**
voir	**voi-**	**voy-**

boire au subjonctif

(que) je boive   (que) nous buvions
(que) tu boives   (que) vous buviez
(qu') il ⎫ boive   (qu') ils ⎫ boivent
(qu') elle ⎭   (qu') elles ⎭

There are two irregular verbs in this group:

VERB	STEM 1	STEM 2
aller	**aill-**	**all-**
vouloir	**veuill-**	**voul-**

Il faut que **tu ailles** en ville.
Il faut que **vous alliez** en ville.
Mes parents sont contents que **je veuille** continuer mes études.

Vos parents ne sont pas contents que **vous vouliez** continuer vos études?

You have to go to town.

My parents are happy that I want to continue my studies.

Your parents aren't happy that you want to continue your studies?

Les verbes être et avoir au subjonctif

The verbs **être** and **avoir** are totally irregular. They must be memorized:

être au subjonctif

(que) je sois   (que) nous soyons
(que) tu sois   (que) vous soyez
(qu') il ⎫ soit   (qu') ils ⎫ soient
(qu') elle ⎭   (qu') elles ⎭

avoir au subjonctif

(que) j'aie	(que) nous ayons
(que) tu aies	(que) vous ayez
(qu') il ⎫	(qu') ils ⎫
(qu') elle ⎭ ait	(qu') elles ⎭ aient

Vous avez compris?

A. *Mettez au subjonctif* Put the verbs in parentheses in the subjunctive. Then translate each sentence into idiomatic English. Can you formulate any hypotheses as to why the subjunctive is required in these cases?

1. Marie, il faut que tu _____; tu vas être en retard. (se lever)
2. Nous sommes tristes que vous _____ avec nous à la soirée chez les Dumont. (ne pas venir)
3. Mon médecin voudrait que je _____ des vacances mais je n'ai pas le temps. (prendre)
4. Je ne veux pas que tu _____ du vin le matin. (boire)
5. Nous ne sommes pas contents qu'ils _____ rester chez nous tout l'été. (vouloir)
6. Il faut que tu _____ le professeur. (voir)
7. Tu es content qu'elle _____ partir? (devoir)
8. Je ne veux pas que tu _____ à la boum chez Éric. (aller)

B. *Mettez au subjonctif* Put the verbs in parentheses in the subjunctive. Then translate each sentence into idiomatic English. Can you formulate any hypotheses as to why the subjunctive is required in these cases?

1. Je ne veux pas que vous _____ peur. (avoir)
2. Il ne faut pas qu'ils _____ froid. (avoir)
3. Je suis triste que tu _____ malade. (être)
4. Il n'est pas content que nous _____ raison. (avoir)
5. Je vais lui donner des gants pour qu'elle _____ froid. (ne pas avoir)
6. Je ne veux pas que vous _____ en colère contre moi. (être)

▶ Usage du subjonctif

1. **En général.** The subjunctive is the second conjugated verb in a two-verb sentence. It follows the **que:**

Il faut que tu **sois** à l'heure.   *You have to be on time.*

2. **Il faut que + subjonctif / il faut + infinitif.** The subjunctive is used after the expression **il faut que** when the subject is specified. If no subject is specified, **il faut** + *infinitif* is used. Compare:

Il faut qu'il travaille.	*He has to work.* (A particular, specific person has to work.)
Il faut travailler.	*You have to work.* (Nobody in particular; a general truth = *one has to work.*)

3. **Vouloir que / vouloir + infinitif.** The subjunctive is used after **vouloir que** when there is a change of subjects in the two parts of the sentence. **Vouloir que** + *subjonctif* is the only way to say an English sentence such as *I want you to be happy.* If there is no change of subject, **vouloir** + *infinitif* is used. Compare:

Je veux que vous soyez content.	*I want you to be happy.* (Change of subject = subjunctive.)
Je veux être content.	*I want to be happy.* (No change of subject = infinitive.)

4. **Être content (triste) que + subjonctif / être content (triste) de + infinitif.** The subjunctive is used after the expressions **être content que** and **être triste que** when there is a change of subject. If there is no change of subject, the expressions **être content (triste) de** + *infinitif* are used. Compare:

Je suis content que tu sois ici.	*I'm happy (that) you're here.* (Change of subject = subjunctive.)
Je suis content d'être ici.	*I'm happy to be here.* (No change of subject = **de** + *infinitive.*)

5. **Pour que (avant que) + subjonctif / pour (avant de) + infinitif.** The subjunctive is used in clauses introduced by **pour que** and **avant que** when there is a change of subject. If there is no change of subject, the expression **pour** + *infinitif* or **avant de** + *infinitif* is used. Compare:

Je veux te parler **avant que tu partes.**	*I want to talk to you before you leave.* (Change of subject = subjunctive.)
Je veux te parler **avant de partir.**	*I want to talk to you before I leave.* (No change of subject = infinitive.)
Je le fais **pour que tu t'amuses.**	*I'm doing it so that you'll have a good time.* (Change of subject = subjunctive.)
Je le fais **pour m'amuser.**	*I'm doing it (in order) to have a good time.* (No change of subject = infinitive.)

RAPPEL! Although verbs in the subjunctive are usually found in **que** clauses, not every **que** clause has a subjunctive! For example, the following expressions are followed by the indicative:

dire que	*to say that*
savoir que	*to know that*
espérer que	*to hope that*
parce que	*because*

Elle m'a dit qu'elle venait.	*She told me she was coming.*
Je sais qu'il est parti.	*I know (that) he left.*
J'espère qu'elle comprendra.	*I hope (that) she'll understand.*
Parce que c'est comme ça!	*Because that's the way it is!*

Vous avez compris?

A. *Subjonctif ou infinitif?* Mettez les verbes au subjonctif ou à l'infinitif.

1. Je veux _____ en France. (aller)
2. Il ne veut pas que vous _____ trop de gâteau. (manger)
3. Ils sont tristes de _____ d'appartement. (changer)
4. Il faut que tu _____ à la banque. (aller)
5. Je vais à la bibliothèque pour _____. (étudier)
6. Ils ne sont pas contents que nous ne leur _____ jamais. (écrire)
7. Je vais boire un verre de lait avant de _____ dormir. (aller)
8. Je vais écrire ma lettre maintenant pour qu'elle _____ ce soir. (partir)

B. *Complétez* Complétez les phrases par une des expressions suivantes: *parce que, je veux que, je sais que, je suis content(e) que, j'espère que, je suis triste que, il faut que.*

- **MODÈLE:** _____ vous soyez à l'heure.   _____ vous serez à l'heure.
  Il faut que vous soyez à l'heure.   J'espère que vous serez à l'heure.

1. _____ tu ne vas pas te tromper!
2. _____ la vie n'est pas facile!
3. _____ tu sois malade.
4. _____ il a eu un accident en Suisse.
5. _____ nous soyons sérieux.
6. _____ nous arrivions à l'heure.
7. _____ tu as trop bu hier soir!
8. _____ il fasse beau aujourd'hui.

C. *Indicatif, subjonctif ou infinitif?*   Mettez les verbes au subjonctif, à l'infinitif ou à l'indicatif.

1. Je vais en ville pour _____ une robe longue. (chercher)
2. Je sais que tu _____ parce que, moi, je _____ toujours raison! (se tromper; avoir)
3. Christiane est contente de _____ en vacances. (être)
4. Il faut que nous _____ la vérité. (savoir)
5. Mes amis ne savent pas que je _____ au Japon. (partir)
6. Il faut _____ les dents trois fois par jour. (se brosser)
7. J'espère qu'ils _____. (s'aimer)
8. Il va partir avant que je _____ lui parler. (pouvoir)

EXERCICES D'ENSEMBLE

A. *Avant de partir au bal*   Les sœurs de Cendrillon partent pour le bal. Mais avant de partir, elles lui ont parlé. Qu'est-ce qu'elles lui ont dit de faire? (Par exemple: *faire la vaisselle, faire les lits, laver les murs, travailler dans le jardin, préparer le café...*)

- **MODÈLE:**   Nous voulons que tu laves la salle de bains.

B. *Le cauchemar du professeur*   Professor Parfait had a nightmare last night. He dreamed that a student had taken over the university and was laying down the law to the faculty. What do you think the student was saying? Follow the model. (Suggestions: *être gentil, donner des A aux étudiants, apporter du café aux étudiants le matin, dormir dans votre bureau...*)

- **MODÈLE:**   Il faut que vous ayez des heures
  de bureau le samedi!

C. *Chez le conseiller conjugal*   M. and Mme Bataille are having marital problems. They have been to visit a marriage counselor, who asked them each to sit down and make a list of what they would like the other to change. Make the lists for each. (Suggestions: *ne pas manger la bouche ouverte, s'habiller mieux, ne plus inviter sa mère le week-end, ne plus regarder les matchs de football tous les dimanches...*)

- **MODÈLE:**   Je voudrais que tu ne sortes plus
  avec tes copains le soir.

D. *Et en français?*

1. I want you to leave.
2. I want to leave.
3. He is happy to be here.
4. He is happy she is here.
5. He is sad she must work Saturday night.
6. He is sad he has to work Saturday night.
7. He is sad because she has to work Saturday night.
8. What do you want me to do?
9. I want you to be happy.
10. I don't want to be happy!

Échanges

A. *Une vie de rêve ou... un cauchemar?* Imagine the life of their dreams or their nightmares for each person. Where would they live? With whom? What would they do? Why?

1. Votre professeur
2. Vos parents
3. Un(e) camarade de classe
4. Vous

B. *Un jour horrible chez les Dubois* Yesterday nothing went right for any of the members of the Dubois family. Now nobody wants to talk about what happened. Choose one person. Use your imagination and what you already know about that person to fill in the details of his or her terrible day.

Jacques Dubois	Suzanne Mabille	Guillaume Firket
Thérèse Dubois	Vincent Dubois	Cédric Rasquin

C. *À votre avis*

1. Qu'est-ce qui est important pour votre bonheur? Pensez à cinq choses.
2. De quoi est-ce que vous avez peur? Pensez à cinq choses.
3. Comparez avec le reste de la classe: qu'est-ce que c'est que le bonheur pour la classe? Est-ce que c'est un bonheur privé? Est-ce que le bonheur concerne aussi le pays et le monde? De quoi est-ce que la classe a peur? Est-ce que ça concerne la vie privée ou le monde?

D. *Conversation en français* What makes you happy? Unhappy? Give examples.

L·E·C·T·U·R·E

Prenez-vous le temps de vivre?

▶ Préparation à la lecture

Comparez la vie moderne et la vie d'autrefois.

▶ Activités de lecture

De quoi s'agit-il?

A. *Le texte* De quel type de texte s'agit-il?

B. *Sa composition* Comment est-il composé? Comment sont composées les questions?

C. *Le titre* Répondez à la question du titre et donnez vos propres raisons.

D. *Les domaines de la vie examinés par le test* Sur quels sujets porte le test?

À la recherche des détails

A. Voici une liste de titres. Choisissez celui qui va avec chaque groupe de questions.

« Allez, debout! »   « Vivre, c'est... »
« On peut toujours rêver... »   « Zut, quel monde! »
« Il était temps. »   « Bon appétit! »

B. Classez les phrases du test en deux catégories, celles qui se réfèrent à la précipitation et celles qui se réfèrent au farniente.

• **MODÈLE:** La précipitation: le rock plutôt que la valse...
Le farniente: savourer tranquillement un bon repas est un délassement...

Apprenons

A. *Les mots et les expressions*

1. *Quelques mots.* Utilisez le contexte et donnez la signification des mots suivants:

Il y a la *queue* au cinéma (C)
Pas de *trajet* inutile (D1)
Vu la circulation (B4)

LE TEST DE LA VIE

PRENEZ-VOUS LE TEMPS DE VIVRE ?

Le mal de notre temps, ce n'est pas la vitesse, mais la précipitation... Pourtant, foi de tortue, ceux qui partent le plus vite n'arrivent pas nécessairement les premiers... Alors, êtes-vous un lièvre ? Ou l'esclave du temps qui passe ? Super speedy ou souvent dépassé ?

A   Ce qui vous semble le plus attachant dans la vie, c'est :

1 ● Flâner, être cool .... ○
2 ● Perdre son temps .... ○
3 ● Les souvenirs oubliés .... ✗
4 ● La « communication », les médias, la télé, les spectacles, toute l'agitation passionnante de la vie de tous les jours .... ○
5 ● Le rock plutôt que la valse .... ○

B   Les raisons de vos retards :

1 ● Vous avez mal estimé les temps nécessaires pour mener à bien vos rendez-vous antérieurs .... ✗
2 ● Vous n'êtes *jamais* en retard .... ○
3 ● Votre montre est mal réglée .... ○
4 ● Vous arrivez à 10 heures 6 pour un rendez-vous à 10 heures. Vous estimez que vous n'êtes pas en retard, vu la circulation .... ○
5 ● Vous préférez faire attendre qu'attendre .... ○

C   Il y a la queue au cinéma pour un film que vous avez très envie de voir :

1 ● Vous attendez patiemment, comme tout le monde .... ○
2 ● Vous levez le camp. Pour revenir un autre jour où il y aura moins de monde .... ✗
3 ● Vous allez voir un autre film dans un autre cinéma, où l'on n'attend pas .... ○

D   Vous faites vos achats :

1 ● Près de chez vous. Pas de trajets inutiles .... ○
2 ● Là où on peut flâner, examiner, comparer, prévoir .... ✗
3 ● Dans les centres commerciaux : pas de queue, tout sous les yeux, parking facile .... ○
4 ● Là où on peut discuter avec les commerçants ... ○

E   La vie serait plus agréable si :

1 ● Tout allait plus vite, sans encombres et sans retards .... ○
2 ● Les journées avaient 48 heures : on n'a jamais le temps de tout faire ! .... ○
3 ● Tout était plus calme, plus serein, plus feutré .... ✗

F   Vos nuits et vos petits matins :

1 ● Chaque matin, vous vous réveillez à la même heure sans réveil .... ✗
2 ● Un travail en retard écourte parfois vos nuits ..... ○
3 ● En général, vous vous réveillez aux aurores ...... ○
4 ● Avant de vous lever, vous restez toujours couché à rêvasser .... ○
5 ● Sitôt réveillé, vous bondissez hors du lit .... ○

G   A table ! Comment prenez-vous vos repas ?

1 ● Vous déjeunez en moins d'un quart d'heure ...... ○
2 ● Vous pratiquez souvent la « petite bouffe » entre amis parce que vous n'avez pas le temps de les rencontrer autrement .... ○
3 ● Au restaurant vous êtes souvent le dernier d'entre les convives à fixer votre choix, étant en tête à tête avec le menu .... ✗
4 ● Vous mangez en général en lisant le journal ou en regardant la télé, ce qui vous permet d'être informé sans perdre de temps .... ○
5 ● Vous prenez vos repas toujours à la même heure, et toute dérogation à cette habitude vous rend nerveux et irritable .... ○
6 ● Savourer tranquillement un bon repas est un délassement .... ○

H   Pour terminer, placez une croix à la suite de tout proverbe ci-dessous qui vous semble judicieux, et ignorez les autres :

1 ● Tout s'arrange toujours avec le temps .... ○
2 ● Le génie n'est qu'une longue patience .... ✗
3 ● Tout vient à point à qui sait attendre .... ○
4 ● Le temps perdu ne se rattrape jamais .... ○
5 ● Il y a toujours temps pour tout .... ○
6 ● Le temps, c'est de l'argent .... ○
7 ● Ne remettez jamais au lendemain ce que vous pouvez faire le jour même .... ○

La Vie, 5 mai, 1987

2. *Une nouvelle forme verbale:* Vous mangez *en lisant* le journal ou *en regardant* la télé. Donnez l'infinitif des deux verbes en italique. Quel est le rapport temporel entre ces verbes et le verbe principal *(vous mangez)?*

B. *La culture française* Cherchez dans le texte les recommandations de choses à faire et de choses à ne pas faire. Faites une liste. Vérifiez la liste avec votre professeur.

Maintenant identifiez celles qui sont les mêmes que chez vous, et celles qui sont différentes.

▶ Après la lecture

A. *Décidons* Quelqu'un a déjà répondu aux questions de ce test. Regardez ses réponses et expliquez la personnalité de cette personne.

B. *Discutons la culture*

1. Le concept du temps. Quelles questions dans ce texte vous semblent naturelles? Quelles questions vous semblent inattendues?
2. Les attitudes des individus par rapport au temps sont souvent culturelles et acquises. Quelles attitudes dans ce questionnaire vous semblent représenter des préoccupations assez universelles? Lesquelles vous semblent être des préoccupations plus particulièrement françaises? Pourquoi?
3. Les proverbes. Chaque culture a ses proverbes sur le temps. Cherchez quelques proverbes américains et comparez-les aux proverbes français.

▶ Mise en pratique: Portraits de la vie contemporaine

Choisissez un personnage caractéristique de la vie moderne et faites son portrait. (Exemple: l'homme d'affaires hypernerveux . . .)

A. *Les idées* Comment allez-vous l'appeler? De quoi allez-vous parler? Faites une liste de sujets. Cherchez quels comportements et quelles actions vont révéler son caractère.

- **MODÈLE:** Le portrait physique, le métier, l'horaire, etc.

B. *Les mots* Recherchez des adjectifs descriptifs pour qualifier les sujets dont vous allez parler.

- **MODÈLE:** grand, occupé, snob…

C. *Les phrases* Écrivez une phrase pour chaque sujet.

- **MODÈLE:** Il est grand et il est très occupé, mais il est aussi très snob.

D. *L'organisation* Dans quel ordre allez-vous présenter votre personnage? Comment allez-vous conclure? Quelle progression allez-vous suivre? Organisez les phrases que vous avez déjà écrites. Ajoutez une introduction et une conclusion si nécessaire.

Orthographe et prononciation

▶ Du français de tous les jours à l'anglais cultivé

The English language contains two layers of words, those that are more commonly found in everyday speech and those that are characteristic of the written language and formal speech:

EVERYDAY ENGLISH	FORMAL, LEARNED ENGLISH
Keep on going.	You may continue.
Everybody was happy.	There was general rejoicing.

In many cases, words belonging in the more formal, learned layer of English have entered English directly from Latin or indirectly via French from Latin. As a result, English often has two words to express the same idea, one belonging to the everyday vocabulary and the other related to a French word:

EVERYDAY ENGLISH	FRENCH	FORMAL, LEARNED ENGLISH
start	**commencer**	commence
think about	**réfléchir**	reflect on
food	**nourriture**	nourishment

Activités

A. *Français-anglais* For each French verb, find two corresponding English verbs, one belonging to formal English and one belonging to everyday English.

- **MODÈLE:** commencer
  - to commence, to start

1. regarder
2. chercher
3. préparer
4. entrer
5. monter
6. partir
7. raconter
8. regretter

B. *Trouvez les mots français* Here are some sentences written in formal, learned English. Can you find French words that are related to the italicized words? Can you translate the formal English into everyday English?

1. She *descended* the staircase wearing an elegant dress and a disdainful smile.
2. His *primary* concern was to *reconcile* their differences before *autumn*.
3. The *interior* is white and the *exterior* is green.

Vocabulaire de base

NOMS

un accident   *accident, crash*
l'amitié (f.)   *friendship*
l'avenir (m.)   *future*
le bonheur   *happiness*
un endroit   *place, spot*
une guerre   *war*
une maladie   *sickness, illness*
le malheur   *misfortune*
la mort   *death*
la paix   *peace*
le pouvoir   *power*
la réalité   *reality*
la santé   *health*
la société   *society*
la solitude   *solitude*
une sortie   *outing, evening/night out*
la violence   *violence*

ADJECTIFS

chaque   *each*

idéaliste   *idealistic*
indépendant(e)   *independent*
individualiste   *individualistic*
injuste   *unfair*
inquiet, inquiète   *worried*
juste   *fair, just, right*
matérialiste   *materialistic*
privé(e)   *private*
quelque   *few, some*
réaliste   *realistic*
satisfait(e) (de)   *satisfied (with)*
social, sociale, sociaux, sociales   *social*
traditionnel, traditionnelle   *traditional*

VERBES

agir   *to act*
critiquer   *to criticize*
discuter (de)   *to discuss*
intéresser   *to interest*
s'intéresser à   *to be interested in*

refuser (de + *infinitif*)   *to refuse (to do something)*
respecter   *to respect*

DIVERS

à mon avis   *in my opinion*
avant de + *infinitif*   *before*
avant que   *before*
avoir raison   *to be right*
avoir tort   *to be wrong*
cependant   *nevertheless, however*
être contre   *to be against*
être pour   *to be for*
évidemment   *obviously, of course*
il faut (que)   *one has to, it is necessary that*
malheureusement   *unfortunately*
pour (que)   *so that, in order to*
probablement   *probably*
sauf   *except*
sûrement   *certainly*

Vocabulaire supplémentaire

NOMS

une activité   *activity*
l'autorité (f.)   *authority*
un besoin   *need*
un cauchemar   *nightmare*
un changement   *change*
le confort   *comfort*
Dieu   *God*
l'égalité (f.)   *equality*
un gouvernement   *government*
une illusion   *illusion*
l'injustice (f.)   *injustice*
la liberté   *freedom*
les loisirs (m. pl.)   *leisure (spare time) activities*
une opinion   *opinion*

l'ordre (m.)   *order*
la pauvreté   *poverty*
un principe   *principle*
le racisme   *racism*
la richesse   *wealth*
la sécurité   *feeling of security, safety*
un sentiment   *feeling*

ADJECTIFS

actuel, actuelle   *present, current*
financier, financière   *financial*
matériel, matérielle   *material*
personnel, personnelle   *personal*

simple   *simple*

VERBES

accepter (de + *infinitif*)   *to accept*
s'adapter à   *to adapt to*
apprécier   *to appreciate*
bavarder   *to chat*
concerner   *to concern*
exister   *to exist*
imposer   *to impose*
se méfier de   *to mistrust, not to trust*
oser   *to dare*
souffrir (*conjugué comme* ouvrir)   *to suffer*

DIVERS

avoir des illusions   *to have illusions*

avoir des soucis   *to have worries*

être conscient(e) de   *to be aware of*

faire de la politique   *to be involved in politics*

profiter de la vie   *to make the most of life*

se poser des questions   *to wonder, to have doubts*

la vie quotidienne   *daily life*

LE FRANÇAIS FAMILIER

ce n'est pas la mer à boire   *it's not the end of the world, it's not asking the impossible*

un leader   *leader*

on est tous dans le même bateau   *we're all in the same boat*

tchatcher = bavarder, parler pour ne rien dire

avoir de la tchatche = parler beaucoup, être bavard

un pote = un copain

ON ENTEND PARFOIS...

avoir de la jasette (Canada) = être bavard

babiner (Canada) = bavarder

barjaquer (Suisse) = bavarder

La famille et l'école

En bref

FAMILY
RELATIONSHIPS •
SCHOOL DAYS •
STUDIES AND
STUDENTS •
BELIEF AND DOUBT

◄

*Une photo de famille,
un jour d'été. (La
famille du Plessiz,
France)*

501

Vocabulaire

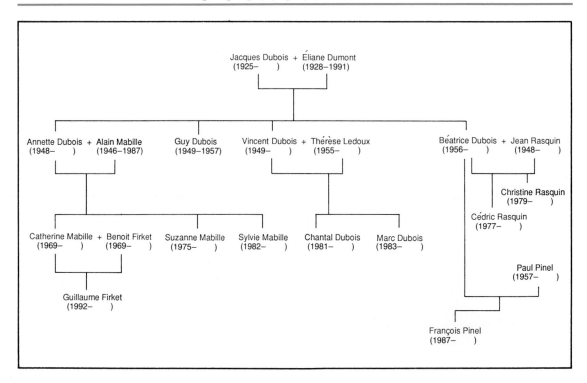

A. Encore et toujours les Dubois.   Regardez bien l'arbre de la famille Dubois:

Vous connaissez Jacques Dubois, n'est-ce pas? Vous savez que c'était le mari d'Éliane Dumont mais qu'Éliane Dumont est morte. Jacques Dubois est donc veuf. Ses enfants sont mariés, alors il a deux gendres, Paul Pinel et Alain Mabille (qui est mort) et une belle-fille, Thérèse Ledoux. Jacques Dubois est leur beau-père et Éliane Dumont était leur belle-mère.

Et Cédric Rasquin? C'est l'aîné de sa famille: il est plus vieux que Christine et François. François, lui, est le plus jeune. Cédric et François ont la même mère mais pas le même père, alors Cédric est le demi-frère de François. Et Christine, la sœur de Cédric, est la demi-sœur de François. Paul Pinel, le deuxième mari de Béatrice Dubois, est le beau-père de Cédric et de Christine. Cédric, Christine et François sont les neveux de Vincent et d'Annette Dubois.

Vous avez déjà rencontré Suzanne Mabille. Elle est célibataire mais sa sœur aînée, Catherine, est mariée, alors Suzanne a un beau-frère, Benoît Firket. Elle est la belle-sœur de Benoît. Elle est aussi la nièce de Vincent Dubois et de Béatrice Dubois.

Regardez bien:

1. Qui sont les tantes de Guillaume Firket? Est-ce qu'il a des oncles?
2. Est-ce que Benoît Firket a des beaux-parents?
3. Qui sont les cousins de Sylvie Mabille?
4. Est-ce que Béatrice Dubois a des neveux et des nièces?
5. Est-ce que Marc Dubois a une demi-sœur? Et François Pinel?
6. Est-ce qu'il y a des jumeaux dans la famille Dubois?
7. Qui est veuf ou veuve dans la famille Dubois? Qui est divorcé?
8. Combien de petits-enfants a Jacques Dubois? Combien de petits-fils? Combien de petites-filles?

B. Les études de Christine.

Christine Pinel: Elle habite à Toulouse avec sa famille. Elle ressemble à sa mère, Béatrice Dubois. Elle a quatorze ans et elle est en quatrième. Elle a beaucoup de travail: tous les soirs, elle a des devoirs et elle doit aussi étudier parce qu'elle a souvent des interrogations. Elle doit écrire une composition par semaine, mais ça ne la gêne pas parce qu'elle est bonne en français. Elle adore aussi l'histoire et l'espagnol, mais elle est nulle en mathématiques. Elle a des amies avec qui elle adore faire des bêtises. Par exemple, un jour, elle a mis une araignée en plastique sur la chaise du professeur de mathématiques parce qu'elle était en colère contre lui. Elle pense qu'il n'est pas juste avec elle et que c'est à cause de lui qu'elle rate toujours ses examens de mathématiques. À la fin de ses études au lycée, elle devra passer le baccalauréat. Si elle réussit, elle pourra aller à l'université.

Voilà ses cours:

Emploi du temps de 4ème	8h 30mn	9h 30mn	10h 30mn	11h 30mn	14h	15h	16h
Lundi	Dessin	Musique	Histoire Géographie	Education Manuelle et Technique	Mathématiques	Espagnol	Education Physique et Sportive
Mardi	Sciences Physiques	Français	Latin	Français	Mathématiques	Histoire Géographie	Anglais
Mercredi	Etude	Biologie / Etude (ts les 15 jours)	Français	Biologie ou Sciences Naturelles			
Jeudi	Espagnol	Français	Anglais	Latin	Mathématiques	E. P. S.	Français
Vendredi	Espagnol	Anglais	E. P. S.	Latin	Histoire Géographie	E.M.T / Sc. Physiques (ts les 15 jours)	Mathématiques

dessin *drawing*   étude *study hall*
ts les 15 jours = tous les quinze jours   *every other week*

Questions

1. Combien d'heures de français a Christine? D'anglais? D'espagnol?
2. Combien d'heures de mathématiques a-t-elle? De sciences?
3. Qu'est-ce que c'est E.P.S.? E.M.T.?
4. Combien d'heures de sport a Christine?
5. Est-ce qu'elle a les mêmes cours tous les jours?
6. Est-ce qu'elle a cours tous les jours?
7. Quand est-ce qu'elle prend son déjeuner?
8. Si vous étiez Christine, quel jour préféreriez-vous? Pourquoi? Quel jour est-ce que vous n'aimeriez pas? Pourquoi?

La Grand-Place, Bruxelles.

C. Les études de Suzanne.

Suzanne Mabille: Elle a dix-huit ans et elle est en première année de droit à l'université de Bruxelles, en Belgique. Son petit ami, Stéphane, fait des études de médecine et il a des cours de chimie, de physique et de biologie. Suzanne, elle, déteste les sciences. Elle s'intéresse beaucoup plus à la politique et à la sociologie.

À l'université, on est libre d'aller aux cours ou non, mais Suzanne et Stéphane y vont tous les jours pour prendre des notes. Quand ils n'ont pas de cours, ils vont à la B.U. ou ils étudient dans leur chambre. En janvier et en juin, on doit passer des examens. Si on réussit, on a trois mois de vacances. Mais si on rate, il faut étudier tout l'été et passer des examens en septembre. Beaucoup d'étudiants ratent leurs examens et Suzanne sait qu'il faut étudier pour réussir. Mais elle a le temps d'aller au café à peu près tous les jours avec Stéphane et leurs copains. Le samedi, elle sort souvent en discothèque avec eux. Elle adore ses cours et elle est sûre qu'elle va réussir, mais Stéphane a peur parce qu'il n'est pas bon en chimie.

Voilà les cours de Suzanne:

	Lundi	Mardi	Mercredi	Jeudi	Vendredi
8 h 30 - 9 h 30	Philosophie	Philosophie	Philosophie	Philosophie	Philosophie
10 h - 11 h	Micro-économie	Histoire du Droit	Droit romain	Sciences politiques	Comptabilité
11 h - 12 h	Micro-économie	Psychologie	Droit romain	Sociologie	Histoire du Droit
12 h - 1 h	—	—	—	—	—
1 h - 2 h	—	—	—	—	—
2 h - 3 h	—	T.P. de micro-économie	—	T.P. de philosophie	—
3 h - 4 h	—	'' ''		'' ''	

T.P. = travaux pratiques   *discussion sections*
droit romain   *Roman law*

Questions

1. Combien de cours a Suzanne par semaine?
2. Est-ce qu'elle a beaucoup de cours de droit la première année?
3. Quels sont les cours importants?

Autres mots et expressions

c'est dommage   *that's (it's) too bad*
c'est sûr   *that's for sure*
une colonie de vacances   *summer camp*
être facile à vivre   *to be easy to get along with*

une feuille de papier   *sheet of paper*
garder   *to keep*
garder des enfants   *to look after children, to babysit*
je m'en vais   *I'm going, I'm leaving*

dépenser *to spend*
un diplôme *diploma, degree*
écrire un mot à qqn *to write
  a note to somebody*
être difficile à vivre *to be hard
  to get along with*
je plaisante *I'm kidding*
laisser *to leave, to let*
laisser un mot pour qqn *to
  leave a note for somebody*
une note *grade*
le papier *paper*
seulement *only*

Notes de vocabulaire

A. Sortir/partir/quitter/laisser. Sortir, partir, quitter, and **laisser** mean *to leave* in English. They are not, however, interchangeable.

  1. Quitter and **laisser** have direct objects; **sortir** and **partir** do not:

Il y a deux ans, j'**ai quitté Paris.**	*Two years ago, I left Paris.*
Tu vas lui **laisser un mot?**	*Are you going to leave him a note?*
Il **est sorti** du bureau à 2 heures.	*He left the office at 2 o'clock.*
Vous **partez** de Paris ou de Bruxelles?	*Are you leaving from Paris or Brussels?*

  2. Note the following differences in meaning:

    Partir is the opposite of **arriver** *(to arrive).* It means *to leave* in the most general sense of *to go away.*

    Sortir is the opposite of **entrer** *(to enter, to come in).* It has the meaning *to go out.*

    Quitter must have a direct object. In some cases it can be used instead of **partir** or **sortir.**

    Laisser must have a direct object. It often implies *to leave something behind.*

Can you explain the use of these verbs in the following sentences?

  1. Je ne peux pas partir. La femme de ménage n'est pas arrivée.
  2. Tiens! C'est toi! Tu entres ou tu sors?
  3. M. Durand est déjà parti. Il a quitté le bureau à 5 h 10.
  4. Regarde si j'ai laissé mes clés sur la table, s'il te plaît.

B. Papier. The article used with the word **papier** determines its meaning:

Où sont **les papiers** de la
voiture?

*Where is the registration (Where
are the official papers) for the
car?*

— Tu as **du papier?**
— Non, je n'ai pas **de papier.**

Do you have some paper?
No, I don't (have any paper).

Il me faut **une feuille de papier.**

I need a sheet of paper.

D'ACCORD?

A. Associations Donnez des mots que vous associez avec...

1. la famille   **2.** l'été   **3.** le lycée   **4.** les problèmes

B. Portraits de famille Qui dans la classe...

1. a un beau-frère?
2. a beaucoup de cousins et de cousines?
3. a un demi-frère ou une demi-sœur?
4. a une tante et un oncle?
5. est l'aîné(e) de la famille?
6. est le/la plus jeune de la famille?

C. Qu'est-ce qu'on fait? Quelles activités est-ce que vous associez avec...

1. sortir le week-end?   **3.** une colonie de vacances?
2. les cours?   **4.** une discothèque?

D. Philippe et les études

1. Utilisez les verbes *laisser*, *quitter*, *sortir* et *partir* pour compléter
l'histoire de Philippe.

Philippe fait des études de sciences politiques à l'université. Il
adore s'amuser! Alors, il _____ tous les jours avec ses copains. Il
_____ de chez lui à six ou sept heures du soir et il rentre à trois ou
quatre heures du matin. Et le matin, il dort! Il _____ un mot sur
sa porte pour dire qu'on ne le réveille pas. Il ne _____ jamais sa
chambre avant midi. Et ses cours? Il n'y va jamais. Il préfère
_____! Mais ses parents ont dit que s'il ratait ses examens, il
devrait _____ l'université et trouver du travail. Est-ce que vous
pensez que Philippe va rester à l'université ou qu'il va _____?

2. Les parents de Philippe ne sont vraiment pas contents. Un week-end, ils décident de lui parler. Qu'est-ce qu'ils lui disent? Complétez:

—Nous voulons que tu…
—Nous ne voulons pas que tu…

E. *Deux étudiants différents*   Complétez les descriptions.

1. Émile est un bon étudiant. Il est fort en maths. Il est sérieux. Il écoute le professeur…
2. Sophie est une mauvaise étudiante. Elle est nulle en anglais…

Les mots et la culture

A. Le système scolaire en France.   What is education? Where does it happen? How is it organized? What is the fundamental purpose of education in your culture? Is education a right or a duty? Should it be free? Controlled? By whom?

Although private schools do exist in France, the majority of children attend free, public schools.

1. L'enseignement pré-élémentaire. Most French schoolchildren attend a nursery school **(une école maternelle).**
2. L'enseignement élémentaire. Elementary school **(l'école primaire)** lasts for five years (from 6 to 10 years of age).
3. L'enseignement secondaire. After finishing elementary school, children go to a sort of junior high school **(un collège).** They enter in **sixième** *(sixth level)* and leave at the completion of **troisième** *(third level)*. At this point, the academically talented students enter a **lycée,** where they begin studies preparing them for the **baccalauréat** *(test taken at the end of secondary study)*. Other students may enter an **L.E.P. (lycée d'enseignement professionnel)** or technical school, which provides vocational training. The comprehensive high school, common in the United States, does not exist in France.

The **baccalauréat** is a difficult and comprehensive examination covering approximately eight subject areas that students have to pass in order to graduate from secondary school. Once students have their "bac," they are eligible to enroll in a university.

Students enter the **lycée** in **seconde,** continue to **première,** and finish with a year of **terminale** during which they prepare for the **baccalauréat.**

4. **L'enseignement supérieur.** Students who have earned their **baccalauréat** have the right to enroll in a university (**une université**). In general, university studies are divided into three parts or cycles. The first cycle (**le premier cycle**) consists of a general course of studies in one subject and lasts for two years. The diploma awarded is the **diplôme d'études universitaires générales (D.E.U.G.).** The second cycle (**le deuxième cycle**) is composed of more specialized studies. It lasts one or two years. The diploma awarded is either **la licence** (after one year and roughly equivalent to the American B.A.) or **la maîtrise** (after two years). The third cycle (**le troisième cycle**) lasts from one to five years and concentrates on even more highly specialized study.

Students wishing to pursue degrees in medicine, pharmacy, dentistry, engineering, business, or law enroll directly in university studies in these subjects after having earned their **baccalauréat**. Students may also attend special schools or institutes that have entrance examinations of their own. These examinations are called **concours** and require two years of preparation after the **baccalauréat**.

B. Vocabulaire scolaire. Make a list of the first ten words that come to mind when you think of education and the educational system.

The differences between the French school system and the American one make it difficult to establish equivalent terminologies. Here, however, are ways to talk in French about your experience in an American college or university:

être en...	*to be a . . .*
première année	*freshman*
deuxième année	*sophomore*
troisième année	*junior*
quatrième année	*senior*

faire des études de...	*to study (to major in) . . .*
biologie	*biology*
chimie	*chemistry*
droit	*law*
gestion	*management*
histoire	*history*
informatique	*computer science*
ingénieur	*engineering*
journalisme	*journalism*
mathématiques	*mathematics*
médecine	*medicine*

philosophie	*philosophy*
physique	*physics*
psychologie	*psychology*
sciences économiques	*economics, business*
sciences politiques	*political science*
sociologie	*sociology*

un diplôme	*degree*
avoir un diplôme de	*to have a degree in*
avoir de bonnes/mauvaises notes	*to have good/bad grades*
passer un examen	*to take a test*
rater un examen	*to fail a test*
réussir (à) un examen	*to pass a test*
prendre des notes	*to take notes*
suivre un cours	*to take a class, course*
avoir un devoir	*to have an assignment*
avoir des devoirs	*to have homework*
avoir une interrogation	*to have a quiz*
écrire une composition	*to write a composition*
écrire une dissertation	*to write a (term) paper*
s'inscrire	*to register*

STRUCTURE

▶ Les verbes *croire, suivre* et *vivre*

The verbs **croire** *(to believe)*, **suivre** *(to follow)*, and **vivre** *(to live)* are irregular.

Le verbe croire

PRÉSENT	je crois	nous croyons
	tu crois	vous croyez
	il ⎫ croit	ils ⎫ croient
	elle ⎭	elles ⎭
IMPARFAIT	je croyais, etc...	
FUTUR	je croirai, etc...	
CONDITIONNEL	je croirais, etc...	
PASSÉ COMPOSÉ	j'ai cru, etc...	
SUBJONCTIF	(que) je croie	
	(que) nous croyions	

Je ne te **crois** pas!	I don't believe you!
Quand nous avions douze ans, nous ne **croyions** plus les histoires de nos parents.	When we were 12, we didn't believe our parents' stories anymore.
Qui nous **croira?**	Who will believe us?
Je te **croirais,** mais…	I'd believe you, but . . .
On l'**a cru** mort!	We thought he was dead!
Il faut que tu me **croies!**	You've got to believe me!

Expressions avec croire

croire + **que** = to believe that

Vous **croyez qu'**il a raison?   Do you think that he's right?

croire + **à** = to believe in

Tu **crois au père Noël?**   Do you believe in Santa Claus?

croire en Dieu = to believe in God
croire que oui/non = to believe so/not to believe so

Le verbe suivre

PRÉSENT	je suis	nous suivons
	tu suis	vous suivez
	il \ suit elle/	ils \ suivent elles/
IMPARFAIT	je suivais, etc…	
FUTUR	je suivrai, etc…	
CONDITIONNEL	je suivrais, etc…	
PASSÉ COMPOSÉ	j'ai suivi, etc…	
SUBJONCTIF	(que) je suive, etc…	

Tu **suis** cette rue jusqu'à la poste, et puis…	You take (follow) this road as far as the post office and then . . .
Autrefois, mon frère me **suivait** partout!	My brother used to follow me everywhere!
Passez devant. Je vous **suivrai!**	Go ahead. I'll follow you!
Le chien nous **suivrait** s'il pouvait sortir.	The dog would follow us if he could get out.
Tu nous **as suivis** et nous voulions être seuls!	You followed us and we wanted to be alone!
Nous ne voulons pas que tu nous **suives!**	We don't want you to follow us!

Expressions avec **suivre**

suivre + **cours** = *to take a class/course*

Elle **suit trois cours** ce trimestre. · *She's taking three courses this quarter.*

Suivez le guide! · *This way, please (in a museum, for example).*

Le verbe **vivre**

PRÉSENT	je vis	nous vivons
	tu vis	vous vivez
	il / elle } vit	ils / elles } vivent
IMPARFAIT	je vivais, etc...	
FUTUR	je vivrai, etc...	
CONDITIONNEL	je vivrais, etc...	
PASSÉ COMPOSÉ	j'ai vécu, etc...	
SUBJONCTIF	(que) je vive, etc...	

Nous **vivons** bien maintenant que j'ai trouvé un emploi. · *We live well (we're doing fine) now that I've found a job.*

Il **vivait** à Londres quand il l'a su. · *He was living in London when he found out.*

Où est-ce que tu **vivrais** si tu pouvais choisir? · *Where would you live if you could choose?*

Vous **avez vécu** à Paris pendant cinq ans? · *You lived in Paris for five years?*

On est content qu'elle **vive** avec ses enfants. · *We're glad she's living with her children.*

Expression avec **vivre**

être facile/difficile à vivre = *to be easy/difficult to get along with*

Ma sœur a douze ans et elle n'**est** pas **facile à vivre.** · *My sister is 12 and she is not easy to get along with.*

Vous avez compris?

A. *Qu'est-ce que vous croyez?* Utilisez *je crois que oui* ou *je crois que non* pour exprimer vos opinions.

1. Il est plus important d'avoir un métier que vous aimez, que d'avoir un métier où vous gagnez beaucoup d'argent.
2. C'est très important d'avoir un diplôme d'université.
3. Les femmes doivent faire leur service militaire.
4. La pollution est un grand problème.
5. Tout le monde doit parler anglais.

B. La réponse est non! Répondez à la forme négative.

• **MODÈLE:**   Elle te croit?
              Non, elle ne me croit pas.

1. Vous croyez au père Noël?
2. Il vous suit?
3. Tu vis là?
4. Vous suivez un cours de mathématiques?
5. Ils vivent ensemble?

C. Et maintenant...   Tout change avec l'âge.

• **MODÈLE:**   Vous croyez les professeurs?
              Non, je les croyais avant, mais je ne les crois plus!

1. Tes parents te croient?
2. Patrick vit avec Georges?
3. On vous suit dans la rue?
4. Les étudiants vivent bien à l'université?
5. Tes parents veulent que tu vives avec eux?

▶ Les pronoms relatifs *ce qui* et *ce que*

The relative pronouns **ce qui** and **ce que** are the equivalent of the English *what* in sentences such as *I don't know what happened* or *I don't know what you want*. **Ce qui** functions as the subject of its clause:

Je ne sais pas **ce qui** s'est passé.   *I don't know what happened.*

Ce que functions as the direct object of its clause:

Je ne comprends pas **ce que**   *I don't know what*
  tu veux.   *you want.*

The word **tout** can be placed in front of both **ce qui** and **ce que:**

Tout ce qui l'intéresse, c'est   *The only thing (All) that interests*
  la télévision!   *him/her is television!*
Je vais te dire **tout ce que**   *I'm going to tell you everything*
  je sais.   *(all) that I know.*

RAPPEL!   The word *what* has three possible equivalents in French. The one used depends on the function of *what* in the sentence.

1. *What* = interrogative adjective. Use **quel:**

   Quel homme?   *What man?*

   Quelle est la date?   *What's the date?*

2. *What* = interrogative pronoun. Use **qu'est-ce qui** (subject) or **qu'est-ce que** (direct object):

   Qu'est-ce qui se passe?   *What's going on?*
   Qu'est-ce que tu veux?   *What do you want?*

3. *What* = relative pronoun. Use **ce qui** (subject) or **ce que** (direct object):

   Je ne sais pas **ce qui** se passe.   *I don't know what's going on.*
   Tu ne comprends pas **ce que**   *You don't understand what I*
     je veux dire?   *mean?*

Vous avez compris?

A. Ce qui *ou* ce que?   Complétez par *ce qui* ou *ce que*.

— Tu ne sais pas _____ s'est passé?
— Non, j'étais à la bibliothèque et tout _____ je sais, c'est que j'ai trois examens et...
— Ah, oui, c'est terrible, ça. Mais _____ s'est passé ici, c'est qu'il y a eu un orage et on n'a pas eu d'électricité pendant trois heures! Nous nous sommes bien amusés! Tu veux savoir _____ on a fait?
— Non, non et non! Je ne m'intéresse pas à _____ vous avez fait!
— Bon, si c'est comme ça, tout _____ je vais te dire, c'est que tu dois regarder _____ se trouve dans ton lit et...

B. Quel, qu'est-ce qui, qu'est-ce que, ce qui *ou* ce que?   Complétez avec *quel, qu'est-ce qui, qu'est-ce que, ce qui* ou *ce que*.

1. _____ est bon?
2. _____ pays avez-vous visités?
3. _____ tu as dit?
4. Je n'aime pas _____ tu as fait!
5. Est-ce que tu sais _____ se trouve sous le lit?

▶ Grammaire supplémentaire: Les pronoms relatifs *dont* et *ce dont*

A. *Dont*   The relative pronoun **dont** connects two sentences sharing the same noun just as do the relative pronouns **qui** and **que**. **Dont,** however, indicates that the shared word is preceded by the preposition **de** in one of the sentences. In other words, **dont** replaces **de** plus the following word. The English equivalent is *of whom, of which, about whom, about which,* or *whose.* Although English allows some of these relative pronouns to be deleted, French does not.

C'est **le professeur.** + Je connais le fils **de ce professeur.** =
That's the instructur. + I know that instructor's son (the son of that instructor).

C'est le professeur **dont** je connais le fils.	*That's the instructor whose son I know.*

J'ai vu **les étudiants.** + Tu m'as parlé **de ces étudiants.** =
I saw the students. + You talked to me about those students.

J'ai vu les étudiants **dont** tu m'as parlé.	*I saw the students you talked to me about.*

Voilà **le crayon.** + J'ai besoin **de ce crayon.** =
There's the pencil. + I need that pencil.

Voilà le crayon **dont** j'ai besoin.	*There's the pencil I need (of which I have need).*

B. *Ce dont*   Ce dont, like **ce qui** and **ce que,** means *what* and refers to something indefinite. It is used with expressions incorporating **de** such as **avoir besoin de, avoir peur de, se souvenir de,** etc.

Ce dont j'ai besoin, c'est de la paix!	*What I need is some peace!*
Je ne sais pas **ce dont** j'ai envie.	*I don't know what I feel like having.*

Vous avez compris?

A. *À la recherche des phrases simples*   Find the simple sentences that make up the complex ones.

• **MODÈLE:**   Voilà le café dont Paul a souvent parlé.
　　　　　　Voilà le café. Paul a souvent parlé de ce (du) café.

1. J'ai trouvé le dictionnaire dont j'avais besoin.
2. Le policier dont vous m'avez parlé vient d'arriver.
3. C'est une fille dont je ne me souviens plus.
4. Attention! Voilà le chien dont tu as peur!
5. Ma sœur a finalement acheté la robe dont elle avait envie.
6. C'est la jeune fille dont je connais les parents.

B. *Rêves, peurs, secrets, envies...*   Complétez les phrases.

1. Ce dont les professeurs ont envie, c'est...
2. Ce dont les étudiants ont peur, c'est...
3. Ce dont le monde a besoin, c'est...
4. Ce dont je ne peux jamais me souvenir, c'est...
5. Ce dont j'ai peur, c'est...
6. Ce dont j'ai besoin, c'est...
7. Ce dont j'ai envie, c'est...

► L'infinitif

The infinitive of a verb is the form found in a vocabulary list or in the dictionary. Infinitives in French end in **-er (parler, aller, espérer), -ir (finir, sortir, ouvrir), -re (vendre, prendre, être),** or **-oir (vouloir, devoir, avoir).**

A. You have already seen infinitives used in a number of ways.

1. As the equivalent of the English *to + verb:*

Il ne veut pas **nager.**	*He doesn't want to swim.*
Vous ne m'avez pas dit de **faire** la vaisselle!	*You didn't tell me to do the dishes!*

2. As the equivalent of the English *verb + -ing:*

Il est parti sans **manger.**	*He left without eating.*
Qui a envie de **jouer** au tennis?	*Who feels like playing tennis?*

3. As part of a compound noun:

une salle à **manger**	*a dining room*
une machine à **écrire**	*a typewriter*

B. *Verbe + infinitif* Verbs in French may be followed directly by an infinitive or may require the insertion of **à** or **de** in front of the infinitive:

Tu **aimes étudier?**	*You like to study?*
J'**essaie de t'aider.**	*I'm trying to help you.*
Elle **a commencé à étudier.**	*She's started to study.*

VERBE + INFINITIF

aimer	détester	pouvoir	vouloir
aller	devoir	préférer	

VERBE + **à** + INFINITIF

aider qqn à	commencer à	réussir à
apprendre à	inviter qqn à	

VERBE + **de** + INFINITIF

accepter de	dire à qqn de	permettre de
choisir de	essayer de	refuser de
décider de	oublier de	rêver de
demander à qqn de		

Vous avez compris?

À, de *ou rien?* Complétez par *à* ou *de*, ou ne mettez rien.

1. J'ai réussi _____ finir mon travail à une heure et j'ai pu _____ aller à la plage.
2. On apprend _____ lire à six ans.
3. Pierre voudrait _____ sortir en discothèque mais il doit _____ étudier pour son examen de lundi.
4. Est-ce qu'on invite les Dubois _____ manger samedi?
5. Paul m'a demandé _____ sortir avec lui mais je préfère _____ sortir avec Pierre.

EXERCICES D'ENSEMBLE

A. *Méli-mélo*

1. Est-ce que vous croyez à la chance?
2. Est-ce que vous croyiez au père Noël quand vous aviez six ans?
3. Est-ce que vous croyez que la vie est juste? Donnez un exemple.
4. Combien de cours est-ce que vous suivez?
5. S'il y a quelqu'un qui vous suit le soir, qu'est-ce que vous faites?
6. Est-ce que vous avez déjà suivi quelqu'un? Qui? Pourquoi?
7. Est-ce que vous vivez bien à l'université?
8. Est-ce que vous êtes facile ou difficile à vivre? Pourquoi?

Ce qui m'énerve, c'est marcher sous la pluie. (Paris)

B. *Voilà ce qui me...*

1. Ce qui m'amuse, c'est…
2. Ce qui m'endort, c'est…
3. Ce qui m'ennuie, c'est…
4. Ce qui m'énerve, c'est…

C. *Et les autres!*

1. Ce que le professeur doit faire, c'est…
2. Ce que les étudiants aiment faire, c'est…
3. Ce que mes amis détestent faire, c'est…

D. *À votre tour!*

1. Qu'est-ce que vous voulez faire ce week-end?
2. Qu'est-ce que vous n'avez jamais appris à faire?
3. Qu'est-ce que vous avez décidé de faire pour les vacances?
4. Qu'est-ce que vos parents vous demandent de faire?
5. Qu'est-ce que vous rêvez de faire?
6. Qu'est-ce que vous refusez de faire?

◀ Échanges ▼

A. *Un sondage sur la famille*   Survey your classmates to find out more about their families. Draw up a composite portrait of the typical family for your class.

B. *La réunion d'anciens élèves* (Class reunion)

1. *Au lycée*. On a piece of paper, describe what you were like as a senior in high school. Write at least eight things. Do not write your name on the paper.

   • **MODÈLE:**   J'étais un peu timide. Je faisais du sport après l'école...

2. *On se retrouve*. Hand your paper in. Your instructor will distribute papers to members of the class. Who do you think wrote the description you received? Why do you think so?

C. *La population au lycée*   Every high school has its cliques or groups. Which ones existed at your high school? What kind of people belonged to each? (Suggestions: *les sportifs, les intellectuels, les sociables...*)

D. *La vie facile*   Is life easier for you now than in the past, or vice versa? Compare two different stages of your life (for example, life in high school versus life in college). Give as many details as possible to explain why one was easier than the other.

E. *Conversation en français*   Bring a photograph with you in it to class. Be able to discuss when the picture was taken, where, who else is in it, and other details. If possible, bring a picture of you when you were in high school.

L·E·C·T·U·R·E
La folie des examens

▶ **Préparation à la lecture**

Quel type d'activité marque la fin de chaque trimestre ou semestre dans votre université?

▶ **Activités de lecture**

De quoi s'agit-il?

A. *Le sujet*   Trouvez le sujet du texte: Pour cela, lisez le titre et le sous-titre. Identifiez les mots suivants:

un mot qui annonce: le sujet du texte; de quel pays il s'agit; l'opinion de l'auteur

Quand la France révise, l'angoisse au cœur

La folie des examens

C'est la galère. Le ramdam des exams, une spécialité bien de chez nous, a déjà commencé. Entre Pâques et le 14-Juillet, pour le seul enseignement secondaire, plus d'un million d'élèves vont affronter l'épreuve...

« Ça s'annonce difficile, explique Laurent, élève de terminale D. *Mes profs, au vu de mes notes, disent que je ne travaille pas assez. Ils me le disent depuis le début de l'année. Mon père aussi me le dit et n'arrête pas de me pousser. Mais ça, c'est le boulot des parents. Pourtant, depuis la fin des vacances de février, je bosse tous les soirs jusque vers 1 heure du matin ! J'ai tellement d'"Annales", de bouquins pour réviser que je n'arrive pas à m'en sortir. C'est difficile, la section D. On a beaucoup de travail en mathématiques, en physique, en sciences naturelles. Et en histoire-géo, on n'a pas vu la moitié du programme... Je laisse tomber la philo. Je me contenterai de la petite moyenne que je décroche d'habitude. J'ai quelques copains de classe qui, d'après ce qu'ils disent, en font plus que moi. Il y a aussi deux filles dans ma terminale qui ont craqué, qui sont en pleine déprime et qui ne dorment plus... »*

... La France serait-elle, pour l'Occident, le royaume de l'examen ?

A première vue, oui. Il suffit de voir les chiffres pour s'en persuader. Entre la fin avril et le début du mois de juillet, et pour le seul enseignement secondaire, plus d'un million d'élèves vont affronter l'épreuve, l'angoisse au cœur. 480 000 candidats au CAP, 170 000 pour le BEP, 380 000 pour les bacs généraux ou techniques, un petit millier pour les tout nouveaux bacs professionnels (ils seront 10 000 dès l'an prochain)... Et citons pour mémoire les quelque 750 000 postulants au brevet des collèges, l'ancien BEPC, réintroduit l'an passé par Jean-Pierre Chevènement au nom de l'« *élitisme républicain* » avec l'approbation enthousiaste des familles. Chez nous, les examens, on aime.

Gérard Petitjean, Le Nouvel Observateur, #1174, 8–14 mai, 1987

B. ***L'introduction*** Lisez l'introduction et identifiez les sujets qu'elle mentionne.

C. ***Les deux paragraphes*** Pourquoi le premier paragraphe est-il en italique? Qui parle dans ce paragraphe? De quoi est-ce qu'il parle? Quelles informations donne le deuxième paragraphe?

À la recherche des détails

A. Complétez la fiche scolaire de Laurent.

```
· · · · · · · · · · · · · · · · · · · · · · · · · · · · · · · · · · · · · · · · · · ·
·                                                                                   ·
·   CLASSE _____        SECTION _____                     ·
·   MATIÈRES _____        _____        _____                 ·
·                                  _____    _____                 ·
·                                                                                   ·
·                                                                                   ·
·                                                                                   ·
· · · · · · · · · · · · · · · · · · · · · · · · · · · · · · · · · · · · · · · · · · ·
```

B. Les résultats scolaires de Laurent sont-ils supérieurs, satisfaisants, moyens ou insuffisants?

C. Complétez la fiche des candidats aux examens en France.

Nom de l'examen _____   Nombre de candidats à
cet examen _____

Apprenons

A. ***Les mots et les expressions***

  1. Quel mot dans le texte signifie *étudier avant un examen*? Lequel signifie *un fort sentiment de peur*?
  2. Quelle expression est-ce que le pronom **le** a remplacée dans les phrases de Laurent?

  Ils me **le** disent depuis le début de l'année. (ligne 5)
  Mon père aussi me **le** dit. (ligne 7)

B. ***La culture française***

  1. *Le calendrier scolaire.* Quels mois sont importants, fatigants? Faites une liste des activités que l'étudiant français ne peut pratiquer pendant ces mois. Faites son emploi du temps.
  2. Qu'est-ce que vous avez appris sur le système éducatif français?

▶ Après la lecture

A. *Décidons*   Est-ce que Laurent va être reçu au baccalauréat? Quelles informations justifient votre décision?

B. *Discutons la culture française*

    1. *L'auteur.* Que pense l'auteur de cet article des examens en France? Quels mots ou quelles phrases indiquent ses opinions? De quel côté sont ses sympathies?

    2. *Laurent.* Que pense-t-il des examens? Quelles expressions d'exagération montrent qu'il est saturé de travail?

    3. *La situation.*

        a. Est-ce que le gouvernement et la population sont d'accord avec l'auteur? Avec Laurent?

        b. En général, quel est le but des examens?

        c. Quel est l'argument du gouvernement pour défendre les examens?

        d. Quelle est la définition que l'auteur donne de la France?

    4. *Et vous?* Que pensez-vous de la situation en France? Faites une comparaison avec la situation dans votre pays.

▶ Mise en pratique: Êtes-vous pour ou contre les examens?

A. *Préparation*

    1. Faites une liste d'arguments pour attaquer les examens. Utilisez les arguments de l'auteur et ajoutez les vôtres.

        • **MODÈLE:** Les étudiants doivent trop travailler.
                    Les résultats…

    2. Faites une liste d'arguments en faveur des examens. Utilisez les arguments du gouvernement et des familles.

        • **MODÈLE:** Les examens vérifient les connaissances.
                    Les étudiants…

    3. Associez vos arguments deux par deux, en faisant correspondre chaque argument «contre» à un argument «pour».

B. *Votre réponse à l'auteur de l'article* Écrivez un paragraphe où vous défendez un des deux points de vue. Utilisez les arguments que vous avez préparés et assemblez vos phrases. (Suggestions: *Vous dites que…, Mais…, Il est vrai que…, Cependant…, Pourquoi dites-vous que…?, Voyez…*)

Orthographe et prononciation

▶ Des mots et des sons

People frequently use sound words when they speak. Look at the following examples in English:

And then, *blam!* I was on the ground.
Yuck, you eat that stuff?

Here are some sound words used in French:

aïe!	*ouch!*
chut!	*shh!*
miam miam!	*yum-yum, yummy!*
youpi!	*yippee, hurray!*
et patati et patata	*and blah, blah, blah*
pouah!	*poo, uck, yuck!*
euh, ben	*um . . .*
bof!	*who cares! big deal!*

Activité

Réagissez Which French sound word would you use in each situation?

1. Vous avez très faim et vous regardez des pâtisseries.
2. Vous vous brûlez.
3. Vous êtes à la bibliothèque et quelqu'un parle à côté de vous.
4. Vous apprenez que vous avez un A en français.
5. Vous avez sur les genoux un bébé qui a besoin d'être changé.

Vocabulaire de base

Vocabulaire scolaire (voir pages 510–511)

NOMS

l'aîné(e) *oldest (person in family)*
un beau-fils *son-in-law, stepson*
un beau-frère *brother-in-law*
un beau-père *father-in-law, stepfather*
des beaux-parents (*m. pl.*) *parents-in-law, in-laws*
une belle-fille *daughter-in-law, stepdaughter*
une belle-mère *mother-in-law, stepmother*
une belle-sœur *sister-in-law*
une discothèque *discotheque*
un gendre *son-in-law*
un neveu, une nièce *nephew, niece*
le papier *paper*
une petite-fille *granddaughter*

un petit-fils *grandson*
des petits-enfants *grandchildren*
le/la plus jeune *the youngest*
un veuf, une veuve *widower, widow*

ADJECTIFS

aîné(e) *oldest (person in family)*
célibataire *single*
divorcé(e) *divorced*
marié(e) *married*
veuf, veuve *widowed*

VERBES

croire (à) *to believe (in)*
dépenser *to spend*
garder *to keep*
gêner *to bother, to embarrass*
laisser *to leave, to let*
rater *to fail*

ressembler (à qqn) *to look like, to resemble (someone)*
réussir (à) (*conjugué comme finir*) *to pass, to succeed in*
suivre *to follow*
vivre *to be alive, to live*

DIVERS

à peu près *almost, nearly, about*
c'est dommage *that's (it's) too bad*
c'est sûr *that's for sure*
être bon/bonne en *to be good at/in*
être nul/nulle en *to be no good at/in*
par exemple *for example*
seulement *only*

Vocabulaire supplémentaire

NOMS

une araignée *spider*
une colonie de vacances *summer camp*
un demi-frère *half brother, stepbrother*
une demi-sœur *half sister, stepsister*
une feuille de papier *sheet of paper*
un jumeau, une jumelle *twin*
des jumeaux, des jumelles *twins*

DIVERS

écrire un mot à qqn *to write a note to somebody*
être difficile à vivre *to be hard to get along with*
être en colère contre *to be mad at*
être facile à vivre *to be easy to get along with*
je m'en vais *I'm going, I'm leaving*
je plaisante *I'm kidding*
garder des enfants *to look after children, to babysit*
laisser un mot pour qqn *to leave a note for somebody*
en plastique *in plastic*

LE FRANÇAIS FAMILIER

être calé(e) en = être très bon/bonne en
un bûcheur, une bûcheuse = un(e) étudiant(e) qui étudie beaucoup
sécher un cours = ne pas aller à un cours
une colo = une colonie de vacances
une compo = une composition
une disco = une discothèque
faire du babysitting = garder des enfants
je file = je m'en vais
je te fais marcher = je plaisante

une interro = une interrogation
la philo = la philosophie
la psycho = la psychologie
les sciences éco = les sciences
économiques
les sciences po = les sciences
politiques
se faire recaler = être recalé =
rater un examen

ON ENTEND PARFOIS
avoir la colère (Ruanda) = être
en colère
béder un examen (Suisse) =
rater un examen
brosser un cours (Belgique) =
sécher un cours
chambrer (Canada) = louer une
chambre

courber (Suisse) = sécher les
cours
un kot (Belgique) = une
chambre louée à un étudiant
koter (Belgique) = louer une
chambre quand on est
étudiant

Des vacances catastrophiques

23

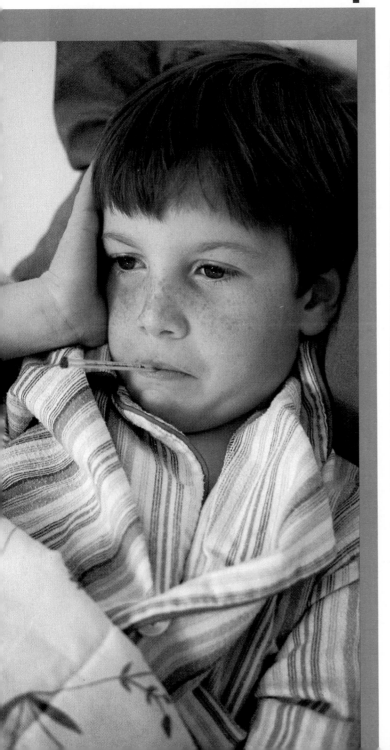

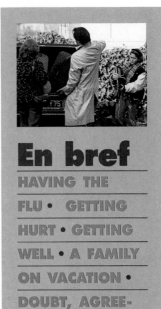

En bref

HAVING THE
FLU • GETTING
HURT • GETTING
WELL • A FAMILY
ON VACATION •
DOUBT, AGREE-
MENT, AND
POSSESSION

LEÇON

◄ *Quand on a de la fièvre, il faut rester au lit.*

527

Vocabulaire

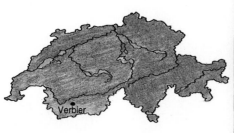

Comme chaque année, la famille Simon se retrouve en Suisse pour le mois de juillet. Paul et Marguerite Simon louent une grande maison en montagne près de Verbier pour leurs enfants et beaux-enfants (André et Jacqueline Simon, Marc et Michèle Lebeau) et leurs cinq petits-enfants (Aurélie et Laurence Simon; Olivier, Benoît et Jean-Philippe Lebeau). Voilà des passages du journal de Marguerite.

2 juillet: Nous sommes enfin arrivés après douze heures de route. C'est fatigant. Tout le monde est content mais Paul est fatigué. Il est un peu fragile et il doit se reposer. À notre âge, il faut faire attention. Jean-Philippe a mal au ventre. Je me demande pourquoi.

• Qui est Paul? Où est-il? À votre avis, comment est Paul? À votre avis, pourquoi est-ce que Jean-Philippe a mal au ventre?

Michèle Lebeau

atchoum!

4 juillet: Première randonnée hier. Benoît, comme toujours, est tombé et s'est fait mal. Ce n'est pas grave. Il a un pansement au bras gauche, des sparadraps au genou droit et des bleus partout. Heureusement, il n'a rien au visage. Je crois que Jean-Philippe commence un rhume. Il est pâle, il éternue et il a le nez qui coule. C'est peut-être une allergie? Il faut que j'achète de l'aspirine et des mouchoirs en papier.

• Où est-ce que Benoît a mal? Est-ce que Jean-Philippe va mieux?

8 juillet: Non, ce n'était pas une allergie, c'était une grippe. J'espère que ce n'est pas contagieux. Le pauvre Jean-Philippe! Il avait mal à la gorge et à la tête, il toussait et il avait de la fièvre. On l'a mis au lit avec des médicaments et du lait chaud. Il va mieux… mais sa mère! Elle s'est mise au soleil sans huile solaire! Évidemment, elle a attrapé un coup de soleil. Elle est toute rouge et elle a mal partout. Ce n'est pas intelligent. Je ne comprendrai jamais ces femmes qui veulent bronzer pour être belles! Ce dont je suis sûre, moi, c'est que c'est dangereux pour la peau. Et si elle attrapait un cancer? Mais je ne peux rien lui dire!

• Quels sont les symptômes de la grippe? Pourquoi est-ce que Marguerite n'est pas contente de Michèle? Est-ce qu'elle a raison? Pourquoi ou pourquoi pas?

Marc Lebeau

Jacqueline Simon

Paul Simon

15 juillet: Pour fêter le 14 juillet, on est allé manger à Verbier. C'était excellent. Mais aujourd'hui, il y a des malades. Je crois que Marc a trop bu. Il a mal au foie. Olivier aussi. Laurence a mauvaise mine et elle n'a pas faim. C'est sûrement une indigestion parce qu'elle a mal au cœur.

• Pourquoi est-ce qu'il y a des malades aujourd'hui?

André Simon

19 juillet: Ça va mieux. On est tous remis du 14 juillet et on est tous en forme, sauf André qui est blessé. Il a voulu nous montrer combien il était sportif et il est monté dans un endroit dangereux. Résultat, il est tombé et il s'est foulé la cheville. Il a eu de la chance de ne pas se casser la jambe! Il n'est vraiment pas prudent!

Et Aurélie! Comme toujours, elle s'ennuie. Elle n'a pas trouvé de copains et elle se dispute tout le temps avec sa mère.

Yves a écrit qu'il arrivait pour le week-end. …Yves dont j'ai si peur… Je ne comprends pas pourquoi Marc le voit encore après tout ce qui s'est passé. Je me demande pourquoi il vient. On verra.

• Comment est André? Comment va-t-il maintenant? À votre avis, pourquoi est-ce qu'Aurélie et sa mère se disputent? À votre avis, qui est Yves?

Autres mots et expressions

aller mal   *to feel bad*

avoir bonne mine   *to look well/healthy*

se blesser   *to hurt oneself badly*

un bouton   *pimple*

bronzé(e)   *tan, tanned*

se brûler   *to burn oneself*

une cicatrice   *scar*

se couper   *to cut oneself*

une crise de   *attack (of)*

l'estomac *(m.)*   *stomach*

être allergique à   *to be allergic to*

la mononucléose (la mono)   *mononucleosis (mono)*

se moucher   *to wipe/blow one's nose*

le poignet   *wrist*

qu'est-ce que vous avez (tu as)?   *what's the matter with you?*

un remède   *remedy*

soigner   *to take care of*

se soigner   *to take care of oneself*

Notes de vocabulaire

A. Avoir mal à l'estomac, au ventre, au cœur / avoir une indigestion. In French, the word **estomac** refers to the organ only. Note the following expressions:

avoir mal au ventre	*to have a stomachache*
avoir mal à l'estomac	*to have a stomachache (heartburn-type)*
avoir une indigestion	*to have indigestion*
avoir mal au cœur	*to be sick to one's stomach*

B. Lequel. Use a form of **lequel** to ask *which one(s)*:

Voilà deux livres. **Lequel** veux-tu?	*Here are two books. Which one do you want?*
Et ces jeans. **Lesquels** veux-tu?	*And these jeans. Which ones do you want?*
Tu as vu ces robes? **Laquelle** veux-tu?	*You've seen these dresses? Which one do you want?*
Ce sont ses lettres. **Lesquelles** as-tu lues?	*These are her letters. Which ones have you read?*

C. Dont, ce dont. *Dont* and *ce dont* are relative pronouns. *Dont* replaces *de* + noun.

Yves Merteuil est un homme. Marc parlait (de cet homme) hier.

Yves Merteuil est l'homme **dont** Marc parlait hier.

Yves Merteuil is the man Marc was talking about yesterday.

André a besoin (de quelque chose). Ce quelque chose, c'est l'intelligence!

Ce dont André a besoin, c'est d'intelligence!

What André needs is intelligence!

D'ACCORD?

A. *C'est grave?* Décidez. Qu'est-ce qui est très grave? Qu'est-ce qui n'est pas très grave?

très grave _____ pas très grave

1. un rhume
2. un bouton
3. une grippe
4. la mononucléose
5. se casser le bras droit
6. se casser la jambe
7. se fouler la cheville
8. attraper un coup de soleil
9. une indigestion
10. se couper le doigt

B. *Vrai ou faux?*

1. On n'a pas de fièvre quand on a la grippe.
2. La mononucléose n'est pas contagieuse.
3. Il faut aller au lit quand on a la grippe.
4. Si vous vous brûlez, mettez du beurre.
5. Si vous avez mal à la tête, prenez de l'aspirine.
6. Si vous avez la peau fragile, faites attention au soleil.
7. Faire du jogging, c'est bon pour les genoux.
8. Il n'y a pas de remède pour la mononucléose.

C. *Où est-ce que vous avez mal?*

• **MODÈLE:**   Vous êtes à un concert de rock.
                J'ai mal aux oreilles, aux pieds, aux yeux...

1. Vous avez trop mangé.
2. Vous avez trop étudié.
3. Vous êtes tombé quand vous faisiez du ski.
4. Vous avez la grippe.
5. Vous êtes sur la plage et il y a du soleil mais vous avez oublié vos lunettes de soleil.
6. Vos chaussures sont trop petites.

D. *Symptômes et remèdes*   Donnez des symptômes et des remèdes.

1. un rhume   3. une crise de foie
2. une indigestion   4. le coup de foudre

E. *Nos maladies et catastrophes cette année*

   1. Est-ce que vous avez eu une mauvaise grippe?

   2. Est-ce que vous avez eu un accident
de voiture ou de vélo?

   3. Est-ce que vous avez eu une indigestion?

   4. Est-ce que vous vous êtes coupé(e)?

   5. Est-ce que vous vous êtes brûlé(e)?

   6. Est-ce que vous vous êtes cassé la
jambe ou le bras?

   7. Est-ce que vous vous êtes foulé la cheville
ou le poignet?

F. *Rêves, peurs, secrets, envies...*   Complétez:

   1. Ce dont ma mère (mon père, ma sœur, etc.)
a peur, c'est...

   2. Ce dont je ne parle jamais, c'est...

   3. Ce dont je rêve, c'est...

   4. Ce dont le monde a peur, c'est...

   5. Ce dont le monde a besoin, c'est...

Les mots et la culture

A. Avoir mal au foie/avoir une crise de foie. What is the main health concern of people your age? Why? Is health a universal concern or is it culture specific?

When French people complain of their liver **(avoir mal au foie, avoir une crise de foie),** it means that they are experiencing some sort of indigestion, probably as a result of having overindulged. Even though you may not be quite sure where your liver is located, every French person knows and worries about it.

B. Couvre-toi! How do you select your clothes in the morning? Who chose your clothes when you were a child? How? Did your parents have a favorite admonition?

Couvre-toi is an admonition that French parents are likely to use each time one of their children goes outside. It is as if children leaving the safety and security of the home for the dangers of the outside world need to be protected, at least from the elements. French children, of course, are less solicitous of their health and tend to resent such parental interference.

C. La sécurité sociale. Are people in your country living longer than before? Why? Should physical welfare be the concern of the state or of the individual?

Social services and medical care in France are socialized, with both employers and employees paying into a common fund. Most medical expenses are reimbursed entirely, as is up to 80 percent of costs for medicine. (Individuals are free to choose their own doctors as long as those doctors' charges are in line with the government norms.) The **Sécurité sociale** also funds monthly allowances for each child below the age of 21, maternity leaves, child care during the first months after childbirth, compensation for loss of salary due to illness or accident, old age pensions, and unemployment.

STRUCTURE

▶ Les verbes *rire, courir* et *recevoir*

The verbs **rire** *(to laugh)*, **courir** *(to run)*, and **recevoir** *(to receive)* are irregular.

Le verbe rire

PRÉSENT	je ris	nous rions
	tu ris	vous riez
	il ⎱ rit	ils ⎱ rient
	elle ⎰	elles ⎰
IMPARFAIT	je riais, etc...	
FUTUR	je rirai, etc...	
CONDITIONNEL	je rirais, etc...	
PASSÉ COMPOSÉ	j'ai ri, etc...	
SUBJONCTIF	(que) je rie, etc...	

Janine **rit** tout le temps.   *Janine laughs all the time.*
Tu ne **riras** pas ce soir!   *You won't laugh tonight!*
Si je n'étais pas si fatigué, je **rirais.**   *If I weren't so tired, I'd laugh.*
Nous **avons** bien **ri.**   *We had a good laugh.*

The verb **sourire** *(to smile)* is conjugated like **rire**.

Le verbe courir

PRÉSENT	je cours	nous courons
	tu cours	vous courez
	il ⎫ court elle ⎭	ils ⎫ courent elles ⎭
IMPARFAIT	je courais, etc...	
FUTUR	je courrai, etc...	
CONDITIONNEL	je courrais, etc...	
PASSÉ COMPOSÉ	j'ai couru, etc...	
SUBJONCTIF	(que) je coure, etc...	

Marc **court** partout!

Il fait trop chaud aujourd'hui. Je **courrai** demain.

Quand il a su la mauvaise nouvelle, il **a couru** pour me la raconter.

Marc runs everywhere!

It's too hot today. I'll run tomorrow.

When he found out the bad news, he ran to tell me about it.

Le verbe recevoir

PRÉSENT	je reçois	nous recevons
	tu reçois	vous recevez
	il ⎫ reçoit elle ⎭	ils ⎫ reçoivent elles ⎭
IMPARFAIT	je recevais, etc...	
FUTUR	je recevrai, etc...	
CONDITIONNEL	je recevrais, etc...	
PASSÉ COMPOSÉ	j'ai reçu, etc...	
SUBJONCTIF	(que) je reçoive, que nous recevions, etc...	

Mon camarade de chambre **reçoit** beaucoup de lettres.

Ils ont dit que je **recevrais** un chèque mais je n'**ai** rien **reçu**.

Je veux lui parler avant qu'il **reçoive** la nouvelle.

My roommate gets (receives) lots of letters.

They said that I'd get (receive) a check but I haven't gotten (received) anything.

I want to talk to him before he gets (receives) the news.

Vous avez compris?

A. *Associations* Quel verbe, *courir, rire, sourire, souffrir* ou *recevoir*, est-ce que vous associez avec...

1. un film amusant?
2. un gros chien méchant?
3. se casser le bras?
4. être photographié(e)?
5. des cadeaux?
6. des nouvelles?
7. être en retard?
8. un coup de soleil?

B. *Le conformisme*   Il n'y a plus d'individualisme dans cet exercice!

- **MODÈLE:**   Patrick court. Et sa mère?
                Elle court aussi.

1. Jean-Luc rit beaucoup. Et ses copains?
2. Je ris souvent. Et vous?
3. Les professeurs rient des étudiants. Et les étudiants?
4. Martine courra toujours! Et sa camarade de chambre?
5. Sylvie a reçu une bonne nouvelle. Et nous?

▶ **Les pronoms démonstratifs:** *celui, celle, ceux, celles*

You have already learned the forms and use of the demonstrative adjective **ce:**

Tu veux **cette** pomme?	*Do you want this/that apple?*
Vous voyez **cet** homme et **ces** femmes?	*Do you see that man and those women?*

A demonstrative pronoun replaces a demonstrative adjective and its noun. Here are some examples:

Tu veux cette pomme-ci ou **celle-là?**	*Do you want this apple or that one?*
(**celle-là = cette pomme-là**)	

— Vous voyez cet homme?	*'Do you see that man?''*
— Quel homme?	*"What man?"*
— **Celui** qui est derrière la table.	*"The one behind the table."*

(**celui qui est derrière la table = cet homme qui est derrière la table**)

Demonstrative pronouns cannot stand alone. They must be followed by one of three structures:

1. **-ci** or **-là:**

— Prenez une pomme.	*"Take an apple."*
— **Celle-ci** ou **celle-là?**	*"This one or that one?"*

2. A prepositional phrase:

Tu veux ces livres-ci ou **ceux de Marc?**	*Do you want these books or Marc's?*

3. A relative clause:

— Tu veux un magazine?   *"Do you want a magazine?"*
— Oui, mais je veux **celui**   *"Yes, but I want the one*
  que tu lis!   *you're reading!"*

Vous avez compris?

A. *Candide dans un magasin de meubles*   Candide achète des meubles pour son nouvel appartement. Jouez son rôle.

- **MODÈLE:** (Le vendeur) Vous voulez cette lampe-ci ou *cette lampe-là?*
            (Candide) Je veux celle-là.

  1. Vous voulez *ce lit-ci* ou ce lit-là?
  2. Vous voulez cette table-ci ou *cette table-là?*
  3. Vous voulez *ces chaises-ci* ou ces chaises-là?
  4. Vous voulez *ces fauteuils-ci* ou ces fauteuils-là?
  5. Vous voulez ce bureau-ci ou *ce bureau-là?*

B. *Lesquels préférez-vous?*

- **MODÈLE:** Vous préférez les films de Woody Allen ou les films d'Alfred Hitchcock?
            Je préfère ceux d'Alfred Hitchcock.

  1. Vous préférez les enfants qui pleurent ou les enfants qui rient?
  2. Vous préférez les livres de Stephen King ou les livres de Janet Dailey?
  3. Vous préférez les gens qui fument ou les gens qui boivent?
  4. Vous préférez la musique de Mozart ou la musique des U2?
  5. Vous préférez les universités où on travaille ou les universités où on s'amuse?

▶ Les pronoms possessifs

You have already learned the forms and use of possessive adjectives:

— C'est **ton** livre?   *"Is this your book?"*
— Non, c'est **leur** livre.   *"No, it's their book."*

A possessive pronoun replaces a possessive adjective and its noun:

— C'est **le tien?**   *"Is this yours?"*
— Non, c'est **le leur.**   *"No, it's theirs."*

Here are the forms of the possessive pronouns:

MINE	YOURS *(familiar)*	HIS, HERS, ITS
le mien	le tien	le sien
la mienne	la tienne	la sienne
les miens	les tiens	les siens
les miennes	les tiennes	les siennes

OURS	YOURS *(formal, pl.)*	THEIRS
le nôtre	le vôtre	le leur
la nôtre	la vôtre	la leur
les nôtres	les vôtres	les leurs

«Qu'est-ce qu'elle est lourde, la tienne! Mais qu'est-ce que tu as mis dedans?» (Départ en vacances, Paris)

Possessive pronouns agree in number and gender with the noun they re-place:

Voilà mon affiche et voilà **la vôtre.**	*Here's my poster and*
(la vôtre = votre affiche)	*here's yours.*
David a pris tes clés et **les miennes!**	*David took your keys*
(les miennes = mes clés)	*and mine!*

— On prend ta voiture ou **la mienne?**   *"Shall we take your car or mine?"*

— Prenons **la tienne,** elle est moins sale.   *"Let's take yours; it's less dirty."*

(la mienne = ma voiture, la tienne = ta voiture)

Vous avez compris?

On choisit Alceste et Candide se préparent pour une journée à la campagne et ils décident ce qu'ils vont apporter. Remplacez les mots en italique avec des pronoms possessifs.

• **MODÈLE:**   On prend nos couverts ou *leurs couverts?*
                 On prend nos couverts ou les leurs?

1. On prend leur voiture ou *notre voiture?*
2. On prend mes clés ou *tes clés?*
3. On prend ta radio ou *ma radio?*
4. On emmène tes amis ou *mes amis?*

EXERCICES D'ENSEMBLE

A. *Parlons un peu*

1. Quand est-ce que vous courez? Pourquoi?
2. Qui ne doit pas courir? Pourquoi?
3. De quoi est-ce que vous riez?
4. De quoi est-ce qu'on ne doit pas rire?
5. Qu'est-ce que vous avez reçu comme cadeaux de Noël? Comme cadeaux d'anniversaire?
6. Est-ce que vous recevez beaucoup de lettres? De qui?
7. Si vous voyiez un petit homme vert ou bleu, est-ce que vous couriez? Pourquoi ou pourquoi pas?

B. *Lequel (laquelle, lesquels, lesquelles) est-ce que vous préférez?*

Trouvez les préférences de vos camarades de classe.

• **MODÈLE:** — Laquelle est-ce que tu préfères, la pomme de gauche ou celle de droite?
— Celle de gauche.
— Pourquoi?
— Parce que je déteste les pommes vertes!

1.

2.

3.

4.

5.

C. *Mettez des pronoms* The person who wrote this paragraph did not know about demonstrative pronouns or possessive pronouns and as a result was forced to be repetitive and wordy. Rewrite it using pronouns as appropriate.

Un après-midi à la plage

Dimanche, on est allé à la plage avec Serge, Brigitte, Mathieu et Caroline. On a pris la voiture de Brigitte. Brigitte, c'est la copine de Mathieu, et Caroline, c'est ma copine. La copine de Serge devait étudier, alors elle n'est pas venue. Brigitte et Mathieu avaient leur radio parce qu'ils voulaient écouter un match de football mais Caroline et moi n'avions pas notre radio parce que nous préférons écouter la mer et les oiseaux. Nous avions des sandwichs. Mes sandwichs étaient délicieux, mais les sandwichs des autres n'étaient pas très bons. Alors ils ont mangé mes sandwichs! Serge et Mathieu avaient de la bière, mais la bière de Mathieu était chaude, alors on a bu la bière de Serge.

À quatre heures, on a décidé de rentrer, mais où étaient les clés de la voiture? Serge avait ses clés, j'avais mes clés, Mathieu avait ses clés, Caroline avait ses clés, mais Brigitte n'avait pas ses clés! On a cherché partout mais on n'a pas trouvé les clés de Brigitte. Enfin, on a regardé dans la voiture mais les clés étaient à l'intérieur et les portes étaient fermées. On a dû rentrer à pied!

Échanges

A. ***Tout le monde écrit*** Marguerite Simon was not the only one keeping a journal! Refer to the story at the beginning of this lesson and imagine the journal entry each person below might have written on the day given.

   1. Paul Simon: 2 juillet
   2. Michèle Lebeau: 8 juillet
   3. Laurence Simon: 15 juillet
   4. André Simon: 19 juillet
   5. Aurélie Simon: 19 juillet
   6. Marc Lebeau: 19 juillet

B. ***Mais qu'est-ce qui s'est passé?***

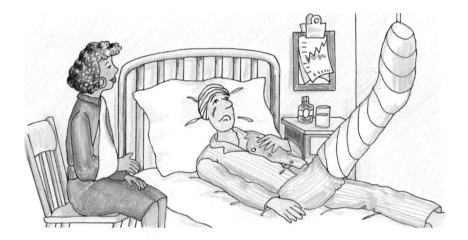

   1. Qui sont-ils?
   2. Où sont-ils?
   3. Est-ce qu'ils sont en forme?
   4. Qu'est-ce qui s'est passé?

C. ***Conversation en français*** Have you ever had a disastrous vacation? If yes, tell about it. If no, invent one.

L·E·C·T·U·R·E

—Je vous remercie mon Dieu—

▶ **Préparation à la lecture**

Imaginez les raisons pour lesquelles le poète va remercier Dieu.

▶ **Activités de lecture**

De quoi s'agit-il?

A. ***La forme du poème*** Cherchez les phrases et les strophes qui se répètent. À quoi ressemble le poème?

B. ***Le thème*** Identifiez qui parle. À qui? Quel type de poésie est ce poème?
Faites une liste des mots importants. Lesquels sont répétés? Quels sont les thèmes du poème?
Trouvez la première phrase de chaque strophe. Quels sentiments expriment-elles? Trouvez dans le poème d'autres mots qui expriment les mêmes sentiments.

C. ***L'architecture*** Dans la strophe 1 et 2, trouvez les mots qui se réfèrent aux vêtements.
Dans la strophe 3 et 4, les mots qui se rapportent au corps.
Dans la strophe 5 et 6, les mots qui se rapportent au sacrifice. Comment est construit le poème?

D. ***Le principe poétique*** Quels mots dans le poème s'opposent aux mots: *remercie, content, heureux?* Trouvez dans le poème d'autres oppositions. Sur quel principe est construit le poème?

À la recherche des détails

A. Quel mot dans la strophe 1 annonce la strophe 2, la strophe 3?

B. Relevez toutes les allusions à la couleur, à la douleur.

C. Relevez les verbes d'action, de description.

JE VOUS REMERCIE MON DIEU

Je vous remercie mon Dieu, de m'avoir créé Noir,
d'avoir fait de moi
la somme de toutes les douleurs,
mis sur ma tête,
le Monde.   5
J'ai la livrée du Centaure
Et je porte le Monde depuis le premier matin.

Le blanc est une couleur de circonstance
Le noir, la couleur de tous les jours
Et je porte le Monde depuis le premier soir.   10

Je suis content
de la forme de ma tête
faite pour porter le Monde,
Satisfait
de la forme de mon nez   15
Qui doit humer tout le vent du Monde,
Heureux
de la forme de mes jambes
Prêtes à courir toutes les étapes du Monde.

Je vous remercie mon Dieu, de m'avoir créé Noir,   20
d'avoir fait de moi,
la somme de toutes les douleurs.

Trente-six épées ont transpercé mon cœur.
Trente-six brasiers ont brûlé mon corps.
Et mon sang sur tous les calvaires a rougi la neige, 25
Et mon sang à tous les levants a rougi la nature.

Je suis quand même
Content de porter le Monde,
Content de mes bras courts
        de mes bras longs   30
            de l'épaisseur de mes lèvres.

Je vous remercie mon Dieu, de m'avoir créé Noir,
Je porte le Monde depuis l'aube des temps
Et mon rire sur le Monde,
            dans la nuit   35
                crée le jour.

Bernard Dadié, *La Ronde des jours*, Éditions Seghers

Apprenons

A. *Les mots et les expressions* Choisissez le sens pour chaque mot.

Au vers	3	**la somme:**	*total, maximum, sleep*
	6	**la livrée:**	*book, clothing, liberation*
	8	**circonstance:**	*simple, elaborate, formal*
	16	**humer:**	*blow, smell, sing*
	23	**épées:**	*swords, layers, songs*
	24	**brasiers:**	*arms, weapons, fires*
	33	**aube:**	*white, dawn, clock*

B. *La culture francophone* Pourquoi le poète parle-t-il de douleurs? Quelles sont les douleurs de l'homme noir? À quoi fait-il référence en évoquant le Monde? le Temps?

▶ Après la lecture

A. *Décidons* Faites la liste des raisons pour lesquelles l'homme blanc peut remercier Dieu. Comparez-les à celle du poète. Quel est le message du poète?

B. *Discutons la culture francophone* Est-ce que ce poème est un reproche ou un acte de fierté? Dans quoi l'homme noir trouve-t-il sa fierté? Comment fait-il de sa race un symbole de l'humanité? Avec qui dialogue-t-il réellement?

▶ Mise en pratique: Analyse critique d'un poème

A. *Recherche des idées* Utilisez les questions de la lecture pour faire une liste des idées et des sentiments exprimés par l'auteur.

• MODÈLE: La création de l'homme, le commencement du monde, l'homme universel, etc.

Pour chaque idée trouvez une illustration dans le poème.

• MODÈLE: le commencement du monde: l'aube des temps, le premier matin, le premier soir.

B. *Organisation* Groupez les idées et les sentiments que vous avez trouvés dans l'exercice précédent par thèmes. Faites une liste que vous organiserez par priorité.

C. **Rédaction** Écrivez un bref essai analytique du poème en assemblant
vos idées et en les intégrant dans des phrases.

Exemples: Dans ce poème, l'auteur…
L'idée de… est illustrée par…
Quand le poète nous dit… nous comprenons…
L'auteur exprime… De plus, il utilise… pour donner
au poème…

Orthographe et prononciation

▶ Des mots et des sons (suite)

Languages have sound words that imitate natural sounds. In English,
for example, you find words like *woof*, *tick-tock*, and *boom*. Here are
some French words used to imitate sounds:

atchoum!	*achoo!*
tic-tac	*tick-tock*
glouglou	*glug glug*
zzzzz	zzzzz
pan	*bang*
boum	*boom*
dring (drrring)	*ring (rrring)*
toc, toc	*knock, knock*
plouf	*splash*
miaou	*meow*
ouah, ouah	*woof, woof*
cocorico	*cock-a-doodle-doo*
meuh	*moo*

Activité

Une bande dessinée française Which sound words would you choose
to illustrate the following drawings in a French comic strip?

1. Un chien court après un chat.
2. Un sac tombe dans une rivière.
3. Il y a un téléphone qui sonne.
4. Il y a un gros homme qui dort avec un réveil à côté du lit.
5. Un policier tire sur un voleur.
6. Un petit garçon éternue.
7. Un cow-boy boit du whisky à la bouteille. Le shérif est à la
porte.

Vocabulaire de base

NOMS

une allergie *allergy*
l'aspirine (f.) *aspirin*
un bouton *pimple*
une cheville *ankle*
une crise (de) *attack of*
l'estomac (m.) *stomach*
le foie *liver*
un genou, des genoux *knee*
une grippe *flu*
une indigestion *indigestion*
un médicament *medicine*
un mouchoir (en papier) *tissue*
la peau *skin*
un poignet *wrist*
le résultat *result*
un rhume *cold*
un sparadrap *Band-Aid*
un visage *face*

ADJECTIFS

blessé(e) *wounded, hurt*
bronzé(e) *tan, tanned*
droit(e) *right*
gauche *left*

VERBES

attraper *to catch*
se casser (le bras, la jambe) *to break (one's arm, leg)*
se couper *to cut oneself*
courir *to run*
éternuer *to sneeze*
se fouler *to sprain*
se moucher *to wipe/blow one's nose*
recevoir *to receive, to get*
rire *to laugh*

soigner *to take care of*
se soigner *to take care of oneself*
sourire (*conjugué comme* rire) *to smile*
tousser *to cough*

DIVERS

aller bien *to feel good*
aller mal *to feel bad*
aller mieux *to feel better*
avoir de la fièvre *to have a fever, to be running a fever*
avoir la/une grippe *to have the flu*
avoir mal à (la tête, la gorge) *to hurt someplace (to have a headache, a sore throat)*
avoir un rhume *to have a cold*
se faire mal *to hurt oneself*

Vocabulaire supplémentaire

NOMS

le cancer *cancer*
une cicatrice *scar*
l'huile solaire (f.) *suntan oil/lotion*
un journal *diary, journal*
la mononucléose *mononucleosis*
un pansement *dressing, bandage*
un passage *passage, extract*
un remède *remedy*
un symptôme *symptom*

ADJECTIFS

catastrophique *catastrophic*
contagieux, contagieuse *contagious*
fragile *fragile, weak*
pâle *pale*
prudent(e) *careful, prudent*

VERBES

se blesser *to hurt oneself badly*
bronzer *to tan*
se brûler *to burn oneself*
fêter *to celebrate*

DIVERS

attraper/avoir un coup de soleil *to get sunburned/to have a sunburn*
avoir bonne mine *to look well, healthy*
avoir le nez qui coule *to have a runny nose*
avoir mauvaise mine *to look sick, to look unwell*
avoir un bleu *to have a bruise*
ça fait mal *that hurts*
dont *whose, of which, of whom*
être allergique à *to be allergic to*

être remis(e) (de) *to be over (a sickness)*
qu'est-ce que vous avez (tu as)? *what's the matter with you?*
recevoir des nouvelles de qqn *to hear from someone*

LE FRANÇAIS FAMILIER

avoir la gueule de bois *to have a hangover*
ne pas être dans son assiette = ne pas aller bien
la sécu: la sécurité sociale

ON ENTEND PARFOIS...

avoir la picote (Canada) = avoir des boutons
faire une maladie (Suisse) = être malade
griller (Canada) = bronzer

Un meurtre chez les Simon

En bref

SOLVING A
MURDER MYS-
TERY • READING
NARRATIVE TEXTS
IN FRENCH •
ORGANIZING
EVENTS IN TIME

◀ *Aimez-vous les romans policiers?*

Vocabulaire

Le carnet de l'inspecteur Lerat

Le 25 juillet: Un mort chez les Simon. Suicide ou meurtre? Probablement meurtre…

J'ai interrogé la famille tout de suite. Premiers renseignements:

La victime: Yves Merteuil, 45 ans. Célibataire, ami de Marc Lebeau, le gendre des Simon. Habite Paris.

Corps découvert par Benoît Lebeau (13 ans) à 6 h 30 du matin. Merteuil est probablement mort entre minuit et 6 heures. En effet, Aurélie Simon (18 ans) est la dernière qui l'a vu vivant. D'après elle, il lisait dans la salle de séjour quand elle est descendue pour prendre un verre d'eau. Quand elle est rentrée dans sa chambre, tout de suite après, elle a regardé son réveil: il était 11 h 45. Elle a lu jusqu'à minuit et puis elle s'est endormie.

Les autres membres de la famille étaient déjà au lit: Jean-Philippe Lebeau (10 ans) s'est couché à 9 h, les autres à 11 h (disent-ils).

À vérifier

L'arme du crime: Un couteau? Du poison? Un revolver? Quelque chose de lourd?

Des témoins? Vérifier si quelqu'un a entendu quelque chose… Un coup de feu? Des cris? Les adultes disent qu'ils n'ont rien vu, rien entendu… Pourtant, il a dû y avoir du bruit! Quelqu'un ment, aucun doute! Il faut interroger les enfants…

Les suspects: Tous les adultes, y compris Aurélie Simon et Olivier Lebeau. Le coupable venait peut-être de l'extérieur, mais je crois qu'il était dans la maison.

Il faut voir si quelqu'un avait un motif pour tuer Merteuil. Avait-il des ennemis dans la famille? Est-ce que quelqu'un lui en voulait? Voir s'il y a des secrets dans cette famille…

Vérifier les alibis… Est-ce qu'Aurélie est vraiment rentrée dans sa chambre à 11 h 45? Est-ce que quelqu'un a pu sortir de sa chambre après 11 h 45?

Vérifier, pour être sûr, si on a volé quelque chose dans la maison. Ne pas encore abandonner l'idée d'un meurtrier de l'extérieur, un voleur par exemple. La fenêtre de la cuisine était ouverte…

D'après Marc Lebeau, Merteuil avait beaucoup de problèmes et voulait se suicider… J'ai des doutes!

La situation est délicate. Il est évident qu'on essaie de me cacher quelque chose, mais quoi? Il faut continuer à interroger la famille. Il n'y a que les trois enfants qui sont sûrement innocents, mais ils peuvent m'indiquer des choses utiles sur les adultes… L'enquête ne sera pas facile, mais je la continuerai jusqu'à ce que je sache la vérité.

Questions

1. D'après l'inspecteur Lerat, est-ce que c'est un suicide ou un meurtre?
2. Quand est-ce que Merteuil est mort?
3. Qui est la dernière personne qui l'a vu vivant?
4. Est-ce que l'inspecteur croit que les adultes se sont couchés à onze heures?
5. Est-ce qu'il connaît l'arme du crime?
6. Est-ce qu'il y a des témoins?
7. D'après l'inspecteur, est-ce que le meurtrier fait partie de la famille Simon?
8. D'après l'inspecteur, qui est suspect?

Autres mots et expressions

armé(e) *armed*
un coup *blow*
crier *to scream, to shout*
donner un coup à qqn
   to hit someone
exprès *on purpose*
finalement *finally*
le hasard *chance, fate*
le lendemain *day after, next day*
par hasard *by chance*
un personnage *character*
un roman policier *murder mystery*
seulement *only*
tirer (sur qqn) *to shoot (someone)*
la veille *day before, eve*

Notes de vocabulaire

A. Ne... que. The expression **ne... que** is the equivalent of the English *only*. **Ne** is placed in front of the verb, the helping verb, the direct or indirect object pronoun, or **y** or **en**. **Que** is placed in front of the word it limits or restricts:

Mon ami **n'**a qu'**une** sœur.   *My friend has only one sister.*
Et je **ne** l'ai vue **qu'**une fois.   *And I only saw her once.*

B. Aucun. To make a noun negative, use the adjective **aucun(e)** with the negative word **ne** to mean *not one* or *not any*. **Aucun** is placed in front of the word to which it refers:

Je **n'**ai **aucune** idée.   *I don't have any idea.*
Il **n'**y a **aucun** doute.   *There's no doubt.*

C. Victime. The word **victime** is always feminine, even if it refers to a male:

On a trouvé **la victime.** C'est un
homme de quarante-cinq ans.

The victim has been found.
It's a 45-year-old man.

D. Jusqu'à/jusqu'à ce que. Jusqu'à is a preposition. It is followed by a noun. **Jusqu'à ce que** is a conjunction. It is followed by a subject plus a verb in the subjunctive:

Jules a travaillé **jusqu'à trois
heures du matin.**
Je travaillerai **jusqu'à ce que
je sois fatigué.**

*Jules worked until 3 in the
morning.*
I'll work until I'm tired.

D'ACCORD?

A. C'est grave? Qu'est-ce qui est très grave? Qu'est-ce qui n'est pas très grave?

Très grave _____ pas très grave

1. donner un coup à un enfant parce qu'il n'est pas sage
2. avoir des ennemis partout
3. cacher sa vie à ses parents
4. tuer pour de l'argent
5. mentir au professeur
6. voler le sac d'une vieille personne
7. abandonner son chien sur la route
8. crier quand on est fâché

B. Complétez

1. Il a vu un crime. C'est un _____.
2. Elle a tué quelqu'un. C'est une _____.
3. Il a peut-être tué quelqu'un. C'est un _____.
4. Il a volé de l'argent. C'est un _____.
5. On lui a volé de l'argent. C'est une _____.
6. Il vous déteste. C'est votre _____.
7. Il n'a rien fait. Il est _____.
8. Elle n'est pas morte. Elle est _____.

C. Associations Quels verbes est-ce que vous associez avec...

1. un secret?
2. un meurtrier?
3. une victime?
4. des questions?
5. un revolver?
6. un inspecteur?
7. un témoin?
8. un ennemi?

D. *Le carnet de l'inspecteur Lerat, le 26 juillet*   Inspector Lerat has decided to reorganize what he knows about the Simon case in order to clarify his thoughts. He made a list of the people involved and is writing down what he already knows along with what he would like to find out. Finish his list.

Yves Merteuil: le mort. Peut-être un suicide? Il avait des problèmes... quels problèmes? Il est arrivé le 23 juillet. D'où? Qui l'a invité? Pourquoi?...

Aurélie Simon:
Marc Lebeau:
Michèle Lebeau:

Les mots et la culture

A. **La police.**   Make a list of words used to refer to police officers in English. Who is in charge of law and order normally? In times of crisis?

Law and order is maintained in France by two centralized bodies. The municipal police **(la police)** is attached to the Ministry of the Interior and its jurisdiction is limited to cities with more than 10,000 people. A member of this force is called **un agent de police. La gendarmerie** is attached to the Ministry of Defense and is really a part of the armed forces. In times of emergency and internal crisis (floods, strikes, demonstrations, etc.), a special force is called to support the local force: *les* **Compagnies Républicaines de Sécurité (les C.R.S.).**

B. **Vos papiers.**   What would your feelings be if a policeman walked up to you and asked for your identification papers? How would you react?

Security is enforced by police checks of citizens' papers. Each French person is registered at birth and must carry an identity card in order to be properly identified and not detained by the police. If you are in possession of an identity card from a European country, you do not need a passport to visit most other countries in Europe.

C. **Le racisme.**   Make a list of the beliefs and attitudes of a racist person. What is the relationship between these beliefs and reality?

A segment of the French population tends to blame France's rather high rate of unemployment since the early 1980s on the presence of foreign workers and immigrants in France. At present, the Arab community seems to be the major target of racism in France, and vocal extreme rightist groups are calling for the expulsion of all foreigners. There has also been a concerted effort by concerned French youth to counter such racism by a campaign against racism.

D. L'anti-américanisme.   Make a list of facts and possible reasons for anti-American feelings.

Since the Second World War, Europe and particularly France have been shaken periodically by waves of anti-Americanism. Whether it is justified or not, it is concretely visible in France through graffiti, newspaper headlines and in people's conversation. It is also very much part of the general political rhetoric. On the other hand, young people tend to listen to American music and to adopt American styles and pastimes.

STRUCTURE

The grammar points in this final lesson are not intended to be learned for active use. They are presented here to help you read French.

► Les temps composés

A compound tense (*un temps composé*) has two parts: a helping verb and a past participle. You already know one compound tense, the *passé composé.* The *passé composé* refers to an event in the past, to something that happened or has happened:

Ils **ont volé** ma radio!	*They stole my radio!*
Sa mère **est allée** à Londres.	*His mother went/has gone to London.*
Mon oncle **a** déjà **lu** le journal.	*My uncle already read/has already read the newspaper.*
Nous nous **sommes regardés.**	*We looked at each other.*

Three other compound tenses besides the *passé composé* are in common use. These tenses are used to date events chronologically in a narration in the past or in the future. Each one is formed by using a form of **avoir** or **être** as a helping verb plus a past participle.

Le plus-que-parfait: avoir/être *à l'imparfait*
+ *participe passé*

The *plus-que-parfait* refers to an event in the past that happened before another event in the past, something that had happened before something else:

Il **avait** déjà **mangé** quand je
suis arrivé.

He had already eaten when
I got there.

Elle **était** déjà **partie** quand je
lui ai téléphoné.

She had already left when
I called her.

Je m'**étais** déjà **couché** quand
l'inspecteur m'a téléphoné.

I had already gone to bed when
the police inspector telephoned.

Le futur antérieur: avoir/être *au futur*
+ *participe passé*

The *futur antérieur* refers to an event in the future that will happen before another event in the future, something that will have happened before something else:

Mon père **aura mangé** avant
que j'arrive.

My father will have eaten before
I get there.

Je crois que Marie **sera**
rentrée quand ses parents
téléphoneront.

I think Mary will have gotten
back by the time that (when)
her parents call.

Je me **serai lavé** les cheveux
avant que tu arrives.

I will have washed my hair
before you get here.

Le conditionnel passé: avoir/être *au conditionnel*
+ *participe passé*

The *conditionnel passé* refers to an event that would have happened if something else had happened:

Il t'**aurait dit** la vérité si tu
l'avais interrogé.

He would have told you the truth
if you had questioned him.

Elle **serait partie** s'il y avait
eu un train.

She would have left if there had
been a train.

Tu te **serais souvenu** d'elle
si tu l'avais vue.

You would have remembered her
if you had seen her.

Vous avez compris?

A. *À six heures hier...*   David a fait beaucoup de choses hier. Utilisez le *plus-que-parfait* pour dire ce qu'il avait fait à six heures hier.

• **MODÈLE:**   finir mes devoirs
Hier à six heures, j'avais déjà fini mes devoirs et...

1. faire le ménage
2. envoyer une carte à une amie qui habite à Boston
3. lire cent pages de sciences économiques
4. faire du jogging
5. aller en ville pour acheter une chemise
6. écrire une dissertation de quinze pages
7. se laver les cheveux!

B. *À six heures ce soir...*   Mais aujourd'hui, David a des problèmes. Utilisez le *futur antérieur* pour dire ce qu'il n'aura pas fait à six heures ce soir.

• **MODÈLE:**   ne pas écrire à mes grands-parents
À six heures, je n'aurai pas encore écrit à mes grands-parents...

1. ne pas étudier pour mon examen de chimie demain
2. ne pas faire d'exercice
3. ne pas ranger ma chambre
4. ne pas rendre les livres à la bibliothèque
5. ne pas aller au musée
6. ne pas se raser
7. ne pas sortir de la chambre

C. *Qu'est-ce que Vincent aurait fait?*   What would Vincent have done had he known?

• **MODÈLE:**   Si Vincent Dubois avait su que sa femme pensait faire un voyage en Espagne... il lui aurait dit de ne pas y aller.

1. Si Vincent Dubois avait su que son père allait se marier avec Paulette Gilmard...
2. Si Vincent Dubois avait su que sa fille, Chantal, partait avec des copains pour voir le Tour de France...
3. Si Vincent Dubois avait su que son fils, Marc, commençait à jouer du violon...
4. Si Vincent Dubois avait su que sa sœur, Béatrice, allait travailler au Canada...
5. Si Vincent Dubois avait su que son neveu, Cédric Rasquin, pensait habiter avec eux...

► Le passé simple

Read the passage below. It contains a new tense, the *passé simple*. Can you find the verbs in the *passé simple?* What is their function in this text?

LES NEUF FRÈRES

MÉTAMORPHOSÉS EN MOUTONS
ET LEUR SŒUR

Il y avait une fois neuf frères et leur sœur, restés orphelins. Ils étaient riches, du reste, et habitaient un vieux château, au milieu d'un bois. La sœur, nommée Lévénès, qui était l'aînée des dix enfants, prit la direction de la maison, quand le vieux seigneur mourut, et ses frères la consultaient et lui obéissaient en tout, comme à leur mère. Ils allaient souvent chasser, dans un bois qui abondait en gibier de toute sorte.

Un jour, en poursuivant une biche, ils se trouvèrent près d'une hutte construite avec des branchages entremêlés de mottes de terre. C'était la première fois qu'ils la voyaient. Curieux de savoir qui pouvait habiter là-dedans, ils y entrèrent...

F.M. Luzel: *Contes populaires de Basse-Bretagne*

The *passé simple* (simple past tense) is found in written narration where it is basically the equivalent of the *passé composé*. To read French narration such as that found in novels, fairy tales, or detective stories, you will need to be able to recognize verb forms in the *passé simple*.

1. The *passé simple* of regular **-er** verbs like **parler** is formed by adding the endings **-ai, -as, -a, -âmes, -âtes, -èrent** to the infinitive stem **(parl-):**

je parlai	nous parlâmes
tu parlas	vous parlâtes
il elle } parla	ils elles } parlèrent

2. The *passé simple* of regular **-ir** and **-re** verbs like **finir, partir,** and **vendre** is formed by adding the endings **-is, -is, -it, -îmes, -îtes, -irent** to the infinitive stem **(fin-, part-, vend-):**

je fin**is**	nous fin**îmes**
tu fin**is**	vous fin**îtes**
il | elle ∫ fin**it**	ils | elles ∫ fin**irent**

je vend**is**	nous vend**îmes**
tu vend**is**	vous vend**îtes**
il | elle ∫ vend**it**	ils | elles ∫ vend**irent**

je part**is**	nous part**îmes**
tu part**is**	vous part**îtes**
il | elle ∫ part**it**	ils | elles ∫ part**irent**

3. **Other verbs.** Many verbs have irregular *passé simple* forms. Frequently, but not always, the stem of the *passé simple* is based on the past participle. All verbs in this category take the same set of endings: **-s, -s, -t, -ˆmes, -ˆtes, -rent:**

VERB	STEM	
avoir	eu-	il **eut**
boire	bu-	elles **burent**
connaître	connu-	il **connut**
courir	couru-	elle **courut**
croire	cru-	il **crut**
devoir	du-	ils **durent**
dire	di-	elle **dit**
être	fu-	elle **fut**
faire	fi-	elles **firent**
falloir	fallu-	il **fallut**
lire	lu-	il **lut**
mettre	mi-	elles **mirent**
pouvoir	pu-	elle **put**
prendre	pri-	il **prit**
recevoir	reçu-	il **reçut**
rire	ri-	elles **rirent**
savoir	su-	elle **sut**
suivre	suivi-	il **suivit**
venir	vin-	il **vint**
vivre	vécu-	elle **vécut**
voir	vi-	ils **virent**
vouloir	voulu-	elle **voulut**

Vous avez compris?

A. *Quel verbe est-ce?* Donnez les infinitifs des verbes en italique.

   1. Il y *eut* un silence.
   2. Jean-Paul la *regarda.*
   3. Ils *burent* de l'eau.
   4. Le père *chercha* sa fille partout.

B. *Un conte de fées* Mettez les verbes au *passé simple* au *passé composé.*

   Barbe-Bleue était un homme dangereux qui tuait ses femmes et gardait leur corps dans une pièce de sa maison. Un jour, il se maria avec une jeune fille très jolie. Il lui donna une clé, lui montra une porte et lui dit que la clé ouvrait la porte mais qu'elle ne devait jamais l'ouvrir. Tous les soirs, il vérifiait la clé. La jeune femme était très curieuse. Un jour que Barbe-Bleue n'était pas là, elle ouvrit la porte. Et qu'est-ce qu'elle vit? Toutes les femmes mortes de Barbe-Bleue. Elle eut très peur et ferma la porte tout de suite. Mais quand elle découvrit qu'il y avait une tache *(stain)* sur la clé, elle sut que son mari allait la tuer aussi.

► Le participe présent

Look at the passage below. It contains a verbal form you have not yet learned, the present participle *(le participe présent).* Can you identify the relationship between the actions of the main verbs and those of the present participles?

On peut résoudre beaucoup de problèmes éducatifs en appliquant la théorie des différences entre le visuel et l'auditif. En effet le bébé visuel grandit en observant tout le temps pour se rassurer. Il marche en hésitant et même en tombant souvent. L'auditif, lui, regarde en touchant tout avec ses mains. Ne soyez donc pas surpris s'il touche même le radiateur brûlant.

D'après Marie-Andrée Denis,
"Êtes-vous audio ou visuel?'
Châtelaine, octobre 1987, p. 183.

   The present participle is a verbal form ending in **-ant.** A present participle may be used either as an adjective or as a verb.

Formation

The present participle is formed by removing the **-ons** ending from the **nous** form of the present tense and adding **-ant**:

chanter	**chantant**
finir	**finissant**
attendre	**attendant**
sortir	**sortant**
prendre	**prenant**

Avoir and **être** have irregular present participle forms:

être	**étant**	avoir	**ayant**

1. Present participles used as adjectives agree with the noun they modify:

Nous avons vu **un film amusant** à la télévision hier.	*We saw a funny (amusing) film on television last night.*
Vous avez **des idées surprenantes.**	*You have surprising ideas.*

2. **En** followed by a present participle may be translated by a variety of English words (*by, in, on, as,* etc.). It explains how something is done.

Il a appris à faire la cuisine **en regardant** sa mère.	*He learned to cook by watching his mother.*

3. The phrase **tout en** + *present participle* expresses the idea of two actions going on at the same time. **Tout** is not always expressed.

Continue. Je peux t'écouter **tout en travaillant.**	*Keep going. I can listen to you while I work.*

ATTENTION! Verb forms in *-ing* are very common in English. They are only rarely, however, the equivalent of the French present participle. Compare the following:

Nous avons commencé **à étudier.**	*We started studying.*
Elle était **assise.**	*She was sitting down.*
Voilà la femme **de ménage.**	*There's the cleaning lady.*

RAPPEL!   The English progressive tenses have no direct equivalent in French:

> *He is singing.* = Il **chante.**
> *She was singing.* = Elle **chantait.**

Vous avez compris?

Trouvez les participes présents   Trouvez les participes présents et donnez leur infinitif.

Étant paresseux, j'adore ne rien faire et rêver à la vie idéale. Je me vois sur une plage, lisant un livre tout en bronzant. Je me vois prenant l'apéritif à une terrasse de café et parlant avec un ami tout en regardant passer les gens. Je me vois à une soirée dansante, buvant de la sangria et dansant toute la soirée. Je me vois dans un parc, me promenant avec mon chien et jouant au frisbee avec lui. Quelle vie reposante et agréable ce serait!

EXERCICES D'ENSEMBLE

A. ***Un roman policier***   Read the passage below. Give the infinitive and the meaning of each italicized verb form. Since this passage is from an authentic French murder mystery, in some cases you may have to guess based on what you already know about French.

(La situation: Chambellan a kidnappé Sabine Vernon. Ils sont sur l'autoroute dans sa voiture. C'est Sabine qui conduit.)

Elle *reprit* une cigarette dans le sac qu'elle *avait posé* sur ses genoux; elle *l'alluma* posément *en essayant* de se détendre. La BMW pouvait se conduire avec un doigt, surtout lorsque la circulation était à peu près nulle comme cette nuit.

— Je suppose, en effet, dit-elle, que vous pouvez être un homme très agréable...

Il souriait presque, il ne se méfiait pas. Sabine *pensa* que cette opportunité ne se présenterait plus. De sa main gauche, elle *saisit* fortement le volant, et la droite qui tenait la cigarette *rougeoyante alla* s'écraser contre le visage du passager.

Chambellan *poussa* un cri inhumain, un hurlement de bête sauvage. La voiture *ralentit*, *fit* une embardée vers la gauche puis vers la droite avant de s'immobiliser.

Laurence Oriol,
Le tueur est parmi nous
(Paris: Albin Michel, 1983), p. 232

B. *Et quelques pages plus tard...*   Here is another passage from the same murder mystery. Give the infinitive form and the meaning of each italicized verb form. Again, in some cases you may have to guess.

Abandonnant la BMW, Sabine *avait fui, revenant* vers le motel devant lequel ils *avaient stationné* quelques minutes plus tôt. Chambellan ne pourrait la rejoindre en voiture: il ne prendrait pas le risque de faire demi-tour sur l'autoroute. Le motel n'était qu'à trois kilomètres; *en courant,* elle pouvait espérer y parvenir bien avant lui qui souffrait de sa brûlure. Mais elle portait des talons hauts...

   Elle ne *put* s'empêcher de se retourner: Chambellan *avait garé* la BMW sur la bande d'urgence et cette silhouette sombre qui se mouvait très vite puis s'arrêtait puis repartait, c'était lui...

   Elle *entendit* un coup de feu et *comprit* quelques secondes plus tard que la balle *l'avait manquée* de peu. C'était fou, irréel. Cinéma. Cliché. Mais sa peur ne l'était pas. Elle *se souvint* d'un film policier où le héros échappait aux balles *en zigzaguant.* Elle *s'y efforça, se tordant* la cheville avec un cri muet... Une autre balle lui *passa* au-dessus de la tête.

Laurence Oriol,
Le tueur est parmi nous
(Paris: Albin Michel, 1983), pp. 237–238

C. *Et puis...*   Here is a third passage from the same murder mystery. Give the infinitive form and the meaning of each italicized verb form. Again, in some cases you may have to guess.

(La situation: Sabine a réussi à perdre Chambellan.)

Elle *entendit* au loin une sirène qui pouvait aussi bien appartenir à une ambulance qu'à une voiture de police, et *se reprit* à espérer. Elle ne devait pas rester là; les flics ne penseraient peut-être pas à l'y chercher... Où était Chambellan? Il avait peut-être rejoint sa voiture. Il souffrait sûrement de sa blessure. Sabine *avait visé* l'œil mais c'était sans doute la pommette qu'elle avait atteinte...

   Elle *se leva.* La nuit avait une épaisseur sinistre. Elle *fit* quelques pas prudents vers l'autoroute... C'est alors qu'elle *entendit* le bruit: une sorte de frôlement, comme le pas d'un animal... Sabine *retint* un cri et la voix surgit de cette ombre mouvante:

   — Restez où vous êtes. Vous n'avez aucune chance.

Laurence Oriol,
Le tueur est parmi nous
(Paris: Albin Michel, 1983), pp. 239–240

Échanges

A. *Qu'est-ce qui s'est passé chez les Simon?*

1. *Le matin du 24 juillet.* Qu'est-ce qui s'est passé chez les Simon le matin du 24 juillet? Décrivez les activités de tout le monde.

2. *L'après-midi du 24 juillet.* Qu'est-ce qui s'est passé chez les Simon l'après-midi du 24 juillet? Décrivez les activités de tout le monde.

3. *Le soir du 24 juillet.* Qu'est-ce qui s'est passé chez les Simon le soir du 24 juillet? Décrivez les activités de tout le monde.

4. *La nuit du meurtre.* Qu'est-ce qui s'est passé chez les Simon entre 11 h 45 et 6 h 30? Qui a tué Merteuil? Décrivez les activités de tout le monde.

5. *Le lendemain.* Racontez les événements du 25 juillet. Pourquoi est-ce qu'on a tué Merteuil? Finissez l'histoire.

Le lieu de vacances des Simon:
Verbier en Suisse

B. *Scénario d'un feuilleton*   Inventez une histoire en plusieurs étapes.

1. Qui sont les personnages? Comment s'appellent-ils? Quel âge ont-ils? Où habitent-ils? Qu'est-ce qu'ils font dans la vie? Comment sont-ils?

2. Quel est le point de départ *(starting point)* de ce feuilleton?

3. Donnez une idée de ce qui va se passer pendant le premier épisode. Comment est-ce que ce premier épisode va finir?

4. Continuez l'histoire. Donnez une idée de ce qui va se passer pendant le deuxième épisode.

C. *Conversation en français*   A computer and some money were stolen last weekend from the office of a secretary in the French Department. You are in charge of the investigation. All the professors are suspect since they all have keys to the office and there was no evidence of forced entry. You have scheduled an interview with Professeur Leblanc for this afternoon. Question the professor.

L·E·C·T·U·R·E
Qui a tué les dinosaures?

▶ **Préparation à la lecture**

Un petit test. Préparez quatre questions sur les dinosaures.

Le brachiosaure mesurait 22,50 mètres soit la hauteur d'un immeuble de sept étages.

▶ Activités de lecture

De quoi s'agit-il?

A. *Le type de texte* D'après le format du texte, quel type de texte est-ce?

B. *Le sommaire* De qui parle-t-il? Est-ce un passage narratif ou descriptif? Quel est le but de ce sommaire? Quels sujets annonce-t-il?

C. *Le texte*

1. Comment est organisé le texte?
2. Trouvez le mot-clé de la première et de la deuxième questions.
3. Soulignez la phrase la plus importante dans la réponse à la première question et à la deuxième question.

À la recherche des détails

A. *Portrait biologique des dinosaures* D'après le texte, réunissez toutes les informations que vous pouvez sur les dinosaures (caractéristiques, type d'animal, taille, traits particuliers, date de la disparition...).

B. *Vrai ou faux?*

1. Les dinosaures vivaient il y a cent cinquante millions d'années.
2. Les dinosaures sont morts parce qu'ils étaient trop gros.
3. Les dinosaures terrifiaient les gens de leur époque.
4. Les dinosaures se nourrissaient de pots de fleurs.
5. Les dinosaures fascinaient les gens de 1800.
6. Les paléontologues sont morts d'une maladie mystérieuse.
7. La fascination des gens pour les dinosaures est une peur inconsciente.
8. Les premiers paléontologues étaient des docteurs.
9. Les premiers docteurs ont réussi à sauver les dinosaures.
10. C'est le sida (*AIDS*) qui a causé la mort des dinosaures.

Apprenons

Les mots et les expressions

1. Quelques mots à deviner selon le contexte:

   a. «Ils *brouteraient* aisément les pots de fleurs de nos balcons.»
   b. «Aucun ennemi ne pouvait résister à leurs *griffes*.»

2. *Grammaire et signification.* Quelle est la différence entre ces deux phrases qui expriment, toutes les deux, une condition et un résultat?

   a. «S'ils existaient encore, ils brouteraient les pots de fleurs de nos balcons.»
   b. «S'ils ont disparu en pleine apogée, nous pouvons disparaître aussi.»

Notre grande série : les mystères de l'Univers (I)

QUI A TUÉ LES DINOSAURES ?

Les plus gros avaient la taille d'un immeuble de sept étages : s'ils existaient encore, ils brouteraient aisément les pots de fleurs de nos balcons. Mais ils n'existent plus, et on se demande bien pourquoi. Car les dinosaures avaient tout pour eux : ils voyaient clair la nuit, ils couraient très vite, aucun ennemi ne pouvait résister à leurs griffes. Et pourtant, ils sont morts. Qui les a tués ? Avec Jean-Michel Mazin et Léonard Ginsburg, Bernard Werber a mené l'enquête sur cette énigme policière préhistorique. Nous n'en resterons pas là car d'autres grands mystères de la nature et de la vie excitent notre curiosité estivale. D'où viennent les abeilles tueuses qui ravagent l'apiculture américaine ? Le climat de la Terre va-t-il se réchauffer ? Comment le fameux big bang a-t-il donné naissance à l'Univers ? Pourquoi les baleines se suicident-elles ? D'où vient le virus du sida ?...
Avec la grande série que nous entamons cette semaine, « le Nouvel Observateur » entend bien faire toute la lumière. Mais revenons à nos moutons. Pardon, à nos dinosaures.

● *Un entretien avec Jean-Michel Mazin* *

Le Nouvel Observateur. — *Pourquoi la disparition des gros reptiles, il y a soixante-cinq millions d'années, passionne-t-elle à ce point les scientifiques et l'homme de la rue ?*
Jean-Michel Mazin. — Les dinosaures ont dominé la planète pendant cent cinquante millions d'années. Ils étaient énormes, puissants, terrifiants et puis, tout à coup : pof, c'est fini ! Ils sont tous morts ! Les gens naturellement se disent dans leur subconscient : s'ils ont disparu soudainement, en plein apogée, nous pouvons disparaître de même. Essayons donc de comprendre...

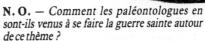

N. O. — *Comment les paléontologues en sont-ils venus à se faire la guerre sainte autour de ce thème ?*
J.-M. Mazin. — Le problème des dinosaures fascine depuis les années 1800. Au début, les gens se sont dit : s'ils ont échoué, c'est qu'ils avaient une tare. A l'époque, ceux qui s'occupaient de science étaient en général des médecins. Ils analysèrent donc le problème en médecins. Ils recherchèrent *la maladie tueuse.*
N. O. — *Un « sida préhistorique », en quelque sorte...*

* *Chercheur au CNRS, paléontologue des vertébrés à l'université Paris-VI.*

Bernard Weber, *Le Nouvel Observateur,* 19–23 juillet, 1987

3. *Verbes et temps.* Trouvez deux verbes au passé simple dans le texte.

▶ Après la lecture

A. *Décidons* Dans le sommaire, l'éditeur mentionne d'autres sujets d'investigation. Quel sujet vous intéresse le plus? Le moins?

B. *Discutons*

1. Pourquoi les dinosaures sont-ils morts? D'après l'article? D'après vous?
2. Est-ce que vous êtes fasciné(e) par les dinosaures? Pourquoi ou pourquoi pas?

▶ Mise en pratique: Les grandes questions de l'univers

Dans le sommaire, l'éditeur mentionne d'autres sujets mystérieux. Pensez aux problèmes de l'univers qui comportent un mystère et préparez une liste de questions (au moins dix). Pour chaque question, préparez une hypothèse qui répondra à votre question.

• **MODÈLE:** Pourquoi est-ce que la terre est ronde?
Parce que la ligne d'horizon est ronde.

Orthographe et prononciation

▶ Le verlan

Le verlan is a kind of secret language involving syllable inversion. *Verlan* apparently originated among criminals but has now become quite widespread, particularly among adolescents and others who want to seem up on the latest trends. Here are some examples:

FRANÇAIS	VERLAN
branché	chébran
les flics	les keufs
les Arabes	les Beurs (Arabs, particularly second-generation Arabs living in France)
musique	siquemu

Activité

Français-verlan   Match the French words with their equivalent in *verlan*.

FRANÇAIS	VERLAN
sortir	le trome (le treum)
comme ça	un painco
fumer	une meuf
un copain	béton
une femme	rettegaci
tomber	un reuf
noir	méfu
le métro	renoi
moi	wam
un frère	tirsor
cigarette	çacom

Vocabulaire de base

NOMS
un carnet   *notebook*
un coup   *blow*
un cri   *shout, scream*
un crime   *crime*
un ennemi, une ennemie
   enemy
le hasard   *chance, fate*
un meurtrier, une meurtrière
   murderer
un motif   *motive*
un personnage   *character (in a play, movie, book)*
un roman policier   *murder mystery*
un secret   *secret*
une situation   *situation*
un suspect   *suspect*
un témoin   *witness*
une victime   *victim*
un voleur, une voleuse   *thief, robber*

ADJECTIFS
coupable   *guilty*
évident(e)   *obvious*
innocent(e)   *innocent*
vivant(e)   *alive*

VERBES
abandonner   *to abandon*
cacher   *to hide*
continuer (à)   *to continue*
crier   *to scream, to shout*
indiquer   *to indicate*
interroger   *to interrogate, to question*
mentir (*conjugué comme* sortir)
   to lie
se suicider   *to commit suicide*
tirer (sur qqn)   *to shoot (someone)*

tuer   *to kill*
vérifier   *to verify, to check*
voler   *to steal*

DIVERS
aucun(e)   *not one, not any*
avoir des doutes   *to have (some) doubts*
d'après   *according to*
finalement   *finally*
exprès   *on purpose*
jusqu'à + *nom   until + noun*
jusqu'à ce que + *subjonctif   until + subjunctive*
le lendemain   *day after, next day*
ne... que   *only*
par hasard   *by chance*
pourtant   *however*
la veille   *day before, eve*
y compris   *including*

Vocabulaire supplémentaire

NOMS

un alibi *alibi*
une arme *weapon*
un coup de feu *shot*
une enquête *investigation*
un inspecteur, une inspectrice
  inspector (police)
un meurtre *murder*
le poison *poison*
un revolver *revolver, gun*
un suicide *suicide*

ADJECTIFS

armé(e) *armed*
délicat(e) *delicate*

DIVERS

donner un coup à qqn *to hit someone*
en effet *indeed*
en vouloir à qqn *to have something against someone, to have a grudge against someone*

LE FRANÇAIS FAMILIER

descendre quelqu'un = tuer quelqu'un avec un revolver
piquer = voler
un polar = un roman policier
une taule = une prison
un gangster *gangster*
un hold-up *robbery*

Rédacteur en chef: *Isabelle Kaplan*	Revue périodique • Un numéro
Rédacteurs adjoints: *Laura K. Heilenman et Claude Toussaint Tournier*	tous les quatre chapitres
Assistante de production: *Jackie Rebisz*	Publiée à l'aide de documentations internationales

PRINTEMPS
DEUXIÈME SEMESTRE

Numéro 6

DOSSIER SPÉCIAL
LA FRANCOPHONIE

ÉDITORIAL

"Ne soyez pas prisonnier d'une seule langue"

Le titre de cet article peut nous servir d'éditorial au moment où nous arrivons à la fin de cette première année d'études de français. La langue maternelle que nous avons apprise, sans le savoir, est source de notre pouvoir. Par elle, nous pouvons nommer les objets, exprimer nos émotions, communiquer nos idées. Mais attention! Elle peut aussi nous enfermer dans un monde monochrome, où les voix des autres ne sont que les échos de notre propre voix et où les idées des autres ne sont que l'écho de nos pensées.

Par contre les autres langues nous ouvrent d'autres horizons. Elles nous appellent à l'aventure, elles nous invitent à découvrir d'autres idées, d'autres pensées. Elles nous permettent d'entendre d'autres voix. Les langues sont toute notre vie, elles enferment tout notre monde. Par elles, nous entrons dans le cercle de l'humanité toute entière, dans sa variété infinie et toujours renouvelée. La langue, c'est notre bagage de voyageur, notre monnaie d'échange. Je te parle, tu me parles, et nous commençons à nous connaître, nous cherchons à nous comprendre.

Le voyage sera long, et il nous faut un bon bagage!

Ouvrez ce dossier **Francophonie** et voyez ce qu'une seule langue ouvre à vos découvertes. Pour chaque peuple, pour chaque culture, le français est vivant, différent et le même tout à la fois! Est-ce *la francophonie* ou *des francophonies?*

NE SOYEZ PAS PRISONNIER D'UNE SEULE LANGUE

ENTRETIEN AVEC YOUSSEF CHAHINE

Cinéaste mondialement connu, Youssef Chahine est né à Alexandrie (Égypte) en 1926 et y a fait ses études. Après des séjours au Liban et en Espagne, il produit La Terre (1969) qui lui vaut une notoriété internationale ainsi que Le Moineau (1972). En 1979 Alexandrie pourquoi? obtient l'Ours d'Argent et le Prix du Jury au Festival de Berlin. Le Sixième Jour (1986) s'est vu couronné au même festival. Youssef Chahine est membre du Haut Conseil de la Francophonie.

Comment avez-vous appris la langue française?

Je la parlais déjà à la maison. Maman m'apprenait des chansons françaises quand j'étais tout petit. Et puis il y avait les films chantants... Un moyen merveilleux pour apprendre une langue, c'est de chanter des chansons. Ça a dû commencer comme ça. Je ne me rappelle pas avoir décidé d'apprendre le français : le français existait à la maison. Ensuite, je suis entré à l'école primaire, une école de Frères jusqu'à ce qu'on appelle « la première communion ». Puis, je suis allé à une petite école qui était près de la maison et j'ai terminé à Victoria College.

Donc, le français est lié à votre prime enfance?

Oui certes, mais il y avait aussi le grec que j'ai oublié. Pourquoi est-ce que j'ai oublié le grec, pas le français?

Magazine du monde français pour les étudiants de "Voilà!"

FRANCOPHONE

États généraux d'artistes et d'écrivains francophones

Deux manifestations francophones se sont tenues à Paris en novembre et en décembre derniers. Il s'agit des États généraux de la chanson francophone suivis de ceux des écrivains francophones, organisés à l'initiative du ministre français chargé de la Francophonie, M. Alain Decaux.

Auteurs, compositeurs, interprètes, producteurs et éditeurs, dont les compositeurs-interprètes Toto Bissainthe (Haïti), Pierre Akendengue (Gabon), Yves Duteil (France), ont insisté pour que des quotas de diffusion soient imposés aux radios et aux télévisions afin que la chanson francophone ne devienne pas un genre en voie de disparition.

Quant aux écrivains francophones, qui étaient une centaine en provenance d'une quarantaine de pays, ils ont confronté leurs expériences sur leurs œuvres, leur statut et leur usage de la langue française, et ont présenté un cahier de doléances. Parmi celles-ci, les auteurs réclament notamment le développement des bibliothèques, la diffusion en français des connaissances scientifiques, la création d'une publication commune, et des politiques de co-éditions scolaires, universitaires et en littérature générale.

MICHEL RIVARD CHANTE LA LANGUE FRANÇAISE

Valeur sûre de la chanson populaire au Québec, le chanteur Michel Rivard intitule *Le cœur de ma vie* une de ses récentes compositions à succès qui est une ballade à la langue française.

QUÉBEC : *la loi, c'est la loi*

« Je me souviens » : au Québec, cette phrase-totem, inscrite sur la plaque minéralogique des voitures, symbolise l'opiniâtreté québécoise dans la défense du français, longue bataille puisque le débat sur les langues, issu de la conquête britannique de 1763, n'a éveillé l'intérêt de l'Assemblée législative qu'au début du XXe siècle.

C'est en 1910 qu'est votée la loi Lavergne, qui impose le bilinguisme pour les documents d'utilité publique. En 1937, une deuxième loi, accordant la priorité à la version française dans l'énoncé des textes législatifs, fut promulguée par le gouvernement de Maurice Duplessis, puis abrogée un an plus tard, sous la pression des anglophones... Dans les années 1960, le souci de préserver l'identité québécoise émerge avec une acuité nouvelle.

En 1969, une troisième loi linguistique consacre le caractère bilingue du Canada. Il s'y ajoute, en 1974, des mesures qui instaurent le français comme langue officielle du Québec, restreignant la liberté d'accès à l'école anglaise et incitant à l'usage du français dans les affaires. Cependant, l'anglais demeure beaucoup plus protégé au Québec que ne l'est le français dans les autres provinces. C'est pourquoi, en 1977, le premier gouvernement de René Lévesque votera la « charte de la langue française », pierre angulaire du statut du français au Québec.

Le cœur de ma vie

C'est la langue qui court
Dans les rues de ma ville
Comme une chanson d'amour
Au refrain malhabile
Elle est fière et rebelle
Et se blesse souvent
Sur les murs des gratte-ciel
Contre les tours d'argent

Elle n'est pas toujours belle
Mais vivante elle se bat
En mémoire fidèle
De nos maux de nos voix
De nos éclats de rire
Et de colère aussi
C'est la langue de mon cœur
Et le cœur de ma vie

C'est une langue de France
Aux accents d'Amérique
Elle déjoue le silence
À grands coups de musique
C'est la langue de mon cœur
Et le cœur de ma vie
Que jamais elle ne meure
Que jamais on ne l'oublie...

Il faut pour la défendre
La parler de son mieux
Il faut la faire entendre
Faut la secouer un peu
Il faut la faire aimer
À ces gens près de nous
Qui se croient menacés
De nous savoir debout

Il faut la faire aimer
À ces gens de partout
Venus trouver chez nous
Un goût de liberté
Elle a les mots qu'il faut
Pour nommer le pays
Pour qu'on parle de lui
Qu'on le chante tout haut

MARTINIQUE, MALI, MADAGASCAR:
Des littératures qui bougent

Que les littératures en langue française se portent plutôt bien, en voici trois nouveaux exemples : le succès rencontré pour un beau roman créole, la confirmation du talent d'un écrivain malien, hélas décédé l'an passé, les promesses tenues d'une romancière malgache qui témoigne du renouveau culturel de son pays.

Michelle Rakotoson,
LE BAIN DES RELIQUES,
Karthala, 1988

Longtemps réduite à l'œuvre de trois poètes, popularisés par l'*Anthologie de la nouvelle poésie nègre et malgache de langue française* de Léopold Senghor, la littérature malgache en langue française est-elle à la veille d'une nouvelle naissance?

Par son écriture maîtrisée, par la subtilité des réflexions auxquelles il invite, le roman de Michelle Rakotoson ouvre bien une page nouvelle de la littérature malgache.

Raphaël Confiant,
LE NÈGRE ET L'AMIRAL,
Grasset, 1988

Publié à l'automne 1988, le premier roman écrit en français par le Martiniquais Raphaël Confiant (il avait antérieurement publié en créole trois romans, des nouvelles, des poèmes...) a été très défavorablement accueilli par la critique parisienne.

Massa Makan Diabaté,
UNE HYÈNE À JEUN,
« Monde noir poche »,
Hatier, 1988

Le décès brutal de l'écrivain malien Massa Makan Diabaté, en janvier 1988, oblige à lire *Une hyène à jeun* comme la conclusion posthume d'une œuvre interrompue. Appartenant à une illustre famille de griots, il s'était fait connaître, au début des années 1970, en recueillant et publiant des contes populaires, des légendes et des chants.

---

francophonie: un mot à la mode

Le mot *francophonie*, dont Onésime Reclus serait l'auteur en 1880, aura donc cent-dix ans cette année.

Francophonie: Communauté de langue des pays francophones; ensemble des pays francophones.—Collectivité que forment les peuples parlant le français. *Petit Larousse illustré*

Francophone: Qui parle habituellement le français, au moins dans certaines circonstances de la communication, soit comme langue maternelle, soit comme langue seconde. (En parlant d'un groupe, d'une région) Dans lequel le français est pratiqué en tant que langue maternelle, officielle ou véhiculaire (même si les individus ne parlent pas tous le français). *Le Petit Robert*

Dans la Francophonie, il s'agit de mettre l'accent sur la culture, sans répudier, pour autant, l'économie ni la politique.

Léopold Sédar Senghor
Ce que je crois, 1988

La langue, la culture et la civilisation française appartiennent à toutes les familles spirituelles et politiques de notre pays et des autres pays qui se réfèrent à notre langue. La langue française est médiatrice et non pas impératrice.

Xavier Deniau
à l'Assemblée nationale française, 1976

LOUISIANE CADJINE

Par Jean Charpantier

État des États-Unis, la Louisiane d'aujourd'hui, qui correspond, pour simplifier, au Delta du Mississipi, n'est qu'une infime partie de celle de Louis XIV, laquelle couvrait la totalité du bassin du fleuve. Sur les 4 250 000 habitants qui la peuplent, 8 % peut-être parlent le français (ou ses variantes locales, acadiennes et créoles) comme langue maternelle. Mais fort peu le transmettent à leurs enfants. Comment ne pourraient-ils pas être submergés par l'océan d'anglophonie qui les enserre, si aucun des instruments de la puissance (l'économie, — ici le pétrole; la science, — ici l'université; le pouvoir, — ici le Congrès de Washington et de la communication, — ici la télévision) ne leur appartient?

Louisiane: la filière francophone

Louisiana Open House 1990: Réunion du monde francophone était le thème du quatrième festival international de Louisiane, qui s'est déroulé à Lafayette du 17 au 22 avril 1990. Soit six jours de musique, de danse, d'expositions artistiques, de théâtre, de cinéma, sans oublier la cuisine, en provenance d'une vingtaine de pays francophones pour célébrer, en pays cajun, ce que le très sérieux *Wall Street Journal* qualifie de «cultural connection» entre la Louisiane française et le monde francophone.

Pour tout renseignement, Festival international de Louisiane, P.O.B. 4008, Lafayette, La. 70502, États-Unis.

Jeux de langage

CHARADES

Mon premier est un petit mot affirmatif,
Mon second est au milieu de la figure,
Mon troisième exprime la possession
Mon tout s'appelle aussi le septième art.

Mon premier est le résultat du mariage
Mon second marque la direction
Mon troisième est au cœur du vieux Paris
On sort de mon tout après quatre ans.

À vous. Créez vos charades. Voici des mots pour essayer :
maison = mais/on ou mes/on
Amérique = à/mer/y/que

OPTIMISTE?
PESSIMISTE?

La vie quotidienne en dicton

Toi tu vois la vie en rose! Tu prends la vie du bon côté! Tu es heureux comme un poisson dans l'eau. Je crois vraiment que tu es né sous une bonne étoile!

Tu vois, moi, c'est tout le contraire. Je suis toujours dans le pétrin! Je me fais de la bile pour tout, ça me donne le cafard! Il ne m'arrive que des tuiles, je n'arrête pas de me faire des cheveux blancs!

Les vacances de Simon
(suite et fin)

Une nouvelle par Angèle Kingué

J'entendis quelqu'un annoncer que la porte venait de s'ouvrir, et que les passagers descendaient de l'avion. Il apparut soudain, vêtu d'une veste de daim, avec ce même sourire de charmeur, et l'œil vif. Je lui sautai au cou, en criant son nom, il m'embrassa sans prononcer mon nom, embrassa mes parents, mon frère, mes sœurs et tout le reste de la famille! Il se rappelait de tout le monde, et appelait chacun par son nom. «Mais comment se fait-il qu'il ne m'ait pas encore appelée par mon nom?», me demandai-je. Ça y était, mon frère m'avait oubliée. C'est alors que je l'entendis demander: «Mais où est Angèle?»

«Mais tu l'as saluée la première!»

«Mon Dieu! Joli bébé, tu as grandi, tu es une vraie femme. Je ne t'avais pas reconnue, tourne-toi que je te regarde. Comme tu es belle!»

J'avais un gros paquet de sucre dans le cœur. Je souris, fis une virevolte et lui sautai au cou. Après le dîner, il se rappelait des plats traditionnels et les mangea avec appétit, il nous raconta les histoires du Mans et de Toulouse, les deux villes dans lesquelles il avait étudié. Il parlait beaucoup de ses amis martiniquais et marocains. «Là-bas», nous disait-il, «si quelqu'un vous dit: «on va prendre un pot?», vous devez payez votre part.»

«Mais pourquoi?» disions-nous.

«Là-bas les bus sont silencieux: on lit ou on dort, on ne crie pas fort, on ne parle pas au voisin, et on ne connaît pas toujours ses voisins. On marche très vite, il y a de grands bâtiments qui s'étendent à perte de vue...»

Le lendemain, je me précipitais chez Yomkil lui raconter que mon frère n'avait pas attrapé la maladie des revenants lui, qu'il mangeait tout, parlait encore très bien le Mbang.

Bref, mon frère était un vrai gars, UN VRAI AFRICAIN.

Verbes

▲ A. Verbs *être* and *avoir*

VERBE: avoir

INFINITIF avoir (*to have*)
PARTICIPE PRÉSENT ayant
PARTICIPE PASSÉ eu

INDICATIF

PRÉSENT	PASSÉ COMPOSÉ	IMPARFAIT	PLUS-QUE-PARFAIT	PASSÉ SIMPLE	FUTUR ANTÉRIEUR	FUTUR
ai	ai eu	avais	avais eu	eus	aurai eu	aurai
as	as eu	avais	avais eu	eus	auras eu	auras
a	a eu	avait	avait eu	eut	aura eu	aura
avons	avons eu	avions	avions eu	eûmes	aurons eu	aurons
avez	avez eu	aviez	aviez eu	eûtes	aurez eu	aurez
ont	ont eu	avaient	avaient eu	eurent	auront eu	auront

CONDITIONNEL

PRÉSENT DU CONDITIONNEL	CONDITIONNEL PASSÉ
aurais	aurais eu
aurais	aurais eu
aurait	aurait eu
aurions	aurions eu
auriez	auriez eu
auraient	auraient eu

SUBJONCTIF

PRÉSENT DU SUBJONCTIF
que j' aie
que tu aies
qu'il/elle ait
que nous ayons
que vous ayez
qu'ils/elles aient

IMPÉRATIF

aie
ayons
ayez

VERBE: être

INFINITIF être (*to be*)
PARTICIPE PRÉSENT étant
PARTICIPE PASSÉ été

INDICATIF

PRÉSENT	PASSÉ COMPOSÉ	IMPARFAIT	PLUS-QUE-PARFAIT	PASSÉ SIMPLE	FUTUR ANTÉRIEUR	FUTUR
suis	ai été	étais	avais été	fus	aurai été	serai
es	as été	étais	avais été	fus	auras été	seras
est	a été	était	avait été	fut	aura été	sera
sommes	avons été	étions	avions été	fûmes	aurons été	serons
êtes	avez été	étiez	aviez été	fûtes	aurez été	serez
sont	ont été	étaient	avaient été	furent	auront été	seront

CONDITIONNEL

PRÉSENT DU CONDITIONNEL	CONDITIONNEL PASSÉ
serais	aurais été
serais	aurais été
serait	aurait été
serions	aurions été
seriez	auriez été
seraient	auraient été

SUBJONCTIF

PRÉSENT DU SUBJONCTIF
sois
sois
soit
soyons
soyez
soient

IMPÉRATIF

sois
soyons
soyez

▲ B. Regular verbs

-er verbs — INFINITIF: **parler** (to speak)

PARTICIPE PRÉSENT: parlant
PARTICIPE PASSÉ: parlé

INDICATIF

PRÉSENT	IMPARFAIT	PASSÉ SIMPLE	FUTUR
parle	parlais	parlai	parlerai
parles	parlais	parlas	parleras
parle	parlait	parla	parlera
parlons	parlions	parlâmes	parlerons
parlez	parliez	parlâtes	parlerez
parlent	parlaient	parlèrent	parleront

PASSÉ COMPOSÉ	PLUS-QUE-PARFAIT	FUTUR ANTÉRIEUR
ai parlé	avais parlé	aurai parlé
as parlé	avais parlé	auras parlé
a parlé	avait parlé	aura parlé
avons parlé	avions parlé	aurons parlé
avez parlé	aviez parlé	aurez parlé
ont parlé	avaient parlé	auront parlé

SUBJONCTIF

PRÉSENT DU SUBJONCTIF
parle
parles
parle
parlions
parliez
parlent

CONDITIONNEL

CONDITIONNEL	CONDITIONNEL PASSÉ
parlerais	aurais parlé
parlerais	aurais parlé
parlerait	aurait parlé
parlerions	aurions parlé
parleriez	auriez parlé
parleraient	auraient parlé

IMPÉRATIF

parle
parlons
parlez

-ir verbs — INFINITIF: **dormir*** (to sleep)

PARTICIPE PRÉSENT: dormant
PARTICIPE PASSÉ: dormi

INDICATIF

PRÉSENT	IMPARFAIT	PASSÉ SIMPLE	FUTUR
dors	dormais	dormis	dormirai
dors	dormais	dormis	dormiras
dort	dormait	dormit	dormira
dormons	dormions	dormîmes	dormirons
dormez	dormiez	dormîtes	dormirez
dorment	dormaient	dormirent	dormiront

PASSÉ COMPOSÉ	PLUS-QUE-PARFAIT	FUTUR ANTÉRIEUR
ai dormi	avais dormi	aurai dormi
as dormi	avais dormi	auras dormi
a dormi	avait dormi	aura dormi
avons dormi	avions dormi	aurons dormi
avez dormi	aviez dormi	aurez dormi
ont dormi	avaient dormi	auront dormi

SUBJONCTIF

PRÉSENT DU SUBJONCTIF
dorme
dormes
dorme
dormions
dormiez
dorment

CONDITIONNEL

CONDITIONNEL	CONDITIONNEL PASSÉ
dormirais	aurais dormi
dormirais	aurais dormi
dormirait	aurait dormi
dormirions	aurions dormi
dormiriez	auriez dormi
dormiraient	auraient dormi

IMPÉRATIF

dors
dormons
dormez

---

*Other verbs like **dormir** are **mentir, partir, sortir, s'endormir.** Note that **partir, sortir,** and **s'endormir** are conjugated with **être** in the *passé composé.*

-ir verbs

INFINITIF: **finir** (to finish)
PARTICIPE PRÉSENT: finissant
PARTICIPE PASSÉ: fini

INDICATIF

PRÉSENT	IMPARFAIT	PASSÉ SIMPLE	FUTUR
finis	finissais	finis	finirai
finis	finissais	finis	finiras
finit	finissait	finit	finira
finissons	finissions	finîmes	finirons
finissez	finissiez	finîtes	finirez
finissent	finissaient	finirent	finiront

PASSÉ COMPOSÉ	PLUS-QUE-PARFAIT	FUTUR ANTÉRIEUR
ai fini	avais fini	aurai fini
as fini	avais fini	auras fini
a fini	avait fini	aura fini
avons fini	avions fini	aurons fini
avez fini	aviez fini	aurez fini
ont fini	avaient fini	auront fini

CONDITIONNEL

CONDITIONNEL	CONDITIONNEL PASSÉ
finirais	aurais fini
finirais	aurais fini
finirait	aurait fini
finirions	aurions fini
finiriez	auriez fini
finiraient	auraient fini

SUBJONCTIF

PRÉSENT DU SUBJONCTIF: finisse, finisses, finisse, finissions, finissiez, finissent

IMPÉRATIF

finis, finissons, finissez

-re verbs

INFINITIF: **vendre†** (to sell)
PARTICIPE PRÉSENT: vendant
PARTICIPE PASSÉ: vendu

INDICATIF

PRÉSENT	IMPARFAIT	PASSÉ SIMPLE	FUTUR
vends	vendais	vendis	vendrai
vends	vendais	vendis	vendras
vend	vendait	vendit	vendra
vendons	vendions	vendîmes	vendrons
vendez	vendiez	vendîtes	vendrez
vendent	vendaient	vendirent	vendront

PASSÉ COMPOSÉ	PLUS-QUE-PARFAIT	FUTUR ANTÉRIEUR
ai vendu	avais vendu	aurai vendu
as vendu	avais vendu	auras vendu
a vendu	avait vendu	aura vendu
avons vendu	avions vendu	aurons vendu
avez vendu	aviez vendu	aurez vendu
ont vendu	avaient vendu	auront vendu

CONDITIONNEL

CONDITIONNEL	CONDITIONNEL PASSÉ
vendrais	aurais vendu
vendrais	aurais vendu
vendrait	aurait vendu
vendrions	aurions vendu
vendriez	auriez vendu
vendraient	auraient vendu

SUBJONCTIF

PRÉSENT DU SUBJONCTIF: vende, vendes, vende, vendions, vendiez, vendent

IMPÉRATIF

vends, vendons, vendez

---

*Other verbs like **finir** are **agir, choisir, grossir, maigrir, réfléchir, réussir.**
†Other verbs like **vendre** are **attendre, descendre, perdre, rendre, répondre.** Note that **descendre** is conjugated with **être** in the *passé composé.*

▶ C. Reflexive verbs

VERBE	INDICATIF				CONDITIONNEL	SUBJONCTIF	IMPÉRATIF
se laver (*to wash oneself*)	**PRÉSENT** me lave te laves se lave nous lavons vous lavez se lavent	**IMPARFAIT** me lavais te lavais se lavait nous lavions vous laviez se lavaient	**PASSÉ SIMPLE** me lavai te lavas se lava nous lavâmes vous lavâtes se lavèrent	**FUTUR** me laverai te laveras se lavera nous laverons vous laverez se laveront	**CONDITIONNEL** me laverais te laverais se laverait nous laverions vous laveriez se laveraient	**PRÉSENT DU SUBJONCTIF** me lave te laves se lave nous lavions vous laviez se lavent	lave-toi lavons-nous lavez-vous
INFINITIF	**PASSÉ COMPOSÉ** me suis lavé(e) t'es lavé(e) s'est lavé(e) nous sommes lavé(e)s vous êtes lavé(e)(s) se sont lavé(e)s	**PLUS-QUE-PARFAIT** m'étais lavé(e) t'étais lavé(e) s'était lavé(e) nous étions lavé(e)s vous étiez lavé(e)(s) s'étaient lavé(e)s	**FUTUR ANTÉRIEUR** me serai lavé(e) te seras lavé(e) se sera lavé(e) nous serons lavé(e)s vous serez lavé(e)(s) se seront lavé(e)s		**CONDITIONNEL PASSÉ** me serais lavé(e) te serais lavé(e) se serait lavé(e) nous serions lavé(e)(s) vous seriez lavé(e)(s) se seraient lavé(e)s		
PARTICIPE PRÉSENT se lavant							
PARTICIPE PASSÉ lavé							

▶ D. Verbs with spelling changes

VERBE	PRÉSENT	IMPARFAIT	PASSÉ COMPOSÉ	PASSÉ SIMPLE	FUTUR	CONDITIONNEL	PRÉSENT DU SUBJONCTIF	IMPÉRATIF
manger* (*to eat*) mangeant mangé	mange manges mange mangeons mangez mangent	mangeais mangeais mangeait mangions mangiez mangeaient	ai mangé as mangé a mangé avons mangé avez mangé ont mangé	mangeai mangeas mangea mangeâmes mangeâtes mangèrent	mangerai mangeras mangera mangerons mangerez mangeront	mangerais mangerais mangerait mangerions mangeriez mangeraient	mange manges mange mangions mangiez mangent	mange mangeons mangez

*Other verbs like **manger** are **bouger, changer, déménager, diriger, interroger, loger, nager, neiger, partager, ranger, voyager.**

VERBE	PRÉSENT	IMPARFAIT	PASSÉ COMPOSÉ	PASSÉ SIMPLE	FUTUR	CONDITIONNEL	PRÉSENT DU SUBJONCTIF	IMPÉRATIF
commencer*	commence	commençais	ai commencé	commençai	commencerai	commencerais	commence	
(to begin)	commences	commençais	as commencé	commenças	commenceras	commencerais	commences	commence
commençant	commence	commençait	a commencé	commença	commencera	commencerait	commence	
commencé	commençons	commencions	avons commencé	commençâmes	commencerons	commencerions	commencions	commençons
	commencez	commenciez	avez commencé	commençâtes	commencerez	commenceriez	commenciez	commencez
	commencent	commençaient	ont commencé	commencèrent	commenceront	commenceraient	commencent	
essayer†	essaie	essayais	ai essayé	essayai	essaierai	essaierais	essaie	
(to try)	essaies	essayais	as essayé	essayas	essaieras	essaierais	essaies	essaie
essayant	essaie	essayait	a essayé	essaya	essaiera	essaierait	essaie	
essayé	essayons	essayions	avons essayé	essayâmes	essaierons	essaierions	essayions	essayons
	essayez	essayiez	avez essayé	essayâtes	essaierez	essaieriez	essayiez	essayez
	essaient	essayaient	ont essayé	essayèrent	essaieront	essaieraient	essaient	
acheter‡	achète	achetais	ai acheté	achetai	achèterai	achèterais	achète	
(to buy)	achètes	achetais	as acheté	achetas	achèteras	achèterais	achètes	achète
achetant	achète	achetait	a acheté	acheta	achètera	achèterait	achète	
acheté	achetons	achetions	avons acheté	achetâmes	achèterons	achèterions	achetions	achetons
	achetez	achetiez	avez acheté	achetâtes	achèterez	achèteriez	achetiez	achetez
	achètent	achetaient	ont acheté	achetèrent	achèteront	achèteraient	achètent	
préférer§	préfère	préférais	ai préféré	préférai	préférerai	préférerais	préfère	
(to prefer)	préfères	préférais	as préféré	préféras	préféreras	préférerais	préfères	préfère
préférant	préfère	préférait	a préféré	préféra	préférera	préférerait	préfère	
préféré	préférons	préférions	avons préféré	préférâmes	préférerons	préférerions	préférions	préférons
	préférez	préfériez	avez préféré	préférâtes	préférerez	préféreriez	préfériez	préférez
	préfèrent	préféraient	ont préféré	préférèrent	préféreront	préféreraient	préfèrent	
appeler	appelle	appelais	ai appelé	appelai	appellerai	appellerais	appelle	
(to call)	appelles	appelais	as appelé	appelas	appelleras	appellerais	appelles	appelle
appelant	appelle	appelait	a appelé	appela	appellera	appellerait	appelle	
appelé	appelons	appelions	avons appelé	appelâmes	appellerons	appellerions	appelions	appelons
	appelez	appeliez	avez appelé	appelâtes	appellerez	appelleriez	appeliez	appelez
	appellent	appelaient	ont appelé	appelèrent	appelleront	appelleraient	appellent	

*Other verbs like **commencer** are **divorcer, se fiancer, menacer.**
†Other verbs like **essayer** are **employer, (s')ennuyer, payer.**
‡Other verbs like **acheter** are **emmener, (se) lever, (se) promener.**
§Other verbs like **préférer** are **espérer, (se) sécher.**

▲ E. Irregular verbs

VERBE	PRÉSENT	IMPARFAIT	PASSÉ COMPOSÉ	PASSÉ SIMPLE	FUTUR	CONDITIONNEL	PRÉSENT DU SUBJONCTIF	IMPÉRATIF
aller	vais	allais	suis allé(e)	allai	irai	irais	aille	
(to go)	vas	allais	es allé(e)	allas	iras	irais	ailles	va
allant	va	allait	est allé(e)	alla	ira	irait	aille	
allé	allons	allions	sommes allé(e)s	allâmes	irons	irions	allions	allons
	allez	alliez	êtes allé(e)(s)	allâtes	irez	iriez	alliez	allez
	vont	allaient	sont allé(e)s	allèrent	iront	iraient	aillent	
boire	bois	buvais	ai bu	bus	boirai	boirais	boive	
(to drink)	bois	buvais	as bu	bus	boiras	boirais	boives	bois
buvant	boit	buvait	a bu	but	boira	boirait	boive	
bu	buvons	buvions	avons bu	bûmes	boirons	boirions	buvions	buvons
	buvez	buviez	avez bu	bûtes	boirez	boiriez	buviez	buvez
	boivent	buvaient	ont bu	burent	boiront	boiraient	boivent	
conduire	conduis	conduisais	ai conduit	conduisis	conduirai	conduirais	conduise	
(to lead,	conduis	conduisais	as conduit	conduisis	conduiras	conduirais	conduises	conduis
to drive)	conduit	conduisait	a conduit	conduisit	conduira	conduirait	conduise	
conduisant	conduisons	conduisions	avons conduit	conduisîmes	conduirons	conduirions	conduisions	conduisons
conduit	conduisez	conduisiez	avez conduit	conduisîtes	conduirez	conduiriez	conduisiez	conduisez
	conduisent	conduisaient	ont conduit	conduisirent	conduiront	conduiraient	conduisent	
connaître	connais	connaissais	ai connu	connus	connaîtrai	connaîtrais	connaisse	
(to know)	connais	connaissais	as connu	connus	connaîtras	connaîtrais	connaisses	connais
connaissant	connaît	connaissait	a connu	connut	connaîtra	connaîtrait	connaisse	
connu	connaissons	connaissions	avons connu	connûmes	connaîtrons	connaîtrions	connaissions	connaissons
	connaissez	connaissiez	avez connu	connûtes	connaîtrez	connaîtriez	connaissiez	connaissez
	connaissent	connaissaient	ont connu	connurent	connaîtront	connaîtraient	connaissent	
courir	cours	courais	ai couru	courus	courrai	courrais	coure	
(to run)	cours	courais	as couru	courus	courras	courrais	coures	cours
courant	court	courait	a couru	courut	courra	courrait	coure	
couru	courons	courions	avons couru	courûmes	courrons	courrions	courions	courons
	courez	couriez	avez couru	courûtes	courrez	courriez	couriez	courez
	courent	couraient	ont couru	coururent	courront	courraient	courent	
croire	crois	croyais	ai cru	crus	croirai	croirais	croie	
(to believe)	crois	croyais	as cru	crus	croiras	croirais	croies	crois
croyant	croit	croyait	a cru	crut	croira	croirait	croie	
cru	croyons	croyions	avons cru	crûmes	croirons	croirions	croyions	croyons
	croyez	croyiez	avez cru	crûtes	croirez	croiriez	croyiez	croyez
	croient	croyaient	ont cru	crurent	croiront	croiraient	croient	

VERBE	PRÉSENT	IMPARFAIT	PASSÉ COMPOSÉ	PASSÉ SIMPLE	FUTUR	CONDITIONNEL	PRÉSENT DU SUBJONCTIF	IMPÉRATIF
devoir (to have to, to owe) devant dû	dois	devais	ai dû	dus	devrai	devrais	doive	
	dois	devais	as dû	dus	devras	devrais	doives	dois
	doit	devait	a dû	dut	devra	devrait	doive	
	devons	devions	avons dû	dûmes	devrons	devrions	devions	devons
	devez	deviez	avez dû	dûtes	devrez	devriez	deviez	devez
	doivent	devaient	ont dû	durent	devront	devraient	doivent	
dire (to say, to tell) disant dit	dis	disais	ai dit	dis	dirai	dirais	dise	
	dis	disais	as dit	dis	diras	dirais	dises	dis
	dit	disait	a dit	dit	dira	dirait	dise	
	disons	disions	avons dit	dîmes	dirons	dirions	disions	disons
	dites	disiez	avez dit	dîtes	direz	diriez	disiez	dites
	disent	disaient	ont dit	dirent	diront	diraient	disent	
écrire* (to write) écrivant écrit	écris	écrivais	ai écrit	écrivis	écrirai	écrirais	écrive	
	écris	écrivais	as écrit	écrivis	écriras	écrirais	écrives	écris
	écrit	écrivait	a écrit	écrivit	écrira	écrirait	écrive	
	écrivons	écrivions	avons écrit	écrivîmes	écrirons	écririons	écrivions	écrivons
	écrivez	écriviez	avez écrit	écrivîtes	écrirez	écririez	écriviez	écrivez
	écrivent	écrivaient	ont écrit	écrivirent	écriront	écriraient	écrivent	
envoyer (to send) envoyant envoyé	envoie	envoyais	ai envoyé	envoyai	enverrai	enverrais	envoie	
	envoies	envoyais	as envoyé	envoyas	enverras	enverrais	envoies	envoie
	envoie	envoyait	a envoyé	envoya	enverra	enverrait	envoie	
	envoyons	envoyions	avons envoyé	envoyâmes	enverrons	enverrions	envoyions	envoyons
	envoyez	envoyiez	avez envoyé	envoyâtes	enverrez	enverriez	envoyiez	envoyez
	envoient	envoyaient	ont envoyé	envoyèrent	enverront	enverraient	envoient	
faire (to do, to make) faisant fait	fais	faisais	ai fait	fis	ferai	ferais	fasse	
	fais	faisais	as fait	fis	feras	ferais	fasses	fais
	fait	faisait	a fait	fit	fera	ferait	fasse	
	faisons	faisions	avons fait	fîmes	ferons	ferions	fassions	faisons
	faites	faisiez	avez fait	fîtes	ferez	feriez	fassiez	faites
	font	faisaient	ont fait	firent	feront	feraient	fassent	
falloir (to be necessary) fallu	il faut	il fallait	il a fallu	il fallut	il faudra	il faudrait	il faille	

*Other verb conjugated like **écrire: décrire.**

VERBE	PRÉSENT	IMPARFAIT	PASSÉ COMPOSÉ	PASSÉ SIMPLE	FUTUR	CONDITIONNEL	PRÉSENT DU SUBJONCTIF	IMPÉRATIF
lire (*to read*) lisant lu	lis lis lit lisons lisez lisent	lisais lisais lisait lisions lisiez lisaient	ai lu as lu a lu avons lu avez lu ont lu	lus lus lut lûmes lûtes lurent	lirai liras lira lirons lirez liront	lirais lirais lirait lirions liriez liraient	lise lises lise lisions lisiez lisent	lis lisons lisez
mettre* (*to put*) mettant mis	mets mets met mettons mettez mettent	mettais mettais mettait mettions mettiez mettaient	ai mis as mis a mis avons mis avez mis ont mis	mis mis mit mîmes mîtes mirent	mettrai mettras mettra mettrons mettrez mettront	mettrais mettrais mettrait mettrions mettriez mettraient	mette mettes mette mettions mettiez mettent	mets mettons mettez
ouvrir† (*to open*) ouvrant ouvert	ouvre ouvres ouvre ouvrons ouvrez ouvrent	ouvrais ouvrais ouvrait ouvrions ouvriez ouvraient	ai ouvert as ouvert a ouvert avons ouvert avez ouvert ont ouvert	ouvris ouvris ouvrit ouvrîmes ouvrîtes ouvrirent	ouvrirai ouvriras ouvrira ouvrirons ouvrirez ouvriront	ouvrirais ouvrirais ouvrirait ouvririons ouvririez ouvriraient	ouvre ouvres ouvre ouvrions ouvriez ouvrent	ouvre ouvrons ouvrez
pleuvoir (*to rain*) pleuvant plu	il pleut	il pleuvait	il a plu	il plut	il pleuvra	il pleuvrait	il pleuve	
pouvoir (*to be able*) pouvant pu	peux peux peut pouvons pouvez peuvent	pouvais pouvais pouvait pouvions pouviez pouvaient	ai pu as pu a pu avons pu avez pu ont pu	pus pus put pûmes pûtes purent	pourrai pourras pourra pourrons pourrez pourront	pourrais pourrais pourrait pourrions pourriez pourraient	puisse puisses puisse puissions puissiez puissent	
prendre‡ (*to take*) prenant pris	prends prends prend prenons prenez prennent	prenais prenais prenait prenions preniez prenaient	ai pris as pris a pris avons pris avez pris ont pris	pris pris prit prîmes prîtes prirent	prendrai prendras prendra prendrons prendrez prendront	prendrais prendrais prendrait prendrions prendriez prendraient	prenne prennes prenne prenions preniez prennent	prends prenons prenez

*Other verbs conjugated like **mettre: permettre, promettre.**
†Other verbs conjugated like **ouvrir: découvrir, souffrir.**
‡Other verbs conjugated like **prendre: apprendre, comprendre, surprendre.**

VERBE	PRÉSENT	IMPARFAIT	PASSÉ COMPOSÉ	PASSÉ SIMPLE	FUTUR	CONDITIONNEL	PRÉSENT DU SUBJONCTIF	IMPÉRATIF
recevoir	reçois	recevais	ai reçu	reçus	recevrai	recevrais	reçoive	
(to receive)	reçois	recevais	as reçu	reçus	recevras	recevrais	reçoives	reçois
recevant	reçoit	recevait	a reçu	reçut	recevra	recevrait	reçoive	
reçu	recevons	recevions	avons reçu	reçûmes	recevrons	recevrions	recevions	recevons
	recevez	receviez	avez reçu	reçûtes	recevrez	receveriez	receviez	recevez
	reçoivent	recevaient	ont reçu	reçurent	recevront	recevraient	reçoivent	
rire*	ris	riais	ai ri	ris	rirai	rirais	rie	
(to laugh)	ris	riais	as ri	ris	riras	rirais	ries	ris
riant	rit	riait	a ri	rit	rira	rirait	rie	
ri	rions	riions	avons ri	rîmes	rirons	ririons	riions	rions
	riez	riiez	avez ri	rîtes	rirez	ririez	riiez	riez
	rient	riaient	ont ri	rirent	riront	riraient	rient	
savoir	sais	savais	ai su	sus	saurai	saurais	sache	
(to know)	sais	savais	as su	sus	sauras	saurais	saches	sache
sachant	sait	savait	a su	sut	saura	saurait	sache	
su	savons	savions	avons su	sûmes	saurons	saurions	sachions	sachons
	savez	saviez	avez su	sûtes	saurez	sauriez	sachiez	sachez
	savent	savaient	ont su	surent	sauront	sauraient	sachent	
suivre	suis	suivais	ai suivi	suivis	suivrai	suivrais	suive	
(to follow)	suis	suivais	as suivi	suivis	suivras	suivrais	suives	suis
suivant	suit	suivait	a suivi	suivit	suivra	suivrait	suive	
suivi	suivons	suivions	avons suivi	suivîmes	suivrons	suivrions	suivions	suivons
	suivez	suiviez	avez suivi	suivîtes	suivrez	suivriez	suiviez	suivez
	suivent	suivaient	ont suivi	suivirent	suivront	suivraient	suivent	
venir†	viens	venais	suis venu(e)	vins	viendrai	viendrais	vienne	
(to come)	viens	venais	es venu(e)	vins	viendras	viendrais	viennes	viens
venant	vient	venait	est venu(e)	vint	viendra	viendrait	vienne	
venu	venons	venions	sommes venu(e)s	vînmes	viendrons	viendrions	venions	venons
	venez	veniez	êtes venu(e)(s)	vîntes	viendrez	viendriez	veniez	venez
	viennent	venaient	sont venu(e)s	vinrent	viendront	viendraient	viennent	
vivre	vis	vivais	ai vécu	vécus	vivrai	vivrais	vive	
(to live)	vis	vivais	as vécu	vécus	vivras	vivrais	vives	vis
vivant	vit	vivait	a vécu	vécut	vivra	vivrait	vive	
vécu	vivons	vivions	avons vécu	vécûmes	vivrons	vivrions	vivions	vivons
	vivez	viviez	avez vécu	vécûtes	vivrez	vivriez	viviez	vivez
	vivent	vivaient	ont vécu	vécurent	vivront	vivraient	vivent	

*Other verb conjugated like **rire: sourire.**

†Other verbs conjugated like **venir: devenir, revenir, se souvenir.**

VERBE	PRÉSENT	IMPARFAIT	PASSÉ COMPOSÉ	PASSÉ SIMPLE	FUTUR	CONDITIONNEL	PRÉSENT DU SUBJONCTIF	IMPÉRATIF
voir	vois	voyais	ai vu	vis	verrai	verrais	voie	
(to see)	vois	voyais	as vu	vis	verras	verrais	voies	vois
voyant	voit	voyait	a vu	vit	verra	verrait	voie	
vu	voyons	voyions	avons vu	vîmes	verrons	verrions	voyions	voyons
	voyez	voyiez	avez vu	vîtes	verrez	verriez	voyiez	voyez
	voient	voyaient	ont vu	virent	verront	verraient	voient	
vouloir	veux	voulais	ai voulu	voulus	voudrai	voudrais	veuille	
(to wish,	veux	voulais	as voulu	voulus	voudras	voudrais	veuilles	veuille
to want)	veut	voulait	a voulu	voulut	voudra	voudrait	veuille	
voulant	voulons	voulions	avons voulu	voulûmes	voudrons	voudrions	voulions	veuillons
voulu	voulez	vouliez	avez voulu	voulûtes	voudrez	voudriez	vouliez	veuillez
	veulent	voulaient	ont voulu	voulurent	voudront	voudraient	veuillent	

Lexique

This list contains words and expressions found in the *Vocabulaires de base* and *Vocabulaires supplémentaires*. Words and expressions included in *Le français familier*, the *On entend parfois* sections, the *Mini-lexiques de téléphone et de correspondance* (Lesson 14), and the *Expressions avec les parties du corps* section (Lesson 15) are not included. The number following each entry indicates the lesson in which a particular word appears as *vocabulaire de base* (B) or as *vocabulaire supplémentaire* (S). Additional information about the use of certain words and expressions may be found in the lesson vocabulary lists as well as in the lesson(s) where they appear.

Abréviations

adj.	adjectif	*inf.*	infinitif	*qqch.*	quelque chose
adv.	adverbe	*invar.*	invariable	*qqn.*	quelqu'un
f.	féminin	*m.*	masculin	*v.*	verbe
fam.	familier	*pl.*	pluriel	*	*h* aspiré

▶ Français-Anglais

A

à in, at, to (5B); — **bientôt** see you soon (1B); — **cause de** because of (16B); — **côté de** next to, beside (5B); — **demain** see you tomorrow (1B); — **droite (de)** to the right (of) (12S/13B); — **gauche (de)** to/on the left (of) (12S/13B); — **l'aise** at ease, comfortable (person) (10S); — **l'extérieur (de)** outside (of) (10B); — **l'intérieur (de)** inside (of) (10B); — **l'étranger** abroad (19S); — **la carte** à la carte (13S); — **la radio** on the radio (17B); — **la télévision** on television (17B); — **mon avis** in my opinion (21B); — **peu près** almost, nearly, about (22B); — **pied** on foot (8B); — **quelle heure?** at what time? (6B); — **ta (votre) place** in your place, if it were me (19S); — **table** (meal)'s served, let's eat (9S); — **votre avis** according to you (10S); — **... heure(s)** at . . . o'clock (6B)

abandonner to abandon (24B)

accepter (de + *inf.*) to accept (21S)
accident (*m.*) accident (20S/21B)
acheter to buy (9B)
acteur (*m.*), **actrice** (*f.*) actor, actress (17B)
actif, active active (5S)
activité (*f.*) activity (21S)
actuel, actuelle present, current (21S)
(s')adapter à to adapt to (21S)
addition (*f.*) restaurant bill, check (13B)
adjectif (*m.*) adjective
adolescent (*m.*), **adolescente** (*f.*) adolescent, teenager (5S)
adorable adorable (15S)
adorer to love (4B)
adresse (*f.*) address (10S/14B)
adulte (*m.*) adult (5S)
aéroport (*m.*) airport (19B)
affaires (*f., pl.*) belongings, stuff (11B); business (12B)
affiche (*f.*) poster (1S/3B)
Afrique (*f.*) Africa (19B)
africain(e) African (19S)
âgé(e) old, elderly (5S)
agir to act (21B)

agréable agreeable, nice, pleasant (3B)
agriculteur (*m.*) farmer (12S/18B)
aider (qqn à + *inf.*) to help (18B)
aimer to like, to love (4B); — **mieux (que)** to like better (than); to prefer (4B)
aîné(e) (*m. ou f.*) oldest (person in family) (22B)
Algérie (*f.*) Algeria (19B)
algérien, algérienne Algerian (18S)
alibi (*m.*) alibi (24S)
Allemagne (*f.*) Germany (19B)
allemand(e) German (19S)
aller to go (6B); — **jusqu'à** to go to (as far as) (12S); — **à pied** to walk to (8S); — **bien** to feel good (23B); — **chez le médecin** to go to the doctor (12B); — **en avion** to fly (19B); — **en vélo** to ride a bicycle (19B); — **en voiture** to drive (19B); — **mal** to feel bad (23B); — **mieux** to feel better (23B)
allergie (*f.*) allergy (23B)
alors so (12B)
Alpes (*f., pl.*) Alps (20S)

américain(e) American (2B)
Amérique du Nord *(f.)* North America (19B)
Amérique du Sud *(f.)* South America (19B)
ami *(m.)*, **amie** *(f.)* friend (4B)
amitié *(f.)* friendship (21B)
amour *(m.)* love (14S/16B)
amoureux, amoureuse (de) in love (with) (16B)
amusant(e) fun (2S/4B)
amuser to amuse (someone) (15S); **s'amuser** to have a good time, play (15B)
an *(m.)* year (5B)
ancien, ancienne antique, old (10S)
anglais English (language) (4B)
anglais(e) British (19S)
Angleterre *(f.)* England (19B)
animal *(m.)*, **animaux** *(pl.)* animal (4B)
année *(f.)* year (1S)
anniversaire *(m.)* birthday (1S)
annoncer to announce (17S)
annuaire (des téléphones) *(m.)* (telephone) book (14S)
anorak *(m.)* parka, ski jacket (11S)
août *(m.)* August (1B)
apéritif *(m.)* drink (served before a meal) (9S)
appareil-photo *(m.)* camera (19B)
appartement *(m.)* apartment (6B)
appeler to call (15B); **s'appeler** to be named (15B)
apporter to bring (13B)
apprécier to appreciate (21S)
apprendre (à) to learn (to) (17B)
après after, afterwards (7B)
après-midi *(m.)* afternoon (6B)
araignée *(f.)* spider (22S)
arbre *(m.)* tree (6S/10B)
argent *(m.)* money (10B)
arme *(f.)* weapon (24S)
armé(e) armed (24S)
arrêter to stop (15B); **s'arrêter (de + inf.)** to stop oneself (15B)
arriver (à + inf.) to arrive (at), get (to) (7B)
article *(m.)* article (14B); **— de toilette** *(m.)* toilet article (15S)
ascenseur *(m.)* elevator (10S)
Asie *(f.)* Asia (19B)
asiatique Asian (19S)
asperges *(f., pl.)* asparagus (9S)
aspirine *(f.)* aspirin (23B)
assez quite, sufficiently, enough (10B); **— (de)** enough (of) (13B); **j'en ai —** I've had it, I've had enough (13S)
assiette (de) *(f.)* plate (of) (13B)
assiette à soupe *(f.)* soup plate (13S)
assis(e) seated, sitting down (19B)
atelier *(m.)* workshop (12S)
attendre to wait (for) (10B)
attraper to catch (23B); **— un coup de soleil** to get sunburned (23S)
au bord de at the side of (20B)
aucun(e) not one, not any (24B)
aujourd'hui today (1S/6B)

au milieu (de) in the middle (of) (13B)
au premier étage on the second floor (10S)
au rez-de-chaussée on the first floor (10S)
au revoir good-bye (1B)
aussi also (1B); **— ... que** as . . . as (20B)
Australie *(f.)* Australia (19B)
australien, australienne Australian (19S)
autobus *(m.)* bus (city) (19B)
autocar *(m.)* bus (between cities) (19B)
auto-stop *(m.)* hitchhiking (19S)
automne *(m.)* autumn (1B)
autorité *(f.)* authority (21S)
autoroute *(f.)* highway, expressway (20B)
autre other (8B)
avant before (9B)
avant de + inf. before (21B)
avant que + subjonctif before (21B)
avec with (1B)
avenir *(m.)* future (21B)
avenue *(f.)* avenue (10S)
avion *(m.)* airplane (19B)
avis *(m.)* opinion (10S)
avocat *(m.)*, **avocate** *(f.)* (court) lawyer (12B)
avoir to have (3B); **— ... ans** to be . . . years old (5B); **— besoin de** to need (11B); **— bon/mauvais caractère** to be easy/hard to get along with (16S); **— bonne mine** to look well, healthy (23S); **— chaud** to be hot (6B); **— congé** to have time off (18B); **— de la chance** to be lucky (20B); **— de la fièvre** to have a fever (23B); **— des doutes** to have (some) doubts (21S); **— des illusions** to have illusions (21S); **— des responsabilités** to have responsibilities (18B); **— des soucis** to have worries (21S); **— envie de** (+ *inf.*) to feel like (+ *inf.*) (8B); **— faim** to be hungry (9B); **— froid** to be cold (6B); **— l'air** (+ *adj.*) to look like, to seem (11B); **— l'air (de + inf.)** to look like, to seem (11B); **— la/une grippe** to have the flu (23B); **— le choix** to have the choice (18B); **— le nez qui coule** to have a runny nose (23S); **— le temps (de + inf.)** to have time to (+ *inf.*) (11B); **— mal à (la tête, la gorge)** to hurt (someplace) (23B); **— mauvaise mine** to look sick, unwell (23S); **— peur (de)** to be afraid (of) (17B); **— raison** to be right (21B); **— soif** to be thirsty (9B); **— sommeil** to be sleepy (6B); **— tort** to be wrong (21B); **— un bleu** to have a bruise (23S); **— un coup de soleil** to have a sunburn (23S); **— un rhume** to have a cold (23B)

avril *(m.)* April (1B)

B

baccalauréat *(m.)* secondary school final exam (18S)
bagages *(m., pl.)* luggage (19B)
baignoire *(f.)* bathtub (10B)
balcon *(m.)* balcony (10B)
banane *(f.)* banana (9B)
banc *(m.)* bench (5S)
bande dessinée *(f.)* comic strip, comic book (5S)
banque *(f.)* bank (6S/12B)
banquier *(m.)* banker (12S)
barbe *(f.)* beard (15S)
basket-ball *(m.)* basketball (8S)
baskets *(f., pl.)* sneakers (11S)
bateau *(m.)*, **bateaux** *(pl.)* boat (6S/8B); **— à voile** *(m.)* sailboat (8S)
bavard(e) talkative (5B)
bavarder to chat (21S)
beau (bel), belle, beaux, belles beautiful, handsome (2B)
beaucoup a lot, much (4B); **— de** a lot of, many (4B)
beau-fils *(m.)* son-in-law, stepson (22B)
beau-frère *(m.)* brother-in-law (22B)
beau-père *(m.)* father-in-law, stepfather (22B)
beaux-parents *(m., pl.)* parents-in-law, in-laws (22B)
bébé *(m.)* baby (5S)
beige beige (11B)
belge Belgian (10S)
Belgique *(f.)* Belgium (10S/19B)
belle-fille *(f.)* daughter-in-law, stepdaughter (22B)
belle-mère *(f.)* mother-in-law, stepmother (22B)
belle-sœur *(f.)* sister-in-law (22B)
besoin *(m.)* need (21S)
bête dumb, stupid (2B)
bêtise *(f.)* dumb thing (15S)
beurre *(m.)* butter (9B)
bibliothèque *(f.)* library (6B)
bien fine, good, well (1B); **— élevé(e)** well-mannered (5S); **— habillé(e)** well-dressed (11S); **— sûr** of course (15B)
bière *(f.)* beer (9B)
bifteck *(m.)* steak (9B)
bijou *(m.)*, **bijoux** *(pl.)* piece of jewelry, jewelry (11S)
billet (aller-retour, simple) *(m.)* ticket (round trip, one way) (19B)
biologie *(f.)* biology (22B)
bizarre weird, strange, odd (2B)
blanc, blanche white (3B)
blessé(e) wounded, hurt (23B)
se blesser to hurt oneself badly (23S)
bleu(e) blue (3B)
bleu *(m.)* bruise (23S)
blond(e) blond (2B)
blouson *(m.)* jacket (aviator) (11S)
boire to drink (4S/9B)
boisson *(f.)* beverage (9S)

boîte (de) *(f.)* can (of), box (of) (13B); **— aux lettres** *(f.)* mailbox (14B); **— de chocolats** *(f.)* box of chocolates (13S)
bon, bonne good (9B); **bon marché** *(invar.)* cheap, inexpensive (13B); **bon week-end!** have a nice weekend (1S)
bonbon *(m.)* (piece of) candy (9S)
bonheur *(m.)* happiness (21B)
bonjour hello (1B)
bouche *(f.)* mouth (15B)
boucherie *(f.)* butcher shop (13B)
boulangerie *(f.)* bakery (13B)
boulangerie-pâtisserie *(f.)* bakery which sells pastries (13S)
bouteille (de) *(f.)* bottle (of) (13B)
bouton *(m.)* pimple (23B)
bras *(m.)* arm (15B)
Bretagne *(f.)* Brittany (14S)
briller to shine (6S)
bronzer to tan (23S)
bronzé(e) tan, tanned (23B)
brosse à dents *(f.)* toothbrush (15B)
brosser to brush (15B); **se brosser (les cheveux)** to brush (one's hair) (15B)
bruit *(m.)* noise (12B)
brûler to burn (13S); **se brûler** to burn oneself (23S)
brun(e) dark-haired (2B); brown (3B)
bureau *(m.)*, **bureaux** *(pl.)* desk (3B); office (12B); **— de tabac** *(m.)* tobacco shop (14S)
bus *(m., fam.)* (city) bus (19S)

C

ça that; **— coûte cher** it's expensive (10S); **— dépend** that depends (1S); **— fait mal** that hurts (23S); **— me fait peur** that scares me (17S); **— va?** how's it going? (1B); **— y est** that's it, done, finished (1S)
cabine téléphonique *(f.)* telephone booth (14B)
cacher to hide (15S/24B)
cadeau *(m.)*, **cadeaux** *(pl.)* present, gift (4B)
cadre *(m.)* executive (12B)
café *(m.)* café, coffeeshop (6B); coffee (9B); **— au lait** *(m.)* coffee and milk (9S)
cahier *(m.)* notebook (1B)
caissier *(m.)*, **caissière** *(f.)* cashier (12S)
calculatrice *(f.)* calculator (3S)
Californie *(f.)* California (19B)
calme calm (5S); *(m.)* calm, peace and quiet (20B)
camarade de chambre *(m. ou f.)* roommate (3B)
camarade de classe *(m. ou f.)* classmate (4B)
campagne *(f.)* country, countryside (6B)
camping *(m.)* camping (14S)
camion *(m.)* truck (19S)
Canada *(m.)* Canada (19B)

canadien, canadienne Canadian (2B)
canapé *(m.)* couch (10B)
cancer *(m.)* cancer (23S)
car *(m., fam.)* bus (between cities) (19S)
caractère *(m.)* personality (16S)
carnet *(m.)* notebook (24B)
carotte *(f.)* carrot (9B)
carte *(f.)* card (8S); restaurant menu (13B); map (19B); **— de crédit** *(f.)* credit card (13B); **— postale** *(f.)* postcard (14B)
se casser (le bras, la jambe) to break (one's arm, leg) (23B)
cassette *(f.)* cassette (3S)
catastrophique catastrophic (23S)
cathédrale *(f.)* cathedral (20S)
cauchemar *(m.)* nightmare (21S)
cave *(f.)* basement (10B)
ce, cet, cette/ces this, that/these, those (8B)
célèbre famous (8S/17B)
célibataire unmarried, single (7S/22B)
centime *(m.)* centime (1/100 franc) (10S)
centre *(m.)* center (20B)
cependant nevertheless, however (21B)
c'est (ce n'est pas) it is, he is, she is (isn't) (4B); **— à qui?** whose is it? (5S); **— dommage** that's (it's) too bad (2S); **— moi qui invite** it's my treat, I'm paying (13S); **— sûr** that's for sure (22B); **— tout** that's all (2S); **— vrai** that's true (4B)
chaîne *(f.)* television station, channel (17S); **— stéréo** *(f.)* stereo (3B)
chaise *(f.)* chair (3B)
chambre *(f.)* bedroom (3B)
champagne *(m.)* champagne (9S)
champignon *(m.)* mushroom (9S)
changement *(m.)* change (21S)
changer to change (15S); **— (de train, d'avion)** to change (trains, planes) (19S); **se changer** to change one's clothes (15S)
chanson *(f.)* song (4S/17B)
chanter to sing (4B)
chanteur *(m.)*, **chanteuse** *(f.)* singer (17B)
chapeau *(m.)* hat (11B)
chaque each (21B)
charcuterie *(f.)* cold cuts (9S); pork shop, delicatessen (13B)
chasser to hunt (20S)
chat *(m.)* cat (1B)
châtain(e) light brown (hair) (15S)
château, -eaux *(m.)* castle, mansion (20B)
chaud *(m.)* hot (6B)
chaussette *(f.)* sock (11B)
chaussure *(f.)* shoe (11B)
chauve bald (15S)
chef d'entreprise *(m.)* business owner (12S/18B)
chemise *(f.)* shirt (man's) (11B)

chemisier *(m.)* shirt (woman's) (11B)
chèque *(m.)* check (13B); **— de voyage** *(m.)* traveler's check (19S)
chéquier *(m.)* checkbook (13S)
cher, chère expensive (10B); dear (14B)
chercher to look for, search (for) (6B); **— du travail/un travail** to look for work/a job (18B)
chercheur *(m.)* scientist, researcher (18B)
cheveu *(m.)*, **cheveux** *(pl.)* hair (15B)
cheville *(f.)* ankle (23B)
chez at the house of (5B)
chien *(m.)* dog (1B)
chiffre *(m.)* number (1S)
chimie *(f.)* chemistry (22B)
Chine *(f.)* China (19B)
chinois(e) Chinese (9S)
chocolat *(m.)* chocolate (9B)
choisir (de + inf.) to choose (11B)
chômeur *(m.)*, **chômeuse** *(f.)* unemployed person (12S)
chose *(f.)* thing (8B)
cicatrice *(f.)* scar (23S)
ciel *(m.)* sky (6S)
cigarette *(f.)* cigarette (4S)
cinéaste *(m. ou f.)* filmmaker (18S)
cinéma *(m.)* movie theater, the movies (4B)
cinq five (1B)
citron *(m.)* lemon (9S)
clair(e) bright, full of light (3S/10B; light (color) (11B)
clé *(f.)* key (3B)
client *(m.)*, **cliente** *(f.)* client, customer (12B)
Coca-Cola *(m.)* Coca-Cola, cola (9S)
coiffer to fix someone's hair (15S); **se coiffer** to fix one's own hair (15S)
coiffeur *(m.)*, **coiffeuse** *(f.)* hairdresser (18S)
coin *(m.)* corner (10S)
coin-repas *(m.)* breakfast nook, eating area (10S)
colline *(f.)* hill (20B)
colonie de vacances *(f.)* summer camp (22S)
combien (de) how many (of), how much (5B); **— coûte... ?** how much does... cost? (10S); **— de fois (par jour)** how many times (a day) (15S); **— est-ce que je vous dois?** how much do I owe you? (13S)
comédie *(f.)* comedy (movie, play) (17B)
comique funny, amusing, comic (17B)
commander to order (13B)
comme like, as (4B)
commencer (à + inf.) to begin (to), start (to) (6B)
comment what, how (6B); **comment?** what did you say? (1S); **— allez-vous?** how are you? *(formal)* (1B); **— ça va?** How's it

going? (1B); — **est Jean?** What is Jean like? (2S); — **t'appelles-tu?** *(fam.)* What's your name? (1S/15B); — **vous appelez-vous?** What's your name? (1S/15B)
commentaire *(m.)* comment, remark (20S)
commerçant(e) shopkeeper (12B)
commissariat de police *(m.)* police station (12S)
commode *(f.)* bureau, chest of drawers (3S)
compartiment *(m.)* (train) compartment (19S)
compétent(e) competent (18S)
complet *(m.)* suit (man's) (11B)
compréhensif, compréhensive understanding (5B)
comprendre to understand (17B)
comptable *(m. ou f.)* accountant (18S)
concerner to concern (21S)
concert *(m.)* concert (4S/17B)
conduire to drive (19B)
confiture *(f.)* jam (9S)
confort *(m.)* comfort (21S)
confortable comfortable (10B)
congé *(m.)* time off (18B)
congélateur *(m.)* freezer (9S)
connaissance *(f.)* acquaintance (20B)
connaître to know (17B)
conserves *(f., pl.)* canned food (9S)
contagieux, contagieuse contagious (23S)
content(e) glad (5B)
continent *(m.)* continent (19S)
continuer (à + inf.) to continue (12S/24B); — **jusqu'à** to continue as far as (12S)
contre la montre timed race (20S)
corbeille à papier *(f.)* wastepaper basket (3S)
corps *(m.)* body (15S)
côte *(f.)* coast (20B)
Côte d'Azur *(f.)* French Riviera (20S)
coucher to put to bed (15B); **se coucher** to go to bed (15B)
couleur *(f.)* color (3S)
couloir *(m.)* hall, corridor (10S)
coup *(m.)* blow (24B); — **de feu** *(m.)* shot (24S); — **de foudre** *(m.)* love at first sight (16S); — **de soleil** *(m.)* sunburn (23S)
coupable guilty (24B)
couper to cut; **se couper** to cut oneself (23B)
couple *(m.)* couple (16B)
coureur (cycliste) *(m.)* race (bicycle) (20S)
courir to run (23B)
courrier *(m.)* mail, correspondence (14B)
cours *(m.)* course, class (2B)
course *(f.)* errand (7B)
course (cycliste) *(f.)* race (bicycle) (20S)
court(e) short (11S)
cousin *(m.)*, **cousine** *(f.)* cousin (7B)

couteau *(m.)*, **couteaux** *(pl.)* knife (13B)
coûter to cost (10B); — **cher** to be expensive (10S)
couvert *(m.)* silverware, place setting (13S)
cravate *(f.)* tie (11B)
crayon *(m.)* pencil (3B)
crèche *(f.)* day-care center, nursery (15S)
cri *(m.)* shout, scream (24B)
crier to scream, shout (24B)
crime *(m.)* crime (24B)
crise *(f.)* **(de)** attack (of) (23B)
critiquer to criticize (21B)
croire (à) to believe (in) (22B)
croisière *(f.)* cruise (19S)
croissant *(m.)* croissant (9S)
crudités *(f., pl.)* raw vegetables (9S)
cuillère *(f.)* spoon (13B); — **à soupe** *(f.)* soup spoon, tablespoon (13B)
cuisine *(f.)* cooking, cuisine (4S/9B); kitchen (7B)
cuisinier *(m.)*, **cuisinière** *(f.)* cook (12S)
culturel, culturelle cultural (14S)

D

d'abord first (of all) (12B)
d'accord all right, OK (1B)
dangereux, dangereuse dangerous (18B)
dans in, within (3B)
danser to dance (4B)
danseur *(m.)*, **danseuse** *(f.)* dancer (18S)
d'après according to (24B)
date *(f.)* date (1S)
de of, from, about (1B)
de luxe luxurious (20S)
déborder to spill over (13S)
débrouillard(e) resourceful (5B)
début *(m.)* beginning (17B)
décembre *(m.)* December (1B)
décider (de + inf.) to decide (to do something) (12B)
découvrir to discover (19B)
décrire to describe (14B)
déçu(e) disappointed (16S)
déjà already, yet (11B)
déjeuner *(m.)* lunch (9B)
délicat(e) delicate (24S)
délicieux, délicieuse delicious (9S)
demain tomorrow (6B)
demander to ask (14B); **se demander** to wonder (16B)
déménager to move (house) (18B)
demi-frère *(m.)* half brother, stepbrother (22S)
demi-sœur *(f.)* half sister, stepsister (22S)
démodé(e) out of fashion (11S)
dent *(f.)* tooth (15B)
dentifrice *(m.)* toothpaste (15S)
dentiste *(m. ou f.)* dentist (12B)
déodorant *(m.)* deodorant (15S)
se dépêcher to hurry (up) (16B)
dépenser to spend (22B)
déprimé(e) depressed (2S/5B)
dernier, dernière last (10B)

derrière behind, in back of (5B); **derrière** *(m.)* rear end (15S)
descendre to go down (10B)
désert *(m.)* desert (19S)
déshabiller to undress (someone else) (15S); **se déshabiller** to get undressed (15S)
dessert *(m.)* dessert (9B)
dessin animé *(m.)* animated cartoon (17B)
dessin humoristique *(m.)* cartoon (14S)
détester to hate (4B)
deux two (1B)
devant in front of (5B)
devenir to become (17B)
devoir to have to, must (12B)
devoir *(m.)* assignment (2B); **devoirs** *(m., pl.)* homework (2B)
d'habitude usually (15B)
dictionnaire *(m.)* dictionary (3S)
Dieu God (21S)
différent(e) different (8B)
difficile difficult (5B)
dimanche *(m.)* Sunday (1B)
dîner *(m.)* dinner (9B)
diplôme *(m.)* diploma, degree (22B)
dire to say, to tell (14B)
directeur *(m.)*, **directrice** *(f.)* manager (18B)
diriger to manage, run (12B)
discothèque *(f.)* discotheque (22B)
discuter (de) to discuss (21B)
se disputer (avec) to argue (with) (16B)
disque *(m.)* record (3B)
dissertation *(f.)* paper (written for class) (14B)
divers miscellaneous
divorce *(m.)* divorce (16B)
divorcer to divorce (16B)
divorcé(e) divorced (7S/22B)
dix ten (1B); **dix-huit** eighteen (1B); **dix-neuf** nineteen (1B); **dix-sept** seventeen (1B)
documentaire (sur) *(m.)* documentary (on) (17B)
doigt *(m.)* finger (13B)
donc therefore, thus (12B)
donner to give (4B); — **sur** to overlook (10S); — **un coup à qqn** to hit someone (24S)
dont whose, of which, of whom (23S)
dormir to sleep (4S/5B)
dos *(m.)* back (15B)
douche *(f.)* shower (10B)
doute *(m.)* doubt (24B)
droit(e) right (12S/23B)
dur(e) hard, tough (12B)
durer to last (17B)
dynamique dynamic (18S)

E

eau *(f.)* water (9B); — **minérale** *(f.)* mineral water (9S)
école *(f.)* school (5B); — **maternelle** *(f.)* nursery school, kindergarten (15S); — **primaire** *(f.)* elementary school (12S)
économies *(f., pl.)* savings (19S)

écouter to listen to (4B)
écrire to write (4S/14B); — **un mot à qqn** to write a note to s.o. (22S)
écrivain *(m.)* writer (14B)
efficace efficient (18B)
égalité *(f.)* equality (21S)
église *(f.)* church (6S/12B)
égoïste selfish (2S/5B)
élégant(e) elegant (5S)
embrasser to kiss, to embrace (16B)
émission *(f.)* program (17B); — **de variétés** *(f.)* variety show (17S)
emmener to take (15B)
employé *(m.)*, **employée** *(f.)* employee (12B)
emporter take, carry (away) (19B)
en in (6B); — **bas** downstairs (10B); — **désordre** messy (3S/10B); — **effet** indeed (24S); — **forme** in shape (5S); — **groupe** as a group (20S); — ***haut** upstairs (10B); — **même temps** at the same time (17S); — **ordre** straight, neat (3S/10B); — **plastique** plastic (22S); — **solde** on sale (11S)
enceinte pregnant (16S)
encore still, again (15B)
s'endormir to fall asleep (16B)
endroit *(m.)* place, spot (21B)
énergique energetic (5S)
énervant(e) annoying (15S)
énerver to irritate/annoy (someone) (15S); **s'énerver** to get irritated/annoyed (15B)
enfant *(m. ou f.)* child (4B)
enfin at last, finally (12B)
ennemi *(m.)*, **ennemie** *(f.)* enemy (24B)
ennuyer to bore (15B); **s'ennuyer** to be bored (15B)
ennuyeux, ennuyeuse boring (5S/17B)
enquête *(f.)* investigation (24S)
ensemble together (11B)
ensoleillé(e) sunny (10S)
ensuite then, next (12B)
entendre to hear (10B); **s'entendre (bien/mal) (avec qqn)** to get along (well/badly) (16B)
enthousiaste enthusiastic (5S)
entre between (9B)
entrée *(f.)* first course (appetizer) (9S); entranceway (10S)
entreprise *(f.)* firm, business (12B)
entrer to come/go in, to enter (11B)
enveloppe *(f.)* envelope (14B)
envoyer to send (14B)
épicerie *(f.)* grocery store (13B)
épinards *(m., pl.)* spinach (9S)
équilibré(e) well-adjusted (2S/5B)
équipe *(f.)* team (8S)
escalier *(m.)* staircase, stairs (10B)
Espagne *(f.)* Spain (19B)
espagnol Spanish (language) (4B)
espérer (que) to hope (that) (18B)
essayer (de + inf.) to try (to) (18B)
est *(m.)* east (20B)
estomac *(m.)* stomach (23B)
et and (1B); — **toi?** what about you (1B); — **vous?** what about you (1B)

étage *(m.)* floor (10B); **dernier** — *(m.)* top floor (10S)
étagère *(f.)* bookcase, shelf (3B)
étape *(f.)* step, stage, stop (19S)
état *(m.)* state, nation (12S)
États-Unis *(m., pl.)* United States (10S/19B); **aux** — in the United States (10S/19B)
été *(m.)* summer (1B)
éternuer to sneeze (23B)
étoile *(f.)* star (20B)
étranger, étrangère foreign (17B); *(m. ou f.)* foreigner, stranger (20B)
être to be (2B); — **à** to belong to (19B); — **à l'heure** to be on time (19B); — **allergique à** to be allergic to (23S); — **au courant de** (+ *nom*) to be informed, know about (14B); — **au régime** to be on a diet (5S); — **bon/bonne en** to be good at/in (22B); — **conscient(e) de** to be aware of (21S); — **contre** to be against (21B); — **debout** to be standing (up) (19B); — **difficile à vivre** to be hard to get along with (22S); — **en avance** to be early (19B); — **en colère contre** to be mad at (22S); — **en forme** to be in shape, to feel good (5S); — **en retard** to be late (19B); — **en train de** (+ *inf.*) to be in the middle of (14B); — **facile à vivre** to be easy to get along with (22S); — **fort(e) en** to be good at (18B); — **libre de** to be free to (18S); — **membre (de)** to be a member (of) (8S); — **nul/nulle en** to be no good at/in (22B); — **(bien, mal) payé(e)** to be paid (well, badly) (12B); — **pour** to be for (21B); — **remis(e) (de)** to be over (a sickness) (23S)
étudiant(e) student (1B)
étudier to study (4B)
Europe *(f.)* Europe (19B)
européen, européenne European (19S)
événement *(m.)* event (14S)
évidemment obviously, of course (21B)
évident(e) obvious (24B)
examen *(m.)* test, exam (2B)
excellent(e) excellent (9S)
exister to exist (21S)
expliquer to explain (12B)
exprès on purpose (24B)

F

fâché(e) angry, mad, disgruntled (5S)
facile easy (5B)
facteur *(m.)* mail carrier (14B)
facultatif, facultative optional
faim *(f.)* hunger (9B)
faire to do, to make (7B); **se** — **mal** to hurt oneself (23B); — **attention** to pay attention, to be careful (16B); — **de l'auto-stop** to hitchhike (19S); — **de la marche**

to walk (for exercise) (8B); — **de la musique** to make music (8S); — **de la natation** to swim (8B); — **de la planche à voile** to windsurf (8S); — **de la plongée sous-marine** to go scuba diving (8S); — **de la politique** to be involved in politics (21S); — **de la voile** to go sailing (8S); — **de l'exercice** to exercise (8B); — **des bêtises** to do dumb things (15S); — **des économies** to save money (19S); — **du bateau (à voile)** to go (sail)boating (8B); — **du camping** to go camping, camp (14S); — **du jogging** to jog (8B); — **du ski** to ski (8S); — **du sport** to participate in a sport (8B); — **du vélo** to ride a bike, cycle (8B); — **la connaissance de (qqn)** to meet (someone) (20B); — **la cuisine** to cook (7B); — **la sieste** to take a nap (15S); — **la vaisselle** to do the dishes (7B); — **le ménage** to do housework (7B); — **les (ses) bagages** to pack (19S); — **les courses** to run errands (7B); — **les lits** to make the beds (7S); — **les magasins** to go shopping (20S); — **les musées** to do the museums (20S); — **le tour du monde** to go around the world (19S); — **peur (à)** to scare (17S); — **une promenade** to take a walk (8B); — **une randonnée** to hike (8B); — **un voyage** to take a trip (19B)
familier, familière familiar, informal
famille *(f.)* family (7B)
fatigant(e) tiring (8B)
fatigué(e) tired (2B)
fauteuil *(m.)* armchair (3S/10B)
faux, fausse false (4S)
féminin(e) feminine (14S)
femme *(f.)* woman (4B); wife (7B); — **au foyer** *(f.)* housewife (12B); — **de ménage** *(f.)* house cleaner (7S)
fenêtre *(f.)* window (3B)
ferme *(f.)* farm (12S/18B)
fermé(e) closed (13B)
fermer to close (20B)
fête *(f.)* holiday, party (2B)
fêter to celebrate (23S)
feuille de papier *(f.)* sheet of paper (22S)
feuilleton *(m.)* soap opera (17B)
février *(m.)* February (1B)
fiancé *(m.)*, **fiancée** *(f.)* fiancé(e) (16S)
se fiancer to get engaged (16S)
fidèle (à) faithful (to) (16S)
fièvre *(f.)* fever (23B)
fille *(f.)* girl (4B); daughter (7B)
film *(m.)* film, movie (4S/17B); — **d'amour** romantic movie (17B); — **d'aventure** adventure movie (17B); — **d'épouvante** horror movie (17B); — **de science-fiction** science fiction movie (17B); —

policier detective/police movie (17B)
fils (*m.*) son (7B)
fin (*f.*) end (16B)
finalement finally (24B)
financier, financière financial (21S)
finir to finish (11B)
fleur (*f.*) flower (1S/3B)
fleuve (*m.*) river (major) (20S)
Floride (*f.*) Florida (19B)
foie (*m.*) liver (23B)
fois time; **combien de —?** how many times? (11S); **une —** one time, once (11B)
foncé(e) dark (11B)
fonctionnaire (*m. ou f.*) civil servant (12S)
football (*m.*) soccer (4S/8B)
football américain (*m.*) football (8S)
forêt (*f.*) forest (20B)
fort(e) strong, heavy (18B)
foule (*f.*) crowd (20B)
se fouler to sprain (23B)
fourchette (*f.*) fork (13B)
fragile fragile, weak (23S)
fraise (*f.*) strawberry (9B)
franc (*m.*) franc (10B)
français (*m.*) French (language) (4B)
français(e) French (2B)
France (*f.*) France (10S/19B)
frère (*m.*) brother (4B)
frisé(e) curly (15S)
frites (*f., pl.*) (french) fries (9B)
froid (*m.*) cold (6B)
fromage (*m.*) cheese (9B)
fruit (*m.*) fruit (9B)
fumer to smoke (4B)

G

gagner to earn (12B); to win (8B); **— sa vie** to earn a living (18S); **— X dollars l'heure** to earn X dollars per hour (18S)
gant (*m.*) glove (11B); **— de toilette** (*m.*) washcloth (15S)
garage (*m.*) garage (10S)
garagiste (*m.*) garage owner (18B)
garçon (*m.*) boy (4B)
garder to keep (22B); **— des enfants** to look after children, baby-sit (22S)
gare (*f.*) train station (12S)
gâteau (au chocolat) (*m.*) (*pl.* **gâteaux**) cake (chocolate) (9B)
gâté(e) spoiled (5S)
gauche left (12S/23B)
gendarme (*m.*) policeman (18S)
gendre (*m.*) son-in-law (22B)
genou (*m.*), **genoux** (*pl.*) knee (23B)
gens (*m., pl.*) people (20B)
gentil, gentille kind, nice (5B)
généreux, généreuse generous (2B)
gérant (*m.*), **gérante** (*f.*) manager (hotel, shop, etc.) (18S)
gêner to bother, to embarrass (22B)
glace (*f.*) ice cream (9B)
golf (*m.*) golf (8S)
gouvernement (*m.*) government (21S)

goût (*m.*) taste (17S)
goûter (*m.*) light afternoon meal (9S)
gramme (de) (*m.*) gram (of) (13S)
grand(e) tall (person) (2B); big (thing) (3B)
grand-mère (*f.*) grandmother (7B)
grand-père (*m.*) grandfather (7B)
grands-parents (*m., pl.*) grandparents (7B)
gratuit(e) free (of charge) (18S)
grave serious (17B)
grenier (*m.*) attic (10S)
grippe (*f.*) flu (23B)
gris(e) gray (11B)
gros, grosse big, fat (2B)
grossir to gain weight (11B)
groupe (*m.*) group (20B)
guerre (*f.*) war (21B)
guichet (*m.*) ticket window (19S)
guitare (*f.*) guitar (3S/5B)

H

habillé(e) dressed, dressed up, formal (11B)
habiller to dress (someone else) (15B); **s'habiller** to get dressed (15B)
habitant (*m.*), **habitante** (*f.*) native, inhabitant (20S)
habiter to live (inhabit) (5B)
*hamburger (*m.*) hamburger (9S)
*haricots verts (*m., pl.*) green beans (9B)
*hasard (*m.*) chance, fate (24B)
*haut (*m.*) top (10B)
heure (*f.*) hour, time (6B)
heureusement happily (18B)
heureux, heureuse happy (2B)
hier yesterday (10B)
histoire (*f.*) story (16B)
historique historical (20S)
hiver (*m.*) winter (1B)
homme (*m.*) man (4B)
honnête honest (18B)
horrible horrible (8S)
hôpital (*m.*) hospital (6S/12B)
hôtel (*m.*) hotel (6B)
hôtesse de l'air (*f.*) flight attendant, stewardess (19S)
huile solaire (*f.*) suntan oil/lotion (23S)
*huit eight (1B)
humeur (bonne, mauvaise) (*f.*) mood (good, bad) (5S)

I

ici here (8B)
idéaliste idealistic (21S)
idée (*f.*) idea (9B)
il he, it (1B); **— fait beau** it's nice out (7B); **— fait bon** it's pleasant (mild) (7S); **— fait chaud** it's warm, it's hot (7B); **— fait du soleil** it's sunny (7B); **— fait du vent** it's windy (7B); **— fait frais** it's cool (7S); **— fait froid** it's cold (7B); **— fait gris** it's overcast (7S); **— fait lourd** it's hot and humid (7S); **— fait mauvais** it's nasty out (7B); **— faut (que)** it is

necessary that (21B); **— faut + *inf.*** you have to + infinitive (18S); **— n'y a pas de** there is no, there are not (3B); **— neige** it's snowing (7B); **— pleut** it's raining (7B); **— y a** there is, there are (3B); **— y a . . .** . . . ago (12B); **— y a beaucoup de monde** it's crowded (20S); **— y a de la place?** it there any room? (19S)
île (*f.*) island (19B)
illusion (*f.*) illusion (21S)
immeuble (*m.*) apartment house (10B)
immigré, immigrée immigrant (18S)
imperméable (*m.*) raincoat (11B)
impoli(e) impolite (5S)
important(e) important (8B)
imposer to impose (21S)
impossible impossible (3S)
indépendant(e) independent (21B)
indigestion (*f.*) indigestion (23B)
indiquer to indicate (24B)
individualiste individualistic (21B)
infidèle unfaithful (16S)
infirmier (*m.*), **infirmière** (*f.*) nurse (18B)
informaticien (*m.*), **-ienne** (*f.*) computer specialist (18S)
informations (*f., pl.*) news (17B)
ingénieur (*m.*) engineer (12B)
injuste unfair (21S)
injustice (*f.*) injustice (21S)
innocent(e) innocent (24B)
inquiet, inquiète worried (21B)
inspecteur (*m.*), **inspectrice** (*f.*) inspector (police) (24S)
instituteur (*m.*), **institutrice** (*f.*) teacher (grade school) (12B)
intellectuel, intellectuelle intellectual (5S)
intelligent(e) smart, intelligent (2B)
intéressant(e) interesting (12B)
intéresser to interest (21B); **s'intéresser à** to be interested in (21B)
interrogation (*f.*) quiz (21B)
international(e), -aux international (17S)
interroger to interrogate, to question (24B)
interview (*f.*) interview (17B)
invité(e) (*m. ou f.*) guest (13B)
inviter to invite (9S)
Israël (*m.*) Israel (19B)
israélien, israélienne Israeli (19S)
Italie (*f.*) Italy (19B)
italien, italienne Italian (9S)

J

jaloux, jalouse jealous (16B)
jamais never (8B); **— de la vie** not on your life (8S)
jambe (*f.*) leg (15B)
jambon (*m.*) ham (9B)
janvier (*m.*) January (1B)
Japon (*m.*) Japan (19B)
japonais(e) Japanese (9S)
jardin (*m.*) garden, yard (10B)
jaune yellow (3B)

jazz (*m.*) jazz (2B)
je m'appelle my name is (1B)
je m'en vais I'm going, I'm leaving (22S)
jean (*m.*) jeans (pair of) (11B)
jeu (télévisé) (*m.*) game show (17B)
jeudi (*m.*) Thursday (1B)
jeune young (5B); — **fille** (*f.*) girl (5B)
jeunes (*m. pl.*) young people (5B)
joli(e) pretty (5B)
jouer to play (5B); — **au football** to play soccer (8B); — **au tennis** to play tennis (8B); — **aux cartes** to play cards (8B); — **de la guitare** to play the guitar (5S/8B); — **du piano** to play the piano (8B); — **du violon** to play the violin (8B)
joueur (*m.*), **joueuse** (*f.*) player (8S)
jour (*m.*) day (1S)
journal (*m.*), **journaux** (*pl.*) newspaper (14B); diary, journal (23S); — **(télévisé)** (*m.*) (television) news (17B)
journaliste (*m. ou f.*) journalist, reporter (14B)
journée (*f.*) day (period of time) (6S)
juillet (*m.*) July (1B)
juin (*m.*) June (1B)
jumeau, jumelle, jumeaux, jumelles twin (22S)
jupe (*f.*) skirt (11B)
juriste (*m. ou f.*) attorney (12B)
jus de fruit (*m.*) fruit juice (9B)
jusqu'à as far as (12S); until (24B)
jusqu'à ce que + *subjonctif* until (24B)
juste fair, just, right (21B)

K

kilo (de) (*m.*) kilogram (of) (13B)
kilomètre (*m.*) kilometer (20S)

L

là there, here (7B)
là-bas over there (20B)
laboratoire (*m.*) laboratory (6S)
lac (*m.*) lake (6B)
laid(e) ugly (2B)
laisser to leave, to let (22B); — **un mot pour qqn** to leave a note for someone (22S); — **un pourboire** to leave a tip (13S)
lait (*m.*) milk (9B)
laitue (*f.*) lettuce (9S)
lampe (*f.*) lamp (3S/10B)
lavabo (*m.*) sink (3B)
laver to wash (15B); **se laver** to wash (oneself) (15B)
léger, légère light (weight) (19B)
légume (*m.*) vegetable (9B)
lendemain (*m.*) day after, next day (24B)
lent(e) slow (19B); **lentement** slowly, slow (19B)
lettre (*f.*) letter (4S/14B)
lever to lift, to raise (15B); **se lever** to get up (15B)
liberté (*f.*) freedom (21S)
librairie (*f.*) bookstore (14B)

libre free (18B)
lire to read (4S/14B)
liste (de) (*f.*) list (of) (13B)
lit (*m.*) bed (3B)
litre (de) (*m.*) liter (of) (13S)
littéraire literary (14S)
littérature (*f.*) literature (14S)
livre (*m.*) book (1B)
loin (de) far (from) (5B)
loisirs (*m., pl.*) leisure activities (21S)
long, longue long (11B)
longtemps a long time (16B)
louer to rent (19B)
Louisiane (*f.*) Louisiana (19B)
lourd(e) heavy (19B)
lune de miel (*f.*) honeymoon (16B)
lundi (*m.*) Monday (1B)
lunettes (*f., pl.*) eyeglasses (11B); — **de soleil** (*f., pl.*) sunglasses (11S)
lycée (*m.*) high school (5B)

M

machine à écrire (*f.*) typewriter (3S)
madame (Mme) ma'am, Mrs. (1B)
mademoiselle (Mlle) miss, Miss (1B)
magasin (*m.*) store (6B)
magazine (*m.*) magazine (14B)
magnétoscope (*m.*) videocassette recorder (17S)
mai (*m.*) May (1B)
maigrir to lose weight (11B)
maillot de bain (*m.*) swimsuit, bathing suit (11B)
main (*f.*) hand (13B)
maintenant now (2B)
mairie (*f.*) city hall (12S)
mais but (1B)
maison (*f.*) house (6B)
mal bad, badly (8B); — **élevé(e)** ill-mannered, rude (5S); — **habillé(e)** badly dressed (11S)
malade sick (2B)
maladie (*f.*) sickness, illness (21B)
malgré in spite of, despite (20S)
malheur (*m.*) misfortune (21B)
malheureusement unfortunately (21B)
malheureux, malheureuse unhappy (2B)
manger to eat (4B)
manquer (un train, un avion) to miss (a train, a plane) (19B)
manteau (*m.*) **manteaux** (*pl.*) coat (11B)
maquiller to make up (someone else) (15S); **se maquiller** to put makeup on (oneself) (15S)
marche (*f.*) walking (8B)
marché (*m.*) market (13B)
marcher to walk (4B)
mardi (*m.*) Tuesday (1B)
mari (*m.*) husband (7B)
marié(e) married (7S/22B)
se marier (avec) to marry, get married (to) (16B)
Maroc (*m.*) Morocco (16S/19B)
marocain(e) Moroccan (19S)
marron (*invar.*) brown (eyes) (15B)

mars (*m.*) March (1B)
masculin(e) masculine (14S)
match (*m.*) game (4S)
matérialiste materialistic (21B)
matériel, matérielle material (21S)
mathématiques (*f., pl.*) mathematics (22B)
matin (*m.*) morning (6B)
mauvais(e) bad (9B)
méchant(e) mean (2S/5B)
médecin (*m.*) doctor, physician (12B)
médicament (*m.*) medicine (23B)
se méfier de to mistrust, not to trust (21S)
meilleur(e) better (20B)
melon (*m.*) melon (cantaloupe) (9S)
membre (*m.*) member (8S)
même same; even (17B)
ménage (*m.*) housework (4S/7B); household, couple (16S)
mentir to lie (24B)
menu (*m.*) fixed-price meal (13S)
mer (*f.*) sea, ocean (6B)
merci thank you (1B)
mercredi (*m.*) Wednesday (1B)
mère (*f.*) mother (4B)
mère de famille (*f.*) wife and mother (18B)
merveilleux, merveilleuse wonderful, marvelous (8S)
métier (*m.*) profession, trade (12B)
métro (*m.*) subway (19B)
mètre (*m.*) meter (20S)
mettre to put, to put on, to wear (11B); — **la table** to set the table (13S); — **une lettre à la poste** to mail a lettre (14S)
meuble (*m.*) piece of furniture (10S); **meubles** (*m., pl.*) furniture (10S)
meurtre (*m.*) murder (24S)
meurtrier (*m.*), **meurtrière** (*f.*) murderer (24B)
Mexique (*m.*) Mexico (19B)
mexicain(e) Mexican (19S)
mieux better (20B)
mignon, mignonne cute (5B)
mince slim, thin (2B)
miroir (*m.*) mirror (3S)
moderne modern, contemporary (10S)
moi me (1B); — **aussi** me too, so do I (1S); — **non plus** me neither, neither do I (1S)
moins (moins... que) less (less . . . than) (2B)
mois (*m.*) month (1S)
monde (*m.*) world (19B)
monnaie (*f.*) change, coins (13S)
mononucléose (*f.*) mononucleosis (23S)
monsieur (M.) (*m.*) sir, Mr. (1B)
monstre (*m.*) monster (15S)
montagne (*f.*) mountain(s) (6B)
monter to go up (10B)
monter/descendre en ascenseur to take the elevator up/down (10S)
monter/descendre par l'escalier to take the stairs up/down (10S)
montre (*f.*) wristwatch (11B)

montrer to show (17B)
monument (*m.*) monument (20S)
morceau (de) (*m.*) (*pl.* **morceaux**) piece (of) (13B)
mort (*f.*) death (21B)
mort(e) dead (7B)
motif (*m.*) motive (24B)
se moucher to wipe/blow one's nose (23B)
mouchoir (*m.*) **(en papier)** tissue (23B)
moustache (*f.*) moustache (15S)
moyen de transport (*m.*) means of transportation (19S)
mur (*m.*) wall (3S/10B)
musicien (*m.*), **musicienne** (*f.*) musician (18S)
musique (*f.*) music (2B); — **classique** (*f.*) classical music (2S)

N

nager to swim (6S)
naïf, naïve naive (2B)
nappe (*f.*) tablecloth (13S)
natation (*f.*) swimming (8B)
national(e), -aux, -ales national (17S)
né(e) born (7B)
ne... jamais not ever, never (8B)
ne... pas not (1B)
ne... personne not anyone, no one (8B)
ne... personne de (gentil) no one (nice) (17S)
ne... plus not anymore (8B)
ne... que only (24B)
ne... rien not anything, nothing (8B)
ne... rien de (comique) nothing (funny) (17S)
neige (*f.*) snow (6B)
neiger to snow (7S)
n'est-ce pas? isn't it, etc. (4B)
neuf nine (1B)
neveu (*m.*) nephew (22B)
nez (*m.*) nose (15B)
nièce (*f.*) niece (22B)
noir(e) black (3B)
nom (*m.*) noun (1B)
non no (1B)
nord (*m.*) north (20B)
normal(e), normaux, normales normal (2S)
Normandie (*f.*) Normandy (20S)
nourriture (*f.*) food (9S)
note (*f.*) grade (22B)
nouveau (nouvel), nouvelle, nouveaux, nouvelles new (11B)
nouvelle (*f.*) piece of news (14S)
nouvelles (*f., pl.*) news (from someone) (23S)
novembre (*m.*) November (1B)
nuage (*m.*) cloud (7S/20S)
nuit (*f.*) night, darkness (6B)
nul, nulle en no good in, at (22B)
numéro (de téléphone) (*m.*) (telephone) number (14B)

O

occupé(e) busy (2B); **s'occuper (de)** to take care (of) (16B)

octobre (*m.*) October (1B)
œil (*m.*), **yeux** (*pl.*) eye (15B)
œuf (*m.*) egg (9B)
oignon (*m.*) onion (9S)
oiseau (*m.*), **oiseaux** (*pl.*) bird(s) (4S)
omelette (au fromage) (*f.*) omelette (cheese) (9S)
on one, they, people (3B); — **verra** we'll see (18B)
oncle (*m.*) uncle (7B)
onze eleven (1B)
opinion (*f.*) opinion (21S)
optimiste optimistic (5S)
orage (*m.*) thunderstorm (20S)
orange (*adj., invar.*) orange (3B)
orange (*f.*) orange (9B)
ordinateur (*m.*) computer (3S)
ordre (*m.*) order (21S)
oreille (*f.*) ear (15B)
oser to dare (21S)
ou or (2B)
où where (2B); — **sont les toilettes?** where's the restroom? (10S)
oublier (de + *inf.*) to forget (to do something) (12B)
ouest (*m.*) west (20B)
oui yes (1B)
ouvert(e) open (13B)
ouvrier (*m.*), **ouvrière** (*f.*) worker (blue collar) (12S/18B)
ouvrir to open (19B)

P

page (*f.*) page (14B)
pain (*m.*) bread (9B)
paix (*f.*) peace (21B)
pâle pale (2B)
pamplemousse (*m.*) grapefruit (9S)
pansement (*m.*) dressing, bandage (23S)
pantalon (*m.*) pants (pair of) (11B)
papier (*m.*) paper (22S)
par by, through (19B); — **exemple** for example (22B); — **hasard** by chance (24B); — **terre** on the floor (3S)
parapluie (*m.*) umbrella (11B)
parc (*m.*) park (6B)
parce que because (4B)
pardon excuse me (1B)
parent (*m.*) parent, relative (7B)
paresseux, paresseuse lazy (2B)
parfois sometimes (5B)
parler to talk, to speak (4B)
partager to share (5S)
partir to leave (5B)
partout everywhere (15B)
pas (ne...) not (1B); — **du tout** not at all (1S/13B); — **encore** not yet (11B); — **mal** not bad (1B); — **moi** not me (1S/8B); — **question** no way, out of the question (8B)
passage (*m.*) passage, extract (23S)
passeport (*m.*) passport (19B)
passé(e) last (day, month, etc.) (14B)
passer to spend (17B); to go by, to stop by, to pass (19B); — **un examen** to take a test (22B)

pâté (*m.*) pâté (9S)
pâtes (*f., pl.*) pasta, spaghetti, noodles (9S)
patience (*f.*) patience (16S)
patient(e) patient (16B)
pâtisserie (*f.*) pastry shop, pastry (13B)
patron (*m.*), **patronne** (*f.*) boss (12B)
pauvre poor (5B)
pauvreté (*f.*) poverty (21S)
payer to pay (13B); — **avec une carte de crédit** to pay by credit card (13S); — **comptant** to pay cash (13S); — **par chèque** to pay by check (13S)
pays (*m.*) country (19B)
paysage (*m.*) landscape, scenery (20S)
PDG (président directeur général) CEO, president, chairman (18S)
peau (*f.*) skin (23B)
pêche (*f.*) peach (9B)
pêcher to fish (20S)
peigne (*m.*) comb (15S)
peigner to comb (someone else) (15S); **se peigner (les cheveux)** to comb (one's own hair) (15S)
pelouse (*f.*) lawn (10S)
pendant during (6B); — **que** while (16B)
pénible (*fam.*) obnoxious (2B)
penser (à/de) to think (about/of) (18B); — **que** to think that (18B); — **que oui/non** to think so/to not think so (18B)
perdre to lose (10B)
père (*m.*) father (4B)
permettre (de) to allow, to permit (17B)
permis de conduire (*m.*) driver's license (19S)
personnage (*m.*) character (in play, book) (24B)
personnalité (du cinéma) (*f.*) (movie) celebrity (17B)
personne (*m.*) nobody, no one (8B); (*f.*) person (4B); — **âgée** (*f.*) older person (5S)
personnel, personnelle personal (21S)
pessimiste pessimistic (5S)
petit(e) little, small, short (3B); **petit ami** (*m.*) boyfriend; **petite amie** (*f.*) girlfriend (5B); **petit déjeuner** (*m.*) breakfast (9B); **petite annonce** (*f.*) classified ad (14B); **petite cuillère** (*f.*) teaspoon (13B); **petits pois** (*m., pl.*) peas (9B)
petite-fille (*f.*) granddaughter (7S/22B)
petit-fils (*m.*) grandson (7S/22B)
petits-enfants (*m., pl.*) grandchildren (7S/22B)
peut-être maybe, perhaps (3B)
peur (*f.*) fear (17S)
peu (*adv.*) little, not much, few (4B)
peu (un) little (a) (4B)
pharmacie (*f.*) pharmacy (18B)

pharmacien (*m.*), **-ienne** (*f.*) pharmacist (18B)
philosophie (*f.*) philosophy (22B)
photo (*f.*) photograph (3B)
physique (*f.*) physics (22B)
piano (*m.*) piano (8B)
pièce (*f.*) room (general term) (10B); — **(de théâtre)** (*f.*) play (17B)
pied (*m.*) foot (15B)
pilote (*m.*) pilot (19S)
pique-nique (*m.*) picnic (6S)
piscine (*f.*) swimming pool (6B)
pizza (*f.*) pizza (9S)
placard (*m.*) closet (3B)
place (*f.*) room, place, seat (19S)
plage (*f.*) beach (6B)
plaisanter to kid (22S)
plan (*m.*) city map (12S)
plante verte (*f.*) houseplant (13B)
plastique (*m.*) plastic (22S)
plat(e) flat (20B)
plat (*m.*) serving dish, dish of food (13B); — **principal** (*m.*) main dish, main course (9S)
plein(e) full, crowded (19S)
pleurer to cry (5S)
pleuvoir to rain (7S)
plongée sous-marine (*f.*) scuba diving (8S)
pluie (*f.*) rain (20B)
plus (plus... que) more (more . . . than) (2B); — **jeune** (*m. ou f.*) youngest (22B); — **ou moins** more or less (2S)
poème (*m.*) poem (14S)
poignet (*m.*) wrist (23B)
poire (*f.*) pear (9S)
poison (*m.*) poison (24S)
poisson (*m.*) fish (1S/9B)
poivre (*m.*) pepper (9S)
poli(e) polite (5S)
policier (*m.*) police officer (12B)
politique (*f.*) politics (14B)
polo (*m.*) tennis (golf) shirt (11S)
pomme (*f.*) apple (9B)
pomme de terre (*f.*) potato (9B)
pompier (*m.*) firefighter (18B)
pont (*m.*) bridge (20B)
porc (*m.*) pork (9S)
port (*m.*) port (20S)
porte (*f.*) door (3B)
porter to carry, to wear (11B)
poser une question (à qqn) to ask a question (of someone) (14B); **se poser des questions** to wonder, to have doubts (21S)
possible possible (3S)
poste (*f.*) post office (6B)
poulet (*m.*) chicken (9B)
pour for, in order to (1B); — **(que)** + *subjonctif* so that, in order to (21B)
pourboire (*m.*) tip (13S); **laisser un —** to leave a tip (13S)
pourquoi why (6B)
pourtant however (24B)
pouvoir (*m.*) power (21B)
pouvoir can, to be able to (12B)
pratique practical (10B)
pré (*m.*) meadow (6S)

préféré(e) preferred, favorite (6S)
préférer to prefer (6B)
premier first (1B)
prendre to take; to have; to eat; to drink (9B); — **(un petit) quelque chose** to have a snack (9B); — **un bain** to take a bath (15S); — **une douche** to take a shower (15B); — **un verre** to have a drink (9S)
préparer to prepare (13S); **se préparer** to get (oneself) ready (15S)
près de near (to) (5B)
principe (*m.*) principle (21S)
printemps (*m.*) spring (1B)
privé(e) private (21B)
probablement probably (21B)
problème (*m.*) problem (5B)
professeur (*m.*) teacher (1B)
profiter de la vie to make the most of life (21S)
programme (*m.*) television/radio schedule (17S)
projet (*m.*) project, plan (8B)
promenade (*f.*) walk (8B)
promener to walk (a dog, for example) (15B); **se promener** to take a walk (15B)
promettre to promise (17B)
propre clean (15S)
propriétaire (*m. ou f.*) owner (12B)
Provence (*f.*) Provence (south of France) (20S)
prudent(e) careful, prudent (23S)
prune (*f.*) plum (9S)
psychologie (*f.*) psychology (22B)
psychologue (*m. ou f.*) psychologist (12S)
publicité (*f.*) advertising (14B)
puis (et puis) then (and then) (12B)
pull (*m.*) sweater (11B)
pyjama (*m.*) pair of pajamas (11S)
Pyrénées (*f., pl.*) Pyrenees (20S)

Q

quai (*m.*) platform (19S)
quand when (5B); — **même** all the same, even so (17S)
quatorze fourteen (1B)
quatre four (1B)
que that (16B)
quel, quelle, quels, quelles which, what (6B); **quel âge as-tu (avez-vous)?** how old are you? (5S); **quelle est la date aujourd'hui?** what's the date today? (1S); **quelle heure est-il?** what time is it? (6B); **quelle sorte de...** what kind/sort of . . . ? (13B); **quel temps fait-il?** what's the weather like? (7S)
quelque few, some (21B); — **chose** something (9B); — **chose (d'intéressant)** something (interesting) (16B)
quelquefois sometimes (10B)
quelqu'un someone (9B); — **(d'intéressant)** someone (interesting) (16B)
qu'est-ce que...? what . . . ? (8B); — **c'est?** what is this/that? (3B);

— **vous avez?** what's the matter with you? (23S); **qu'est ce qu'il y a à faire?** what is there to do? (20S)
qu'est-ce qui... ? what . . . ? (16B); — **se passe?** what's happening? (16B)
question (*f.*) question (14B)
qui who (2S/5B); **qui... ?** who . . . ? (7B); — **est-ce que?** who/whom? (8B)
quinze fifteen (1B)
quitter to leave (16B)
quoi what (8B)

R

racisme (*m.*) racism (21S)
raconter to tell (a story) (16B)
radio (*f.*) radio (3B)
raisin (*m.*) grape (9S)
raisonnable reasonable, sensible (2B)
randonnée (*f.*) hike (8B)
ranger to straighten up; to clean up (4B)
rapide fast, rapid (18B)
rare rare (20S)
raser to shave (someone else) (15S); **se raser** to shave (oneself) (15S)
rasoir (*m.*) razor (15S)
rater to fail (22B)
réaliste realistic (21B)
réalité (*f.*) reality (21B)
recevoir to receive, to get (23B); — **des nouvelles de qqn** to hear from someone (23S)
se réconcilier to make up (16S)
réfléchir (à + *qqch.*) to think (about), reflect (11B)
réfrigérateur (*m.*) refrigerator (3S/10B)
refuser (de + *inf.*) to refuse (to) (21B)
regarder to look at (4B); **se regarder** to look at oneself (15B)
régime (*m.*) diet (5S)
région (*f.*) region (20B)
remède (*m.*) remedy (23S)
rencontre (*f.*) encounter, meeting (16S)
rencontrer to meet (8B)
rendre visite à to visit (a person) (19B)
renseignement (*m.*) piece of information (14B)
rentrer to go/come home, back (11B)
renverser to knock over (13S)
repas (*m.*) meal (9B)
répondre (à qqn) to answer (someone) (10B)
reporter (*m.*) reporter (17S)
se reposer to rest (16B)
réservé(e) reserved, quiet (5S)
réserver to reserve (19S)
résidence universitaire (*f.*) dormitory (6S)
respecter to respect (21B)
responsabilité (*f.*) responsibility (18B)

responsable responsible (18B)
ressembler (à qqn) to look like, to resemble (s.o.) (22B)
restaurant (m.) restaurant (6B); — **universitaire** (m.) college cafeteria (6S)
rester to stay (someplace) (8B); — **à la maison** to stay home (4B)
restes (m., pl.) leftovers (9S)
résultat (m.) result (23S)
résumé (m.) summary (19S)
retour (m.) return (12S)
retourner to go back, to return (12B)
retraité (m.), **retraitée** (f.) retired person (12S)
se retrouver to get together, to meet (again) (16B)
réussir (à + inf.) to succeed; — **(à) un examen** to pass a test (22B)
rêve (m.) dream (15S)
réveil (m.) alarm clock (3B)
réveillé(e) awake (15S)
réveiller to wake (someone up) (15B); **se réveiller** to wake up (oneself) (15B)
revenir to come back (17B)
rêver (de) to dream (about, of) (15B)
revolver (m.) revolver, gun (24S)
rez-de-chaussée (m.) ground floor (first floor) (10B)
rhume (m.) cold (23B)
riche rich (5B)
richesse (f.) wealth (21S)
rideau (m.), **rideaux** (pl.) curtain (3S)
rien (m.) nothing (8B)
rire to laugh (4S/23B)
rivière (f.) river, stream (20S)
riz (m.) rice (9B)
robe (f.) dress (11B)
rock (m.) rock (music) (2B)
roman (m.) novel (14S); — **policier** (m.) murder mystery (24B)
rose rose-colored, pink (11B)
rôti (m.) roast (9S)
rouge red (3B)
route (f.) road (20B)
roux, rousse red (hair) (15B)
rubrique (f.) section, column (periodical) (14S)
rue (f.) street (10S/20B)
russe Russian (19S)
Russie (f.) Russia (19B)

S

sable (m.) sand (20B)
sac (m.) sack, purse (3B); — **à dos** (m.) backpack (20S)
sage well-behaved (5S)
saison (f.) season (1S); — **des pluies** (f.) rainy season (19S)
salade (f.) salad (9B)
salaire (m.) salary (18B)
sale dirty (15S)
salle (f.) room (10B); — **à manger** (f.) dining room (10B); — **de bains** (f.) bathroom (10B); — **de classe** (f.) classroom (3B); — **de**

séjour (f.) living room, family room (7B)
salut! hi! bye! (1B)
samedi (m.) Saturday (1B)
sandale (f.) sandal (11S)
sandwich (m.) sandwich (9B)
sans without (8B)
santé (f.) health (21B)
satisfait(e) (de) satisfied (with) (21B)
sauce (f.) sauce, gravy (13S)
saucisson (m.) salami (9S)
sauf except (21B)
savoir to know (17B)
savon (m.) soap (15S)
sciences économiques (f., pl.) economics (22B)
sciences politiques (f., pl.) political science (22B)
scientifique scientific (14S)
sécher to dry (someone, something) (15S); **se sécher** to dry off (oneself) (15S)
séchoir (à cheveux) (m.) (hair) dryer (15S)
secret (m.) secret (24B)
secrétaire (m. ou f.) secretary (12B)
sécurité (f.) security (21S)
seize sixteen (1B)
sel (m.) salt (9B)
semaine (f.) week (1S)
Sénégal (m.) Senegal (19B)
sénégalais(e) Senegalese (19S)
sentiment (m.) feeling (21S)
se séparer to separate, to break up (16S)
sept seven (1B)
septembre (m.) September (1B)
série (f.) series (17S)
sérieux, sérieuse serious, hardworking (2S/4B)
serveur (m.), **serveuse** (f.) waiter, waitress (12B)
service compris tip included (13S)
serviette (f.) napkin (13B); — **de bain** (f.) bath towel (15S)
seul(e) alone (5B)
sévère strict (5S)
shampooing (m.) shampoo (15S)
short (m.) pair of shorts (11B)
si yes (on the contrary) (8B); if, so (10B)
s'il te plaît (fam.) please (fam.) (6B)
s'il vous plaît please (formal) (6B)
sieste (f.) nap (15S)
simple simple (21S)
situation (f.) situation (24B)
six six (1B)
ski (m.) skiing (8B)
skier to ski (6S)
S.N.C.F. (f.) French national railway (12S)
sociable sociable, gregarious (2B)
social, sociale, sociaux, sociales social (21B)
société (f.) company (18B); society (21B)
sociologie (f.) sociology (22B)
sœur (f.) sister (4B)
soif (f.) thirst (9B)

soigner to take care of (23B); **se soigner** to take care of oneself (23B)
soir (m.) evening (6B)
soirée (f.) party (9S); evening (17B)
soleil (m.) sun (6B)
solitude (f.) solitude (21B)
sombre dark (3S/10B)
sommaire (m.) table of contents (magazine) (14S)
sommeil (m.) sleep (6B)
sonner to ring (12B)
sortie (f.) outing, evening/night out (21B)
sortir to go out (4S/5B); — **avec** to go out with, to date (16S); — **ensemble** to go out together, to date (16S)
souci (m.) problem, worry (21S)
souffrir to suffer (21S)
soupe (aux tomates) (f.) (tomato) soup (9S)
sourire to smile (23B)
sous under (3B)
sous-sol (m.) basement level, underground (10S)
souvenir (m.) souvenir, memory (19S); **se souvenir de** to remember (16B)
souvent often (5B)
sparadrap (m.) Band-Aid (23B)
speakerine (f.) television hostess (17S)
sport (m.) sport(s) (4B)
sportif, sportive athletic (2B)
station (f.) (radio) station (17B); — **de métro** (f.) subway station (19S)
steward (m.) flight attendant, steward (19S)
stylo (m.) pen (1B)
sucre (m.) sugar (9B)
sud (m.) south (20B)
suicide (m.) suicide (24S); **se suicider** to commit suicide (24B)
Suisse (f.) Switzerland (14S/19B)
suisse Swiss (14S)
suivre to follow (22B)
supermarché (m.) supermarket (6B)
supplémentaire supplementary, extra
sur on, on top of (3B)
sûr(e) sure (8S)
sûrement certainly (21B)
surgelé(e) frozen (9S)
surprendre to surprise (17B)
surtout especially (19B)
survêtement (m.) sweatsuit (11S)
suspect (m.) suspect (24B)
sympathique nice, congenial, likable (2B)
symptôme (m.) symptom (23S)

T

table (f.) table (3B); — **de nuit** (f.) nightstand, night table (3S); **à** — **!** (meal) is ready! let's eat! (9S)
tableau (m.), **tableaux** (pl.) painting (3S)
tailleur (m.) suit (woman's) (11B)

tante *(f.)* aunt (7B)
taper à la machine to type (12S)
tapis *(m.)* area rug (3B)
tard late (15B)
tarte (aux pommes) *(f.)* pie (apple) (9B)
tasse (de) *(f.)* cup (of) (13B)
taxi *(m.)* taxi (19B)
tee-shirt *(m.)* T-shirt (11S)
téléfilm *(m.)* movie made for television (17B)
téléphone *(m.)* telephone (3B)
téléphoner (à qqn) to telephone (someone) (6B)
télévision *(f.)* television (3B)
témoin *(m.)* witness (24B)
temps *(m.)* weather (7B)
tennis *(m.)* tennis (4S)
terminer to finish, to end (6B)
terrasse *(f.)* patio, terrace (10B)
terre *(f.)* earth, ground (20B)
terrible terrible (20B)
tête *(f.)* head (15B)
têtu(e) stubborn (5S)
Texas *(m.)* Texas (19B)
T.G.V. (train à grande vitesse) *(m.)* high-speed French train (19S)
thé *(m.)* tea (9B)
théâtre *(m.)* theater (4S)
ticket *(m.)* ticket (bus or subway) (19B)
tiens! hey! there!
timbre *(m.)* stamp (14B)
timide shy (2B)
tirer (sur qqn) to shoot (someone) (24B)
tiroir *(m.)* drawer (3S)
titre *(m.)* title (14S)
toilettes *(f., pl.)* toilet, bathroom (10S)
toit *(m.)* roof (10S)
tomate *(f.)* tomato (9B)
tomber to fall (8B); — **amoureux, -euse (de)** to fall in love (with) (16B)
tôt early (15B)
toujours always (5B)
tour du monde *(m.)* trip around the world (19S)
touriste *(m. & f.)* tourist (20B)
tourner to turn (12S)
tous (toutes) les deux both (13B); **tous les jours** every day (13B)
tousser to cough (23B)
tout, tous, toute, toutes all (13B); **tout à coup** all of a sudden (12B); **tout à fait** absolutely, completely (13B); **tout de suite** right away, at once (13B); **tout droit** straight (12S); **tout le monde** everybody, everyone (8B); **tout le temps** all the time

(5B); **tout(e) seul(e)** all alone, all by oneself (15B)
traditionnel, traditionnelle traditional (21B)
tragique tragic (17B)
train *(m.)* train (19B)
tranche (de) *(f.)* slice (of) (13B)
travail *(m.)* work, job (12B)
travailler to work (4B); — **dur** to work hard (18B)
travailleur, travailleuse hardworking (2B)
traverser to go across, to cross (19B)
treize thirteen (1B)
trente thirty (1B)
très very (2B); — **bien** fine, good, very good (1B)
triste sad (5B)
trois three (1B)
tromper to fool, to cheat (16S); **se tromper (de)** to be wrong, to make a mistake (16B)
trop too (too much) (2S/4B); — **(de)** too much (of) (13B)
trouver to find (6B); — **du travail/un travail** to find work/a job (18B); **se trouver** to be located (20B)
tuer to kill (24B)
typique typical (5S)

U

un(e) one, a (1B)
une fois once (11)
universitaire university *(adj.)* (6B)
université *(f.)* university, college (2B)
usine *(f.)* factory (12S)
utiliser to use (12B)

V

vacances *(f., pl.)* vacation (2B)
vache *(f.)* cow (6S/20B)
vaisselle *(f.)* dishes (7B)
valise *(f.)* suitcase (11B)
vanille *(f.)* vanilla (9B)
végétarien, végétarienne vegetarian (9S)
veille *(f.)* day before, eve (24B)
vélo *(m.)* bicycle, bike (8B)
vendeur *(m.)*, **vendeuse** *(f.)* salesperson (12B)
vendre to sell (10B)
vendredi *(m.)* Friday (1B)
venir to come (13B)
venir de to have just (13B)
ventre *(m.)* stomach, abdomen (15S)
verbe *(m.)* verb
vérifier to verify, to check (24B)
vérité *(f.)* truth (14B)

verre (de) *(m.)* glass (of) (13B)
vert(e) green (3B)
veste *(f.)* jacket, sport coat (11B)
vêtements *(m., pl.)* clothes (11B)
veuf, veuve *(adj.)* widowed (22B)
veuf *(m.)*, **veuve** *(f.)* widower, widow (22B)
viande *(f.)* meat (9B)
victime *(f.)* victim (24B)
vide empty (19B)
vie *(f.)* life (5B)
vie quotidienne *(f.)* daily life (21S)
vieux (vieil), vieille, vieux, vieilles old (5B)
village *(m.)* village (rural) (6B)
ville *(f.)* city, town (6B)
vin *(m.)* wine (9B)
vingt *(m.)* twenty (1B)
violence *(f.)* violence (21B)
violent(e) violent (17B)
violet, violette purple (11B)
violon *(m.)* violin (8B)
visage *(m.)* face (15S/23B)
visiter to visit (a place) (19B)
vite fast, rapidly (19B)
vivant(e) alive (24B)
vivre to be alive, to live (22B)
voici here is, here are (8B)
voilà there is/are; here is/are (2S/3B)
voir to see (16B)
voiture *(f.)* car (5B)
vol *(m.)* flight (19S)
voler to steal (24B)
volets *(m., pl.)* shutters (10S)
voleur *(m.)*, **voleuse** *(f.)* thief, robber (24B)
vouloir to want, to wish (7B); — **dire** to mean (14B); **en** — **à qqn** to have a grudge against so (24S)
vous avez choisi? are you ready to order? (13S)
voyage *(m.)* trip (11B); — **organisé** *(m.)* tour (package) (20S)
voyager to travel (4B)
vrai(e) true, right (4B)
vraiment really (18B)

W

week-end *(m.)* weekend (1S)
western *(m.)* western (movie) (17B)
W.C. *(m., pl.)* toilet, restroom (10B)

Y

yaourt *(m.)* yogurt (9B)
y compris including (24B)
yeux *(m., pl.)* eyes (15B)

Z

zoo *(m.)* zoo (20S)

► Anglais-Français

A

abandon (v.) abandonner
abdomen ventre (m.)
about de, à peu près
abroad à l'étranger
absolutely tout à fait
accept (v.) accepter (de + inf.)
accident accident (m.)
according to d'après; — **to you** à votre avis
accountant comptable (m. ou f.)
acquaintance connaissance (f.)
act (v.) agir
active actif, active
activity activité (f.)
actor acteur (m.)
actress actrice (f.)
adapt to (v.) (s')adapter à
address adresse (f.)
adjective adjectif (m.)
adolescent adolescent (m.), adolescente (f.)
adorable adorable
adult adulte (m.)
adventure movie film d'aventure (m.)
advertising, advertisement publicité (f.)
Africa Afrique (f.)
African africain(e)
after, afterwards après
afternoon après-midi (m.)
again encore
agreeable agréable
ago il y a...
airplane avion (m.)
airport aéroport (m.)
à la carte à la carte
alarm clock réveil (m.)
Algeria Algérie (f.)
Algerian algérien, algérienne
alibi alibi (m.)
alive vivant(e)
all tout, tous, toute, toutes; — **alone, — by oneself** tout(e) seul(e); — **of a sudden** tout à coup; — **right** d'accord; — **the same, even so** quand même; — **the time** tout le temps
allergy allergie (f.)
allow (v.) permettre (de)
all right d'accord
almost à peu près
alone seul(e)
Alps Alpes (f., pl.)
already déjà
also aussi
always toujours
America Amérique (f.)
American américain(e)
amuse (someone) (v.) amuser
amusing comique
and et
angry fâché(e)
animal animal (m.), animaux (pl.)
animated cartoon dessin animé (m.)

ankle cheville (f.)
announce (v.) annoncer
annoy (someone) (v.) énerver
annoying énervant(e)
answer (someone) (v.) répondre (à qqn)
antique ancien, ancienne
apartment appartement (m.)
apartment house immeuble (m.)
apple pomme (f.)
appreciate (v.) apprécier
April avril (m.)
are you ready to order? vous avez choisi?
argue (with) (v.) se disputer (avec)
arm bras (m.)
armchair fauteuil (m.)
armed armé(e)
arrive (at) (v.) arriver (à + inf.)
article article (m.)
as comme; — **a group** en groupe; — **far as** jusqu'à; — **. . . as** aussi... que
Asia Asie (f.)
Asian asiatique
ask (v.) demander; — (v.) **a question (of someone)** poser une question (à qqn)
asparagus asperges (f., pl.)
aspirin aspirine (f.)
assignment devoir (m.)
at à; — **ease** à l'aise; — **last** enfin; — **. . . o'clock** à... heure(s); — **once** tout de suite; — **the house of** chez; — **the same time** en même temps; — **the side of** au bord de; — **what time?** à quelle heure?
athletic sportif, sportive
attack (of) crise (de) (f.)
attic grenier (m.)
attorney avocat (m.), avocate (f.); juriste (m. ou f.)
August août (m.)
aunt tante (f.)
Australia Australie (f.)
Australian australien, australienne
authority autorité (f.)
autumn automne (m.)
avenue avenue (f.)
awake réveillé(e)

B

baby bébé (m.)
baby-sit (v.) garder des enfants
back dos (m.)
backpack sac à dos (m.)
bad mauvais(e)
badly mal; — **dressed** mal habillé(e)
bad-mannered mal élevé(e)
bakery boulangerie (f.); — **that sells pastries** boulangerie-pâtisserie (f.)
balcony balcon (m.)
bald chauve
banana banane (f.)

Band-Aid sparadrap (m.)
bandage pansement (m.)
bank banque (f.)
banker banquier (m.), banquière (f.)
basement cave (f.); — **level** sous-sol (m.)
basketball basket-ball (m.)
bathing suit maillot de bain (m.)
bathroom salle de bains (f.); toilettes (f., pl.)
bathtub baignoire (f.)
be (v.) être; — **a member (of)** être membre (de); — **able to** pouvoir; — **afraid (of)** avoir peur (de); — **against** être contre; — **alive** vivre, être vivant(e); — **allergic to** être allergique à; — **aware of** être conscient(e) de; — **bored** s'ennuyer; — **careful** faire attention; — **cold** avoir froid; — **early** être en avance; — **easy to get along with** avoir bon caractère, être facile à vivre; — **expensive** coûter cher; — **for** être pour; — **free to** être libre de; — **good at** être fort(e) en; — **good at/in** être bon/bonne en; — **hard to get along with** avoir mauvais caractère, être difficile à vivre; — **hot** avoir chaud; — **hungry** avoir faim; — **in shape** être en forme; — **in the middle of** être en train de (+ inf.); — **informed** être au courant de (+ nom); — **interested in** s'intéresser à; — **involved in politics** faire de la politique; — **late** être en retard; — **located** se trouver; — **lucky** avoir de la chance; — **mad at** être en colère contre; — **named** s'appeler; — **no good at/in** être nul/nulle en; — **on a diet** être au régime; — **on time** être à l'heure; — **over (a sickness)** être remis(e) (de); — **paid (well, badly)** être (bien, mal) payé(e); — **right** avoir raison; — **sleepy** avoir sommeil; — **standing (up)** être debout; — **thirsty** avoir soif; — **wrong** avoir tort, se tromper (de); — **. . . years old** avoir... ans
beach plage (f.)
beard barbe (f.)
beautiful beau (bel), belle, beaux, belles
because parce que
because of à cause de
become (v.) devenir
bed lit (m.)
bedroom chambre (f.)
beer bière (f.)
before avant, avant de + inf., avant que + subjonctif
begin (to) (v.) commencer (à + inf.)
beginning début (m.)
behind derrière (prep.); derrière (m.)

beige beige
Belgian belge
Belgium Belgique (f.)
believe (in) (v.) croire (à)
belong to (v.) être à
belongings affaires (f., pl.)
bench banc (m.)
beside à côté de
better meilleur(e) (adj.), mieux (adv.)
between entre
beverage boisson (f.)
bicycle vélo (m.)
big grand(e); gros, grosse
bill addition (f.)
biology biologie (f.)
bird oiseau (m.), oiseaux (pl.)
birthday anniversaire (m.)
black noir(e)
blond blond(e)
blow coup (m.)
blow one's nose (v.) se moucher
blue bleu(e)
boat bateau (m.), bateaux (pl.)
body corps (m.)
book livre (m.)
bookcase étagère (f.)
bookstore librairie (f.)
bore (v.) ennuyer
boring ennuyeux, ennuyeuse
born né(e)
boss patron (m.), patronne (f.)
both tous (toutes) les deux
bother (v.) gêner
bottle (of) bouteille (de) (f.)
box (of) boîte (de) (f.)
boy garçon (m.)
boyfriend petit ami (m.)
bread pain (m.)
break (one's arm, leg) (v.) se casser (le bras, la jambe); — **up** (v.) se séparer
breakfast petit déjeuner (m.); — **nook** coin-repas (m.)
bridge pont (m.)
bright clair(e)
bring (v.) apporter
British anglais(e)
Brittany Bretagne (f.)
brother frère (m.)
brother-in-law beau-frère (m.)
brown brun(e); — (eyes) marron (invar.); — (light, hair) châtain(e)
bruise bleu (m.)
brush (v.) brosser; — **(one's hair)** se brosser (les cheveux)
bureau commode (f.)
burn (v.) brûler; — **oneself** se brûler
bus (between cities) autocar (m.), car (m., fam.)
bus (city) bus (m., fam.)
business affaires (f., pl.), entreprise (f.); — **owner** chef d'entreprise (m.)
busy occupé(e)
but mais
butcher shop boucherie (f.)
butter beurre (m.)
buy (v.) acheter

by par
by chance par hasard
bye! salut!

C
café café (m.)
cake (chocolate) gâteau (au chocolat) (m.), gâteaux (pl.)
calculator calculatrice (f.)
California Californie (f.)
call (v.) appeler
calm calme (m.); calme (adj.)
camera appareil-photo (m.)
camp (v.) faire du camping
camping camping (m.)
can (v.) pouvoir
can (of) boîte (de) (f.)
Canada Canada (m.)
Canadian canadien, canadienne
cancer cancer (m.)
candy (piece of) bonbon (m.)
canned food conserves (f., pl.)
car voiture (f.)
card carte (f.)
careful prudent(e)
carrot carotte (f.)
carry (v.) porter; — **(away)** emporter
cartoon dessin humoristique (m.)
cash argent (m.)
cashier caissier (m.), caissière (f.)
cassette cassette (f.)
castle château (m.), châteaux (pl.)
cat chat (m.)
catastrophic catastrophique
catch (v.) attraper
cathedral cathédrale (f.)
celebrate (v.) fêter
celebrity (movie) personnalité (du cinéma) (f.)
center centre (m.)
centime (1/100 franc) centime (m.)
CEO PDG (président directeur général) (m.)
certainly sûrement
chair chaise (f.)
chairman PDG (président directeur général) (m.)
champagne champagne (m.)
chance *hasard (m.)
change (v.) changer; — **(trains, planes)** changer (de train, d'avion); — **one's clothes** se changer
change changement (m.)
change (currency) monnaie (f.)
channel (television) chaîne (f.)
character (in play, book) personnage (m.)
chat (v.) bavarder
cheap bon marché (invar.)
cheat (on someone) (v.) tromper
check (v.) vérifier
check chèque (m.); — **(restaurant)** addition (f.)
checkbook chéquier (m.)
cheese fromage (m.)
chemistry chimie (f.)
chest of drawers commode (f.)
chicken poulet (m.)

child enfant (m. ou f.)
China Chine (f.)
Chinese chinois(e)
chocolate chocolat (m.)
choose (v.) choisir (de + inf.)
church église (f.)
cigarette cigarette (f.)
city ville (f.); — **hall** mairie (f.); — **map** plan (m.)
civil servant fonctionnaire (m. ou f.)
class cours (m.)
classical music musique classique (f.)
classified ad petite annonce (f.)
classmate camarade de classe (m. ou f.)
classroom salle de classe (f.)
clean propre; (v.) — **up** ranger
cleaning person femme de ménage (f.)
client client (m.), cliente (f.)
close (v.) fermer
closed fermé(e)
closet placard (m.)
clothes vêtements (m. pl.)
cloud nuage (m.)
coast côte (f.)
coat manteau (m.), manteaux (pl.)
Coca-Cola Coca-Cola (m.)
coffee café (m.); — **with milk** café au lait (m.)
coffeeshop café (m.)
cold froid (m.); rhume (m.)
cold cuts charcuterie (f.)
college université (f.); — **cafeteria** restaurant universitaire (m.)
color couleur (f.)
column (periodical) rubrique (f.)
comb (one's own hair) (v.) se peigner (les cheveux); — **(someone else's hair)** peigner
comb peigne (m.)
come (v.) venir; — **back** revenir; — **in** (v.) entrer
comedy (movie, play) comédie (f.)
comfort confort (m.)
comfortable confortable
comfortable (person) à l'aise
comic comique; — **book,** — **strip** bande dessinée (f.)
comment commentaire (m.)
commit suicide (v.) se suicider
company société (f.)
company head chef (m.) d'entreprise
competent compétent(e)
completely tout à fait
computer ordinateur (m.); — **specialist** informaticien (m.), -ienne (f.)
concern (v.) concerner
concert concert (m.)
contagious contagieux, contagieuse
contemporary moderne
content content(e)
continent continent (m.)
continue (v.) continuer (à + inf.); — **as far as** continuer jusqu'à
cook (v.) faire la cuisine

cook cuisinier (m.), cuisinière (f.)
cooking cuisine (f.)
corner coin (m.)
correspondence courrier (m.)
corridor couloir (m.)
cost coûter (v.)
couch canapé (m.)
cough (v.) tousser
country campagne (f.); pays (m.)
countryside campagne (f.)
couple couple (m.), ménage (m.)
course cours (m.)
cousin cousin (m.), cousine (f.)
cow vache (f.)
credit card carte de crédit (f.)
crime crime (m.)
criticize critiquer (v.)
croissant croissant (m.)
cross (v.) traverser
crowd foule (f.)
crowded plein(e)
cruise croisière (f.)
cry (v.) pleurer
cuisine cuisine (f.)
cultural culturel, culturelle
cup (of) tasse (de) (f.)
curly frisé(e)
current actuel, actuelle
curtain(s) rideau (m.), rideaux (pl.)
customer client (m.), cliente (f.)
cut (v.) couper; — **oneself** se couper
cute mignon, mignonne
cycle faire du vélo (v.)
cyclist coureur (m.) cycliste

D

daily life vie quotidienne (f.)
dance (v.) danser
dancer danseur (m.), danseuse (f.)
dangerous dangereux, dangereuse
dare (v.) oser
dark foncé(e), sombre
dark-haired brun(e)
date (v.) sortir avec, sortir ensemble
date date (f.)
daughter fille (f.)
daughter-in-law belle-fille (f.)
day jour (m.), journée (f.); — **after** lendemain (m.); — **before** veille (f.)
day-care center crèche (f.)
dead mort(e)
dear cher, chère
death mort (f.)
December décembre (m.)
decide (to do something) (v.) décider (de + inf.)
degree diplôme (m.)
delicate délicat(e)
delicatessen, deli meats charcuterie (f.)
delicious délicieux, délicieuse
dentist dentiste (m. ou f.)
deodorant déodorant (m.)
depressed déprimé(e)
descend (v.) descendre
describe (v.) décrire
desert désert (m.)

desk bureau (m.), bureaux (pl.)
despite malgré
dessert dessert (m.)
detective/police movie film policier (m.)
diary journal (m.), journaux (pl.)
dictionary dictionnaire (m.)
diet régime (m.)
different différent(e)
difficult difficile
diploma diplôme (m.)
dining room salle à manger (f.)
dinner dîner (m.)
dirty sale
disappointed déçu(e)
discotheque discothèque (f.)
discover (v.) découvrir
discuss (v.) discuter (de)
disgruntled fâché(e)
dishes vaisselle (f.)
dish of food plat (m.)
divorce (v.) divorcer
divorce divorce (m.)
divorced divorcé(e)
do (v.) faire; — **dumb things** faire des bêtises; — **housework** faire le ménage; — **the dishes** faire la vaisselle; — **the museums** faire les musées
doctor médecin (m.)
documentary (on) documentaire (sur) (m.)
dog chien (m.)
done! ça y est!
door porte (f.)
dormitory résidence universitaire (f.)
doubt doute (m.); **to have doubts** se poser des questions
downstairs en bas
drawer tiroir (m.)
dream rêve (m.)
dream (about, of) (v.) rêver (de)
dress robe (f.)
dress (someone else) (v.) habiller
dressed habillé(e); — **up** habillé(e); **to get** — s'habiller (v.)
dressing (bandage) pansement (m.)
drink (v.) boire, prendre
drink (served before a meal) apéritif (m.)
drive (v.) aller en voiture, conduire
driver's license permis de conduire (m.)
dry (someone, something) (v.) sécher; — **off (oneself)** se sécher
dumb bête; — **thing** bêtise (f.)
during pendant
dynamic dynamique

E

each chaque
ear oreille (f.)
early tôt
earn (v.) gagner; — **a living** gagner sa vie; — **X $ per hour** gagner X $ l'heure
earth terre (f.)
east est (m.)
easy facile

eat (v.) manger, prendre
economics sciences économiques (f., pl.)
efficient efficace
egg œuf (m.)
eight *huit
eighteen dix-huit
elderly âgé(e)
elegant élégant(e)
elementary school école primaire (f.)
elevator ascenseur (m.)
eleven onze
embarrass (v.) gêner
embrace (v.) embrasser
employee employé (m.), employée (f.)
empty vide
encounter rencontre (f.)
end fin (f.)
end (v.) terminer
enemy ennemi (m.), ennemie (f.)
energetic énergique
engineer ingénieur (m.)
England Angleterre (f.)
English anglais(e)
enough assez; — **(of)** assez (de)
enter (v.) entrer
enthusiastic enthousiaste
entranceway entrée (f.)
envelope enveloppe (f.)
equality égalité (f.)
errand course (f.)
especially surtout
Europe Europe (f.)
European européen, européenne
eve veille (f.)
even même
evening soir (m.), soirée (f.); — **(night) out** sortie (f.)
event événement (m.)
every chaque; — **day** tous les jours
everybody tout le monde
everyone tout le monde
everywhere partout
exam examen (m.)
excellent excellent(e)
except sauf
excuse me pardon
executive cadre (m.)
exercise (v.) faire de l'exercice
exist (v.) exister
expensive cher, chère
explain (v.) expliquer
expressway autoroute (f.)
extra supplémentaire
extract passage (m.)
eye œil (m.), yeux (pl.)

F

face (v.) donner sur
face visage (m.)
factory usine (f.)
fail (v.) rater
fair juste
faithful (to) fidèle (à)
fall (v.) tomber; — **asleep** s'endormir; — **in love (with)** tomber amoureux, -euse (de)
false faux, fausse

familiar familier, familière
family famille (f.); — **room** salle de séjour (f.)
famous célèbre
far (from) loin (de)
farm ferme (f.)
farmer agriculteur (m.), agricultrice (f.)
fast (adj.) rapide; (adv.) vite
fat gros, grosse
fate *hasard (m.)
father père (m.)
father-in-law beau-père (m.)
favorite préféré(e)
fear peur (f.)
February février (m.)
feel bad (v.) aller mal
feel better (v.) aller mieux
feel good (v.) aller bien; être en forme
feel great (v.) être en forme
feel like (+ inf.) (v.) avoir envie de (+ inf.)
feeling sentiment (m.)
feminine féminin(e)
fever fièvre (f.)
few peu (adv.), quelque (adj.)
fiancé(e) fiancé (m.), fiancée (f.)
fifteen quinze
film film (m.)
filmmaker cinéaste (m. ou f.)
finally enfin, finalement
financial financier, financière
find (v.) trouver; — **work/a job** trouver du travail/un travail
fine bien
finger doigt (m.)
finish (v.) finir, terminer
finished! ça y est!
fire fighter pompier (m.)
firm entreprise (f.)
first premier; — **(of all)** d'abord; — **course (appetizer)** entrée (f.); — **floor** rez-de-chaussée (m.)
fish (v.) pêcher
fish poisson (m.)
five cinq
fix one's own hair (v.) se coiffer; — **fix someone's hair** coiffer
fixed-price meal menu (m.)
flat plat(e)
flight vol (m.); — **attendant** steward (m.), hôtesse de l'air (f.)
floor étage (m.)
flower fleur (f.)
flu grippe (f.)
fly (v.) aller en avion
follow (v.) suivre
food nourriture (f.)
fool (v.) tromper
foot pied (m.)
football football américain (m.)
for pour; — **example** par exemple
foreign étranger, étrangère
foreigner étranger (m.), étrangère (f.)
forest forêt (f.)
forget (to do something) (v.) oublier (de + inf.)
fork fourchette (f.)
formal habillé(e)

four quatre
fourteen quatorze
fragile fragile
franc franc (m.)
France France (f.)
free libre; — **(of charge)** gratuit(e)
freedom liberté (f.)
freezer congélateur (m.)
French français(e); — **(language)** français (m.)
french fries frites (f. pl.)
French national railway S.N.C.F. (f.)
French Riviera Côte d'Azur (f.)
Friday vendredi (m.)
friend ami (m.), amie (f.)
friendship amitié (f.)
from de
frozen surgelé(e)
fruit fruit (m.); — **juice** jus de fruit (m.)
full plein(e); — **of light** clair(e)
funny comique
furniture meubles (m. pl.)
future avenir (m.)

G

gain weight (v.) grossir
game match (m.); — **show** jeu (télévisé) (m.)
garage garage (m.); — **owner (mechanic)** garagiste (m.)
garden jardin (m.)
generous généreux, généreuse
German allemand(e)
Germany Allemagne (f.)
get (v.) recevoir; — **(oneself) ready** se préparer; — **(to)** arriver (à + inf.); — **along (well/badly)** s'entendre (bien/mal) (avec qqn) — **annoyed** s'énerver; — **dressed** s'habiller; — **engaged** se fiancer; — **irritated** s'énerver; — **married (to)** se marier (avec); — **sunburned** attraper un coup de soleil; — **together** se retrouver; — **undressed** se déshabiller; — **up** se lever
gift cadeau (m.), cadeaux (pl.)
girl fille (f.), jeune fille (f.)
girlfriend petite amie (f.)
give (v.) donner
glad content(e)
glass (of) verre (de) (m.)
glasses (eye) lunettes (f., pl.)
glove gant (m.)
go (v.) aller; — **(sail)boating** faire du bateau (à voile); — **across** traverser; — **around the world** faire le tour du monde; — **back** retourner; — **by** passer; — **camping** faire du camping; — **down** descendre; — **in** entrer; — **out** sortir; — **out together** sortir ensemble; — **out with** sortir avec; — **sailing** faire de la voile; — **scuba diving** faire de la plongée sous-marine; — **shopping** faire les magasins; — **to** aller jusqu'à; — **to bed** se

coucher; — **to the doctor** aller chez le médecin; — **up** monter; — **home, back** rentrer
God Dieu (m.)
golf golf (m.)
good bien (adv.); bon, bonne (adj.)
goodbye au revoir
government gouvernement (m.)
grade note (f.)
gram (of) gramme (de) (m.)
grandchildren petits-enfants (m., pl.)
granddaughter petite-fille (f.)
grandfather grand-père (m.)
grandmother grand-mère (f.)
grandparents grands-parents (m., pl.)
grandson petit-fils (m.)
grape raisin (m.)
grapefruit pamplemousse (m.)
gravy sauce (f.)
gray gris(e)
green vert(e); — **beans** *haricots verts (m., pl.)
grocery store épicerie (f.)
ground terre (f.); — **floor** rez-de-chaussée (m.)
group groupe (m.)
guest invité(e) (m. ou f.)
guilty coupable
guitar guitare (f.)
gun revolver (m.)

H

hair cheveu (m.), cheveux (pl.)
hairdresser coiffeur (m.), coiffeuse (f.); — **dryer** séchoir (à cheveux) (m.)
half brother demi-frère (m.)
half sister demi-sœur (f.)
hall couloir (m.)
ham jambon (m.)
hamburger *hamburger (m.)
hand main (f.)
handsome beau (bel), belle, beaux, belles
happily heureusement
happiness bonheur (m.)
happy heureux, heureuse
hard dur(e)
hardworking sérieux, sérieuse; travailleur, travailleuse
hat chapeau (m.)
hate (v.) détester
have (v.) avoir; — **(some) doubts** avoir des doutes; — **a bruise** avoir un bleu; — **a cold** avoir un rhume; — **a drink** prendre un verre; — **a fever** avoir de la fièvre; — **a good time** s'amuser; — **a grudge against** en vouloir à qqn; — **a nice weekend!** bon week-end!; — **a runny nose** avoir le nez qui coule; — **a snack** prendre (un petit) quelque chose; — **a sunburn** avoir un coup de soleil; — **illusions** avoir des illusions; — **just** venir de; — **responsibilities** avoir des responsabilités; — **the choice**

avoir le choix; — **the flu** avoir
la/une grippe; — **time off** avoir
congé; — **time to** (+ *inf.*) avoir le
temps (de + *inf.*); — **to** devoir; —
worries avoir des soucis
head tête *(f.)*
health santé *(f.)*
hear *(v.)* entendre; — **from**
someone recevoir des nouvelles
de qqn
heavy fort(e), lourd(e)
hello bonjour
help *(v.)* aider (qqn à + *inf.*)
here ici; — **is**, — **are** voici; **here!**
tiens!
hi! salut!
hide *(v.)* cacher
high school lycée *(m.)*
highway autoroute *(f.)*
hike *(v.)* faire une randonnée
hike randonnée *(f.)*
hill colline *(f.)*
historical historique
hit someone *(v.)* donner un coup à
qqn
hitchhike *(v.)* faire de l'auto-stop
hitchhiking auto-stop *(m.)*
holiday fête *(f.)*
homework devoirs *(m., pl.)*
honest honnête
honeymoon lune de miel *(f.)*
hope (that) *(v.)* espérer (que)
horrible horrible
horror movie film d'épouvante *(m.)*
hospital hôpital *(m.)*
hot chaud *(m.)*
hotel hôtel *(m.)*
hour heure *(f.)*
house maison *(f.)*
household ménage *(m.)*
houseplant plante verte *(f.)*
housewife femme au foyer *(f.)*
housework ménage *(m.)*
how comment; — **are you?**
(formal) comment allez-vous?; —
many (of) combien (de); — **many**
times (a day) combien de fois
(par jour); — **much** combien
(de); — **much do I owe you?**
combien est-ce que je vous dois?;
— **much does... cost?** combien
coûte... ?; — **old are you?** quel
âge as-tu (avez-vous)?; **how's it**
going? ça va?; comment ça va?
however cependant, pourtant
hunger faim *(f.)*
hunt *(v.)* chasser
hurry (up) *(v.)* se dépêcher
hurt blessé(e)
hurt oneself *(v.)* se faire mal; —
oneself badly se blesser; —
(someplace) avoir mal à (la tête,
la gorge)
husband mari *(m.)*

I

I'm paying c'est moi qui invite
I've had enough j'en ai assez
I've had it j'en ai assez
I'm going je m'en vais

I'm kidding je plaisante
I'm leaving je m'en vais
ice cream glace *(f.)*
idea idée *(f.)*
idealistic idéaliste
if si
if it were me à ta (votre) place
ill-mannered mal élevé(e)
illness maladie *(f.)*
illusion illusion *(f.)*
immigrant immigré, immigrée
impolite impoli(e)
important important(e)
impose *(v.)* imposer
impossible impossible
in à, dans, en; — **back of** derrière;
— **front of** devant; — **love (with)**
amoureux, amoureuse (de); —
my opinion à mon avis; — **order**
to pour, pour que + *subjonctif*; —
spite of malgré; — **the middle**
(of) au milieu (de); — **laws**
beaux-parents *(m., pl.)*
including y compris
indeed en effet
independent indépendant(e)
indicate *(v.)* indiquer
indigestion indigestion *(f.)*
individualistic individualiste
inexpensive bon marché *(invar.)*
inhabitant habitant *(m.)*, habitante
(f.)
injured blessé(e)
injustice injustice *(f.)*
innocent innocent(e)
inside (of) à l'intérieur (de)
inspector (police) inspecteur *(m.)*,
inspectrice *(f.)*
intellectual intellectuel,
intellectuelle
intelligent intelligent(e)
interest *(v.)* intéresser
interesting intéressant(e)
international international(e), -aux,
-ales
interrogate *(v.)* interroger
interview interview *(f.)*
investigation enquête *(f.)*
invite *(v.)* inviter
irritate (someone) *(v.)* énerver
(qqn.)
is there any room? il y a de la
place?
island île *(f.)*
Israel Israël *(m.)*
Israeli israélien, israélienne
it is necessary that il faut que +
subjonctif
it's . . . : — **cold** il fait froid; —
cool il fait frais; — **hot and**
humid il fait lourd; — **nasty out**
il fait mauvais; — **nice out** il fait
beau; — **overcast** il fait gris; —
pleasant (mild) il fait bon; —
raining il pleut; — **snowing** il
neige; — **sunny** il fait du soleil;
— **warm, it's hot** il fait chaud; —
windy il fait du vent; —
crowded il y a beaucoup de
monde; — **expensive** ça coûte

cher; — **my treat** c'est moi qui
invite
Italian italien, italienne
Italy Italie *(f.)*

J

jacket veste *(f.)*; — **(aviator)**
blouson *(m.)*
jam confiture *(f.)*
January janvier *(m.)*
Japan Japon *(m.)*
Japanese japonais(e)
jazz jazz *(m.)*
jealous jaloux, jalouse
jeans jeans
jewelry bijou *(m.)*, bijoux *(pl.)*
job travail *(m.)*
jog *(v.)* faire du jogging
journal journal *(m.)*, journaux *(pl.)*
journalist journaliste *(m. ou f.)*
July juillet *(m.)*
June juin *(m.)*

K

keep *(v.)* garder
key clé *(f.)*
kill *(v.)* tuer
kilogram (of) kilo (de) *(m.)*
kilometer kilomètre *(m.)*
kind gentil, gentille
kindergarten école maternelle *(f.)*
kiss *(v.)* embrasser
kitchen cuisine *(f.)*
knee genou *(m.)*, genoux *(pl.)*
knife couteau *(m.)*, couteaux *(pl.)*
knock over *(v.)* renverser
know *(v.)* connaître, savoir; —
about être au courant de (+ *nom*)

L

laboratory laboratoire *(m.)*
lake lac *(m.)*
lamp lampe *(f.)*
landscape paysage *(m.)*
last *(v.)* durer
last dernier, dernière; — **(day,**
month, etc.) passé(e)
late tard
laugh *(v.)* rire
law droit *(m.)*
lawn pelouse *(f.)*
lawyer (court) avocat *(m.)*, avocate
(f.)
lazy paresseux, paresseuse
learn (to) *(v.)* apprendre (à)
leave *(v.)* laisser, partir, quitter; —
a note for someone laisser un
mot pour qqn; — **a tip** laisser un
pourboire
left gauche; **to the —** à gauche
leftovers restes *(m. pl.)*
leg jambe *(f.)*
leisure activities loisirs *(m., pl.)*
lemon citron *(m.)*
less (less . . . than) moins
(moins... que)
let *(v.)* laisser
let's eat! à table!
letter lettre *(f.)*
lettuce laitue *(f.)*

library bibliothèque *(f.)*
lie *(v.)* mentir
life vie *(f.)*
lift *(v.)* lever
light clair(e), léger, légère
likable sympathique
like *(v.)* aimer — **better (than)** aimer mieux (que)
like comme
list (of) liste (de) *(f.)*
listen to *(v.)* écouter
liter litre *(m.)*
literary littéraire
literature littérature *(f.)*
little petit(e) *(adj.)*; peu *(adv.)*
live *(v.)* vivre, habiter
liver foie *(m.)*
living room salle de séjour *(f.)*
long long, longue; — **time** longtemps
look *(v.)* regarder; — **after children** garder des enfants; — **at** regarder; — **at oneself** se regarder; — **for** chercher; — **for work/a job** chercher du travail/un travail; — **healthy** avoir bonne mine; — **like** avoir l'air (+ *adj.*), avoir l'air (de + *inf.*); ressembler (à qqn); — **sick** avoir mauvaise mine; — **unwell** avoir mauvaise mine; — **well** avoir bonne mine
lose *(v.)* perdre; — **weight** maigrir
lot (of) beaucoup de
Louisiana Louisiane *(f.)*
love *(v.)* adorer, aimer
love amour *(m.)*; — **at first sight** coup de foudre *(m.)*
luggage bagages *(m., pl.)*
lunch déjeuner *(m.)*
luxurious de luxe

M
ma'am madame (Mme)
mad fâché(e)
magazine magazine *(m.)*
mail courrier *(m.)*; — **carrier** facteur *(m.)*
mail a letter *(v.)* mettre une lettre à la poste
mailbox boîte aux lettres *(f.)*
main dish plat principal *(m.)*
make *(v.)* faire; — **a mistake** se tromper (de); — **music** faire de la musique; — **the beds** faire les lits; — **the most of life** profiter de la vie; — **up** se réconcilier; — **up (someone else)** maquiller
man homme *(m.)*
manage *(v.)* diriger
manager (business) directeur *(m.)*, directrice *(f.)*
manager (hotel, shop, etc.) gérant *(m.)*, gérante *(f.)*
mansion château, -eaux *(m.)*
many beaucoup de
map carte *(f.)*
March mars *(m.)*
market marché *(m.)*
married marié(e)

marry *(v.)* se marier (avec)
marvelous merveilleux, merveilleuse
masculine masculin(e)
material matériel, matérielle
materialistic matérialiste
mathematics mathématiques *(f., pl.)*
May mai *(m.)*
maybe peut-être
me moi; — **neither** moi non plus; — **too** moi aussi
meadow pré *(m.)*
meal repas *(m.)*; **meal's ready!, meal's served!** à table!
mean *(v.)* vouloir dire
mean méchant(e)
means of transportation moyen de transport *(m.)*
meat viande *(f.)*
medicine médicament *(m.)*
meet *(v.)* rencontrer; — **(again)** se retrouver; — **(someone)** faire la connaissance de (qqn)
meeting rencontre *(f.)*
melon (cantaloupe) melon *(m.)*
member membre *(m.)*
memory souvenir *(m.)*
messy en désordre
meter mètre *(m.)*
Mexican mexicain(e)
Mexico Mexique *(m.)*
milk lait *(m.)*
mineral water eau minérale *(f.)*
mirror miroir *(m.)*
miscellaneous divers
misfortune malheur *(m.)*
miss *(v.)* (a train, a plane) manquer (un train, un avion)
miss, Miss mademoiselle (Mlle)
mistrust *(v.)* se méfier de
modern moderne
Monday lundi *(m.)*
money argent *(m.)*
mononucleosis mononucléose *(f.)*
monster monstre *(m.)*
month mois *(m.)*
monument monument *(m.)*
mood (good, bad) humeur (bonne, mauvaise) *(f.)*
more (more . . . than) plus (plus... que)
more or less plus ou moins
morning matin *(m.)*
Moroccan marocain(e)
Morocco Maroc *(m.)*
mother mère *(f.)*
mother-in-law belle-mère *(f.)*
motive motif *(m.)*
mountain(s) montagne *(f.)*
moustache moustache *(f.)*
mouth bouche *(f.)*
move (house) *(v.)* déménager
movie film *(m.)*; — **made for television** téléfilm *(m.)*; — **theater** cinéma *(m.)*; **movies** cinéma *(m.)*
Mr. monsieur (M.)
Mrs. madame (Mme)
much beaucoup

murder meurtre *(m.)*; — **mystery** roman policier *(m.)*
murderer meurtrier *(m.)*, meurtrière *(f.)*
mushroom champignon *(m.)*
music musique *(f.)*
musician musicien *(m.)*, musicienne *(f.)*
must devoir *(v.)*
my name is je m'appelle

N
naive naïf, naïve
nap sieste *(f.)*
napkin serviette *(f.)*
nation (state) état *(m.)*
national national(e), -aux, -ales
native habitant *(m.)*, habitante *(f.)*
near (to) près de
nearly à peu près
neat en ordre
need *(v.)* avoir besoin de
need besoin *(m.)*
neither do I moi non plus
nephew neveu *(m.)*
never jamais, ne... jamais
nevertheless cependant
new nouveau, (nouvel), nouvelle, nouveaux, nouvelles
news informations *(f. pl.)*; — **(from someone)** nouvelles *(f., pl.)*; — **(television)** journal (télévisé) *(m.)*
newspaper journal *(m.)*, journaux *(pl.)*
next ensuite; — **day** lendemain *(m.)*; — **to** à côté de
nice agréable, gentil, gentille, sympathique
niece nièce *(f.)*
night nuit *(f.)*
nightmare cauchemar *(m.)*
nightstand table de nuit *(f.)*
nine neuf
nineteen dix-neuf
no non; — **good in, at** nul, nulle en; — **one** personne, ne... personne; — **one (nice . . .)** ne... personne de (gentil...); — **way** pas question
nobody personne, ne... personne
noise bruit *(m.)*
noodles pâtes *(f., pl.)*
normal normal(e), normaux, normales
Normandy Normandie *(f.)*
North America Amérique du Nord *(f.)*
north nord *(m.)*
nose nez *(m.)*
not pas (ne...); — **any** aucun(e); — **anymore** ne... plus; — **anyone** ne... personne; — **anything** ne... rien; — **at all** pas du tout; — **bad** pas mal; — **ever** ne... jamais; — **me** pas moi; — **on your life** jamais de la vie; — **one** aucune(e); — **think so** *(v.)* penser que non; — **yet** pas encore
notebook cahier *(m.)*, carnet *(m.)*

nothing ne... rien; rien *(m.)*; — **(funny)** ne... rien de (comique)
noun nom *(m.)*
novel roman *(m.)*
November novembre *(m.)*
now maintenant
number chiffre *(m.)*
nurse infirmier *(m.)*, infirmière *(f.)*
nursery crèche *(f.)*; — **school** école maternelle *(f.)*

O

obnoxious pénible *(fam.)*
obvious évident(e)
obviously évidemment
ocean mer *(f.)*, océan *(m.)*
October octobre *(m.)*
odd bizarre
of de; — **course** bien sûr, évidemment; — **which (whom)** dont
office bureau *(m.)*, bureaux *(pl.)*
often souvent
OK d'accord
old âgé(e); ancien, ancienne; vieux (vieil), vieille, vieux, vieilles
older person personne âgée *(f.)*
oldest (person in family) aîné(e) *(m. ou f.)*
omelette (cheese) omelette (au fromage) *(f.)*
on sur; — **foot** à pied; — **purpose** exprès; — **sale** en solde; — **television** à la télévision; — **the contrary** si; — **the first floor** au rez-de-chaussée; — **the floor** par terre; — **the radio** à la radio; — **the second floor** au premier étage; — **top of** sur
once une fois
one on
one, a un(e); — **time** une fois
onion oignon *(m.)*
only ne... que
open ouvert(e)
open *(v.)* ouvrir
opinion avis *(m.)*, opinion *(f.)*
optimistic optimiste
optional facultatif, facultative
or ou
orange *(adj.)* orange *(invar.)*
orange orange *(f.)*
order *(v.)* commander
order ordre *(m.)*
other autre
out of fashion démodé(e)
out of the question pas question
outing sortie *(f.)*
outside (of) à l'extérieur (de)
over there là-bas
overlook donner sur
owner propriétaire *(m. ou f.)*

P

pack *(v.)* faire les (ses) bagages
page page *(f.)*
painting(s) tableau *(m.)*, tableaux *(pl.)*
pale pâle
pants (pair of) pantalon *(m.)*

paper papier *(m.)*; **paper (written for class)** dissertation *(f.)*
parent parent *(m.)*
parents-in-law beaux-parents *(m., pl.)*
park parc *(m.)*
parka anorak *(m.)*
participate in a sport *(v.)* faire du sport
party fête *(f.)*, soirée *(f.)*
pass *(v.)* passer, réussir *(à + inf.)*
passage passage *(m.)*
passport passeport *(m.)*
pasta pâtes *(f., pl.)*
pastry, — shop pâtisserie *(f.)*
pâté pâté *(m.)*
patience patience *(f.)*
patient patient(e)
patio terrasse *(f.)*
pay *(v.)* payer; — **attention** faire attention; — **by check** payer par chèque; — **by credit card** payer avec une carte de crédit; — **cash** payer comptant
peace paix *(f.)*; — **and quiet** calme *(m.)*
peach pêche *(f.)*
pear poire *(f.)*
peas petits pois *(m., pl.)*
pen stylo *(m.)*
pencil crayon *(m.)*
people gens *(m., pl.)*, on
pepper poivre *(m.)*
perhaps peut-être
permit *(v.)* permettre (de)
person personne *(f.)*
personal personnel, personnelle
personality caractère *(m.)*
pessimistic pessimiste
pharmacist pharmacien *(m.)*, -ienne *(f.)*
pharmacy pharmacie *(f.)*
philosophy philosophie *(f.)*
photograph photo *(f.)*
physics physique *(f.)*
piano piano *(m.)*
picnic pique-nique *(m.)*
pie (apple) tarte (aux pommes) *(f.)*
piece (of) morceau (de) *(m.)*, morceaux *(pl.)*; — **of furniture** meuble *(m.)*; — **of information** renseignement *(m.)*; — **of jewelry** bijou *(m.)*, bijoux *(pl.)*; — **of news** nouvelle *(f.)*
pilot pilote *(m.)*
pimple bouton *(m.)*
pink rose
pizza pizza *(f.)*
place endroit *(m.)*, place *(f.)*; — **setting** couvert *(m.)*
plan projet *(m.)*
plastic plastique *(m.)* (en)
plate (of) assiette (de) *(f.)*
platform quai *(m.)*
play *(v.)* jouer; — **cards** jouer aux cartes; — **soccer** jouer au football; — **tennis** jouer au tennis; — **the guitar** jouer de la guitare; — **the piano** jouer du piano; — **the violin** jouer du violon

play pièce (de théâtre) *(f.)*
player joueur *(m.)*, joueuse *(f.)*
pleasant agréable
please *(fam.)* s'il te plaît *(fam.)*
please (formal) s'il vous plaît
plum prune *(f.)*
poem poème *(m.)*
poison poison *(m.)*
police officer policier *(m.)*
police station commissariat de police *(m.)*
policeman gendarme *(m.)*
polite poli(e)
political science sciences politiques *(f., pl.)*
politics politique *(f.)*
poor pauvre
pork porc *(m.)*; — **shop** charcuterie *(f.)*
port port *(m.)*
possible possible
post office poste *(f.)*
postcard carte postale *(f.)*
poster affiche *(f.)*
potato pomme de terre *(f.)*
poverty pauvreté *(f.)*
power pouvoir *(m.)*
practical pratique
prefer *(v.)* aimer mieux (que), préférer
preferred préféré(e)
pregnant enceinte
prepare *(v.)* préparer
present actuel, actuelle
present cadeau *(m.)*, cadeaux *(pl.)*
president président *(m.)*; PDG (président directeur général) *(m.)*
pretty joli(e)
principle principe *(m.)*
private privé(e)
probably probablement
problem problème *(m.)*, souci *(m.)*
profession métier *(m.)*
program émission *(f.)*
project projet *(m.)*
promise *(v.)* promettre
Provence (south of France) Provence *(f.)*
psychologist psychologue *(m. ou f.)*
psychology psychologie *(f.)*
purple violet, violette
purse sac *(m.)*
put *(v.)* mettre; — **makeup on (oneself)** se maquiller; — **on** mettre; — **to bed** coucher
pajamas (pair of) pyjama *(m.)*
Pyrenees Pyrénées *(f., pl.)*

Q

question *(v.)* interroger
question question *(f.)*
quiet réservé(e)
quite assez
quiz interrogation *(f.)*

R

race (bicycle) course (cycliste) *(f.)*
racer (bicycle) coureur (cycliste) *(m.)*
racism racisme *(m.)*
radio radio *(f.)*; — **station** station *(f.)*

rain (v.) pleuvoir; (noun) pluie (f.)
raincoat imperméable (m.)
rainy season saison des pluies (f.)
raise (v.) lever
rapid rapide
rapidly vite
rare rare
raw vegetables crudités (f., pl.)
razor rasoir (m.)
read (v.) lire
realistic réaliste
reality réalité (f.)
really vraiment
rear end derrière (m.)
reasonable raisonnable
receive (v.) recevoir
record disque (m.)
red rouge; — (hair) roux, rousse
reflect (v.) (on, about) réfléchir
  (à + qqch.)
refrigerator réfrigérateur (m.)
refuse (v.) refuser (de + inf.)
region région (f.)
relative parent (m.)
remark commentaire (m.)
remedy remède (m.)
remember (v.) se souvenir de
rent (v.) louer
reporter reporter (m.)
researcher chercheur (m.)
resemble (v.) (someone) ressembler
  (à qqn)
reserve (v.) réserver
reserved réservé(e)
resourceful débrouillard(e)
respect (v.) respecter
responsibility responsabilité (f.)
responsible responsable
rest (v.) se reposer
restaurant restaurant (m.); — menu
  carte (f.); — bill addition (f.)
restroom W.C. (m., pl.); toilettes
  (f., pl.)
result résultat (m.)
retired person retraité (m.),
  retraitée (f.)
return (v.) retourner
return retour (m.)
revolver revolver (m.)
rice riz (m.)
rich riche
ride a bicycle (v.) aller en vélo,
  faire du vélo
right droit(e), vrai(e); — away tout
  de suite
ring (v.) sonner
river rivière (f.); — (major) fleuve (m.)
road route (f.)
roast rôti (m.)
robber voleur (m.), voleuse (f.)
rock (music) rock (m.)
romantic movie film d'amour (m.)
roof toit (m.)
room salle (f.), place (f.), pièce (f.)
roommate camarade de chambre
  (m. ou f.)
rose-colored rose
rude mal élevé(e)
rug (area) tapis (m.)
run (v.) courir, diriger; — errands
  faire les courses

Russia Russie (f.)
Russian russe

S

sack sac (m.)
sad triste
sailboat bateau à voile (m.)
salad salade (f.)
salami saucisson (m.)
salary salaire (m.)
salesperson vendeur (m.),
  vendeuse (f.)
salt sel (m.)
same même
sand sable (m.)
sandal sandale (f.)
sandwich sandwich (m.)
satisfied (with) satisfait(e) (de)
Saturday samedi (m.)
sauce sauce (f.)
save money faire des économies
say (v.) dire
scar cicatrice (f.)
scare (v.) faire peur (à)
scenery paysage (m.)
school école (f.)
science fiction movie film de
  science-fiction (m.)
scientific scientifique
scientist chercheur (m.)
scream (v.) crier
scream cri (m.)
scuba diving plongée sous-marine
  (f.)
sea mer (f.)
search (for) (v.) chercher
season saison (f.)
seat place (f.)
seated assis(e)
secondary school final exam
  baccalauréat (m.)
secret secret (m.)
secretary secrétaire (m. ou f.)
section rubrique (f.)
security sécurité (f.)
see (v.) voir; — you soon à bientôt;
  — you tomorrow à demain
seem (v.) avoir l'air (+ adj.),
  (de + inf.)
selfish égoïste
sell (v.) vendre
send (v.) envoyer
Senegal Sénégal (m.)
Senegalese sénégalais(e)
sensible raisonnable
separate (v.) se séparer
September septembre (m.)
series série (f.)
serious grave, sérieux, sérieuse
serving dish plat (m.)
set the table mettre la table
seven sept
seventeen dix-sept
shampoo shampooing (m.)
shape (in —) en forme
share (v.) partager
shave (oneself) (v.) se raser; —
  (someone else) raser
sheet of paper feuille de papier (f.)
shelf étagère (f.)
shine (v.) briller

shirt (man's) chemise (f.),
  (woman's) chemisier (m.)
shoe chaussure (f.)
shoot (someone) (v.) tirer (sur qqn)
shopkeeper commerçant(e)
short court(e), petit(e)
shorts (pair of) short (m.)
shot coup de feu (m.)
shout (v.) crier
shout cri (m.)
show (v.) montrer
shower douche (f.)
shutters volets (m., pl.)
shy timide
sick malade
sickness maladie (f.)
silverware couvert (m.)
simple simple
sing (v.) chanter
singer chanteur (m.), chanteuse (f.)
single célibataire
sink lavabo (m.)
sir monsieur (M.)
sister sœur (f.)
sister-in-law belle-sœur (f.)
sitting down assis(e)
situation situation (f.)
six six
sixteen seize
ski (v.) faire du ski, skier
ski jacket anorak (m.)
skiing ski (m.)
skin peau (f.)
skirt jupe (f.)
sky ciel (m.)
sleep (v.) dormir
sleep sommeil (m.)
slice (of) tranche (de) (f.)
slim mince
slow lent(e)
slowly lentement
small petit(e)
smart intelligent(e)
smile (v.) sourire
smoke (v.) fumer
snack (afternoon) goûter (m.); to
  have a — prendre (un petit)
  quelque chose
sneakers baskets (f., pl.)
sneeze (v.) éternuer
snow (v.) neiger
snow neige (f.)
so alors, si; — do I moi aussi; —
  that pour que + subjonctif
soap savon (m.); — opera feuilleton
  (m.)
soccer football (m.)
sociable sociable
social social, sociale, sociaux,
  sociales
society société (f.)
sociology sociologie (f.)
sock chaussette (f.)
solitude solitude (f.)
some quelque
someone quelqu'un; —
  (interesting) quelqu'un
  (d'intéressant)
something quelque chose; —
  (interesting) quelque chose
  (d'intéressant)

sometimes parfois, quelquefois
son fils (m.)
son-in-law beau-fils (m.), gendre (m.)
song chanson (f.)
soup (tomato) soupe (aux tomates) (f.); — **plate** assiette à soupe (f.); — **spoon** cuillère à soupe (f.)
South America Amérique du Sud (f.)
south sud (m.)
souvenir souvenir (m.)
spaghetti pâtes (f. pl.)
Spain Espagne (f.)
Spanish espagnol(e)
speak (v.) parler
spend (v.) **(money)** dépenser; **(time)** passer
spider araignée (f.)
spill over (v.) déborder
spinach épinards (m., pl.)
spoiled (person) gâté(e)
spoon cuillère (f.)
sport coat veste (f.)
sport(s) sport (m.)
spot endroit (m.)
sprain (v.) se fouler
spring printemps (m.)
stage étape (f.)
staircase escalier (m.)
stairs escalier (m.)
stamp timbre (m.)
star étoile (f.)
start (v.) **(to)** commencer (à + inf.)
state état (m.)
stay (v.) **(someplace)** rester
stay home (v.) rester à la maison
steak bifteck (m.)
steal (v.) voler
step étape (f.)
stepbrother demi-frère (m.)
stepdaughter belle-fille (f.)
stepfather beau-père (m.)
stepmother belle-mère (f.)
stepsister demi-sœur (f.)
stepson beau-fils (m.)
stereo chaîne stéréo (f.)
steward steward (m.)
stewardess hôtesse de l'air (f.)
still encore
stomach estomac (m.), ventre (m.)
stop (v.) arrêter; — **by** passer (par); — **oneself** s'arrêter
stop étape (f.)
store magasin (m.)
story histoire (f.)
straight (tidy) en ordre
straight (ahead) tout droit
straighten up (v.) ranger
strange bizarre
stranger étranger, étrangère
strawberry fraise (f.)
stream rivière (f.)
street rue (f.)
strict sévère
strong fort(e)
stubborn têtu(e)
student étudiant(e)
study (v.) étudier
stuff affaires (f. pl.)
stupid bête
subway métro (m.); — **station** station de métro (f.)

succeed (v.) réussir (à + inf.)
suffer (v.) souffrir
sufficiently assez
sugar sucre (m.)
suicide suicide (m.)
suit (man's) complet (m.); — **(woman's)** tailleur (m.)
suitcase valise (f.)
summary résumé (m.)
summer été (m.); — **camp** colonie de vacances (f.)
sun soleil (m.)
sunburn coup de soleil (m.)
Sunday dimanche (m.)
sunglasses lunettes de soleil (f. pl.)
sunny ensoleillé(e)
suntan oil/lotion huile solaire (f.)
supermarket supermarché (m.)
supplementary supplémentaire
sure sûr(e)
surprise (v.) surprendre
suspect suspect (m.)
sweater pull (m.)
sweatsuit survêtement (m.)
swim (v.) faire de la natation, nager
swimming natation (f.); — **pool** piscine (f.)
swimsuit maillot de bain (m.)
Swiss suisse
Switzerland Suisse (f.)
symptom symptôme (m.)

T

T-shirt tee-shirt (m.)
table table (f.); — **of contents (magazine)** sommaire (m.)
tablecloth nappe (f.)
tablespoon cuillère à soupe (f.)
take (v.) prendre, emmener **(someone somewhere)**, emporter **(something somewhere)**; — **a bath** prendre un bain; — **a nap** faire la sieste; — **a shower** prendre une douche; — **a test** passer un examen; — **a trip** faire un voyage; — **a walk** faire une promenade, se promener; — **care of** s'occuper (de), soigner; — **care of oneself** se soigner; — **the elevator up/down** monter/descendre en ascenseur; — **the stairs up/down** monter/descendre par l'escalier
talk (v.) parler
talkative bavard(e)
tall (person) grand(e)
tan (v.) bronzer
tan, tanned bronzé(e)
taste goût (m.)
taxi taxi (m.)
tea thé (m.)
teacher professeur (m.); — **(grade school)** instituteur (m.), institutrice (f.)
team équipe (f.)
teaspoon petite cuillère (f.)
teenager adolescent (m.), adolescente (f.)
telephone (v.) **(someone)** téléphoner (à qqn)

telephone téléphone (m.); — **book** annuaire (des téléphones) (m.); — **booth** cabine téléphonique (f.); — **number** numéro (de téléphone) (m.)
television télévision (f.); — **hostess** speakerine (f.); — **station** chaîne (f.); /**radio schedule** programme (m.)
tell (v.) dire; — **(a story)** raconter
ten dix
tennis tennis (m.)
tennis (golf) shirt polo (m.)
terrace terrasse (f.)
terrible terrible
test examen (m.)
Texas Texas (m.)
thank you merci
that ça; — **depends** ça dépend; — **hurts** ça fait mal; — **scares me** ça me fait peur; **that's all** c'est tout; **that's it, done** ça y est; **that's true** c'est vrai; **that's (it's) too bad** c'est dommage; **that's for sure** c'est sûr
that que, qui
theater théâtre (m.)
then ensuite; — **(and then)** puis (et puis)
there! tiens!
there, here là
there is/are il y a
therefore donc
they on; ils; elles
thief voleur (m.), voleuse (f.)
thin mince
thing chose (f.)
think (about) (v.) réfléchir (à + qqch.), penser (à/de); — **(that)** penser (que); — **so** penser que oui
thirst soif (f.)
thirteen treize
thirty trente
this, that / these, those ce, cet, cette / ces
three trois
through par
thunderstorm orage (m.)
Thursday jeudi (m.)
thus donc
ticket (bus or subway) ticket (m.); — **(round trip, one way)** billet (aller-retour, simple) (m.); — **window** guichet (m.)
tie cravate (f.)
time heure (f.); temps (m.)
time off congé (m.)
timed race contre la montre
tip pourboire (m.); — **included** service compris
tired fatigué(e)
tiring fatigant(e)
tissue mouchoir (m.) (en papier)
title titre (m.)
to à; — /**on the left (of)** à gauche (de); — /**on the right (of)** à droite (de)
tobacco shop bureau de tabac (m.)
today aujourd'hui
together ensemble

toilet toilettes *(f., pl.)*, W. C. *(invar.)*; — **article** article de toilette *(m.)*
tomato tomate *(f.)*
tomorrow demain
too (too much) trop
too much (of) trop (de)
tooth dent *(f.)*
toothbrush brosse à dents *(f.)*
toothpaste dentifrice *(m.)*
top *haut *(m.)*; — **floor** dernier étage *(m.)*
tough dur(e)
tour (package) voyage organisé *(m.)*
tourist touriste *(m. ou f.)*
towel (bath) serviette de bain *(f.)*
town ville *(f.)*
trade métier *(m.)*
traditional traditionnel, traditionnelle
tragic tragique
train train *(m.)*; — **compartment** compartiment *(m.)*; — **station** gare *(f.)*
travel *(v.)* voyager
traveler's check chèque de voyage *(m.)*
tree arbre *(m.)*
trip voyage *(m.)*; — **around the world** tour du monde *(m.)*
truck camion *(m.)*
true vrai(e)
truth vérité *(f.)*
try *(v.)* **(to)** essayer (de + *inf.*)
Tuesday mardi *(m.)*
turn *(v.)* tourner
twenty vingt *(m.)*
twin jumeau, jumelle, jumeaux, jumelles
two deux
type *(v.)* taper à la machine
typewriter machine à écrire *(f.)*
typical typique

U
ugly laid(e)
umbrella parapluie *(m.)*
uncle oncle *(m.)*
under sous
underground sous-sol *(m.)*
understand *(v.)* comprendre
understanding compréhensif, compréhensive
undress *(v.)* **(someone else)** déshabiller; — **(get undressed)** se déshabiller
unemployed person chômeur *(m.)*, chômeuse *(f.)*
unfair injuste
unfaithful infidèle
unfortunately malheureusement
unhappy malheureux, malheureuse
United States États-Unis *(m., pl.)*; **in the** — aux États-Unis
university *(adj.)* universitaire
university université *(f.)*
unmarried célibataire
until jusqu'à
upstairs en *haut

use *(v.)* utiliser
usually d'habitude

V
vacation vacances *(f. pl.)*
vanilla vanille *(f.)*
variety show émission de variétés *(f.)*
vegetable légume *(m.)*
vegetarian végétarien, végétarienne
verb verbe *(m.)*
verify *(v.)* vérifier
very très; — **good** très bien
victim victime *(f.)*
videocassette recorder magnétoscope *(m.)*
village (rural) village *(m.)*
violin violon *(m.)*
violence violence *(f.)*
violent violent(e)
visit *(v.)* **(a person)** rendre visite à; — **(a place)** visiter

W
wait *(v.)* **(for)** attendre
waiter serveur *(m.)*
waitress serveuse *(f.)*
wake *(v.)* **(someone up)** réveiller
wake up *(v.)* **(oneself)** se réveiller
walk *(v.)* marcher; — **(a dog, for example)** promener; — **(for exercise)** faire de la marche; — **to** aller à pied à (au, en)
walk promenade *(f.)*
walking marche *(f.)*
wall mur *(m.)*
want *(v.)* vouloir
war guerre *(f.)*
wash *(v.)* laver; — **(oneself)** se laver
washcloth gant de toilette *(m.)*
wastepaper basket corbeille à papier *(f.)*
water eau *(f.)*
we'll see on verra
weak fragile
wealth richesse *(f.)*
weapon arme *(f.)*
wear *(v.)* mettre, porter
weather temps *(m.)*
Wednesday mercredi *(m.)*
week semaine *(f.)*
weekend week-end *(m.)*
weird bizarre
well bien; — **dressed** bien habillé(e); — **adjusted** équilibré(e); — **behaved** sage; — **mannered** bien élevé(e)
west ouest *(m.)*
western (movie) western *(m.)*
what quel, quelle, quels, quelles, que, quoi; **what... ?** qu'est-ce que... ?; — **about you?** et toi?, et vous?; — **did you say?** comment?; — **is Jean like?** comment est Jean?; — **is there to do?** qu'est-ce qu'il y a à faire?; — **is this/that?** qu'est-ce que c'est?; — **kind/sort of . . . ?** quelle sorte de... ?; — **time is it?** quelle heure est-il?; **what's the weather**

like? quel temps fait-il? **what's happening?** qu'est-ce qui se passe?; **what's the date today?** quelle est la date aujourd'hui? **what's the matter with you?** qu'est-ce que vous avez?; **what's your name?** comment t'appelles-tu? *(fam.)*; comment vous appelez-vous?
when quand
where où; — **is the restroom?** où sont les toilettes?
which quel, quelle, quels, quelles
while pendant que
white blanc, blanche
who qui; **who . . . ?** qui... ? qui est-ce que?
whom? qui est-ce que?
whose dont; — **is it?** c'est à qui?
why pourquoi
widow veuve *(f.)*
widowed *(adj.)* veuf, veuve
widower veuf *(m.)*
wife femme *(f.)*; — **and mother** mère de famille *(f.)*
win *(v.)* gagner
window fenêtre *(f.)*
windsurf *(v.)* faire de la planche à voile
wine vin *(m.)*
winter hiver *(m.)*
wipe one's nose *(v.)* se moucher
wish *(v.)* vouloir
with avec
within dans
without sans
witness témoin *(m.)*
woman femme *(f.)*
wonder *(v.)* se demander
wonderful merveilleux, merveilleuse
work travail *(m.)*
work *(v.)* travailler; — **hard** travailler dur
worker (blue collar) ouvrier *(m.)*, ouvrière *(f.)*
workshop atelier *(m.)*
world monde *(m.)*
worried inquiet, inquiète
worry souci *(m.)*
wounded blessé(e)
wrist poignet *(m.)*
wristwatch montre *(f.)*
write *(v.)* écrire; — **a note to someone** écrire un mot à qqn
writer écrivain *(m.)*

Y
yard jardin *(m.)*
year an *(m.)*, année *(f.)*
yellow jaune
yes oui; **(on the contrary)** si
yesterday hier
yet déjà
yogurt yaourt *(m.)*
you have to + *infinitive* il faut + *inf.*
young jeune; — **people** jeunes *(m., pl.)*
youngest plus jeune *(m. ou f.)*

Z
zoo zoo *(m.)*

Acknowledgments

Frontmatter: Page ii, top, M. Bruce/The Picture Cube; bottom, Mark Antman/The Image Works; p. iii, top, Anthony Blake/Tony Stone Worldwide, Chicago Ltd.; bottom, Owen Franken; p. v, top, Jocelyn Boutin/The Picture Cube; bottom, Berlitz/B.D. Pictures. *Leçon 1:* Page 1, Spencer Grant/The Picture Cube; inset, Richard Lucas/The Image Works; p. 5, above left, Jerry Cooke/Photo Researchers; below left, Efrin Knight/The Picture Cube; above right, Dana Hyde/Photo Researchers; below right, Jeff Albertson/The Picture Cube; p. 9, above left, Mark Antman/The Image Works; below left, Peter Menzel/Stock, Boston; above right, Hervé Donnezan/Photo Researchers; below right, Richard Lucas/The Image Works; p. 12, left, Mark Antman/The Image Works; right, John Coletti/The Picture Cube. *Leçon 2:* Page 27, Stuart Cohen/Comstock; inset, Chip & Rosa Maria Peterson; p. 39, above left, Arlene Collins/Monkmeyer Press; above right, Frank Fournier/Woodfin Camp & Assoc.; below left, Fournier-Rapho/Photo Researchers; below right, Chip & Rosa Maria Peterson. *Leçon 3:* Page 45, Bruno Maso/PhotoEdit; inset, Ulrike Welsch/Photo Researchers; p. 56, above, Ulrike Welsch/Photo Researchers; below, Bob Daemmrich/The Image Works; p. 57, above left, Alfred Wolf/Explorer/Photo Researchers; center right, Susan Van Etten/The Picture Cube; p. 58, Chip & Rosa Maria Peterson. *Leçon 4:* Page 65, Stuart Cohen/Comstock; inset, Peter Menzel/Stock, Boston; p. 66, Peter Menzel/Stock, Boston; p. 75, Susan McCartney/Photo Researchers; p. 76, François Gohier/Photo Researchers. *Magazine Francophone No 1:* Page 1, Présence Africaine; p. 2, Swirck/SIPA. *Leçon 5:* Page 85, Stuart Cohen/Comstock; inset, Catherine Karnow/Woodfin Camp & Assoc.; p. 101, Catherine Karnow/Woodfin Camp & Assoc.; p. 105, Catherine Karnow/Woodfin Camp & Assoc. *Leçon 6:* Page 109, Susan McCartney/Photo Researchers; inset, Philippe Gontier/The Image Works; p. 111, left, Hugh Rogers/Monkmeyer Press; right, Philippe Gontier/The Image Works; p. 112, Leo Touchet/Woodfin Camp & Assoc.; p. 113, above, François Gohier/Photo Researchers; below, J. Messerschmidt/The Picture Cube; p. 123, George Zimbel/Monkmeyer Press; p. 124, Dale E. Boyer/Photo Researchers. *Leçon 7:* Page 133, Mark Antman/The Image Works; inset, Adam Woolfitt/Woodfin Camp & Assoc.; p. 143, Claire Parry/The Image Works; p. 147, Adam Woolfitt/Woodfin Camp & Assoc.; p. 152, Peter J. Menzel/Stock, Boston. *Leçon 8:* Page 155, IPA/The Image Works; inset, Focus on Sports; p. 164, Thomas Craig/The Picture Cube; p. 171, Focus on Sports. *Magazine Francophone No 2:* Page 1, center, Paul Conklin/Monkmeyer; top right, Nathan Benn/Stock, Boston. *Leçon 9:* Page 177, Bruno Maso/PhotoEdit; inset, Mike Mazzaschi/Stock, Boston; p. 183, Claude Tournier; p. 189, Harvey Lloyd/The Stock Market; p. 192, Claude Tournier. *Leçon 10:* Page 199, Stanley Rowin/The Picture Cube; inset, Hugh Rogers/Monkmeyer Press; p. 203, above left, Chip & Rosa Maria Peterson; above right, Claude Tournier; below left, Arlene Collins/Monkmeyer Press; p. 208, Bruno Maso/PhotoEdit; p. 212, Hugh Rogers/Monkmeyer Press; p. 219, Stuart Cohen/Comstock. *Leçon 11:* Page 223, Hugh Rogers/Monkmeyer Press; inset, Hugh Rogers/Monkmeyer Press; p. 228, Sepp Seitz/Woodfin Camp & Assoc.; p. 235, Mike Mazzaschi/Stock, Boston, p. 241, Hugh Rogers/Monkmeyer Press. *Leçon 12:* Page 245, Catherine

Karnow/Woodfin Camp & Assoc.; inset, Walter S. Clark/Photo Researchers; p. 252, above left, Peter Menzel/Stock, Boston; above center, Charles Gupton/Stock, Boston; above right, Chip & Rosa Maria Peterson; below left, Walter S. Clark/Photo Researchers; below center, Raymond Stott/The Image Works; below right, Frank Fournier/Contact/Woodfin Camp & Assoc.; p. 256, Claire Parry/The Image Works. *Magazine Francophone No 3:* Page 2, bottom left, Reglain/Gamma; top, Didier Lefèvre/Agence Vu; right, Bernard Thousanel/YSD; p. 3, top right, M'Sadek/Gamma. *Leçon 13:* Page 271, Catherine Karnow/Woodfin Camp & Assoc.; inset, Richard Lucas/The Image Works; p. 272, above left, Fred Lyon/Photo Researchers; above right, Richard Lucas/The Image Works; below left, Owen Franken; below right, Owen Franken; p. 273, Stuart Cohen/Comstock; p. 279, Claude Tournier. *Leçon 14:* Page 295, Bruno Maso/PhotoEdit; inset, Mark Antman/The Image Works; p. 296, IPA/The Image Works; p. 297, above, Arlene Collins/Monkmeyer Press; below, Mark Antman/The Image Works; p. 302, Audrey Gottlieb/Monkmeyer Press; p. 303, Mark Antman/The Image Works; p. 309, Charles Gupton/Stock, Boston; p. 315, Pierre Bourlat/Cosmos/Woodfin Camp & Assoc. *Leçon 15:* Page 321, Tabuteau/The Image Works; inset, Carol Lee/The Picture Cube; p. 336, George Zimbel/Monkmeyer Press; p. 339, Carol Lee/The Picture Cube. *Leçon 16:* Page 345, Hugh Rogers/Monkmeyer Press; inset, Bill Bachman/Photo Researchers; p. 346, Baum/Monkmeyer Press; p. 347, above, Marc Bernheim/Woodfin Camp & Assoc.; below, Alexander Tsiaras/Stock, Boston; p. 359, Bill Bachman/Photo Researchers; p. 361, Jane Evelyn Atwood/Contact/Woodfin Camp & Assoc. *Magazine Francophone No 4:* Page 1, Georges Merillon/Gamma; p. 2, Sebastien Raymond/SIPA; p. 3, top, P. Durand/Sygma; bottom, Jean-Henri Thijs/Interpress. *Leçon 17:* Page 367, Bruno Maso/PhotoEdit; inset, Stuart Cohen/Comstock; p. 385, Stuart Cohen/Comstock. *Leçon 18:* Page 397, Spencer Grant/Photo Researchers; inset, Chip & Rosa Maria Peterson; p. 403, Ronny Jaques/Photo Researchers; p. 404, Chip & Rosa Maria Peterson. *Leçon 19:* Page 421, Betty Press/Monkmeyer Press; inset, Owen Franken/Stock, Boston; p. 423, above left, Swiss National Tourist Office; below right, Alon Reininger/Contact/Woodfin Camp & Assoc.; p. 424, below left, Owen Franken/Stock, Boston; right, Michael S. Yamashita/Woodfin Camp & Assoc.; p. 425, left, David R. Austen/Stock, Boston; below right, Jack Fields/Photo Researchers; p. 426, left, Frank J. Staub/The Picture Cube; below right, George Zimbel/Monkmeyer Press; p. 427, above right, Betty Press/Monkmeyer Press; below right, George Holton/Photo Researchers; p. 441, Homer Sykes/Woodfin Camp & Assoc.; p. 445, Paul Conklin/Monkmeyer Press. *Leçon 20:* Page 451, G. Rancinian/Sygma; inset, G. Rancinian/Sygma; p. 453, above, Francis de Richemond/The Image Works; below, G. Rancinian/Sygma; p. 454, above left, G. Rancinian/Sygma; center, G. Rancinian/Sygma; below right, Jean Marc Barey/Vandystadt/Photo Researchers; p. 455, above left, G. Rancinian/Sygma; center right, Graham Watson/Sygma; p. 458, center left, Winning/Sygma; center right, William J. Jahoda/Photo Researchers; below, Chip & Rosa Maria Peterson; p. 471, Eric Bouvet/Gamma Liaison; p. 473, Mark Antman/The Image Works. *Leçon 21:* Page 477, Snowdon/Hoyer/Woodfin

Camp & Assoc.; inset, Owen Franken; p. 496, Owen Franken. *Leçon 22:* Page 501, Julio Donoso/Contact/Woodfin Camp & Assoc.; inset, Stuart Cohen/Comstock; p. 505, Lesley Desmond/Monkmeyer Press; p. 519, Stuart Cohen/Comstock. *Leçon 23:* Page 527, Frank Siteman/Stock, Boston; inset, Mark Antman/The Image Works; p. 528, Michael Kuh/Photo Researchers; p. 538, Mark Antman/The Image Works. *Leçon 24:* Page 547, Jean-Claude Lejeune; inset, Swiss National Tourist Office. *Magazine Francophone No 6:* Page 1, Alain Denise/Gamma. p. 2, G. Schachmes/Sygma; p. 3, left, Nicole Dunian/Karthala; middle, Ulf Andersen/Gamma; right, Catherine Millet.

TEXT CREDITS

Page 4, "Cajun Calendar" 1988, Floyd Sonnier's Art Gallery (Scott, Louisiana) / *pp. 20-21,* "Faire-part de naissance de Alix," M. et Mme C. Debay; "Faire-part de naissance de Matthieu," M. et Mme B. Beth; "Faire-part de naissance de Guillaume," M. et Mme F. Beth. (These documents were reprinted by permission of personal friends of the authors.) / *p. 37,* "Vols spéciaux," *Le Point,* 6 juin 1988 (Paris) / *p. 41,* "Le calendrier scolaire" and "Agenda de textes," *La Nouvelle Famille Éducatrice #6,* août-septembre 1990 (Paris) / *p. 51,* "Les frenchies sont des cracks," *Télérama #1885,* 26 février 1986 / *p.53,* "Sheba," *Elle #2274,* 7 août 1989 / *p. 59,* "Hébergement," *Paris pas cher* by Françoise et Bernhard Delthil, MA Editions, 1987 (Paris) / *p. 61,* "Paris," Michelin Paris Atlas, Pneu Michelin, Services de Tourisme; and Galeries Lafayette (Paris) / *p. 77,* Christophe Lambert: "L'Important, c'est la passion," interview by Michegravele Manceaux, *Marie-Claire,* novembre 1987, p. 350 (Paris) / *pp. 80-81,* Centre culturel Anatole France, Ville de Clermont-Ferrand / *p. 103,* "Ni rouge ni morte" by Didier Eribon, *Le Nouvel Observateur #1105,* 10-16 janvier 1986 (Paris); "Un vieil ours faible et violent" by Claude Roy, *Le Nouvel Observateur #1148,* 7-13 novembre 1986 (Paris) / *p. 127,* "St. Barthèlemy," *Les Éditions du Pélican,* 1984 (Camaruch-Marigot) / *p. 149,* "Ingrid Lempereur," interview by Olivier Goutal, *Universités,* AUPELF (Montréal) / *p. 150,* "Les formalités pour se marier," *Guide des Jeunes,* Albin Michel, 1983 (Paris) / *p. 172,* "Les premiers jeux de la francophonie," *Universités* mai 1989, p. 36, AUPELF (Montréal) / *p. 194,* "Le 'bon vivre,'" Office Municipal de Tourisme, Ville de Clermont-Ferrand / *p. 201,* Le Guide Conseil de la Maison Individuelle, Midi-Pyrénées, 1988 (Toulouse) / *pp. 201, 215,* Figaro Magazine #538, 6 octobre 1990; #537, 27 septembre 1990 (Paris) / *pp. 216-217,* La Garantie Mutuelle des Fonctionnaires (Paris) / *p. 239,* "La 'nouvelle cravate,'" *Francoscopie,* Librairie Larousse, 1985, p. 11 (Paris) / *p. 255,* "Une école pas comme les autres" by Daniel Pérusse, *Sélection du Reader's Digest (Canada),* October 1987, p. 37 / *p. 266,* "Projet 2000: Voici quelques questions," L'Association Ontarienne des Professeurs de Langues Vivantes (Toronto) / *p. 287,* "Boutiques 'Les Olivades,'" DDB Needham (Paris) / *p. 291,* "Êtes-vous un ours bien léché?" *La Vie,* mars 1987 (Paris) / *p. 296,* Éditions d'Art JOS, Le Doaré-Châteaulin / *p. 301,* Paris-Match and Presse de France in the USA, European Publishers Representatives, Inc. (Long Island City, New York) / *p. 317,* "Télécommunications Grand Public," Ministère des PTT, 1987 (Paris) / *p. 341,* "Quelques conseils," *Le Temps Retrouvé #20,* décembre 1984 (Paris) / *p. 360,* "Soleil-Hiver 1990-91," Club Mediterranée (Paris) / *p. 363,* "Pauvre Marianne... Sans caprice!" by France de Lagarde, *La Vie #2153,* 3 décembre 1986, p. 63 (Paris) / *pp. 375, 390, Télé 7 Jours,*

12-21 décembre 1990 (Neuilly-sur-Seine) / *p. 376, L'Officiel des Spectacles #2280,* 5-11 septembre 1990 (Paris) / *p. 391,* "D'accord, pas d'accord" by Claire Moreau, *La Vie #2184,* 8 juillet 1987 (Paris) / *p. 415,* "Une image de mouvement," *Demain Clermont-Ferrand,* avril 1987 (Clermont-Ferrand) / *p. 447,* "120 millions d'hommes mais que de différences" by Jacques Malmassari, *France-Soir,* 3 septembre 1987 (Paris) / *p. 471,* "Mon Pays" by Gilles Vigneault, Nouvelles Éditions de l'Arc (Montréal) / *p. 495,* "Prenez-vous le temps de vivre?" *La Vie,* 5 mai 1987 (Paris) / *p. 521,* "La folie des examens" by Gérard Petitjean, *Le Nouvel Observateur #1174,* 8-14 mai 1987 (Paris) / *p. 543,* "Je vous remercie mon dieu" by Bernard Dadie, *La Ronde des Jours,* Editions Seghers (Paris), by permission of Bernard Dadié (Abidjan) / *p. 556,* "Les neuf frères..." from *Les littératures populaires de toutes les nations; Contes populaires de Basse-Bretagne* by François Marie Luzel, G-P Maisonneuve & Larose, 1887 (Paris) / *p. 558,* "Êtes-vous audio ou visuel?" by Marie-Andrée Denis, *Châtelaine,* octobre 1987 (Québec) / *p. 560-61, Le tueur est parmi nous* by Laurence Oriol, Albin Michel, 1983, pp. 237-240 (Paris) / *pp. 563-64,* "Qui a tué les dinosaurs?" interview with Jean-Michel Mazin, by Bernard Weber, *Le Nouvel Observateur,* 19-23 juillet, 1987 (Paris). *Magazine Francophone 1:* "Des générations de prénoms," "Plus on est âgé," *Francoscopie,* Librairie Larousse (Paris) / "Birago Diop," "Oeuvres," "Touré Kounda," *Diagonales #14,* Le Français dans le Monde (Vanves) / "Répartition," "Secteur tertiaire," "% de naissances," *Le Nouveau Guide France,* Hachette (Paris) / "Le Sénégal," "Le Maroc," *Vidéo Presse* (Montréal). *Magazine Francophone 2:* "Quelques chiffres," "Statut," "Vacances d'hiver," *Francoscopie,* Librairie Larousse (Paris) / Restaurant Le Safari (Nice) / "120 millions," *Ulysses* / "D.O.M. T.O.M.," *L'État de la France et ses habitants,* Éditions de la Decouverte (Paris) / "Sa geographie," "Les Québécois," *Au Québec: Guide Hachette Visa* by Louis Martin Tard, Collection Hachette Guides Bleus, © 1985 by Hachette Groupe Livre (Paris) / "Interrogation et négation" by Jean Tardieu. *Magazine Francophone 3:* "Le rôle de la femme," "La 'Nouvelle Femme,'" "Les grandes batailles," "Égalité entre les hommes," "Métiers de femmes," *Francoscopie,* Librairie Larousse (Paris) / "Elle a l'étoffe des héros," *VSD #665,* 31 mars-6 juin 1990 (Paris) / "Véronique Leroy," *Médecins sans frontières,* 1er trimestre 1987 (Paris) / "Djura," *L'Express,* 13 avril 1990 (Paris) / "Kateb Yacine a pris sa valise," "L'Oeuvre de Kateb Yacine," *Jeune Afrique #1506,* 13 novembre 1989 (Paris) / "Kateb Yacine au carrefour," *Diagonales #14,* avril 1990, Le Français dans le Monde (Vanves) / "Poème" by Jacques Prévert, from *Paroles,* © Editions Gallimard, 1949 (Paris). *Magazine Francophone 4:* "Harlem Désir," *Les Cahiers de L'Express,* hors serie #3 (Paris) / "Isaach de Bankolé," "Mais qui est donc Mekki?," "Axel Médéric," "Jocelyne Beroard," *Afrique Magazine #70,* mai 1990 (Paris). *Magazine Francophone 5:* "Le hit-parade," "Les ingrédients du bonheur," "Les 18-25 ans," "Libertés, libertés chéries," "La nouvelle identité nationale," "Culture générale," *Francoscopie,* Librairie Larousse (Paris) / "Trois Noms" by Georges Mphumu-Ndonam, *Jeune Afrique #1506,* 13 novembre 1989, p. 96 (Paris) / "Liberté" by Paul Éluard, from *Poésie et Vérité,* © Éditions Gallimard (Paris) / "Les vacances de Simon" by Angèle Kingué, by permission of Professor Angèle Kingué, Bucknell University (Lewisburg, Pennsylvania). *Magazine Francophone 6:* "Ne soyez pas prisonnier," "Québec: la loi," "Martinique, Mali, Madagascar," *Diagonales #10,* avril 1989, Le Français dans le Monde (Vanves) / "États généraux d'artistes," "Michel Rivard chante," "Francophonie: un mot à la mode," *Universités,* AUPELF (Montréal) / "Le Coeur de ma vie" by Michel Rivard, Les Éditions Sauvages, 1989.

Index

Europe

Francophone countries

Reykjavik • ISLANDE

OCÉAN

ATLANTIQUE

NORVÈGE
Oslo •

SUÈDE

FINLANDE

Helsinki •

• Léningrad

• Stockholm

ESTONIE

MER DU NORD

DANEMARK

MER
BALTIQUE

LATVIE

LITHUANIE

Moscou •

GRANDE-
BRETAGNE

Copenhague •

• Dublin

IRLANDE

PAYS-BAS

Berlin •

Varsovie •

UNION
SOVIÉTIQUE

POLOGNE

Amsterdam •

Londres •

Bruxelles •

BELGIQUE

RÉPUBLIQUE
FÉDÉRALE
D'ALLEMAGNE

LUXEMBOURG

• Paris

Prague •

TCHÉCOSLOVAQUIE

FRANCE

Berne •

Vienne •

• Budapest

SUISSE

AUTRICHE

HONGRIE

Genève •

MONACO

ITALIE

ROUMANIE

• Bucarest

PORTUGAL

CORSE

• Rome

Belgrade •

YOUGOSLAVIE

MER NOIRE

• Madrid

Sofia •

BULGARIE

ESPAGNE

SARDAIGNE

ALBANIE

Lisbonne •

• Istanbul

GRÈCE

TURQUIE

SICILE

• Athènes

MER MÉDITERRANÉE

AFRIQUE

0   200   400   600 Kilometres

0   100   200   300 Miles

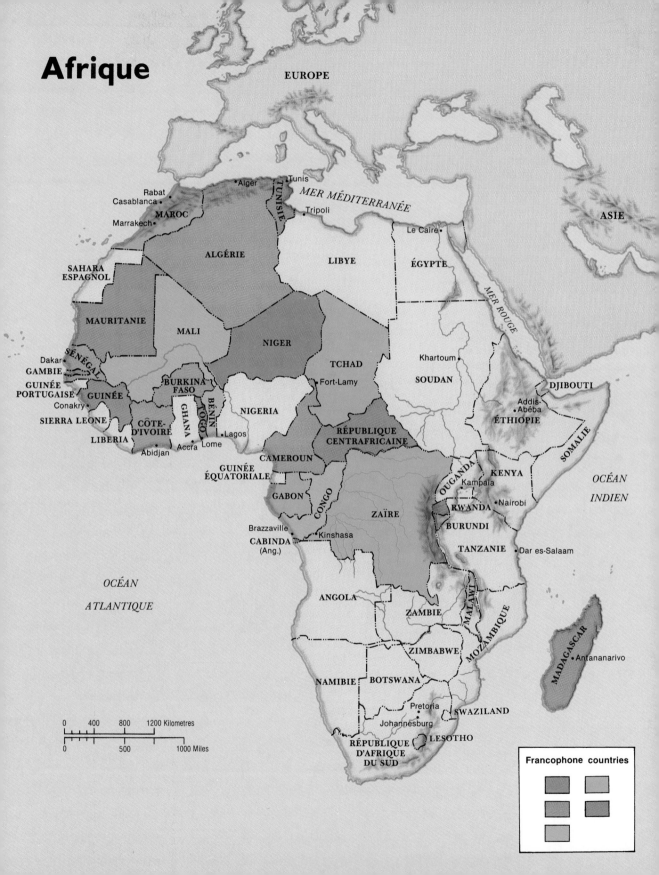

Afrique

EUROPE

MER MÉDITERRANÉE

ASIE

Rabat
Casablanca
Marrakech
MAROC
Alger
Tunis
TUNISIE
Tripoli
Le Caire

ALGÉRIE
LIBYE
ÉGYPTE

**SAHARA
ESPAGNOL**

MAURITANIE
MALI
NIGER
TCHAD
Fort-Lamy
Khartoum
SOUDAN

MER ROUGE

Dakar
SÉNÉGAL
GAMBIE
**GUINÉE
PORTUGAISE**
Conakry
GUINÉE
SIERRA LEONE
LIBERIA
Abidjan
**BURKINA
FASO**
GHANA
BÉNIN
TOGO
**CÔTE-
D'IVOIRE**
Accra
Lome
Lagos
NIGERIA

DJIBOUTI
Addis-
Abéba
ÉTHIOPIE
SOMALIE

**RÉPUBLIQUE
CENTRAFRICAINE**
CAMEROUN
**GUINÉE
ÉQUATORIALE**
GABON
CONGO
OUGANDA
Kampala
KENYA
Nairobi
RWANDA
BURUNDI
TANZANIE
Dar es-Salaam

OCÉAN
INDIEN

Brazzaville
CABINDA
(Ang.)
Kinshasa
ZAÏRE

OCÉAN

ATLANTIQUE

ANGOLA
ZAMBIE
MALAWI
MOZAMBIQUE
MADAGASCAR
Antananarivo

ZIMBABWE

NAMIBIE
BOTSWANA
Pretoria
Johannesburg
SWAZILAND
LESOTHO
**RÉPUBLIQUE
D'AFRIQUE
DU SUD**

0 400 800 1200 Kilometres

0 500 1000 Miles

Francophone countries

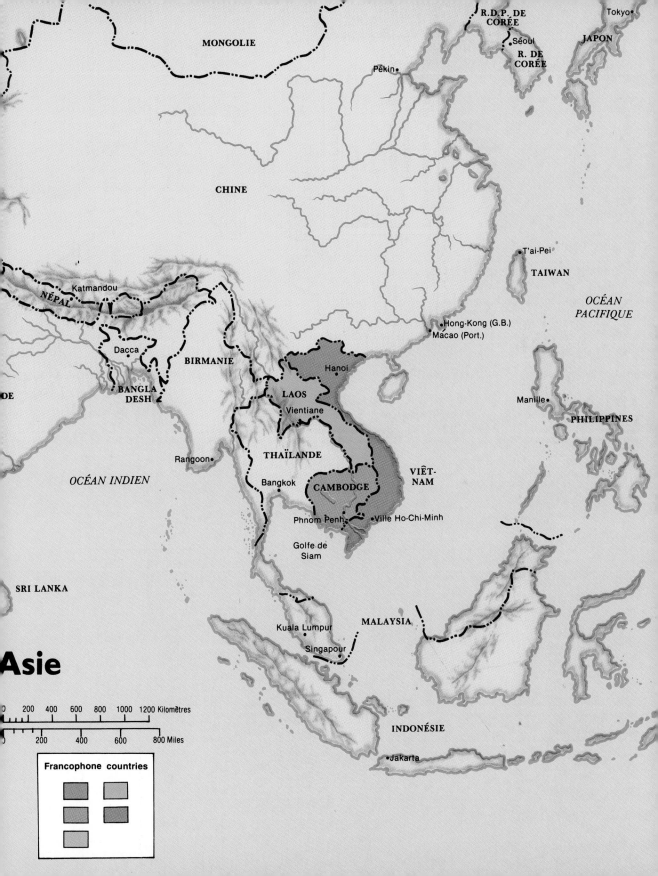

MONGOLIE

R.D.P. DE
CORÉE

Tokyo

Séoul

JAPON

R. DE
CORÉE

Pékin

CHINE

T'ai-Pei

TAIWAN

OCÉAN
PACIFIQUE

Katmandou

NÉPAL

Hong-Kong (G.B.)

Macao (Port.)

Dacca

BIRMANIE

Hanoi

BANGLA
DESH

LAOS

Vientiane

Manille

PHILIPPINES

Rangoon

THAÏLANDE

OCÉAN INDIEN

Bangkok

VIÊT-
NAM

CAMBODGE

SRI LANKA

Phnom Penh

Ville Ho-Chi-Minh

Golfe de
Siam

MALAYSIA

Kuala Lumpur

Singapour

Asie

INDONÉSIE

Jakarta

0   200   400   600   800   1000 1200 Kilomètres

0   200   400   600   800 Miles

Francophone countries

Canada

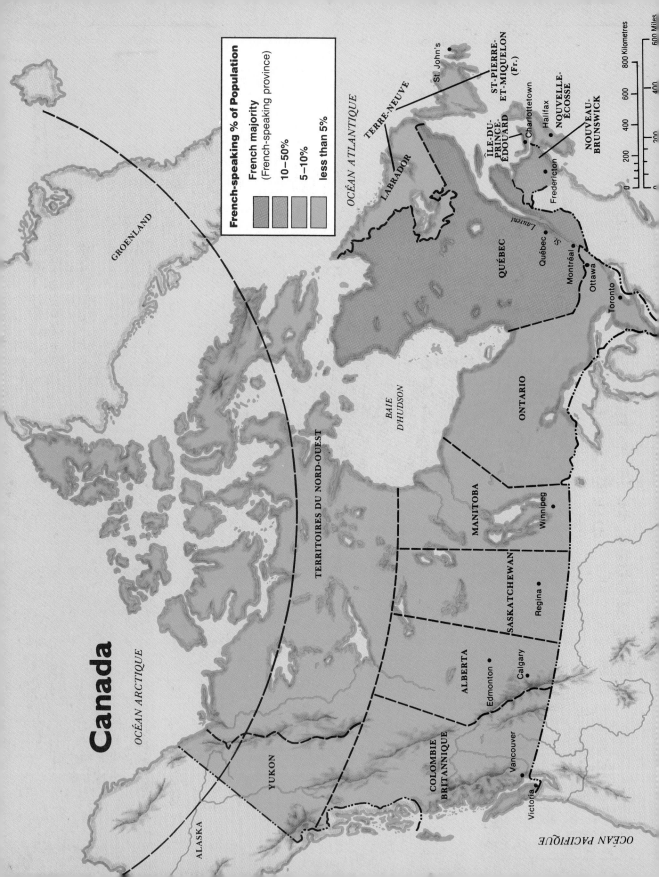

OCÉAN ARCTIQUE

OCÉAN ATLANTIQUE

OCÉAN PACIFIQUE

French-speaking % of Population

French majority
(French-speaking province)

10–50%

5–10%

less than 5%

GROENLAND

ALASKA

YUKON

TERRITOIRES DU NORD-OUEST

BAIE D'HUDSON

COLOMBIE BRITANNIQUE

ALBERTA

SASKATCHEWAN

MANITOBA

ONTARIO

QUÉBEC

LABRADOR

TERRE-NEUVE

St. John's

ST-PIERRE-ET-MIQUELON (Fr.)

ÎLE-DU-PRINCE-ÉDOUARD

Charlottetown

NOUVELLE-ÉCOSSE

Halifax

NOUVEAU-BRUNSWICK

Fredericton

Québec

Montréal

Ottawa

Toronto

Winnipeg

Regina

Calgary

Edmonton

Vancouver

Victoria

St. Laurent

800 Kilometres   600 Miles

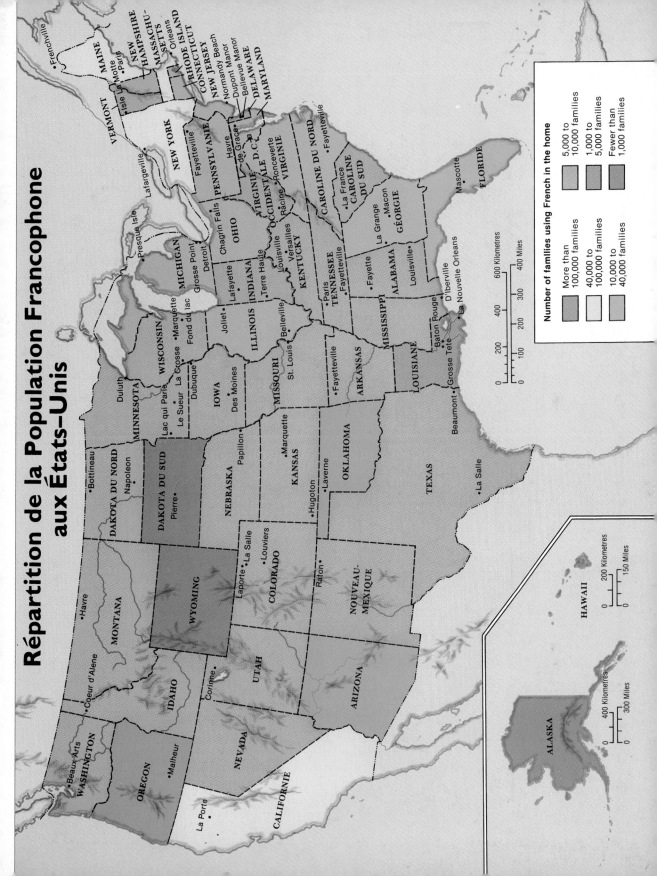

Répartition de la Population Francophone aux États–Unis

Number of families using French in the home

More than 100,000 families	5,000 to 10,000 families
40,000 to 100,000 families	1,000 to 5,000 families
10,000 to 40,000 families	Fewer than 1,000 families

WASHINGTON
Beaux Arts
Havre
Coeur d'Alene
MONTANA
IDAHO
OREGON
Malheur
La Porte
NEVADA
CALIFORNIE
UTAH
Corinne
WYOMING
ARIZONA
NOUVEAU-MEXIQUE
Laporte• La Salle
Louviers
COLORADO
Raton
La Salle

DAKOTA DU NORD
Bottineau
Napoleon
DAKOTA DU SUD
Pierre
NEBRASKA
Papillon
Hugoton
KANSAS
Laverne
OKLAHOMA
TEXAS
Beaumont• Grosse Tete
D'Iberville
La Nouvelle Orleans
Baton Rouge
LOUISIANE

MINNESOTA
Duluth
Lac qui Parle
Le Sueur
La Crosse
WISCONSIN
Marquette
Fond du lac
Dubuque
IOWA
Des Moines
Joliet
ILLINOIS
Belleville
St. Louis
MISSOURI
Marquette
Fayetteville
ARKANSAS
MISSISSIPPI

MICHIGAN
Grosse Point
Detroit
INDIANA
Lafayette
Terre Haute
Louisville
Versailles
KENTUCKY
Paris
Fayetteville
TENNESSEE
ALABAMA
Louisville
Fayette

Presque Isle
Lafargeville
NEW YORK
Fayetteville
OHIO
Chagrin Falls
PENNSYLVANIE
VIRGINIE, D.C.
VIRGINIE OCCIDENTALE
Racine
Ronceverte
VIRGINIE
CAROLINE DU NORD
Fayetteville
La France
CAROLINE DU SUD
La Grange
GÉORGIE
Macon
Mascotte
FLORIDE

VERMONT
Isle La Motte
Paris
Frenchville
MAINE
NEW HAMPSHIRE
MASSACHU-SETTS
Orleans
RHODE ISLAND
CONNECTICUT
NEW JERSEY
Normandy Manor
Dupont Manor
Bellevue
DELAWARE
MARYLAND
Havre de Grace

ALASKA
HAWAII

600 Kilometres
400 Miles

200 Kilometres
150 Miles

400 Kilometres
300 Miles

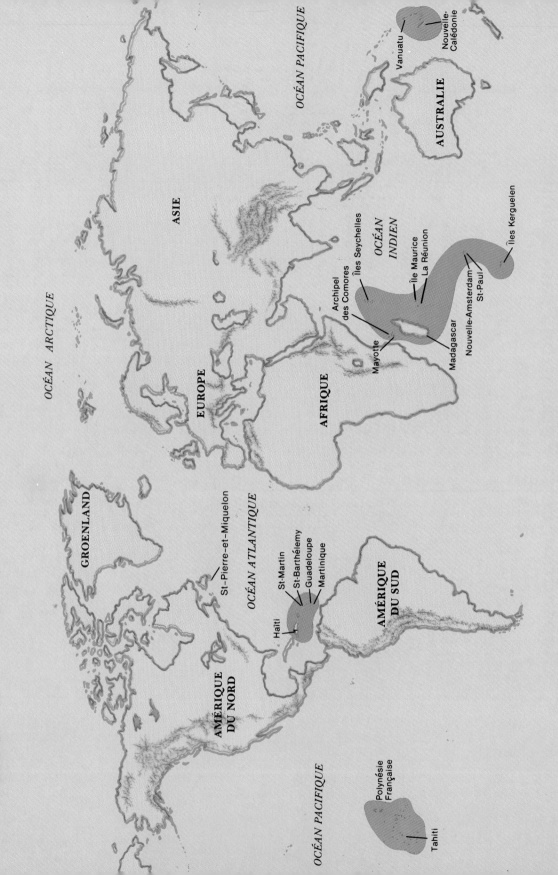

Îles

OCÉAN PACIFIQUE

OCÉAN ARCTIQUE

ASIE

EUROPE

AFRIQUE

AUSTRALIE

Vanuatu

Nouvelle-Calédonie

OCÉAN INDIEN

Îles Seychelles

Archipel des Comores

Mayotte

Île Maurice

La Réunion

Madagascar

Nouvelle-Amsterdam St-Paul

Îles Kerguelen

GROENLAND

AMÉRIQUE DU NORD

OCÉAN ATLANTIQUE

St-Pierre-et-Miquelon

St-Martin

St-Barthélemy

Guadeloupe

Martinique

Haïti

AMÉRIQUE DU SUD

OCÉAN PACIFIQUE

Polynésie Française

Tahiti

La France par régions